人文精神的伟大冒险：

人文艺术通史

ADVENTURES IN THE HUMAN SPIRIT

[美] 菲利普·E. 毕肖普 _ 著
[美] 玛格丽特·马诺 _ 修订
陈永国 _ 译

（第七版）

中信出版集团·北京

目 录

09 · 宗教改革运动与文艺复兴晚期

10 · 巴洛克

11 · 启蒙运动

12 · 革命和浪漫主义

13 · 工业时代

14 · 现代主义

15 · 当代精神

第七版　前言

自菲利普·E. 毕肖普于 2010 年 4 月去世后，《人文精神的伟大冒险：人文艺术通史》的出版者让我接过本书第七版的修订工作。虽然在过去的 20 年中，我作为特约编辑（freelance developmental editor）已经编辑过无数的艺术和人文教材，但是，编辑一部书是一回事，作为作者为书承担责任则是另一回事。菲利普在过去的 6 版中提炼出了最具可读性的、目前仅有的“一卷本”人文艺术通史。他表达的思想深刻而具个性，选择的内容谨慎而具权威性。

在修订这本书的过程中，我力求保持原书的可读性、清晰性、准确性和易理解性，继续保留了书中颇有见地的音乐、宗教、文学、哲学和科学等内容。我们不仅扩展了新内容，而且在整体上进行了重新设计。

修订的内容有：

- 加强了非西方的人文发展，扩充内容包括古代和现代的亚洲、非洲和美洲；
- 125 幅崭新的彩色插图；
- 全部修订的、广博而细致的新地图。

根据评论者的建议，下面几章进行了彻底更新：

·第一章从一开始就抓住学生的注意力，把当代著名的艺术家包括进来，如塔拉·多诺万、特丽莎·布朗、蕾切尔·怀特海和马琳·杜马。

·第二章扩充了古代文明的内容，包括了更多的关于美索不达米亚、埃及和古代美洲的文明。

·第十五章完全重新组织和更新，包括当代的计算机 / 视频艺术、绿色建筑、后殖民和女性主义艺术，以及艺术和建筑的全球主义。著名的当代艺术家有：辛迪·舍曼、玛雅·林、路易斯·布尔日瓦、卡拉·沃克尔、克里斯蒂安·马克雷和武石村田。

我扩展了“环球视角”，把非西方艺术和文化包括进来。“日常生活的窗口”没有变动。

非常感谢为本书提出思想性建议的下列评论家：北湖学院的琳·布林克（Lynn Brink）、中佛罗里达学院的茱·库珀（Ron Cooper）、哈里斯堡区社区学院的茱迪丝·约翰逊（Judith Johnson）、瓦伦西亚学院的詹妮弗·基夫（Jennifer Keefe）、波尔克州立学院的玛丽·安·默多克（Mary Ann Murdoch）、瓦伦西亚学院的凯伦·兰布利（Karen Rumbley）、圣彼得斯堡学院的大卫·安德伍德（David Underwood）、奥朗格堡－卡尔胡恩技术学院的安东尼·威廉姆斯（Anthony Williams）和奥朗格堡－卡尔胡恩技术学院的瓦伦·雅布劳（Warren Yarbrough）。感谢他们在修订的每一步骤给予我的支持和帮助。感谢劳伦斯·金出版公司的苏茜·梅（Susie May），卡拉·哈特斯利－史密斯（Kara Hattersley-Smith），设计师蒂姆·弗斯特（Tim Foster），图像研究员彼得·肯特（Peter Kent），以及培生集团的组稿编辑比利·格列柯（Billy Grieco）。

玛格丽特·马诺
2012 年，纽约

图 1.1　道格 · 维勒，1968—2011 年，光装置，圣地亚哥当代艺术博物馆

加利福尼亚“光与空间”艺术家道格 · 维勒创建了浸入式“无限环境”，可以将光作为可触的存在物来体验。维勒寻求创造一种缺失感：没有可见之物，只有光。

01

欢迎参加本书的旅行

人与其他动物的区别是什么？其他动物玩耍，相互照顾；有些建造蜂巢、鸟巢和居所；有些独居，有些群居；有些似乎用语言交流。那么是什么把我们与它们区别开来的呢？这是人文学科提出的基本问题。图像和思想的流动占据了我们的精神；它们流入我们的语言，在构成人类文化的无数形态中具形。那么其他动物如何讲述神话和故事，用颜料涂抹居所的墙壁，掩埋死者或崇拜神圣呢？这些似乎本质上是人类行为，这些本质构成了人文学科。人类正在找寻答案。

数千年来，人类在对意义的寻求中重新构筑了世界。在这个过程中，人类组建了家庭，家庭加入了群体，群体构成了文化，文化创造了文明，每一代人又反过来根据自己的教育而构型。但对每一个新人来说，冒险总是要重新开始。每一个人都必须发现真实地表达其内在生活的意义。每一代人都重新定义人之所以为人的意义。

创造一种自我感

在伍迪·艾伦2011年的影片《午夜巴黎》(*Midnight in Paris*)中，由欧文·威尔森(Owen Wilson)(图1.2)扮演的一位失意的小说家吉尔惊奇地发现，当午夜时钟敲响的时候，你可以在巴黎任何一个街角进入一辆小型公共汽车，从而穿越时间。他不相信自己竟然有幸与他崇拜的那些人——20世纪20年代旅居巴黎的艺术家们共饮畅谈：与F.司各特·菲茨杰拉德和泽尔达·菲茨杰拉德夫妇聚会，与厄内斯特·海明威讨论写作，把手稿交给葛特鲁德·斯坦因评阅，并与皮埃尔·马蒂斯和巴勃罗·毕加索等画家擦肩而过。在这个午夜当口，正当他要勾引毕加索的前情人时，他们又被一起送到这位情人所崇拜的那个时代——19世纪巴黎的黄金时代，在那里，他又被她想象中的偶像们所带走，他们是亨利·图卢兹-劳特累克、埃德加·德加和爱德华·马奈。车轮就这样转动着。吉尔在这种喜剧般的穿越中发现，他可以崇拜文学传统所取得的成就，但最终他必须凭借自身在自己的时代创造他自己。

传统：哺育创造精神

在利用一个不现实的超自然脚本的同时，伍迪·艾伦的影片探讨了人类保存和传输集体价值的过程，我们称这个过程为传统。传统是以多种方式传输的：不正规的是家庭习俗、游戏或民间故事；较正规一点的是训练、学习和宗教制度。人文学科就是这些传统得以穿越时间的传输工具。

传统不是靠魔术存在的。一个传统只能通过激发每一代新人的创造力才能延续下去。当个人进入成年时，他们更新和扩展了以前各代人积累的表达和反思。就如同欧文·威尔森饰演的人物一样，通过与以往传统的相遇，我们每个人都能发现对现实的独特的个性化体验。

表达和思辨的方式

人文学科包括传统的创造过程，这个过程在过去展开，在当下仍在继续。人文学科表达我们最强烈的经验，反映我们最本质的真理。习惯上说，人文学科包括以下几种表达方式：视觉艺术（绘画、雕塑、建筑、版画复制、摄影和电影），表演艺术（音乐、舞蹈和戏剧），以及文学艺术（诗歌和散文）。这种划分似乎有些武断，也许在过去比在现在更加真实，因为现在无数的艺术形式综合了不同范畴的特点。比如，电影在此被列为一种视觉艺术，但它显然包括大量的表演。再举另一个例子，虽然以书的形式存在、包含叙述故事的文本，但文字小说也配有大量的插图，那么，它们是文学还是视觉艺术呢？大多数当代艺术品都有此类难题。

与表达方式密切相关的是所谓的思辨模式：哲学、宗教和历史。人类用这些模式思考一些根本问题："什么是真理？""神的本质是什么？""过去有什么意义？"比如，直到近代之前，大多数视觉艺术都是服务于宗教的。同样，我们常常发现一个时代的哲学所努力回答的问题也在这个时代的艺术和书信中反映出来。人文学科就是通过有成效的互动和相互作用来阐释这些不同的模式（艺术、宗教、哲学）的。

我们能积极参与人文学科的创造过程吗？如果我们学会了表达和思考的方式，我们的经验会得以丰富吗？我们的思维和创造力会增强吗？人文学科的学习会帮助我们的个性发展吗？人文学科能教我们更加充实地生活吗？

所有这些问题的答案都是肯定的。您自己会发现这个答案的。

图 1.2 《午夜巴黎》中的欧文·威尔森的电影画面，2011 年，美国导演伍迪·艾伦编剧和执导

厄内斯特·海明威问："如果你怕死，你就永远不会成为大作家。你怕死吗？"吉尔回答说："是的。我怕死。应该说那是我最大的恐惧。"

视觉艺术

逻辑上可以把视觉艺术划分为本质上属于图像的媒介（绘画、版画复制和摄影）和产生三维创造的媒介（雕塑和建筑）。我们且逐个看看这些媒介。

图像艺术

视觉或许是我们最有威力的且最常用的感觉，而制造图像则是人类最原始的冲动之一。我们要视觉地展现世界的欲望导致了图像艺术的产生。在今天的文化中，我们四周环绕着数量和强度惊人的图像形象。为了理解、阐释和欣赏图像艺术，我们下面提出几个基本的问题。

图像是用什么媒介创造的?

媒介（medium，复数形式是 media）是一幅图画得以交流的实体或物质手段。

画家可以选择把油彩用于木头或画布（图 1.3），或把水彩用于画纸，每一种绘画媒介都有其特定的技术要求和图像属性。水彩的透明性与油彩可触的厚度形成了鲜明对比。同样，版画复制和摄影的图像媒介也有其复杂的技术要求和独特的审美效果。

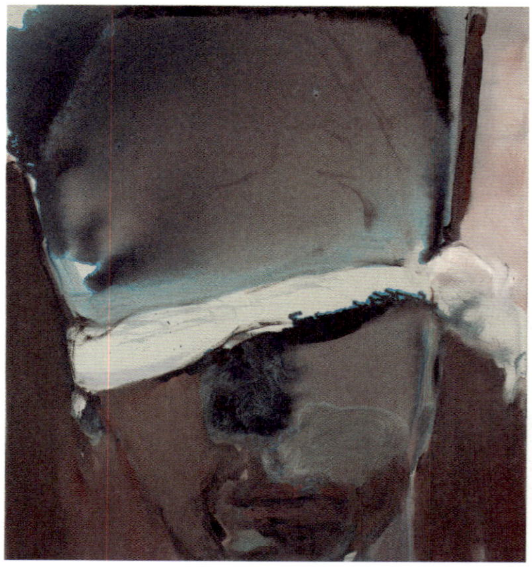

图 1.3　马琳·杜马，《蒙眼的人》，2007 年，油画，100 厘米 × 90 厘米，纽约大卫·兹沃纳艺术馆

以令人回味无穷的图像著称的南非艺术家马琳·杜马赋予颜料以流动性。这是抗议折磨政治犯的一系列画作中的一幅，其厚涂画法仅有的几处修改（如面颊上）说明这是油画。随意的笔法和淤紫的色彩强化了暴力留下的创伤。

什么是图像中重要的线条和形状?

一条线就是一个点的延长，是图像交流的最基本因素。线条帮助限定整幅图画：水平和垂直的线条往往限定稳定而有秩序的空间，而对角线则创造张力，产生动感。线条确定目光的方向，哪怕线条仅仅是暗含的。线条圈定的空间就是形状；它可以是曲线形或直线形，规则的或不规则的。形状帮助创造图像结构，用以唤起观者的某种感觉。比

图 1.4　JR，《妇女是英雄》，2008 年，贴在建筑表面放大的照片，巴西里约热内卢

试图通过鼓励社区而求变化的突尼斯裔法国涂鸦艺术家 JR 把贫困地区妇女的面孔拍下来，然后雇用社区成员将放大的巨幅照片贴在社区里。通过出乎意料的规模和重复的格式，JR 的公共壁画项目在为贫民区居民呼吁的同时也唤起了他们的人道精神。

如，我们对一个贝壳的有机形状的感觉就不同于对机器和建筑的感觉。

图像如何使用色彩和光？

图像通过色彩直接作用于观者。除了视觉和情感性质外，色彩还具有象征意义。此外，光在照到物体上时创造一种深度感。光通过突出重要的因素创造戏剧性效果或光影效果。

图像含有重要的格式吗？

格式指的是某一图像因素根据特定设计的重复。格式可能包括线条、形状、色彩或其他重要的图像因素。格式创造视觉结构或节奏，使一幅画的意义更加鲜明。（图 1.4）

图像的各个部分是如何结合成有意义的整体的？

构图就是把一幅画的各个因素结合成一个整体。构图涉及把图画分成几个主要部分，如前景和后景。艺术家用构图把图画的各个因素组合成一个复杂的图像表达。

图像作品往往传达一个叙事或一个象征性信息。在这种情况下，下列问题也是有用的：图像讲述故事吗？它含有重要的象征吗？有戏剧性情节吗？

雕塑：造型的艺术

雕塑是把物质建构为三维艺术品。与绘画一样，它也是最古老的艺术之一。雕塑实际上可以呈现任何形状，可以用任何物质来雕刻。要评价雕塑作品，下列问题将为你提供帮助。

这座雕塑是“圆雕”还是“浮雕”？

圆雕（也叫“独立雕塑”）是可以自由摆布、从四面观看的雕塑。这种圆周形雕像的规模也是不固定的，从小的雕刻工艺品到巨大的雕像。浮雕是附在墙上或嵌板上的，只能从一个维度观看的雕塑。

雕塑是用什么材料制作的?

雕塑可以用任何可刻制、模制或模铸的材料制作。（图 1.5 和图 1.6）与绘画一样，雕塑家可以使用多种媒介或材料。有些材料，如石材或木材，通过去掉多余的部分雕刻而成，这是一个减缩过程。另一方面，泥制或石灰泥制的雕塑是通过附加的过程模铸的，即按层次堆积材料的过程。金属可以锻打或弯曲成预想的形状，或熔化然后浇筑成一个模式。

图 1.5　塔拉·多诺万，《无题》，2003 年，泡沫聚苯乙烯杯，热胶，183 厘米（高）× 610 厘米（宽）× 585 厘米（深），纽约市阿斯艺术馆

通过把日常工业产品堆积起来，美国雕塑家塔拉·多诺万制造出惊人的形状，这里是一个简单的胶制过程的不断重复而产生的一个复杂表面。多诺万对过程的探讨影射了环境系统的不可预见性和危险性。

什么是雕塑的质感?

质感就是物体表面的触感。一幅画的质感只能是意会的，但雕塑的质感是可以实质性触摸和探讨的。不同的雕塑材料以不同方式引发触感。比如，大理石可以制造出极其平滑的感性的质感。另一方面，笨拙粗糙的质感却有不同的意义。

雕塑暗示运动吗?

虽然大多数雕塑都是不动的，有些却似乎在它们占据的空间中运动。贝尼尼的威武的《大卫》（见图 10.2）已经拉起了投石器，正要发射将杀死歌利亚的石头，而多纳太罗相对静态的大卫则把脚踏在了歌利亚的头上（见图 8.16）。20 世纪的艺术家打破了对雕塑的束缚，甚至可以让雕塑的某些部分能实际运动。第一个“活动的”雕塑是 20 世纪初发明的，桀骜不驯的马塞尔·杜尚把一只自行车轮子放在了一个板凳上。

雕塑与场所之间是什么关系?

雕塑可能与场所有特殊的关系。场所就是雕塑周围的空间。宗教雕塑自然地与教堂、庙宇或其他用于崇拜的地方相关。

图 1.6　蕾切尔 · 怀特海，《房子》，1993 年秋完成，2004 年 1 月拆毁，模铸混凝土

英国雕塑家蕾切尔 · 怀特海的《房子》探讨的是集体意义和集体记忆。通过把水泥浇筑在社区准备拆毁的一幢房子的内墙和天顶上，怀特海制造了一个神秘的、丰碑式的空间。她的标志性风格衍生于她的建筑实践，即把建筑内部作为浇筑雕塑的模板。

建　筑

建筑是把一个空间包围起来以便提供住所的艺术，又被称作“艺术之母”。与雕塑和绘画相比，建筑要求有较大的财富、物质、技术手段以及劳力资源。由于只有社会上最有势力的成员才能建造大建筑，所以重要的建筑作品往往与财富和权力相关（图 1.7）。

建筑的功能是什么?

几乎所有的建筑都在建造它们的社区内发挥一种功能。最早的大建筑都是敬神的庙宇或王公贵族居住的宫殿。庙宇具有神圣的功能，因为它们与神和圣人相关，而皇宫则具有世俗的满足日常生活需要的功能。

由于庙宇和宫殿参与整个社区的事务，所以称作公共建筑。由个体使用的房屋和其他结构称作私有或家庭建筑。实际上，所有重要的建筑都具有把神圣或世俗与私有或家庭使用相结合的功能。

建筑是用什么材料制造的?

如同对雕塑一样，材料对建筑至关重要。古希腊人用木头造房屋，用石头造庙宇。结果，希腊私有建筑都消失了，而古希腊的庙宇至今仍给建筑师们以灵感。新的建筑材料往往与旧的结合使用。罗马人首创混凝土（用水泥、沙、石和水混合而成），但外层却用石头这种不入眼的材料装饰，以便使他们的建筑看上去像古希腊的建筑。20 世纪的建筑者们通过加入钢筋而改进了混凝土。

什么是建筑设计?

一幢建筑最重要和最复杂的方面是设计，即建筑得以整合起来的方式。建筑设计类似于一幅画的构图，但却更加重要。

图 1.7　北京国家体育馆（鸟巢），瑞士赫尔佐格与德麦隆建筑公司设计，2003—2008 年，中国北京

为 2008 年夏季奥运会的田径比赛而建，容纳 8 万个座位。外部钢架支撑着一个拱形伞盖，内部座椅都位于一个红色混凝土制造的碗状空间之内。

一幅构图糟糕的画充其量被搁置在阁楼里，但设计糟糕的建筑是要倒塌的。建筑设计与功能和材料如此紧密相关，致使建筑的设计、功能和材料构成了建筑的三大要素。

建筑的外部与内部之间是什么关系?

一幢建筑通过其外表展示给世界，但又通过内部发挥其功能。建筑的外部和内部反映一个共同的设计，如纽约的弗兰克·劳伊德·赖特设计的古根海姆博物馆（见图 15.8）。外部和内部展示不同的设计原理，在内外之间创造一种张力。

建筑如何利用其他艺术?

通常情况下，建筑将其他艺术用于装饰目的（这就是建筑被称作“艺术之母”的原因）。庙宇和教堂通常用外部浮雕吸引和教育信徒。然而，建筑也可以利用表演艺术，如音乐或戏剧，在各种艺术之间创造一种相互影响。15 世纪威尼斯的圣马可教堂里的合唱如此独特，致使教堂的建筑促进了文艺复兴时期音乐的发展。

表演艺术

与创造可触物体的视觉艺术不同，表演艺术创造临时发生的转瞬即逝的事件。表演艺术在时间中发生，往往有一个开头、中间和结尾；这个结构使它们具有了讲故事的性质。传统上，表演艺术包括音乐、舞蹈和戏剧，往往是相互结合的。今天，由于广播和录音媒介的多产，表演艺术已不再局限于一个独特时间内的现场表演，而从单一时间和空间中解放出来。

音　乐

音乐取决于表演者——演员或歌唱家，他们给音乐以生命。音乐是抽象的、昙花一现的，包括声音和沉默。音乐与普通声音（噪声）之间的区别在于它自觉的且有意义的组织方式。音乐的基本因素是音。音有高低不等的音高。比如，笛子的音高比大提琴的高，正如女高音的声音比男高音的高。音也有音色，这指的是音的发声。笛子和提琴即使演奏同一个调子也产生不同的音色。最后，音乐的音具有动力，取决于音的强弱。通过把这些因素（音高、音色和动力）结合起来，作曲家和音乐家创造了世界音乐的无限变体。

音乐的基础旋律和节奏是什么？

一个旋律是一系列的音，它听起来入耳，创造了能够让人听懂的一个曲调。听者可以哼唱的任何曲调都是一个旋律。人可以用四肢拍打的任何节拍都是节奏，即由规律的重音构成的节拍。音乐的最重要功能之一是伴舞，而节奏是舞蹈的本质。

旋律和节奏具有无限的可能性，但大多数音乐都按照特殊的规则发明旋律和节奏。西方音乐旋律是用调来表达的——由七个音组成的一个系列，各个音之间均有固定的间隙。节奏通常是由基本的韵律决定的，韵律就是每一个音乐单位中固定数量的节拍。称作华尔兹的舞蹈音乐是由三个节拍构成的，即三个节拍为一个单位。

用什么乐器或声音演奏音乐？

一部音乐作品的音色取决于演奏用的乐器或声音。在近代，作曲家们谱写的音乐要求用特殊的乐器或声音的特殊组合。莫扎特常常谱弦乐四重奏的曲子，而勃拉姆斯的交响乐作品则要求配有大部分铜管乐器的管弦乐队。声乐是为以某种方式组合的各种声音谱写的，比如一出歌剧可能要求有男高音或男中音。声音的组合要求有一定数量的独唱（每个角色一位歌手）和合唱（一个角色由几个歌手合作演唱）。

音乐在哪里表演、为何表演？

音乐表演的背景通常与其功能密切相关。与建筑一样，音乐也具有神圣和世俗两种功

图 1.8 Lady Gaga 2010 年在匹兹堡能源控制中心的“怪物舞蹈旅行”上演奏吉他

美国歌手、作词家斯泰佛妮·热曼诺塔，人称 Lady Gaga，用一种夸张风格把意大利歌剧的浮夸风格与通俗艺术的滑稽智慧结合起来。她说：“我上过天主教学校，但却是在纽约的地下发现我自己的。”

能，取决于是否在宗教仪式上或在音乐厅里演奏（图 1.8）。背景和功能也有助于决定乐器的选择——游行需要进行曲乐队，而婚礼则需要弦乐队。

音乐作曲都有哪些形式?

与其他艺术一样，音乐的形式指的是把一支曲子的不同部分排列成一个统一的有意义的整体。音乐形式可能非常简单和短小，如只有一段歌词的儿歌，或非常长，持续几个小时的表演，要求有完整的乐队和大合唱队。通俗歌曲通常采取 A–B–A 的形式。开始陈述一个旋律和节奏（A）并重复，然后用不同但却密切相关的第二旋律（B）唱歌词，最后重复开始时的旋律（A）结尾。在西方音乐传统中，甚至有更大更复杂的形式（交响乐中的乐章）也遵循这种陈述、变化、重复的格式。理解一首乐曲通常是从识别各个部分及其关系开始。

音乐形式的数量是惊人的。在过去的 300 年中，作曲家已经发明并实践了数十种不同的音乐形式。这些形式的出现都与曲目的背景和功能有关。比如，康塔塔（cantata）就是为《圣经》故事谱写的合唱作品，常常在教堂里表演。蓝调（blues）是一种哀悼歌，源于在田间劳动的美国黑人奴隶的号子。今天，教堂里的康塔塔和夜总会里的蓝调这两种形式仍然流行。

舞 蹈

与音乐一样，舞蹈的表演艺术很难掌握。舞蹈是有节奏的、有格式的人体运动，通常有音乐伴奏。舞蹈也许是最古老的艺术，在每一个已知的人类文化中仍在实践着。舞蹈可以是简单的、自发的，如同体育馆里的观众为他们喜欢的球队欢呼喝彩一样，也可以像古典芭蕾那样讲究复杂形式。我们对舞蹈历史的了解很有限，与音乐一样，舞蹈的表演并未留下多少历史痕迹。

舞蹈的种类有哪些?

舞蹈一般可分为三种类型：流行舞、芭蕾舞和现代舞。流行舞包括传统传承下来的舞蹈形式，如民间舞蹈；或为某种社交场合表演的舞蹈，如舞厅交际舞。流行舞也可以是高度复杂的和具有艺术性的，也要求相当

图 1.9 特丽莎 · 布朗的《房顶》，1971 年在纽约索霍区 10 个街区的 12 个房顶上表演过。巴蓓特 · 曼格尔特摄影

美国人特丽莎 · 布朗，20 世纪 60 年代重要的先锋舞蹈指导和舞蹈家。当时，索霍是曼哈顿废弃的一个工业区，却成了年轻艺术家的圣地。在《房顶》中，每一个舞者都要把动作传递给最近房顶上的另一个舞者。照片呈现了概念艺术作品的文献制作应用。

的训练。流行舞往往不是为某一种观众表演的。

芭蕾舞是一种戏剧舞蹈，把高度形式化的步伐和姿势与运动性跳跃和转体结合起来。甚至在今天，古典芭蕾舞演员的严格训练也以 17 世纪规定的五种“姿态”开始。“芭蕾舞”这个术语指把芭蕾舞、音乐和舞台表演结合起来的戏剧性舞蹈，如《天鹅湖》和《睡美人》。在芭蕾舞中，演员的步伐和运动都是由舞蹈指导编排的，他把音乐、故事和舞蹈协调起来，构成一个可理解的整体。舞蹈指导既是作曲家、戏剧导演，又是舞蹈大师。

舞蹈的最后一种类型是现代舞，包括为反叛古典芭蕾舞而创造的舞蹈形式。现代舞寻求比芭蕾舞更多的自由和表现性，但仍然需要编舞和戏剧表演。（图 1.9）它往往是抽象的，不像传统芭蕾舞那样以故事为指向；它常常把现代音乐和艺术融进舞蹈之中。

舞蹈与音乐的关系如何？

舞蹈与音乐的结合如此密切，致使一些音乐风格依照它为之伴奏的舞蹈而命名。从华尔兹到嘻哈，舞蹈和音乐都是相互融合的。起源于法国的小步舞的舞蹈形式在 18 世纪莫扎特的交响曲中保存了下来。在 20 世纪 70 年代，迪斯科音乐开启了一种新型流行舞，主要是因年轻人不满摇滚乐非正规的舞蹈风格而兴起的。同样，爵士乐的即兴音乐也孕育了同样具有创造性的爵士舞蹈。

舞蹈是模仿的吗？

"模仿"这个术语派生于希腊语。模仿的舞蹈指模仿真实生活中的姿态和行动，在芭蕾舞和其他叙述性舞蹈形式中尤其重要。比如，在浪漫的芭蕾舞中，舞者准确的姿态和动作都是经过编排而模仿热恋中的情人的姿态和动作的。

舞蹈的运动何以被综合成有意义的整体？

与音乐或戏剧形式一样，舞蹈形式是舞蹈姿势和运动的艺术性综合。在舞蹈表演中，舞者的运动创造了线条、运动、格式、张力和节奏的变化性综合。与任何其他艺术相比，只有舞蹈形式才在表演中是可见的。舞蹈表演的三维力量和复杂性不可能完全通过记号系统而表现出来，甚至电影也不能。

戏剧艺术

戏剧是以现场表演的形式演出戏剧文学的一种艺术。由于大多数读者都把戏剧作品当作文学来研究，所以本章只介绍戏剧表演的一些方面。

戏剧是如何通过布景、灯光和服装而在舞台上表演的？

舞台是一个物理空间，今天大多数西方戏剧都使用传统的凸出舞台。前舞台是一个封闭的长方形，观众通过一个不可见的"第四堵墙"观看表演。剧院也可以有凸出舞台，即表演区伸入到观众之中的舞台；或环形舞台，即表演区的四周都是观众。

舞台表演最复杂的因素是布景，主要由灯光和场景构成。场景设计创造一种想象的空间，戏剧性情节就在这个空间里表演出来（图 1.10）。布景包括细腻的场景和舞台机械。中世纪著名的道德剧就设法再现了伊甸园、炼狱和天堂的王座，让这些因素全都在一个细腻的布景中展现出来。20 世纪表现主义戏剧运用复杂的旋转舞台和布景来容纳大量的人物。随着电子灯光的使用，舞台灯光成了戏剧表演的主要因素。灯光有助于强调情绪、人物和在舞台上发生的戏剧行为中的其他因素。

演员的服装也是舞台表演的一部分，是确定戏剧表演的格调的。当上演过去的戏剧时，服装的选择尤其重要。比如，导演是否让莎士比亚戏剧的演员穿现代服装或当时的服装？与舞台灯光一样，服装强调人物的某一方面，或在表演中暗示某一人物的变化。

导演和演员如何阐释剧本？

演技或许是戏剧表演中观众最敏感、最挑剔的方面。在导演的指导下，演员负责在舞台上把剧本的台词和故事表演出来。演员的表演技术和鉴别力是决定人物对观众的影响的主要因素。

导演控制表演的每一方面，包括舞台、演出和剧本改编。但导演在表演中并不担当直接可见的角色。导演的决定只能从表演中推断出来。有批判眼光的观众会欣赏导演对演员的选择——扮演特定人物的特定演员。导演还决定舞台上的统一行动和情节发展的快慢。导演就是通过这些决定来控制整个表演中的某一主要演员的。

图 1.10　K. K. 巴莱特，为《阻止处女》而做的舞台设计，该剧 2011 年由亚当 · 拉普执导，在纽约市布鲁克林区的圣安妮仓库上演

这是集技术、音乐、舞蹈和戏剧于一炉的歌剧，主演凯伦 · 奥佐莱克是独立乐队“Yeah Yeah Yeah”的主唱。《阻止处女》被视为第一部心理歌剧。20 世纪 70 年代俄克拉何马州 K. K. 巴莱特是一个朋克乐队的鼓手，同时学习制作音乐视频。

歌　剧

歌剧可以简单定义为配乐的戏剧。但这样简单的定义无法说明歌剧的辉煌成果。歌剧把所有表演艺术（音乐、舞蹈和戏剧）综合成一种艺术经验，是所有这些艺术无法与之单独比拟的。

不幸的是，歌剧由于无法接近观众而遭受挫折。歌剧歌词与音乐的准确搭配使歌剧难于翻译。意大利语或法语的歌剧通常都是用母语表演的，所以，只懂英语的观众只能满足于节目单上的说明或舞台上打出的翻译字幕。此外，歌剧历史上是上层社会的艺术，现在它仍然属于社会精英。

然而，歌剧仍然是能为稍有一点文化修养的人文学科的学生提供愉悦的一种惊人的艺术。从学生的观点来看，歌剧是有趣的，如果它仅仅能激发学生提出在这番简短的艺术简介中提出的下列问题的话：歌剧是如何上演的？歌词与音乐的关系如何？导演如何阐释剧本？使用哪些乐器和声乐？歌手如何阐释音乐和剧本台词？舞蹈是如何融入歌剧叙事的？所有这些问题都意味着歌剧作为表演艺术中最不知名的艺术却是介绍所有这些艺术的最佳选择。

文学艺术

文学一般分为两种：出自作者想象的虚构作品和重述作者实际思想或真实事件的非虚构作品。文学的大部分都是虚构的，而虚构文学又分成三种主要样式：戏剧、诗歌和叙事性虚构散文。

戏剧是经过舞台表演出来的文学，前述戏剧艺术中已经讨论过了。诗歌是以有节奏的声音和凝练的意象构成的一种文学形式。诗歌通常运用有规律的音律（称作格律），往往包括高度凝练的隐喻和象征。诗歌实际上采纳戏剧的形式（如希腊悲剧）或叙事的形式（如古代史诗）。最具个性和凝练的诗歌叫抒情诗，以特殊的形式写成（如十四行诗、挽歌或颂歌）。关于诗歌，我们可以提出下列问题：诗歌采用何种形式？诗歌的声音形态如何（韵律、节奏）？诗歌如何使用隐喻或象征？

叙事性虚构小说是讲故事的文学。最常见的叙事性虚构小说是长篇小说和短篇故事，通常以可信的、忠实于生活的方式描写事件和人物。然而，叙事也可以采用幻想的形式，叙述梦境或幻觉。叙述者或作者常常从特定的视角看情节，也可能就情节和人物发表议论。在阅读叙事性小说的时候，注意下列问题是有所助益的：这个叙事采用的是什么形式？情节是什么？主要人物是谁？他们的哪些言行最重要？作者采取的是什么视角？

虚构作品往往包含基本观念或主题，它们贯穿作品始终。识别文学作品的主题有助于读者理解整部作品，并将其与其他作品关联起来。

非虚构文学采取传记和散文的形式，前者是个人生活的文学记录，后者是作者对特殊主题发表的短小评论。

环球视角

初 人

20万年前，第一批智人在非洲出现，然后逐渐迁徙到亚洲、欧洲及其他地方。最早的人类群居于小的氏族之内，以狩猎和采集食物为生。逐渐地，他们发展出了与后来的人类文明有许多相像之处的一种文化。他们用贝壳和动物牙齿装饰身体，用木头、石头和骨头制作专

图 1.11 公牛厅，法国拉斯科，约公元前 15000—前 13000 年，石灰岩

旧石器时代的艺术家们也许通过咀嚼木炭和动物油，然后将混合的颜料吐在洞穴墙上作画。注意画面中央左侧的动物形状是如何相互重叠的，也许是对空间深度的一种再现。

用工具，在埋葬死者时为他们的来世储存食粮。他们也围着火堆高唱宇宙冲突和英雄业绩的颂歌。关于这些初人，我们所知的最早资料只在过去的 100 年中才得以发现，而世界上的许多地区仍有待于勘察。考古学家经常从对初人的物质和生物遗骸的检验中得出新的结论。

初人文化进步最迅速的时期是旧石器时代晚期或石器时代末期，即从公元前 4 万年到 1 万年之间。在此期间，人类完善了制造工具、缝制衣裳、建造居所、烤泥烧瓦的方法。最了不起的是艺术的繁荣——绘画、雕刻、印版复制，甚至音乐制作。这一时期用鹰骨做的笛子上的指孔产生的音乐与我们现在的音乐极为相像。最为壮观的也许是那些洞穴，有时洞穴中有 400 多幅彩绘和雕刻的野生动物图像（猛犸象、野牛、狮子和犀牛）以毫无雕琢的现实主义和直接性表现出来。如果我们在摇曳的火把光亮中想象它们，法国的拉斯科（Lascaux）洞穴中那些公牛和野马就都大有推倒洞穴墙壁之势（图 1.11）。在同一洞穴中发现的脚印似乎记录了舞蹈的进行，意味着这些旧石器时代的住房也用于节日庆祝仪式和讲故事，也是史前的剧院或电影院。

石器时期末的雕刻家以栩栩如生的风格化的形式把人像刻在石头上或铸成泥人。迄今出土的这些人像大多是女性，其性特征往往是夸张的（图 1.12）。学者们对这些最初的雕塑作品进行了推断：它们也许是宗教信物、装饰品或是用来促进繁殖和生育顺利的魔器。

由于这些初人没有留下书面记录，我们只能猜测这些艺术的意义和目的。即便如此，在偏远地区，石器时代的文化的确持续到现代时期。比如，北极的因纽特人，非洲卡拉哈里沙漠的布须曼人，澳大利亚边远地区的土著，都设法生存了几千年，而现代人在那种环境下却无法存活一个月。这些人把大部分时间都用于文化活动，通过研究他们的生活方式，我们可以想象这些初人的某些经验。

大约在公元前 1 万年，旧石器时代让位于新石器时代，人类开始越来越多地控制物理环境，最终创造了巨石结构。新石器时代目睹了也许是人类生活方式中最重要的转变——从食物采集到食物生产的经济转型。人类种植庄稼，饲养牲畜（今天称作新石器革命）促成第一批大规模的人类栖居地，首先在亚洲，最终传遍全世界。

图 1.12　奥地利，魏伦多夫的女人，约公元前 30000—前 25000 年，石灰石，高 11.5 厘米，维也纳自然史博物馆

塑像上鼓胀的乳房、肚子和臀部象征着女人（因此也象征着大地）的丰沃。这样的小人像非常可能是用来减轻分娩痛苦的法器。

大西洋
北海
波罗的海
俄罗斯
黑海
地中海
亚得里亚海
欧洲
非洲
伦敦
英吉利海峡
巴黎
汉堡
布拉格
华沙
魏伦多夫
维也纳
布达佩斯
贝尔格莱德
多瑙河
慕尼黑
米兰
罗马
巴勒莫
拉斯科
梅尔勒
佩什
肖维
阿尔塔米拉
波尔多
坎塔布连山脉
马德里
400 km
400 miles
N
△ 有艺术和象征物的洞穴
○ 可移动艺术品和象征物
□ 现代城市

欢迎参加本书的旅行

我们生活在信息时代。高速电子系统使全球互联网运转起来，使得几乎每一个人、每一件事、每一个地方都能在瞬间进行交流。前文叙述的多数艺术和文献都是在过去的几年中出现的。每一个例子都可以在网上看到它们的创造者，花几个小时就能了解关于他们的更多信息。如此容易地了解到这么多的人类成就，这在以前是绝对办不到的。

全世界的人文学科，无论哪个种族、哪个民族、男女老幼，每时每刻都在取得新成就。他们的创造往往是我们前述提到的那些范畴的综合，结果产生出新的杂交范畴。有趣的是，几乎每一个例子都含有对传统的拒绝或蔑视，有些是对过去的翻新，有些是对过去的取代。但没有一个是仅仅以打破规则，或仅仅以破坏过去为基础的。相反，他们的创造性蔑视都是与传统的对话，与过去的人文成就的对话。没有这个语境，这些作品就将是过眼云烟。

正是人文学科丰富的连续性创造了意义的语境。但是，如果不熟悉这种连续性，如果没有这种对话，我们就几乎无法应对这些艺术。简单地说，为了质疑权威，我们需要首先懂得权威。为了成为人文学科的创造者，我们必须首先懂得人文学科。

因此，我们通过提出这些问题而在人类对话中获得一个发声的机会：我对艺术品的反应如何？艺术品如何建构了我的反应？我自己的背景和经验如何建构了我的反应？

如果像有人所说的那样，知识就是力量，那么知识也是快乐。对一种人类文化的了解所赋予我们那种文化的力量，其中也包含着快乐。这对于波普音乐就如同对于莫扎特和贝多芬的古典音乐一样真实。知识增进了我们在世界上获得力量、发现快乐的潜力。

本书讨论的文化作品提供的是意义和经验的一个丰富矿场，理解它们往往是件艰苦的工作，比如，你必须掌握音乐的基本原理，同时还要注意交响乐或歌剧的细微变化，而这样做的回报是丰厚的。当我们越来越充分地掌握我们周围的文化时，我们自己的思维和创造力也在不断增长。本书旨在为读者面对人文学科的挑战、引导他们走向快乐做好准备。请你加入本书的人文精神之旅。这是我们的邀请。

图 2.1　图坦卡蒙国王的殡葬面具，约公元前1352年，镶嵌珐琅和半宝石的金制品，高54厘米，藏于开罗埃及博物馆

图坦卡蒙国王的棺木，里面是国王已经成为木乃伊的尸体，上面罩着这个华丽的金制面具。人死之后灵魂继续活着，这是古代世界最早和最重要的宗教信仰之一。埃及、中国和爱琴海地区的古墓是我们了解古代文明的主要根源。

02

古代世界

1922 年，一位英国考古学家和他的埃及助手们第一次看到了近 3400 年前的图坦卡蒙国王（图 2.1）。20 世纪 70 年代，数百万人排队参观图坦卡蒙国王的陵墓。那么，这位 19 岁夭折、以如此灿烂且辉煌的方式葬于埃及肥沃河谷的神王究竟有什么魅力呢？也许图坦卡蒙国王能够揭示古代世界的秘密，讲述创世和诸神的故事，或者是讲述像神一样被崇拜的统治者、使权力具有神性的丰碑甚至是关于死亡的秘密的故事。在图坦卡蒙国王如此古老然而又如此熟悉的眼中，我们看到的也许是人类文明的初始；从他口中，我们听到的也许是最早的关于人类精神冒险的故事。

美索不达米亚

城市——人类文明的中心，最早发源于古代近东（从今日土耳其到伊朗和阿拉伯的整个西南亚地区）。这个地区的心脏是极易灌溉的美索不达米亚平原（美索不达米亚是“河流之间”的意思，该平原位于现在的伊朗）——这里理应是人类文明摇篮（地图 2.1）。在美索不达米亚，城市沿着底格里斯河和幼发拉底河建立起来，孕育了艺术、文字和法律的成就。美索不达米亚富裕的城市也是古时占领古代近东和北非的各个帝国的价值所在。

苏美尔人

到公元前 3500 年，美索不达米亚的田地和草原供给着数十座苏美尔人居住的城市，这是最早使用文字、建造纪念碑的民族。苏美尔人的文字（称作楔形文字）原本是压入泥板的图画，也许是用来记录契约和登记物品的。之后，苏美尔楔形文字逐渐演变成了先以词、然后以声音为基础的一个系统——这是人类文明的一个迅速而重要的进步。最后的阶段将是字母文字，在迈锡尼人的希腊完成。

环球视角

石　环（Megaliths）

新石器时代出现的家养植物和动物的实践要求有一种超越旧石器时代狩猎和采集的社会组织。农业的进程要求采用一些新的方法来安排土地使用、灌溉和居住。越来越多的食物保障支撑着越来越多的居住人口，城市也配备了居民区、作坊、食物储存和礼拜场所。定居的农业实践也激发了技术的改进，后来促进了金属制造业和陶器制造业的发展。

农业的出现也似乎与巨石结构的建造相关。最早的巨石结构开始于公元前 10500 年，发现

图 2.2　巨石阵，英国索尔兹伯里平原，大约建于公元前 3000—前 2000 年

这个巨石结构中最大的石头重 50 吨，从 150 英里（约 241 公里）以外的地方拉过来。外圈站立的石头上横有石梁或横楣，指向南北回归线。

于现在的土耳其哥贝克力山丘（Göbekli Tepe），小麦也许就是在这里首次进行人工种植的。新石器时代的建筑者们在这里建造了连续的圣环，巨大的 T 形支柱上刻着动物形象，被认为是祭奠死者用的。最著名的巨石建筑是英国的巨石阵（Stonehenge，图 2.2），建造时间较晚，大约开始于公元前 3000 年。其外围的圆环是以巨石搭建的立柱和横楣为结构的。石头的天文排列表明这个石环的建造者考虑到了时间的年度循环；最近发现，现场葬礼也说明那也可能是用于宗教祭祀的地方。

除了象征着足以用来犒劳大批建造者的剩余财富外，像石环这样的巨石结构的建造要求有组织的领导阶层的存在，这是调动大量建造者进行长期的大规模的合作劳动所必需的。

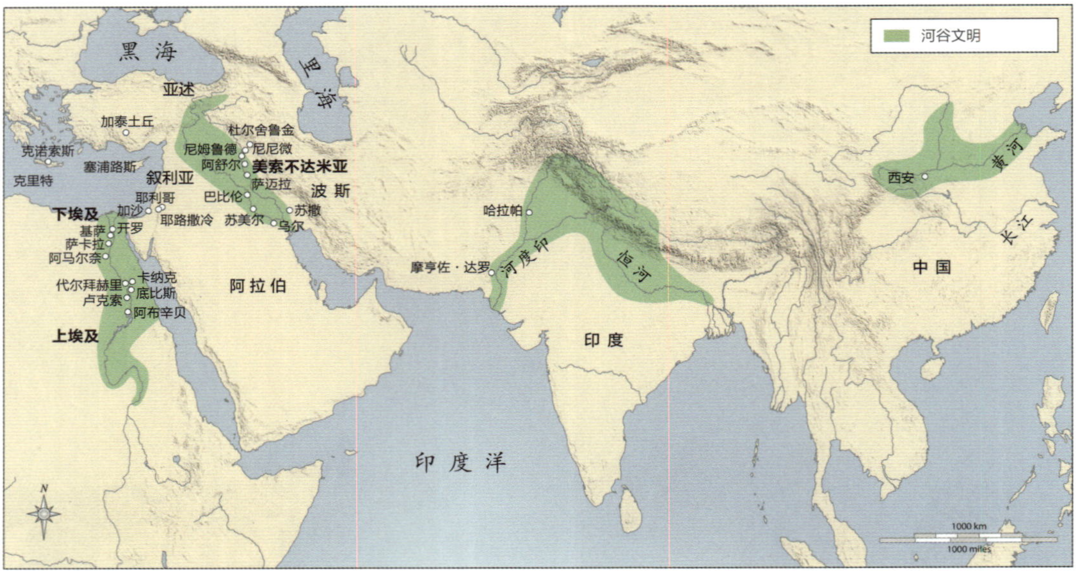

地图 2.1　古代世界

大规模的城市文明源自美索不达米亚，向西跨越地中海，向东进入印度和中国。

苏美尔的富有为相当多的统治阶级和有闲阶级从事美术活动提供了必要的时间。在乌尔（Ur）的一座苏美尔古墓里，考古学家发现了一个奇异的里拉琴（lyre）音乐盒，上面饰有一个公牛头（图 2.3）。牛头是贴金的木头制作的，嵌有天青石——一种昂贵的青石的胡须。这把里拉琴可能是在葬礼上用过的，用它奏乐的琴师也与之一起殉葬了。

图 2.3　伊拉克乌尔地区皇族墓穴中的里拉琴音乐盒，约公元前 2550—前 2400 年，木制镶金、天青石和贝壳，高 43 厘米，费城宾夕法尼亚大学博物馆

装饰板上画的是神话中的动物把食物和酒带到一个宴会上。一头驴代替了里拉头上的公牛的角色，而在底部，一个蝎子人正在音乐的伴奏下进行宴会演说。

大约产于同一时期的乌尔皇家准则（the Standard of Ur）的双面木匣向我们展示了苏美尔社会的一幅图画（图 2.4）。一面描写“战争”，统治者（比其他人像都高大）统领他的军队，接受敌军俘虏，这些俘虏曾颤抖地躲在他的马拉战车下。在刻着“和平”的一面，统治者（仍然是所有人像中最高大的）在与大臣（稍矮小一些）一起进餐，接见一干人等（人像中最小的），有载着成捆货物的脚夫，赶着驴、羊和牛的牧人，还有一位乐人和女伴奏者、一位歌手或是舞者。每一面分成三个区域，突出了社会的层级。战争需要有伟大的领袖，这些领袖是由下层阶级的进贡来供养的。在乌尔，旧石器时代洞穴艺术中的野牛和马匹都驯服地排成行。

苏美尔人的宗教，与最古老的信仰一样，都是通过幸存的神话片段为人所知的。苏美尔人的创世神话，叫《创世史诗》（*Enuma Elish*），反映了古代世界的暴力。女神魔龙（Tiamat）与凶狠的马杜克（Marduk）率领的毫无组织的第七代神祇进行了一场战斗。马杜克杀死魔龙以后，把她的尸体砍成两半，创造了美索不达米亚山。魔龙流出的血汇成了底格里斯河和幼发拉底河。人的创造也同样触目惊心。马杜克用一个被献祭的神的血造了第一个人，充当诸神的奴隶。

在他们的神圣建筑里，古代美索不达米亚人崇拜控制雨和丰收的神。第一批用于宗教崇拜的碑式结构是苏美尔人的台阶式通灵塔（Ziggurats）。通灵塔一般是由泥砖堆砌

图 2.4　乌尔皇家准则，约公元前 2600 年，双面木架，柏油中嵌有贝壳、石灰岩、天青石，约 20.3 厘米 × 48.3 厘米，藏于伦敦大英博物馆

这件艺术品的功能仍然是个谜。发现于乌尔（现在的巴格达附近）皇家陵园最大的一座坟墓里，它的画面只是根据猜测安排的。

的，实际上是一个巨大的祭坛。崇拜者登上台阶，象征着在高于普通人类世界的顶端进入神地。乌尔纳姆（Ur–Nammu）的大通灵塔是为月神修建的，其顶端也许有座献祭用的庙宇（图 2.5）。

近东帝国

古代近东的神话和艺术反映的是连续统治这个地区的征服者和帝国。统治者都被看作神、神的儿子，或圣界的使者。神圣王国这个概念指的就是神直接在国王身上体现的力量和祝福。比如，在世界上最古老的英雄故事《吉尔伽美什史诗》（*Epic of Gilgamesh*，约公元前 2000 年）中，苏美尔的英雄国王吉尔伽美什就懂得只有神是不死的。他回到王国后便以仁治国。古巴比伦最重要的国王汉穆拉比（Hammurapi）制定了书面法典，规定了解决争端的规则和对犯罪的统一处罚。在刻着《汉穆拉比法典》的一根石柱上，汉穆拉比站在沙马什王座前，接受太阳和正义之神的祝福。

古巴比伦王国之后便是亚述王国那些精通技术、无情的武士们，他们征服的地盘已经扩展到下埃及。一个亚述统治者用猎狮的场景和奢侈的花园装饰他在尼姆鲁德（Nimrud，今属伊拉克）的宫殿（图 2.6）。当公元前 7 世纪巴比伦统治复兴时，尼布甲尼撒二世（Nebuchadnezzar II）重建了首都；包括用绿松石做的壮观的伊什塔尔门（Ishtar Gate），和一座七层的大通灵塔，每一层都涂着不同的颜色。

最后也是最伟大的近东帝国是波斯帝国，由征服者居鲁士二世（Cyrus II）建立。他的继承者大流士在波斯波利斯（Persepolis）建造了一座宫殿，以塔状圆柱和宽大阶梯著称，饰有从美索不达米亚富裕城市来此纳税和进贡的人的肖像画。这无疑说明了波斯的统治。然而，在公元前 4 世纪，波斯波利斯被希腊首领亚历山大大帝攻克，这座城市的废墟也被留在了沙漠上，去见证徒劳无益的权力（图 2.7）。

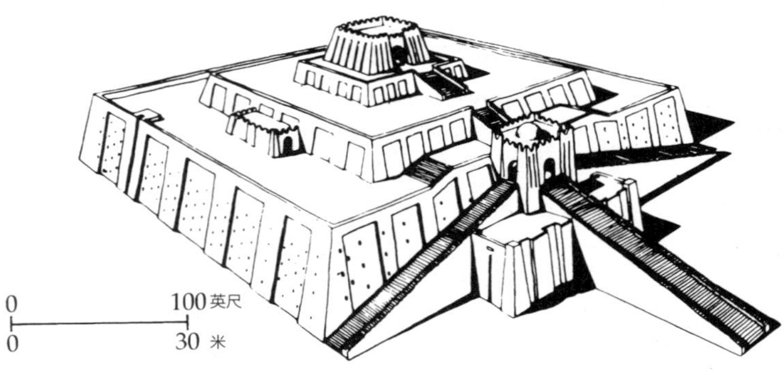

图 2.5　伊拉克乌尔地区的乌尔纳姆通灵塔（Ur–Nammu）重建图，约公元前 2100 年

这座通灵塔高耸于美索不达米亚平原，把苏美尔崇拜者的祭坛抬高到神祇居住的圣界。可与此相比肩的“圣山”是代表埃及和中美洲文明的金字塔。

图 2.6 《猎狮仪式图》，伊拉克尼姆鲁德的亚述纳西帕尔二世的宫殿，约公元前 875—前 860 年，雪花石膏浮雕，高约 99.1 厘米，藏于伦敦大英博物馆

画面栩栩如生地描写了统治者在纵马飞车时杀死狮子的聪明、勇敢之举。

图 2.7 波斯波利斯废墟，伊朗，约公元前 500 年

波斯帝国的版图几乎包括从黑海到埃及的整个古代近东；向西进入欧洲的扩张受到了希腊的抵抗。古希腊雕塑家可能亲眼看到了波斯宫殿里的装饰，并在古代庙宇的雕带上模仿了这些装饰。

古埃及

与近东的动荡和多样性形成对比的是，埃及人创造了持续 3000 年之久的一个相当稳定和同质的文明。从地理上说，埃及以尼罗河为核心，由于每年一度的洪水而土地肥沃。在政治和宗教上，埃及人受制于法老，也就是沿尼罗河两岸树立令人惊叹的丰碑的神王。这种宗教的活力哺育了今天仍然令人敬仰的艺术成就。

埃及：宗教和社会

古希腊历史学家希罗多德说，埃及人是他所知道的最虔诚的宗教信徒，他们的宗教信仰是埃及许多最伟大的艺术的灵感来源。与大多数古代民族一样，埃及人信仰许多神，那是一种被称作多神教的宗教形式。有些神（往往被描画成动物）只具有地方性法力。另一些神则在具有民族意义的神话戏剧中扮演着各种角色。比如，艾希斯（Isis）和俄塞里斯（Osiris）的神话就重演了下埃及（Lower Egypt）与上埃及（Upper Egypt）之间的政治斗争。塞斯（Seth）神（代表上埃及）谋杀了弟弟俄塞里斯并肢解了他的尸体。但俄塞里斯的妻子艾希斯把扔在各处的肢体拾起来，使他在地下得以重生。此后，俄塞里斯就成了地府的统治者。与此同时，塞斯被鹰神霍鲁斯（Horus）打败，埃及的法老们便以霍鲁斯的名义统治生者的世界。

图 2.8　埃及吉萨的金字塔，约公元前 2525—前 2460 年

除了宗教和政治意义外，这些金字塔还是由国家资助的巨大的就业项目。

古埃及人相信人死后生命将不会有任何变化地继续下去，这样一种期待使人们在古王朝时期修建了伟大的金字塔，即用来容纳法老尸体的巨大墓穴。吉萨的金字塔（图 2.8）是用石灰岩块建造的巨大建筑。它们是一个硕大的墓群的一部分，墓群还包括一些较小的建筑和用塑像连接的仪仗路（图 2.9）。最大的金字塔的地基占地 5.2 公顷，由两百多万块巨石堆砌而成。里面的天井和房间里都是被制成木乃伊的法老的尸体，以及他们死后的幸福生活所需要的大量宝藏。

对死者灵魂的呵护始终是埃及宗教和艺术的中心主题。尽管在规模上没有效仿金字塔，但在中王朝时期（Middle Kingdom Period）尼罗河沿岸的国王谷触目皆是悬岩墓穴。这些墓穴之所以掩藏起来是为了防止盗墓者（尽管都没有达到预期目的）。

图 2.9 《麦塞利努斯和卡莫勒奈布提王后》，约公元前 2515 年，灰玄武岩，高 139 厘米，哈佛大学美术考察博物馆，波士顿美术博物馆提供

这对塑像立在通往麦塞利努斯金字塔的仪仗路边。其身体比例是根据严格的规则或比例“法典”计算的，如同希腊古典时期的雕塑。

埃及的艺术

甚至在使生活愉快多彩的壁画、非正规雕塑和其他艺术中，埃及人也是保守拘谨的。一个例外是阿克那吞（Akhenaten），他在其短暂的统治时期内引入新的宗教思想，哺育了一种独特的极其亲密的艺术风格。掌权后不久，阿克那吞就与流行的阿蒙神崇拜及在底比斯的强大的僧侣阶级决裂，并立底比斯为新都。他提倡崇拜一个不知名的神阿吞，即太阳圆盘的意思，他在一首著名的赞美诗中颂扬阿吞赋予万物以生命的力量：

你出现在光明界时大地明亮，
你就像白日的阿吞闪闪发光；
当你驱散了黑暗，
当你洒下了光线，
两片大地举国尽欢。
醒来了，它们站起身，
是你把它们唤醒；
擦干身子，穿上衣服，
伸开双臂拥抱你的尊容。
整个大地开始做工，
动物们在草上啃青；
树木花草抽芽放叶，
群群鸟儿飞离窝巢，
展翅迎接你的魂灵！

日常生活的窗口

一次埃及宴会上的死亡

古代埃及的富人经常吃鱼，烤鸟肉，喝青稞酒。古希腊历史学家希罗多德说，他们吃喝完毕常常用这种病态的习俗提醒自己的必死性：

在富人的社交宴会结束时，一个仆人要拿一副一两肘尺长的棺材给几个客人看，棺材里是一个木制死尸，刻画得栩栩如生。当轮番向每一个客人展示这个尸体时，仆人说："看看这里，尽情地吃喝吧；因为你死后就是这个样子。"

——希罗多德《波斯战争》

图 2.10 《阿克那吞和家人接受太阳神阿吞的祝福》，阿马尔奈，第 18 王朝，约公元前 1353—前 1336 年，涂色石灰岩浮雕，约 31 厘米 × 38 厘米，藏于柏林国家博物馆

人像奇怪的风格化比例是阿克那吞地区短命的"阿马尔奈风格"所特有的。这里用的技术称作深浮雕，即把人像的轮廓深深刻入隆起的背景之中。

《阿吞颂歌》就刻在阿马尔奈的一座墓上，在尼罗河上游离底比斯大约 320 千米处，阿克那吞就在那里建立了新的宫殿。由于离卡纳克和卢克索尔神庙很远，所以，阿马尔奈王朝就哺育了一种前所未有的亲密风格。描画皇族（阿克那吞、王后奈芙提提和他们的孩子们）的图画呈现了他们在赋予生命的太阳圆盘下懒散地闲逛的情景。法老在亲吻其中一个孩子，而另一个孩子则在奈芙提提的膝盖上颠来颠去（图 2.10）。

阿克那吞的宗教和艺术革新并没有维系多久。他的继承人图坦卡蒙（Tutenkhamon）（其富丽堂皇的墓地在 12 世纪被发现）恢复了阿蒙神崇拜，毁掉了为阿吞建造的大多数建筑。拉美西斯二世（Rameses Ⅱ）埃及艺术再度繁荣，建造了更多的献给王权、装饰堂皇的墓穴。

埃及王后在王朝内部获得相当高的地位和权力，这是非常普遍的。新王朝初期，哈特舍普苏在国王谷附近修建了一座巨大的柱廊型庙宇来纪念自己。刻在悬崖边上的著名的阿布辛贝尔考古现场见证了另一位著名的王后，即与拉美西斯的巨大雕像一样大的、他最宠爱的王后奈芙塔里的雕像。传统认为奈芙塔里为拉美西斯出使多次，帮助国王扩大了古埃及王朝的版图。

图 2.11　埃及底比斯奈芙塔里王后墓穴里的壁画，公元前 1290—前 1224 年

左起，被加冕的王后走向长着鹮鸟头的透特神（Thoth），即记录人类行为的神灵。右起，坐在王座上的是俄塞里斯，在审判死者的灵魂。奈芙塔里的人像是用高浮雕刻成的，细腻地呈现了手指、腿和面目轮廓。

王后谷的奈芙塔里王后墓代表了处于权威巅峰时期的埃及艺术（图 2.11）。刻画细腻和色彩鲜明的壁画讲述王后的灵魂（ka）下到地下世界的故事。艾希斯轻轻地扶着王后来到埃及的万神殿，诸神仍然在进行古代的动物崇拜。奈芙塔里的灵魂从每一个神的身上获得力量，使得她的灵魂能够在咄咄逼人的俄塞里斯面前接受最后的审判。奈芙塔里墓穴精致的艺术画面表明了宗教信仰的连续性和具有数千年历史的艺术传统。

继拉美西斯二世统治之后是一段漫长的权力衰落时期，这是外族入侵与内部独立相互交替的时期。库希特人从努比亚入侵埃及南部，曾短暂统治过全埃及（从公元前 8 世纪初到前 671 年）。库希帝国（Kush empire）把埃及文化和努比亚文化独特地混合起来后，又统治尼罗河中部地区达 1000 年之久。下埃及先是被亚述人占领，接着又落入人们痛恨的波斯帝国之手，直到公元前 332 年亚历山大大帝征服希腊时，才把埃及纳入了希腊世界的版图。

古代亚洲

到公元前3000年，农业和城市化兴起，使得从亚洲到美洲的每一个人类居住中心发展迅猛。如在古代近东一样，亚洲的早期文明也出现在大河谷里。

印度河谷

在富饶的南亚印度河谷（今天的巴基斯坦和印度），古代世界最大的文明繁荣了一千年。印度河谷［或哈拉巴（Harappa）］文明为横跨印度次大陆的一些舒适的城市提供了一个贸易网络。摩亨佐·达罗（Mohenjo-Daro）和哈拉巴的现代出土文物表明，没有防御措施的城市旧址都是按井然有序的规划发展的。印度河谷的城市都有公共浴池、排水道和大会堂，提供了甚至今天的城市居民也很向往的舒适措施。

图2.12《印章，极乐的瑜伽修行者盘腿打坐》，印度河谷的摩亨佐·达罗（今属巴基斯坦），约公元前2500—前1500年，藏于巴基斯坦卡拉奇国家博物馆

印度河谷的文明遗址表明那是一种繁荣的文化生活，但令人惊奇的是，细腻的庙宇文化在其他古代文明中心却没有留下任何遗迹。从雕刻印章上的场面可以看出，印度河谷的居民崇拜圣树和长角的动物，如带驼峰的牛（图2.12）。另一些哈拉巴雕塑也许为个人欣赏而做。比如，一个年轻舞者的青铜人像捕捉到青少年瘦长的身材和满不在乎的神情（图2.13）。另一方面，一个男性半身像的严肃神态，体现了哈拉巴人像特有的低前额和宽脸庞的特点，使其赢得了“祭司国王”的绰号，尽管我们不知道他是否代表祭

图 2.13 《年轻舞者雕像》，印度河谷的摩亨佐·达罗，约公元前 2500 年，铸青铜，高 10.8 厘米，藏于印度新德里国家博物馆

哈拉巴金属制造者使用先进的技术，即失蜡铸造，以此铸造青铜。

图 2.14 《“祭司国王”半身像》，出土于印度河谷文明的摩亨佐·达罗，约公元前 2600—前 1900 年，皂石，高 17.5 厘米，藏于卡拉奇巴基斯坦国家博物馆

外袍上的三叶草浸着红色颜料。眼睛、前额和臂饰也是镶嵌的。

司或是国王（图 2.14）。

约公元前 1750 年，宽敞的哈拉巴城市开始衰落，学者们很久以前就将这次衰落归因于外来侵略，但现在人们则认为是气候变化引起的。大约在同时，一个自称为雅利安人的善战的马上民族来到南亚。从雅利安语言和传说中产生了《吠陀经》（*Vedas*），即印度宗教的创始经典，人类最古老的现存宗教传统之一。最早的吠陀经文是唱给天神的赞美歌和为火祭伴奏的祷文。火祭是最主要的吠陀仪式。约公元前 800 年，吠陀圣人写出了哲学评论，即人人皆知的《奥义书》，是关于个人的灵魂和宇宙合一的思考。吠陀传统在公元前 400—前 200 年间再度繁荣，创作了流行的史诗《摩诃婆罗多》和《罗摩衍那》。这些丰富的经典和诗歌为印度的主要信仰——印度教，奠定了基础，使其在公元前 6 世纪得以产生。印度教实行严格的阶级或种姓制度，通过这个制度，有德行的灵魂将在死亡与再生的轮回中升天。印度教信仰是亚洲其他信仰的基础，包括佛教。

青铜时代的中国

图 2.15　刻有文字的牛骨

商朝，卜卦者提出关于祖先灵魂的一个问题，然后烘烤“神骨”，直至它出现裂纹。他们用青铜刀把问题和答案都刻在骨头上。这些就是现代中国文字的祖先。

在本书所论的所有古代文明中，只有中国能从现在追溯到青铜时代初期的连续不间断的发展。古代中国的农业约开始于公元前 5000 年，城市生活开始于公元前 4000 年。中国文明产生于中原地区的两大河流——黄河和长江。

中国文化的连续性尤其惊人，如果我们考虑到中国今天使用的文字系统的话，它本质上与几乎 4000 千年前发明的文字相同。中国文字首先是为记录神谕、指导日常决定之用（图 2.15）。逐渐地，预兆被编入了中国最古老的典籍《易经》，约编于公元前 1150 年，记录了六十四卦的神谕意义。除《易经》外，还有四部中国古代典籍留传下来：《礼记》《诗经》《春秋》和《尚书》（还有一部失传的《乐记》）。

根据《尚书》记载，青铜时代的中国是以三个朝代的帝国历史开始的，即夏、商、周。虽然夏朝仍被认为是具有传奇色彩的，但考古学家仍没有证明它的存在，就像当初没有证明神话中的商朝的存在一样。商朝是尚武文化，统治者在黄河流域建造了城墙和巨大的墓穴。主要艺术媒介是雕刻的玉和模铸的青铜器。商代的青铜器包括祭祖仪式用的盛装食品、水和酒的容器，饰有大量的离奇动物，包括一种叫作饕餮的设计，上面是两侧对称的动物面具，有鼓胀的眼睛，暗示神秘的宇宙力量（图 2.16）。

商朝被周朝征服。周是一个封建王朝，其王称作天子。与商朝一样，周朝也崇敬祖先，擅长仪式青铜器皿的制作。作为对音乐的超凡之爱的见证，周朝的一个统治者与带有 65 个青铜铸钟的编钟合葬，此外还有数百种其他乐器（图 2.17）。

周朝末期诸侯混战，到战国时期这个王朝终于瓦解了。中国文化中出现了两种伟大的哲学观：儒和道。两者似乎对立但又互补。孔子伦理通过实际接触社会寻求真理，而道教伦理则通过与自然的接触寻求真理。这两种对立的世界观——入世和出世，从此就成了中国艺术和文学之根的两股永恒冲动。

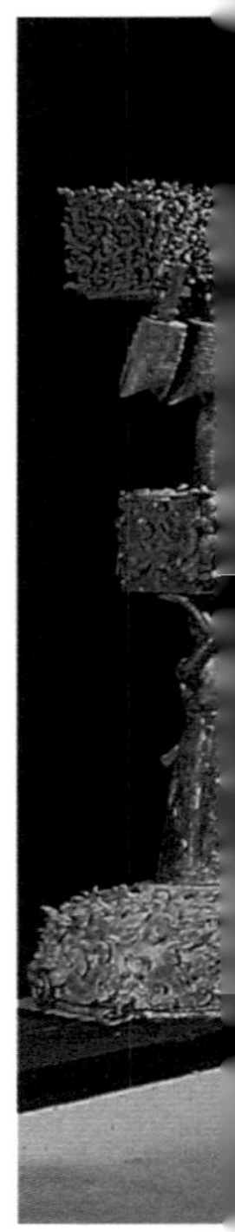

图 2.16　带盖的仪式用酒器或方鼎，商朝，约公元前1300—前1100年，青铜，高30.2厘米，藏于亚瑟萨克勒博物馆

这个饕餮酒器上含混的、面具般的设计可以解释为一副面孔，一副张开的鼻孔和一个长角的头。也可以说是相互面对、呈现侧面的两条龙。

图 2.17　湖北随县曾侯乙编钟，周朝，约公元前433年，青铜和木架，架高2.74米，长7.62米，藏于湖北省武汉博物馆

1978年出土，保存完好，这套编钟有6个音域，12个半音，根据击打的部位，每只钟可发出两个准确的音。

古代美洲

人类约在 20000 年前或更早些时候迁徙到美洲或新世界，可能是沿着西伯利亚与阿拉斯加之间的一道脊梁进行的。人类迁徙和定居的确切进程仍然很难确定，但到了公元前 7000 年，新世界的人们已经种植玉米、南瓜和棉花等农作物。最早定居的城市中心在中美洲（今天的墨西哥），以及南美的安第斯山脉。独特而往往高度进步的文明在这两个地区兴起和衰落，支持着与旧世界大小和成就相等的都城和人口。

中美洲有一种叫作奥尔梅克（Olmec）的文明，大约在公元前 1500 年兴起于墨西哥东部海岸。有些学者称奥尔梅克文明为美洲的“文化之母”，因为其宇宙观、历法和金字塔的建造影响了许多其他民族。奥尔梅克人以一种独特的艺术风格雕刻出美洲豹和长羽毛的蛇的石像，这两种动物对中美洲的宗教信仰都非常重要。奥尔梅克人还雕刻了巨大的戴头盔的头像，高约 226 厘米，也许是被当作神的酋长的头像（图 2.18）。

图 2.18 《巨头》，墨西哥拉文塔的圣洛伦佐，中形成期，约公元前 900 年，玄武岩制成，高 226 厘米，墨西哥塔巴斯克省委拉赫莫撒市拉文塔公园

奥尔梅克人所刻的就是这种巨石头像。

关键概念

神 话

古人用神话和故事歌颂他们最重要的信仰，这些神话和故事以象征的语言解释宇宙的本质和人在世界上的居所。神话起源于最早的人类对某一更高现实的信仰，那是在人类经验之上或之下的一个神圣维度。神话就是描写这个隐秘世界的存在者的，他们是神祇以及与神祇通灵的非凡的人类。一个文化的民间神话故事是一代接一代地口头传诵下来的。这种民间神话故事包括神话本身，以及民间传说、传奇、寓言和民间箴言，都是用类似梦呓的怪异的象征逻辑细腻讲述的。最终，各种文化都用文字的史诗和经典的形式，也就是我们今天继承的这些故事的形式，把他们的神话记录了下来。

神话是古代人的科学和哲学，用人生活中熟悉的形象（诚实与欺骗、生与死、性与战争）解释宇宙的秘密。神话用生动的场景描写世界的创造，现代人往往觉得很奇怪。在玛雅《波波武经》(*Popol Vuh*)中，神首先用泥、然后用木头造人。但上天的统治者对这个结果很不满意，便用漆黑的树脂状的东西涂抹了世界。最后，神用地上的玉黍构成了合适的人的形状，“用黄的玉黍和白的玉黍造了人的肉；用玉黍面造了人的胳膊和腿”，古代经文写道。后来，神就要求人类用祈祷、祭血和小巧的礼品拜祭神。

玛雅的创世故事反映了神话思维中常见的主题：毁灭世界的火与水；人对神献祭的义务，以及人违背神的命令的习性（图 2.19）。在神话和与神话相关的仪式中，人颂扬宇宙秩序，与控制人的生命的神力灵交。神话认为灾难和个人的不幸都是神有目的的策划的。

图 2.19　2009 年，考古学家理查·汉森展示新发现的雕带，上面刻的是《波波武经》中的两位英雄胡那普和伊克斯巴郎齐，约公元前 300 年，危地马拉的米拉多尔

这个雕带刻画的是双胞胎兄弟拯救父亲的头之后游泳逃走的情景。他们的父亲含·胡那普被冥府之神欺骗并砍了头。

人类学家布罗尼斯拉夫·马林诺斯基说，神话是以叙述形式写成的社会宪章，相当于现在的政治宪法和社会史。他提出神话“不仅是讲述的故事，而且是经历过的现实”。

现代思想家都把神话作为心理学真理的模式来研究。宗教学者密西阿·伊利亚德认为，神话揭示的是“神圣的历史”，是不能用理性或科学语言来解释的神秘的、崇高的真理。先驱心理学家卡尔·荣格则声称神话表现的是普遍的精神形象或原型，即出现在梦境、文学和艺术中的形象。甚至在今天，神话真理——讲述我们的经历无法企及的一个神圣维度的故事和民间传说，仍是宗教和精神信仰的核心。

图 2.20 《马镫喷口瓶》，锻金，饰有几何图案，沙文风格，秘鲁瓦尔梅山谷，约公元前 900—前 200 年，美国自然历史博物馆

秘鲁中部高地北部的沙文·德·万塔是古代奇观和朝圣中心。通过把海岸和高地文化相结合，沙文也把前哥伦布时代的秘鲁统一起来。虽然后来秘鲁的多种文化都使用这种马镫喷口瓶，但其独特形式的象征意义却无从知晓。

后来的中美洲文化中心将带有奥尔梅克风格和思想的印记。在今日墨西哥的山谷里，一种神秘的文化建立了该地区最神圣的城市特奥蒂瓦坎（Teotihuacán），那里的中美洲人相信诸神已经诞生。给人印象最深的中美洲城市是阿兹特克首府特诺奇提特兰（Tenochtitlán）的，眼目所及皆是金字塔祭坛和青葱花园。西班牙编年史家伯纳尔·迪亚兹（Bernal Diax）在描写科尔特斯（Cortés）士兵时说："他们走遍了世界上的各个角落，君士坦丁堡、全意大利和罗马，但从未见过这么大的一个市场，这么多的人，这么井然有序。"在安第斯山脉，最新的发现表明人类居民早在公元前 5000 年时就掌握了种植庄稼、灌溉和大规模建筑的技术。安第斯山脉的第一次文化繁荣兴起于奥尔梅克人的同代人沙文人（Chavín），集中在今天秘鲁的沿海地区（图 2.20）。沙文文化创造了由金字塔祭坛构成的仪式场所，竖起了巨大的独石雕像。代表安第斯文明的雕像包括宽吻鳄、蛇和猫等动物。安第斯山脉最大的古城是提阿华纳克［Tiahuanaco，也叫提瓦纳库（Tiwanaku）］，坐落在的的喀喀湖（Titicaca）附近的玻利维亚高原上。在公元前 400 年的鼎盛时期，这座城市的人口可能达到了 40000 人，其领土向北延伸到安第斯滑坡。提阿华纳克高度层级化的社会预示了 1000 年后的印加统治，安第斯地区被归入了一个短暂但却辉煌的帝国的版图。

在北美，人类定居比较分散，规模较小，其中心主要在西南部的沙漠和密西西比河盆地。北美人很少从事大规模的农业生产，或像南部姊妹文明那样建造丰碑式的城市建筑。其一个令人神往的丰碑式建筑是俄亥俄河谷的巨大蛇山。小规模的建造主要是装饰彩陶；石刻则很少见。

与鲜为人知的开端相比，新世界文明的结尾则是人们再熟悉不过的了。在 16 世纪，欧洲征服者渴求金银，打败了阿兹特克和印加帝国，将其闪光的城市夷为废墟。当地人受到欧洲疾病的摧残，死亡率高达 95%。幸存者虽然进行了抵抗，但却落入欧洲的殖民统治，只留下了关于这块大陆的辉煌历史成就的一丝微弱记忆。

图 3.1　雅典帕提侬神庙

如雅典领袖伯里克利所预见的，雅典神庙的废墟仍然作为“我们的力量的巨大丰碑”而屹立着，它将成为这个时代和以后各个时代的奇迹。

03

古希腊

即便是废墟，雅典的帕提侬神庙也在比例上达到了完美的平衡（图 3.1）。神庙屹立在雅典的上城区，雅典城也随之达到了历史上罕有与其相媲美的成就。帕提侬神庙和谐的轮廓象征着古代希腊的古典精神（地图 3.1）：相信人类智力将给世界带来秩序，艺术能够捕捉人类形体和感觉的本质。在古代雅典的巅峰，这种精神传遍了整个地中海，成了后续文明用以衡量自身的标准。

早期希腊

在古代世界的所有文明中，对西方社会发生最大影响的莫过于古希腊，其在艺术、文学、哲学和科学方面的成就永为世人所传颂。希腊文明起源于地中海东部的两个青铜时代的文明，一个是米诺斯文化（Minoan，约公元前 2600—前 1100），另一个是迈锡尼文化（Mycenaean，约公元前 1600—前 1100）。这两种文化最终被自然灾害和外来侵略所毁灭，在一段“黑暗时期”过后，早期希腊文明（公元前 900—前 480）兴起了。

早期希腊人相比于他们地中海的邻居很落后，但他们在与埃及和波斯接触后发展很快，不久就在地中海北部建立了殖民地。他们根据对周围废墟中的迈锡尼和爱琴海文化的记忆建构了自己的身份。这些记忆最后集中在一个单一的传奇事件上——特洛伊被攻陷——他们在诗歌和艺术中加以粉饰的一个传奇故事。

地图 3.1　古希腊

图 3.2 《古代克里特的公牛跳》，克里特克诺索斯皇家宫殿里的湿壁画，约公元前 1500 年

画家笔下的男女运动员在一头咆哮的公牛背上表演倒立。画家仿佛在一幅多次曝光的照片上描画运动员：一个抓住牛角，另一个跨上牛背，第三个则完成了她的特技表演。

图 3.3 《蛇女神》，克里特克诺索斯皇家宫殿，约公元前 1600 年，彩陶，高 30 厘米，藏于赫拉克里昂的考古博物馆

露乳房的紧身胸衣和镶荷叶边的裙子是米诺斯宗教服饰的一部分。女祭司手中的蛇和头顶上的猫头鹰在古代以女神为中心的宗教中象征着神圣的力量。头和头饰都经过了改良。

爱琴海的世界

米诺斯（Minoans）在克里特的地中海岛屿上建立了一种广袤独特的文明。那里的人民喜欢享乐，艺术技巧娴熟，其力量和繁荣都来源于一支强大的海军。他们的文明在大约公元前 1400 年达到社会和艺术发展的高峰。米诺斯人建造了庞大的宫殿和金碧辉煌、毫无防御的建筑。考古学家以传奇式的国王米诺斯（Minos）的名字称呼这个岛屿的文明。米诺斯的王后生了个令人生畏的怪物，叫弥诺陶勒斯（Minotaur）。公牛是米诺斯宗教仪式的一个重要组成部分，其主要特征是一种壮观的公牛跳（Bull–leaping）运动（图 3.2）。

米诺斯人也是技巧娴熟的匠人，生产一些容易与地中海邻国进行贸易的小物品。米诺斯人用贵重金属和陶土制作珠宝和小人像，如陶品《蛇女神》（*Snake Goddess*）（图 3.3）。这个人像实际上描画的是一个正在祭拜某个米诺斯神的女祭司。米诺斯宗教主要祭拜女性神灵，而米诺斯社会也给予妇女平等和自由，这在古代世界是罕见的。

迈锡尼（Mycenaeans）是一种尚武文明，以希腊本土的宫殿城堡为大本营。迈锡尼武士们以这些堡垒为据点，对爱琴海沿岸富裕的城市远征掠夺。后来关于特洛伊战争的许多希腊史诗都隐约令人想起迈锡尼人掠夺物品和奴隶的远征。现代考古学证明了迈锡尼人到小亚细亚的特洛伊远征的可能性。该城是在大约公元前 1250 年被烧毁的。

迈锡尼宫殿里的出土文物表明，一种极为富强的文明着迷于死亡和来世。在迈锡尼，考古学家出土了埋葬迈锡尼皇族的迷宫式的天井式坟墓。堡垒主门里面的一行行坟墓最

图 3.4 《阿伽门农的面具》，迈锡尼的一座坟墓出土，约公元前 1500 年，金箔，高 26 厘米，藏于雅典国家考古博物馆

这种面具用该地区最宝贵的金属精制而成，是为迈锡尼皇族保存的。在其他古代文化（埃及、中国）中，这种贵重物品都和主人一起埋葬，为使他在来世的生活好过些。

可能是给予古代英雄的荣誉。这样一位英雄的面孔在《阿伽门农的面具》（图 3.4）中可以看到。《阿伽门农的面具》是 1876 年考古学家海因里希·施里曼（Heinrich Schliemann）发现的。

迈锡尼人对爱琴海沿岸的统治不久就结束了。大约在公元前 1150 年，侵略者从北部进入希腊，捣毁了迈锡尼人的宫殿，将其文明传播到各地。只有迈锡尼的一些中心地区（雅典是其中之一）没有受到损害。迈锡尼文明衰落之后，希腊进入了“黑暗时期”（大约公元前 1150—前 900），就在这个时期里，文字、工艺和其他文化技艺都丢失了。

早期希腊诗歌

就在这种动荡的局势中，一个被我们称作希腊的民族诞生了。到公元前 733 年，希腊城邦派出远征队，跨越爱琴海，在小亚细亚定居，到公元前 600 年，希腊殖民地已从黑海蔓延到西西里。

尽管在地理上分散，政治上存在分歧，但早期希腊人却因为语言、宗教和传奇而统一起来。早期希腊最重要的诗歌作品——西方文学的源头——讲的是攻陷特洛伊的故事。特洛伊是小亚细亚的一座古城。故事是通过两篇著名的诗歌讲述的，这就是《伊利昂纪》和《奥德赛》，人们通常认为这两首诗出自诗人荷马之手，大约写于公元前 8 世纪。古希腊人承认荷马是他们最伟大的诗人。但现代学者却对荷马其人是否存在、两部荷马史诗是否出自同一人之手有异议。

与巴比伦的《吉尔伽美什史诗》和印度的《摩呵婆罗多》一样，荷马的两首诗都是史诗，即叙述某种规模的英雄业绩的长篇叙事诗，通常围绕一位英雄的故事表达种族或民族认同感。《荷马史诗》中的英雄有阿喀琉斯（Achilleus），希腊攻占特洛伊时最伟大的武士，和奥德修斯（Odysseus），从特洛伊航海归家的伟大的探险者。荷马笔下的英雄都是正义行为和娴熟语言的典范。实际上，受过教育的希腊人在迈锡尼宫殿夷为废墟七个世纪之后，仍然能够引用荷马说过的话。

在《伊利昂纪》中，特洛伊人和希腊人之间的战争为描写愤怒和悲伤的悲剧提供了背景。在被主将阿伽门农侮辱后，希腊最伟大的勇士阿喀琉斯愤怒地离开了战场。然而，当他最亲密的战友帕特罗克勒斯穿戴阿喀琉斯的盔甲帮助希腊人，被特洛伊最伟大的武士赫克托耳杀死后，阿喀琉斯重返战场，打败了赫克托耳，侮辱了他的尸体（图 3.5）。几个夜晚之后，特洛伊国王普里阿摩斯溜进阿喀琉斯的军营，请求阿喀琉斯归还儿子的

图 3.5 《帕特罗克勒斯尸体上的厮杀》，黑图花瓶上的一个图景，约公元前 530 年，藏于雅典国家考古博物馆

早期希腊艺术从特洛伊战争的传奇叙事中汲取形象；图中，特洛伊人和希腊人在帕特罗克勒斯的尸体上方厮杀，帕特罗克勒斯是阿喀琉斯的伙伴。注意黑图的技巧，细节是被刮擦到黑釉上去的。

尸体：

> 他这样说，使阿喀琉斯想哀悼他的父亲，
> 他碰到老人的手，把他轻轻地推开。
> 他们两人都怀念亲人，普里阿摩斯
> 在阿喀琉斯脚前哭他的杀敌的赫克托耳，
> 阿喀琉斯则哭他父亲，一会儿又哭
> 帕特罗克勒斯，他们的哭声响彻房屋。
> 在神样的阿喀琉斯哭够，啼泣的欲望
> 从他的心里和身上完全消退以后，
> 他立刻从椅子上跳起，把老人搀扶起来，
> 怜悯他的灰白头发、灰白胡须，
> 向他说出一些有翼飞翔的话语：
> “……
> 神们是这样给可怜的人分配命运，
> 使他们一生悲伤，自己却无忧无虑。
> 宙斯的地板上放着两只土瓶，瓶里是
> 他赠送的礼物，一只装祸，一只装福，
> 若是那掷雷的宙斯给人混合的命运，
> 那人的运气就有时候好，有时候坏；
> 如果他只给人悲惨的命运，
> 那人便遭辱骂，
> 凶恶的穷困迫使他在神圣的大地上
> 到处流浪，
> 既不被天神重视，也不受凡人尊敬。”

——荷马，《伊利昂纪》第 24 卷（译文出自罗念生、王焕生译《伊利昂纪》，642 页，人民文学出版社，1994）

萨福的抒情诗　当希腊人厌烦了史诗高度的戏剧性和夸张的风格时，他们便转向了抒情诗。抒情诗的名称得自于里拉，一种为这种诗歌朗诵伴奏的弦乐器（图 3.6）。抒情诗短小，往往为某一特定场合而写，表达说话者的内在思想和感情。史诗歌手会在宫廷

图 3.6 《西塔拉弹奏者与听者》，阿提卡大师安多基德斯的花瓶画，约公元前 530 年，藏于巴黎卢浮宫

一个抒情歌手边歌唱边用西塔拉伴奏，西塔拉是一种比里拉更大、更细腻的乐器。抒情诗既为较亲密的场合又为正式场合所写，如在节日歌颂神或运动员。

里演唱他的诗，而抒情诗则是为非正式场合而作的，如在朋友们聚会的宴会上。

古希腊最有名的抒情诗人是萨福（Sappho），公元前 600 年左右生活在爱琴海的莱斯博斯岛（Lesbos）。萨福领导一个由女性朋友组成的献身于音乐和诗歌的社团。她的诗歌大部分仅存残篇，热情地歌颂了这个社团的年轻成员。

这里引用的残篇展示了萨福诗歌的直接性。

有人说骑兵，有人会声称
步兵或划着长桨的水兵
是黑土地上至高的景象。
而我说那是
你爱的姑娘。这极易证明。
难道海伦[a]，凡人的美后
不是首先在人间选择了
对特洛伊的
严厉的惩罚？为萦绕心怀的爱
她忘记了亲族，忘记了自己心爱的孩子
竟然流浪到异国他乡。
噢，软弱无常的女人
在任何男人面前俯首躬身：
所以，阿纳科托利亚，你
虽然远离，但不要把爱你的朋友忘记。
而我这个朋友
宁愿聆听你轻柔的脚步
看到你发光的面庞，也不愿
观看丽迪亚闪光的骑士
和重甲步兵。

——萨福

（a）海伦，墨涅拉俄斯的妻子。

早期希腊的宗教和哲学

当阿喀琉斯抱怨宙斯赐给人间苦难时，他所表达的是普通希腊人对神主宰人类命运的态度。希腊宗教的诸神都是高度的神人同形，神在形态上像人类，并在人类生活中发挥积极的作用。比如，在《伊利昂纪》中，阿波罗和赫拉对不喜欢他们的人施以瘟疫和灾难。为了得到诸神的青睐，虔诚的希腊人在圣坛、庙宇祭司和仪式人员的帮助下举行动物祭祀。希腊独特而最重要的宗教制度是德尔斐（Delphi）神谕。在德尔菲神庙里，一位虔诚的女祭司跪在阿波罗神像前，向这位神明占卜信徒所提问题的答案。

由于早期希腊社区相当分散，因此宗教信仰和活动也多种多样，这反映了不同地方的传统。大约在公元前700年，诗人赫西奥德（Hesiodos）试图在他的诗歌《神谱》（*Theogony*）中把希腊信仰凝练综合在一起。《神谱》讲的就是诸神的创造过程。按照古代近东的模式，赫西奥德认为宇宙产生于历代诸神的繁衍，其开端是“混沌”和万物之母盖亚（Gaia）：

> 混沌的确是首先出现的，接着是胸怀宽广的大地，她是一切不朽之神的坚实基础，这些不朽之神占据着奥林匹斯山积雪的山峰，以及道路宽广的大地深处阴暗的塔尔塔洛斯，不朽之神中最美丽的厄洛斯（爱神）能使人四肢麻木，征服诸神和诸神中所有人的精神和智慧。

到公元前600年，希腊思想家开始在希腊神话生动的故事中加入对事物本性的哲学思考。最早的希腊哲学家主要活动在小亚细亚的希腊城邦里（今天的土耳其）和意大利，他们追问的问题是：“宇宙的本质是什么？”对问题的回答反映了一种新的理性主义，即相信人类理性是关于世界的真理的最准确来源。有些人推理说自然界一定衍生于一种原始的东西，一种被称作一元论的观念。早期唯物论者米勒图斯的泰勒斯认为一切自然都由水构成。阿那西曼德（Anaximander）认为原始的东西就是气，他将气称为“不确定者”“无界限者”；而赫拉克利特（Heraclitus）则认为，由火所代表的变化就是万物。

早期希腊哲学的另一个分支遵循毕达哥拉斯的教导。毕达哥拉斯是最受尊敬的早期希腊哲学家。他过着一种安静而有节制的自律生活，相信灵魂的轮回。他最有影响的教导涉及作为物质世界基础的数学结构。据后来的评论家说，毕达哥拉斯假设“数的因素是万物的因素，整个天空是一个音阶和一个数”。

希腊的哲学思想发展迅速。巴门尼德声称宇宙实际上是由一个原始的普遍本质构成的，他称之为“存在”。巴门尼德认为“存在”是一个不变的完美领域，包括一切存在，一切都不可能不存在，但他进而认为一切感觉经验都是幻觉。像恩培多克勒这样的希腊多元论者提出，“所是”实际上包括四种基本元素——土、气、火、水。最后，原子论者回归一元论，声称是原子的小颗粒（atoma，意思是“不可分化的物”）构成了宇宙中的万物。整个世界（包括神、人及其周围环境）都产生于穿过虚空时旋转的原子的无意碰撞。

早期希腊哲学惊人的发展往往离不开伦理教育。毕达哥拉斯告诫弟子不要吃肉，不然就有可能吞掉某个祖先的灵魂；恩培多克勒相信如果在连续的生命中纯洁地生活，人可以长生不老。这些具有创造性的理性思辨为公元前5世纪的雅典哲学革命奠定了基础。

早期希腊艺术

从公元前650年到公元前490年，在这个哲学变革的时期，希腊人发展了一种独特的视觉艺术风格，现在叫作古体。尽管希腊的古风是随意借自比较先进的埃及和波斯文明而发展的，但希腊艺人把这些舶来品改造成与自然美和人体形态相关的一种艺术。

由于希腊壁画几乎没有存留下来，我们主要通过陶罐了解到希腊早期的绘画。这些陶罐是在科林斯和雅典这样的商业中心制作的，最初都饰有抽象的几何图形。这种所谓的几何技术表明希腊人对复杂的理性化图案的兴趣。最壮观的几何风格陶罐是巨大的随葬罐（图3.7），是雅典社会精英的墓穴的标志。到公元前600年，希腊画家已经掌握了黑人像画法，即把生动服饰和面部表情刻在釉彩上，再经过火烧使之变黑（见图3.5）。黑人像技术促进了一种发展迅速的自然主义（按其自然表征再现物体的一种尝试）风格的形成。

最先进的陶罐绘画形式是红人像技术，画中场景的背景都是涂色的（看起来是黑色），而人像都是未涂色的（看起来是红色），

图3.7 《雅典迪皮龙墓地随葬的双耳喷匚杯》，约公元前750—前700年，捐献给赫希菲尔德工作坊，陶器，高108厘米，藏于纽约大都会艺术博物馆

从最早的艺术——陶罐画和人像雕刻开始，希腊人就展示了对理性主义和人体的兴趣。几何风格的希腊陶罐运用复杂的回纹波形和其他图案把停尸架和悲悼的核心场面包围起来。这种纪念性陶罐是一种墓碑。

图3.8 欧佛罗尼奥斯，《萨耳珀冬之死》，约公元前515年，红人像盂，赤陶土，高46厘米，直径55厘米，藏于纽约大都会艺术博物馆

致命的伤口流着鲜血，荷马笔下的武士萨耳珀冬就是为死亡和睡眠的地下世界所生的。红人像绘画技术比以前的各种方法都更加突出了自然细节。

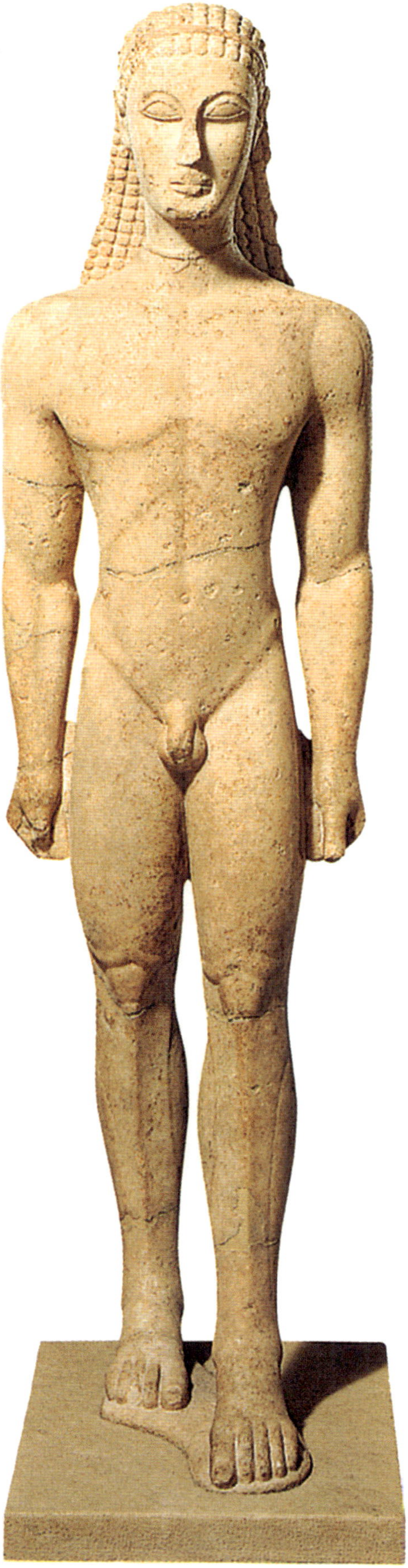

除非进行详尽的细节剖析。红人像技术能够体现身体运动和故事讲述的细微效果。红人像陶罐就像欧佛罗尼奥斯（Euphronios）陶罐（图 3.8）一样，展示了早期希腊艺术家对人类情感和活动的全面掌握。

古代雕塑也经历了类似的从形式化过渡到自然主义的发展。最常见的古代雕像是库罗斯（kouros），独自站立的男性青年裸体雕像，用作墓碑或立在庙宇之外。早期的库罗斯显示出希腊人借自埃及雕像的严格对称性和几何图案的发式。人像姿态是固定的，两臂僵直垂在两侧，拳头紧握，左脚放在右脚前。这里的人体形态是风格化的几何图形（图 3.9）。

图 3.9 《阿提卡的库罗斯》，约公元前 590 年，大理石，高 1.94 米，藏于纽约大都会艺术博物馆

希腊的库罗斯一般是用来强化自然主义的，表现的是理想的青年男性的美。这个古代雕塑表明早期希腊人对对称性和几何形状的兴趣。

图 3.10 《开俄斯岛的克雷》，约公元前 520 年，大理石，高 56 厘米，藏于雅典卫城博物馆

在古代和早期古典主义雕塑中，女性人像总是穿着衣服的。把这尊克雷雕像的挂饰与帕提侬神庙中女神像（见图 3.21）较流动的服饰处理加以对比，看看有什么区别。

图 3.11 《扛牛犊的人》，约公元前 570 年，大理石，高 1.65 米，藏于雅典卫城博物馆

到公元前 6 世纪中期，希腊古代雕塑越来越自然化（比较图 3.9），如这里的年轻人与其背负的献祭物的相关形式所示。

古代后期，雕塑家开始弱化古代严格的几何图形，用比较柔顺的曲线描画人体。克雷（koré）即库罗斯的女性翻版，在设计上已经不那么严格了，部分原因在于克雷始终是穿着衣服的（图3.10）。披挂的饰物开创了更加多样的线条，尽管头发依然显示出僵化的几何图形。嘴唇向后撇去，呈现出“古代的微笑”，或许是为了赋予面目动感。《扛牛犊的人》（图3.11）完全可能立在雅典卫城的一个圣坛旁边。这里，人与动物之间强烈的身体纽带以微妙的自然主义弱化了古代风格的理性化设计和对称。雕塑中古代风格与古典风格之间的决定性转折随着《克里特男孩》（图3.12）的问世而到来。这尊雕像在波斯战争爆发之前面世，其面孔已经不再僵化地面向前方了，而是稍稍转向侧面，重心放在一条腿上，翘起臀部和肩膀。人像的线条柔顺而充实，仿佛在吸一口气。虽然仍然显得高度理想化，但《克里特男孩》宣告了希腊古典雕塑成熟的自然主义的到来。

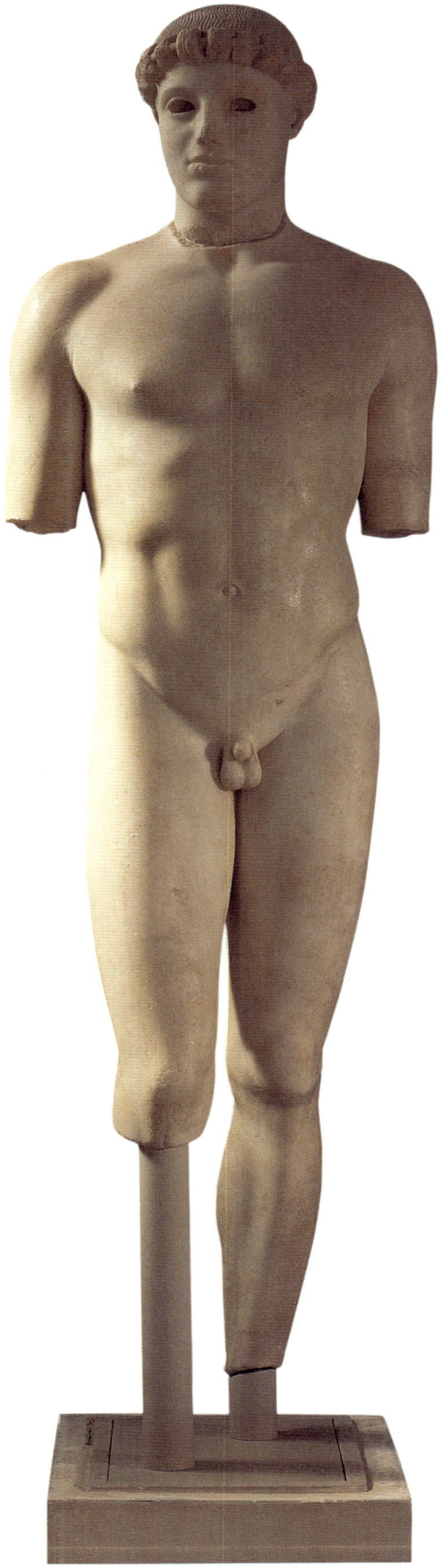

图3.12 《克里特男孩》，约公元前490年，大理石，高86厘米，藏于雅典卫城博物馆

库罗斯的正面姿态舒缓，人像在空间中稍有偏转。早期雕塑的“古代微笑”消失了。

古典时期

希腊的古典时期开始于公元前 490 年，即雅典军队在马拉松打败波斯入侵者的时候。当波斯军队于公元前 480 年反攻时，雅典人不得不放弃自己的城市，眼睁睁地看着敌军将其烧毁。但雅典军队几天后就在萨拉米斯战役（在萨拉米斯岛与雅典的比雷埃夫斯港口之间）一雪此恨，雅典的海军指挥官狡猾地把波斯海军诱入圈套，一举歼灭。

雅典人将这次胜利看作是雅典注定成为全希腊首领的象征。实际上，希腊现已进入了一个无与伦比的辉煌时期。这个古典时代一直延续到公元前 323 年亚历山大大帝死亡才结束。它在戏剧、建筑、雕塑和哲学等方面都取得了卓越的成就，并且其帮助限定了西方文明的本质特性。

黄金时期的雅典

雅典是古希腊的光荣。在公元前 480 年起，直到公元前 404 年伯罗奔尼撒战争中遭遇溃败之间，雅典经历了一个史称黄金时代的繁荣和成就期。雅典的核心，如每一个希腊城市一样，是城邦（polis），通常被译为 city-state。对希腊人来说，城邦意味着市民本身，包括公民的价值和向往。希腊哲学家柏拉图认为，一个组织完好的城邦将产生美满幸福的市民。古典主义哲学家亚里士多德说，人是“政治动物”，意思是说在城邦里生活是人的本性。

雅典城邦的组织成员仅限于城市里的男性成年公民，不包括妇女、奴隶和非本地居民。在雅典这样的人口可能达 25 万的城市里，城邦的男人不过一两万。然而，在这个有限的群体内，黄金时代的雅典人却实践着生机勃勃的民主制，或称“人民的统治”。他们通过抽签选择重要职位，通过整个城邦的大多数选票决定重要问题。因此，雅典政府在某些方面比今天的代议制选举更加民主。

政治家伯里克利领导雅典走向了政治权力和影响的巅峰。波斯战争后，出于防御原因，雅典与其他希腊城邦结盟，组成提洛同盟。雅典不久就开始欺负其他成员；到公元前 5 世纪中叶，提洛同盟就成了雅典帝国。雅典人对权力不顾一切地追求引发了与斯巴达的一场灾难性战争。斯巴达是雅典的劲敌，拥有一支强大的军队。伯罗奔尼撒战争（公元前 431—前 404）的结果是雅典海军的覆灭和公元前 404 年向斯巴达俯首称臣。战后，雅典仍然保留着文化中心的主导地位（伯里克利骄傲地称之为“古希腊学校”），但却再也未能重获黄金时代的权力和创造力。

古典时代雅典的妇女　雅典的成年妇女，无论是家庭主妇、奴隶还是妓女，都被排除

图 3.13 《海格索的石墓碑》，约公元前410—前400年，大理石，高1.5米，藏于雅典国家考古博物馆

这个墓碑浮雕描绘了一个希腊女主人用珠宝打扮自己。婚后，雅典妇女习惯过着足不出户的育儿、做家务的生活。

在城市的公共事务之外。几乎所有的女性公民都结了婚。她们作为主妇的职责仅限于家庭活动的组织，监督奴隶和做家务（图 3.13）。伯里克利说最幸福的妻子是不被说长道短的妻子。雅典的家庭主妇与男人分居，通常情况下甚至不与丈夫共进晚餐。

雅典的男人完全可能与“高级妓女”（hetaera）共进晚餐。“高级妓女”这个词指的是受雇为高等妓女、娱乐表演者和普通妓女的外国女人。她们中有些是受过高等教育的、技艺高超的舞者和乐师，能够以舞蹈或诗歌朗诵的形式表演希腊传奇。高级妓女在晚宴上为男人提供娱乐和陪伴。在陶罐画上还可看到她们专心致志于热烈的争论。她们也可能是唯一一类被允许进入剧院看戏的女人。当时最著名的高级妓女叫阿司帕希亚（Aspasia），这位妓女从公元前 445 年起到伯里克利逝世一直陪伴着他。阿司帕希亚给伯里克利生了个儿子，并有辅佐儿子参政的嫌疑。由于她影响很大，所以招致雅典演说家和剧作家的批评。

日常生活的窗口

雅典瘟疫

伯罗奔尼撒战争的第二年，一场瘟疫袭击了雅典，人口遭到重创，社会和宗教习俗被中断。历史学家修昔底德（Thucydides）记录道，神庙和圣殿里堆满了尸体。

> 他们居住的神圣居所堆满了尸体。人们死在哪里，尸体就地堆到哪里；由于这场灾难已经无法控制，人们不知道命运如何，也就不顾一切，不管是圣地还是世俗之地了。以前用的葬礼仪式全然不顾了，只是尽最大努力把尸体埋掉。许多人都没有正常的用具，许多朋友都已经死去，所以在埋葬死者时也就不顾廉耻了。有时，当一个人准备火葬堆时，另一个人来了，抢先把尸体扔了上去；有时，他们把带来的尸体扔在正在火葬的另一具尸体上，就走掉了。
>
> ——修昔底德《伯罗奔尼撒战争史》

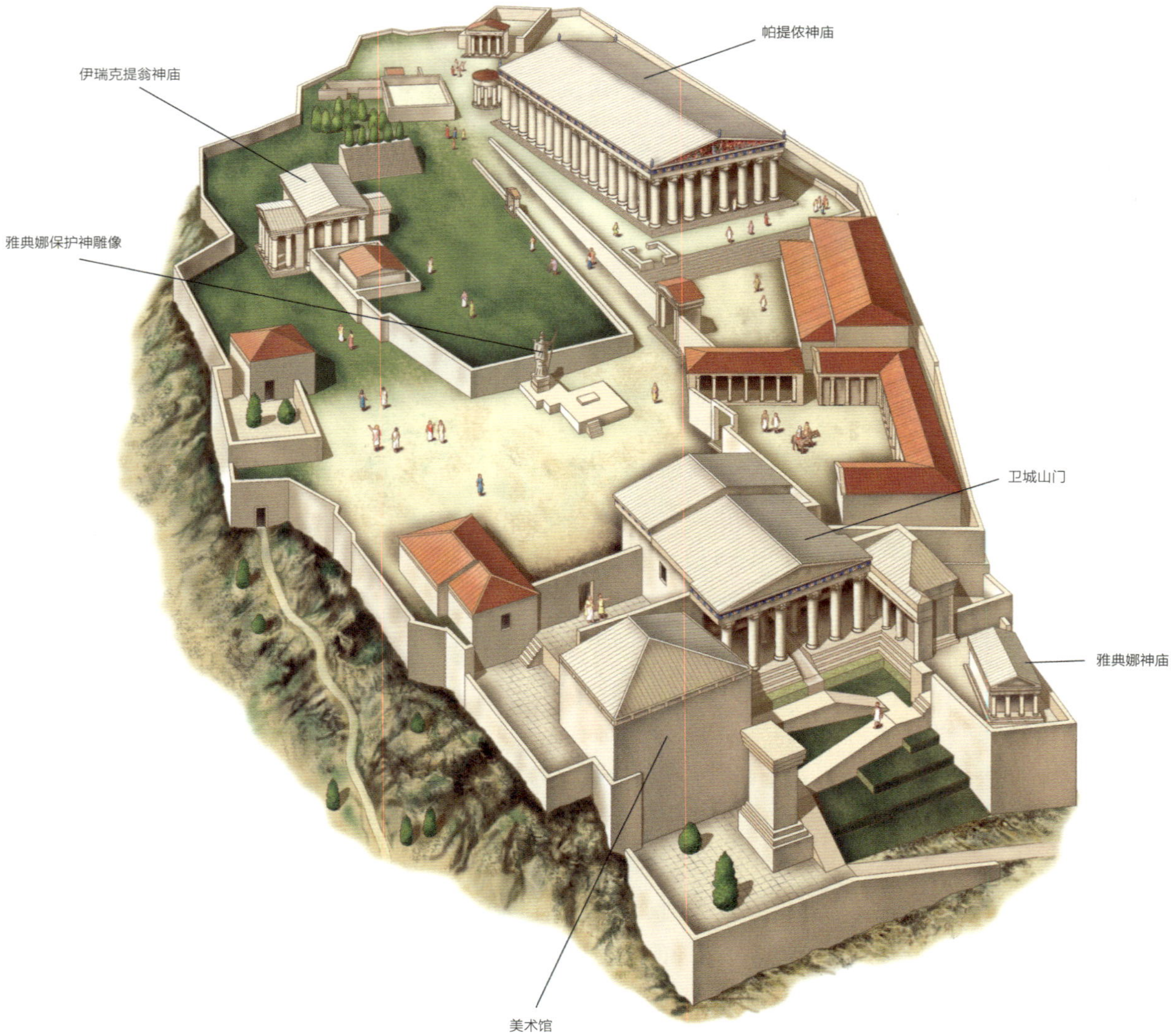

图 3.14　雅典卫城复原模型

雅典黄金时代的宗教建筑展现了该城的财富和力量，尤其是用盟邦税款支持建筑之后。在卫城的制高点是帕提侬神庙，它是希腊庙宇风格的精致例证。

希腊古典艺术

希腊艺术的古典风格（约公元前480—前323）在宗教建筑和人像雕塑方面达到巅峰。希腊庙宇是见证宗教虔诚和公民骄傲的丰碑。庙宇都矗立在德尔菲和奥林匹斯等山脉的中央，虔诚的希腊人在那里聚集，开展礼拜和赞美活动。在城市里，希腊人在卫城（意为“高城”）上为保护神建造庙宇，这种卫城也可以用作堡垒（图3.14）。古典时期见证了两种伟大的建筑风格的发展和成熟，即多利斯和爱奥尼亚风格。

在希腊古典时期，雕塑主要是一种公民艺术而不是一种私下消遣，常常用来装饰宗教圣地的庙宇、宝藏室和圣坛。在风格上，古典时期实现了理想主义与自然主义的结合，这对后来的雕塑家产生了影响。

雅典的卫城

希腊古典时期见证了建筑和雕塑的繁荣，但其艺术中心在雅典，反映出帝国的信心和财富。公元前447年，雅典开始重建被波斯入侵者烧毁的卫城庙宇。建筑计划以帕提侬神庙为开端，这是献给雅典守护神雅典娜的一座庙宇（图3.15）。这是古典时期希腊建造的最大的建筑之一，由雅典著名的市民艺术家督建，由全希腊的艺人建造。

帕提侬神庙的结构和建筑装饰代表了古典风格的一个高潮。与大多数希腊庙宇一样，其基本形式是柱与梁。这种形式包括一系列圆柱（立柱），柱子的顶端横着梁（过梁）。在这个基本框架上再加上墙壁和房顶。希腊庙宇的样式以其垂直圆柱和水平横梁的装饰著称，叫作柱上楣构。圆柱和柱上楣构的装饰是据其古典风格来分类的：多利斯风格表现一种结实的力量和朴素；爱奥尼亚风格具有精致和复杂的光晕，而于古希腊晚期发展起来的科林斯风格则展现出帝国的财富和宏伟（图3.16）。

帕提侬神庙是多利斯风格的最先进的例子，是两个世纪以来建筑发展史的高潮。多利斯圆柱直接坐落在庙宇的台阶上，顶端是沉重的方形柱头。深深的凹槽刻进柱子里，当阳光从不同角度照在圆柱上时便呈现出明暗变换的奇景。圆柱环绕着封闭的内室，或称内殿（图3.17），里面矗立着巨大的雅典娜·帕特诺斯，或处女雅典娜的塑像（神庙由此得名），这是雅典最著名的雕塑家菲迪亚斯的作品。

帕提侬的结构显示出微妙的不规则性。显然，希腊建筑师希望把准确的理性主义与审美视觉平衡起来。整个建筑中反复出现1∶2＋1的数字比例，也表现于立柱的数量上：

图 3.15　建筑师伊克蒂诺和卡里克拉提斯，雅典帕提侬神庙，公元前 447—前 432 年，潘太列克大理石，69.5 米 × 31.7 米，廊柱高 10.36 米，外部和局部景观（复原），本图是彼得 · 康诺里的水彩画

虽然今天看起来是一片庄严宏伟的废墟（见图 3.1），但帕提依神庙在古典时代则要华丽得多，其建筑涂着红、金和蓝等鲜艳的色彩。

其外围正面为 8 根，侧面为 17 根。帕提依神庙的立柱略显外凸，仿佛房顶的重量给予其以巨大的压力。但它们也稍显内倾。角落的立柱略微粗大一些，距离更近一些，仿佛是为了弥补立柱间可见的空间。神庙的地板中间比四周高出 10 厘米。这些细微之处并不是帕提依神庙所独有的，但它们很少能呈现出像在这里的如此惊人的效果。

帕提依神庙竣工后，雅典人转向建造卫城的其他建筑。他们建造了一扇巨大的城门，叫作山门（Propylaea），其坡道直接穿过一座庙一样的建筑物。山门以多利斯和爱奥尼亚两种风格的结合著称。在伯罗奔尼撒战争后期，雅典人开始建造厄瑞克

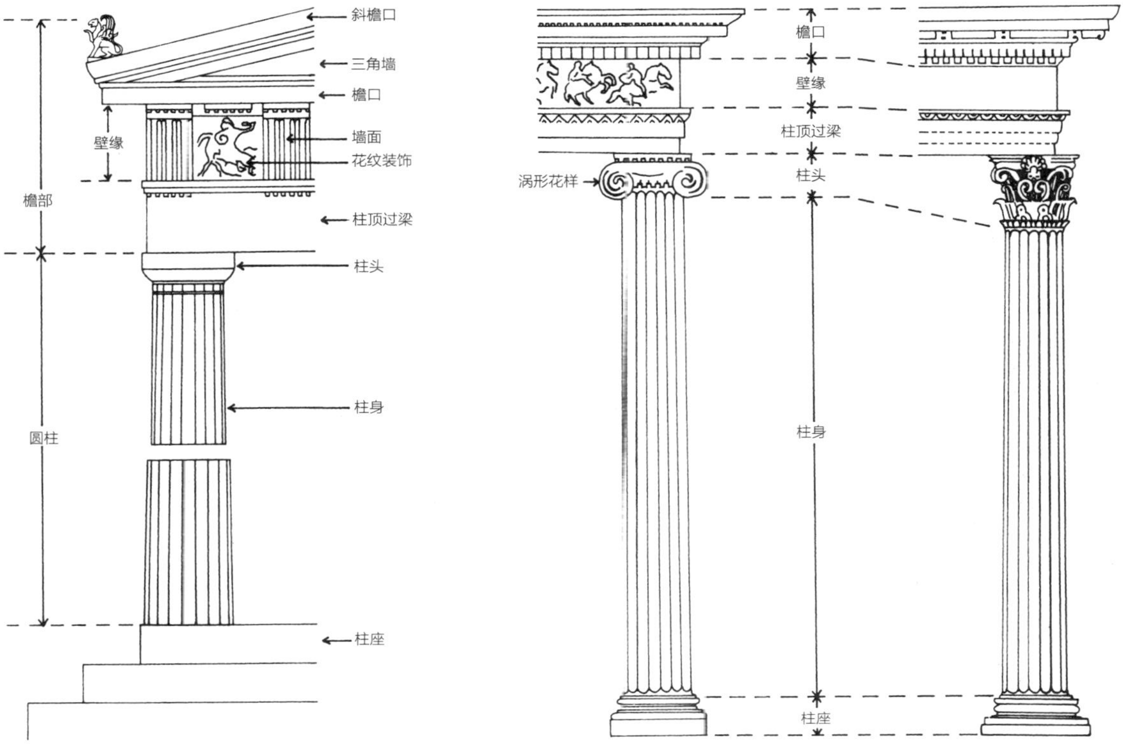

图 3.16　希腊建筑风格

古典建筑风格依其垂直和水平装饰材料（立柱和过梁）的不同而定。

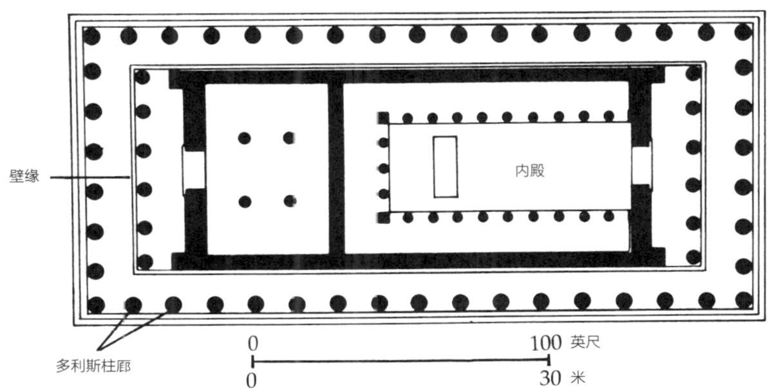

图 3.17　帕提依神庙草图

帕提依神庙反复出现 1 : 2+1 的数学比，如正面和侧面立柱数比为 8 : 17。

图 3.18　尼西克利，雅典厄瑞克休姆神庙（西面），雅典，约公元前 421—前 409 年，大理石，庙宽 11.3 米，长 20.1 米

休姆神庙，一座容纳几处圣所的爱奥尼亚风格的庙宇。厄瑞克休姆神庙建在两个基地上，有两个门廊，一个是带有连续雕带的爱奥尼亚风格（图 3.18），另一个则是带有少女形状的圆柱，叫女像柱。南门廊的女像柱顶部的篮子承载着沉重的柱上楣构（图 3.19）。就其不规则设计而言，厄瑞克休姆神庙是一种相当个性化的爱奥尼亚风格。

图 3.19　厄瑞克休姆神庙的女像柱（南）门廊，约公元前 421—前 409 年

女像柱不是用凹槽，而是用其服饰的流动垂直线条来突出其雕像。

古典雕塑

从古代向古典风格的转化在建筑史上就如同在《库罗斯》和《克里特男孩》中一样生动。庙宇有两种装饰物：一是占据三角墙的雕塑组合，三角墙是由房顶的三角架构成的一个三角空间；二是雕刻的雕带，任何连续的浮雕带都可以叫作雕带。三角墙组合往往雕刻成圆形的，立在一个宽架子上。多利斯风格主要构成几何镶板的雕带，叫三联浅槽饰，用叫作排档间饰的图画变换画面。这些排档间饰都被刻成高高的浮雕，即从背景中突出人像（图 3.20）。典型的爱奥尼亚式外部雕带是一个连续雕刻的场景，有时会环绕整个建筑。

雅典帕提依神庙的雕塑与其说是供奉雅典娜女神的，毋宁说是公民自豪的表达。在雕塑家菲迪亚斯的督建和设计下，三角墙上的人像描画的是雅典的生活画面：在东面，女神从宙斯脑袋里出生时就已长大成人，西面是雅典娜与波塞冬竞争的场面。

三角墙上优美又栩栩如生的人像蕴含着希腊古典时期雕塑的本质。比如，在东部三角墙上的《三位女神》（图 3.21）是见证了雅典娜别开生面的出生的女神。在她们服饰的优美流动的线条之下，这三位女神都体现了雅典守护神的结实形体。女神的挂饰各不相同，在把目光从一个传到另一个的同时给整个组合以统一性。菲迪亚斯在排档间饰上遇到的挑战就是只用两个人像创造一个戏剧性行动，并将其归并到一个小的区域（图 3.20）。人像和背景都涂着明亮的色彩，有时还饰有黄铜色的细节，如马的缰绳。

帕提依神庙在多利斯神庙中之所以独树一帜，原因就在于它在顺着内殿的墙壁一直到室内圆柱之外的地方，设置了第二个雕带。帕提依神庙的内殿雕带简直是神来之笔，是为雅典公民的美德做的雕塑广告，长达 152 米。这个雕带是以低浮雕刻成的，人像只稍稍从背景中突出出来，描绘了雅典市民每四年举行一次的纪念雅典娜的游行。裸体的骑士骑在马背上，具有古典时期的典型特征（图 3.22）。雅典少女们把游行队伍领到宙斯和雅典娜的神座前，他们仁慈地主持着这种庆典活动。由于具有希腊人的优越感，雅典人敢于在肖像画中与神平起平坐。

图 3.20 《拉庇泰和半人半马》，帕提依神庙外部浮雕前面（南面），约公元前 448—前 442 年，大理石，1.19 米 × 1.27 米，藏于伦敦大英博物馆

用多利斯浮雕描绘的这些场面，可能象征着雅典人对波斯人作战的胜利，或在更普遍的意义上，象征着希腊文明战胜了野蛮主义。

这是后期希腊古典雕塑中自然主义的典范。原塑像可能饰有镀金头发和珠宝，以及泛着红晕的面颊。试把这个女性形体的姿态与手势同一个世纪以前的运动员和武士相比较（见图 3.22、图 3.23）。

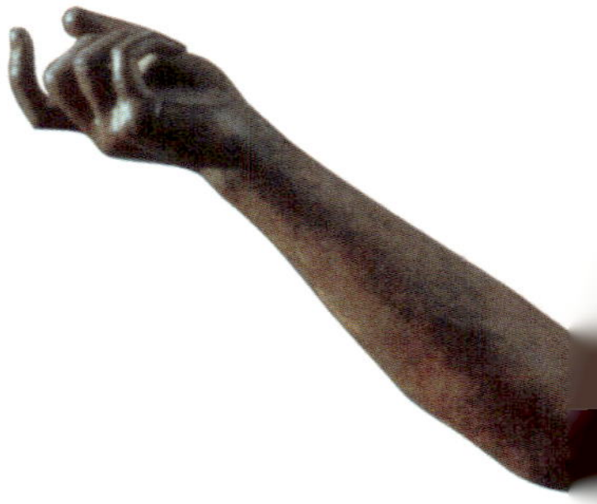

图 3.21 《三位女神》，帕提侬神庙东部三角墙，约公元前 438—前 432 年，大理石，大于真人，藏于伦敦大英博物馆

尽管头和胳膊都丢了，但这些人像仍然表达了希腊古典主义中自然主义和理想美之间的平衡。注意那些雕刻精细的饰物是如何决定了人像的姿态及其与雅典娜出生这一重要事件之间的动态联系的。

图 3.22 《雅典骑马人》，帕提侬神庙的内部雕带（西部正面），约公元前 442—前 432 年，大理石，高 1.07 米，藏于伦敦大英博物馆

帕提侬神庙内殿雕带赞扬雅典市民的英雄主义和崇高品德。骑马人的数量（大约 192 个）与马拉松战役中因与波斯人战斗而牺牲的雅典人的数量相符。

图 3.23 《阿特密斯的宙斯》(《拣武器的波塞冬》)，公元前 5 世纪中叶，青铜，高 2 米，藏于雅典国家博物馆

平衡、动感、强健，英雄的裸体像体现了希腊男性英武高贵的理想。

图 3.24　普拉柯西泰勒斯《尼多斯的阿芙洛狄忒》，罗马人的复制品，真品约公元前 350—前 340 年，大理石，高 2.03 米，藏于罗马梵蒂冈博物馆

这是后期希腊古典雕塑中自然主义的典范。原塑像可能饰有镀金头发和珠宝，以及泛着红晕的面颊。试把这个女性形体的姿态和手势与一个世纪以前的运动员和武士相比较（见图 3.22、图 3.23）。

图 3.25　普拉柯西泰勒斯《赫尔墨斯和婴儿狄奥尼索斯》，约公元前 340 年，大理石复制品，高 2.16 米，藏于奥林匹亚考古学博物馆

普拉柯西泰勒斯掌握了放松的姿态和流动的 S 形人体躯干的雕塑，这是古典后期雕塑的典型特点。请注意婴儿狄奥尼索斯专注的人类行为，他在抓取赫尔墨斯拿到上面来的某种东西——也许是现已缺失的一串葡萄。

古典时期最伟大的雕塑同样是人与神在英雄身上的统一，这个英雄通常是一个运动员、武士，或者以人形呈现的神。最令人羡慕的古典雕塑家把人像置于复杂和颇具表现力的动态之中，同时保持着和谐和平衡。

大于真人的《阿特密斯的宙斯》（称《拣武器的波塞冬》）是古典时代幸存的少数几个原创青铜雕像之一（图 3.23）。它的每一个细节都是用失蜡浇铸的方法制作的，人物体现了神的无上自信和英雄的强健。

古典时期晚期的雕塑家普拉柯西泰勒斯（Praxiteles）以其人性化的神像著称，其中有爱神阿芙洛狄忒栩栩如生的不同版本。普拉柯西泰勒斯采用了古典晚期雕塑家新发现的对女性裸体的自由描绘。迷人的《尼多斯的阿芙洛狄忒》（*Aphrodite of Cnidos*，图 3.24）所表现的，她脱掉了礼服，一只胳膊倚在一个古瓮上。这个阿芙洛狄忒展示了明显的 S 形曲线，意大利文称作 contrapposto，源自一个世纪之前的古典高潮时期的风格，也标志着古典晚期自然主义的最后阶段。

关键概念

古典理想

希腊古典时期非凡成就的根源在于叫作古典理想的一种能动观念。学者们早就认识到古希腊人需要在世界中发现或强加于世界的一种逻辑秩序、比例和尺度。但希腊人还意识到人的愚蠢和野心能够破坏任何人类努力，甚至最崇高的和最合理的努力。

在古典时期，希腊人对人的力量和创造性充满信心，即一种叫作人文主义的信念。悲剧诗人索福克勒斯（Sophocles）在《安提戈涅》（*Antigone*）中以其对人类天才的歌颂表达了希腊的人文主义信念：

> 无数的奇迹，
> 惊人的奇迹行走于世，
> 但无一能与人相比——
> ……欢乐无知的鸟陷入他的罗网，
> 野蛮的野兽，充塞于深渊中的生物，
> 他抛出紧紧编织的网，
> 将其一网打尽，
> 人是最机智的，最卓越的！……
> 言语和思想，像风一样迅疾
> 众心所向控制城邦的法律——
> 这一切他都自学而得……
> 精明、有办法的人！

尽管有无法与之媲美的神力的庇护，但人常常不能按照神所规定的限制或律法来生活。因此，希腊人文主义始终与希腊人的悲剧命运观取得平衡——人的骄傲和野心会导致自身的毁灭。

古典理想的能动张力在索福克勒斯的《俄狄浦斯王》（*Oedipus the King*）中得到了戏剧性的体现。俄狄浦斯在智力和洞察力方面都超过其他人，但却发现他连自己父母是谁都不知道，而且还对他们犯下了十恶不赦的罪。历史学家修昔底德以同样的启示性讲述了伯罗奔尼撒战争的历史：雅典辉煌的帝国，古典成就的缩影，就是由于城邦的暴力野心而毁灭的。

在古典理想的激励下，古希腊人打败了强大的敌人，创造了无与伦比的文明杰作（图 3.25）。但是，与剧作家埃斯库罗斯（Aeschylus）一样，聪明的希腊人从来不会忘记这个理想中蕴含的告诫："小心，希腊人和雅典人。"埃斯库罗斯的悲剧《波斯人》（*The Persians*）中的一个鬼魂这样警告希腊人："恐怕你们当中某个人，傲慢地蔑视当下的好运，奢望更多的财富，却浪费了他已获得的祝福。"

希腊戏剧和音乐

其他希腊城市都追随雅典，与其一起创造了这个时期的建筑和雕塑。然而，只有雅典享有发明希腊戏剧的荣誉。雅典人坐在卫城之下，见证了西方文学中第一种伟大戏剧形式的诞生。戏剧是雅典人反思其文化中最本质问题的媒介。这些问题包括：神祇的力量，人的命运，爱和正义的本质。它同时既是戏剧，又是诗歌、宗教和哲学。其庄严的受难和痛苦的场面数百年来连续无数次演出，但后来对希腊悲剧的模仿却从未再创造出如此复杂的艺术形式。

古典悲剧和喜剧都源自希腊的狄奥尼索斯（Dionysus）崇拜，即饮酒、狂欢和沉醉之神的崇拜。酒神的崇拜者用面具伪装起来，穿着动物皮制作的服装，手里拿着硕大的象征丰裕的物品，唱着赞美神明的颂歌。最严肃的颂歌是由合唱队边唱边舞表演出来的。希腊悲剧就是从这个基本的开端发展起来的。悲剧是描写神话人物的一种戏剧，人们由于自己的骄傲而导致痛苦和死亡。我们所知的雅典悲剧开始于公元前 5 世纪。

希腊悲剧

希腊悲剧的表演有别于我们今天所观看的悲剧表演。希腊悲剧是在可容纳 15000 名观众的露天剧院里上演的（图 3.26），这也是酒神主持的庄严的宗教盛会。富有的市民资助戏剧的制作，而剧作家则在每年一度的竞赛中提交剧本。观众从观众席（theatron）或称“观看的地点”观看表演。这里原本是光秃秃的山坡，后来修成石座。个别演员说台词时站在舞台用房（skenē，即我们现在所用 proscenium 一词的词根）前面。舞台用房装着道具，并为表演提供背景。演员穿着沉重的皮毛服装，戴着能放大音量的大面具（图 3.27）。12 名或 15 名演员组成的合唱队在长笛的伴奏下歌唱，同时在圆形舞台（orchestra），即由观众席环绕的圆形区域跳着庄严的舞蹈。

尽管许多雅典人都写悲剧，但只有三位悲剧作家的作品脍炙人口，他们每一个都为悲剧增添了新的内容。埃斯库罗斯减弱了合唱队的作用，增加了第二个演员，实现了戏剧中的对话。埃斯库罗斯现存七部名著中最负盛名的是《奥瑞斯忒亚》（*Oresteia*）这部三幕循环剧。在这部血腥的传奇中，国王阿伽门农从特洛伊归来，被妻子克吕泰默斯特拉杀害，而她又被其子所杀。这种循环谋杀最终以雅典娜的介入而得以结束，她下令用律法取代复仇的正义。埃斯库罗斯戏剧的典型特征在于人类的痛苦和罪孽最终将使人获得神性的智慧。

雅典最令人敬仰和多产的剧作家是索福

图 3.26　希腊埃皮达鲁斯剧场，约公元前 350 年，直径 114 米，圆形舞台直径 20 米

圆形舞台的后部仍可见到舞台用房的残迹。合唱队通过左右两侧的后过梁门进出舞台。

克勒斯，他的创作生涯恰好也是雅典的黄金时代。索福克勒斯可能总共写了 123 部悲剧，尽管只有七部闻名于世。索福克勒斯增加了第三个演员，在情节安排上比埃斯库罗斯更加严谨统一。索福克勒斯的《俄狄浦斯王》是古典时期最受人欢迎的悲剧。故事讲神谕预言一个人要杀父娶母。和大多数古典悲剧一样，它所讲的传奇也已经是观众所熟悉的了。在这个故事中，俄狄浦斯的父王、母后想要通过杀死自己的孩子来躲过神的预言。一个好心的羊倌救了孩子，在邻国科林斯寄养。俄狄浦斯长大后在不知情的情况下杀死了亲生父亲。他的聪明使他赢得了底比斯的王位，又在不知情的情况下娶了自己的母亲做王后。

索福克勒斯是在所有这些命定事件发生

之后开始他的悲剧的，他戏剧化地刻画了俄狄浦斯寻找自己身份的痛苦经历。开始时，俄狄浦斯仿佛是人文主义的典范，他的智慧和崇高把他抬到了神的高度。俄狄浦斯的自信后来证明是傲慢（hubris），是一种无视人类理解能力局限性的傲慢。神对人的命运的控制是无法逃避的。当俄狄浦斯刺瞎自己的双眼时，这一行为象征着人类智慧的盲目性和睥睨神明的愚蠢。

在哲学家亚里士多德看来，《俄狄浦斯王》包含了悲剧的本质因素，亚里士多德在《诗学》中对此进行了分析。悲剧的主要人物犯了"某种判断性错误"，亚里士多德教导说，他忍受命运逆转之苦，认识到自己的愚蠢。这个场面达到了悲剧的目的，即观众的恐惧和怜悯的净化。如亚里士多德的分析所示，希腊悲剧是描写原始痛苦和恐惧的戏剧，希腊人离开剧院时几乎没有不被感动的。

最后一位伟大的雅典悲剧作家是欧里庇得斯，他经历了雅典的瘟疫、战争和内讧。欧里庇得斯的悲剧充满了现实主义和尖刻的社会批判，往往使用非正统的人物和情节。索福克勒斯亲口承认他自己的戏剧按照人应该是的样子刻画人物，而欧里庇得斯则按照人实际所是的样子刻画人物。欧里庇得斯的人物往往表达狂暴的情绪。《美狄亚》描写一个神秘的巫师杀死了自己的儿子而向抛弃自己的丈夫复仇。欧里庇得斯自己的死也同样奇怪而可怕。他是在马其顿国王的王宫里避难时被国王的狗分尸而死的。

希腊喜剧

虽然悲剧占据了希腊戏剧舞台，但古希腊人喜欢具有大智和不敬神的喜剧。喜剧是幽默地刻画日常生活主题和人物的一种戏剧形式。希腊喜剧产生于酒神庆典仪式，合唱队员都打扮成动物的模样，演员都穿着低俗的宽大服装。滑稽的情节通常稀奇古怪，含有淫秽的对话、粗俗的恶作剧，以及对当代生活的批评。

雅典黄金时代最伟大的喜剧家是阿里斯托芬，他写了关于哲学、战争和两性之间关系的讽刺喜剧。阿里斯托芬的《云》（*Clouds*）描写了哲学家苏格拉底坐在吊在空中的一个篮子里。在《吕西斯忒拉忒》（*Lysistrata*）中，希腊妇女展开了一场性罢工，以此阻止伯罗奔尼撒战争。由于喜剧不像悲剧那样具有高尚情操，所以其并没有享有与悲剧同等的声誉。事实上，亚里士多德在《诗学》（*Poetics*）中几乎没有提及喜剧。然而，在希腊化时期和罗马时代，人们却狂热地采用喜剧形式。

在希腊化时期（公元前323—前146），喜剧起到的作用就仿佛今天影视上演的社会喜剧。雅典人米南德（见图3.27）是位喜剧大师，他的作品情节环环相扣，充满转折和离奇的设计，奴隶可以变成自由人，不可能的情人可以结为伉俪。在希腊化时期，剧院都设有筑起的舞台、精心布置的背景，和为进出舞台而设的几道门。由于希腊化时期的喜剧放弃了早期希腊戏剧的宗教色彩，所以成为具有较为广泛吸引力的一种娱乐。

希腊音乐和舞蹈

音乐和舞蹈在希腊人的日常生活中起到了重要作用。二者都被融入到宗教节日和其

图 3.27 《戏剧诗人米南德手拿面具》，这是罗马人对古典晚期原作的复制品，藏于梵蒂冈格里格利亚诺 · 普罗法诺博物馆

诗人手拿一个面具，适于阿伽门农或俄狄浦斯等悲剧中的国王佩戴，桌上放的是萨梯的面具。

他公共活动中。好战的斯巴达人甚至把身穿作战服装的军队舞蹈作为军事训练的一部分。在雅典男人的晚宴上，受过教育的奴隶和妓女提供音乐娱乐，而任何受过完好教育的希腊人都可能学过舞蹈和音乐。哲学家柏拉图认为儿童的早期教育只应该包括体操和音乐，因为这是足以训练身体和灵魂的学科。

音乐这个术语的实际意思是“缪斯的”（of the Muses），缪斯就是给予创造性艺术以灵感的女神。音乐对于诗歌尤其重要；诗歌通常是在音乐的伴奏下吟诵的。抒情诗人在弹里拉的同时唱出他们的作品。里拉是由一个 U 形弓、五或七根弦和由龟皮制作的音箱合成的乐器。戏剧诗要使用一种称作竖笛（aulos）的双芦苇管（图 3.28），在合唱队歌咀或在舞台上跳舞时演奏。竖笛在罗马时期始终在戏剧中使用。

希腊的音乐理论比希腊音乐自身对西方文明的影响还大，因为其实际音响和表演是不能再现的。希腊人喜欢一种七调的音阶，每个音调之间都有间歇，可以表示为 1 : 2，2 : 3 和 3 : 4（八度音，第三和第四音调）。毕达哥拉斯学派基于数字 10（1、2、3 和 4 的总和）的一些神秘属性，以此证明宇宙中存

图 3.28 《阿波罗与玛斯雅思的竞争》，希腊曼梯尼亚的浮雕，约公元前 350 年，藏于雅典国家博物馆

对古希腊人来说，音乐包含着把自然与人类社会统一起来的和谐原则。他们把里拉与光明和智慧之神阿波罗联系起来，把竖笛与酒神和悲剧守护神狄奥尼索斯联系起来。

在着一种音乐—数学结构。更加实际的是，古希腊乐师使用一种称作调式（modes）的音阶，即八个音符和长短不一的间歇结合起来的音调。每一个调式进一步分成四音符的组合，叫作四音音列。不同音调甚至不同乐器演奏出来的音乐被认为能唤起不同的情感状态，甚至能形成人的性格。哲学家柏拉图提出了精神特质（ethos，现代词 ethics 的词根）的学说，认为音乐可以用来培养人的性格，影响人的行为。在他的著作《理想国》里，柏拉图提倡能够激发勇气和节制的音乐，而禁止培养女人气的音乐。对希腊精神来说，音乐比任何希腊艺术都更能体现理性与感情的平衡和谐。

希腊古典哲学

古希腊人着迷于理性探讨，这使哲学得以产生。哲学（philosophy）在希腊语中是“热爱智慧”的意思。早期希腊哲学家主要关注自然哲学，即对物质宇宙的理性探讨。然而，在古典时期，哲学的焦点转向了人的道德和社会存在。对人类事务的这种新的关注为苏格拉底、柏拉图和亚里士多德奠定了基础，这几位希腊人提出了西方哲学的一些主要问题。

智者派和苏格拉底

改变希腊社会的第一批哲学家是智者派（the sophists），他们是代表怀疑主义和人之自治精神的职业教师。早期希腊哲学家所写的都是论文，而智者派则与学生们就爱、正义、真理和美等实际问题进行讨论。雅典人尤其对智者派非常感兴趣，将其称作生机勃勃的“希腊人的学校”。这些古希腊人就在这所“学校”里做富家子弟的老师，教他们公共演讲和辩论，这是雅典民主所要求的技艺。智者派的怀疑主义反映了黄金时代雅典人自信心的成熟。著名的智者普罗泰戈拉宣称：“人是衡量万物的尺度，万物是即是，非即非。”意思是说真理总是相对于个人的知识和认知的。律法、习俗、对错的概念，都是人创造的，而不是神创造的。

普罗泰戈拉表达了新的人文主义精神，而他的智者派则哺育了犬儒主义。他们教学生通过巧妙使用词语来获得优势，并称这种技艺为“诡辩论”。我们对智者派的了解并不多，因为他们的著述现存甚少。我们主要是通过柏拉图激烈的反智者派的著述来了解他们的。

智者派的行为激起了其反对者苏格拉底的愤怒。这位雅典人未写一字就创立了古典希腊哲学。与智者派一样，苏格拉底探讨人类事务，通过提问进行教学。苏格拉底的哲学技艺被称作苏格拉底方法，是以问答为基础的，在问答中，通过对术语（“爱”“正义”“善”）的严格界定而提出关于真理的深刻见解。与他的对手不同，虽然他否认自己拥有正确的知识，但他确信绝对真理是可以认识、可以后天学到的。他说自己是知识的“接生婆”，知识就产生于他的学生的心智。苏格拉底大腹便便的体形是每一个雅典人都熟悉的，他与扬扬自得的市民争论不休，是激励雅典人奋起行动的牛虻。“未经审视的人生是不值得过的。”这是人们经常引用的苏格拉底的一句名言。

然而，在公元前399年，这位哲学家却陷入了致命的困境。在雅典军队溃败后的混乱中，苏格拉底由于宗教和道德上的冒犯言行而受到审判，被处以死刑。对他的审判显然是由他对那些反民主的同仁所持的反知识性愤懑和敌意激发起来的。

后来的哲学家会把苏格拉底的选择看作自律、诚实和行为美德的楷模。他拒绝收取讲课费，拒绝逃离雅典城，他一生都遵守这里的法律。在柏拉图的《克力同》（*Crito*）中，苏格拉底坚决反对朋友们让他越狱的建议。这种行为会违背他一生所坚持的道德原则，这是比他自己的生命更加可贵的原则。苏格拉底发誓说，他的死最终将使他摆脱无知和欲望，而这正是这位哲学家的终极目标。

柏拉图

苏格拉底没有任何著述。他的教导主要是通过他的学生柏拉图的著作流传下来的。柏拉图卷帙浩繁的著作和广泛影响使他成为历史上最重要的哲学家之一。苏格拉底死后，柏拉图离开雅典，用了十年时间把他的思想用哲学对话的形式写了出来。这些对话中就有《申辩篇》和《克力同》，描写了苏格拉底的最后岁月。柏拉图在后期著作中继续用对话作为哲学争论的形式，而苏格拉底这个人物就成了他的思想的传声筒。

柏拉图的对话重新探讨了希腊思想中久辩未决的问题：变化与永恒之间的张力。与毕达哥拉斯学派一样，柏拉图认为感觉所知的变化着的现实是建立在由永恒理式（Forms，希腊文 eide）构成的一个更高的现实之上的。在他著名的理式论中，柏拉图就创造性地进行了区分，把通过感觉经验所知的物与通过理性思考所知的物区别开来。感觉的客体——每一只猫、狗和炖锅，都处于一种非永恒的、非完善的生成状态。如果人能够把不可靠的感觉搁置一旁，而使用其推理的智慧，他们就会看到一个完美世界的存在——像几何图形、完善的美和终极的善一样不变的真理。对柏拉图来说，哲学探讨把政治的灵魂从意见和怀疑的“分界线”引向了对理式的确定认识。

柏拉图在《国家篇》中以“洞穴寓言”为题的一段名篇中展示了这一进步。这个寓言把普通居民描写成洞穴里被拴在一起的囚徒，他们看到墙上掠过的影子，相信那些影像是真的。只有少数勇敢正直的灵魂能够解放出来，认识到他们一直被囚于幻觉的世界，挣扎着走出洞穴，得见真理的光明。

在寓言中，柏拉图无疑描写的是雅典愚蠢而有缺点的公民，他们迫害苏格拉底，只是因为苏格拉底要把他们从错误的黑暗中解救出来。柏拉图的《国家篇》描写了一个完美的城邦，由开化的权威而非雅典式民主统治的一个乌托邦。它以“论正义”的争论开始，最后把有秩序的社会与经过正常训练的正直的灵魂联系起来。人的灵魂应该以理性自律，用道德勇气控制欲望，通过“协调”这三个部分达到“自治和美的秩序”。同样，理想的社会也由三部分组成：理智地治理国家的哲学王，行使统治的军队，和从事所有体力劳动的普通公民。

环球视角

孔子与哲学

关心个人美德和社会团结问题的不仅仅有古希腊哲学家。跨过欧亚大陆，在亚洲中部和东部先进的城市文明中，其他思想家也提出了有别于传统神话和仪式的思想。波斯有索罗亚斯德（Zoroaster）；印度有乔达摩·佛陀；中国有哲学家孔子（公元前 551—前 479）。从希腊的苏格拉底到亚里士多德的这个时期内，这些东方思想家提出了继续构筑我们今天思想的革命性观念。

与柏拉图和亚里士多德一样，孔子强调个体公民的社会责任感。他的学说规定了儒雅之士（君子）必须履行道德诚信和尊崇传统。他敦促中国的统治者放弃高贵出身和继承特权的贵族观念。相反，他们应该采纳智慧和人性的个人伦理，以身示范和道德说教而不用武力治理国家。孔子的理想君主与柏拉图所说的哲学王有共同之处，尽管引导孔子的儒雅之士的是实践美德，而不是对理想真理的思考。

这种个人美德就是"仁"，意思是"人的友爱"。"仁"要求培养个人的善意和人性，以正确的行为为具体表现。"仁"的培养使人尊崇习俗和礼仪（礼），这是孔子的另一个重要思想。"礼"即孝敬父母，忠于君主，也体现在歌颂和保存悠久传统的各种艺术中。

孔子把培育个人灵魂的和谐和秩序看作规范社会的唯一途径。国家不可能在不相信正义的人中创造正义。在集孔子道德和社会思想之大成的《大学》中，作者说："自天子以至于庶人，壹是皆以修身为本，其本乱而末治者，否矣。"

正是从对个人性格的这种培养方面（修身），我们看到孔子思想与苏格拉底和古希腊哲学之间的共同之处。仅仅服从神祇和礼仪并不是最重要的道德表现，与家和社会的和谐才是正确的生存之路。

柏拉图的《国家篇》充满了非正统思想：诗歌应该废除，妇女应该和男人一起裸体锻炼。但是，该篇仍然关注苏格拉底所关心的人类的基本事务。柏拉图的后期著作又回到早期希腊哲学关注的宇宙问题上来，常常采纳毕达哥拉斯的观点。在戏剧性地再现苏格拉底生命终结之时的《斐多篇》中，他提出人的灵魂在出生时得到再生。新生儿失去了对善的完美认识，但可以通过理性思考重拾真理。在对中世纪科学发生影响的《蒂迈欧篇》中，柏拉图描写了用完美的数学和音乐秩序创造的一个宇宙。这事实上是对善的探讨；它把哲学家的灵魂与宇宙的完美和谐统一起来了。

亚里士多德

在哲学对话中阐明了其思想之后，柏拉图回到家乡，开办了一所名叫学园的学校，使雅典再次成为地中海地区的知识中心。柏拉图学园中最知名的学生是亚里士多德。他向柏拉图的学说提出了挑战，并和柏拉图一起成为世界哲学的重镇。亚里士多德的全部著作构成了希腊人认识世界的百科全书，包括论科学、伦理、逻辑、政治和文学等学科的论文。作为哲学家，亚里士多德注重认真观察现世界。他在雅典建立了吕克昂学园，搜集地图和手稿，建立了自然物种的博物馆。他的教学产生了直接影响：他曾短暂辅导过年轻的马其顿王子亚历山大，后者不久就征服了整个地中海地区。

亚里士多德的《形而上学》开篇就宣布所有人"本性就有要认识的欲望"。在《尼各马科伦理学》中，亚里士多德把人的幸福定义为认识的行为。"安乐"是通过人的最深切的本性的修习而获得的，这就是人认识真理的思考能力。与柏拉图所认为的最好的帝王是哲学家这一观点大致相同的是，亚里士多德认为最幸福的人是善于进行哲理思考的人。与希腊关于尺度和和谐等观念相一致的是，亚里士多德把美德定义为有意和理性地在恶习之中选择一条"中间的道路"。比如就快乐而言，理性的选择是适度，即在过分的自我沉溺与过分的自我否定之间采取一条中间的道路。

在形而上学（对终极存在的研究）中，亚里士多德否定柏拉图关于物体形式独立于宇宙理式而存在的主张。一件制作出来的产品，如一张桌子，其形式是内在的，或包含在物体之内的。一张桌子的材料与形状，形式与目的，是由木匠给予的。自然物体，如树或苹果，采用了造物主给予的形状，这个创造之神是"第一因"。因此，每一个自然造物都被刻上了目的或善的印记，这是造物主的创造意图。

在《政治学》中，亚里士多德也反对他的老师提出的观点。对亚里士多德来说，人"本性上是政治动物"，而国家是自然的创造。这意味着希腊政治体制，如财产、奴隶制和妇女的附属地位，也都是天赋的。亚里士多德用国家的目的性来衡量主要的治理形式（君王制、贵族制和民主制），目的是要达到一种"善和自足的生活"。亚里士多德总结说，宪政民主最适合希腊人，把权力平均分配给有德行的人和有财产的人。

颇具讽刺意味的是，亚里士多德目睹了希腊独立城邦的灭亡，而且就灭之在他的赞助者和学生即马其顿征服者之手。一个新帝国的军队把他的政治理论的细节一扫而光。

图 3.29 《伊苏斯战役中的亚历山大》，庞贝农牧神之家，公元前 2 世纪，约公元前 320—前 311 年原作的复制品，马赛克，2.69 米 × 5.11 米，藏于那不勒斯国家博物馆

在公元前 333 年的一场决定性战役中，未戴头盔的亚历山大（左）率领骑兵进攻，使波斯王大流士被迫逃跑。亚历山大的军事征服和对古典希腊文明的热爱使他把希腊文化传遍了整个地中海及其之外的地方。

希腊化时代

当马其顿的菲利普将军（Philip）设法征服和统一了独立的希腊城邦时，希腊的古典时代结束了。菲利普于公元前 336 年把王位传给了 20 岁的儿子亚历山大。亚历山大是亚里士多德的学生，也是世界上最伟大的征服者之一。亚历山大酷爱古典文明。在他的军事征服之后，希腊文化在广袤的马其顿帝国扩展。这种希腊化或“希腊式”文化在之后的一千年中主导了地中海东部的世界。

公元前 333 年，亚历山大开始对波斯和埃及等帝国采取军事行动（图 3.29）。他百战百胜，把这两个帝国广袤的疆土和资源统统归于自己管辖之下。他的军队直捣现在的印度，但这位英雄却于公元前 323 年患热病而死。他死后，他的军事帝国分成三大王国，采用了波斯的绝对君主制和一个强大的中央国家的管理体制。

希腊化时代的遗产

希腊化的文明是希腊和近东文明的综合，与之前的希腊古典时期文明有着本质的区别。在政治上，希腊城邦失去了激发雅典古典创造力的自治性。同时，生活标准提高了，妇女获得了广泛的尊重和法律地位。

在艺术和文学中，希腊化文明缺乏古希腊大胆的原创性。希腊化时代的国王们收集了古代手稿，将其放在作为学术中心的大图书馆里。其中最著名的图书馆是埃及的亚历山大图书馆。亚历山大是一个都会城市，大约有 100 万人口。艺术家都热切模仿和详尽阐释希腊古典时期的形式和观念，而在戏剧界，戏剧家们证明他们在喜剧方面最具创新性，并发展了米南德的喜剧风格。在哲学领域，雅典和柏拉图学园的影响仍在，而围绕新的思想也出现了许多新的学派。比如，伊壁鸠鲁就主张人可以通过理解自然而幸福地生活。伊壁鸠鲁表示："快乐是幸福生活的开端和结尾。"然而，伊壁鸠鲁学说并未教导人们不惜一切代价追求快乐。伊壁鸠鲁警告说："一味地追求快乐将以痛苦告终，所以，聪明人要学会节制欲望。"伊壁鸠鲁学说的道德行为目标是"无忧无虑"或"静谧"。伊壁鸠鲁的自然论深受早期希腊唯物主义哲学的影响。他教导说自然产生于原子的偶然碰撞，它只遵循机械的法则。不必害怕神祇；他们并未控制事件或惩罚错误行为。

斯多葛哲学也源自希腊化时代的雅典。其名称源自 stoa，即"柱廊"的意思。雅典是该派哲学的追随者聚集的地方。其创始人芝诺是柏拉图学园的学生，也是苏格拉底伦理学说的敬仰者。在斯多葛派看来，物质世界是由火一样的神性物质构成的。这种神性是逻各斯（logos）。神的理性居于宇宙之中并统治整个宇宙，因此，在世界进程中，每一个事件都是理性的结果。理性的自然法则是一切事件和一切行为的必然和不可避免的原因。如对伊壁鸠鲁学派一样，斯多葛派的伦理学说植根于宇宙论。斯多葛派认为，由于神的理性控制了宇宙，人应该努力与自然的理性法则相融洽。斯多葛派发现，幸福——或至少是安乐感——在于抚平激烈的情绪，履行社会职责。人所不能控制的事件应该置于一旁，不予理睬。甚至至爱者的死亡也不应该扰乱聪明人的情感。斯多葛学说在罗马时代和基督教的哲学思辨中得到了广泛应用。

古典希腊哲学和科学有其独立的追求。而在希腊化时代，统治者则慷慨地赞助学问。他们建立了诸如埃及亚历山大城的图书馆和博物馆等机构，激发了天文学、医学和数学等领域的科学发现。欧几里得发明了

图 3.30　帕加马的卫城，约公元前 150 年，复原模型，藏于安提肯萨姆朗柏林国家博物馆

帕加马是拼凑起来的一个希腊化时代的首都。城市规划者把一些重要的结构融合成一个台阶式的希腊化时代的城市建筑。注意中间右侧的宙斯神殿，饰有建筑雕带的一个廊柱平台，高约 2.3 米。

几何学；天文学家第一次证明行星绕着太阳转。数学家阿基米德发明了向上抽水的螺旋体等了不起的装置。甚至在罗马时代，希腊科学家还在继续研究。此时期最重要的科学家是托勒密，其描述行星运动的复杂方案使用了达 1500 年之久。

在建筑领域，新的希腊化城市保留了古希腊传统，但运用的是新的城市规划的方法。规划者有效地把宗教和市民建筑融入城市格局，用门柱廊和周柱廊将这些建筑连接起来。位于今日土耳其的帕加马的卫城（图 3.30）从陡峭的剧院巍然上升到许多重要庙宇、皇宫和宙斯大神殿。一个两层楼高的柱廊容纳了该城的大图书馆。宙斯神殿表明希腊化艺术往往是对希腊古典模式的重塑。这个雕带（神与巨人之间的战争场面）恰好与人眼齐平，而传统上带有顶棚的柱廊则移向顶部，成为包围实际神殿的一个独立周柱廊。

希腊化时期的雕塑往往同情地描绘普通的个人，目的是为了直接对观者施加情感影响。《奄奄一息的高卢人》（图 3.31）是一个雕塑群的一部分，是希腊化时期的一个统治者为纪念他在战场上的对手而制作的。这位武士刚刚结果自己的性命，剑从手中滑落下去。雕塑家通过个体化

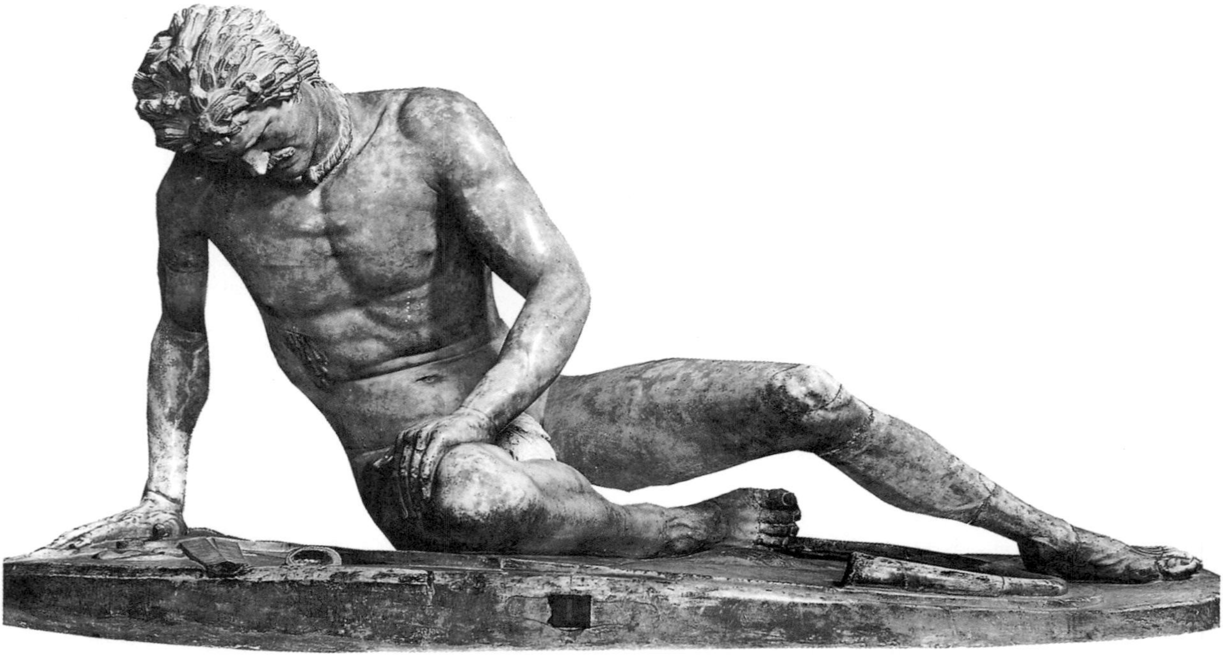

图 3.31 《奄奄一息的高卢人》，青铜原件的罗马复制品，约公元前 225 年，大理石，高 91 厘米，长 191 厘米，藏于罗马首都博物馆

把这尊希腊化时代的雕像的姿态和情绪与古典时代的《阿特密斯的宙斯》（图 3.23）加以比较，这两件作品在观者心中会产生哪些不同的反应？

的细节，如其粗壮的头发和项链，来表现他的英雄壮举，完全不同于希腊古典雕塑理想化的裸体。

希腊化时期最具戏剧性的雕塑也许是《拉奥孔和他的两个儿子》（图 3.32），描绘的是一个特洛伊祭司和他的两个儿子被蛇缠绕而死的场面。《拉奥孔和他的两个儿子》的处理方式比古典雕塑更加震撼和激昂。人物的激烈抗争创造了一种戏剧性冲突和情感震撼力。拉奥孔的面目表情展示出恐惧时的剧痛，而不是某一永恒姿态的静谧的平衡。

希腊化时期的艺术家和学者有意识地回顾古典的希腊，将其作为衡量成就的标准。比如，在希腊化时期的图书馆里，学者们认真编撰古典手稿，编辑出第一部学术性的《荷马史诗》和其他古典希腊文学作品。当罗马军队在公元前二世纪征服希腊世界之时，这些文本成为了地中海世界的下一位霸主——罗马的基本读物。希腊化时期的学问和艺术尊崇古典希腊，即便它们努力超越之，这是罗马人将要分享的一种态度。

图3.32　罗得岛的阿格桑德尔、雅典诺多罗斯和波里多罗斯，《拉奥孔和他的两个儿子》，约公元前150年，大理石，高2.44米，藏于罗马梵蒂冈博物馆

追溯这一动态雕塑的交叉对角线，恰好与扭曲的蛇身重合。拉奥孔曾警告过特洛伊人不要接受希腊人这个致命的礼物——木马。

图 4.1　圆形剧场，罗马，约 72—80 年，长轴 189 米，短轴 156 米，高 49 米

圆形剧场是罗马工程的骄傲，也是罗马人喜好公共景观的一大贡献。装饰性的浮雕圆柱记录了罗马艺术对希腊艺术的借鉴。但复杂的拱门排列和支撑 5 万名观众席的穹窿则是纯粹的罗马创造。

04

古罗马

庞大的帝国都城罗马，拥挤着巨型建筑（图 4.1、图 4.2），充满着欢歌笑语，它是从英格兰到伊朗的世界枢纽。罗马皇帝在这里检阅他的战俘。罗马人在这里堆积他们掠夺的希腊宝物。未来的帝国将在这里寻找其效仿的榜样。罗马帝国的精神是：把这个城市的法律和权力强加给臣属的民族，以罗马方式教化他们，罗马能够给世界带来和平和秩序。

罗马历史上的戏剧

很少有哪个民族能像古罗马那样懂得自己的历史，很少有哪个民族的历史能像古罗马的历史那样频繁地重演。莎士比亚笔下的布鲁图斯（Brutus）俯看被杀害的尤里乌斯·恺撒（Julius Caesar）的尸体，问这个场面能在历史舞台上重演多少次。他的话甚至比莎士比亚更具有远见。罗马历史的戏剧为许多次革命和征服提供了脚本。甚至罗马帝国的衰亡也被拿来与近代大英帝国和俄罗斯帝国的衰落加以比较。

图 4.2　古罗马规模示意图，藏于罗马文明博物馆

巅峰时期的罗马拥挤着壮观的建筑：右上角是圆形剧场，中央是皇宫和赛马场，左上是图拉真论坛

罗马共和政体的兴起

罗马人的历史开始于罗马城的建造，有传言说罗马城始建于公元前753年。然而，罗马的文化发展可追溯到伊特鲁里亚人（Etruscan）统治时期。伊特鲁里亚人是意大利中部的一个资源丰富的民族，公元前6世纪占据着意大利半岛。当最后一位伊特鲁里亚国王在公元前510年左右被逐出罗马之后，罗马人继承了一笔宝贵的伊特鲁里亚遗产。尽管其源出模糊，但伊特鲁里亚艺术（图4.3）表现出一种罗马人几百年来都无法与之匹敌的活力和信心。伊特鲁里亚人的工程和建筑技术，包括建筑中拱门的使用，也是其遗产的组成部分。

公元前509年，罗马人建立了一个共和政体——由选举的、替大多数人做事的代表组成的一个政府。伊特鲁里亚的统治使早期罗马人厌恶国王，意在用共和政体防止君主制的滥用。在现代出于同样的理由，18世纪北美和法兰西的革命派就以罗马共和政体为模范建立了共和国。

从公元前509年到大约公元前250年，两场斗争推动了罗马历史的进程：在国外，罗马人开始征服意大利半岛，确立了它在地中海的领军地位；在国内，罗马人努力在共和政体内分配政治权力。在这场斗争中首先获胜的是保守的上层社会即贵族（patricians），他们控制着罗马的元老院。逐渐地，由穷苦百姓组成的对抗阶级［称作平民（plebians）］也获得了政治权力，他们的权利同样得到了宪法的认可。

罗马人占领意大利之后，他们就转而征服地中海的对手。罗马的主要敌人是迦太基的北非商业和海上力量。罗马人在史称布匿战争（the Punic Wars，公元前264—前146）的三次战役中打败了迦太基人，最后一次的雪耻战斗以夷平迦太基、罗马人全面占领西地中海结束。此时，罗马的目光早已转向东部，公元前146年，罗马人攻克了希腊首都科林斯。在之后的几十年里，罗马人几乎吞并了整个希腊化世界，占有了其财富、图书馆和艺术宝库。

图4.3 《阿波罗》，波托纳西奥神庙，卫伊，约公元前520—前500年，赤陶土，高1.75米，藏于罗马维拉·吉尤利亚国家博物馆

这尊伊特鲁里亚雕像类似于阿卡迪亚时代的希腊库罗斯，尤其是跨越的姿态和形式化的微笑。意大利南部的希腊殖民地对伊特鲁里亚和罗马的早期文化发生过影响。

关键概念

帝国主义

帝国和帝国主义这两个概念意味着非凡的成就和令人痛恨的压迫。一个帝国是由某个单一的政治权威统治的庞大的一片疆土或一些地域。帝国的权威也许是像罗马这样的城邦，或像英国这样的国家，曾经控制过包括现在的美国和加拿大在内的一个庞大的帝国。现在有人说美国就是一个帝国权威，统治着中美洲、南美洲和加勒比海等地的较小民族，把军事触角伸向全世界，并不断在海外使用武力。

帝国权威常常把文化进步和政治统一带到它所统治的不同地域。比如，印度国会仍然使用英语，即把宗主国压迫者的语言作为主要语言，而且只有英语能在印度不同的地域和文化中流通。古罗马也

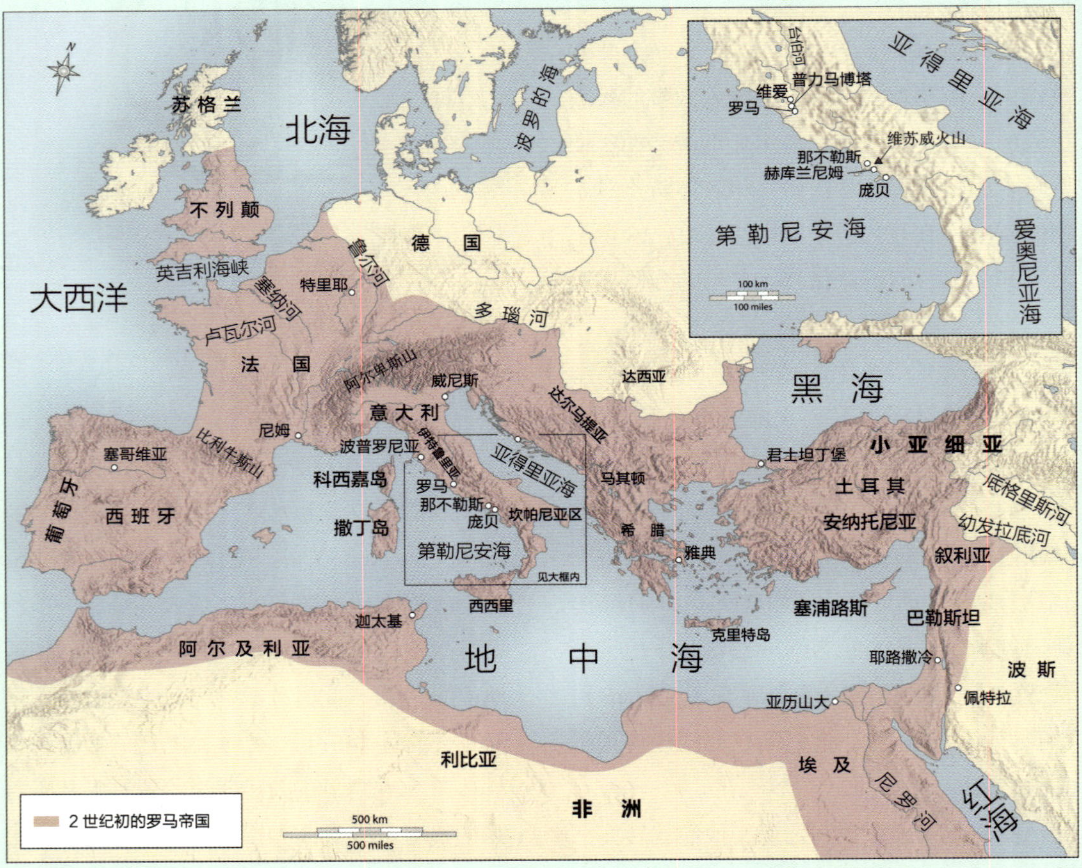

地图 4.1 罗马帝国

图 4.4　图拉真凯旋门，贝内文托，114—117 年，大理石，高 15.55 米

在古罗马，凯旋门成了帝国权力和成就的象征。比较这个凯旋门与拿破仑 · 波拿巴在 19 世纪初建造的凯旋门（图 12.4）。

把法律制度和都市文化带给其领地。罗马各省喜欢这些礼物，而代价是屈从于罗马的鹰旗，甘当罗马皇帝的臣民。

古罗马人用一支训练有素、进攻性强的军队和有效管理的才能来捍卫他们的帝国。到公元前 265 年，罗马人统治了整个意大利半岛。在一百多年里，他们控制了大半个欧洲和整个地中海沿岸（见地图 4.1）。与 19 世纪美国的西部扩张一样，罗马的兴起似乎是为了完成某种神授的民族使命。然而，与北美的开拓者不同的是，罗马并没有像通常那样剥夺被征服领土的居民的权利。相反，它把罗马法律和文化与本土习俗结合起来，为臣属民族的精英提供公民权。罗马的宗主体系如此强大且有效，使它在明君的统治下兴盛起来，并在昏君的统治下幸存下来。

后来的帝国和准皇帝都以罗马的伟大为标准（图 4.4）。法国军事天才拿破仑采用了罗马帝国的象征和方式，而阿道夫 · 希特勒则吹嘘说纳粹政府将持续 1000 年。拿破仑用巴黎的凯旋门纪念他的胜利，这座凯旋门比罗马的凯旋门大两倍，而希特勒的建筑师则为柏林设计了一个更大的凯旋门。

到公元前2世纪，罗马不再是由自耕农和小商人组成的一个农业城市了。它已成为由庞大的军队构建而成的幅员辽阔且富有的帝国。贪图权力的领导人物都为统治这个帝国的前景跃跃欲试，使罗马陷入了一系列惊天动地的内战（公元前90—前31）。外省的私人军队不断发生冲突，而死于政治暗杀和复仇行动的就有数千人。这个动荡年代的主要玩家是尤里乌斯·恺撒，即改良了罗马法、重组罗马行政管理的一位领袖人物。利用在高卢（现代法国）取得的军事胜利，恺撒于公元前46年自命为终生独裁官。但两年后他就被长老院的长老们暗杀，他们担心他会建立君主制。恺撒的死引发了另一场血腥冲突，胜出者是他的养子屋大维。屋大维打败了暗杀恺撒的人，然后便与以前的同盟马可·安东尼（Mark Antony）形成对峙。公元前31年，屋大维战胜了安东尼与其支持者埃及王后克娄巴特拉（Cleopatra），整个罗马落入他的掌握之中。

宗主国罗马

在共和政体初期，罗马人还是未开化的，至少与同时代的希腊人相比是未开化的。在雅典的黄金时代，罗马人不过是粗鲁的山野村夫。在共和政体后期，与希腊化时代的希腊的接触促成了罗马文学的第一次繁荣。罗马最伟大的文化成就要等到屋大维时代才到来。屋大维自称恺撒·奥古斯都（Caesar Augustas）。虽然长老院称他为罗马的“第一公民”，但奥古斯都实际上从公元前27年开始就成了罗马的独裁者。他开始了罗马皇帝对西方世界长达500年的统治。

恺撒·奥古斯都开创了一个相对和平、繁荣的时期，史称罗马帝国的和平时期（Pax Romana），这个时期一直持续到马可·奥勒留皇帝逝世（180年）才结束。在统治期内，奥古斯都谨慎地巩固帝国权力，并且仍抱有掌握共和权利和长老会特权的幻想。在艺术领域，他赞助了一个建筑项目，使罗马堪与它此时统治的希腊的各个首府相媲美。奥古斯都骄傲地宣称他建造了一座砖砌的城市，而留下的却是一座大理石城。

奥古斯都的门客、史诗诗人维吉尔，比较谦虚地讲述了罗马的雄心。在《埃涅阿斯纪》（*Aeneid*）一诗中，维吉尔承认其他种族能“从青铜中镌刻出更加精美的呼吸，从大理石中诱导出活生生的面孔，更加巧妙地指出事物的原因”。维吉尔写道：“罗马人哪，专心统治各个国家吧；你们的艺术要维护和平的统治，放过顺从的人，打垮那些傲慢者。”

尽管维吉尔如此宣告，但恺撒·奥古斯都和他的继任者们决心发展一个独特的罗马文明，即便其大部分必须借自希腊人。关于共和政体后期和帝国时期的罗马文明，可以提出两点看法：第一，罗马人贪婪地吸收古希腊和希腊化时期的文明；第二，他们在艺术和哲学方面绝对保持了讲究实际和实用主义的态度。对罗马人来说，文化必须服务于证明帝国权力的实用目的，为罗马公民提供舒适和娱乐。

图4.5 《普力马博塔的奥古斯都》，约公元前20年，大理石，高2.03米，藏于罗马梵蒂冈博物馆

恺撒·奥古斯都在整个帝国宣传官方形象上孕育了对皇帝的个人崇拜。皇帝盔甲上的胸铠昭示着他最伟大的外交功绩——召回被敌国捕获的罗马军队。

帝国的艺术

继尤里乌斯·恺撒之后，罗马的每一位领袖都努力用石头留下自己的印迹。罗马帝国的皇帝建造雕像和建筑，以此表达其政治主张和艺术思想，通过古典和希腊化风格给人民留下了有关其权力和慷慨的信息。通过采用希腊风格的艺术，罗马人可以与古代的雅典和亚历山大大帝的声望建立某种联系。

在奥古斯都时代，罗马帝国的艺术开始繁荣。艺术家巧妙地把希腊古典时期的雕塑用于皇帝的宣传。奥古斯都及其继任者在罗马中心建立了新的精致的建筑群，其中最宏大的是图拉真论坛，建于罗马权力顶峰时期的公元2世纪。

作为宣传的雕塑

奥古斯都是把自己的雕像和半身像置于公共广场和建筑中的第一个罗马统治者。所谓的《普力马博塔的奥古斯都》（图4.5）是在罗马的外省城镇发现的，是这种正式肖像的典型。奥古斯都的面孔稍有些理想化，尽管仍然是可以识别出来的。他身旁的海豚暗指女神维纳斯，即特洛伊战争的英雄埃涅阿斯的母亲，而奥古斯都则声称是埃涅阿斯的后裔。通过把皇帝与神、英雄和罗马历史联系起来，这件艺术品达到了宣传的目的。

另一件更加细腻的雕塑宣传品是《奥古

图 4.6 《奥古斯都和平圣坛》，罗马，公元前 13—前 9，大理石，11 米 × 10 米

罗马人有效地采用希腊古典主义来传达社会和政治信息。这件细腻的象征性作品代表了奥古斯都和平和重农的政治规划。右侧前护墙板上描绘了埃涅阿斯的一个重要生活场景，奥古斯都自称是这位传奇英雄的后裔。

斯都和平圣坛》（图 4.6）。和平圣坛是为了纪念奥古斯都从高卢战役中平安归来而建的。在较大的意义上，它颂扬皇帝要（在一个世纪的内战后）实现普遍和平的两个目标，以及向罗马农业传统的回归。圣坛本身和封闭的墙都饰有浮雕，这也许是由希腊艺术家创作的。在封闭的雕幕上，有一个细腻的两部分雕带，包括花卉设计和奥古斯都率领的去圣坛祭祀的仪仗队（图 4.7）。甚至圣坛的大小也象征着奥古斯都的和平计划——它建在一个公园里，过去曾经是罗马军队的训练场。

图 4.7　帝国仪仗队，奥古斯都和平圣坛的一个细节，罗马，公元前 13—前 9 年，大理石浮雕，高约 1.6 米

圣坛的雕幕表明罗马人是多么有效地把希腊古典风格用于帝国宣传的目的。这里展示的是奥古斯都的帝国仪仗队，而帕提侬神庙内殿雕带的骑马人则是颂扬在雅典军事胜利中阵亡的英雄的（图 3.22）。

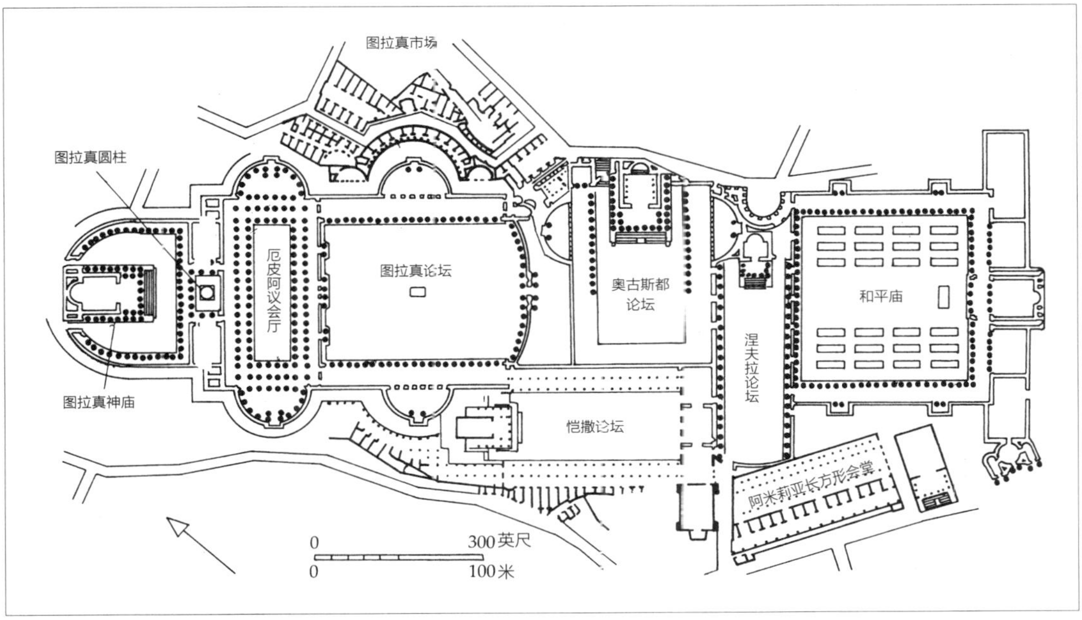

图 4.8　帝国论坛规划图，罗马

这些论坛在拥挤着希腊风格的庙宇和其他公共建筑的罗马城中央林立，为帝国的统治者歌功颂德（比较图 4.12）。最大的论坛是图拉真论坛，其主建筑是咄咄逼人的长方形会堂；还有为图拉真建造的一座希腊风格的大庙和独一无二的图拉真圆柱（见图 4.10）。

图拉真论坛

奥古斯都时期最难以磨灭的丰碑是他在罗马中央建立的论坛，现在已经几乎无法寻得踪迹了。这个论坛原本是一个“市场”，是罗马城的社会和政治中心。罗马最古老的论坛——共和论坛，是由重要的庙宇、法院、商店、银行和学校组成的。尤里乌斯·恺撒和奥古斯都曾在旧的共和论坛附近修建新的论坛，为自己歌功颂德。

最宏伟的帝国论坛是图拉真皇帝（Emperor Trajan）建造的（图4.8），是颂扬他治下和平繁荣的一个丰碑。图拉真论坛包括一个宽阔的市场、一个司法厅和两个图书馆，各藏希腊文和拉丁文图书。图拉真的司法厅名叫乌尔皮亚（图4.9），是典型的罗马廊柱大厅——长方形会堂，天顶往往是平顶的。在一楼，参观者可以在林立的科林斯圆柱中迂回穿行。法院与嵌在里面墙上的半圆形神龛相接。长方形会堂是传统的罗马建筑，甚至在图拉真时代就已经是老式的了，但仍然体现出了罗马帝国的威严。

图拉真论坛的中央是图拉真圆柱（图4.10），圆柱上的雕刻描绘了图拉真皇帝征服

图4.9 大马士革的阿波罗多拉斯，乌尔皮亚长方形会堂，图拉真论坛，罗马，113年，图为复原的中央大厅的视觉景观

长方形会堂是传统的罗马建筑，用于立法程序和其他公共事务。后来的罗马建筑师将在基督教教堂建筑中采用由长方形廊柱构成的中殿。从这个复原图的视角看去，透过二层楼的圆柱可以看见图拉真圆柱。

图 4.11　图拉真在向部队讲话，罗马图拉真圆柱细节，113 年，人像高约 70 厘米

雕塑家把圆柱上的冗长叙事与皇帝的不断出现结合起来，皇帝正在对准备参战的部队讲话。较大一些的图拉真人像（位于中央顶部）非常突出醒目，其他人像的服饰和姿态也很写实。

达西亚（Dacian，现在的罗马尼亚）叛军的场面。这场战役引起了人们对罗马帝国的关注：采自达西亚金矿的金子在图拉真时代都用来资助战争和帝国建设。同时，这个圆柱也是件卓越的艺术品。这个叙事雕塑螺旋式上升，长达 200 米。故事是通过连续的场面讲述的（图 4.11），仿佛在叙述一系列不间断的事件。现实的细节包括吊桥和被砍头的俘虏。其雕塑风格虽然仍然是奥古斯都时代的古典主义，但形式（浮雕的连续叙事）在希腊世界上却没有先例。只有大约在罗马帝国后期出现的中国卷轴绘画艺术才达到了可与图拉真圆柱相媲美的视觉叙事规模。

图 4.10　大马士革的阿波罗多拉斯，罗马图拉真圆柱，106—113 年，大理石，基础高 5.5 米，圆柱高 29.6 米

这个圆柱是罗马最了不起的雕塑成就之一，其螺旋式叙事用典型的罗马现实主义描绘了军事战斗。在图拉真时代，从对面图书馆和中央廊柱大厅都可以看见这个圆柱。

关键概念

世界公民

随着地中海和古代近东接连被征服——首先是亚历山大大帝，然后是罗马人，哲学家们开始思考族裔和国家疆界之外的事物。犬儒学派的哲学家第欧根尼第一次宣告："我是一个世界公民。"第欧根尼如此宣告完全可能是因为他对城邦法律的蔑视。但斯多葛派把这种世界主义观改造成了一种实证哲学。当斯多葛派哲学家爱比克泰德让追随者成为"世界公民"时，他期待他们忠实地遵循神性的宇宙法则，就像他们遵守城市的律法一样。斯多葛派是西方最早认识到人的本质统一的学派——至少把男人的本质统一看作手足关系。由于享有共同的公民权，世界主义者必须相互关心而不在乎民族性。世界公民的性格就是"不占有（只）有利于自己的东西；不考虑仿佛使他脱离群体的东西……"

在罗马时代，世界主义的理想根植于把罗马法应用到由许多不同地方的传统组成的一个帝国时所面对的一些实际问题。罗马斯多葛派自然而然地感到在对"祖国"的忠诚与对世界秩序的忠诚之间存在着某种张力。当早期现代欧洲把殖民统治下的世界聚拢起来时，世界主义的理想在西方思想中再度浮现。在18世纪，启蒙思想家伊曼努尔·康德设想人类社会会向由理性所确立和管理的一种"永久和平"演进。当我们用人道主义的目标而非民族利益来证明军事行动的合理性时，爱国主义与世界主义、人道主义之间的矛盾在当代仍然存在。

作为建筑者的罗马人

就显赫业绩而言，古罗马的许多伟大建筑（图4.12）都是出于实用目的而建造的：长方形会堂是罗马人处理法律和政治事务的场所；庙宇则用于宗教仪式（公民的义务问题）；浴池是人们在水池里休息时交流小道消息的地方；而在图书馆，妇女们可以读到希腊化的浪漫传奇。许多罗马公共建筑每日都在使用，并用于多种目的，因此与古希腊的建筑形成对比，古希腊的一些最重要的建筑只具有宗教功能。罗马人建造的公共建筑规模宏大，用彩色大理石、镀金雕像和壁画装饰室内。罗马建筑的壮观和舒适是由于罗马人在建筑上的革新，尤其是水泥和拱门的使用。

罗马人把拱门发展成为一种高度灵活的建筑形式，可以用于许多种建筑。拱门优越于希腊

图 4.12 波图努斯神庙（又称佛坦纳·维提利斯神庙），罗马，公元前 2 世纪末

这座希腊风格的庙宇是独特的罗马建筑，朝向论坛或其他公共区域。与希腊古典时期的庙宇相比，罗马神庙建在一个墩座上，前面有一个台阶。独立的圆柱圈定了门廊，人们能直接看到内殿四面的浮雕圆柱。

庙宇的立柱和过梁设计（图 3.15），这是由于一个简单的技术原因——石头过梁上太大的重量会使石头折断。在拱门中，石头挤压在一起，因而不弯曲，能比立柱和过梁承担更大的重量。拱门的最简单应用是建造桥梁，如法国的杜贾尔桥（图 4.13）。桥上，三个系列的拱门相互叠加。由于拱门桥和水渠是商业和日常生活必不可少的，因此罗马建筑师把拱门用于更加大胆的建设。筒状拱门（图 4.14）能够承受巨大的重量，常常用于建筑基础的结构支撑。跨越式拱门通常把三个系列拱门连接起来，形成一个开放的长方形大厅，其屋顶高达 55 米。穹顶创造了一种宽敞庄严的内在空间，最宏伟的就是万神殿的穹顶（图 4.16）。

图 4.13　法国尼姆城附近的杜贾尔桥，公元前 1 世纪末，石头，高 49.4 米

拱门是罗马道路和桥梁工程的关键因素。杜贾尔桥美丽的拱门承载着交通，把清水送到外省的罗马城市，提高了外省的生活质量，加强了其与罗马权威的联系。

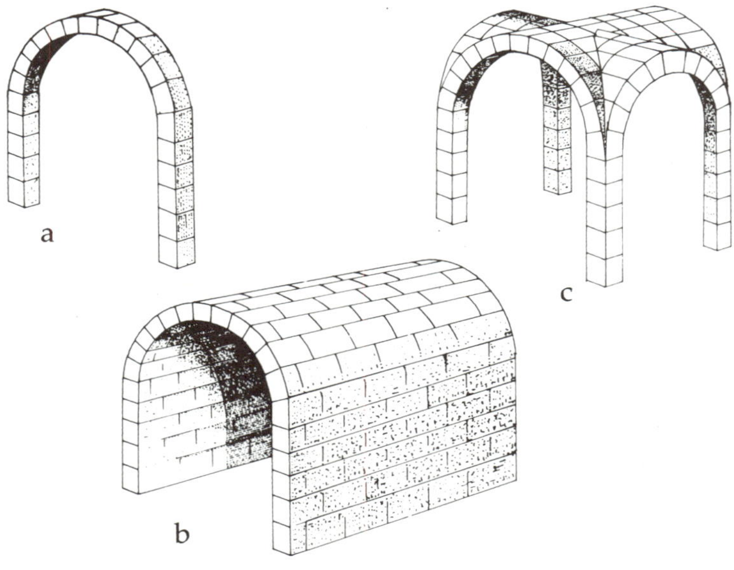

图 4.14　拱门及其应用

在基本的拱门中（a），楔形的石头把重量转移到承重的垂直桥墩上。一个连续延伸、两端开口的拱门呈圆筒或隧道形（b）。两个圆筒拱洞交叉构成一个交叉拱洞（c），四面都是开口的，四角由桥墩支撑。在穹顶上，一系列拱门围绕一个中轴相互交叉。

图 4.15　君士坦丁长方形会堂，罗马，砖与混凝土

拱形的屋顶和大窗口使宽敞的内室充满阳光，照亮了色彩缤纷的马赛克装饰。这个长方形会堂是罗马浴池中唯一风格宏大的公共会堂，是古罗马最后一幢异教徒建筑。

图 4.16　罗马万神殿，约 120 年，门廊高 18 米

万神殿完美的几何构图和奢华的内饰使其成为古代最令人景仰的建筑之一。对罗马人来说，内部半球穹顶象征着宇宙的统一和罗马帝国的统一。

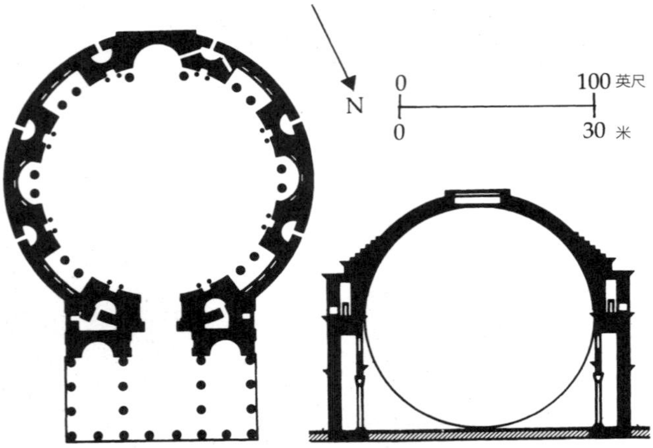

图 4.17　罗马万神殿草图和交叉部分

建筑的内部穹顶和支撑鼓面是一个完美的球面。

与拱门同样重要的是罗马建筑中混凝土的使用。混凝土是鹅卵石、灰浆与水混合成的坚硬物质。混凝土通常用于砖砌建筑的基础部分，然后在外部加饰大理石护面。这使得罗马人能够用希腊古典主义的雄伟外表建造楼房，而不必为开采石材而花费大量金钱。

罗马建设工程的繁荣以及罗马城里建筑的拥挤状况，导致一种在性质上完全不同于古典和希腊化时代的希腊建筑的产生。罗马的建筑非并没有像雅典帕提侬神庙那样壮观的外表，他们用铺张的大理石、马赛克和镀金建造宽敞的内室，突出建筑的实用性，这与罗马文明讲究实际的精神是一致的。

拥有最壮观的内室的都是用于娱乐的建筑。罗马浴池是人们进行健康疗养、美容，兼有公共图书馆和购物功能的综合场所。浴池的中央大厅含有交叉连接的高出地面的拱门。这些拱门由两边的筒状带拱顶的隔室所支撑，如君士坦丁长方形会堂（图 4.15）的残垣所示。这个壮观的拱形建筑饰有彩色大理石和绘画，下面是热、温、冷三种水池。卡拉卡拉的浴池也有一个单独的游泳池、健身房、按摩和蒸汽房、饭店和图书馆。难怪罗马人都蜂拥至浴池，并要求有一个精密的系统来供应这些浴池的用水。

罗马人喜欢娱乐，因为他们喜欢快乐。剧院、露天剧场和赛马场遍布全城。罗马人在拥挤的体育场看热闹的场面不亚于今天在体育场举办的每一场赛事。最著名的罗马露天剧场是圆形剧场（图 4.1），它占据了共和论坛附近的

图 4.18　万神殿简图

大部分。圆形剧场的外墙高达 49 米。角斗场可供野兽争斗用。罗马人喜欢带有暴力和杀戮色彩的娱乐。据历史学家苏埃托尼乌斯所说，在圆形剧场落成的当天，人们屠宰了 5000 只野兽。数千名角斗士和一些基督教殉道士也死在了圆形剧场的砂石地面上。这些残酷的罗马娱乐活动使今天的体育赛事显得格外温情。

万神殿　唯一在美和壮观方面压倒实用性的建筑是万神殿（Pantheon）。万神殿（图 4.16）以宏伟的穹顶著称，以完美的半球形突出于内室，坐落在一个直径相同的（44 米）圆柱之上（图 4.17）。对罗马人来说，站在这个宏伟的穹顶之下就仿佛站在天堂之下。

万神殿建于 120 年左右，是罗马帝国达到顶峰时期由哈德良皇帝建造的。这座庙宇是为崇拜七位星系之神而建的，尽管哈德良皇帝也用它来召开长老院会议并举行其他仪式活动。从外面看，万神殿现在显得毫无生气，因为大理石贴面和青铜三角墙浮雕都已经剥落。然而，观者仍然能从里面感觉到这座建筑的原始美（图 4.18）。穹顶每隔 9 米就有一个叫作眼（oculus）的开口。眼是建筑内光线的主要来源，同时也重复了内室的几何主题。环墙四周都是神龛，包括彩色大理石科林斯圆柱背后的神像和壁龛。万神殿的几何造型和高耸的内室所呈现出近乎完美的和谐效果把全部创造都融合在一起了。

罗马的艺术和日常生活

罗马帝国的建筑向我们讲述的大多是工程师、征服者和管理者，几乎没有普通人的故事。后来的基督教历史学家谴责罗马人荒淫无道的生活方式，把罗马的衰落归于罗马人深重的罪孽。实际上，普通罗马人的日常生活相对朴实，主要以家庭为中心。罗马人的家居生活和习俗以绘画艺术和肖像雕塑体现得最好。他们对公共娱乐的爱好（戏剧、音乐和舞蹈）甚至像遭到彻底破坏的庞贝这种小城市的露天剧场都可以见到。

日常生活的窗口

罗马时代的婚契

在罗马时代，上层社会的婚姻通常要求丈夫与妻子之间有一张简单的婚契（图4.19）。如果丈夫提出离婚的话，罗马时代的妻子有权处置自己的财产，包括嫁妆。下面是公元前1世纪希腊化城市亚历山大的一对夫妇的婚契。

让阿波罗尼亚成为菲利斯库斯的妻子吧，由于他让我们相信她适合做他的妻子，让她与他共同掌管他们的全部财产。让菲利斯库斯为阿波罗尼亚提供她所需要的一切——衣服和其他适于提供给已婚女人的东西，不管住在哪里，只要条件允许，他就要做到这一切。他除了阿波罗尼亚不能娶别的人，不娶小老婆，不交男朋友，不能与其他女人生孩子，只要阿波罗尼亚活着，他就不能住在别人家里；他不能拒绝她的要求、对她施加暴力、虐待她或用任何不公平的方法侵占她的财产。如果他做了这些事情……那就让他马上偿还两个塔兰特的嫁妆费，四千德拉克马丁青铜。同样，也不允许阿波罗尼亚在他不知情的情况下离开丈夫的家而到别处过夜，不允许她与别的男人睡觉、浪费共有的家产、以让男人丢脸的方式侮辱菲利斯库斯。但是，如果阿波罗尼亚愿意做这些事情，那就让她远远离开菲利斯库斯，让他在她离开的十日内还给她嫁妆。

罗马人的日常生活

在古罗马，家庭纽带是社会身份的基础。男性户主，即家长（paterfamilia），控制着家庭成员和财产。新生儿在家长承认并给他起名字之前不能算作合法的家庭成员。未被承认的儿童有时被过继给其他家庭。更为普遍的是，新生儿（尤其是女婴）要被“暴尸”，即放在辩论台上等死或被当作弃婴。通过过继而继承姓氏并不是什么不利因素：年轻的屋大维就是在被尤里乌斯·恺撒收养后成为罗马的第一个皇帝的。

已婚妇女享有相对自由，但仍然在社会角色上受到很大限制。罗马妇女在公开场合陪伴着丈夫，参加宴会和其他公共活动。如在希腊一样，她们管理家务，但在罗马，妇女也享有财产并可继承财产。妇女可以主动和丈夫离婚或“被”丈夫离婚，往往只简单地公开宣布一下即可。如果丈夫死了或被流放，妻子继承丈夫的家产。她可以有求婚者、情人或自闭于悲悼之中，远离尘世的虚伪。

图 4.19 《面包师特伦提乌斯与妻子的肖像》，意大利庞贝，1 世纪中叶，壁画，58 厘米 × 52 厘米，藏于那不勒斯国家考古博物馆

最近证明这对庞贝夫妇是面包师和他的妻子，身穿严肃的服装，表现出知识分子的高雅气质。面包师手拿卷轴顶在下巴上，而其妻则手拿铁笔和蜡牌，好像刚刚写完一首诗。罗马已婚夫妇常常画自画像。

完整的罗马时期的城市规划，包括房屋、论坛、剧院和露天剧场，由于一次历史事故而保存了下来，这就是公元 79 年庞贝的毁灭。当附近的维苏威火山爆发时，火山灰覆盖了庞贝，整个城市被埋在了 4.6 米的灰岩下。全城人都因毒气窒息而死，他们的尸体都在原地变成了坚硬的火山岩。庞贝的房屋和家用器物在 18 世纪首次出土，使我们得以一窥罗马的家宅和艺术装饰风格。

甚至最精致的庞贝城市住房也相对黑暗和拥挤。大的房屋中央都有天井，即上面露天、下面有一个水池的接待室。银婚屋（图 4.20）的接待室在大小和装饰上极为特殊。除接待室外其他房间都没有窗子，通常情况下几个人睡一个房间。房屋最令人愉悦

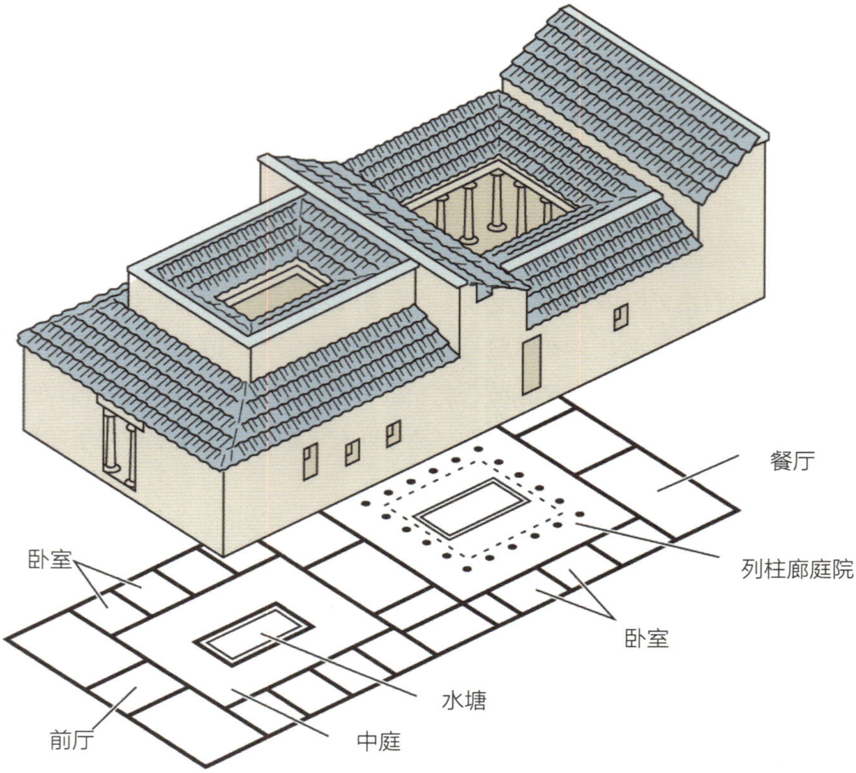

图 4.20　复原图，银婚屋，意大利庞贝，1 世纪初

一次火山爆发令庞贝人窒息死亡，但却使全城建筑完好无损地保存了下来。这幢房子属于一个富有的庞贝家庭，比一般家庭奢华得多。在房子的天井里，科林斯式圆柱的中间是一个水池。

图 4.21 《西塞罗半身像》，公元前 1 世纪，大理石，真人大小，藏于佛罗伦萨乌菲兹美术馆

有感于罗马人对祖先的敬仰，罗马雕塑家尤其擅长肖像作品。这里，共和政体后期的演说家和哲学家西塞罗被描绘成一个自律并怀有深切信念的人。

图 4.22 《酒神的秘密别墅》(局部)，意大利庞贝，约公元前 60 年

这个场面描写了酒神崇拜的入教仪式。右边是酒神的裸体崇拜者在狂欢舞蹈，而入教者（左）正在准备接受入教鞭挞。另一个人手拿酒神及其追随者随身携带的酒神杖。

的方面是附带花园，周围廊柱环绕，庞贝人在那里用餐。

罗马住宅的一个重要特征是住处的某一部分或某些家具都要出于对家人和祖先的尊敬而闲置起来。在名人或富裕家庭里，这将采用原创的罗马艺术形式——肖像雕塑，是为纪念所爱之人、展示家庭成员模样的。这种肖像雕塑表明罗马时代对现实主义的浓厚兴趣，对个别细节的强烈关注，而在某些情况下，还有对性格的心理洞察。早期罗马肖像捕捉到了罗马共和政体粗糙的自然主义，罗马人骄傲地赞扬勇气、爱国主义和艰苦工作等美德。西塞罗的半身像（图 4.21）暗示了这位共和时代的领袖顽强的现实主义和自主精神。

然而，在精美的罗马住宅里，主要的装饰特征往往是墙壁本身，上面饰有各种风格的奢华壁画。一个著名的例子就是庞贝的《神秘别墅》(图 4.22)，这个名称就是由宽敞饭厅的壁画而来的。这些绘画显然是酒神狄奥尼索斯的生活再现。同一时期的其他壁画开创了细腻的建筑视角，或许正是这些画作给房间一种宽敞感。这些画作表明罗马艺术家是如何把握大主题的，包括人像。然而，一般说来，这个时期的壁画并不是图像杰作，都是派生于希腊化时代的优秀作品。与艺术美的高标准相比，罗马人更喜欢愉悦的家居环境。

与绘画相关的一种不太重要的罗马艺术是马赛克，即用彩色大理石或陶土碎片在地板或墙上拼凑而成的画面。与许多罗马艺术一样，马赛克源自古希腊，大量输入罗马城

图 4.23 索苏斯，《未清扫的地板》，希腊化时代原作的罗马复制品，公元前 2 世纪，马赛克，藏于罗马梵蒂冈博物馆

与大多数罗马装饰艺术一样，这个现实主义风格的地板马赛克是由索苏斯在希腊城市帕加马从原作那里复制过来的。

市。希腊化时代的设计往往包括几何图案或神话场景。被模仿最多的路面马赛克之一是《未清扫的地板》（图 4.23），为希腊化时期艺术家索苏斯所作。索苏斯用纤细的马赛克片创造出鸡腿、鱼骨和蜗牛壳等现实主义效果。在罗马帝国晚期，马赛克被用于比较崇高的宗教艺术。

罗马戏剧和音乐

古罗马人认为公共娱乐是罗马公民与生俱来的权利。在罗马城，丰富的公共表演有助于濒临困境的穷人和无业游民消磨时光。在外省，剧院和体育赛事是衡量生活好坏的标准。罗马音乐大多是给戏剧、体育和宴会伴奏的。

罗马戏剧可能起源于古代的宗教舞蹈。而真正的剧院则开始于希腊文化的传入。第一个进行情节表演的罗马人是公元前 3 世纪的一个希腊奴隶，而所有罗马著名的戏剧，无论是喜剧还是悲剧，都派生于希腊戏剧。喜剧和悲剧在罗马剧院里同时上演，尽管喜剧更加流行，但二者都对后来戏剧的发展产生了重要影响。

罗马人直接从希腊化时代的喜剧照搬人物和粗俗滑稽的喜剧手法。观众都非常熟悉希腊化时代喜剧中的吝啬鬼、吹牛皮的士兵和好心的妓女。第一个著名的罗马喜剧作家是普劳图斯（Plautus），他的戏剧显然都是取自希腊戏剧的情节。普劳图斯依赖一种能够满足罗马人粗俗幽默趣味的喜剧风格，这种喜剧热衷于描写荒诞夸张的场面。罗马观众要求在一出戏的幕间进行驯熊表演。尽管观众要求很低，但普劳图斯的戏剧仍然以机智和学养而为人们所仰慕。

罗马戏剧领域的一个比较重要的革新者是泰伦斯（Terence），他的作品比希腊化时期的喜剧更加充分地发展了人物刻画。泰伦斯开创了比较复杂的复线情节，主人公往往围绕错误的身份展开。一个常用的情节就是一个男孩和一个女孩，他们以为是双胞胎，但仍然坠入情网。在最后一幕中，真相大白，原来他们都是收养的孤儿，可以结婚。与前辈一样，泰伦斯把戏剧背景设在希腊，并使用希腊人物，因为嘲笑希腊人的愚蠢比嘲笑罗马观众的愚蠢要容易得多。泰伦斯的戏剧在中世纪拥有大批读者，并常常被改编：中世纪的修女罗茨威特（Hrotsvit）从基督教的角度改写了泰伦斯的戏剧，而莎士比亚则在《错误的喜剧》（*Comedy of Errors*）中公开借用了泰伦斯的一个情节。

最重要的罗马悲剧作家是塞内加（Seneca），他改写了希腊戏剧中的故事，使其更具伤感性和道德性。在塞内加改写的《俄狄浦斯王》中，怀孕的伊俄卡斯特从胎里把乱伦的孽种挖了出来。罗马悲剧令人毛骨悚然的情节也迎合了罗马人粗俗的闹剧趣味，其夸张的情节闹剧在莎士比亚时代的英国戏剧中再次被广泛模仿。

在罗马帝制下，像普劳图斯和泰伦斯这样相对有文化的剧作家的声望逐渐消退，取而代之的是比较下流的娱乐性戏剧。罗马帝国的观众喜欢激烈的争斗。观众在表演中间会离开剧院去观看附近的角斗。为了保持公众的兴趣，剧作家和剧院都转向比较简单的戏剧形式，如演员不用说话的哑剧。哑剧完全由一个演员表演，由合唱队伴唱。罗马喜剧融合了闹剧的各种因素：不可能的环境、夸张的动作和情节来引发观众的笑声。在帝国后期，剧院热衷于细腻的、往往是淫秽的场面。这些淫秽场面的过多展示导致早期基督教教会禁止信徒看戏。而此后罗马剧院开始衰败，在5世纪，荒蛮无知的皇帝完全禁止了戏剧表演。

罗马剧院（图4.24）往往是带有多层台阶的巨大建筑。礼堂可以容纳多至6万人的观众。台阶狭窄，要高出地面1—2米。舞台后面有一面墙，叫作舞台后墙（scaenae frons），有两或三层楼高（图4.25）。到公元前1世纪，有些剧院装上了幕布，幕布可以从舞台地板上的一个狭槽里升起。

与希腊一样，罗马悲剧和喜剧演员都戴面具和假发。面具是必要的，因为同一个演员要扮演不同的角色。演员几乎没有社会地位，常常是奴隶，主人留着他们就是为了娱乐。

罗马的音乐和舞蹈与淫秽的娱乐和狂欢的宴会密切相关。罗马人几乎确定无疑地模仿希腊文明中的音乐形式和乐器。然而，几乎没有证据表明他们与希腊人分享相同的音乐理论。与希腊人一样，罗马人认为音乐能对听者产生强烈的情感作用。事实上，罗马演说家演讲时都有乐师站在后面，在演讲的特定时刻奏出适当的音响。在检阅军队时，罗马人演奏一种大号，这是一种长而直的喇叭，可能是伊特鲁里亚人发明的。罗马人后

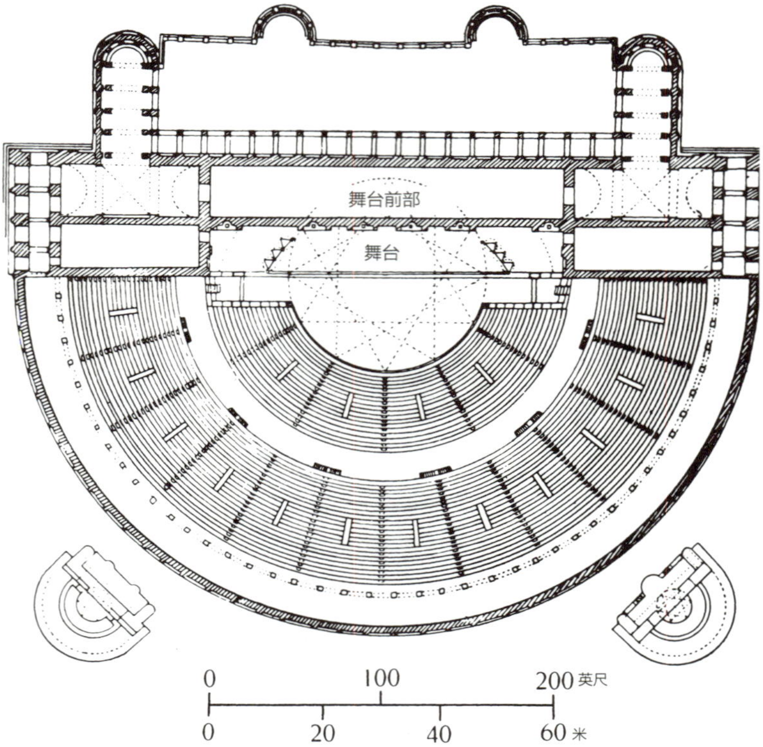

图 4.24　罗马马赛勒斯剧院草图，公元前 23—前 13 年

除了传统戏剧外，罗马人还设置了复杂的场景，如模拟海战，这要求剧院或露天剧场有水。典型的剧场里舞台和座位结合形成一个独立的建筑单位。

来用一种带圆管的角（拉丁语叫 cornu），其形状仿佛今天法国的号角。

罗马人使用的最大的乐器是一种叫水气管（hydraulis）的风琴。这种风琴具有很宽的音域，产生各种刺耳的音调，在宽阔的罗马露天剧场中极易听到（图 4.26）。后来的基督徒把这种风琴用于宗教迫害，而罗马人则用于公共娱乐和音乐伴奏。由于这样的坏名声，这种风琴在基督教教堂里被禁用达几个世纪之久。罗马人还改造了希腊的管乐器（aulos）和西塔拉琴（cithara）——一种有 12 根弦的大里拉。这种乐器像在希腊一样用于为诗歌伴奏，有时与管弦乐结合起来进行大规模的音乐表演。

图 4.25　利比亚萨布拉塔的古罗马剧院（现代重修过的样式），约 180 年

罗马舞台的后墙饰有壁龛、雕像、镀金圆柱和门。高出地面的舞台用作一条想象的街道，所有戏剧情节都在那里发生。演员通过背景中三个门进出舞台。

图 4.26 《由管乐队伴奏的角斗士角斗》，北非希尔登附近别墅的马赛克，约公元 70 年，藏于的黎波里的古物博物馆

罗马最血腥的公共娱乐往往也有音乐伴奏。画面上的乐师在演奏长喇叭、两只曲线角和一架风琴。

作为诗人和思想家的罗马人

与其他许多罗马艺术一样，拉丁语诗歌也是在希腊文明的强大影响下发展起来的。然而，抒情诗人卡图卢斯和史诗诗人维吉尔对希腊诗歌形式进行了重要改造。就诗歌的讽刺性而言，罗马诗人对西方文学传统做出了独特的贡献。罗马哲学是由罗马人的实用性和必要性来主导的。对于希腊化时代希腊哲学的不同发展线索（尤其是伊壁鸠鲁学派和斯多葛学派）而言，罗马人采用了最适于其民族性格的哲学。

早期罗马诗人

罗马共和政体后期的诗人模仿希腊化时期华丽的诗歌形式和韵律。他们的诗歌作品在精通希腊古典文学的受教育者中流传。抒情诗人卡图卢斯（Catullus）就是他们中的一员，他是一位多才多艺的城市人，写了许多婚礼歌曲、挽歌和以街谈巷议为内容的抒情诗。他对希腊人进行过深入研究——他的作品中就有他翻译的萨福作品的一个片段。

人们最熟悉的是作为爱情诗人的卡图卢斯和描写他和“莱斯比亚”（Lesbia）风流韵事的25首诗。实际上，“莱斯比亚”是一位名叫克劳迪娅（Clodia）的贵族妇女。卡图卢斯的诗歌毫不隐讳地袒露情感，从对新欢的痴迷到最后辛辣的反讽。

> 够了，卡图卢斯，别来这种愚蠢的哀号，
> 你能看到的都已经丢掉，像丢掉一样一笔勾销。
> 不久前太阳还一直闪耀着，
> 而且，就像从未被爱过的女孩那样去爱，
> 她在前面领路，你在后面舞蹈。
> 那些日子里情人尽情地玩耍和欢笑，
> 你想要的一切她都双手奉送；
> 在那段时间里太阳真正地闪耀。
> 但现在她冷了，你也必须凉下来；
> 你已经虚弱，就不要再把丢掉的寻找，
> 不要再哀号，而要勇敢地放手。
> 再见，我的姑娘。
> 卡图卢斯从现在下定决心，开始坚强；
> 他不会拖着一把骨头跟在你的后边。
> 你会感到冰冷，你这该死的母狗。
> 当男人们统统离开你，
> 那将是什么样的生活？
> 谁还会去看你？
> 谁还会认为你美丽？
> 你还会爱谁？
> 把你当作他自己来炫耀？
> 你还会吻谁？
> 或去轻轻地咬？
> 噢，傻瓜，

卡图卢斯，别这样了，

挺住，像石头一样坚强。

——卡图卢斯《致一位不忠诚的情人》

诗人奥维德（Ovid）晚年被逐出罗马，他的罪责可能是因为目睹了皇帝孙女的性越轨行为。奥维德的诗歌杰作是《变形记》（*Metamorphoses*），一部包括从希腊古典时期到近东的传说的散乱故事集。《变形记》是后来许多欧洲杰作的源泉，包括杰奥弗利·乔叟（Geoffrey Chaucer）的《坎特伯雷故事集》（*Canterbury Tales*）和威廉·莎士比亚的《仲夏夜之梦》（*A Midsummer Night's Dream*）。

罗马史诗和讽刺诗

在恺撒·奥古斯都的统治下，拉丁语文学经历了黄金时期，有些作品与希腊前辈不相上下。当然，最伟大的希腊诗歌是《荷马史诗》（《伊利昂纪》和《奥德赛》），而黄金时期产生了与之相媲美的罗马史诗。伟大的罗马史诗《埃涅阿斯纪》是人人皆知的维吉尔创作的。创作《埃涅阿斯纪》时维吉尔已经是一位著名诗人了，他写出了许多歌颂罗马传统价值的诗歌。在《埃涅阿斯纪》中，他不仅讲述了冗长的关于激情和英雄主义的故事，而且迎合奥古斯都的宣传目的，通过史诗证明了帝国权力的合理性，预见了一个和平安定的未来。

《埃涅阿斯纪》（作于公元前29—前19）讲述埃涅阿斯的故事。埃涅阿斯是一位特洛伊武士，他离开了被焚毁的特洛伊前往意大利。他注定要征服对他抱有敌意的意大利人，为罗马人开辟一条光辉的道路。故事中，维吉尔把《伊利昂纪》的主题（一场伟大战争的故事）与《奥德赛》的主题（一位英雄的冒险旅行）结合起来：

这是讲述武器和人的故事。他命中注定要流亡，他是乘船从特洛伊抵达意大利拉维尼亚海岸的第一人。途中，他在陆地和海上历经磨难……他还忍受着战争的苦难。

《埃涅阿斯纪》的主题是命运，该诗赋予埃涅阿斯的命运预示了奥古斯都的命运。罗马传统上认为，埃涅阿斯是神选中来建立拉丁种族的。同样，维吉尔的史诗暗示奥古斯都注定要建立一个伟大和平的世界帝国。维吉尔熟练地把罗马的历史编入埃涅阿斯的传奇里。埃涅阿斯在旅途中不断看见罗马未来的英雄的魂灵以及罗马未来胜利的场面。他的命运就是开创奥古斯都将完成的一段历史。

该史诗最著名及最感人的情节就是埃涅阿斯与充满激情的狄多（Dido）王后的相遇，正是这场相遇造成了埃涅阿斯的命运与个人欲望的冲突。狄多是北非迦太基丧偶的王后，埃涅阿斯遭遇沉船后漂泊到那里。埃涅阿斯受欲望的驱使而服从了王后，但一年后，他想起了神派他去意大利的使命。当埃涅阿斯扬帆离开迦太基时，狄多在自焚的火堆上诅咒他。她的悲惨死亡2000多年来一直激发着艺术家和创作者们的灵感。

可怕的复仇精灵！死亡天使在等待着艾丽莎！你们这些人现在都听我说。你们必须把你们神圣意志的力量针对这里的邪恶，听我的祈祷。如果那个坏人（埃涅阿斯）非要驶向陆地，来到海港，因为那是注定的，是朱庇特自己的意志所要求的，然而，他以后要在战争中遭受大胆的敌人的武器之苦；他要被逐出自己的国家，要被从鲁鲁（他的儿子）的怀抱之中赶走，看到无辜的朋友死去时苦苦哀求，然后，当他屈服于一种忍辱偷生的和平后，并不会活着享受帝国的幸福生活；他寿命未到就将死去，尸体被孤零零地抛在海滩上。这就是我的祈祷，我的最后一声呼喊，它源自我生命的血液。

——维吉尔《埃涅阿斯纪》卷四

罗马讽刺诗 有一种文学形式是罗马人声称优越于希腊人的。他们擅长写讽刺诗——一种机智地嘲弄人类蠢行或邪恶的艺术形式，往往以改造个人或社会为目的。罗马最伟大的讽刺诗人是贺拉斯（Horace），他是维吉尔的同代人。公元前 30 年左右他写了两本讽刺诗集，采用一种散漫的文体，避免个人的嘲弄。一首讽刺诗叙述了他与朋友们（包括维吉尔）出游的故事，而另一首则幽默地讲述他如何躲避一个粗鲁的朋友的故事。贺拉斯最著名的讽刺诗比较了城市生活和乡村生活，结尾是著名的寓言《城里的老鼠和乡村的老鼠》。贺拉斯喜欢乡村生活，隐居在一位赞助者给他的庄园里。他的讽刺诗和其他作品（包括一篇著名的论诗歌艺术的散文）或许是拥有读者最多的古罗马文学作品。

与贺拉斯的绅士风度相对照，尤维纳利斯的讽刺诗则对罗马生活予以极为尖刻的批评。尤维纳利斯抨击罗马社会在财富和自我放纵巅峰时的腐败和伪善。罗马社会几乎没有哪一方面没受到尤维纳利斯讽刺和鞭笞的：性剥夺、富人奢侈的宴会、希腊移民的影响，以及暴戾君主的蠢行。在下面这段诗中，他发问在一个因金钱和欺骗而变形的城市里，他能找到什么样的工作：

我在罗马能做什么？我不善于撒谎。
如果一本书不好，我不能赞扬它，
或去购买。
我不懂天文，不能为几个钱出卖自己，
去帮某个年轻人杀死他的父亲；
我从未研究过青蛙的内脏，
而许多人都懂得
如何把新娘骗到手，
当作男人的礼品给她。
我对小偷不存戒备，
所以我不指望得到某位长官的任命。
我是个无用的尸体，或一个瘸子。
当今谁还有门路，除了你们那些满口称是
却心怀叵测的人，
然而却足够聪明地保持沉默？
……决不能让塔霍河的金子在
阴影下滚动，
它如此重要，如此宝贵，
让你无法入睡，
收受你必得屈服的贿赂，
在黑暗中辗转反侧，
给有权势的恩主一种威胁。

——尤维纳利斯《讽刺诗》

尤维纳利斯的嘲讽在著名的第十首讽刺诗中达到高潮，诗中他揭露了人对财富和名誉的欲望和虚荣。他号召过一种忍耐谦卑的生活，这在文艺复兴时期的讽刺家伊拉斯谟和 18 世纪欧洲的讽刺天才们那里找到了历史的回声。

罗马世界的哲学

与其他许多领域一样，罗马哲学最初也产生于希腊化时代的希腊学说。这个过渡中最重要的一个人物是马可·图利乌斯·西塞罗（图4.21），他在著述中表达了希腊斯多葛派关于幸福和神性的思想。西塞罗无与伦比的成就是他发表的那些关于努力拯救罗马共和政体而反对君主制的华丽演讲。西塞罗的演讲词是后来各个时代受到广泛研究和欣赏的作品。

共和政体时期不如西塞罗的演讲那样流行但同样重要的一部著作是《物性论》（*De rerum natura*），这部作品是诗人卢克莱修（Lucretius）用拉丁文写成的。卢克莱修的诗详细阐述了伊壁鸠鲁派的思想，是古代世界最系统的唯物主义哲学。卢克莱修描述了原子在构成宇宙时的运动和相互碰撞，认为这种运动和碰撞具有道德目的。他希望解脱读者的罪孽和对死亡的恐惧。他告诫读者神并不控制我们的生活，因此不能因为我们不虔诚而惩罚我们。卢克莱修临终时写道：

> 假如自然本身突然有了声音，以这样的方式对我们说："人啊，是什么冤情让你如此痛苦和抱怨？你为什么要为死亡而哭泣？如果你迄今所过的生活是愉快的，如果全部生活幸福没有像水一样泄漏，倒进一口有裂缝的坛子而毫无意义地浪费掉，那么，愚蠢的人啊，你为什么不像客人一样离开，去过自己的生活，带着一颗平和的心度过无忧无虑的余生？或者，如果你的所获没有任何盈利就倾泻而走，生活变得毫无趣味，那你为什么不努力壮大？新的只能像旧的那样产生坏的结果，同样无益地消亡。那为什么不结束生命和劳作？难道你指望我为你的快乐发明什么新的玩意儿吗？我告诉你，什么都没有。一切事物始终都是相同的。如果你的身体还没有随着岁月而枯萎，你的四肢也没有衰老和疲乏，即便如此也仍然没有什么新的东西可以指望，没有，尽管你可以活过所有活着的生物，即使你长生不死。"我们该如何回答，我们只能说自然的反驳得到了证实，她提出的呼吁是真正的呼吁。
>
> ——卢克莱修《物性论》

虽然他告诫"死亡于我们而言没什么可怕的"，但卢克莱修还是没有完全高枕无忧。他承认他的绝对唯物主义不能平息这种令人悲哀的生命欲望，"它把颤抖的我们束缚在这些不确定性和危险之中"，卢克莱修讲道。

仅就思想的清晰性而言，伊壁鸠鲁学说应该在罗马世界传播得更远。伊壁鸠鲁学派由于接受奴隶和妇女而打破了罗马的习俗，并劝导人们从社会生活和公民职责中隐退。伊壁鸠鲁学说主要是通过卢克莱修《物性论》的说服力和严谨性而幸存下来。

受过教育的罗马人更容易接近希腊化时期的斯多葛派哲学，它教导人必须履行自己的职责，实现道德操守，服从神授的命运。罗马的斯多葛派哲学从其希腊化时期的哲学开始经历了几个阶段的发展。随着罗马共和政体被帝国权威所取代，斯多葛派哲学成了贵族抵制皇帝权力的手段。有一位斯多葛派哲学家激怒了皇帝尼禄，尼禄命令他自杀，他泰然从之。这就是曾经是尼禄奴隶的爱比克泰德（Epictetus），他充分地体现了罗马斯多葛派的道德哲学。爱比克泰德呼吁全人类像兄弟一样相处，号召他的追随者成为"世界公民”。如果接受了斯多葛派超然于无法控制的事件之外的精神的话，甚至没有身体自由的、惨遭主人鞭打的奴隶也可以是幸福的。在这方面，斯多葛派打破了亚里士多德关于幸福的理想，即最小限度的自由和身体舒适。

具有讽刺意味的是，罗马斯多葛派的特点最终在马可·奥勒留皇帝（见图 4.29）的著述中揭示了出来。在他统治的最后十年的军事行动期间，奥勒留以日记的形式写了 12 篇《沉思录》，这或许是当士兵都在睡觉、蜡烛在微风中摇曳时，他在军营里创作的。在这样的环境下，马可始终都以理性自律，认识到他的权力的有限性，接受死亡的必然性。

在《沉思录》中，马可·奥勒留描写了由单一的自然法则统一的宇宙，这个法则就是控制所有生命的理性。人最重要的任务就是理解和服从理性的法则：

> 所有事物都是相互交织的，而将事物统一起来的是神圣的东西；从实践上看没有与其他事物相异的事物，因为所有事物都相互结合，为同一个宇宙秩序做贡献。如果对共享这个同一的理性的所有同类来说真的存在一种完善的话，这个宇宙容纳所有事物。它是一，充斥于所有事物的神是一，物质是一，法则是一，一切思维存在共有的理性是一，真理是一。
>
> ——马可·奥勒留《沉思录》第七篇

甚至皇帝也要对做错事但只危害自己的人忽略不计。“我尽我的职责，”他写道，“其他事情与我无关。”他通过限制个人欲望来保证自己的幸福，只依靠自己，尽管这种幸福是以不顾其他人的痛苦为代价的。

《沉思录》的自我告诫有时类似于当今非常流行的自助手册，如马可时刻提醒自己把精力用在当下。他深得斯多葛派哲学的要义，总是把重心放在职责上，这对任何一个统治者来说无疑是可钦佩的道德导引：“作为罗马人和作为人所应该做的，就是在任何时刻都切实地思考如何完成手头的任务，而且以恰当和真诚的尊严、同情心、独立性和正义感去完成，使自己摆脱一切其他事情。”

罗马的分化和衰亡

罗马帝国的最后几百年逐渐呈现出了分化和衰落。在 3 世纪，“蛮夷部落”（即非罗马人）的入侵把罗马帝国的疆土逼回到中欧，被侵占的城市远至东部的希腊。“蛮族部落”的酋长与罗马帝国结成轮换式同盟，甚至自称为皇帝。戴克里先认识到帝国已经庞大得难以管理，出于统治原因将罗马帝国分为东西两个部分。他任命一位合作皇帝与他共同统治，给自己和幕僚取了神和神性英雄的名号。当戴克里先放弃皇位后隐居于自己在亚得里亚海岸的斯巴拉图姆的宫殿（即现在克罗地亚的斯波利特）中。

戴克里先的改革只是暂时延缓了一个已经疲倦的帝国的衰败。除了日耳曼“蛮族”从北部入侵之外，一种新的宗教已经在旧的希腊化东部悄然兴起，其追随者自称为基督徒。到 305 年戴克里先逝世时，从印度到高卢基督教的信仰都在传播。早在 4 世纪，就有一位皇帝皈依了基督教，他在东部建造了第一座基督教的罗马城市。西罗马帝国灭亡了，帝国权力便转移到了东部，罗马城依然是西方文明的精神中心。条条大路仍然通向罗马，在未来的许多个世纪里，各种朝圣者将云游至此，一品罗马精神之飨宴。

佛教的兴起

凭借帝国强大的威力，罗马把两大宗教传遍了整个西方世界：一个是为希腊—罗马诸神建造庙宇和进行祭祀的公共宗教，另一个是4世纪从近东兴起的基督教。在亚洲，军事占领促成了另一种宗教的兴起，即教导人们出家遁世以获得超然启蒙的佛教。

佛教根植于乔达摩·悉达多（Siddhartha Gautama）的生活和教义，他就是人们所知的佛陀，意思是“达到彻悟者”。按照佛教传说，年轻的王子乔达摩为人类痛苦（巴利文是dukkha）的问题所苦恼，便离开家，抛开皇家公务，去求教于印度教的圣人，圣人告诉他斋戒冥想。但这种苦行并未使他满意。直到有一天，当他在一棵菩提树下打坐时，彻悟：对欲望与厌世之间的一条中庸之道的完美理解。佛陀开始了传教生活，现身说法，告诉人们如何获得彻悟（图4.27）。

抛弃了残酷的军事扩张、在整个帝国宣布普遍宗教宽容的是印度征服者阿育王（Ashoka）。阿育王鼓励佛教徒把这种信仰传到南亚（尤其是当今的泰国和柬埔寨，图4.28）。

佛陀有力而自信的教导，即关于存在之本性的基本论断，后人总结为“四谛”：

- 生活充满了痛苦；
- 痛苦源自自私的渴求或贪婪；
- 通过断除渴求或欲望，包括对彻悟的渴求，能够结束痛苦；

图4.27 《佛陀之死》，贵霜帝国的犍陀罗浮雕细节，2世纪末到3世纪初，深灰色石板，高67厘米，自由艺术画廊，华盛顿特区史密斯索尼亚学院

乔达摩躺在罗马与东亚之间繁忙的贸易路线上。这个浮雕可溯至佛教信仰逐渐把佛陀视为神的化身的时期，人们已经不再把他看作高尚的人和彻悟的教师。佛陀之死场面中的裸体男人代表极端的苦行；其他人物采取悼念的不同姿态，常见于基督之死或圣母玛利亚升天的场面。

图4.28 印度桑吉的大萃堵波，公元前3世纪中叶

印度皇帝阿育王（约公元前265至前238年在位）在整个印度传播佛教，常常建造像桑吉大萃堵波一样的佛龛。这座佛塔，即一个半球形纪念碑，一般用来盛装佛陀遗物。

地图 4.2　佛教的传播

- 断除渴求的方法就在于自律和道德生活。

与罗马斯多葛派哲学非常相似的是，佛陀的哲学告诫信众最小限度地限制身体和精神欲望，而集中修炼个人的自身力量。又与亚里士多德的伦理哲学相同的是，佛教代表思想是奋斗与超然这两个极端之间的一条道路，所谓的“中庸之道”。佛教徒通过一种叫“八正道”的戒律来实现这一目标，要求清晰的头脑、有度的行动和一个冥想的制度。沿着这条道路，虔诚的信徒即能够获得彻悟，死的时候便能超脱再生的轮回。这种超脱将达到终极的宁静境界，叫作涅槃——存在与非存在的同时灭绝。

乔达摩在南亚的传教、东亚孔子的教导、地中海的苏格拉底和柏拉图（大约都在公元前600—前400年期间），给人类思维带来了革命性变革。哲学家称之为轴心时代——一种以个人行为和操守、而非以神秘人物和礼仪义务为中心的新型伦理思考出现了。然而，必须记住的是，这些新思想往往是通过军事占领传播的，而且，如与罗马初期同一时代兴起的佛教一样，是由帝国的赞助或法令强加于民的。

图 4.29　马可 · 奥勒留的骑马雕像，镀铜，高 5.1 米，藏于罗马首都博物馆

这位斯多葛派皇帝的官方雕像证明了罗马对现实主义雕像的兴趣。如果我们记得帝国的公民将他视为神明的话，奥勒留哲学著述中诚实而批判的自我反省就显得更加清晰了。

图 5.1　圆顶清真寺，耶路撒冷，7 世纪末

在耶路撒冷，穆斯林统治者和建筑师有意拿这座辉煌的清真寺同君士坦丁及其继任者建造的耶路撒冷大教堂相媲美。镀金的穹顶围护着那块神石，犹太人认为那就是亚伯拉罕准备用来献祭以撒的石头。他们还认为穆罕默德就是踏着这块石头登上天堂的。

05

一神教精神：犹太教、基督教、伊斯兰教

120 年，哈德良皇帝建造了万神殿，其穹顶象征着诸神居住的宇宙的统一。五个世纪后，穆斯林的一个统治者在耶路撒冷建造圆顶清真寺（图 5.1）时，其穹顶象征着一个真正的上帝在统治着万物。一个单一的、至高无上的、全能的神的观念即为一神教的精神，缘起于近东一个叫希伯来人或犹太人的民族。另外两大一神教派——基督教和伊斯兰教则是从犹太一神教派生出来的。到 750 年，这些宗教已经征服了古代世界的各个民族。我们今天所知的西方文明有两个根：古希腊罗马的古典精神，以及犹太教、基督教和伊斯兰教的一神教精神。

犹太教传统

4 世纪初，罗马帝国由于皈依新兴的基督教而得以改造。要想了解这次改造的原因，我们要回到古代近东，回到古埃及、巴比伦和波斯时代。征服了罗马的基督教信仰根源于古代以色列人（也就是我们熟悉的希伯来人或犹太人）的宗教思想。很少能有哪个民族像古代以色列人拥有那么少的人口，却又对西方文明产生了如此大的影响。以色列人信仰一个全能的上帝，这是现代犹太教、基督教和伊斯兰教的里程碑，也是将要统治整个西方世界的一种信仰。

在政治和文化上，以色列人是古代近东的一个弱小民族。他们与那个地区的其他弱小民族的命运息息相关，受到埃及和美索不达米亚等列强的统治。而在宗教上，以色列人是独特的：他们拒绝邻国的多神教，倡导一神教，笃信一个上帝，一个把他们看作选民的上帝。以色列人与上帝的特殊关系在希伯来文《圣经》中已有年代记载。《圣经》是一份卓越的宗教文献。

历史与以色列人

根据历史和考古证据，古代以色列人的起源是模糊的。以色列人自己的史诗记述与《圣经》记载相一致，讲述了一个关于部族征战的动人故事。传统上认为亚伯拉罕是第一任族长（patriarch）或酋长，以色列国的创建者。根据同一记述，族长摩西率领以色列人戏剧性地逃离埃及（约公元前 1250 年），他们把这个事件解释为上帝把他们从俘虏和折磨他们的人中解救出来。逃离埃及的事件是上帝的死亡天使给埃及人带来的 10 次瘟疫中的最后一次。死亡天使甚至连初生婴儿也不放过，但却放过了以色列人。在摩西的带领下，以色列人逃到了西奈沙漠，在西奈山顶，他接受了上帝亲手传授给虔诚的以色列人必须遵守的十诫。第一诫就确立了一神教的原则："除了我以外，你不可有别的神。"耶和华（Yahweh，希伯来人的上帝）说。为了奖赏以色列人对律法的服从，上帝应许他们在迦南（今天的以色列和巴勒斯坦）定居。

到公元前 900 年，以色列人的部族平均主义已经演变成君主制。他们的第一个国王是大卫，是他把希伯来崇拜集中在自己的耶路撒冷王宫里的。大卫本人就是一位天才的乐师，他发明了赞美上帝的赞美诗祝祷。国王所罗门在卓越的统治期间巩固和扩大了以色列人的势力范围，许多犹太人把这个时期称作黄金时代。所罗门雇用邻国的工匠，利用邻近文化的宗教象征，在耶路撒冷建造了一座精致的庙宇。这座庙宇和罗马将其毁掉后重建的庙宇至今仍然是犹太人信仰和民族主义的中心（图 5.2、图 5.3）。《圣经》的作者会根据国王的正义来判断以色列人的正义。

图 5.2　耶路撒冷第二个神庙的微缩模型，由希律大帝重建，约公元前 19 年

第二个神庙是犹太人从巴比伦流亡回来后建造的，希律大帝将其重建为希腊的宏大风格。虔诚的犹太人每年都要来神庙献祭，而在耶稣时代的宗教节日里，犹太朝圣者通常挤满了神庙的院子。

在所罗门之后的数个世纪里，以色列王国衰落了。公元前 587 年，巴比伦军队入侵以色列，毁掉了庙宇，迫使许多以色列人逃往他乡。流亡岁月（前 537—约前 450）对以色列人产生了巨大的文化影响。他们采用了一种新日历和一种新语言［阿拉姆语（Aramaic）］，并开始被称作犹太人（Jew）。在阿拉姆语中 Jew 是“家乡”的意思。他们的宗教吸收了巴比伦和波斯信仰的许多成分，如撒旦，即与上帝做对的邪恶力量。以色列人把因巴比伦入侵而导致的流亡解释为上帝对他们不忠的惩罚。

有些犹太人在波斯征服巴比伦之后又回到了巴勒斯坦，但继而又处于希腊和罗马帝国的统治之下。耶路撒冷重建的庙宇（图 5.2）在希律大帝（King Herod）统治期间得到重新修缮。然而，犹太人不断的暴动激怒了罗马人，于是罗马人在公元 70 年血洗了耶路撒冷（图 5.4）。神庙再次被毁，而在第二次战争（132—135）之后，罗马人逼迫犹太人离开朱迪亚（犹太人的家乡和宗教中心），开始了被称作流散（Diaspora）的历史。不管定居在哪里，大多数流散的犹太人在宗教和文化上都是弱小民族，但是不管遭受到怎样的迫害，他们都坚持自己的语言和信仰。

图 5.3　在耶路撒冷西墙祷告的犹太人

这是耶路撒冷第二个神庙所剩的唯一遗迹。该庙建于公元前 6 世纪，于公元 70 年被罗马军队捣毁。西墙是当今犹太教最神圣的地方，是犹太民族历史和民族身份的唯一见证。

图 5.4 《耶路撒冷的战利品》，罗马提图斯拱门的浮雕，约 81 年，大理石浮雕，高 2 米

罗马军队在公元 70 年洗劫了耶路撒冷，抬走了七个分支的大烛台，它现在已是以色列的民族象征。神庙被捣毁极大地扰乱了犹太人的宗教生活，并且在以后的危机中产生了拉比犹太教和新的基督教信仰。

希伯来文《圣经》

以色列人的上帝名叫耶和华，他通过一部《圣经》呈现为以色列人所敬仰的神。这部希伯来文《圣经》之于犹太人就仿佛《荷马史诗》之于古希腊人。《圣经》编撰的故事和智慧是数百年来口头流传下来的，公元前1000年后的某个时候才形诸文字。

以色列人把这部《圣经》分成三大部分。第一部分有五篇律法，构成了《摩西五经》，或称"教训"，也是以色列的早期历史。《先知书》是以赛亚和耶利米等领袖人物的著述，他们提醒犹太人对上帝所负的职责。最后是《作品》，包括赞美诗和其他智慧文学。

希伯来的创世 希伯来文《圣经》的力量和复杂性显见于《创世记》的最初几章，即两个关于创世的叙述（《创世记》1–3：24）。创世故事展现了希伯来人的上帝与异教之神之间的一个重要区别——希伯来人的上帝不再与特定的地点和自然的某些部分相关，他就是世界的创始人，一切创造的源泉，具有无边的法力。

第一个创世故事（1–2:3）讲述了长达6天的宏伟创造。《圣经》学者们认为这个故事是在以色列祭司于巴比伦流亡期间，在听到了其他同等规模的创世神话后写成的。在这个故事中，上帝从虚无的原始世界创造出了由万物组成的一个有序世界。这里，人的创造是与故事的格调相协调的一种普遍行为。人构成了上帝的宇宙的拱顶石，一个具有神性秩序的尖顶：

神说："我们要照着我们的形象，按照我们的样式造人，使他们管理海里的鱼、空中的鸟、地上的牲畜，和全地，并地上所爬的一切昆虫。"神就照着自己的形象造人，乃是照着他的形象造男造女。神就赐福给他们，又对他们说："要生养众多，遍满地面，治理这地；也要管理海里的鱼、空中的鸟，和地上各样行动的活物。"

——《创世记》1：26–28

第二个创世故事通常被认为是《圣经》学者（the Jahwist）所写，尤其具有戏剧性和简洁性。《圣经》学者讲述了一些令人难忘的情节，其中就有对犹太教、基督教文明影响非凡的故事——亚当和夏娃的故事。上帝不加任何解释地禁止亚当和夏娃吃能够使他们识别善恶的智慧果，而一条蛇来引诱夏娃品尝禁果及其威力。

蛇对女人说："神岂是真说，不许你吃园中所有树上的果子吗？"女人对蛇说："园中树上的果子我们可以吃；唯有园当中那棵树上的果子，神曾说：'你们不可吃，也不可摸，免得你们死。'"蛇对女人说："你们不一定死，因为神知道，你们吃的日子眼睛就明亮了，你们便如神能知道善恶。"

——《创世记》3：1–5

关键概念

一神教

以色列人给了西方宗教传统一个独特的概念：一神教，即信仰一个全能的、仁慈的神。希伯来文《圣经》把以色列人的上帝描写为一个全能的谜，所有创造的造物主，而他本身却是未创造的。通过摩西之口，上帝禁止信徒用雕像再现他的形象，甚至不让他们直呼其名。以色列人原本用神圣的辅音 YHWH 称呼他，拼作“Yahweh”（耶和华）。虽然如此神秘，但虔诚的信徒相信上帝一次又一次现身，要求人们服从他，并奖赏人们的正义行为。

上帝最重要的现身是十诫，是摩西在西奈山顶接受的，这成了全部希伯来律法的基础。十诫确定了以色列部族生活的主要原则。第一条就是普遍正义的原则，所有人都受一个神授律法的控制。由此而产生第二个原则，所有人（或至少是以色列人）在上帝的律法面前都是平等的，在上帝看来他们都是有价值的。与古代世界严格的阶级社会相比，以色列人显然是平均主义者。他们的原则要求他们善意和慷慨地对待穷人和不幸的人。

希伯来人的道德教训可以总结为伦理一神教，他们相信要服从上帝的律法就必须要求道德生活的各个方面都是正义的。任何罪过都是对上帝的不服从，都必然受到神的惩罚。这些伦理思想都在后来的基督教和伊斯兰教那里得到了发扬。希伯来人的伦理传统与亚里士多德的伦理学以及其他古典哲学家的伦理思想大相径庭，后者相信道德行为就是在极端行动之间寻找平衡。对希伯来传统来说，道德行动就是严格地服从上帝的戒律。

在古代世界，希伯来一神教为占主导地位的多神教提供了另一个有力的宗教选择。但一神教也生发出一些令人困惑的神学问题。比如，如果上帝是万物之源，那么他也因此是恶之源吗？如果上帝能够干预历史，那么他为什么没有制止战争和灾难？我们如何判断所有宗教中声称服从亚伯拉罕的上帝的每一个宗教？这些问题至今仍然困扰着希伯来一神教的后裔：现代犹太人、基督徒和穆斯林。

希伯来文《圣经》

五经	先知书	作品
创世记	约书亚记	诗篇
出埃及记	士师记	箴言
利未记	撒母耳记（上、下）	约伯记
民数记	列王记（上、下）	雅歌
申命记	以赛亚书	路得记
	耶利米书	耶利米哀歌
	以西结书	传道书
	十二小先知书	以斯帖记
		但以理书
		以斯拉记
		尼西米记
		历代志（上、下）

亚当和夏娃禁不住诱惑，被逐出伊甸园。上帝宣布作为惩罚，夏娃要忍受分娩之痛，亚当则遭受耕日之苦。

《圣经》学者讲的故事表明以色列人所信仰的是人最根本的弱点：不服从上帝的控制。但这个故事也含有古代世界的神话和传奇中的一些重要主题。在亚当和夏娃的故事中，我们看到人对道德知识的兴趣，要摆脱死亡的欲望，以及对神的禁忌的违背，这些都是古代神话中常见的主题。希伯来人的这些创世故事不仅是准确地讲述这些故事的范本，它们也表达了古代文学中，从希腊的俄狄浦斯传奇到埃及讲述来世生命的故事中的最有影响力的观点。

上帝的契约 希伯来经典的大部分都是讲述上帝与其选民以色列民族之间的关系的。以色列人把这个特殊纽带看作是上帝与他们之间的一种契约或协议，根据这个契约，以色列人必须服从上帝的律法，而上帝则许诺眷顾和保护他选中的民族。"五经"的大部分是用来讲述上帝与以色列之间这个麻烦但又无法解除的契约的历史的。因此，在希伯来文《圣经》中，宗教信仰和民族历史相互重叠。

以色列人与上帝的契约以其历史上的一些关键时刻为见证。其中一个时刻就是亚伯拉罕祭献以撒（《创世记》22）故事中，上帝指示年迈的族长亚伯拉罕以他最疼爱的儿子为祭品。为证明他完全服从上帝的旨意，亚伯拉罕拿着刀子对准以撒的喉咙，这时，上帝的天使介入，阻止了亚伯拉罕。在整个历史中，以色列人都在宗教仪式中赞扬和证明他们与上帝的契约。比如，在今天的逾越节，现代犹太人还在纪念埃及囚虏时期发生的一件事，即上帝的死亡天使杀死了埃及的初生婴儿，但却放过了以色列人。

上帝要求的道德正义是由先知来执行的。先知热烈地传达神的判决。以色列先知常常与神甫和神庙的官方崇拜相对抗，批判仪式化地遵守律法的做法。以赛亚和耶利米等先知都强调从内心服从上帝，并建立正义的社会。先知常常预见未来的救赎，如以赛亚的名言："他们要将刀打成犁头，把枪打成镰刀。这国不举刀攻击那国，他们也不再学习战事。"（《以赛亚书》2：4）

约伯和以色列的考验

对以色列民族的考验是通过约伯的故事象征性地讲述的。约伯是一个义人，曾经受到上帝的宠爱，在一系列的灾难中他失去了家人和财产。《约伯记》创作于公元前600—前400年之间，是希伯来《圣经》中最丰富多彩的诗歌，把人类狭隘的道德观与上帝的无限威严加以比较。约伯失去家人和财产后，三个朋友来安慰他，用传统的希伯来道德智慧来打动他。一个说约伯一定是犯了大罪，才会受到上帝如此严厉的惩罚；另一个说约伯的痛苦是对他的信仰的考验，他最终会得到回报的。然而，约伯坚信自己是正确的，他要求全能的上帝明示他犯罪的性质。上帝回答了约伯，但拒绝用人的方式证实他的正确。相反，他提醒仆人约伯，上帝具有超乎常人所能理解的力量和威严。面对上帝和宇宙的硕大和永恒，约伯承认他自己的痛苦无足轻重。

那时，耶和华从旋风中回答约伯说：
“谁用无知的语言，使我的旨意暗昧不明？
你要如勇士束腰。
我问你，你可以指示我。

我立大地根基的时候，你在哪儿呢？
你若有聪明只管说吧！
你要晓得就说。
是谁定地的尺度？
是谁把准绳拉在其上？
地的根基安置在何处？
地的角石是谁安放的？
那时晨星一同歌唱，
神的众子也都欢呼。

海水冲出，如出胎胞。
那时谁将它关闭呢？
是我用云彩当海的衣服，
用幽暗当包裹它的布，
为它定界限，
又安门和闩，
说，你只可到这里，不可越过；
你狂傲的浪要到此止住。”

——《约伯记》38：1－11

《约伯记》道出了以色列民族的哀怨。在巴比伦流亡之后的岁月里，这个民族仍然没有摆脱被征服和迫害的厄运。在公元前200年到公元50年期间，许多犹太人期待着启示（Apocalypse）的到来，即以灾难的形式显示上帝解放和拯救以色列的意志的时刻。他们相信，在启示到来之时，上帝会审判全人类，并把耶路撒冷的犹太教神庙重新立为世界的中心。犹太人把启示与弥赛亚（Messiah）的出现联系起来（弥赛亚指的是“被神指定的人”），人们相信他能够推翻以色列的外国统治者，重现大卫王时期的辉煌。

基督教的兴起

似乎不可能的是，教徒对一个模糊的犹太先知的信仰竟然取代了罗马晚期各种各样的异教信仰。在前两个世纪，基督教这个新宗教仅仅是庞大的罗马帝国所存在的许多宗教之一。然而，到了4世纪初，基督教信仰已经使一位罗马皇帝皈依；到公元400年，基督教成了罗马帝国的官方宗教。

历史学家无法全面复原早期基督教的历史。然而，我们知道，到2世纪，许多早期基督徒都相信拿撒勒的耶稣是上帝之子，他死而复生是为了拯救全人类。他许诺耶稣的信徒都会得到宽恕，于来世获得永生。基督徒渴望时间的内在终止，那时，耶稣会再度来临，扬善惩恶。由于这些基本信仰，基督教成功地扩大了影响，传遍了整个罗马大地。

拿撒勒的耶稣

拿撒勒的耶稣是一位犹太教师和医治者，其人及其一生构成了基督教信仰的核心。耶稣在被巴勒斯坦的罗马当局处死之前，他的教导已经吸引了一些虔诚的信徒。耶稣公开向巴勒斯坦乡村的穷人传教，但时间如此之短，以至于没有任何直接记载其传教活动的文献。实际上，我们所了解的耶稣都是从福音书中采集而来的。这四部书由他死后的一代人编成，记载了他的生活和传教活动。这些叙述是基督教信仰的表白，而不是耶稣生活的历史记录。

耶稣出生的时代（约公元前4年）正值犹太民族处于罗马压迫的水深火热之中，人人都期待着弥赛亚拯救之时的到来。他告诉人们"上帝的王国"很快就会建立，这迎合了信徒的启示愿望。上帝的王国将从根本上改变人的关系，对人类进行神圣的审判。为了准备即将到来的启示，耶稣敦促他的信徒放弃财产和家人，毫无保留地相互爱戴，用被动的抵制对待邪恶。

福音书把耶稣描写为一个成功的教士。他生动的语言和朴素的故事吸引了穷苦的未受过教育的信徒。他常常用寓言（Parables）这种象征故事戏剧性地讲述他眼中的上帝。在"浪子"（《路加福音》15:11—32）这则寓言中，一个愚蠢的儿子放荡不羁，挥霍了他的全部家产。当他满怀忏悔之心回到家乡时，得到了曾担心他执迷不悟的慈爱父亲的谅解。耶稣的寓言通过类比表明了上帝与天国的性质。他强调上帝爱他忠实的仆人，原谅他们，就像父亲爱这个回头的浪子一样。

耶稣的教导都总结在"山顶布道"（《马太福音》5—7）中。山顶布道把耶稣的一些话编撰起来，加强了他与希伯来传统和希伯来经典的关系。山顶布道号召强化道德上的一神教，即古代希伯来人尊敬和关怀群体内每一个人的义务。耶稣说他的到来不是为了制定律法和进行预言，而是要履行它们。通过强调爱他人，耶稣说，他的信徒就走上了进入重临的上帝的天国的道路。与早期先知一样，耶稣也要求心的正直，明显的虔诚信仰和形式上的服从还不够，一个有罪的念头和犯罪的行为同样都是邪恶的。

你们听见有话说："不可奸淫。"只是我告诉你们，凡看见妇女就动淫念的，这人心里已经与她犯奸淫了。若是你的右眼叫你跌倒，就剜出来丢掉；宁可失去百体中的一体，不叫全身丢在地狱里。若是右手叫你跌倒，就砍下来丢掉；宁可失去百体中的一体，不叫全身下入地狱。

你们听见有话说："以眼还眼，以牙还牙。"只是我告诉你们，不要与恶人作对。有人打你的右脸，连左脸也转过来由他打；有人想要告你，要拿你的里衣，连外衣也由他拿去；有人强逼你走一里路，你就同他走二里路；有求你的，有向你借贷的，不可推辞。

——《马太福音》5：27—29；38—42

耶稣生命中的最后时日将是基督教信仰的关键。福音书说他来到耶路撒冷与子民相会。尽管耶稣拒绝披上政治弥赛亚的外衣，来做以色列新的大卫王，但他的启示布道还是惊动了罗马当局。他们抓住了耶稣，把他钉在十字架上，那是当时为政治犯保留的一种刑罚。但耶稣备受侮辱的被公开处死或许是一个强大的新的宗教信仰的开始。耶稣的信徒声称他连同肉身一起复活，这证明他的确是弥赛亚（希腊语的 Christos）。最早的信徒都期待复活的耶稣会"重临"，来拯救虔诚者，带他们进天国。

基督教的发展

对耶稣的弥赛亚信仰大体上与犹太人的启示性民族主义是一致的，而且显然是在巴勒斯坦和希腊—罗马东部的小社区里兴旺起来的（地图 5.1）。在最初的几十年里，这种新信仰的最有力的倡导者是使徒保罗，其不知疲倦的游走传教和写给信徒的炽烈信件承诺让他们通过升天的基督之手实现内在救赎。保罗的信件赞扬虔诚的信徒，就婚姻、博爱和礼仪等问题提出建议。更重要的是，他认为非犹太人可以加入基督教而不必行割礼（男性），也不必履行传统犹太教所要求的饮食限制。

保罗所生活的犹太世界在公元 70 年就四分五裂了。那年，罗马军队把耶路撒冷洗劫一空，捣毁了作为犹太教仪式中心的第二座

《新约》

福音书（《马太福音》《马可福音》《路加福音》《约翰福音》）
《使徒行传》
保罗书信（《罗马书》《哥林多前书》《哥林多后书》《加拉太书》《以弗所书》《腓立比书》《歌罗西书》《帖撒罗尼迦前书》《帖撒罗尼迦后书》《提摩太前书》《提摩太后书》《提多书》《腓利门书》）
其他书信（《希伯来书》《雅各书》《彼得前书》《彼得后书》《约翰一书》《约翰二书》《约翰三书》《犹太书》）
《启示录》

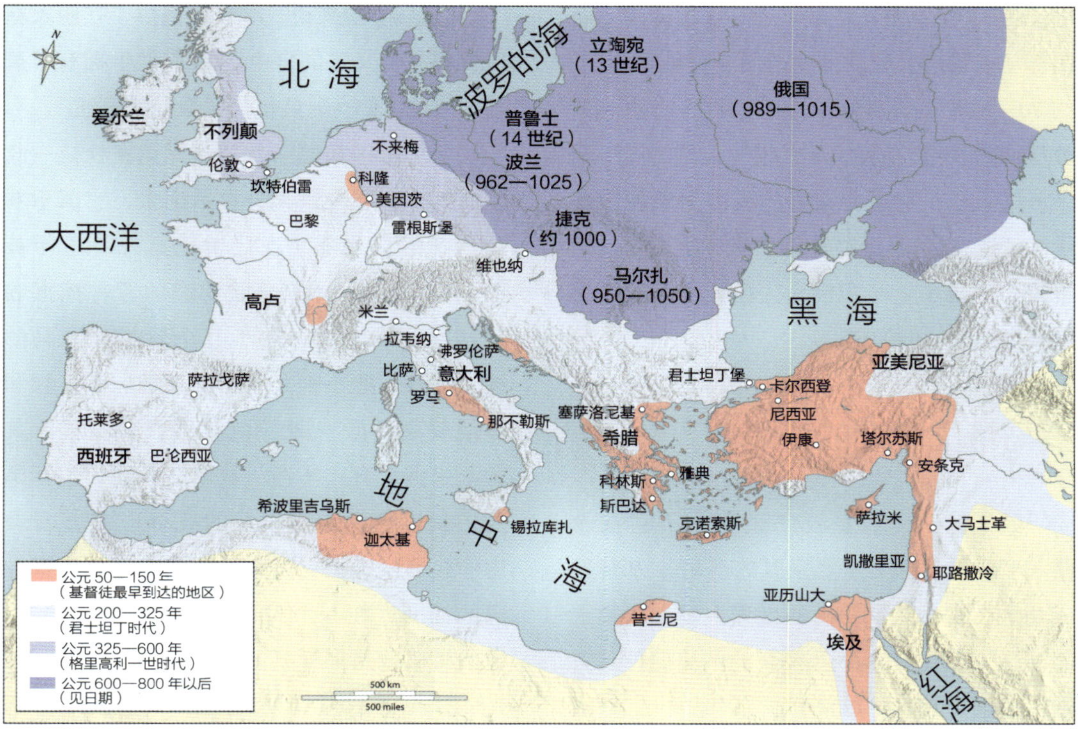

地图 5.1　基督教的兴起

神庙。这次政治和宗教劫难过后，犹太教赛人的领导下得以重组。这些法利赛人担当了拉比（Rabbi）或犹太教教士的角色。这种新信仰，我们现在称之为拉比犹太教，强调虔诚地顺从和研习五经，而不是过去每一个犹太教徒都必须履行的神庙祭献。对五经的阅读和敬仰变成了仪式化的礼拜，进行这种礼拜的地方叫犹太会堂，拉比学者写的经典注疏也与犹太教的新环境相一致。尽管从巴勒斯坦传统的中心异化出来，这个复兴的犹太教赢得了新的皈依者，把罗马晚期的犹太社区统一了起来。

第二座神庙被捣毁也深刻地影响了早期基督教。官方福音书非常可能全部写于公元 70 年以后，都含有危机的迹象，以及基督教信仰与法利赛犹太教之间的竞争。到 2 世纪初，一种独特的基督教信仰出现了，其承认基督的神性，以社区的圣餐仪式为核心，即基督与门徒共进的最后一次晚餐的重演（图 5.5）。

早期基督教与晚期罗马的其他神秘宗教享有共同的信仰和仪式。比如，酒神崇拜者以喝酒和狂欢的宴会来祭拜神。埃及女神伊西斯的崇拜者讲述一个被谋杀的神死后重生的故事。基督教的皈依者也要经过洗礼仪式，以便洗净过去生活中所犯的罪孽，为进入天国做好准备。君士坦丁大帝一直到临终时才施洗礼，希望尽可能洗去一生中的全部罪孽。

早期基督教仪式伴有越来越多的希腊经典的阅读。基督教《新约》中含有各种各样的读物。《保罗书》是最早的基督教著作，而四部《福音书》和路加的《使徒行传》（写于约 70—120 年）则是作为传记和历史的基督教信仰的表白。《新约》以描写灾难的《启示录》结束，是对基督重临的有力的象征性预示。基督教经典最终把希伯来《圣经》包括进来，记录了上帝积极介入信徒生活的过程以及要拯救他们的诺言。

罗马帝国晚期的基督教

到 3 世纪，基督教已经确立了它在希腊—罗马世界作为主要宗教的根基。基督教成功地在古代晚期纷乱的世界上建立起紧密团结、相互支持的社会。新的信徒拥护基督教仁慈的一神论，欣然接受其死后再生的诺言。对罗马帝国的奴隶和下等人来说，基督教给予信徒在社会中平等的资格；对富人

图 5.5 《最后的晚餐》，圣阿波利奈尔 · 努奥沃，意大利拉维纳，约公元 520 年，马赛克画

希腊、罗马的马赛克工匠以基督教的故事和象征为基础采用了一种新的图像。图中，典型的罗马宴会被重塑为最后的晚餐，身穿紫色长袍的基督坐在背叛者犹大的对面。这个画面取自拉维纳的圣阿波利奈尔 · 努奥沃在教堂楼座窗上方画的组画（见图 5.17）。

（尤其是妇女）来说，基督教提供了摆脱家庭压迫和社会义务的自由。寡妇似乎拥有了可敬的地位，妇女显然担当了教会的重任。

罗马帝国晚期宗教的多元化在杜拉—欧罗波这个边城小镇充分显示出来，它属于罗马治下的叙利亚（现代伊拉克），256 年被部分掩埋了。杜拉—欧罗波的考古挖掘表明这里的庙宇供奉着十几个希腊和罗马的神，还有一些小神龛属于犹太教、基督教和其他较小教派。杜拉的犹太教教堂里巨大的湿壁画上有《圣经》故事的场面，包括摩西带领以色列人出埃及的故事。在基督教用作礼拜仪式的一个小洗礼堂里画着耶稣神迹的场面，在一个大石棺旁站着两名妇女，她们大概就是耶稣墓前站立的妇女。

杜拉的教堂清楚地证明了 3 世纪的基督教正在发展一种初级艺术，大部分是从希腊—罗马传统借鉴来的。基督徒逐步发展了自己的一套符号和形象，即人们所说的往往具有异教意义的图像。一个图像符号是鱼，基督徒将其用作耶稣名字的离合字谜，但异教徒也在他们的艺术中广泛使用。同样，基督徒也用异教“好羊倌儿”的主题，这常见于罗马地下墓穴的顶棚和石头建筑中，在杜拉的教堂也见到了（图 5.6）。早期基督教的其他图像也有把基督描画成太阳神的，或描画成奥菲士（神话中进入地狱、给地狱之神带来欢愉的乐师）的。罗马地下墓穴里的基督教图像往往强调救赎和再生，如希伯来《圣经》中约拿与鲸的故事。

早期基督教和异教主题的融合，在石棺中保存了下来，上面提到的大石棺是一个富裕的基督徒为自己的棺盖刻画的。在 4 世纪的一个罗马官员尤尼乌斯 · 巴苏斯的大石

日常生活的窗口

围攻耶路撒冷

当罗马军队于公元70年围攻耶路撒冷时，市民饥饿得发疯。下面是犹太历史学家约瑟夫斯的叙述：

全城已有相当一部分人饿死，或忍受着无法描述的痛苦。每个房子里只要有一点点食物的气息就会引起暴力的争斗，近亲相互厮打，争夺那点可怜的救命食粮。甚至对将死之人也毫不怜悯；恶棍们搜遍他们全身，唯恐他们的衣服里还藏有食物，或他们假装要死。无法无天的匪徒像疯狗一样饿得大张着嘴，摇摇晃晃地搜遍大街小巷，像酒鬼一样打破房门，然而却迷惑不解地竟然在一个小时内两三次进入同一个房间。生存的需要使人饥不择食。甚至连动物都拒绝吃的剩物也被收集起来，做成食品。最后，他们连皮带和鞋，以及盾牌上脱落的皮革都吃了。一片片枯草被吞掉，一小捆就能卖四个德拉克马。

——约瑟夫斯《犹太战争》

图5.6 《好羊倌儿》，3世纪末—4世纪初，大理石，高98厘米，藏于梵蒂冈皮奥·克莱门汀博物馆

大多数早期基督教艺术都采用希腊、罗马的主题，如羊倌儿的主题。异教徒会把这个人像说成是赫尔墨斯，即死者灵魂的向导。基督徒则认为他是基督——守护灵魂的羊倌儿。

图 5.7 《尤尼乌斯·巴苏斯的大石棺》，359 年，梵蒂冈圣彼得大教堂的石窟

雕刻的大石棺是被基督教采纳的罗马传统。这里，人像都用精致的古典风格刻成，受苦和罪孽的场面（约伯和他的劝说者们，伊甸园里的亚当和夏娃）与救赎的场面（基督进入耶路撒冷，狮群中的丹尼尔先知）交替出现。

棺上（图 5.7），一个罗马神支撑着基督在天上的王座（上，居中），希伯来后期的先知丹尼尔（下，居右）在狮子群中像一位斯多葛派哲学家一样站立着。这里，希伯来的智慧与基督教的启示全都融汇在根基于异教传统的古典风格之中。

君士坦丁与基督教　基督教兴起的转折点发生在君士坦丁统治时期（312—337），他是接受基督教信仰的第一个皇帝（图 5.8）。据说在一场关键战役的前夜，君士坦丁看到一团火在太阳前飞过，上面写着"你将用这个迹象战胜敌军"。胜利后，君士坦丁颁发了"米兰诏书"，把基督教合法化，结束了官方对基督教的迫害。在崇拜官方的异教神的同时，君士坦丁让儿子们皈依基督教，并使它的新首都君士坦丁堡（Constantinople，拜占庭古城，今土耳其的伊斯坦布尔）成为第一座基督教城市。

除一个皇帝外，君士坦丁之后的每一个皇帝都偏宠基督教。到 4 世纪末，基督教进入了发展史上的一个新阶段。这些信仰基督教的皇帝建造了奢侈的新教堂，加快了基督教与异教传统融合的步伐。基督教领袖现在代表着罗马帝国的权力，这正是曾经迫害过他们的权力。到 5 世纪，基督教信仰已经成为西方世界最富有、最强大的社会制度了。

图 5.8 《君士坦丁的头像》，源自罗马君士坦丁长方形会堂（图 4.15），313 年， 大理石，头高 2.59 米，罗马保守宫

君士坦丁皇帝倾向于幻想的神秘主义，在罗马和他的新首都君士坦丁堡建造了数十座基督教教堂。

哲学：古典哲学和基督教哲学

古代晚期，古典哲学与基督教哲学在波折中逐渐融合。作为最后一种希腊哲学，新柏拉图主义在异教徒和基督徒学习的学校里均予以解释。到400年，在希波的奥古斯丁的著述中出现了一种新的融合。随着奥古斯丁和基督教的其他神职人员在罗马帝国晚期成为政治家和公民领袖，他们便从古典思想转到对新信仰的知识挑战上来了。

从古典到基督教

古典时期的最后一个哲学系统是以普罗提诺的新柏拉图主义为基础的，其思想均编辑在《九章集》中。普罗提诺继承了柏拉图和亚里士多德的思想，认为一切造物都源自一个单一完美的源泉，即“一”或“善”。在普罗提诺看来，“一”是超越存在的、无法描述的。从“一”派生出一个有序的存在等级，自上而下地从知性（Nous）到灵界（Soul）再到物质世界。“善”的人生需要灵魂努力通过理性沉思和对物质欲望的压抑而回归“一”。普罗提诺并不认为身体欲望是有罪的、邪恶的；肉体不过耽搁了灵魂对“一”和“善”的神秘渴求。普罗提诺的哲学体系保存了柏拉图关于灵魂与身体的区分，但提出了一切存在的一元统一。这两种思想都对后来的基督教思想产生了极大影响。

4世纪，新柏拉图主义者积极保护传统的罗马宗教，常常与基督教信徒发生冲突。比如，古代晚期最重要的女哲学家希帕提亚（Hypatia）就在埃及的亚历山大领导着一个活跃的新柏拉图主义学派。她为数学和天文学做出了卓越的贡献，却遭到了基督教狂热分子阴险的暗杀。希帕提亚的死和亚历山大著名图书馆的焚毁结束了该城作为古典学问中心的历史。

在整个4世纪，基督教知识分子逐渐把自己的信仰与古典传统结合起来，肯定了柏拉图关于身体与灵魂的划分，也承认斯多葛派抑制激情、接受神的意志的主张。这种哲学妥协的实践者就是教会的教父们，他们的著述构成了基督教的教父传统［源自拉丁文pater（父亲）］。教父研究留下的一份遗产就是拉丁文《圣经》，基本上出自教堂神父杰罗姆一人之手。学者杰罗姆把希腊文和阿拉姆语的希伯来文《圣经》翻译过来；到6世纪，他的译本已经成为拉丁文《圣经》的基础，此后便成了拉丁基督教的标准版《圣经》。

希波的奥古斯丁

迄今为止最重要的神父哲学家是希波的奥古斯丁。奥古斯丁最著名的著作是《忏悔录》，一部卓越的精神内省作品，在奥古斯丁时代的古典文学中无与伦比。它详细讲述了奥古斯丁对新古典主义和摩尼教（Manicheism）的热爱，摩尼教也把世界看作善恶之间的冲突。更重要的是，《忏悔录》描写了奥古斯丁与自己罪孽意志的内心斗争。在忏悔中，他记起了年轻时偷了几个桃子，这与他和给他生了一个儿子的无名情人共同度过的岁月一样让他苦涩难言。关于偷桃子的事，奥古斯丁写道：

我们当中一些年轻放纵的家伙偷走了许多，不是为了吃，而仅仅为了贪婪。而这，也只是做了人们所不喜欢的事。

由于家庭的反对他抛弃了情人，他说："她紧紧抓住的那颗心，已经在我体内残害致伤，鲜血淋漓。"

在探索"灵魂深处"的过程中，奥古斯丁发现，只有上帝无限的恩惠能够把他从罪孽中拯救出来。他自己的意志太薄弱。奥古斯丁认为：人类的自由，不过是犯罪意志的自由。《忏悔录》描写的奥古斯丁的灵魂始终处于与自己罪孽本性的冲突之中。因此，奥古斯丁关于人类灵魂的观点与古典传统大相径庭。对苏格拉底和斯多葛派等古典哲学家来说，聪明的灵魂能够成功地与自身和宇宙和平相处；而基督徒的灵魂始终与自身交战，奥古斯丁说。

奥古斯丁以清晰有力的逻辑阐发了基督教的最新思想。在长文《论三位一体》中，他论述了把上帝既看作"一"又看作"三"的逻辑难度。奥古斯丁在上帝和人之间做了几个精彩的类比。当我们说"我爱自己"时，他推理说，"我"是爱的主体，"自己"是被爱的客体，而二者之间共享的"爱"不过是同一个"自己"完全不同的方面而已。同样，圣父、圣子和圣灵也是一个神圣存在的不同方面。

奥古斯丁最广博的哲学著作《上帝之城》（写于413—426）是为回应410年一支日耳曼军队洗劫罗马这一事件而写的。异教传统论者把罗马的没落归咎于基督徒，因为他们拒绝做公开礼拜或崇拜罗马诸神，所以导致了灾祸。奥古斯丁回答说：罗马的没落是上帝为人类救赎所做的历史设计的一部分，这是古代哲学中前所未有的一种历史观。

奥古斯丁把人类历史看作两座象征性城市之间的战斗。"尘世之城"（Civitas Terrena）居住着异教徒和基督教异端。"上帝之城"建在天国，但却环绕着尘世间虔诚的基督徒。根据上帝制订的历史规划，尘世之城最终将被全部捣毁，居民将遭受天罚。正直的基督徒将生活在幸福之中，在历史终结之时达到普遍和平。在此之前，奥古斯丁劝告善良的基督徒要"遵守尘世之城的律法，据此管理好维持这一有限生命所必需的事物"。奥古斯丁用这些话命令基督徒服从罗马帝国法律，而就在还不到一个世纪之前，正是这个罗马帝国曾经残酷地迫害过基督徒。

关键概念

原罪和人性

奥古斯丁认为罪孽和悔过的必要性是人类经验的冷酷现实。他的信仰使他投入了关于罪和人性的激烈争论之中。基督教思想家就洗礼是否洗清罪孽或罪孽是否永久根植于人类灵魂之中等问题各持己见。奥古斯丁用他的"原罪说"回答了这个问题。原罪是西方各种人性观均已采纳的一个基本概念，指亚当和夏娃在伊甸园中第一次违背神的旨意（图 5.9）。据奥古斯丁所说，当亚当和夏娃吃了禁果时，他们就已经使全人类陷入了罪孽状态。由于所有人都是夏娃的后代，所以，每一个人的灵魂，包括新生儿的灵魂，都必然是邪恶的。

东正教（后来成为希腊正教）的希腊学者们驳斥了奥古斯丁的原罪概念。如他们对《圣经》的解读一样，罪产生于个人的意志行为，人类根据罪的不同程度受到正义的惩罚。然而，据奥古斯丁所说，罪产生于人的本性，不是人的行为。罪的污点毫无例外地存在，不可能通过忏悔的行为而被抹掉。奥古斯丁比较激进的阐释赢得了人们的赞同，他的原罪说也成了官方学说。直到现在，原罪说依然是西方基督教信仰的里程碑。

原罪的概念在西方人性观中具有极大的重要性。它意味着人不能天生控制自己，不能通过自己的努力达到善的境界。孩提时，人需要父母严格的引导；成年后，人需要法律的限制和父辈的管制。后来的哲学家对奥古斯丁的这种人性恶或堕落说提出了挑战。18世纪的一些哲学家提出人生来是善的，只是受到邪恶的社会影响才堕落的。奥古斯丁给人性的定义仍然影响着父亲教育孩子、学校教育学生、政府统治公民的方式。

图 5.9 《亚当与夏娃》，尤尼乌斯 · 巴苏斯大石棺上的一个场面，359 年，大理石，圣彼得大教堂长方形会堂的石窟（宝藏博物馆），梵蒂冈

按照奥古斯丁所说，当罪和善恶的认识进入尘世之时，亚当和夏娃就遮住了令他们感到羞耻的地方。

基督教帝国：罗马与拜占庭

330年，君士坦丁大帝在古希腊拜占庭城的旧址上建立了新都君士坦丁堡。把“新罗马”的首都定在君士坦丁堡标志着罗马帝国晚期的一个重要转折。此后，罗马帝国的两个部分——西罗马和东罗马，将面临不同的历史命运。讲拉丁语的西罗马以罗马为中心，经历了蛮夷入侵和政治动荡；讲希腊语的拜占庭帝国以君士坦丁堡为中心，越来越繁荣强大，在西罗马帝国瓦解的同时维护了罗马帝国的传统。

帝国的分化也影响了新兴且已产生广泛影响的基督教教会。无论在拉丁还是希腊教堂，权威们都与正统观念进行了艰苦卓绝的斗争，尤其是阿里乌教的异端邪说，它拒斥耶稣既非全神亦非全人的性质。325年，君士坦丁召开了全基督教几次大会中的第一次会议，肯定正统教义，压制异端邪说。但是，一种不满情绪正逐渐在拉丁教会与希腊教会之间酝酿，前者的权力集中在罗马和北非，后者则与强大的拜占庭皇帝结成坚实的联盟。这次分化也体现在发展中的神学和艺术中，最终分化成罗马天主教和拜占庭正教。

圣彼得与教皇

罗马皇帝总是把奢侈的公共建筑赠予其臣民，这样一项政策现在使刚刚合法化的基督教教会受益匪浅。在罗马，君士坦丁捐献了大约15座新教堂，在大小和奢侈程度上都可与异教庙宇相媲美。其中最大和最重要的是圣彼得大教堂（图5.10），建在罗马城外的梵蒂冈山上，俯瞰使徒西蒙·彼得之墓。君士坦丁的圣彼得大教堂（约建于320—330年间）是之后1000年里拉丁基督教最著名的教堂，直到文艺复兴时期被捣毁后重建。

圣彼得大教堂是基督教典型的长方形会堂风格（图4.9、4.15），带有天花镶板和一排排圆柱（图5.11）。礼拜者经过宽敞短浅的前廊或门厅进入教堂，接着在廊柱的通道里行走。教堂里厅顶高架的正厅，叫作中殿，能容纳几千名站立的礼拜者。圣彼得大教堂的建筑师在祭坛上附加了一个交叉的翼部，为礼拜者提供了附加空间。这开创了一种十字形的地板规划。祭坛后面是半圆形壁龛，为罗马长方形会堂提供了另一个延缓地。半圆形壁龛的半穹顶饰有典型的油彩或马赛克圣像。圣彼得大教堂长方形会堂的设计已成为拉丁基督教教堂的基本范式。

君士坦丁对基督教教会的慷慨并没有扭转罗马没落的趋势，也没有避免新一轮的蛮夷入侵。蛮夷早已占领了旧帝国的一些领地，他们往往在没有干扰罗马社会基础结构的情况下而统治着这个社会。大约在400年，一次新的杀戮跨过莱茵河，遍及整个西罗马帝国，掠夺贡品和领土。402年，罗马政府迁至容易防御的位于意大利亚得里亚海岸的拉维纳镇。410年，罗马本城遭受哥特人的洗劫，震动了整个帝国；476年，最后一位罗马皇帝在拉维纳退位。此后，西罗马帝国由蛮夷国王统治。到6世纪，旧罗马帝国到处分布着蛮夷定居地，中央政府处于风雨飘摇之中，而城市也都变成了废墟。

在罗马，权力的真空很快就被教皇填补了，即罗马的基督教主教。到4世纪，教皇得到西方基督徒的承认，成为教会的最高精神权威。随着帝国秩序在西部的衰落，教皇和其他主教扮演了重要的民政角色，促进遵纪守法，遏制权力滥用。另一方面，在东部拜占庭帝国，皇帝的权力仍然是不可动摇的，东正教与帝国权威紧密地结合了起来。

查士丁尼与拜占庭世界

与西罗马的动荡相比，拜占庭帝国则是稳定和保守主义的典范。其缔造者给君士坦丁堡营建了帝国宫殿、竞技场、许多教堂以及罗马城市生活的其他设施。君士坦丁堡很快就吸纳了希腊学问、精神、象征主义和计谋，发展成为生机勃勃的文化和知识中心。

拜占庭世界（地图5.2）在查士丁尼皇帝治下达到巅峰（527—565），在律法改革和艺

图5.10 旧的圣彼得长方形会堂，罗马，约公元320—330年，中轴长254.5米，两翼宽86.9米

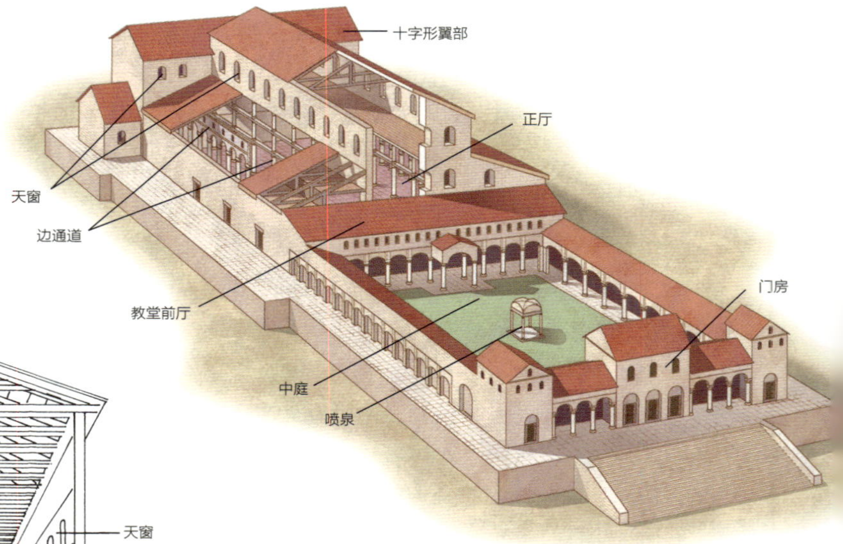

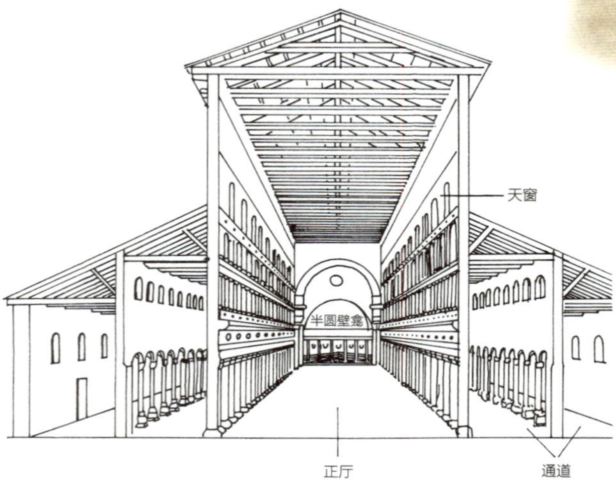

图5.11 长方形会堂风格的早期基督教教堂剖面图

注意宽敞的柱廊式正厅和容纳站立礼拜者的通道、半圆壁龛、正厅、天窗、通道。

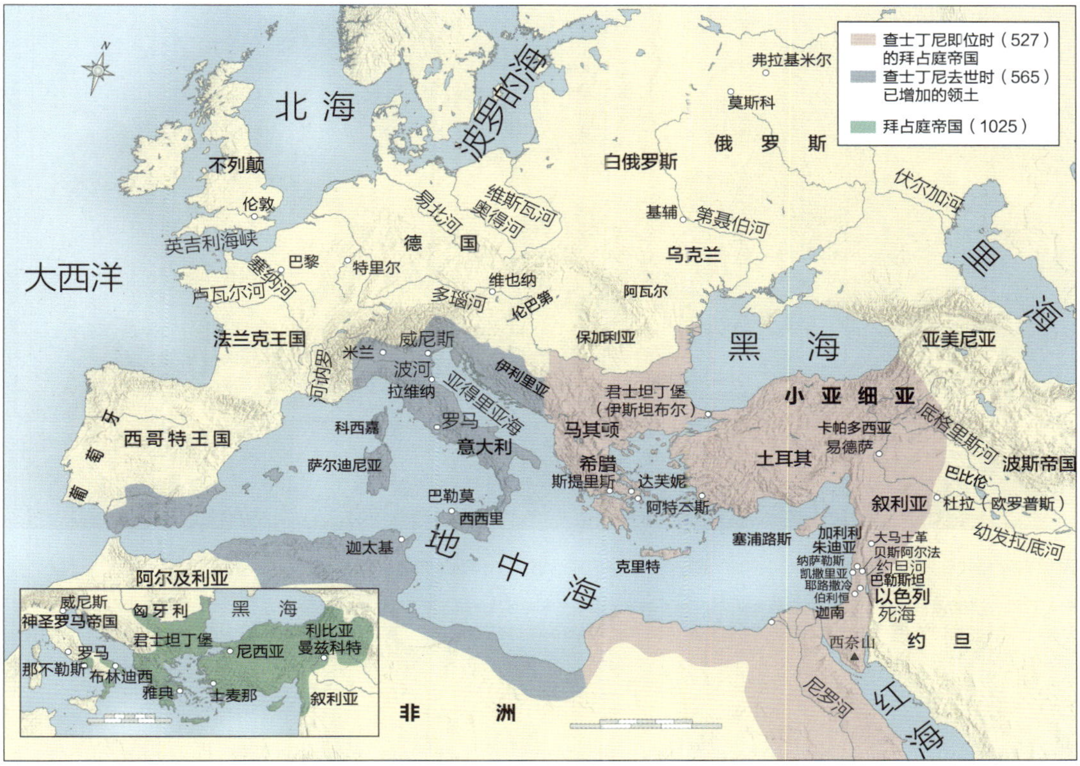

地图 5.2　罗马晚期和拜占庭的世界

术复兴方面都取得了辉煌成就。查士丁尼是一位能言善辩者，他更倾向于妥协而非征服。他的军队推翻了西罗马的蛮夷统治，把两个帝国短暂地统一起来。人们记得查士丁尼主要是因为他对罗马法的大量修改，史称《查士丁尼法典》，这是自尤里乌斯·恺撒以来对罗马法的第一次彻底修改。

查士丁尼还因与妻子西奥多拉（Theodora）平分权力而著称，其妻以女皇的身份与他共同治理朝政。西奥多拉出身卑微，是位女演员和交际花。当查士丁尼皇帝在一次民间暴动中遇到危险时，西奥多拉救了他，因此赢得了查士丁尼的信任。据说西奥多拉说服丈夫不要逃离首都，她指着她的黄袍说："帝国是一块漂亮的裹尸布。"在她的激励下，查士丁尼命令他的指挥官在竞技场里屠杀了三万名抗议者。皇帝的统治从此再未受到这样的威胁。

在这次叛乱中，一场大火烧毁了君士坦丁堡的中心，包括圣索菲亚大教堂（Hagia Sophia，意思是"神圣智慧"）。在查士丁尼的指导和斥巨资支持下，圣索菲亚大教堂（图 5.12）很快就被大规模地重建起来。新教堂的设计者米利都的伊西陀尔、特拉列斯的安提缪斯都是数学家，不是职业建筑师。他们大胆地设计了内部拱顶，就连查士丁尼也为之一震，并对这项建设兴致勃勃。两支建工队从南北两面同时开工。到 537 年的圣诞

图 5.12　特拉列斯的安提缪斯和米利都的伊西陀尔，圣索菲亚大教堂，伊斯坦布尔，532—537 年

查士丁尼的巨型教堂对后来几个世纪的参观者来说似乎是个神迹。尽管今天附加的扶壁已使其模糊不清，但圣索菲亚大教堂的穹顶却是被一系列半穹顶支撑的。那些小尖塔的建造可追溯至 1453 年土耳其征服君士坦丁堡之后。

节，即奠基后不到六年的时间里，雄伟的圣索菲亚大教堂重新耸立起来。在之后的 900 年中它成为了基督教世界的最大教堂。

圣索菲亚大教堂的建筑师们把拱形建筑的技术发展到了极致（图 5.13）。他们发展了一种现存的拜占庭建筑形式，叫作“带拱顶的长方形会堂”——长方形会堂的中央上方是一个拱顶。由于使用三角穹窿而非对角斜拱（图 5.14），他们的设计从半圆拱顶和曲形墙提升为 55 米高的一个穹顶（图 5.15）。从外部看，圣索菲亚的穹顶像是坐落在一座砖石结构的山上；从里面看，穹顶在洞穴般的正厅上方漂浮，由圆柱、拱洞、三角穹窿和半穹顶支撑。圣索菲亚大教堂把物质和空间结合起来，创造了一种神秘且精细的光晕，非常适于拜占庭精神。

圣索菲亚大教堂的内部装饰表明了拜占庭对复杂设计和奢侈材料的爱好。基柱上面是带有拜占庭风格雕刻的柱头。内墙和拱顶上都有豪华的马赛克画，覆盖面积总共有 1.62 公顷。一旦被包括拱顶的 40 扇窗户在内的一排排窗口照亮，这些马赛克画便反射出拜占庭教堂和王宫的辉煌。当时有一位参观者写道：“闪光的金色溪流倾泻而下，炫人眼目，所以人们几乎不敢抬头观看。这就仿佛在春天里观看正午的太阳，每一座高山都被镀成了金色。”

当查士丁尼第一次站在这座伟大的教堂之内时，他把这一成就与耶路撒冷相比肩。据说皇帝自言自语地说：“所罗门，我已经超过了你。”就纯粹的设计雄心而言，圣索菲亚大教堂超越了古代的每一座建筑。

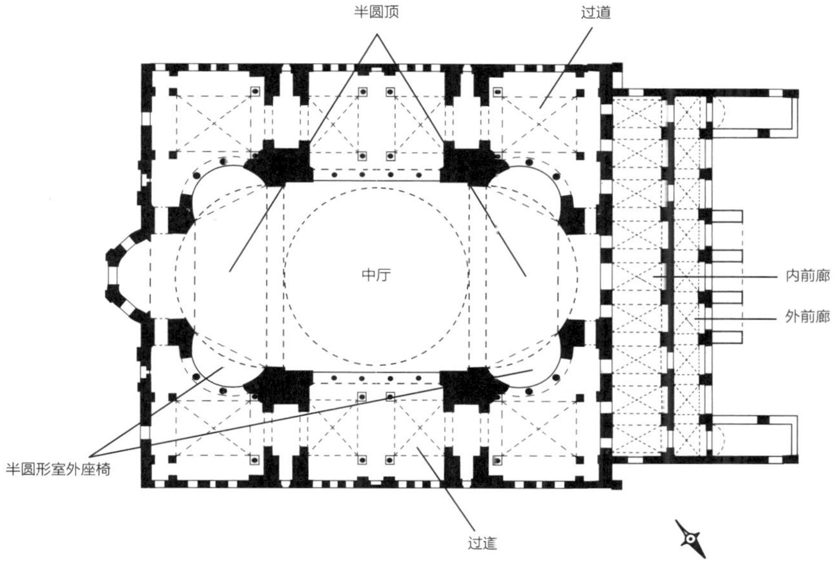

图 5.13　伊斯坦布尔圣索菲亚大教堂草图，532—537 年

外尺寸为 93.9 米 × 71.9 米，中央穹顶由东西两侧的半穹顶和南北两侧的实心拱支撑。

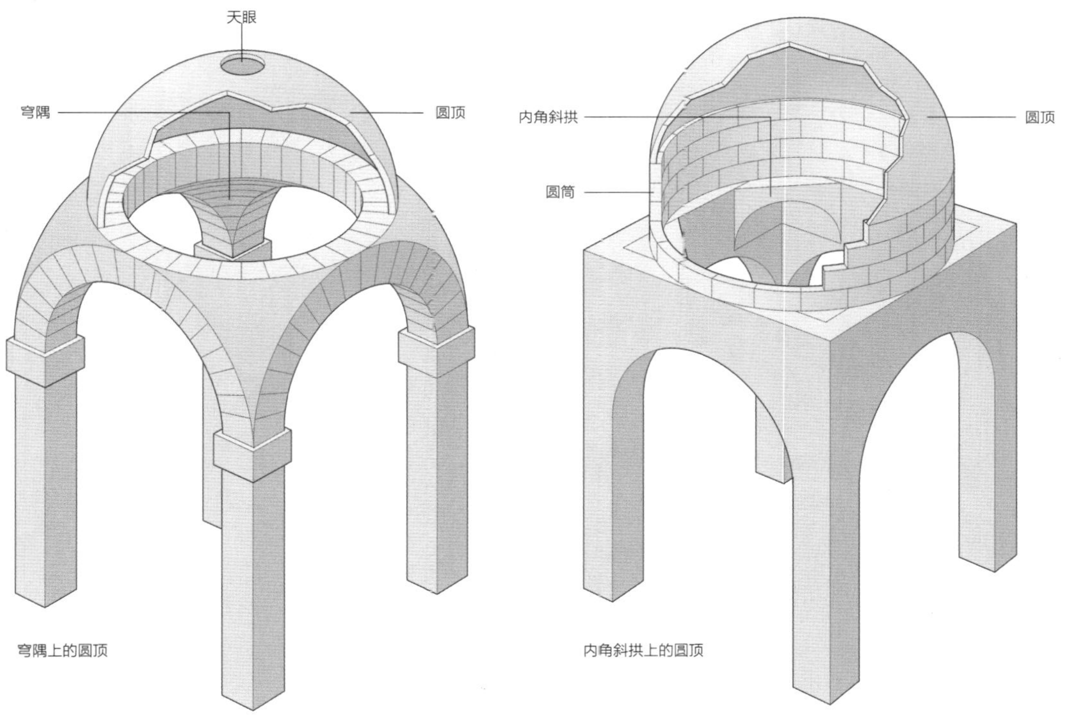

图 5.14　支撑穹顶

拜占庭建筑师典型地使用下列两种方法之一：（1）称作对角斜拱的梁呈对角状跨越开口支撑着穹顶。（2）在三角穹窿结构中，三角穹窿从基础呈曲线上升，为穹顶提供原型基础。比较万神殿（图 4.16），其穹顶坐落在圆柱形墙上。

图 5.15　伊斯坦布尔圣索菲亚大教堂内饰，532—537 年，穹顶高 55.8 米

圣索菲亚大教堂的内饰表现了拜占庭精神，用空间营造出一种神秘的氛围。当 1453 年穆斯林把这座教堂改成清真寺后，又把刻有阿拉伯字样的盾附加了上去。

拉维纳：基督教艺术陈列

由于历史的偶然性，保存得最好的基督教艺术不是在罗马或君士坦丁堡，而是在意大利东北部海岸的拉维纳小镇。在5世纪和6世纪，拉维纳是罗马皇帝和蛮夷统治者的避难所。540年被查士丁尼的军队占领后，拉维纳暂时被划入拜占庭的疆土，并得益于查士丁尼慷慨的赞助。在一个半世纪的时间里，拉丁和希腊基督教的赞助者在拉维纳建造了教堂、陵墓和洗礼池。他们留下的基督教印记没有遭到后来的征战或艺术翻新的破坏。

拉维纳最早的教堂保留了罗马的建筑风格：圆柱、拱顶、马赛克装饰和长方形会堂的规划（见图5.11）。这些教堂在外部看通常都是普通的砖石，而在里面，其半圆神龛和墙壁都饰有丰富的基督教信仰的故事。

拉维纳的马赛克揭示了早期基督教艺术中视觉形象和讲故事技巧的演进。与异教的神话相比，早期基督教为马赛克艺术家提供了相当少的保留故事和形象：基督生活的场面和故事，圣人和殉教者的生活，以及希伯来文《圣经》的故事。最常见的形象是福音书里的耶稣，如《好羊倌儿基督》（图5.16），哺育民众的基督和召唤门徒的基督。在拉维纳，随着视觉形象的改造，这个范围也在扩展。

拉维纳最崇高的内饰是圣阿波利奈尔·努奥沃的作品，建于蛮夷统治者特奥多里克的统治期间。在正厅圆柱上方，圣人和处女殉教者（图5.17）庄严的队伍捧着礼品走向基督和圣母玛利亚。率领处女殉教者队伍的是三位智者，他们穿过棕榈树，这使人想起了基督成功地进入耶路撒冷时的场面，他受到了国王一样的欢迎（《马可福音》11：1—10）。为了取悦于这些帝国赞助者，艺术家们突出了基督高贵和威严的形象。拉维纳

图5.16 《好羊倌儿基督》，马赛克画，意大利拉维纳的加拉·普拉西堤雅陵墓，5世纪

在这幅了不起的马赛克画中，作为好羊倌儿的基督这个画面被用来填补半椭圆形的月牙窗。画中，年轻的基督在轻抚一只羊的下巴。

图 5.17 《处女殉教者的队伍》，约 560 年，马赛克画，意大利拉维纳的圣阿波利奈尔教堂

在教堂正厅拱廊上方的墙上，一幅马赛克画描绘了女性殉教者走向新的信仰的队伍。三位智者（Magi）带领这些妇女走向圣母玛利亚和圣子基督，他坐在宝座上，大天使在保护着他。

马赛克作品的视觉风格表明罗马对早期基督教的自然主义艺术的控制已经式微。圣阿波利奈尔·努奥沃笔下的处女是从背景中抽取出来的，以强调其精神性，趋于精神性和象征性再现的这种倾向在拜占庭晚期艺术中得到了进一步强化。

拉维纳的圣维塔尔 拉维纳唯一真正的拜占庭教堂是圣维塔尔教堂（图 5.18），建于查士丁尼统治时期，其设计和装饰显然并非是古典的。圣维塔尔教堂（San Vitale）是中央—规划（Central-plan）教堂的一个范例，称作“中央—规划”是因为它的穹顶和墙壁是围绕一个中心轴组织的（图 5.19）。这座教堂是双重八边形：穹顶的内部八边形由拱门支撑，而外部八边形则把一条拱形通道包围起来。二楼的廊台容纳女性礼拜者，在拜占庭圣餐仪式中女性是被严格地分隔开来的。

圣维塔尔教堂的内饰（图 5.20）有令人惊叹的查士丁尼和西奥多拉及其侍从的马赛克肖像（图 5.21、图 5.22）。查士丁尼的两旁是神职人员（包括大主教马克西米安）和帝国军人；这幅画代表了国家权力和教会权力的统一，这也是拜占庭教会区别于罗马教会的地方。西奥多拉的肖像完全是一副帝王模样，手里拿着一只镶嵌珠宝的圣餐杯，同时她右边的一个神职人员则拿着一个洗礼盘。

圣维塔尔教堂是帝国的辉煌与基督教的虔诚的终极结合。后来的中世纪皇帝查理曼大帝可能就是模仿拉维纳的圣维塔尔教堂来建造自己的皇家教堂的。

图 5.18　意大利拉维纳的圣维塔尔教堂，约 527—547 年，直径 34.2 米

这个教堂的八边形设计与缩短了的（所看到的尖角阁房顶之下的）正厅和半圆形壁龛都属于真正的拜占庭风格而非罗马风格。与圣索菲亚大教堂一样，圣维塔尔教堂没有真正的前脸，而其普通的砖石外表对内部奢华的装饰却没有给予任何暗示。

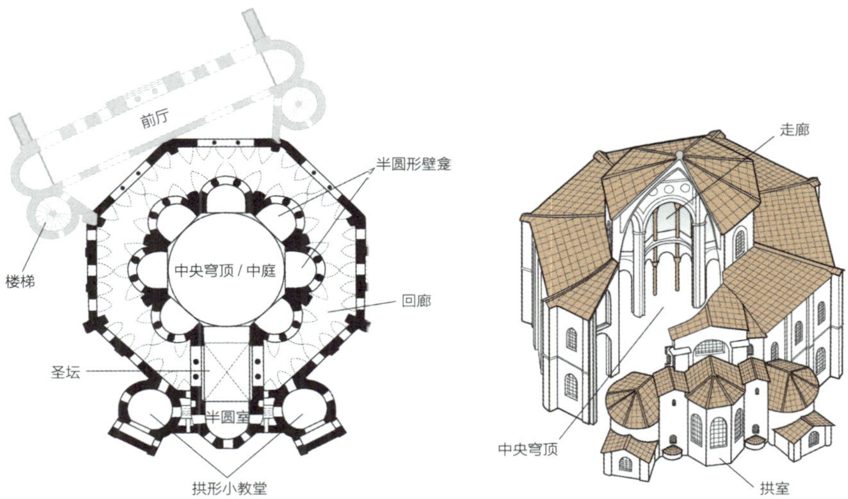

图 5.19　圣维塔尔教堂规划布局

注意八边形的基础规划中穿插和点缀着正厅、半圆形壁龛和中庭。

图 5.20 圣维塔尔教堂内部的半圆形壁龛

圣维塔尔教堂的内部装饰也许是最全面、最真实的查士丁尼时代的拜占庭装饰。长方形基督教堂的半圆形壁龛为在祭坛上举行的基督教弥撒创造了戏剧性场所。

图 5.21 《查士丁尼和他的朝臣》，约 547 年，马赛克画，意大利拉维纳的圣维塔尔教堂

这些人像夸张的眼睛和僵硬的姿态是拜占庭图像艺术的特征，其摆脱了古典的自然主义而向更大的精神性和抽象性发展。查士丁尼皇帝手拿象征着圣餐（最后的晚餐）的面包篮，军人的盾上是希腊文缩写 chi 和 rho。

图 5.22 《西奥多拉和侍从》，约 547 年，马赛克画，意大利拉维纳的圣维塔尔教堂

具有帝王威严的西奥多拉看着对面墙上的《查士丁尼和他的朝臣》。镶嵌珠宝的圣餐杯与对面画中左边的洗礼盘遥相呼应；西奥多拉身边是手托献给基督礼品的三位智者，这是罗马帝国时期基督教艺术的一个常见主题。比较这两幅马赛克画中艺术家对皇帝和皇后肖像的对等处理。

基督教与艺术

早期基督徒在教堂建设上常常采用罗马建筑和装饰。然而，罗马异教的其他艺术（尤其是音乐和戏剧）却引起了教会神父的深切怀疑。罗马戏剧孕育了一种不敬神的嘲讽，这威胁到基督教的宗教性。此外，表演艺术直接与教会争夺信众的注意力。迦太基的一位主教甚至威胁要驱逐在耶稣祭日去看戏而不去教堂的信徒。早期基督教与罗马音乐和戏剧的斗争是基督教与艺术自由创造精神进行的许多战役中的第一场。

早期基督教音乐

古罗马世界拥有丰富的音乐风格和乐器。音乐实际上伴随着每一种公共娱乐，从下流的闹剧到竞技场里对野生动物和基督徒的杀戮。教会把工具性的音乐与这些非宗教性质的娱乐联系起来，并禁止在宗教仪式上使用任何乐器。因此，早期基督教音乐几乎完全是声乐，而且之后几个世纪也仍然如此。

早期基督教音乐包括吟诵的圣歌和诗篇，这是礼拜和圣餐仪式所必不可少的。最早的基督教歌唱完全可能是与犹太教礼拜时吟唱的诗篇和圣歌同时发展的。然而，各地方的基督教教堂各行其是，以至于其宗教音乐在形式和语言上大相径庭。歌和圣歌主要有两种演唱形式：一种是启应式歌唱，即合唱队应和独唱者的唱法；另一种是对唱，即两个合唱队演唱不同的诗篇。这两种演唱方法已经在基督教音乐传统中根深蒂固。

随着拉丁教会的权力越来越集中，基督教歌曲逐渐有了独特的圣乐曲目。一种称作安布罗斯圣咏的演唱风格，源自米兰圣安布罗斯教堂著名

图 5.23　10 世纪的象牙书皮，描写格列高利记录圣咏的场面

格列高利对所谓格列高利圣咏的著作权与其说是历史事实，毋宁说是传奇。10 世纪的艺术家把早期基督教教皇描绘为受圣灵启示的人，并用鸽子来代表他。

的主教，流行于意大利北部。最有影响的基督教音乐是格列高利圣咏（也叫素歌或单声圣歌），这是在7世纪的罗马形成合集的一种歌，尽管传统上都将其归属于教皇格列高利一世（590—604年在位；图5.23）。到了8世纪，罗马出现了训练青年男子唱歌的一所学校。在9世纪，法兰克皇帝查理曼大帝让人系统编辑了格列高利圣咏。查理曼治下的神父和教士试图在西方所有教会强行推行格列高利风格，排挤安布罗斯和其他演唱风格。

环球视角

特奥蒂瓦坎：中美洲的圣城

图5.24　死者之路，墨西哥特奥蒂瓦坎，1—6世纪

中美洲的建筑师把特奥蒂瓦坎的中心区域建成用于宗教仪式的场所。在后面高高耸立的太阳金字塔之上原来还有一座庙宇和祭坛。台阶式的祭坛（前台）散布在死者之路的北端。

大约在基督教改造地中海世界的首都的时候（约350—650），中美洲（现在的墨西哥南部和美洲中部）的一座圣城已达到其影响的巅峰。特奥蒂瓦坎（意思是“成圣的地方”）城位于墨西哥河谷（现墨西哥城东部约53公里处），是古代世界最大的、也是最神圣的城市之一。其居民相信那里就是世界的诞生地，就是诸神为创造太阳和月亮而献身的地方。在这座城市衰落后，一千多年来，特奥蒂瓦坎仍然吸引着朝圣者和虔信者。墨西哥的阿兹特克统治者后来重游此地，重建其信仰，就如同基督教信徒朝拜伯利恒的耶稣诞生地或穆斯林朝拜麦加的天房那样。

特奥蒂瓦坎最重要的庙宇和宫殿是沿着一条行进的埋藏着死者的地垒排列的。这个地垒叫“死者之路”（图5.24），是用作仪仗队行进的路。最大的庙宇是太阳金字塔和月亮金字塔，其鼓胀的形状自周围山脉的形状而来。太阳金字塔的下面是一个天然溶洞，被认为是诸神诞生之地。

庙宇台阶式的墙呈坡状上升到长方形的壁板，上面刻着凶狠的长羽毛或喷火的蛇头。在城市宫殿的内部，壁画上是蜘蛛女，是美洲印第安人传奇中至今仍然经常出现的一个人物。还有一个水女神，她的头发是姹紫嫣红的花朵和色彩斑斓的蝴蝶。装饰特奥蒂瓦坎庙宇和宫殿的这些神话人物是整个中美洲所崇拜的对象。

大约在650年，特奥蒂瓦坎被烧毁，这可能是由入侵者恶意破坏，也可能是居民在献祭时失火造成的，此后这座城市就不明不白地衰落了。

但在16世纪西班牙人占领中美洲之前，它依然是人们前来朝拜的神殿。

基督教的圣餐仪式或弥撒由于宗教原因而要求不同的音乐。弥撒在保留其基本保守形式的情况下融入了基督教每年一度的节日庆祝活动。圣咏大多是单声（monophonic）的，含有单一的旋律，在一种神秘的波动中此起彼伏。基督教音乐总是受传统的束缚，在12世纪之前大多是单声的。

音乐的职责在于使基督教礼拜者养成一种虔诚的态度。古典的精神特质说仍然在基督教音乐中回响。音乐理论的主要影响来自早期基督教哲学家波爱修斯（Boethius，约480—524）。他的理论认为宇宙和灵魂的和谐统一基于音乐，基于音调和和声的数学秩序。音乐是上帝创造的秩序的显示。波爱修斯的论文《音乐基础》是中世纪基督教拥有最多读者的音乐理论著作。

反对艺术的基督教

在帝国晚期，罗马戏剧越来越苍白且令人咋舌。舞台上允许发生性行为，戴克里先皇帝下令把耶稣受难作为戏剧表演的组成部分。连奥古斯丁都忏悔说："我有一股强烈的激情去看这些壮观的场面，那里充满了我所受痛苦的形象和已经把我吞噬的那些欲火。"除了这种性感的邪恶外，罗马哑剧和喜剧演员还常常对虔诚的基督徒报以嘲讽和亵渎。

毫不奇怪，早期基督教的权威对戏剧的谴责比对其他任何艺术都凶猛。演员被禁止洗礼，唯一的例外是查士丁尼的皇后西奥多拉。职业演员在罗马世界从未得到高度重视，实际上已经从罗马西部地区消失了。在7世纪，公共剧院衰落，国家经费撤回，罗马西部地区的官方剧院完全关闭，它们要在300年后基督教宗教戏剧开始时才能重见天日。西方戏剧以两种形式幸存于世：图书馆藏、只有教士才阅读的古典文本，以及逐渐渗入基督教生活日程的异教民间节日。

早期基督教对艺术的敌视在拜占庭毁坏圣像运动中达到巅峰，即730—843年。毁坏圣像（iconoclasm）意思是"打碎圣像"，是对民众崇拜圣像的暴力回击。拜占庭虔诚的信徒把医治的法力归于圣像，这些圣像通常是用马赛克或漆木制作的（图5.25）。拜占庭的神学家为圣像辩护，认为那是通过物质形式认识神圣真理的一个途径。然而，拜占庭的皇帝列奥三世把帝国军队对阿拉伯人的失败归咎于圣像崇拜。730年，他下令搬走教堂和宫殿里的圣像。有了皇帝的许可，毁坏圣像者打碎圣像像框，用颜料涂抹马赛克，还常常用粗暴的有色十字架取代那些华丽的圣像。

虽然"打破圣像运动"是官方政策，但从未受到大众的欢迎。当843年这场争论结束时，圣像随即在拜占庭教堂里重现。这个插曲恰似犹太教—基督教传统中对视觉艺术的敌视——"不能有雕刻的圣像"，神训诫道。这预示了未来基督教信仰与创造性艺术之间的斗争。

图 5.25 《世界统治者基督》，约 1080—1100 年，马赛克画，圣母安息教堂达芙妮小堂

拜占庭基督徒把医治和救助的法力统统归功于偶像，即用马赛克做成的圣像，如这幅圣像漆木屏风。在毁坏圣像的运动中，这些圣像许多都受到攻击和破坏。

伊斯兰教的兴起

罗马和拜占庭这两个基督教帝国的内部分裂，与西方世界一股新的宗教力量的杀戮相比，算得上是温和的了。伊斯兰教信仰发源于阿拉伯，激发了横扫从近东到欧洲东南部地区的一场军事扩张。伊斯兰教信仰由先知穆罕默德（Muhammad）所创立，取代了古代的种族忠诚，把阿拉伯人有力地团结在一起。到穆罕默德死时，实际上整个阿拉伯半岛都皈依了伊斯兰教，而统一的阿拉伯人已经做好了向西部和北部扩张的准备（地图 5.3）。穆罕默德的继承者准予阿拉伯人向拜占庭和波斯帝国的军队进行宗教讨伐。阿拉伯人都是技巧娴熟的骑手和凶狠的战士，同时他们也相信为保卫伊斯兰而死将得到可以进入天国的报偿。

在不到一个世纪的时间里，伊斯兰军队已将其信仰传播到印度河地区，也就是现在的巴基斯坦；向西跨越北非，进入西班牙。在那里，一支法兰克军队最终于 732 年挡住了他们的去路。到 750 年，伊斯兰帝国的领土面积使罗马已经缩小的疆界相形见绌。在既是亚伯拉罕信仰又属于耶稣信仰之圣地的耶路撒冷，一位穆斯林统治者大胆地建起了一座穹顶神殿（见图 5.1），以宣布伊斯兰的胜利。圆顶清真寺占据了希律王庙所矗立的圣殿山。其辉煌超过了君士坦丁建造的基督教的圣墓教堂。在过去帝国的废墟上，在林立而相互竞争的宗教神殿中，穆罕默德的追随者创建了一个伟大的新的世界文明。

伊斯兰教的基础

“万物非主，唯有真主，穆罕默德是真主的使者。”在阿拉伯语中，这些词是伊斯兰信仰简单而有力的表白。伊斯兰教是世界上最年轻的大宗教。Islam（伊斯兰）这个词的意思简单说就是“服从神”。对穆斯林来说，“服从”要求有信，听从先知穆罕默德的教导，即遵从一种严格的宗教和道德法典。

伊斯兰教创始人穆罕默德的生活是人人皆知的。大约在 570 年，他在阿拉伯的贸易之城麦加出生。中年时，穆罕默德接到天使的命令“起来”，以安拉的名义“去警告”阿拉伯人。大约在 613 年，穆罕默德开始在麦加讲道，622 年他不得不摆脱对手，逃到麦加以北的麦地那定居。这次逃亡叫作 hegira（HEEJ-ruh），这次事件就是伊斯兰教教历的开端。最后，穆罕默德率领的一支武装力量征服了麦加，成功地在阿拉伯最神圣的殿堂天房确定了安拉崇拜。

穆罕默德的福音，与摩西和耶稣的福音一样，也非常简单，主要是服从神，尊敬别人。他声称安拉是唯一的神，是宇宙的创造者。所有信徒在安拉面前都是平等的，并有

地图 5.3 伊斯兰教世界

责任相互善待。审判日终将到来，将给笃信者带来无尽的快乐，给邪恶者带来无尽的痛苦。伊斯兰教信仰承认犹太教和基督教的先知（亚伯拉罕、摩西和耶稣）是穆罕默德的先驱，但谨慎地确立穆罕默德为神的最后一位代言人。从穆罕默德的教导中衍生出伊斯兰信仰的主要信条，称为伊斯兰教的五功，今天依然是全世界伊斯兰教的统一教条：承认安拉是唯一的真主；礼拜，正常情况下面向麦加每天五次；施舍，既给穷人也给伊斯兰教国家；斋戒，斋戒月斋戒；朝觐，到麦加朝觐（the hajj，穷人和病人可以不履行施舍和朝觐的义务）。

《古兰经》 穆罕默德最重要的行动是接受神的启示，是由大天使加百列在 20 年的时间为口授给他的。这些启示都写在伊斯兰教的经典《古兰经》（图 5.26）中。《古兰经》用阿拉伯文写成，共有 114 章。它把对安拉的终极赞美与部分源自犹太教和基督教的智慧结合到了一起。在大多数章节中，安拉都直接面对信徒，如在第 55 章中，安拉描述了对灵魂的审判：

> 精灵和人类啊！我将专心应付你们。
> 你们究竟否认你们的主的哪一件恩典呢？
> 精灵和人类的群众啊！如果你们能通过天地的境界，你们就通过吧！
> 你们必须凭据一种权柄，才能通过。
> 你们究竟否认你们的主的哪一件恩典呢？
> 火焰和烟火将被降于你们，
> 而你们不能自卫。

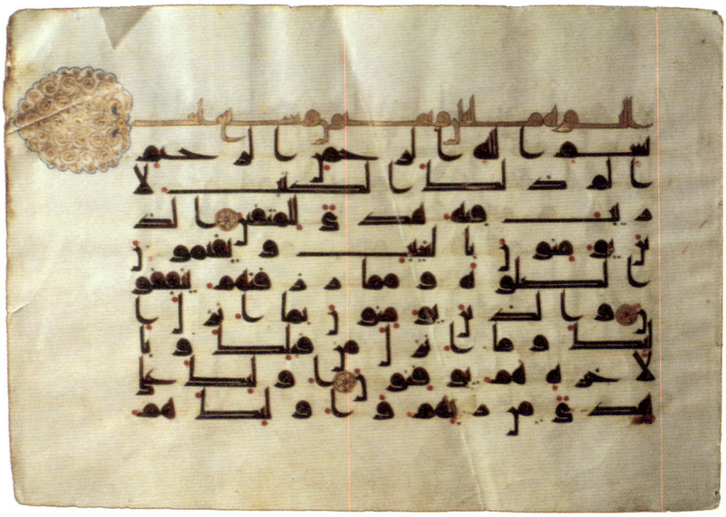

图 5.26 用库法文字写成的《古兰经》的一页，源自突尼斯凯鲁万大清真寺，950 年，仿羊皮纸，25 厘米 × 35 厘米，藏于突尼斯国家图书馆

这里的阿拉伯文《古兰经》用的是装饰性书法，也被用于伊斯兰教艺术以经常提醒人们安拉的意志。

你们究竟否认你们的主的哪一件恩典呢?
当天破离的时候，天将变成玫瑰色，好像红皮一样。
你们究竟否认你们的主的哪一件恩典呢?
在那日，任何人和精灵都不因罪过而受审问。
你们究竟否认你们的主的哪一件恩典呢?
犯罪者将因他们的形迹而被认识，他们的额发将被系在脚掌上。
你们究竟否认你们的主的哪一件恩典呢?
这是犯罪者所否认的火狱。
他们将往来于火狱和沸水之间。
你们究竟否认你们的主的哪一件恩典呢?
凡怕站在主的御前受审问者，都得享受两座乐园。
你们究竟否认你们的主的哪一件恩典呢?

——《古兰经》第 55 章，至仁主

对穆斯林来说，只有阿拉伯文的《古兰经》才是主的真正启示，而且，由于《古兰经》的影响，阿拉伯文成了伊斯兰教信仰和学问的通用语言。然而，当穆罕默德开始管理这个新的社会时，他宣布了一些新的戒律，确定了新的习俗，在伊斯兰传统中称作《圣训》(*Hadith*)，或者为先知之言行报告。到 800 年，伊斯兰学者已经依据《古兰经》和对穆罕默德《道德戒律》的阐释确定了穆斯林法（Sharia)。大约 900 年时，由于有关《古兰经》的应用和《圣训》的权威性等问题仍然给这种信仰以生命力，穆斯林知识分子就"穆斯林生活方式"的基础达成了一致见解。

伊斯兰教艺术和科学

到 8 世纪，伊斯兰统治者面临一个庞大帝国的管理问题，他要将其疆界之内的多样文化综合成一种新的文明。穆斯林国家是由哈里发（"继承人"或"代表"）统治的，他拥有政治权力，但没有宗教权力。第一个哈里发王朝倭马亚在叙利亚的大马士革实施统治，但他们输给了阿拔斯人。762 年，阿拔斯建立了绚丽夺目的新都——伊拉克的巴格达。巴格达很快就发展成比君士坦丁堡还大的一个城市，是帝国的贸易和学术中心。阿拔斯哈里发建造了金碧辉煌的绿穹顶宫殿，资助了智慧院，这是一个学术中心，学者们在这里把希腊和波斯哲学以及科学翻译成阿拉伯语。智慧院有自己的天文台，学者们用廉价的纸质书发表他们的翻译和评论。这种纸质书是穆斯林从中国人那里学习制作的一种东西。

到 9 世纪，巴格达成了伊斯兰教文明的黄金时代生机勃勃的中心，见证了医学、光学和天文学的重大发展。阿拉伯医生享有国家特许权，日常行医治疗癌症和其他疾病。拉兹医生（Razi）是第一个描述天花临床病症的人。阿拉伯数学家与伊斯兰教艺术家一样对抽象的东西感兴趣，根据阿拉伯语 sifr 发明了一个数字系统和代数的数学（阿拉伯语 al-jabr）。甚至当阿拔斯的政治权力式微时，巴格达在 1258 年之前都始终是伊斯兰教文明的世界都市。同年，一支蒙古军队血洗了巴格达。幸存者说，底格里斯河的水都被书的墨水染黑了。

阿拔斯的一个成就是把清真寺建筑标准

图 5.27　叙利亚大马士革的倭马亚大清真寺，约 715 年

清真寺必须提供开放的院子或有屋顶的空间，以供男性进行星期五的礼拜。大马士革的清真寺以穹顶和拱廊式院子为特征。

图 5.28 西班牙克多巴大清真寺内饰，约公元 736 年

穆斯林建筑师喜欢马蹄弯式的拱门。在克多巴的大清真寺，一个拱门压在另一个拱门之上。这一独创的系统原本是为了弥补相对较短的圆柱，不到 3 米高，由砖石结构的竖块延伸出来。

化了。清真寺是穆斯林礼拜的场所。早期穆斯林常常使用现存建筑做礼拜。比如，在大马士革会众大清真寺（图 5.27）原本就是罗马神庙和基督教教堂，穆斯林重建时，他们将其正面转向内部，朝向铺砖地的院子，并用描绘天堂上一座城市的马赛克风景画装饰墙壁。在阿拔斯的统治下，会众清真寺都有一个长方形开阔的院子和由圆柱撑顶的礼拜堂，如西班牙的克多巴大清真寺（图 5.28）。这种圆柱撑顶或多柱式清真寺在伊拉克、埃及和突尼斯都幸存下来了（图 5.29）。多柱式礼拜堂的通道引导信徒走向叫米哈拉布的壁龛指示的麦加，信徒朝着这个方向礼拜。清真寺——以及伊斯兰教陶器和美术——

图 5.29 突尼斯凯鲁万大清真寺，836 年及其后

俯瞰院子的巨大台阶塔或宣礼塔就像是附近的罗马灯塔。带穹顶的礼拜堂有 400 多根圆柱，其中大多数是从罗马或拜占庭日建筑上拆下来的。

通常都刻写着《古兰经》经文或像阿拉伯花纹一样的抽象图案，似乎以无限的变体重复一条基本线条或形状的一种图案。

伊斯兰教的兴起在地中海世界开始了宗教对峙的一段漫长的历史。当穆斯林把伊斯兰教圣坛置于犹太教和基督教的圣地时，穆斯林统治者给犹太人和基督徒以特殊的地位，称其为“经书之民”（People of the Book）。在穆斯林的克多巴，地方的哈里发承认伊斯兰和基督教节日的并存。然而，战争仍频，在未来的几个世纪里，基督徒和穆斯林常常卷入血腥的相互复仇之中。他们共同的宗教遗产从一开始就不足以解决犹太人、基督徒和穆斯林之间的政治和文化矛盾。

ET LVCEBIT EI SINE
FINE LVCERNA DIEI

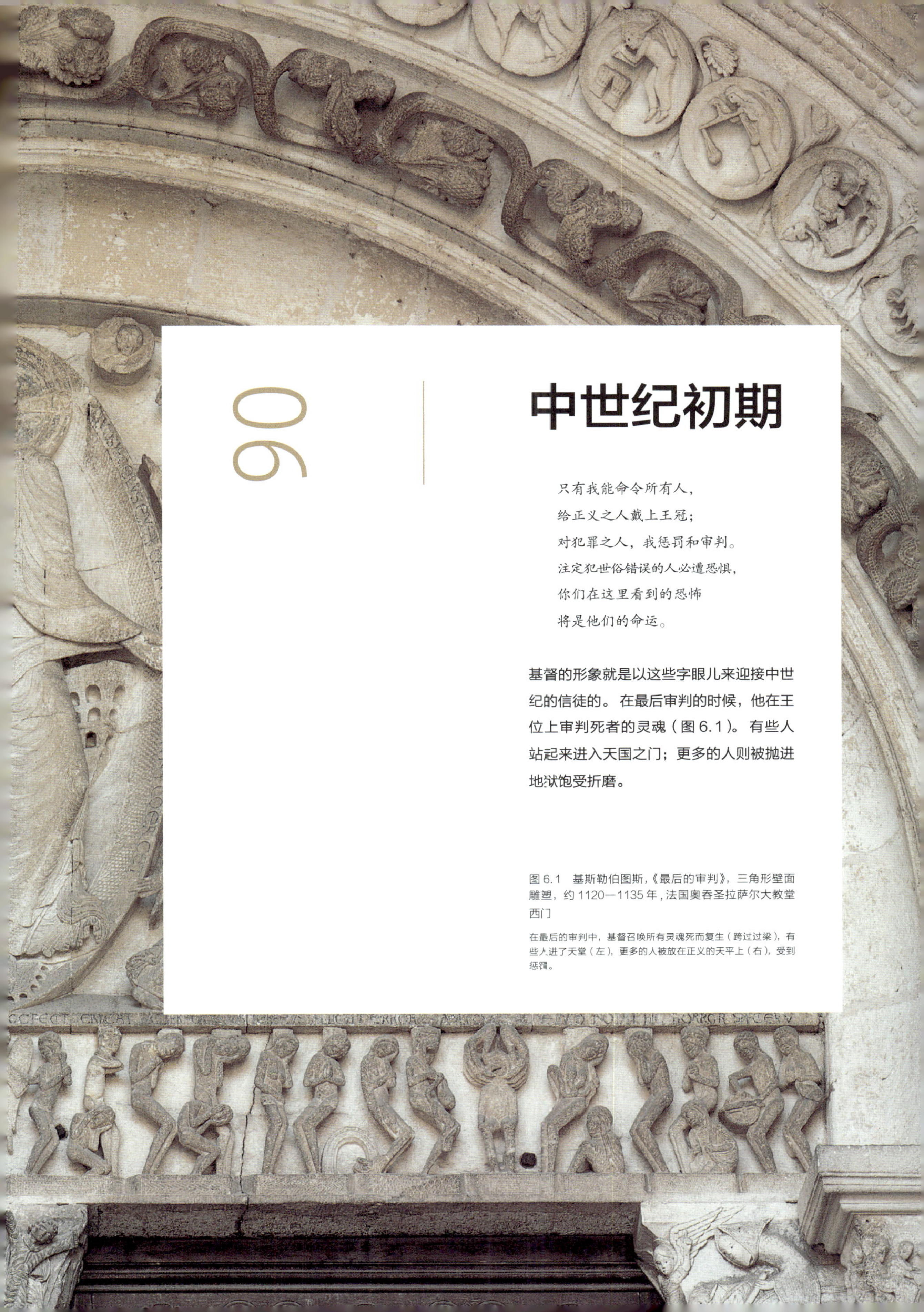

06

中世纪初期

只有我能命令所有人，
给正义之人戴上王冠；
对犯罪之人，我惩罚和审判。
注定犯世俗错误的人必遭恐惧，
你们在这里看到的恐怖
将是他们的命运。

基督的形象就是以这些字眼儿来迎接中世纪的信徒的。在最后审判的时候，他在王位上审判死者的灵魂（图 6.1）。有些人站起来进入天国之门；更多的人则被抛进地狱饱受折磨。

图 6.1　基斯勒伯图斯，《最后的审判》，三角形壁面雕塑，约 1120—1135 年，法国奥吞圣拉萨尔大教堂西门

在最后的审判中，基督召唤所有灵魂死而复生（跨过过梁），有些人进了天堂（左），更多的人被放在正义的天平上（右），受到惩罚。

这个天堂和地狱的等级秩序反映了中世纪初期的封建精神。上帝和信徒、领主和农奴、修道院院长和教士都被束缚在一个体系之内，以抵御一个狂暴的、被魔鬼玷污的世界。欧洲新型帝国的兴起和教会为保护艺术和学问而付出的努力，并不总是足以保护中世纪不受战争、无知和愚蠢等恶魔的侵扰。

查理曼时代

到700年，一种新文化在前罗马帝国的边缘地区悄然出现。在不列颠岛和斯堪的纳维亚半岛，异教文化与罗马和基督教的影响融为一体。爱尔兰和英格兰的修道院成为传播福音和学问的重要中心。他们独特的宗教象征主义和装饰风格给拉丁基督教文明打上了一个新的烙印。北方风格与古典地中海文明的新的融合在800年左右的查理曼统治期间达到巅峰。查理曼把欧洲统一成一个基督教帝国，哺育了学问和艺术的复兴。

中世纪初期的北部边缘

罗马帝国直到43年才征服不列颠，从未把爱尔兰和斯堪的纳维亚（今天的丹麦、挪威和瑞典）变成它的殖民地。随着罗马的没落，强有力的日耳曼军阀，即盎格鲁—撒克逊人统治了不列颠，而斯堪的纳维亚人则侵入拜占庭和北美。在爱尔兰和苏格兰，欧洲古代凯尔特文化的后裔皈依了拉丁基督教，同时保留了自己的凯尔特语言和传统。

爱尔兰和不列颠遥远的修道院通过成为书籍的生产中心而帮助保护了古典学问。在印刷术和纸张发明之前，书都是在动物皮上手抄的，相当罕见和昂贵。基督教修道院的图书馆藏有古代典籍和基督教经典。爱尔兰和英格兰的修道士在修道院里抄写文本，用一种现在称作希波诺—撒克逊（Hibernia，拉丁语的“爱尔兰”）的风格装饰或阐发那些经典。希波诺—撒克逊艺术家喜欢神奇的动物形象和复杂的交织物。《凯尔经》这部著名的福音书就把首字母T写成了奇怪的动物形状，带爪的脚和蛇的颈。这个动物吞噬着另一个色彩鲜艳的动物形状的交织物，填充了T的内在曲线（图6.2）。

希波诺—撒克逊图解的精巧细腻与盎格鲁—撒克逊史诗《贝奥武夫》(约作于700年)描写的暴力行为形成了鲜明对比。《贝奥武夫》基于丹麦入侵者带到英国的一个故事，年轻的武士杀死了怪物戈兰德尔，拯救了丹麦国王及其随从，并用砍下来的怪物胳膊作为恐怖的战利品来展示。贝奥武夫最终跳入魔鬼居住的湖，征服了戈兰德尔的母亲。

如《贝奥武夫》所表明的，斯堪的纳维亚或北欧文化拥有自己生动的神话和英雄传统。在北欧传奇中，我们看到了基督教之前的日耳曼宗教的最佳例子。史诗传奇《埃达》描写了大约公元1000年的北欧冰岛，叙述了诸神世界的《启示录》般的毁灭。北欧人乘大约于800年发明的长舟抵达冰岛，于860年袭击了君士坦丁堡。在北欧海盗统治期间（800—1000），北欧入侵者劫掠了不列颠岛和西北欧的城镇和修道院，干扰了中世纪初期的经济发展。北欧海盗是无所畏惧的水手，到公元1000年，他们在格陵兰岛定居，开发了北美。

图6.2 《凯尔经·耶稣受难》，第124卷，8世纪末或9世纪初，羊皮纸插图手稿，24厘米 × 33厘米，藏于爱尔兰都柏林三一学院图书馆

查理曼帝国

到750年，在欧洲西北部，一个叫法兰克的好战民族阻止了穆斯林的侵略扩张，在莱茵河畔（今天的德国）建立了一个王国。当法兰克统治者查理曼（Charlemagne）掌握了政权，他便利用法兰克的马上骑士这支彪悍的队伍扩张了王国的疆土。他是位残酷的武士：曾经一度砍掉了4000名撒克逊武士的头，以惩罚一次叛乱，并强迫幸存者皈依基督教。800年，查理曼去罗马朝圣，在圣诞节那天，教皇给他戴上了圣罗马皇帝的皇冠，这是自罗马时代以来第一个公认的欧洲皇帝。

查理曼不仅是位大胆的军事领袖和政治家，还对学问和艺术有着强烈的兴趣，他开创了学者们所说的卡洛林（Carolingian，源自拉丁语 Carolus，即 Charles 的意思）文艺复兴。卡洛林文艺复兴为期很短，以查理曼王宫活跃的御苑文化为中心。查理曼御苑里的学者们监督教会音乐的改革，管理书籍的抄写和插图，并编撰了《查理曼传记》。在概念上，卡洛林艺术和思想反映了借自古罗马和仍然居统治地位的拜占庭皇帝的一个帝国的理想。在实践上，卡洛林艺术品几乎都是在查理曼的御苑和国王资助的修道院里创作完成的。查理曼死后，这些才子们各奔东西，在一代人的时间内，卡洛林文艺复兴结束了。

查理曼御苑里最有影响的知识分子是约克的阿尔昆（Alcuin），他是盎格鲁—撒克逊教士、图书馆员和教师。阿尔昆的功绩是改造了天主教的礼拜仪式，监督了《圣经》的新译。也许最重要的是，他培育了查理曼治下学问的普遍复兴。在皇宫（他称作“新雅典”）里，阿尔昆试图营造一种忠实于《圣经》和古典成就的氛围，他爱起绰号，如“大卫王”（查理曼）或“荷马”（他自己）。他教国王学文法，给他读奥古斯丁的《上帝之城》，这是查理曼最喜欢的书。

阿尔昆的影响还表明教育和识文断字在查理曼帝国的重要性。查理曼需要能够宣读其管理条例的官员，由于他的官员大多来自神职人员，查理曼也提倡神职教育。他敦促主教和修道院院长在自己的领域内教人读书识字，根据学问和能力晋升神职。在一个地区，他命令神父们为所有男孩子建立免费学校——这是实行普世教育的一个早期但却短命的尝试。

图6.3 《四位福音书作者》，摘自《查理曼的福音书》，9世纪初，手稿插图，德国亚琛查理曼御苑，亚琛，宝藏大教堂

查理曼御苑创作的一页插图描绘了四位福音书作者及其象征物。这些福音书作者都手拿羽毛笔伏案工作，这是中世纪抄写员的姿势。

卡洛林艺术

卡洛林文艺复兴的核心是活跃的“图书文化”。卡洛林画家和插图画家（图6.3）有意模仿从地中海引进的希腊化晚期和拜占庭的风格。然而，卡洛林的艺术家——其中有些是来自拜占庭的移民——无法抵挡希波诺—撒克逊艺术复杂幻想和荒诞能量的诱惑（图6.4）。这些阐释风格的一个著名作品就是《乌德勒支诗篇》（*Utrecht Psalter*，图6.5），即法国兰斯大主教埃博的作坊生产的诗集。这位艺术家把每一个有意义的短语都当作一个独立的插图来描述，并把这些插图与沸腾的云或景色联系起来。在这种场面的中央，天使们在央求正在睡觉的上帝：“醒来吧！主啊，你为何睡觉？醒来吧！不要永远把我们抛掉！”在模仿罗马湿壁画风格的同时，兰斯作坊的艺术家们还用一种奇怪的动能使人具有动感，以发自北方的神话光环充实了古典的地中海风格。

在查理曼时代，与真人大小相符的雕塑艺术实际上几乎消失了，其中有一部分是因为打破偶像的争论所致。雕刻在对圣物盒（见图6.23）的需求中找到了出口，这种圣物盒是用来盛装圣物或遗骨的装饰华丽的容器。雕刻装饰也融入了卡洛林的图书文化，因为雕刻家可以装饰书的封皮封底而不致犯下偶像崇拜的罪过。一块《耶稣受难》的象牙饰板把《圣经》场面浓缩成一个统一的情节（图 6.6）。圣母玛利亚和其他追随者一起悼念基督的痛苦。手拿长矛和浸透着葡萄酒的海绵的罗马士兵站在圆形墓穴的中央，人从这些墓穴里走出来，这是赞扬基督的一次献身。在基督的头上，是太阳和月亮的奖章式图像，代表着永恒的时间。这些卡洛林雕刻家与其说感兴趣于自然的剖析或图像现实主义，不如说感兴趣于主体的精神特质。

在位于莱茵河畔的亚琛御苑里，查理曼建造了与其皇宫相似的居所。亚琛御苑主要包括经营帝国生意的一个大厅和模仿拜占庭教堂的一个小教堂。甚至在戴上皇冠之前，查理曼就进口了一尊罗马国王的雕像立在他的宫殿前面。按照圣索菲亚或圣彼得大教堂的标准来衡量，这个小教堂显得非常朴素。然而，其明显的折中主义揭示了查理曼君臣的趣味。小教堂由两个八边形构成（图 6.7），外部用体现拜占庭风格的素砖砌成。至于里面的设计（图 6.8），小教堂绝没有拜占庭原型的那种虚浮和优雅，相反，两层楼的内在八边形是由沉重的石柱支撑

图 6.4 《耶稣受难》，摘自《林道福音书》，约 870 年，金与珠宝镶嵌，35 厘米 × 27 厘米，藏于纽约皮埃彭 · 摩根图书馆

这个耶稣受难场面反映了希波诺—撒克逊艺术对卡洛林艺术的影响，主要体现在封面镶金夹玉且眩目复杂的图案上。较具古典风格的人像是被在钉十字架上未长胡须的基督，他的上方是天使，下面的镜像是圣母玛利亚、圣约翰和抹大拉的马利亚。

图 6.5 《诗篇 44》，摘自《乌德勒支诗篇》，约 820—840 年，羊皮纸钢笔画，33 厘米 × 25 厘米，藏于乌德勒支大学图书馆

作为卡洛林时代最卓越的作品之一，这部诗篇用小插图图示了每一诗篇的每一首诗。在第 44 篇中，作者的话“通过你我们打败了敌人”，是用左下角胆战心惊的军队来表现的。右边的手鼓表演者在试图唤醒熟睡的上帝。

图 6.6 《耶稣受难》，梅斯，约 850—875 年，象牙饰板，21 厘米 × 12 厘米，藏于伦敦维多利亚和阿尔伯特博物馆

甚至在书的封皮的规模上，卡洛林时代的雕刻家也达到了相当的表现力和叙述的细腻。十字架下卷曲的蛇指的是亚当和夏娃的原罪。注意树叶边饰，这使人想起科林斯廊柱上的装饰。

图 6.8　德国亚琛查理曼御苑小教堂内饰，782—805 年

查理曼在莱茵河畔建造的小教堂是拜占庭帝国风格的一种比较朴素的再现。比较这里的拱门与意大利拉维纳的圣维塔尔大教堂的拱门（图 5.20）和西班牙克多巴清真寺的拱门（5.28）。

的。国王的大理石宝座立于长廊中央，查理曼从那里可以俯瞰小教堂的圣坛和聚集在那里的大臣们。就其皇宫所要求的辉煌而言，亚琛也许比不上罗马、巴格达和君士坦丁堡。但是，这种不太正规的安排对于一个急需重整旗鼓、积极参与一切国事的统治者来说，是再实际不过的了。与持续了两个世纪之久的亚历山大的希腊化帝国不同，查理曼统治的王国在他死后，就由于政治分歧和战乱而四分五裂了。法兰克王国分裂成地方性区域，由有权势的王公贵族所统治。这次分裂由于一场新的蛮夷入侵而加快了速度，波及了 9 世纪和 10 世纪的整个欧洲。南部的穆斯林、东部的匈牙利人，尤其是北欧海盗，都对欧洲领土构成了威胁，颠覆了整个欧洲社会。

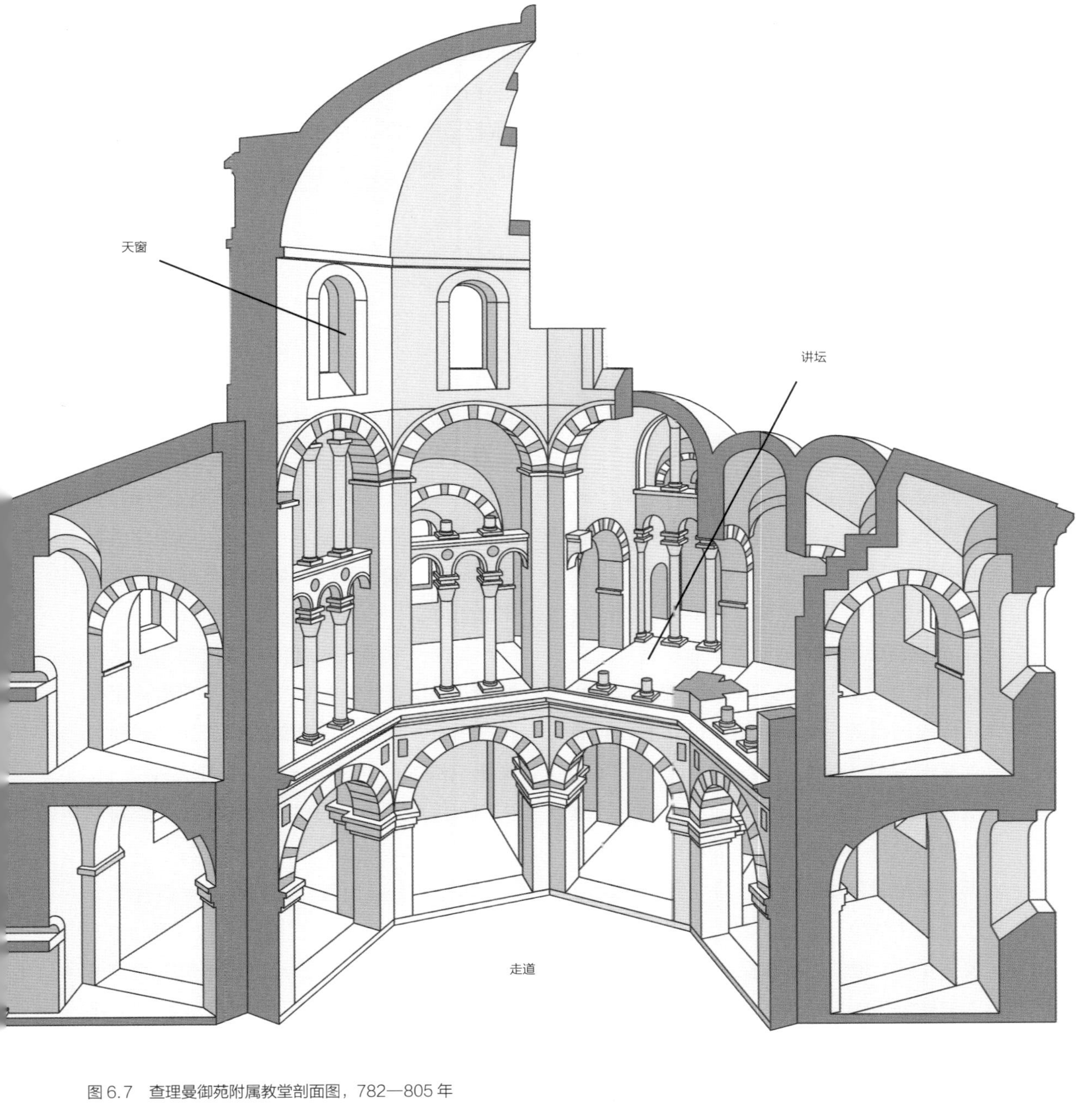

图 6.7　查理曼御苑附属教堂剖面图，782—805 年

封建欧洲

查理曼之后的中世纪欧洲努力保留其社群生活。尤其在遭受北欧海盗沉重打击的法国和英国，出现了各自为政、由拥有土地的贵族把持的小庄园。这些中世纪的社区或领地大多是自给自足的，不需要城市和中央政府的支持。也是在这时，反映中世纪欧洲地主阶级之军事价值的一种文化诞生了，这是由史诗般的战役和军事行动构成的、可以称之为封建精神的一种文化。同时，在中世纪的西班牙，穆斯林统治确立了一种世界性文化，其中，穆斯林、犹太人和基督徒在相对和平的情况下共存。

封建主义

封建主义是在中世纪欧洲盛行的基于政治联盟和土地所有制，用效忠誓言和军事服役换得土地占有权的一种制度。在封建主义制度下，贵族军阀主要以军事力量统治欧洲。战争与土地之间的联系是封建誓言，它要求低级领主或封臣为高级领主服役参战。作为服役的报酬，封臣根据被授予土地的多寡而接受封号（拉丁语是 foedum）。封臣有权统治他庄园里的农奴，并向其征税，这使得他能够维持马匹和武器的支出，同时享有农场、葡萄园和村庄的农产品。封建贵族的整个生活（战争、婚姻、政治联盟）实际上主要关系到土地的拥有和保持。

中世纪庄园里的生活以庄园或城堡为中心，即领主家庭的居所，战时也是整个庄园人口的避难所。中世纪初期，领主的宅邸不过是由一幢粗糙的木房和周围的栅栏构成的。后来，在基督教圣战者对拜占庭和土耳其的城堡进行了研究之后，欧洲贵族开始建造自己的石头城堡，并设有复杂的防御措施。然而，任何城堡都不是坚不可摧的。攻击者常常在城堡墙下挖地道，用围攻武器捣毁城堡，或干脆等待城堡主人弹尽粮绝时出来投降。

与庞贝或拜占庭奢侈的房屋相比，欧洲城堡几乎没有装饰和家具。墙壁典型地漆有花卉图案，或用刺绣挂饰遮盖，如来自佛兰德斯或法国的挂毯，这也有助于冬季御寒。从伊斯兰地区进口的比较精致的挂毯是到了14世纪才出现的。

城堡之外，封建庄园的农民承担着繁重的耕种、种植和收获庄稼的劳动（图 6.9）。为保证奴役的劳动力，封建法律禁止农奴与外村人通婚，或让儿子去修道院出家。为保证这一点，领主要在收获季节和宗教节日为农民提供宴席，而这些节日几乎占据了日历的三分之一。

宗教节日的庆祝活动包括唱歌、跳舞和

图6.9 12世纪的中世纪日历，描画的是正在干活的农民，藏于德国波恩莱茵尼斯土地博物馆

农民生活主要是农业劳动和深深根植于前基督教时代的文化活动。农民为偿还领主一笔明确的地租和实物而劳动。

日常生活的窗口

查理曼时代的工作

从星期日不许工作这一禁忌，我们了解到查理曼的臣民在其余六天都做些什么：

星期天不做任何低贱的工作，也不要求任何人在那一天到田里干活。不要修剪葡萄藤，不要耕田，不做收获，不晒干草，不修剪篱笆，不清理树林，不伐木，不凿石，不盖房子，不做园艺，不上法庭，不狩猎。星期天只允许做三种运输：给军队运货，运送食粮，还有领主的葬礼。妇女不能裁剪，不能剪布匹，不能做针线，不能梳羊毛，不能打亚麻，不能公开洗衣服。所有人都要在星期天休息。

——查理曼，《训诫》，789年

其他深深根植于古代异教仪式的传统活动。其中一个活动叫哑言，即村民们伪装成动物或人，戴着面具的哑言者悄悄地走进领主或其他高级社会成员的住宅，跳舞庆祝，然后给主人礼物，再悄悄地离开。哑言活动本身根植于异教庆祝传统，是假面舞会和其他戴面具舞蹈的原型。与中世纪大多数农民舞蹈和音乐一样，它也是在正统基督教的边缘上兴旺起来的。

封建时代的艺术

中世纪初期欧洲的封建贵族创造了一种歌颂军事战绩和封建价值的口头文学，类似于颂扬特洛伊战争英雄的希腊史诗。封建时代最伟大的战争故事是《罗兰之歌》(图6.10)，再现了查理曼在伊斯兰西班牙的一次战役。史诗里的英雄是罗兰，查理曼的一位副官，他英勇地与占绝对优势的穆斯林骑士（撒拉逊人）战斗。

《罗兰之歌》是用古法语写成的，早在9

图 6.10　15 世纪《罗兰之歌》手稿中的插图，藏于法国尚蒂伊孔德博物馆

《罗兰之歌》用骑士英雄主义的内容美化一个骑士的死。这些内容包括：封建时代的背叛，与邪恶的异教徒的战斗，忠实的伴侣，和一把神圣的剑。英雄躺在那里，气息奄奄，旁边放着那把杜伦达尔剑，而查理曼的军队则在攻击撒拉逊人。

世纪就已口头流传，11 世纪第一次用文字记录下来。这是许多“英雄之歌”之一，是吟游歌手在欧洲封建王宫里歌唱的英雄事迹。“英雄之歌”歌颂骑士在战斗中的勇敢和对领主的忠诚，将绝对能使歌手的主人高兴的一些想法通过歌唱的形式来表达。与中世纪后期的浪漫传奇不同，“英雄之歌”实际上未给妇女留有任何余地，《罗兰之歌》中的唯一女性是奥德（Aude），是罗兰的结发妻子，在故事结尾时才出现，但听到罗兰的噩耗就死去了。

《罗兰之歌》极其浪漫地描写了查理曼在 778 年西班牙战役中的一段插曲。当国王的军队从西班牙撤回时，他的卫队在比利牛斯山的容斯瓦尔关（Roncewalles）遭到巴斯克基督徒的伏击。据查理曼的传记家所说，有一个叫“鲁德兰杜斯的人，布列塔尼军队的长官”也在法兰克军队的死者之列。中世纪的吟游诗人把这次遭遇改编成一个歌颂封建社会中勇敢、暴力和阴谋的故事，以赢得中世纪听众的欢心。作为伏击者的巴斯克农民被改成了恶魔般的撒拉逊骑士，英勇的骑士罗兰与他们进行了殊死的战斗。由于寡不敌众，罗兰最后请求查理曼的主力部队增援，他吹起号角（叫奥立凡），但由于用力过猛，他胀破了太阳穴。由于有人搞阴谋故意陷害罗兰，查理曼的军队没有及时赶到，当查理曼匆忙赶到战场时，这位英雄已经战死沙场。

除了暴力，《罗兰之歌》还常常渗透着基督教的价值观。基督教提供了与撒拉逊人开战的理由，他们在服装、习俗和价值观上都是法国人的镜像。然而，由于穆斯林是异教徒，他们注定要灭亡。临死时，罗兰试图折断他的杜伦达尔剑，唯恐它成为撒拉逊骑士的战利品。他对着剑柄内藏的基督教圣物起誓，就像任何一位骑士临终时一样，罗兰把他的手套献给了上帝，标志着这首诗体现的封建社会和基督教价值观的融合：

罗兰伯爵向一块黑石砍去，
黑石粉碎，碎得无法形容，
剑刃破口，可杜伦达尔没有断；
那剑跳将起来，腾入长空。
看到那剑拒绝折断，

伯爵轻轻地在心中默念：
“啊，杜伦达尔，美极了，最神圣的，
这金圆球里的圣物！
圣彼得的牙齿，圣巴斯勒的血[a]，
我的主圣丹尼斯的一缕头发[b]，
还有玛利亚圣袍的一块残片：
你的威力决不能落入异教徒之手，
你必须由基督教的武士来服侍。
但愿你别落入哪个胆小鬼之手！
我就是用你征服了查理掌管的这么多
土地，他那白白的胡须
皇帝的土地，使他富有而强大。”
他把头转向撒拉逊主人，
而这就是理由：他全身心地
想让查理大帝和他的臣民说，
那高贵的伯爵作为征服者而死去；
他忏悔，如此微弱地捶打着胸口，
为赎回他的全部罪过，把他那手套
献给了上帝，AOI[c]。

——《罗兰之歌》

（a）圣巴斯勒是一座重要修道院的建造者。

（b）圣丹尼斯，法国的保护神。

（c）AOI是诗节结尾的一个叠句，学者们无法解其意义。

贝叶挂毯

《罗兰之歌》也许为封建时代最富天才的图像作品提供了灵感，这个作品就是贝叶（Bayeux）挂毯。贝叶挂毯是一种墙饰物，是歌颂欧洲中世纪最重要的一场冲突的刺绣作品。挂毯描绘了征服者威廉在黑丝汀战胜英格兰军队的事迹，这是深刻地影响了英国历史、语言和宗教的一场战斗。

征服者威廉是诺曼人，祖先是在法国西北部定居的北欧海盗。在一次领土扩张的战役中，威廉登上了英国国王的宝座，取代了忏悔者爱德华。威廉的对手是哈罗尔德，出身于英国最有权势的家庭。爱德华死后，王位继承的问题意见不一，只有通过封建时代的典型方法即战争来解决。威廉率领的诺曼军队于1066年入侵英格兰，在黑丝汀打败了英格兰军队，杀死了哈罗尔德。

贝叶挂毯（图6.11）以复杂的图像叙事再现了这一连串的事件。描绘来自传奇或历史的各种场面的墙饰通常是用来装饰封建领主的大厅的。这幅70.4米长的贝叶挂毯可能是一位英国神职人员设计的，他曾经研究过各种插图手稿。设计者显然不是在宣传一方或另一方。比如，挂毯描绘了哈罗尔德向威廉所做的效忠誓言，这是支持威廉当英国国王的一个事件；然而，它也表明国王爱德华临终时指定哈罗尔德为他合法的继承人。它实际上不是一件真正的针织作品，而不过是绣有人像和字母的一块亚麻布。挂毯的刺绣也许是由一位英国女刺绣工完成的，这是当时在欧洲风靡一时的一种艺术，称为Opus Anglia，或“英国作品”。就其实际大小和叙述的时间跨度而言，这幅挂毯使人想到古典文明留下的大幅系列湿壁画，尤其是图拉真皇帝的凯旋柱（见图4.10），因而令到罗马的中世纪朝圣者羡慕不已。

伊斯兰西班牙的繁荣

封建时代的基督教欧洲繁衍出的产物无

图 6.11　贝叶挂毯的一个细节，约 1073—1088 年，亚麻羊毛刺绣，高 51 厘米，长 70.4 米，藏于法国贝叶市政厅

这幅挂毯的刺绣以惊人的细腻再现了混战的场面，包括一颗被砍下的头，一名英国步兵正在击打一匹马。注意对这匹马的后腿进行的色彩对比处理，这是暗示空间深度的一种方法。

一能比得上中世纪南方穆斯林那闪光的城市文明。在伊比利亚半岛，西班牙伊斯兰孕育了一种具有高度修养的文明，在那里，穆斯林、犹太人和基督徒和平共处。作为伊斯兰学问和艺术的流通之地，中世纪西班牙的伊斯兰对西方文明产生了深刻的影响。

来自北非的穆斯林军队于 711 年首先攻克了伊比利亚半岛。穆斯林统治在阿卜杜勒·拉赫曼治下影响最为广远，他宣布从巴格达的阿巴西德王朝独立出来，确立了自己的克多巴哈里发。安达卢西亚的首都克多巴拥有 50 万人口，是世界大城市之一。宫廷诗人颂扬阿尔 – 曼苏尔哈里发，他资助了西班牙 – 阿拉伯文的诗集《果园集》（*Book of Orchards*）的编辑。1031 年，克多巴哈里发分解成一些小独立王国。其政治权力式微，但艺术和学问却继续繁荣。诗人伊本·哈兹姆（卒于 1064）创作了理想化的爱情诗，影响了法国南部的吟游诗人。针对安达卢西亚发表的文法论文和宗教评论也在伊斯兰教世界广为流传。

克多巴哈里发对犹太人的相对宽容孕育了有些学者所说的犹太文明的“黄金时代”。当近东的犹太学问式微时，西班牙犹太人（称作 Sephardic Jews）在克多巴和格拉纳达创立了学问中心，建造了豪华的犹太教堂。西班牙犹太人作为商人和医生而繁荣起来，而犹太的精英分子（以及基督徒）也偶尔从事出色的管理工作。比如，犹太医生和外交家拉比·伊斯岱·伊本·沙皮鲁（约 915—

图 6.12　狮子宫，西班牙格拉纳达爱尔汗布拉宫，1354—1391 年

原来是花园，院子是表现伊斯兰乐园中各种乐趣的一幢建筑。圆柱式凉亭伸进院子，衬托出光与影的反差。狮子据说代表“圣战的狮子”，意思是伊斯兰西班牙继续防范再次被征服。

约 970）曾与拜占庭使节和撒克逊统治者奥托一世谈判。在后来的伊斯兰西班牙治下，犹太人和基督徒遭受迫害，有时被迫皈依。

1085 年之后，当一个基督徒统治者再度征服托莱多时，所有这三种信仰的学者都逃到了托莱多学园。在基督教的赞助下，学者们把阿拉伯文和希伯来文的哲学和科学著作译成拉丁文。托莱多学园把伊斯兰文明的知识遗产传给了基督教的欧洲，激发了中世纪晚期的知识复兴。

由于在基督教进行成功的再征服之前就撤退下来，西班牙的穆斯林领袖在格拉纳达建立了最后一座都城。在城外的一座小山上，他们建造了爱尔汗布拉宫（Alhambra citadel and palace），这是由行政公署、住宅，尤其是豪华的宫殿和花园构成的一个奇异的复合体。爱尔汗布拉宫的核心是狮子宫（图 6.12），其优雅的圆柱式剧场用于音乐表演和诗歌朗诵。伊斯兰西班牙卓越的文明在 1492 年随着格拉纳达的最后一次被征服而大体结束了。穆斯林和犹太人不得不皈依基督教，否则就只能背井离乡；许多西班牙犹太人迁徙到北非、美洲和波兰。

隐修制度

基督教伊始，信徒们就感到了放弃物质世界、追求祈祷和献身的孤独生存的召唤。吸纳这种严格的精神理想的早期基督徒是只身退居沙漠的埃及隐士。随着时间的流逝，这些孤独的信徒就成了人们所知的僧人（monk，源自希腊语 monos，意思是“独自”），而到了 4 世纪，他们已经在整个基督教世界组织了修道院。到 6 世纪，意大利和北欧的修道院已经成为学问的绿洲和在异端世界传教的前哨。基督教隐修制度已成为在北欧和东欧推行基督教的一股强大力量。

隐修理想

隐修理想即抛弃正常的社会生活，追求献身于精神的孤独生活，在许多世界性宗教中广泛流行。比如，除了基督教，印度教和佛教都鼓励隐修生活，作为彻悟和救赎最保险的方式。基督教修道士相信他们采纳了基督使徒抛弃家庭追随耶稣的生活方式。隐修制度的本质是三个誓言——贫穷、操守和服从。正如最初的使徒抛弃家庭、追随基督一样，一个人进入隐修生活要抛弃一切财产，发誓过苦行生活。发誓过苦行生活能保护修士不受肉欲的诱惑，集中精力进行精神修炼。修士还要发誓服从宗教权威。在追求隐修理想的时候，基督徒抛弃了亲朋好友，拥抱与上帝和志同道合之人的精神冥合。

本笃教教规是指导隐修生活的一系列原则，中世纪欧洲的修道院几乎都以某种形式遵守这些教规。这些规则出自努西亚的圣本尼迪克特，他于 6 世纪初创立了第一个隐修制度。圣本尼迪克特的教规规定了详细直白的教导，维护了隐修纪律，保证了社会和谐。他告诫修道院选举产生的院长“根据每一个人的性格和理解来管理修道院，这样，不但不会失去信众，反而还能享尽增加信众的快乐”。

圣本尼迪克特建议修士吃面包和蔬菜等朴素食物。只有在诊所里才能吃肉，因而修士有足够的理由偶尔患病。修士本不可以饮酒，然而，“由于现在的修士不听这种劝告”，所以他建议每天饮酒不可超过半品脱。院长要监督他们“既不能过量，也不能酒醉”。

修士的许多时间都用于祷告。一日隐修生活通常夹杂着公务，即由钟声召集的祷告。祷告开始于午夜两点，接着是黎明时分的赞美歌，以及白天的四次祷告。黄昏时分是晚课。一天中的最后一次祷告叫晚祷，在晚饭后举行。修士也要唱诗篇，听人朗读经典和圣人生平故事。如果严格遵守，这种虔诚的日常生活能保证修士专注于精神生活。

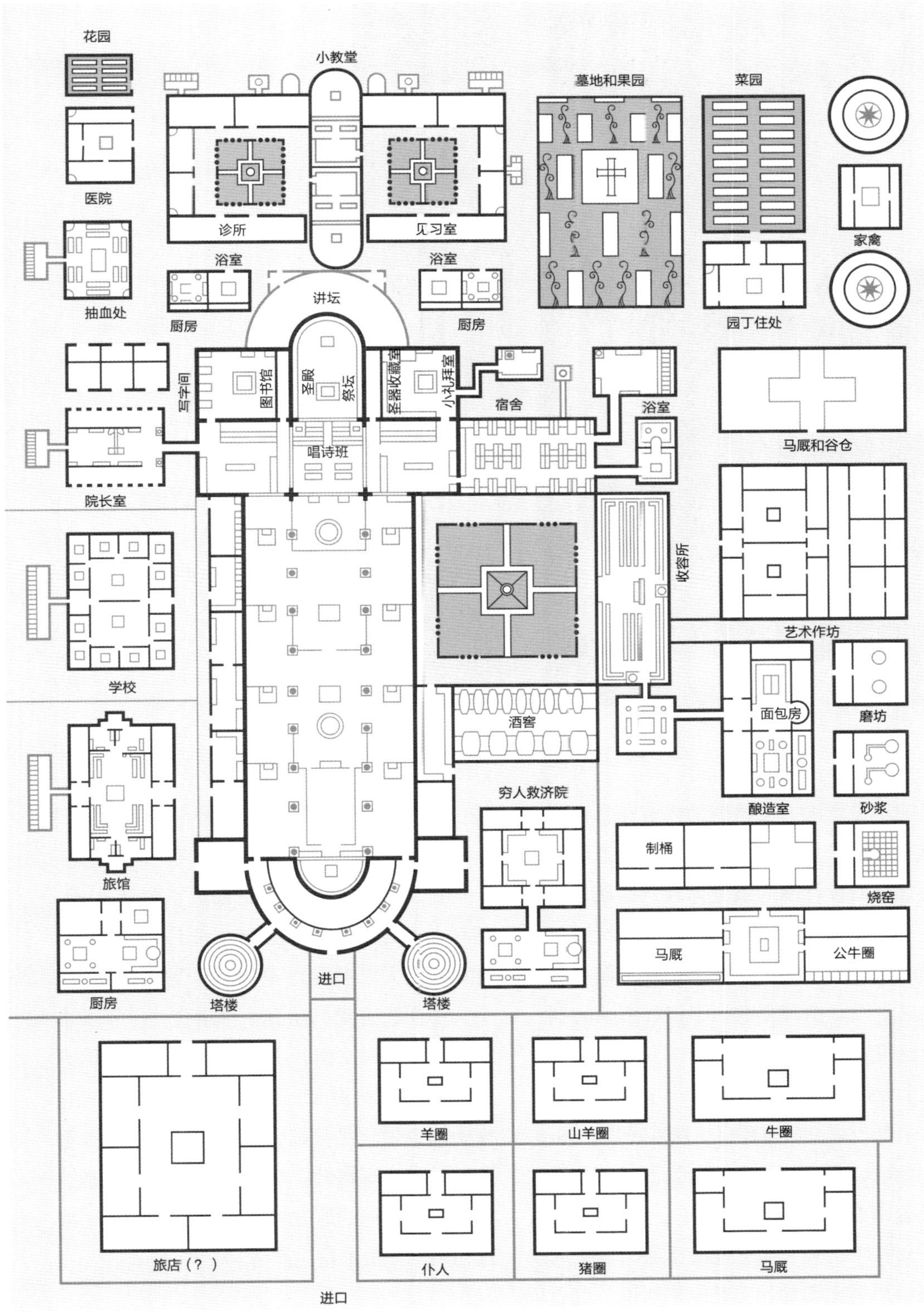

图 6.13　瑞士圣加尔修道院设计图，约 820 年

这个颇有影响而理想化的设计图也许比中世纪初期建成的任何修道院都严谨和连贯。修道生活是在经常祷告和礼拜的教堂里以及邻近的回廊里进行的。

图 6.14　西班牙德·希罗斯圣多明戈教堂的回廊，约 1085—1100 年

回廊既是功能性的又是象征性的：它为修士或修女提供一个有棚通道和聚会的地点，在象征意义上又把外界诱惑拒于咫尺之外，把修道者的注意力引向内心。

圣加尔设计图　修道院的内省和自律也在建筑中显示出来。中世纪初期的修道院建筑以圣加尔的设计图为最佳体现，这就是卡洛林时代建造一个大修道院的理想设计图。虽然瑞士的圣加尔并没有完全按这个设计进行，但这个设计图却是欧洲卡洛林繁荣时期其他修道院建造的模式（图 6.13）。

这个设计图以一个大教堂为中心，每一端都有一个凹室，西边还有一座双子塔。正殿有 91 米长，分成数个小教堂，因为已经不需要容纳众多会众的空间了。为完成工作，修士们往往从与耳堂直接相连的寝室进入教堂。回廊（图 6.14）是拱形通道，直通院子，而院子则是教音乐或神学的讲堂或朗读的聚会场所。

到 9 世纪，大修道院都成了封建庄园，拥有大墙之外的大片土地。修道院的生活标准也随之大大提高。圣加尔的设计图包括一个大诊所，客堂，还有一个猪舍，尽管圣本尼迪克特反对吃肉。奴隶和手艺人从事体力劳动或在作坊做工，修道院为其提供住宿。修士们也做食品分配、领唱等工作，而最重要的是在缮写室做誊写工作。缮写室就是抄写和保存手稿的地方。修道院的缮写是中世纪初期唯一的书籍生产者。

环球视角

玛雅国王的血

基督教的宗教信仰是封建时代欧洲频繁战事的动机和理由。查理曼的征服从异端撒克逊人和马札尔人手里夺得了疆土，同时也是基督教信仰取得的胜利。在中美洲，玛雅人也通过战争来捕捉敌兵做献祭。

对古典时期（300—900）的玛雅人来说，人类有责任拿自己的鲜血祭献神灵。中美洲的创世神话讲述神祇用自己的鲜血创造了宇宙，为人类提供了肥沃的良田和适宜繁衍后代的环境，因而人也必须用血来补偿。

玛雅的重要中心是由王朝统治的独立城邦，居民分散居住在尤卡坦半岛（今天的墨西哥、伯利兹、危地马拉和洪都拉斯）。在古典高潮时期，有十几座玛雅城市的人口已经达到 4 万人。在建筑上，玛雅中心是由（或许是以特奥蒂瓦坎为模式的）台阶式金字塔、拱形宫殿和举行祭祀仪式的宫殿构成的。其文明遗址表明它们在天文学、数学和历法方面取得了辉煌的成就。

图 6.15 《玛雅血祭仪式》，墨西哥雅克斯奇兰，第 24 过梁，约 725 年，石灰石，110 厘米 × 81 厘米，藏于伦敦大英博物馆

一位玛雅国王手拿一把火炬照着跪地血祭的王后，她用一根带刺的绳子划过自己的舌头。下面篮子里吸血的纸将被烧着，以供奉神祇。注意皇族服饰的复杂图案以及仪式用火炬的构成性效果。

玛雅血祭不仅是发动战争的理由，也是展示宗教景观、丰碑建筑和奢华艺术的场合。玛雅建筑上的雕刻和壁画记录了宗教纪念仪式，仪式上，皇族献祭自己的鲜血，祭司奉献战俘的心脏，将其放在公开祭坛上。在雅克斯奇兰城（Yaxchilan），一位雕塑大师描画的国王和王后身穿精致的服装，在进行献祭仪式，履行对神祇的职责（图 6.15）。皇族的血通常是通过刺舌、耳垂或阴茎获取的。参与者由于麻醉或失血而麻木，常常在这种状况下产生强烈的宗教幻觉。其他场所的壁画记录了对战俘的折磨以及将其心脏作为祭品的献祭。

与特奥蒂瓦坎一样，古典时期的玛雅中心不明不白地衰落了，或许是由于环境灾难。到 900 年北欧海盗入侵欧洲的时候，玛雅城市几乎全部变成了废墟。

罗斯维塔与古典传统

修道院书记员和学者抄写了基督教的经典，也帮助保存了古典作家的作品。尽管修道生活没有促进艺术创造活动，但古典传统有时却给文学模仿者以灵感。其中最杰出的模仿者或许是甘德斯海姆的罗斯维塔（Hrotsvit，活跃于970年左右）。她是一位撒克逊贵族妇女，以巧智改编了罗马喜剧。最可能的是，罗斯维塔的戏剧从未上演过，而是在德国甘德斯海姆女修道院受过教育的修女中流传。罗斯维塔的修道院是富裕的撒克逊统治者支持开办的，只接受贵族家族的女儿们。在中世纪初期，这种妇女团体是自治的，实际上只为追求学术生活的妇女提供途径。

罗斯维塔或许在年轻时就进入了甘德斯海姆女修道院，在图书馆里研习希腊罗马作品。她是一位才华横溢的学者，用拉丁语写诗，“希望神赐予我的小小才能不要藏在心的暗处，被遗忘的锈蚀所毁；而希望通过虔诚的木槌，让我的小小才能发出赞美神祇的悦耳的叮铃声。”

罗斯维塔除了从基督教角度改编罗马戏剧外，还写了一本基督教传奇。其情节往往涉及受淫荡的异教徒威胁的贞洁的基督教妇女，或灵魂被基督教的博爱所拯救的妓女。在一部戏中，一位贞洁的妻子宁死也不屈服于异教徒的淫威。一个有意侵犯她身体的淫荡的罗马人在她墓前皈依了基督教。

罗斯维塔故意模仿罗马喜剧家泰伦斯的风格和情节，但她没有像泰伦斯那样把妇女描写成妓女和勾引男人的女人。罗斯维塔笔下的妇女都是基督教美德的典范：

> 因此，我，甘德斯海姆的有力声音，没有发现不应模仿他的理由，其他人阅读和研究他，因此，通过那种创作形式，淫荡女人不知羞耻的行为得以勾勒出来，圣女可赞扬的贞洁可以通过我的小小才能得到赞扬。

罗斯维塔不仅是中世纪最早的重要戏剧家，她的作品还为中世纪基督教对妇女的普遍否定提供了一种无法否认的肯定。

罗马风格

大约开始于 900 年，新的一脉皇帝在德国掌权，恢复了帝国传统，建造了恢宏的新教堂。同一时期，以法国克吕尼为中心的一个影响广泛的隐修制度开始资助西方隐修制度的改革。虔诚的基督徒受圣人和圣母玛利亚的鼓舞，纷纷来欧洲朝拜，这进一步激发了新教堂的建造。如一位评论者所说，这就好比基督教新近披上了“一件白色的教堂披风”，所有这些成了现在所说的罗马风格。

帝国复兴和罗马风格

在德国，神圣罗马帝国皇帝的称号经一系列强有力的撒克逊统治者即奥托王朝之手得以复兴。从奥托大帝（Otto the Great）开始，奥托皇帝们积极促进他们对查理曼遗产的传承。奥托大帝在亚琛的查理曼教堂举行撒克逊国王的选举仪式，而他的孙子奥托三世则在 1000 年时去亚琛朝拜，打开查理曼的墓穴，向这位伟大统治者的坐尸叩首礼拜。撒克逊统治者恢复了德国外省的政治秩序，击退了斯拉夫侵略者，开始对教堂行使权力。奥托大帝罢黜了给他加冕的教皇，使主教的选举服从于他的政治目的。他是第一位干涉教皇事务的德国统治者。

奥托帝王的雄心还孕育了一种新风格的宗教建筑。这种风格以宽厚的墙壁和扶壁为特征，并饰有色彩鲜艳的雕塑和浮雕（图 6.16）。历史学家现在称这种风格为罗马式，因为它采用了罗马建筑的独特风格，如圆筒状拱洞。罗马式教堂是中世纪欧洲建筑中最早恢复了罗马帝国建筑的大小和美观的建筑。这种风格之所以吸引了奥托诸王，主要是因为它与罗马帝国传统有关。

在希尔德斯海姆这座撒克逊小镇，一位名叫伯恩沃德的雄心勃勃的主教（奥托三世的前老师和表兄）建造了两座罗马式大教堂——一座天主教大教堂和一座修道院。对于本笃会的圣迈克尔教堂，伯恩沃德浇筑了巨大的反映罗马光荣时代的青铜雕塑。其中一个是采用罗马图拉真圆柱风格的青铜圆柱浮雕，上面刻着螺旋式上升的基督生活的场面。另一个是一组青铜门，雕刻的是取自《旧约》和《新约》的《圣经》故事（图 6.17）。这些组画图案的简朴突出了人类表演的感觉：人类原罪的痛苦场面与基督降生和复活的欢乐场面相并置。

罗马式教堂：修士和朝圣者

奥托帝国的疆土可与克吕尼教堂的隐修世界相媲美，这是 910 年法国勃艮第建立的

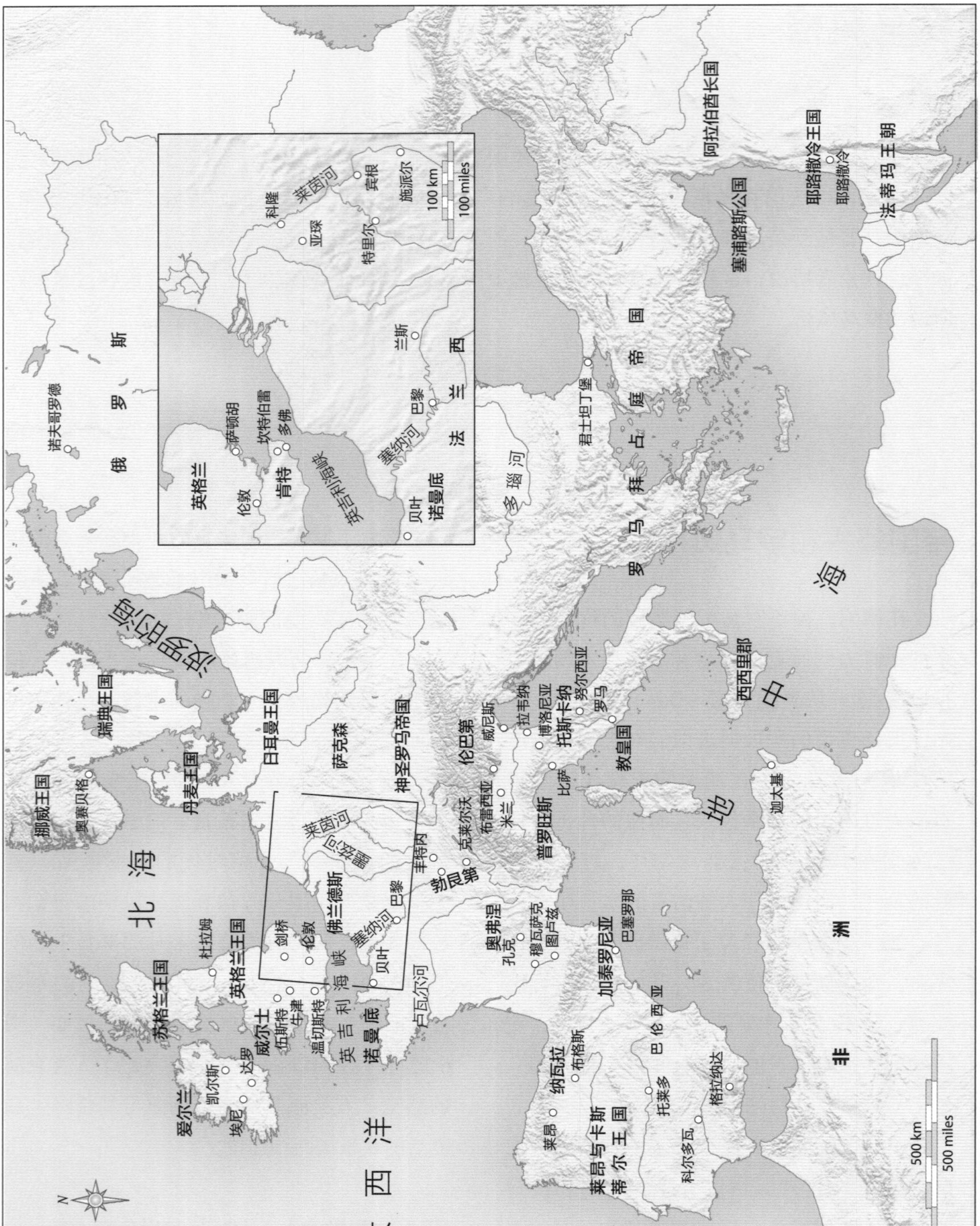

地图 6.1　罗马风格时期的欧洲

图6.16 《圣母来访》，卡塔兰湿壁画的一个细节，11—12世纪，藏于西班牙维希圣公会博物馆

罗马式教堂，尤其是意大利和西班牙的罗马式教堂，常常是湿壁画装饰的展示场所。这幅湿壁画生动地描写了圣母玛利亚看望表妹伊丽莎白的场面，详见《路加福音》，1：39—45。

图6.17　青铜门，刻有《旧约》和《新约》的《圣经》故事，约1C15年，德国希尔德斯海姆大教堂

这尊罗马式雕塑表明设计者对流线型和情感表现的强烈兴趣。两个场面的搭配开创了《旧约》和《新约》的主题并列：把夏娃献给亚当的场面（左，上数第二个场面）与天使向墓边的妇女宣布基督复活的场面相并置。

一个本笃会教派。克吕尼人展开隐修制度的改革，领导了一场修士起义，帮助稳定了中世纪高潮时期的欧洲。克吕尼不受地方主教和贵族的控制、在西欧建造了约有1500座修道院的一个联合网络。

由于国王和贵族都给克吕尼修道院以大量捐赠，该教派便将其财富用于建造优质教堂，在法国尤其突出。罗马式风格的拱形正殿为克吕尼人提供了进行列队仪式的场所和大合唱表演的会堂。为了与性格外向的奥托人相匹配，克吕尼人模仿罗马剧院建造了教堂的前脸。在克吕尼本地，修道院在不到200年的时间里就重建了两次。最后修成的教堂，就是现在人们所知的克吕尼“三世”，是欧洲最大的建筑，也是隐修“新耶路撒冷”的核心建筑（图6.18）。其巨大的石结构和装饰有意模仿古代建筑。中央大殿的拱门（图6.19）高出地面30米。关于克

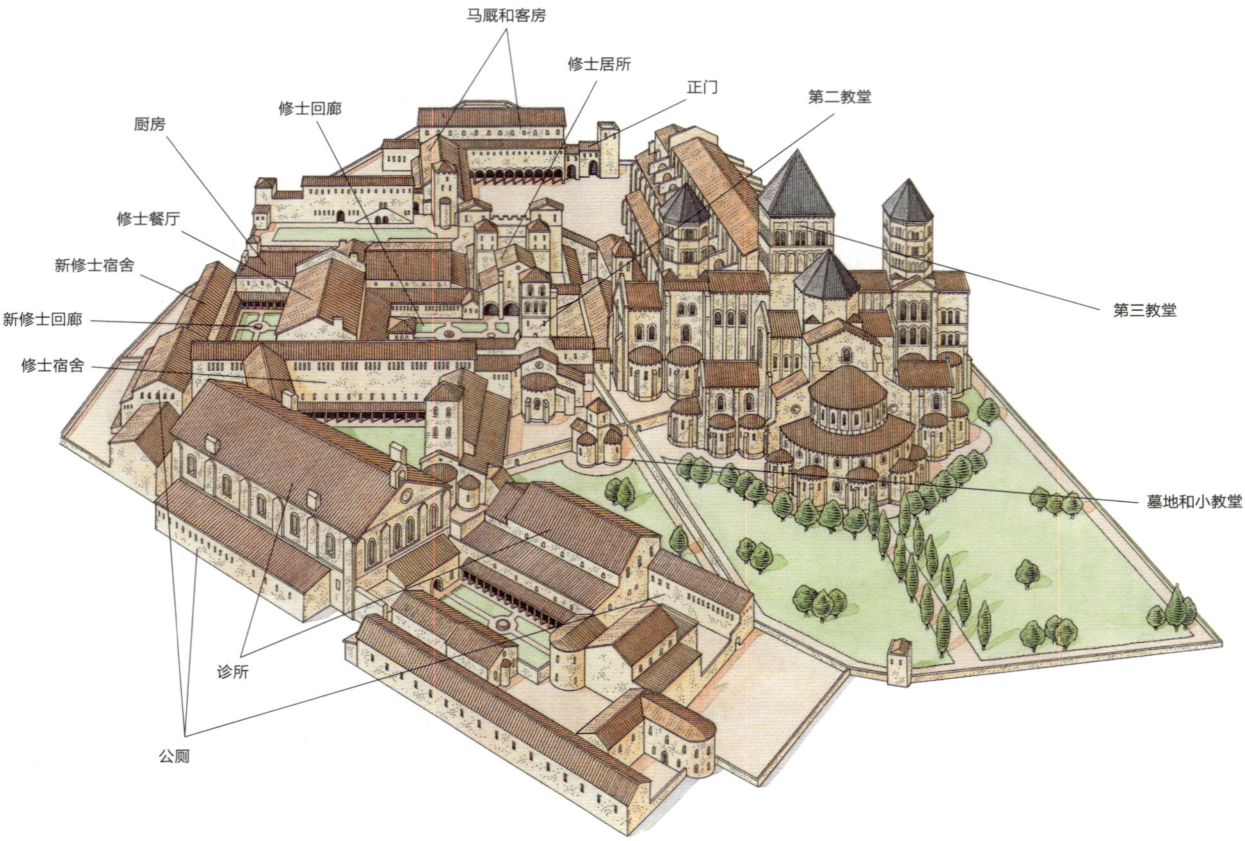

图 6.18　法国克吕尼罗马式修道院的复原和第三修道院的教堂，约 1157 年

法国东南部雄伟的克吕尼建造了一连串三座修道院教堂，其花费几乎耗尽了整个教派的财力。最后一座即克吕尼“三世”，它巨大无比，有一个双重耳堂和环绕正殿和耳堂的许多小教堂。

吕尼“三世”，17 世纪一位赞赏者写道：“如果你一百次看到它的雄伟，你就一百次为它所慑服。”

对奥托诸王和克吕尼修士来说，罗马式风格呈现出宏大的政治和宗教设计。但这种风格也迎合了民众的品味，尤其是朝圣者的欢迎。通往桑蒂亚戈·德·孔柏斯泰拉的四条“大路”路边都建起了教堂，以盛装圣物和供前来瞻仰圣物的数千名朝圣者居住。

法国西南部康科斯的圣福伊修道院就是这种朝圣教堂的典型（图 6.20）。康科斯的主要特征是圣菲思（Saint Faith）的圣物（图 6.23）。圣菲思是 4 世纪的一位少年殉道者，约在 880 年人们把他的圣物从一个对立的修道院里偷了过来。到 12 世纪初，新教堂建立起来，其筒形拱洞正殿有一个楼上廊台，能使阳光进入正殿室内。沿着半圆室的曲线是一个宽阔的回廊或通道，每隔几步就有一个金碧辉煌的小教堂（图 6.21）。成群的朝圣者穿过这个拱洞式回廊，来到圣物前祷告，献上祭品。半圆室、回廊和小教堂的这种组合称作多角室（Chevet），它有两种用

图 6.19　法国克吕尼第三座修道院正殿，1095—1100 年，复原图，肯尼斯 · J. 柯南特绘制

这个洞穴似的正殿，以其肋拱的严格节奏，为克吕尼教堂的合唱和列队仪式提供了戏剧般的场景。装饰性的科林斯式牌匾和带凹槽的壁柱都明显是对古罗马建筑的模仿。

图 6.20　法国康科斯圣福伊修道院教堂，1120 年竣工

康科斯的罗马式教堂柜对紧凑，部分由于其陡峭的位置。这是最早采用石头拱顶的朝圣教堂之一　是非常好的防火措施。

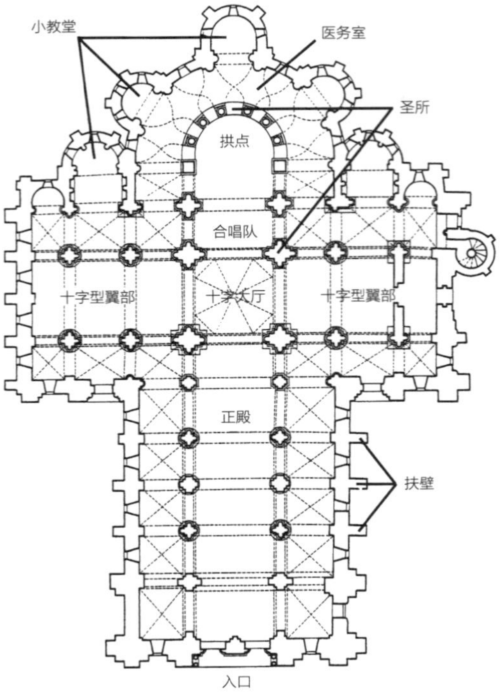

图 6.21　圣福伊修道院教堂设计图

外部，半圆室、回廊和小教堂创造了一连串赏心悦目的圆形瀑布。比较图 6.18 中克吕尼“三世”的多角室。

途：修士们举行连祷仪式，同时，朝圣者在此朝拜圣物。后来在图卢兹和孔柏斯泰拉建造的朝圣教堂都采用了这种多角室。

罗马式雕塑

查理曼时代的教堂通常以绘画为饰，而罗马式风格却逐渐转向古罗马的浮雕雕塑。罗马式视觉风格与其说源自罗马古典主义，毋宁说采纳了希波诺—撒克逊艺术不可思议的形状（见图 6.22）。罗马式风格的雕塑家使用生动的故事和一种具有创造性的视觉风格来唤醒信徒的想象力。神话中的事件和荒诞的野兽都用来装饰信徒们走过的门，他们走过时无意中会扭着脖子看看这些奇观。

承载罗马式教堂主要外部雕塑的正是其壮观的大门。大门的雕塑主题是由三角墙确定的，即门上方的一个大半圆空间。在勃艮第的奥吞（Autun），一个三角墙上是《最后的审判》的大型场景，是雕塑师基斯勒布图斯（Gislebertus）雕刻的（见图 6.1）。当基斯勒布图斯的基督审判有福的和该诅咒的人时，恐怖的魔鬼试图把衡量灵魂的天平弄歪。三角墙下称作过梁的梁上，基斯勒布图斯让上帝双手抓住一个尖叫的罪人。雕塑家有意用这种生动的形象教育来教堂的人，让他们明白最后审判之时有罪之人的可怕下场。

基斯勒布图斯在奥吞工作的时候，匿名的工匠正在附近的韦兹莱（Vezelay）装饰华丽的玛德莱娜朝圣教堂，人人皆知该教堂盛装着圣玛丽·玛德莱娜的圣骨。韦兹莱的三角墙（图 6.22）展示的是基督正把救人的法力传授给使徒们，他们就是基督教会的创建者。基督的超凡脱俗由雕塑底部的浮雕和包围着他的杏仁形状的永恒符号突出出来。使徒们根据其重要性排列在基督的两边。跨过下面的过梁，世界上不同地区的人和生物都是用高浮雕塑造的。在拱门饰上，拱门边上的装饰模式是四季象征和星象，代表着基督统治的由时间和空间构成的宇宙。门之间的间壁上以及侧柱的基座上是真人大小的雕塑。

韦兹莱内部的雕塑装饰只局限于圆柱的柱头，也是典型的罗马式风格。雕塑家模铸这些场景是为了填补这些空间，无视自然主义或古典的比例。在《神秘磨坊》中，摩西把谷物倒入一个研磨装置里（象征着古代希

图 6.22　前廊门，法国韦兹莱的·玛德莱娜教堂，约 1120—1132 年

注意罗马式风格已经完全用雕塑的形象包围了教堂入口。三角墙、过梁和拱门饰的协同场面描绘了同一个基督教故事的不同方面。

关键概念

朝　圣

到公元1000年，欧洲不再遭受封建战争和侵略的侵扰，它经历了一股朝圣的新热潮——到圣人的圣陵或其他圣地旅行。夏季，当种植季节结束，虔诚的各个阶级的欧洲人便出发去朝拜圣人和圣母玛利亚的圣陵。他们的主要目的地是桑蒂亚戈·德·孔柏斯泰拉和西班牙西北部的圣詹姆士陵墓，这要比去罗马或耶路撒冷安全得多。各种手册指导朝圣者如何穿正确的服装，随身装备（短上衣、权杖和皮革钱包），可能遇到的危险，以及圣物神奇的法力。朝圣者可以获得一枚徽章，如耶利哥的棕榈和圣詹姆士的小舟，以证明他们的忠心。

中世纪的基督教朝圣根植于圣人崇拜，即对基督教圣人及其圣物的虔诚崇拜。基督教创立伊始，信徒就相信圣人能够医治疾病，创造神迹，在最后审判时为某一灵魂求情。到圣人的圣陵朝圣给信徒赢得了求助的权利。朝圣也能帮助人们忏悔罪过。香火最旺的是圣母玛利亚，即倡导罪人忏悔的天后。当今，对圣母神奇法力的信任仍然吸引基督徒到卢德（法国）和瓜达卢佩（墨西哥）朝圣。

朝圣带动了商业的兴旺发达，有时还引发了关于圣物的激烈竞争——人们纷纷争夺起圣人的遗骨、十字架的碎片，盛装基督血的小瓶和其他圣物。一件重要的圣物将给修道院或城镇带来声誉和收入。比如，在不断的尝试之后，康科斯的本笃派修士从一个对手手里偷走了圣福伊的遗骨（图6.23），他们的教堂便即刻成为朝圣者的灯塔。当欧洲十字军东征于1204年洗劫君士坦丁堡时，他们掠夺了拜占庭诸王收藏的圣物，包括耶稣受难时戴的带荆棘的皇冠。

去圣陵朝拜是世界许多宗教的一个重要活动。穆斯林朝觐者以百万计涌向麦加。印度教教徒去恒河两岸或其他圣河朝拜。印度菩提伽耶是佛陀得道的场所，是佛教徒朝圣的首要目的地。在所有这些宗教中，朝圣使信徒直接接触到圣人。

图6.23　法国康科斯圣福伊的圣物盒，10世纪末，金和宝石镶嵌，高85厘米

这个华丽的圣物盒——呈圣人身体形状的容器——994年就在一大批圣物容器的展览上展出过。

图 6.24 《神秘磨坊：摩西和圣保罗磨玉米》，正殿柱头雕塑，法国韦兹莱的·玛德莱娜教堂，约 1130 年

在这个圆柱柱头上，罗马式雕塑家展示了一种弹性的、有时荒诞的人形。注意圣保罗（右）的头发和胡须的曲线是如何与他服装的抽象线条相融合的。

伯来律法），而在他下面，保罗在盛装研磨后的食物（代表《福音书》的新律法）。保罗的躬身与柱头的弯曲是一致的，而背景中的树叶则强化出不可思议的效果（图 6.24）。这个场面在罗马式风格中显然具有胜过自然主义外表的象征意义。

在教堂正殿高耸的石群的衬托下，罗马式雕塑展示了符号和故事的复杂结合，这种风格会警醒观者。法国神学家明谷的圣伯纳德尤其抱怨装饰奢华的修道院教堂。“噢，虚荣中的虚荣，”伯纳德写道，“教堂的墙壁金碧辉煌，却穷得叮当响；她的石头穿着金色的衣裳，她的儿子们却浑身精光；富人不惜以穷人为代价把景色观赏。”

中世纪初期的戏剧和音乐

弥撒是一种非常庄重的音乐和礼仪，罗马式教堂为天主教弥撒提供了一个令人畏惧的场所。对不识字的农民和朝觐者来说，圣乐是为基督教连祷伴奏的。中世纪音乐的进化是由缓慢的革新和对一种乐谱体系的需要来决定的。与此同时，中世纪戏剧也是从弥撒的季节仪式中演化出来的。

乐 谱

传播最广泛的中世纪教会音乐基于查理曼时代合法化的格列高利素歌的流动线谱。传统的格列高利圣咏在中世纪初期逐渐发生了变化。修道院里教音乐、表演音乐，它们本身就是保守的，而且，圣歌也是口授的。中世纪初期音乐的范围只局限于中世纪唱诗班歌手的记忆。当歌手们把称作装饰音的短音符链加在乐谱中关键音节上时，第一次谨慎的变革到来了。于是，在“哈利路亚”的最后一个音节上就可以唱一个六音符的装饰音了。如其名所示，装饰音给基本的格列高利圣咏带来了一次小小的繁荣。

到9世纪，圣乐的主体已经超出了口头教授的限制。正如圣加尔的一个修士所写，“我还年轻的时候，冗长的旋律不断涌入记忆，从我这可怜的小脑袋里逃了出来，我开始合计着怎样才能把它们牢牢地捆在一起。”其结果便是把词加在装饰音上以帮助记忆。这些手法称作转义，即把音乐加在传统的格列高利圣咏上。最重要的转义就是为词谱曲，词通常是《圣经》里的一句话。

图 6.25 《唱诗班的修女》，伦敦大英图书馆

与修士一样，修女也接受集中的音乐教育，这样她们就可以承担起教会的公务。尽管大多数女性作曲者仍然是无名的，但修道院的宾根的希尔德加院长却由于她的音乐创作和神秘写作而负有盛名。

图 6.26 基多线谱

源自基多的四线谱使得作曲家们能够准确地标识音和间隙。

图 6.27 现代五线谱

采用中世纪音符，现代五线谱容纳比较广泛的音。这里显示的高音调的符号也采用中世纪的“G”，而低音调则用“F”。

音乐转义的多产最终把音乐教育的问题复杂化了。修道院的领唱者和唱诗班歌手必须学会在各种场合吟唱圣歌，除了装饰音的变体和转义外，还有所有诗篇和偶然音乐。难怪修道院的学校把那么多的时间都用在了音乐教育上（图 6.25）。

中世纪音乐理论家以新的乐谱体系应对这一挑战。由于大多数修士和修女都读书识字，那么对他们来说学习一套阅读音乐的谱系也就不算什么难事了。乐谱中最重要的步骤都源自一个叫阿莱佐的基多的本笃会修士发明了一种六音符的音阶和一个巧妙的记忆方法叫作视唱练习。视唱练习把每一个音都与熟悉圣歌的第一个音节联系起来。这个音阶用 ut，re，mi，fa，sol 和 la 唱出，写在歌词的上面。

基多最重要的发明是线谱，其中，音阶的每一线谱和空间都代表一个音。每一个关键字母，即谱调，固定这个线谱的音，因此也固定了所有线谱和空间的音。在中世纪，常用的谱调是 F 或 C，往往用红色标识。由于中世纪大多数歌都只能有 8 个或 9 个音符，所以基多的四线谱就足够了（图 6.26）。（现代五线谱又加上了第五条，图 6.27）。基多名声如此显赫，就连教皇都在 1028 年也请他到梵蒂冈教视唱方法。

虽然基多闻名遐迩，但早期音乐改革的中心却不是意大利，而是瑞士的圣加尔和法国的克吕尼修道院。这些通过书写而长期保卫基督教文明的修道院现在能够通过乐谱来保存光荣的基督教音乐了。因此，人们在那时对中世纪圣乐的了解远远超过了对世俗音乐传统的了解，那时的世俗音乐传统还几乎没有文字记录。

宾根的希尔德加：音乐神秘主义者

欧洲隐修制度造就了其应有的天才——音乐家、学者、精神领袖，但比宾根的希尔德加（Hildegard of Bingen）更耐人寻味的却寥寥无几。宾根的希尔德加是颇有影响的德国修士，创作了大量的音乐诗歌和音乐。1151 年，希尔德加，当时还是一位勇敢自信的精神领袖，组织起她领导的修道院里的修女（带着嫁妆）离开了由男人管理的修道院，在宾根建立了新的独立的修道院。这位院长的通信者中有罗马教皇和其他神秘主义者，明谷的伯纳德和松高的伊丽莎白。

希尔德加的想象作品包括一部配乐道德

剧（实际上是中世纪的一部歌剧），和一部宏大的神秘剧《圣品集》（*The Book of Divine Works*）。《圣品集》提出一种详尽的宇宙论，这是在开始于1163年的连续7年的时间里，希尔德加在痛苦的、极乐的幻觉中领悟到的（图6.28）。与哲学家们理性的论证不同，希尔德加的认识都是用当时被认为非理性的形象表达的，比如，把世界看作是由通明的火环绕的一个鸡蛋。

希尔德加的作品也同样生动。她的创作运用教会音乐的标准，其八个音阶与古典希腊音乐保持着松散的联系。从诗歌创作上看，希尔德加的歌充满了神秘的联想。在献给圣母玛利亚的一首圣歌中，她描写了耶稣的母亲，所用形象暗示了希腊的大地丰饶之神德墨忒尔：

> 欢迎你，噢，最绿的、最丰饶的枝干！
> 你在和煦的微风中发出嫩芽，
> 寻找着神圣的知识。
> 当时间成熟，
> 你自己的枝干便会绽放鲜花……
>
> ——宾根的希尔德加

希尔德加最著名的赞美诗《噢，会众》是赞美圣厄修拉的。厄修拉是5世纪的一位圣人，她出于信仰的原因拒绝结婚，最后与11000名妇女一起死于非信徒之手。与圣母玛利亚一样，厄修拉体现了一个女人对上帝的忠诚，她在希尔德加的赞歌中向上帝呼喊："我渴望来到你身边，和你坐在一起共享天堂的婚姻。"希尔德加修道院的修女们将在厄修拉纪念日的唱诗课上唱这首赞美诗。希尔德加的同伴们用高音赞美这位基督教女信徒坚定的信仰和临危不惧的胆量。

图6.28　宾根的希尔德加，《西维亚》，版一：《女先知》，德国，卢德闪·安·莱茵，圣希尔德加修道院

希尔德加的文学和音乐成就吸引了全德国的才女来到她的修道院。这位修女正在接受第一次神启，一个修士在记录她的见证。

中世纪教堂的戏剧

中世纪的欧洲人认为音乐是人类向上帝表达忠心的最高形式。难怪中世纪音乐也是欧洲戏剧再生的载体。自罗马晚期以来，欧洲戏剧大体上处于休眠状态。实际上，中世纪最早出名的戏剧就是把弥撒加以戏剧化的脚本——基督诞生、殉道和再生的场面。

修道院记载表明，在10世纪的某段时间里，圣加尔的修士把复活节祷文中的一段对话表演出来。这段祷文的拉丁文题目是 Quem querities（“你找谁？”），戏剧性地再现了三位妇女给基督受难的尸体穿衣的场面（见《马可福音》：16）。保护基督空墓的天使对她们说：

> 第一个声音：你们在墓中找谁？
> 第二个声音：拿撒勒的耶稣。
> 第一个声音：他不在这儿。他像先知所预言的那样已经死而复生。
> 第二个声音：哈利路亚！主复活了！
> 同声：来看看那个地方吧。

据圣加尔的文献记载，修士们穿着妇女和天使的服装，教堂的祭坛象征着空墓。戏剧首先以这种基本的模仿表演在中世纪教堂里出现，成为天主教弥撒仪式的组成部分。与装饰音和转义一样，早期音乐剧是用来美化中世纪礼拜仪式的保守精神的。

图 6.29 《耶稣诞生》，约 1130—1140 年，象牙镶板，40 厘米 × 12 厘米，藏于科隆施纽特根博物馆

福音书中路加让生的故事为中世纪圣剧提供了流行的情节。羊倌儿们通常被刻画为乡巴佬丑角，他们对天使宣布基督诞生的消息报以愚昧的惊奇。

在以后的三个世纪里，这种音乐剧经过演进而扩展成较长的戏剧。到 12 世纪，中世纪戏剧家已经创作了约 15 种标准的圣剧。这包括三位智者、希律滥杀无辜和拉撒路的复活等故事。这些戏剧是唱诗班指挥创作的，用配乐的拉丁文演出，通常篇幅很短。然而，神职戏剧家却刻画了固定的人物类型和壮观的情节场面，吸引了教会观众（图 6.29）。流行的《希律剧》以混乱的舞剑和希律王装腔作势的讲话为特征，以寻找圣子基督的失败告终。几个世纪后，莎士比亚的《哈姆雷特》在突出这个场面的时候告诫他的演员在表现夸张的戏剧场面时不要“比希律王更希律王”。

演出这些短剧的地点就是教堂。场景或是放在唱诗班搭起的舞台上，或是在教堂的门口、拱门或凹进处，观众可以从一个场景走到另一个场景。服装最初是为适应不同季节选定的。然而，戏剧要求比较复杂的服装：《丹尼尔剧》需要有狮子服装，《拉撒路的复活》要求抹大拉的玛利亚身穿“妓女的服装”。穿着这种服装的演员完全可能是一个男人，但音乐剧却既在女修道院又在男修道院里演出。

教堂剧最终发展成为具有强烈戏剧性的表演，淹没了它意在代表的庄严仪式。教会神职人员对这些戏剧带入神圣殿堂的“世俗性”感到不快。到 11 世纪初，出于不完全明了的原因，戏剧生产走出教堂，进入了城镇，不过直到中世纪末期教会始终是戏剧的重要资助者。

关键概念

神秘主义

日常的宗教活动（祷告、祭祀、仪式或《圣经》的阅读）规定了教堂的日常活动，大多数信徒都是通过这些活动来认识上帝的。但是，在几乎每一种信仰中，有些信徒寻求的是一种比较直接和完整的超验体验。神秘主义指的就是追求与某种终极未知的、神秘的神的直接接触。这个名称派生于希腊语 mysterion，指当某人被神秘教派接受时向其揭示的神秘知识。神秘主义的实践，对神秘知识的探求，由于普遍存在于世界各地的宗教传统之中，因此也是多种多样的。

神秘思想在基督教信仰之初就出现了，而且充满了许多信仰的悖论。狄奥尼修斯，6 世纪的一个东方作家，形容上帝是“比光还清澈的黑暗”。他的告诫是，通过拒绝可能用来描写上帝的一切名称和属性，信徒们能够超越未知的黑暗而进入澄明。“通过无休止的和无限的超越自我、超越一切其他事物，你将进入绝对的纯净，拒绝一切，摆脱一切，超越一切存在，升入神圣黑暗的闪光。”在《神秘神学》中他这样告诫说。

显然，基督教神秘主义者教导的是逐步弃世和苦行冥想，进而进入神秘澄明的境界。“我发现你被去除掩盖的地方周围充满了偶遇的矛盾，”德国神秘主义者库萨的尼古拉写道，“天堂的墙包围着上帝的神秘。”但另一些人，如宾根的希尔德加却通过幻觉经验获得了神秘知识。“结果是，”希尔德加写道，“天堂之门已经敞开，格外灿烂的眩目之光穿过我的整个大脑。就像没有燃烧但却温暖的火苗点燃了我的整个胸怀……突然间我明白了书中论证的意义……”。希尔德加在她的幻觉作品《西维亚》中用图画展示了她在幻觉中看到的超验领域。

神秘主义者常常检验正统信仰的界限，而且不仅是基督教传统的界限。一个非常活跃的神秘主义传统叫苏菲主义，兴起于伊斯兰教的最初几百年中，但其实践者常常与官方正统教派发生冲突。在一次神秘的实践之中，9 世纪波斯神秘主义者哈拉智喊道：“我是神圣的真理”，当即被当作异端处死。德国中世纪学者爱克哈特（约 1260—1327）在一次布道中宣布：“神圣的灵魂与上帝是一体的。为了爱上帝而彻底抛弃自己，上帝也为爱你而完全抛弃他自己。所剩下的就是简化的一。”爱克哈特关于灵魂与上帝的冥合的描述也使他被控异端，在等待教会审判时死去了。

中世纪的基督教以其宗教悖论和苦行的修士而为神秘经验提供了肥沃的土壤。但是，即使在当今时代科学的理性文化中，渴求神秘真理以及与终极现实接触的愿望仍然没有得到满足。

中世纪哲学家

与戏剧和音乐一样，中世纪初期的哲学也是在中世纪学问中心修道院里进行研究的。基督教哲学家主要研究基督教内部遇到的哲学问题。阿拉伯哲学和亚里士多德著作的翻译引发了更大的疑虑和争论，尤其是在大教堂的学校里。这一变化中的关键人物是以激情和哲学思想著称的彼得·阿贝拉德。

中世纪初期的哲学

这个时期最具原创性的思想家之一是约翰·司各特，人称埃里杰纳（活跃于9世纪中叶）。公元851年，他离开爱尔兰来到查理曼孙子的法兰克王宫。埃里杰纳懂希腊文，这在中世纪的欧洲是罕见的；他的基督教哲学也反映了他对新柏拉图主义的理解。在其最著名的著作《论自然》中，埃里杰纳阐述了存在的四大范畴。第一个是造物主上帝，第二个是包含标志着上帝创世方案的柏拉图理式，第三个是按理式的形状创造的物质世界。人性介于第二个和第三个之间，因为人的灵魂被包裹在身体里，但又参与理式的神圣领域。埃里杰纳的第四个存在范畴又是上帝，是作为创造的终结的上帝，在时间结束时一切造物都必须回归这个范畴。尽管他大量引用《圣经》，但埃里杰纳的哲学与其说是正统的基督教哲学，毋宁说是新柏拉图主义的泛神论——相信上帝存在于一切事物中。教会最终禁止了这种哲学。

一个更为正统的思想家是坎特伯雷的圣安塞尔姆，他是一部从本体角度证明上帝存在（即从存在本性方面加以证明）的名著的作者。安塞尔姆认为，把上帝想象为“无与伦比的存在”同时否认这种最伟大的存在的真实存在，是绝对不可能的。无论是从逻辑还是从事实上来看，上帝的本性要求上帝存在。安塞尔姆的哲学保守主义反映了他在教会作为本笃会修士、修道院院长、最后作为主教的经历，一种完全不同的经历。对他来说，信仰基督的教导是哲学思辨的起点，不是结果。安塞尔姆的名言就是“为理解而信”。

在阿拉伯，哲学家能够阅读古希腊经典，尤其是亚里士多德的作品，这比安塞尔姆这样的思想家占有更大的优势。最具原创性的阿拉伯语思想家是伊本–辛纳（Ibn-Sina），其拉丁语名为阿维森纳（Avicenna）。伊本–辛纳声称读了四十遍亚里士多德的《形而上学》，最后终于读懂了。他还编辑了一部医学百科巨著，在欧洲医生中广泛流传。西班牙伊斯兰最伟大的哲学家是伊本–路世德，其拉丁语名为阿威罗

图 6.30 意大利西西里的一所学校里，中世纪学者用拉丁文、希伯来文和阿拉伯文进行研究，约 1200 年，伯恩图书馆

意大利和西班牙的学校在把阿拉伯和希伯来学问，传输给基督教的欧洲方面起到了关键作用。拉丁文的亚里士多德著作往往是基于阿拉伯文翻译，而非希腊文，而且是不同信仰的学者互相的合作完成的。

伊（Averroes），他的评论是中世纪对亚里士多德哲学的肯定性阐释。伊本－路世德试图把伊斯兰信仰与亚里士多德的自然哲学结合起来，但并非总是受到欢迎。穆斯林神学家曾唆使暴徒攻击他，他的哲学著述也被一位狭隘的哈里发烧毁了。理性与信仰之间的冲突也是学者摩西·迈蒙尼德（Maimonides）的研究主题，这位西班牙裔犹太人用阿拉伯语写了《迷惑者导引》。这部书让人们通过理性重拾曾经失去的对上帝的信仰。迈蒙尼德还用希伯来语写了大量关于五卷书的评论，包括“仁慈之梯”，虔诚的犹太人今天仍然喜读之。迈蒙尼德告诫信徒最低级的仁慈就是吝啬给予。最高级的仁慈是在贫困者潦倒之前就施以帮助，为其提供借贷或工作。

新的氛围激发了对辩证法和辩论的热情。学校教师采纳了叫作问答式的方法，即就某一传统评论进行激烈的争论。问答法产生了关于中世纪哲学的比较综合的总结，但使保守派感到不安，他们抱怨学校教师说：“好像神父的著作还不足够，公开挑战关于不可理解的神的神圣经典；他们粉碎了不可分化的三位一体；有多少教师就有多少错误。”

在伊斯兰教世界，哲学始终与宗教权威保持着一定的距离。在中世纪的基督教欧洲，教会教义对哲学的依赖开始减弱。城镇大教堂的学校作为学问中心而成为修道院的竞争对手。基督教哲学家也得益于新译的亚里士多德著作和阿拉伯语评论，这些都是欧洲南部重要的翻译学校的产物（图 6.30）。

阿贝拉德

最著名的学校教师叫彼得·阿贝拉德，中世纪哲学的一位关键性人物。阿贝拉德曾在法国几座城市的大教堂学校接受教育，也曾在另一些学校里教过书，总是与权威争论不休。他以撰写关于亚里士多德的逻辑和辩证法的评论而著称。

阿贝拉德的名气部分源于与哲学几乎无关的一个事件。1119 年在巴黎教学时，他与赫洛伊斯发生了恋情，这是一位极具才华和学识的年轻学生（图 6.31）。阿贝拉德的自传《我的灾难史》讲述了他们之间不幸的爱情。“以学习为借口，”阿贝拉德在描写他给赫洛伊斯授课的情景时说，“我们在一起度过爱的幸福时光，学问为我们提供了我们的激情所渴求的秘密机会。”当阿贝拉德受到攻击，并被赫洛伊斯有权有势的叔父的朋友们阉割之后，他们的恋情结束了。一对儿情人过着隐修的生活，后来也曾写过激情四溢但有时苦涩愤恨的情书。他们的情书表明赫洛伊斯在意志力和思想性上都堪与阿贝拉德相媲美。他写信说：“虽然你是个女人，但你是先知以西结亲眼看到的那些生物之一，不能仅仅像煤火一样燃烧，还应该像灯一样发光闪耀。”

除去这个著名传奇不说，阿贝拉德是位具有原创性和胆识的思想家。阿贝拉德主要用辩证法检验教会教义的重点。他最著名的著作是《赞成与反对》，通过引用相互矛盾的教会权威的话语提出了神学问题。结果是揭露了教会教义的矛盾性。阿贝拉德以学校教师的方式检验

图 6.31 《阿贝拉德教导赫洛伊斯》，让·德·摩恩著《玫瑰传奇》手稿插图，13 世纪，藏于尚蒂伊孔德博物馆

这位中世纪教师与学生之间的暧昧关系激发了中世纪的文学想象力。描写其暧昧关系的故事就包括《玫瑰传奇》，一部流行的爱欲寓言巨著。

了基督教信仰的条款，就如同检验一位学者的争议一样。阿贝拉德时代最著名的哲学争论之一就是关于唯名论的争论。唯名论否认“普遍因素”的存在，比如，柏拉图的“红”的理式指代所有的红色。据唯名论者所说，“红”是一个名称，指所有红色物体的相似性。对立的立场是现实主义，认为“红”的性质是存在的，声称一物的属性有其客观的存在。阿贝拉德采取一种折中的立场，叫作概念论。他把“普遍因素”描述为“话语”（utterances），即存在于精神之中而非现实世界之中的言语术语或概念。

尽管有阿贝拉德的争论，但现实主义者最终获得了胜利。现实主义简单地声称像圣三位一体这样的宗教概念有其实际存在，但阿贝拉德的概念主义怀疑论也幸存下来，为围绕数学和科学的哲学争论所用。阿贝拉德勇敢的推理使他经常受到教会权威的谴责，但也赢得了学生们的忠诚，他走到哪里，学生就追随到哪里。中世纪的任何教师都没有像他这样成功，严格说来这是通过教学和写作而获得的成功。

中世纪精神与第一次圣战

彼得·阿贝拉德的生涯给1100年左右中世纪欧洲生活中广泛流传的一种新精神提供了范例。教会权威成功地确定了“上帝的休战”，限制了封建领主间的战事。农业的进步（尤其是铁犁和马项圈的发明）推动了社会繁荣和人口的剧增。城镇由于大规模的商业而兴旺起来，到地方圣殿朝圣的信徒源源不断。历史学家把这个时期称为中世纪的“高潮期”，大约是1100—1300年。

颇具讽刺意味的是，这股与日俱增的精神却使中世纪欧洲陷入了最残酷、最具争议的时刻——十字军东征。它开始于1096年，教皇乌尔班二世冲动地号召基督教骑士从穆斯林统治者手中抢夺神的领土。教皇警告说，一个新的土耳其政权正在加封基督教圣陵，欺负耶路撒冷的朝圣者。尽管这是虚夸之词，但欧洲对乌尔班的呼吁的反应却是惊人的。这一号召掀起了诸多圣战中的第一次，即保护基督徒不受非基督徒的攻击或收复基督教领土的战斗。在之后的三百年中，圣战招募了寻求冒险的封建骑士，期待拯救的朝圣者，甚至相信以童心恢复耶路撒冷的童子军。

1099年，第一次十字军东征以大肆杀戮结束，基督教骑士血洗了耶路撒冷的阿拉伯人和犹太人。编年史学家沙特尔的福尔彻是一位目击者：“在所罗门神庙之上，”他写道，“上万人被砍了头。如果你在现场的话，死者的血会没过你的脚腕。我还能说什么呢？没有人活下来。他们甚至没放过妇女和儿童。”

十字军东征的指挥者放弃了高尚的理想，即刻就把征服的土地分化成封建庄园。然而，在一个世纪之内，穆斯林收复了耶路撒冷，后来的基督教圣战再也未能取得1099年的血腥胜利。

十字军东征在整个中世纪高潮时期始终继续着，在穆斯林以及基督徒中寻找对手和受害者。尽管残酷而愚蠢，十字军东征也开辟了商业和学问的新途径，唤醒欧洲走向了光荣的哥特时代。

图7.1 《美玻璃圣母》，法国沙特尔大教堂，12世纪，有色玻璃窗

圣母玛利亚坐在天堂的宝座上，膝上是婴儿基督，受到天使的宠爱和赞美。沙特尔大教堂有一件被认为是圣母生下基督时所穿的衣服，吸引了朝圣者前来这座金碧辉煌的哥特式大教堂朝拜。

07

中世纪晚期

天上的王后，地上的王，
冥府至高无上的女皇，
接受我吧，玛利亚，
虽然我一无是处，
然而我，出身于基督之家的儿童，
跪拜天堂。

以这几句卑贱的言辞，一位中世纪基督徒祈求圣母玛利亚、基督的母亲、天堂的王后。与老年的大地女神一样，圣母也把她的祝福赐予祈求其怜悯的人：商人的兴旺，学者的智慧，病人的治愈，和对罪人的宽宥。从中世纪教堂的墙上和窗上，她以母亲和蔼的目光凝视着信徒（图 7.1）。

在圣母仁慈的统治下，中世纪欧洲似乎已经从封建战争和无知中苏醒过来。在这一“哥特觉醒”［指中世纪晚期的欧洲（1150—1400）］中，城镇和王国兴盛起来，大教堂在欧洲各地将新的学问和美的精神传遍西方大地。

哥特觉醒

中世纪后期，基督教的欧洲逐渐从保守教会和封建采邑所控制的传统生活中解放出来。十字军东征（地图 7.1）使欧洲与伊斯兰世界联系起来，封建主义稳定的等级制也愈加松散。欧洲社会开始朝向快节奏的城镇和城市生活发展。欧洲生活中这一新的激流称作“哥特觉醒”，这是根据它所激发和支持的艺术风格来命名的。

十字军东征和封建主义的没落

到 1200 年，十字军东征给欧洲生活带来了意想不到的结果。征服者（图 7.2）带着阿拉伯和亚洲的食品和布匹回到家园，促成了对这些物品的新的需求，扩大了欧洲的货币经济。威尼斯和热那亚等意大利港口因其既作为远征的出发点又作为地中海商业贸易的十字路口而获益。与阿拉伯文明和学问的接触激发了欧洲学校的知识革命。

图 7.2 《路易十一治下的法国骑士围攻埃及的达米埃塔》，第七次十字军东征，1249 年，藏于巴黎国家图书馆

尽管是在封建领主的率领之下，但东征最终捣毁了封建制度，与教会和世俗领袖之间的激烈争执相契合。最激烈的争论关系到教会的官职和教会无尽的财富。封建贵族想要任命自己的主教，收取他们境内教堂的

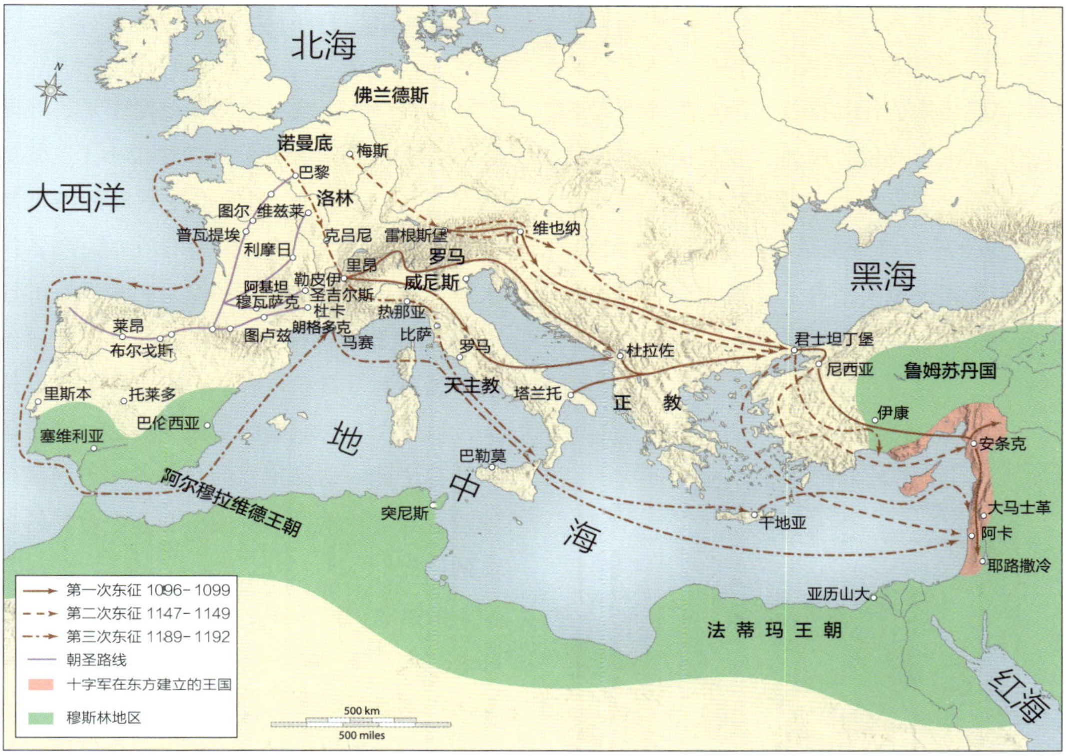

地图 7.1　十字军东征

欧洲十字军东征的最初胜利确立了近东的封建王朝。虽然十字军东征最终没有收复欧洲控制的圣地，但这些战役促进了已经在欧洲悄然兴起的社会变革。

财产税。主教们则力图为罗马收复这些权力。教皇对付制造麻烦的统治者及其属民的最强武器就是将其革出教门，即禁止这些基督徒享受教会的各种仪式，如婚礼、忏悔和圣餐。

教会与王室之间的冲突有时是戏剧性的，有时则导致了流血的后果。当英国国王亨利二世试图扩大皇族权力时，他与坎特伯雷大主教托马斯·贝克特发生了口角。由于相信国王想要摆脱这个“麻烦的神父”，亨利的追随者便在坎特伯雷大教堂的圣坛上置贝克特于死地（图 7.3）。在另一个插曲中，神圣罗马帝国皇帝亨利五世（统治期为1084—1105）由于在主教和修道院院长的任命上发生争执，曾被教皇两次赶出教堂。在史称“大分裂”（1378—1417）的这段时期里，基督教教会由两个教皇同时执政，一个住在罗马，另一个住在法国的阿维尼翁。每一个教皇都得到了对方的支持，并成功地驱逐了对抗力量。大分裂代表着教皇声誉的最低点。

随着教皇权力的式微，国王的权力逐渐壮大，在英国、法国和西班牙尤其如此。诸如英国国王亨利二世和法国国王路易十一世等君主都不惜以封建领主为代价而扩大王权和领土。君主授权给城市，使他们从封建义务中解脱出来，作为交换，他们必须给国王以收取城市商业税的权利。这样的政策推动了城市的繁荣，削弱了贵族势力而巩固了王权。战争需要身穿沉重铠甲的骑士和大炮，这对小贵族来说太昂贵了。权力越来越集中在单一权威之手。

图 7.3 《谋杀圣托马斯》，13 世纪微型画，藏于巴尔的摩瓦尔特艺术博物馆

中世纪野心勃勃的国王常常与教会领袖发生冲突。精神独立的托马斯·贝克特——坎特伯雷大主教，在大主教圣坛祷告时被国王亨利二世的爪牙凶狠地砍下了头。为了赎罪，据说亨利二世整个余生都穿着钢毛衬衣。

城镇和城市的兴起

哥特觉醒在欧洲城镇和城市中最具戏剧性。虽然按照今天的标准显得很小（巴黎当时只有 5 万人口），但中世纪欧洲的城市却恢复了罗马帝国没落时失去的活力。与古代大城市相比，中世纪城镇都是野蛮肮脏的地方。老鼠和猪在狭窄的街道里乱窜，居民丝毫享受不到可与罗马浴室相媲美的设施。然而，对这个有护城墙的贫民窟而言，城市居民获得了比一切都重要的自由：城市居民可以摆脱封建桎梏，不受国王和公爵贪婪的军队的侵扰。

城镇的居民，称作镇民（burghers，源自 burg，意思是“城镇”或“堡垒”），小心翼翼地保卫着自己的自由。镇民试图以宪章的形式换取担保人的保证，那就是今日国家宪法的前身。在法国，签署宪章的城市的数量在一百年的时间内增加了十倍。这些城市促进了思想的生成和发展，为学校和大学的学者提供了避风港，也使其与时代最著名的学者相抗衡。香槟和沙特尔等城镇都举办盛大集市，可以用地方产品交换来自意大利或东方的昂贵物品。中世纪城镇居民构成了逐渐发展的社会团体，即中产阶级，他们的昌盛依赖物品和思想的交流，这是国王和教皇都不能控制的。

哥特风格

在哥特觉醒的激励下，法国北部和英国南部的城镇以及修道院发起了一场宗教建筑运动，就其规模和财富而言，这次运动在历史上几乎是无与伦比的。在自1150年以后的100年内，数十座大教堂以大胆的新风格建立起来，这就是人们所说的哥特式大教堂。这种风格以高耸入云的垂直线条和珠宝般的有色玻璃窗为特点，石头与玻璃的这种综合给人一种深切的宗教感。新教堂赞美圣母，或“我们圣洁的圣母玛利亚”，大多数哥特大教堂都是献给圣母的。它们也反映了在圣坛讲弥撒的修道院院长或地方主教的声誉。哥特建筑运动不仅反映了宗教热情，而且反映了哥特时代权力和财富的推动力。

哥特风格和神圣之光

建筑的哥特风格首先是修道院院长叙热（Suger）实现的，他为自己的教堂创建了唱诗班，突出了光和亮度。院长叙热认同这样一种观点，即上帝通过物质世界显示自身，允许通过研究物质事物来理解上帝的精神真理。

光——辉煌但却是非物质的，给这位院长提供了关于上帝的精神存在的一个完美类比。与上帝的精神一样，光的美是通过宝石和金圣物反映出来的。光甚至象征着基督的神秘化身：上帝的圣灵通过圣母玛利亚的子宫却又没有破坏其纯贞，就好比光穿过有色玻璃窗一样。对叙热来说，光的神秘主义象征着中世纪基督教最深的神秘，即刻写在巴黎圣丹尼斯修道院教堂上的一个信仰：

> 愚钝的心灵通过物质的东西上升到真理。

1137年，修道院院长叙热开始重建他的修道院教堂。借助巧妙的技术革新，他能够用有色玻璃墙环绕新建的教堂钟楼，那就好比闪耀的光与色的神迹。院长把他的建筑发明与“新光”联系起来，而“新光”指的就是基督重临。他写道：

> 明亮就是与明亮辉映相伴的东西。明亮是充斥着新光的崇高大厦。

圣丹尼斯的透明玻璃墙取决于三种建筑因素的微妙结合：尖拱、肋拱顶和拱扶垛。院长叙热和他的建筑师（姓氏不详）以一种大胆的革新把这三种因素融合在一起，定义了哥特式建筑的风格。哥特式尖拱取代了罗马式风格的圆拱，后者在宽度和高度上具有局限性（图7.4）。屋顶由肋拱支撑，简单说就是先搭起石头框架，然后再填充屋顶的砖石层。在罗马式风格中，屋顶的重量是由正

图 7.4　哥特风格的结构

哥特风格的技术基础是尖拱和交叉拱顶。罗马式风格的圆拱 a 和 b 在宽度和高度上都有局限。尖拱的拱顶 c 拓出一个较宽的长方形间隔空间，并提升到平台的高度 d。

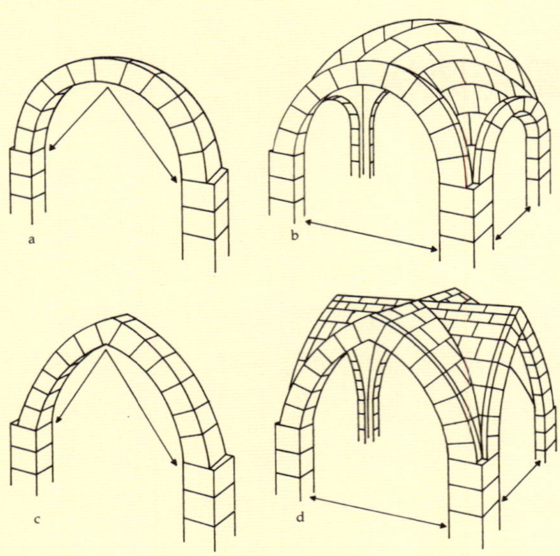

图 7.5　沙特尔大教堂设计图

哥特式教堂的内部设计显然由三部分组成——正殿拱廊、三拱式拱廊和天窗。这三部分由拱扶垛统一起来，直接从正殿地板支撑拱形天顶。

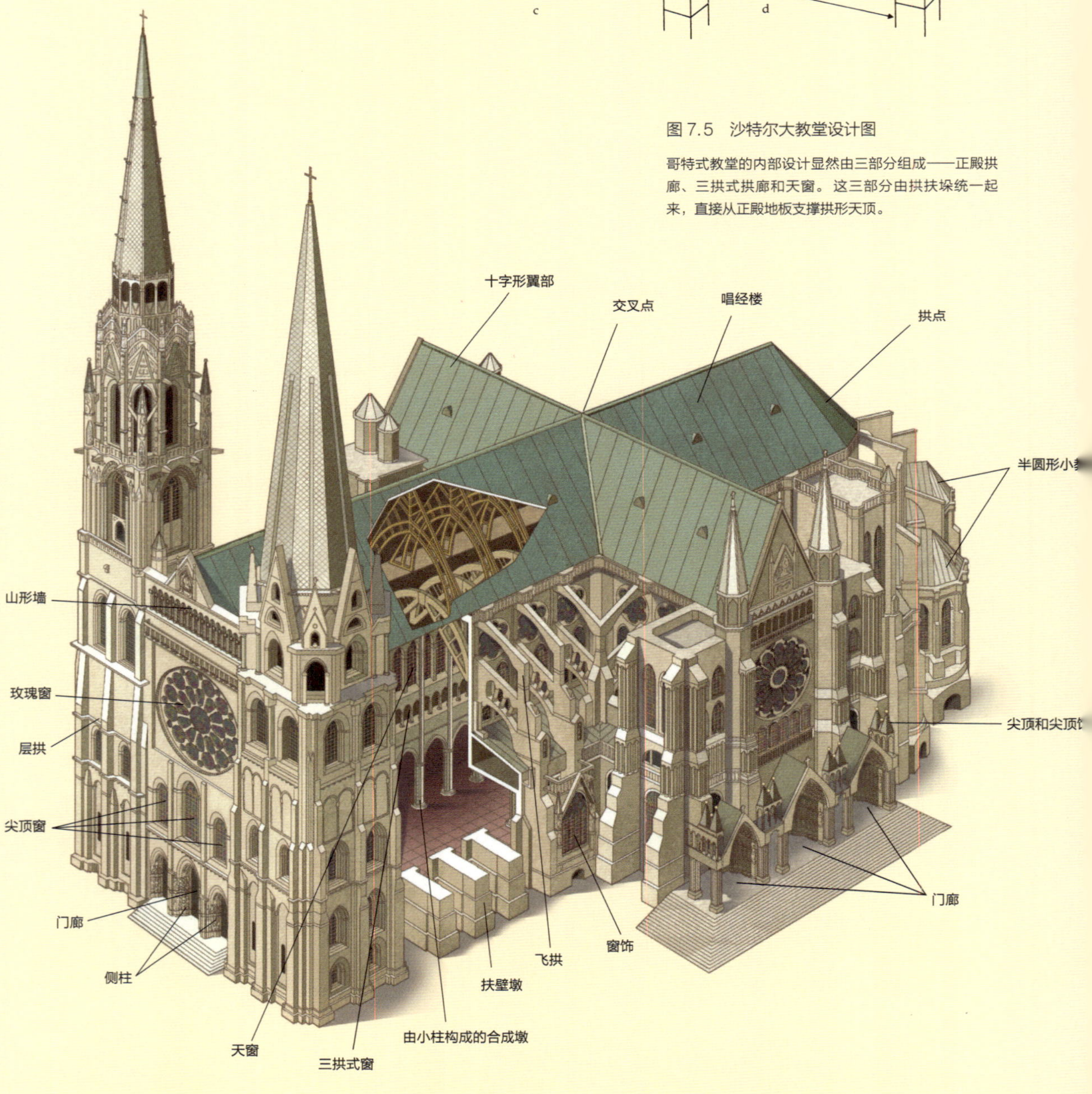

图 7.6　法国沙特尔大教堂西视角，1194—1240 年，南部尖塔，约 1180 年，高 105 米，北尖塔，1507—1513 年，高 115 米

外部表面的三部分：门廊和两座尖塔，反映出内部相对狭窄的正殿和侧面走廊。原来的北尖塔被火烧毁，取而代之的是哥特晚期“奢华”的风格。

殿周围的巨大扶壁支撑的。哥特建筑师把这些沉重的扶壁放在外部，创造了支撑正殿墙的石头胳膊，叫作飞拱（图 7.5）。扶壁和飞拱的系统支撑着屋顶的重量，消解了向外的冲力，使得正殿的四壁嵌有玻璃而非砖石，创造了圣丹尼斯教堂钟楼的明亮效果。

哥特风格的建筑因素（尖拱、肋拱和外部扶壁）开创了使目光和精神向上的高耸线条框架。哥特的肋和拱既是装饰性的又是功能性的：它们使教堂大胆的高度成为可能，也使教堂成了上帝有序世界的视觉隐喻。

沙特尔大教堂

在叙热重建圣丹尼斯大教堂后的一个世纪里，哥特大教堂在法兰西岛周围的城镇——也就是巴黎周围的皇家区域接连建起。法兰西岛的城镇相互竞争，建起了更高更辉煌的大教堂。这场竞争以博韦的建筑灾难告终，其钟楼于 1284 年倒塌。新的风格在欧洲被普遍模仿，而其源出无疑是法国，当时也只简单地称作“法国风格”。

沙特尔大教堂（Chartres，图 7.6）在建筑设计、有色玻璃和雕塑方面的完善上超越了其他所有大教堂。沙特尔大教堂坐落在巴黎西南部一个富有的农业小镇，是基督教欧洲最神圣的圣陵之一，珍藏着信徒们声称是圣母玛利亚在生基督时穿的短上衣。当该镇的罗马式大教堂于 1194 年被烧毁时，圣母的短上衣被从建筑的废墟中抢救出来，丝毫未损。沙特尔的居民把这个神迹解释为圣母想要一个以她为名的新圣陵。于是，他们在全欧洲募集资金，重建沙特尔。虔诚的信徒慷慨地响应号召，教堂新的哥特式正殿于重建开始后的 1220 年竣工，工期总共还不到 25 年的时间。

沙特尔新的地面规划（图 7.5）保留了原罗马式教堂在 1194 年的大火中部分幸存下来的基本形状和维度。哥特建筑师们在耳堂的南北门廊加了更宽更精雕细琢的大门。位于圣坛后面的钟楼与正殿分隔开来，被喧

图 7.7　法国沙特尔大教堂北门上方的玫瑰窗，1223—1226 年，直径 13.4 米

在玫瑰的中央是圣母玛利亚和圣子基督，周围是天使和《旧约》中的国王。

闹的商人和镇民所占据。世俗和神圣活动的共存是中世纪大教堂的特点，而且，沙特尔的酒商曾经在圣坛的地界内销售商品。

当站在哥特大教堂之内时，你会看到哥特式和罗马式风格之间更具戏剧性的区别。俯瞰正殿，你看到的不是巨大的罗马式石墙，而是高耸的线条和明亮的宝石所构成的和谐。与地面规划一样，哥特式教堂的垂直设计可分为三部分。正殿拱廊由承载重量的扶壁构成，扶壁由垂直的柱身掩盖着。在正殿拱廊的上方是三拱式拱廊（即由有时向走廊敞开的尖拱构成的一个拱廊）和高侧窗。正殿内室可见的结构代表上帝有序宇宙的美和和谐比例，是神的真理的明显显现。沙特尔大教堂并不是哥特风格最高或最大胆的例证。然而，它的美使人类理解了上帝启示的壮观和意义。

在早期拜占庭和罗马式教堂里，绘画和马赛克装饰着砖石结构的墙壁。哥特教堂的石墙则镶嵌着有色玻璃，这是沙特尔超越其他哥特大教堂的一种艺术。沙特尔的有色玻璃窗共占面积 2050 平方米，使其内部具有征服一切的光，象征着上帝的神秘性。这些窗口代表着上帝。每个窗口的玻璃上都描绘着一个《圣经》故事、圣人的生活或教会教义的原理。因此，哥特式大教堂的窗口创造了一种视觉的“穷人的《圣经》”，给没文化的市民和来朝拜的信徒以教益。

玫瑰窗（图 7.7）矗立在每一扇大门的上方，代表太阳、光源和圣母玛利亚，即完美的“不带刺的玫瑰”。玫瑰窗以精雕细刻的石头为框，叫作石制花饰，即首先组装在一起、然后镶嵌玻璃的玫瑰形框架。形同尖拱的柳叶窗填充了其余的墙上空间。在所有

图 7.8 《耶稣的树》，法国沙特尔大教堂西门上方的柳叶窗，约 1150 年

在关于基督皇族普系传统的中世纪形象中，一棵树从耶西的胯部发芽，耶西是希伯来大卫王的父亲，在树的顶端是圣母玛利亚和圣子基督。请观察细腻的花卉图案。

这些窗户中，一块块有色玻璃由薄薄的铅条固定，再由铁条加固。沙特尔市民的贸易和手工艺行会负责大教堂许多窗户的费用。大约有 43 种不同的贸易都以“签字”的形式出现在沙特尔的窗户上。

沙特尔最令人羡慕的窗户是《美玻璃圣母》（见图 7.1）。哥特玻璃制作者最喜欢的颜色是蓝和红——象征着圣母，并把外来光线改造成红宝石和蓝宝石的底色。《美玻璃圣母》捕捉到了中世纪朝拜者归属于圣母的那种温柔和仁慈。

西门上方的另一扇窗是《耶稣的树》，这里，宗教的虔诚与政治的实践真理混合在一起（图 7.8）。以中世纪的方式来阅读（左到右，下至上），这扇窗表示基督的《旧约》谱系。人物都被框在荷花里，象征着为这扇窗出资的法国国王。毫无疑问，国王想要通过基督的家族谱系纪念他自己的皇族谱系。因此，《耶稣的树》把《圣经》谱系与皇家家谱联系起来。

哥特式雕塑

在沙特尔大教堂的外面，巨大的三门门廊上方的雕塑人像就如同在沙特尔大教堂学校里讲课的神学家一样细致入微。最可能的是，学校教师监督了沙特尔大教堂外部建筑的设计。雕刻的象征和故事都精细地协调起来，以吸引和教育进入神殿的朝圣者。

比如，沙特尔著名的带边框的西门或“皇族门”（图 7.9）从三方面描写了基督的荣耀和力量。每道门上的三角墙陈述主题。右边是圣母玛利亚和圣子，代表基督的道成肉身，也就是基督通过玛利亚的子宫而显现为肉身。左门上是基督升天，回归精神

图 7.9　法国沙特尔大教堂西侧的三扇门，约 1145—1170 年

三个三角墙的场面描写了基督的诞生（右）；基督的升天（左）；基督在天上的统治（中），四位福音传道者的象征符号包围着基督，而十二使徒则填充了过梁上的空白。

图 7.10 《亚伯拉罕和以撒》，法国沙特尔大教堂，1205—1240 年

与沙特尔门廊上僵化修长的人像相比（见图 7.9），这种侧柱雕塑创造了一个生动的戏剧氛围。亚伯拉罕准备拿儿子献祭，他正面向告诫他用公羊（在他脚下）替代以撒献祭的天使。

王国。中门上方，基督像国王一样威严地统治着天堂，周围是四位福音传道士（福音书的作者）的象征符号。皇族的出身和威严这些主题在《耶稣的树》，即这些门上方的柳叶窗中重复再现。在有些情况下，外部雕刻的人像映射出这些窗户的场面。

仔细欣赏这些门，就能看到一种复杂的象征意义。比如，在右门上，道成肉身是作为"圣母玛利亚的生活"来讲述的，这是对沙特尔大教堂具有特殊意义的一个主题。三角墙上玛利亚和圣子的场面映射了带边框的《美玻璃圣母》。在下面过梁上，是玛利亚的生活场面，包括天使报喜、圣伊丽莎白的拜访、基督降生和圣子基督在神庙的出现。在这扇门上，拱门饰包含了七种文理学科（语法、逻辑、代数、辩证法、几何、音乐和天文学）的符号，即中世纪的学问。文理学科既指大教堂学校又指玛利亚本人，她被认为是所有学问的保护神。

哥特精神导致了雕塑的变化，相似于古希腊雕塑的演进，即从风格的朴素到比较生活化的人文主义的转变。在沙特尔，这种演进最明显地表现在门两侧的侧柱雕塑上。在仍然以罗马式风格雕刻的西门上，基督的祖先僵化、严肃，显然依附于他们身后的圆柱。北门和南门的晚期哥特式雕塑比较生动和自然。其中最具戏剧性的是《亚伯拉罕和以撒》（图7.10），画面上呈现亚伯拉罕举刀砍向要成为祭品的以撒的情景。他们两人都朝上看去，仿佛看着抓住亚伯拉罕手的天使。

在法国作坊接受过训练的德国雕塑家把哥特式雕塑风格带回了家乡。德国中部瑙姆堡的雕塑大师用自然主义和情感主义的一组场景和人像来装饰他的大教堂。爱克哈特和犹他是教堂的守护神和瑙姆堡主教的祖先，他们真人大小的人像（图7.11）似乎在监视着信徒。在处理姿态和面目表情的时候，瑙姆堡的大师给他的人像以雕刻肖像的性质。

图7.11 《爱克哈特伯爵和犹他女伯爵像》，德国瑙姆堡大教堂，约1240—1250年

像瑙姆堡的大师们这样的晚期哥特雕塑家越来越多地赋予其人像以个性表达和活力。这对儿冷静自负的夫妇靠在大教堂里面的圆柱上，表明哥特风格越来越趋近现实主义。

哥特时代的戏剧和音乐

哥特教堂包含着丰富的艺术内涵——建筑、有色玻璃和雕塑，这些都源自旧的中世纪传统。类似的传统演进过程也给哥特时代的戏剧和音乐带来了变化。音乐家在圣乐中设计了复杂的新的重音，同时又没有抛弃传统的圣咏。其复杂的音乐技能影响了西方音乐数百年的进程。宗教剧走出教堂门外，尽管其流行场景仍然保留着宗教的重心。因此，哥特式音乐和戏剧也深深根植于基督教信仰和象征主义，甚至在他们变得比较世俗时亦如此。

复音乐曲的演进

中世纪音乐最惊人的发展是从传统的单声素歌演进而来的多声部。多声部就是同时演奏两个以上的旋律。它可能产生于世俗音乐，如歌手用第二个声音“加倍”某一旋律。虽然多声部或许开始于音乐的即兴演唱，但它逐渐融入了圣咏音乐。中世纪发明的多声部音乐使西方音乐与世界上其他所有音乐传统区别开来。

中世纪多声部的最早参照是9世纪的一本音乐手册，写到了用两个声音的教堂吟唱。这种早期的多声部称作复音乐曲（organum）也许是因为它相似于管风琴（organ）。在复音乐曲的最基本形式中，两个声音平行向一个方向运动，创造出平行复音乐曲。平行复音乐曲包括一个主旋律（通常是传统唱法），与另一个“复音”以低于主旋律的声音唱出。第二个声音以固定的音程（八度，第四或第五音程）低于基本唱腔。

哥特作曲家对这种简单但却革命性的音乐发明进行加工。他们谨慎地实验了不同音程（如第三音程），让两个声音相对运行，并添加了节奏变体。到11世纪末，一种叫作复音乐曲第二声部的新的复音乐曲出现了。在第二声部中，传统的素歌旋律转为低音，用长音符唱出。这种低音叫作次中音（tenor，源自拉丁语 tenere，“抑制”的意思）。在次中音之上，“第二声部”演唱较自由、较复杂的音节。复音乐曲第二声部是西方文明中首次出现的真正的多声部音乐，因为两个不同的旋律相互独立运行。

尽管出新，但复音乐曲第二声部却根植于音乐传统。次中音吟唱传统的素歌，是基督教音乐的精神根源。第二声部的旋律往往用装饰音，而这也派生于早期的基督教音乐。这些发展使中世纪音乐的大综合成为可能，这是作曲家在12世纪和13世纪的大教堂的学校里取得的成就。

圣母院学校 哥特时代主要的音乐发明者聚集在巴黎圣母院的大教堂里，人们称之为“圣母院音乐学校”。这里的一位作曲大师名叫列奥宁，在圣母院大教堂建造期间创作。列奥宁用复音乐曲第二声部编撰了很有影响的圣乐集，名叫《复音乐曲集》（*Magnus Liber Organi*），最重要的是，该书记录了这一时期即兴演唱的技巧。但很有可能，列奥宁实际上没有创作《复音乐曲集》，而只是把它作为歌手所学到的东西编撰并注以音符。

列奥宁在圣母院和其他学校的继承者继续丰富逐渐发展起来的复音乐曲。佩罗坦（活跃于 13 世纪初）为次中音增加了第三个、有时是第四个声音。在佩罗坦的复杂作品中，复音段落通常与一起唱出的素歌旋律达到平衡。浑厚而有时不和谐的高音伴有韵律，即一个乐句结尾时的结束音。有些不安的教会权威曾担心信众会为这种“随心所欲的噪音”和“装腔作势的音符和句子”而发狂。

随着佩罗坦的出现，复音乐曲的整体发展成了中世纪音乐进一步变化的动力。把几个不同声音协调起来要求有更准确的节奏，所以节奏模式便由此兴旺起来。复音乐曲的复杂结构也要求比较先进的乐谱和培训，这就是巴黎圣母院大教堂的学校所发展和宣传的技巧。作曲家开始把复音分裂开来，以一种新的多声部歌将其重新组合，叫作经文歌（motet，源自法语 mot）。13 世纪的经文歌把两个或三个声音结合起来，通常演唱不同但却相关的歌词。宗教经文歌保留了拉丁素歌的旋律；世俗经文歌将抛弃拉丁歌词，用次中音旋律作伴奏。创作新的和不同歌词的自由孕育了整个欧洲的经文歌热；仅在 13 世纪，修道院歌本就记录了来自这个时代的数千首经文歌。

环球视角

亚洲佛教

在法兰克国王的统治下，基督教在中世纪的欧洲作为隐修戒律以及把流行信仰与异端信仰相融合的一种宗教得以确立下来。同样，佛教也以两种方式从亚洲向东传播开来：一种隐修的苦行制度和一种关于怜悯和救赎的教义。

这些道路的第一条基于小乘（Theravada，“长者的教义”），固守佛陀的原始教义。小乘信徒试图通过冥想和道德戒律实现自我解脱，这是要求退居到隐修生活的一条道路。俗人有义务支持僧人，同时延迟了他们自己对神圣生活的追求。小乘信仰在公元前 3 世纪就遍及斯里兰卡（锡兰），从那里传到东南亚（缅甸、泰国和越南）。

一种比较通俗的佛教信仰在大乘（Mahayana）

图 7.12 婆罗浮屠，爪哇，印度尼西亚，赛兰陀王朝，835—860 年，熔岩，最低回廊的周长是 359.6 米，顶部浮屠直径 15.8 米

中成型，促成了佛陀的神化，强调个人救赎而非苦行出世。在大乘中，有些人认为佛陀以新的化身继续降临尘世。另一些人诉之于菩萨（Bodhidattvas）的法力。菩萨是虔诚和慷慨的圣人，他们为了拯救别人而推迟了自己的涅槃。不同的菩萨崇拜鼓励对佛陀教义进行不同的神秘修行，包括等待死后进入天堂（西方净土）的信仰。后来这种信仰在中国的一脉衍变成人们相信弥勒佛（Maitreya Buddha）将回到尘世，在今生建立乐土。大乘信仰不太强调印度教关于因果（Hinduideas of Karma）和转世（Reincarnation）的思想，很容易就被中国人和日本人所接受了，当与道教教义结合后便创造了禅宗。

亚洲对佛教信仰的热情促成了丰富的艺术表达。比如，爪哇（今印度尼西亚）的婆罗浮屠（Stupa of Borobudur，图 7.12），是当作庞大的圣山建造的，筑起九层塔直达顶端一个密室，里面是一尊佛像。中央的密室和四周的塔尖都呈钟状浮屠（直义是“发结”），用于印度教和佛教建筑中的一种神圣的圆形密室。庙的同心方形和圆形象征着生命之轮，也用于东南亚其他大庙的建筑群，如吴哥窟（位于柬埔寨）和阿南达寺（位于缅甸）。

哥特式戏剧：从教堂到城镇

到 11 世纪，教会权威在抱怨另一种暴乱：愤怒的希律王和血腥的屠杀场面都已成为连祷戏剧的组成部分。一个德国女修道院院长反对“武器的叮当声、无耻的妓女和各种混乱的局面”，不想让这种连祷戏剧在她的正殿里演出。当脚本和舞台表演越来越成熟时，圣剧便超出了它所意在展示的天主教弥撒。原本描写基督墓边的三个妇女的简单脚本改编成了智者的旅行和对无辜者的屠杀。结果，圣剧的演出从教堂外面转到了城镇广场，而演员由牧师和修女换成了镇民，语言也由拉丁语变成了当地口头语言。

与大教堂的建造一样，在哥特时代上演一出戏是教会和镇民的一次合作。戏剧生产以宗教故事为基础，几乎总是在宗教节日上演。上演市民剧的最普通的时间点是晚春的圣体节。在沙特尔大教堂，贸易行会和市民领袖资助镇里大教堂的建造。在其他城镇，也是这些人帮助组织圣体节的戏剧演出。描写诺亚方舟的一出戏将会交给当地的木匠、铁匠以及货币兑换商来负责准备服装和三位智者的化妆。戏剧节是由教会权威批准和监督的，但其计划、财务和舞台表演却要依赖数百名镇民的支持。中世纪教会要求镇民参与的规模完全可能是当今市民剧导演所嫉妒的（图 7.13）。

哥特戏剧把宗教和世俗关怀融合了起来。神秘剧是描写《圣经》故事的循环剧。一个循环通常以基督受难为中心，但也可能上演亚当和夏娃的堕落、祭献以撒或大洪水。当地狱张开大嘴，基督从那里走出来，打败了丑角恶魔时，戏剧高潮到来了。然后，基督坐在审判席上，审判邪恶之人和纯洁之人。神秘剧是一种非常复杂的事件，要

图 7.13　瓦朗谢讷神秘剧的场景，1547 年，当代绘画，藏于巴黎国家图书馆

为细腻的表演效果提供的舞台，包括地狱之口喷出的火（右）。

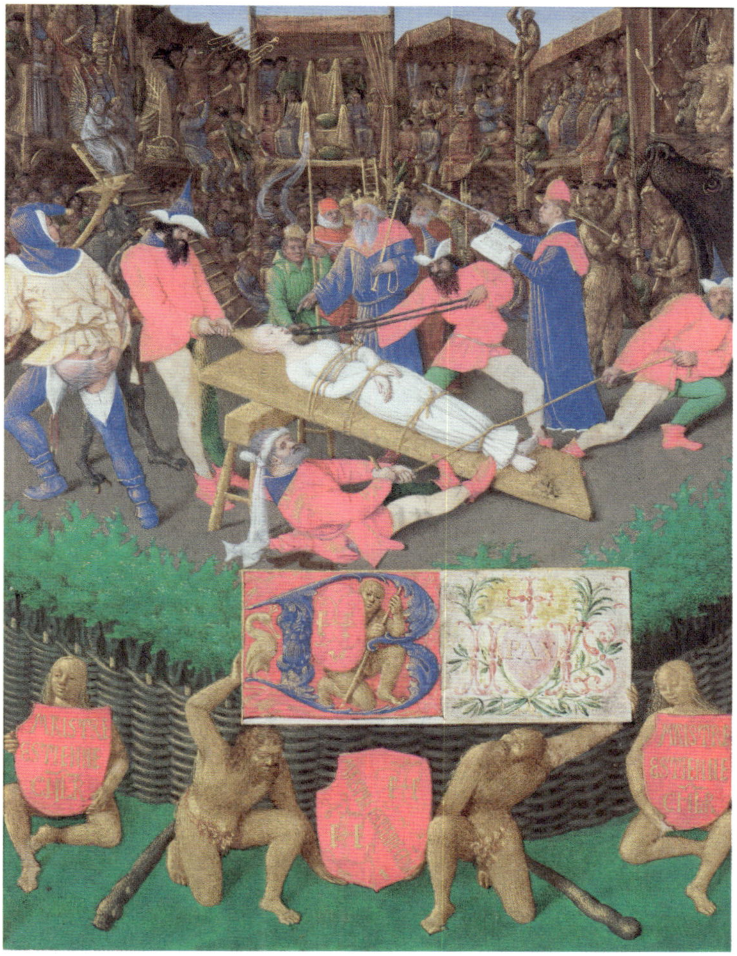

图7.14 圣阿波罗尼亚殉道的场景，源自15世纪让·福凯特的一幅微型画，藏于法国尚蒂伊孔德博物馆

源自神迹剧的一个场面，描写圣阿波罗尼亚的生活和殉道。该剧导演（戴僧帽，中右）手拿一本台词本，用指挥棒指导音乐的演奏。舞台后面是复杂的舞台脚手架。

持续几天的时间，而且要有壮观的舞台效果，如会飞的天使和地狱之火。

另一种戏剧是神迹剧，讲述圣人从生到死的经历，往往包括战斗和折磨等生动场面（图7.14）。道德剧于15世纪出现，描写善恶对一个罪人的灵魂的争夺。最著名的道德剧是《每个人》，再现了一个普通人为逃脱死神的召唤而进行的斗争。《每个人》不要求什么场景，表演时间也几乎不到一个小时。该剧非常适合刚出道的、刚刚开始在欧洲宫廷和城镇广场提供娱乐的职业演员。

尽管花样翻新，但哥特时代的戏剧本质上也具有相同之处。首先，这个时代的戏剧完全是通俗的。它用地方方言写成，用地方方言演出，那是普通人的语言，而戏剧的表演涉及数百名居民的参与。观众完全可能是全镇居民。其次，神秘剧和神迹剧强调壮观的舞台表演而非戏剧内容的细节。与古代罗马居民一样，中世纪城镇居民喜欢具有文学细节的表演。尽管在教堂大墙外面上演，但哥特式戏剧主要还是在教会的掌握之中。

新　学

哥特时代的城市产生了一种基于经院主义的新学。这种新学是在大教堂的学校里和大学里进行的。在大学的讲堂上，经院哲学家实现了基督教教义和西方哲学传统的宏大综合。

大　学

中世纪大学完全不同于古代世界里的任何事物：它是学者们自行管理的一个组织，教授职业律师和办公人员并授予其证书。中世纪的大学或是由教师来管理，或是由学生来管理，他们一起构成了大学的“整体”。大多数大学都提供基本的学士学位，同时专攻三大先进学科（神学、法学和医学）之一。然而，大学教育几乎完全把妇女排除在外。中世纪晚期独立的女修道院的没落更加减少了妇女接受高等教育的机会。

虽然都是男人，但中世纪大学的教师和学生却是一个地道的国际团体。中世纪的知名大学都在巴黎，1200 年得到法国国王的认可。巴黎以神学师资著称，曾被一位教皇称为“科学之母”。英国的牛津和剑桥大学以巴黎大学为楷模，而博洛尼亚的大学则先是专攻法律，然后是医学。

虽然轻松而完全出于自愿，但中世纪的大学生活按照今天的标准来衡量却是艰难的。典型的一天大学生活开始于早晨五点，有祷告、学习，接着是讲座、小组讨论、晚上睡觉前的预习。由于学生几乎没有教科书，所以授课方式主要是讲座。神学讲座（源自拉丁语 lectio，“阅读”的意思），包括一系列教师朗读《圣经》或标准评论，接着是教师自己的阐释。在意大利北部的博洛尼亚，教师如果把讲座时间哪怕超过规定时间的一分钟也要受罚。

一门课程通常以文理科目开始，基本上是文法、逻辑和辩证法三大主科。理想的三大主科将是导论课，接着是代数、几何、音乐和天文学这四大主科。年轻的学者将通过辩论来展示他的才学，这是以柏拉图的对话为模式的一种哲学争论。在辩论中，教师提出讨论题，然后由学生提出异议。最后，教师本人以明确而权威的解答结束讨论。学生考试完全是口头的，通常在大斋期举行，即斋戒和自罚的季节。

重新发现亚里士多德　在哥特时代，经院主义学问通过接触阿拉伯文明与其对古典哲学和科学的深刻认识而获得了活力。由于欧洲南部的翻译学派，中世纪欧洲人得以第一次读到

关键概念

经院哲学

与许多哥特艺术一样，中世纪晚期的哲学也跨越了宗教和世俗的界限。大教堂的学校和爱争论的学者的兴起（如彼得·阿贝拉德）激发了一场人称经院哲学的哲学运动。经院哲学包括中世纪晚期神学家们实践的哲学争论和学习方法。经院哲学的怀疑主义和活力是在修道院外部即城镇的学校和大学里兴旺起来的。

虽然经院主义不是一个统一的思想系统，但经院哲学家的确依据一些共同的基本原则来理解上帝的真理和宇宙。他们想要把哲学（普遍真理的研究）融入神学（上帝之言的研究）。实际上，这使神学成了包括全部人类知识的综合体系。此外，经院哲学家还将希腊哲学家亚里士多德作为逻辑方法的楷模，认为这位异教的希腊哲学家具有与《圣经》相同的权威性。最后，经院哲学家实践一种形式论证的方法，据此而就问题进行逻辑的系统争论——这种方法使中世纪哲学争论具有了一致性和活力。

经院哲学的教师以其大胆的推理和大量的学生人数著称。这些教师常常从一所学校到另一所学校，自诩为古希腊的智者派。彼得·阿贝拉德自称“世界上剩下唯一一位真正的哲学家”，无论在巴黎大教堂的学校还是在法国西部的荒野里，他都吸引了大量的学生。

此时，由于把重心放在逻辑和争论上，中世纪经院哲学已经有了就模糊问题进行枯燥争论的名声，也许与今天大学研究员有时由于模糊和似乎无关痛痒的项目而受到嘲讽不无二致。经院哲学家用专门的人造语言写作，非专家几乎无从理解，他们的争论也缺乏个性和早期基督徒那种耐人寻味的格调，如圣奥古斯丁的《忏悔录》。然而，经院哲学的争论所涉及的问题仍然是今天的思想家们所关注的：法的本质，国家的权威，生命的意义。经院哲学家本身就是今日大学知识分子的先驱，他们往往在学术这块“飞地”里争论着相同的至关重要的问题。

希腊数学和天文学的杰作。最重要的是所谓“新”亚里士多德的翻译，即这位哲学家论自然和人类事务的著述。欧洲经院哲学家很快开始把亚里士多德的观点融入一种融伦理学、法学和自然于一体的综合性哲学。到1250年，亚里士多德在大学里的主导地位如此稳固以至于他只作为哲学家而知名。

托马斯·阿奎那

最有影响的经院哲学思想家是托马斯·阿奎那（Aquinas），他做到了中世纪神学与亚里士多德哲学的广泛综合。阿奎那说他想要制造“一种信仰的科学”。他最伟大的著作是《神学大全》（开始于1266年），汇集了中世纪关于上帝规划的自然和人类世界的全部知识。《神学大全》表明阿奎那在各种哲学因素之间创造和谐和秩序的天才，其结果是彻头彻尾的基督教哲学，他的学说至今影响着政治、教育和法学的思想家们。

对阿奎那来说，神的启示和人类理性的领域是不相同的，但并不是矛盾的。“理性并没有消灭信仰而使其完善。”他写道。据阿奎那所说，人类既通过《圣经》所揭示的真理，又通过人类理解的逻辑机制来认识上帝的世界。上帝，这个最高的现实，对人类理性来说始终是个谜，甚至隐藏在基督教经典的言辞之中。阿奎那论证说，上帝仍然可以以其他方式显现，通过自然的作品和人类理性的机制。他认为上帝和自然是一个整体，构成了人类理解能力所能理解的一个和谐秩序。因此，研究自然最终将引导人们理解上帝。

阿奎那的综合可以用一个普通的例子来解释。当从窗口观察一只鹪鹩的时候，阿奎那能够把鸟本身当作自然的生物来研究，正如亚里士多德可能会做的那样。然而，阿奎那还会认识到（而亚里士多德则不会认识到）鹪鹩是上帝创造的等级秩序的一部分。阿奎那对鸟的认识本身是上帝的目的的一部分，是有意让人类去利用他们的推理能力。

对阿奎那来说，人类知识的等级制反映了创造的秩序。他对上帝之谜的理解得到了他对自然界的认识的支持和证实。因此，亚里士多德的自然哲学得到了阿奎那对神性目的的丰富和灵活的理解和补充。与上帝创造的世界一样，阿奎那的《神学大全》在规模上是百科全书，而在组织上则是等级制的。他的杰作描述了一切事物都有其正当和逻辑位置的宇宙，尽管《神学大全》没有完成，而这是再适当不过的了，因为人对上帝的赞美是永不完结的。

图 7.15　林伯格兄弟,《五月》, 插图本《时序祈祷书》, 15 世纪初, 牛皮纸, 29.4 厘米 × 21 厘米, 藏于法国尚蒂伊孔德博物馆

源自一本著名的描写虔诚信仰的插图书, 此页表示求婚者喜欢"五月远足", 歌颂青葱的五月大地的一次露天表演。本书是为勃艮第公爵写的, 他拥有中世纪法国最奢华的宫殿之一。

中世纪晚期的宫廷和城市

中世纪王宫(皇族和贵族的居所)里的生活在中世纪晚期达到了新的复杂水平。随着封建主义的没落, 新的权力和财富在伦敦、巴黎、布拉格和西班牙的王宫里剧增。这些王宫和其主要卫星城又重新激发了人们对诗歌和故事的兴趣。中世纪晚期的吟游诗人和作家讲述的不是血腥的战争史诗, 而取而代之的是浪漫的冒险。中世纪传奇, 如这些故事的名称所示, 导致一种文化的兴起, 即有些中世纪宫廷讲究的爱、礼貌和友善(图 7.15)。与礼貌相关的是一种骑士的行为准则, 叫骑士精神。

在欧洲的发展中城市, 诗人利用自由的氛围阐释中世纪的传统。两部诗歌杰作(但丁的《神曲》和乔叟的《坎特伯雷故事集》)把中世纪的宗教和世俗传统融合起来, 这两部作品都把朝圣作为基本的文学和哲学隐喻。

宫廷之爱和中世纪传奇

宫廷之爱这个术语描写控制中世纪宫廷两性关系的一种详细的行为准则。根据宫廷之爱的规则，年轻人要发誓在精神上忠实和服务于他所爱之人，她通常是位贵族夫人。这位夫人通常已经结婚，受到情人的恭维，但还要拒绝他。知道他的欲望无法实现，情人的情绪则在欢乐和绝望、忠诚和背叛之间摇摆不定。男性吟游诗人的歌和诗要么歌颂夫人的美，要么抱怨她的无情。女性吟游诗人常常赞美追求者的性格，并警告他不要背叛。

宫廷之爱的文化在典雅且有影响的阿基坦的埃莉诺的王宫里达到巅峰。埃莉诺是位有权势的女伯爵，曾是两个国王的王后和两个国王的母亲。1170 年，独立而性格似火一般的埃莉诺离开了她的皇族丈夫，英王亨利二世，回到了法国的封建领地，在普瓦提埃重建了王宫。在这里，埃莉诺详细规定了宫廷服装、行为方式和谈话等规则。

学者们并不确切知道埃莉诺的规定对普瓦提埃或其他地方是否产生了真正的影响。爱的规则都记录在安德烈斯·卡佩拉努斯于 1180 年撰写的《宫廷之爱的艺术》（*tractatus de Amore*）中。安德烈斯把爱定义为“在看到和过度思量异性之美时产生的某种与生俱来的痛苦，使得双方都渴望拥抱对方，并想要在对方的怀抱里实施爱的全部准则”。安德烈斯用一个略带嘲讽的目录结束了论文，列出了爱的“准则”可能是什么：

· 婚姻并不是不爱的真正借口。

· 不嫉妒的人就不会爱。

· 容易得到的爱几乎没有价值；难于得到的爱才是值得的。

· 每一个情人都在所爱之人面前面色苍白。

· 爱否认不爱的任何东西。

即便宫廷之爱的原则从未得到认真的执行，但它们揭示了中世纪社会的一些重要悖论。由于婚姻对于中世纪贵族来说是一种社会义务，因此很少有机会展现出其浪漫的幻想或温柔的一面。相反，浪漫是通过宫廷之爱的通奸游戏来表达的，这使被爱的夫人成为有权势的领主，使男性情人成为她的仆人。这样，宫廷之爱就富于幻想地颠倒了中世纪男女两性的正常权力关系。

宫廷之爱的悖论在吟游诗人的歌里得到了最为深切的表达。他们是法国南部普罗旺斯地区的抒情歌手。吟游诗人的情歌歌颂了中世纪的宫廷之爱，赞美吟游诗人的贵族赞助者。他们的风格很快就被德国的吟游诗人（Minnesänger）所模仿，也为法国北部的吟游诗人（trouvères）所模仿。在这些诗人、作曲家苦辣酸甜兼具的情歌里，宫廷之爱的习俗和通俗故事传遍了中世纪晚期的欧洲。

吟游诗人的歌或许源出于西班牙穆斯林文化的阿拉伯爱情诗。吟游诗人把阿拉伯诗歌中的肉欲形象与通俗哲学中的新柏拉图唯心主义结合起来。最著名的吟游诗人是博纳特·德·文塔多恩（Bernartae Ventadorn），他曾在普瓦提埃王宫里给阿基坦的埃莉诺唱过小夜曲。在诗中，博纳特对爱的未得到满足的渴望常常与失望和拒绝混合在一起，如下面的诗中所描绘的那样：

当我看到云雀拍着翅膀

欢乐地迎着灿烂的阳光。
它忘乎所以凭空摔落因为甜蜜扑进了胸膛，
啊！巨大的嫉妒把我压垮，
那些我亲眼所见快乐的人，
我不知道此刻我的心还没有被欲望所融化。
啊！我以为我了解很多，
对于爱，我却一无所获，
因为我无法让自己没有爱，
所爱之人将不会敞开胸怀。
她占据了我全部的灵与心，
而她只有自己和整个世界；
她走的时候不留任何痕迹，
只有欲望和一颗渴望的心。

——文塔多恩的博纳特

妇女吟游诗人往往本身就是贵族出身，如贝特丽兹·德·迪亚（Beatriz de Dia），她是普瓦提埃伯爵的妻子。妇女吟游诗人常常傲慢地蔑视男性歌手的委婉，而要求情人直抒胸臆。下面贝特丽兹的几行诗一方面证明自己的价值和贞操，另一方面又质疑情人的忠诚：

我的价值和贵族出身，还有我的美貌，
应有某种意义，尤其是我那思想的崇高；
所以我寄给你，寄到你的庄园，
作为信使和特使的这支歌。
我漂亮的贵族朋友，我想要知道，
我的命运为什么如此野蛮、如此残酷，
我不知道那是你的怨恨还是你的自豪。

这些吟游诗人哺育了中世纪晚期欧洲传奇文学的繁荣。中世纪传奇是叙事长诗，讲述骑士的冒险经历和宫廷情人的故事。相同的传奇故事被不同的中世纪作者改编和精炼。最流行的是法国的《玫瑰传奇》（*Roman de la Rose*），约在1240年一位诗人动笔写作，到1275年左右由另一位诗人加以扩展。《玫瑰传奇》是讲述理想爱情、冒险和社会讽刺的寓言故事，在整个欧洲广泛流传并被模仿。

同样著名的是描写传奇的亚瑟王及其宫廷的浪漫故事。阿基坦的埃莉诺的女儿鼓励她的宫廷诗人克雷蒂安·德·特罗亚（Chrétien de Troyes）按照宫廷爱情的线索来美化亚瑟传奇。克雷蒂安似乎不情愿的回应是《兰斯洛特或战车骑士》。克雷蒂安的《兰斯洛特或战车骑士》介绍了亚瑟王的副官兰斯洛特与王后圭内维尔之间的著名恋情。这对亚瑟王朝的情人成了一种浪漫比喻，在不同的浪漫语境中出现。

创作中世纪传奇的最伟大的女性作家也与埃莉诺宫廷有关。玛丽·德·法兰西也可能是亨利二世同父异母的妹妹，并且她完全可能生活在英国王宫里。玛丽·德·法兰西用中世纪法文写作多种形式的叙事诗，而最重要的是武功歌。在幸存的十几首武功歌中，有几首关注妇女的经历，这在传奇传统中是独一无二的。玛丽·德·法兰西作品中的女主人公都通过创造精神幻觉或充实爱情来逃避占有她们的丈夫。这位法国女性的诗在欧洲讲故事的人中广泛流传，也许帮助促进了两性之间一定程度的文明和平等。

关键概念

骑士精神

中世纪传奇描绘了一幅行侠仗义的骑士的幻想图画，这些骑士为夺得所爱的女人的芳心而决斗。事实上，骑士精神（源自法语 chevalier）是一种管理中世纪战事的行为准则；它的规则是仁慈和公平。在骑士精神之下，中世纪骑士发誓效忠上帝和领主，以礼貌和慷慨对待他人。

骑士精神最可能源自履行封建效忠誓言的需要。通过接受骑士身份，武士发誓不杀害领主，不与领主的妻子睡觉，不出卖领主的城堡，违背这些誓约就要受到迅速而残酷的惩罚。冈隆，中世纪史诗《罗兰之歌》中罗兰的背叛者，就受到了五马分尸的惩罚。中世纪晚期，骑士精神扩大并将宗教的虔诚和为贵夫人服务也包括在内。于是，骑士精神发展为教化封建欧洲粗鲁武士的一种手段，他们原本缺乏仁慈和礼貌。用哲学术语来说，骑士精神是中世纪战事和基督教博爱原则之间的一种协调。

骑士精神的崇拜涉及一整套详细规划的活动以使骑士消磨时光。西班牙人拉曼·鲁尔的著作《骑士制度手册》（13 世纪末）描述了骑士精神的理想：

> 一个骑士应该骑战马，在马上用长矛打斗，参加比赛，加入圆桌骑士，猎鹿、兔子、熊和狮子等类似动物；这些事情是一个骑士的职责，因为做这些事情就是让一个骑士使用武器，就是让他获得骑士身份。

骑士比赛（图 7.16）是壮观的竞争，也有宴会、露天表演和跳舞。这些竞争与军事战斗相似，往往以重伤或死亡告终。一个技术过硬的斗士能够通过捕获战马和盔甲或向被他征服的对手索要赎金而富裕起来。因此，骑士制度也在封建社会中开辟了一条提高社会地位的狭隘路径。

骑士精神在封建的欧洲开创了一个训练有素、野心勃勃的职业武士阶层，他们响应号召参加军事行动或圣战。作为这种军事文化的组成部分，像《罗兰之歌》这样伟大的史诗都歌颂战斗中的勇敢和忠诚。也许自希腊《荷马史诗》以来，西方文明中再也没有哪个时代能像中世纪的“骑士时代”那样突出战争和军事的价值了。

图7.16 《中世纪比赛现场》，源自古版《玛拿西祷言》，藏于德国海德堡大学图书馆

中世纪比赛就如同战场上的生死搏斗。画面上一位贵妇人在武装她的勇士，准备竞赛，宫廷的观众在鼓掌喝彩。

中世纪晚期的音乐

到 14 世纪，男女吟游诗人的单声歌曲被更加细腻的世俗音乐取代了。逐渐地，世俗歌曲具有了多声部的背景，并充实了复杂的节奏。在法国北部，这种新的风格被称作“新艺术”。

这种新艺术风格的大师是纪尧姆·德·马肖（Guillaume de Machaut），他是诗人和作曲家，其作品达到了前所未有的统一和精炼。马肖是第一位大量创作世俗和宗教音乐的中世纪作曲家。他的《圣母院的弥撒》是第一支连贯完整的弥撒曲。马肖的世俗诗大多属于宫廷爱情的传统。他以单声部创作的武功歌是吟游诗人传统的最后一部作品。更重要的是，马肖创作了一些经文歌、歌谣和其他多声部的歌曲。马肖的经文歌常常用诗琴或竖笛演奏次中音，用两个更高的音演唱别的歌词。歌词有时是交替演唱的，一个声音演唱时另一个声音休息。马肖往往运用新艺术的技巧，叫等同节奏，其中，一个节奏结构循环重复而不顾旋律。

尽管几乎无从察觉，但像等同节奏这种新艺术的精确性激发了马肖的宫廷听众的鉴赏力。他主要为公爵和国王创作，为其充当诗人、音乐家和秘书。在其有生之年，他的作品就以手稿形式在西欧广泛流传。

纪尧姆·德·马肖逝世的时候恰好是天主教教会四分五裂的时候。马肖的生涯表明欧洲的王宫和城市已经取代了堕落无信的教会，成为主要的权力中心和艺术的支持者。

但丁的《神曲》

但丁·阿利盖里（Dante Alighieri）生于托斯卡纳（意大利中部）的佛罗伦萨，一座兴旺发达的中世纪城市，他在那里接受了扎实的政治学、诗歌和哲学教育。当佛罗伦萨激烈的政治分化迫使但丁于 1300 年流亡时，他开始创作《神曲》，一部三部史诗，讲述了诗人幻想中的来世生活。《神曲》不仅是中世纪的诗歌大全，也是中世纪诗歌技巧的集大成之作，包括宫廷爱情诗和古典诗歌传统。

在但丁的史诗中，诗人将自己在来世的旅行比喻为生命的朝圣。在《地狱篇》中（图 7.17），但丁被古代诗人维吉尔带到地狱。维吉尔是人类理性的象征，也是但丁最崇敬的古代诗人。在《炼狱篇》中，旅行者们都在爬炼狱之山，遇到那些未被宽恕的罪孽的灵魂。在《天堂篇》中，但丁牵着他的意中人贝阿特丽切的手。在天堂中央，但丁可以看一看上帝本人炫目的光辉。作为自己诗中的朝圣者，但丁面临普通基督徒的审判。要到达目的地，他必须明白自己的罪孽本性，听从人类理性（维吉尔）和神圣真理（贝阿特丽切）的指引。

《神曲》把宗教的象征主义与但丁的政治和语言观综合起来。全诗都以三行诗节的形式写成（terza rima）。神圣的数字“三”在每一个主要部分的 33 篇诗章中重复出现，（再加上一篇序篇）总共正好是“完美的”数字 100。朝圣者与灵魂的谈话使得但丁能够表达他个人的政治信仰，即欧洲应该由世俗皇帝来统治，而非教皇。重要的是，但丁是用

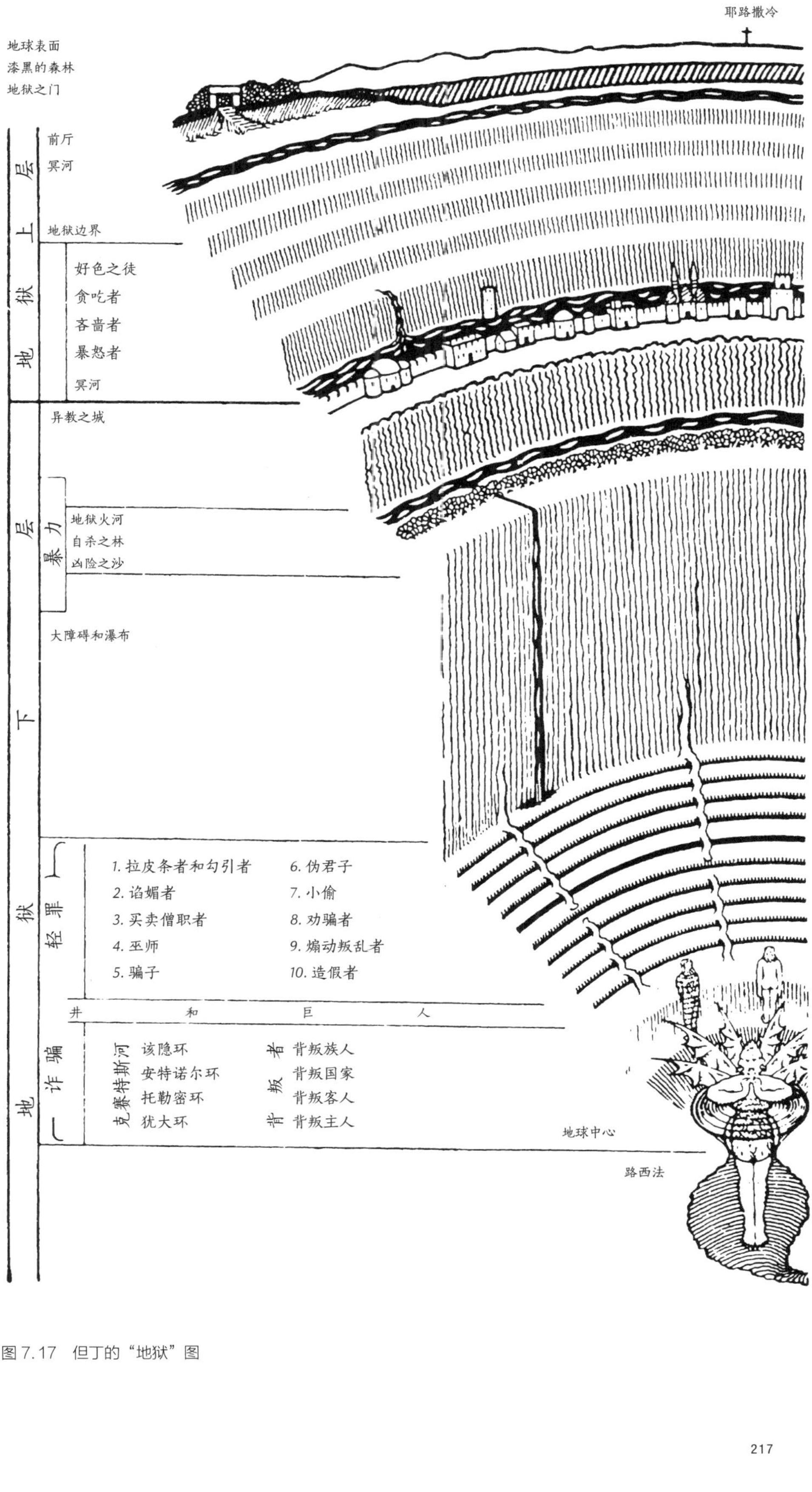
耶路撒冷
地球表面
漆黑的森林
地狱之门
地狱上层
前厅
冥河
地狱边界
好色之徒
贪吃者
吝啬者
暴怒者
冥河
异教之城
地狱下层
暴力
地狱火河
自杀之林
凶险之沙
大障碍和瀑布
轻罪
1. 拉皮条者和勾引者
2. 谄媚者
3. 买卖僧职者
4. 巫师
5. 骗子
6. 伪君子
7. 小偷
8. 劝骗者
9. 煽动叛乱者
10. 造假者
井和巨人
诈骗
克赛特斯河
该隐环
安特诺尔环
托勒密环
犹大环
背叛者
背叛族人
背叛国家
背叛客人
背叛主人
地球中心
路西法

图7.17 但丁的“地狱”图

意大利本族语而非拉丁语撰写《神曲》的。

但丁的情人们 但丁的诗歌风格采用佛罗伦萨爱情诗的形式，从欧洲传奇传统借用人物和故事。在《地狱篇》最著名的情节中，但丁遇到了保罗和弗朗西斯卡，这是被弗朗西斯卡的丈夫（保罗的哥哥）捉奸在床并当场杀死的一对情人。但丁请弗朗西斯卡描述他们初次做爱的情景，而他们当时正坐在那里读兰斯洛特和圭内维尔的《中世纪传奇》。

> 爱，不久将在最温柔的心中开花，
> 用激情捕捉我情人那甜蜜的胴体，
> 为此我毫不畏惧等待命运的惩罚。
>
> 爱，不允许被爱的人不去爱，
> 也使我感到了他给我的愉快，
> 无论天上地下我们都不分开。[a]
> 爱使我们同生死。
> 在地狱的深处凯纳等着
> 那取走我们生命的人。[b]
> ……一天我们读书消磨时光，
> 那位堕入情网的兰斯洛特；
> 我们单独相会，没有任何怀疑。
> 凭着我们读的书，
> 我们的目光一次次相遇；
> 在读到唯一让我们折服的那行诗时
> 我们的面孔绯红：
> 那时我们读到那些渴望已久的嘴唇现在正被这样一位著名的情人亲吻，
> 就是这个情人（将不再离开我的身边），
> 吻我的嘴唇，他那颤抖的心，
> 我们的加勒霍就是那本书和写书的人[c]。
> 那一天没再往下读。
>
> ——但丁《地狱篇》第五诗章

（a）这对没有身体的灵魂被捆束在一起，在地狱里被热风刮来刮去，热风象征着毁掉他们生活的情欲。

（b）凯纳是但丁地狱里的一个地区，只收容谋杀亲族的罪人。弗朗西斯卡的丈夫和保罗的哥哥、乔万尼·玛拉特斯塔住在这里，因为他的暴力罪行比那对情人的欲望更严重。

（c）加勒霍，撮合兰斯洛特和奎内维尔的拉皮条者（意大利文是“撮合别人干坏事的人”）。

《天堂篇》充满了高尚的精神之爱。在象征人类美、爱和优雅的贝阿特丽切的引导下，但丁与托马斯·阿奎那和天堂里的其他圣人谈话。这部伟大的诗篇以对圣母玛利亚的抒情祷告结束，正是玛利亚给他片刻让他凝视上帝的。但丁说，正是由于那个幻觉，他才以“平衡的情感和理智”最终回归神圣的爱。

但丁的《神曲》在意大利文人中取得了巨大成功，而托斯卡纳方言也为现代意大利口语确立了标准。但丁逝世50年后，诗人乔万尼·薄伽丘称赞他是“智慧和艺术的黑暗神迹”。

乔叟的坎特伯雷朝圣者

与但丁一样，杰奥弗利·乔叟（Geoffrey chaucer）也是一位多才多艺的诗人，深谙处世之道，在伦敦做过外交官和宫臣，并写诗歌去娱乐他那些宫廷朋友。他的代表作是《坎特伯雷故事集》（约1387年开始撰写），是以一伙虚构的朝圣者为主人公，描绘了他们在去往英国东南部坎特伯雷的路上所讲的故事。乔叟以明显的讽刺和机智描画了这些朝圣者。他们每一个都出于不同的理由去坎特伯雷，展示了从虔诚的宗教信仰到虚荣的自我欺骗这个人类动机的光谱。朝圣者们也反映了英国社会的交叉点，包括放荡和虚伪之人以及虔诚和崇高之人。乔叟描写他们，讲述他们的故事，既给人以惊异的讽刺感，又深入到人的内心世界。

就其文学形式来说，乔叟的伟大作品有借自意大利诗人乔万尼·薄伽丘（Giovanni Boccaccio，1313—1375）的《十日谈》的地方。薄伽丘的作品讲述一个乡村别墅的居住者为了逃避瘟疫而聚集在这里，通过讲故事寻求娱乐。乔叟原打算让30个朝圣者每人讲4个故事，但实际完成的只有21个故事和一个序。

乔叟笔下最令人难忘的一个人物是巴斯夫人，她死了五个丈夫，打算在旅途中找到第六个。她坦白的享乐主义是对中世纪教会关于妇女的教义的直接挑战。对那些谴责妇女不守妇道的人，她说：

> 在贵族家里，他们告诉我们，
> 并非每一个碟子和容器都是由金子制成的，
> 有些木制的，却受到主人的称赞，
> 上帝以多种方式召唤他的选民。

乔叟对这些普通人的深刻认识使《坎特伯雷故事集》成为一种“人间喜剧”，与但丁的权威之作不相上下。这两位诗人都欣赏人类的多样性，他们通过对人性的世俗理解创作出中世纪晚期文化的两部文学杰作。

日常生活的窗口

瘟疫与繁荣

对于在1348年黑死病中幸存的欧洲人来说，生存标准的确改善了。食品丰富，劳动减少，工资剧增。英国国王曾采取激进措施要把工资控制在平常的水平，可这种措施的最终结果却是徒劳的：

> 与此同时，国王给王国各个公司发出消息说收割者和其他工人不应该拿比法律所规定的更多的工资。……而工匠（劳动者）如此自大而执拗，他们不在乎国王的法令，但是如果有人希望拥有他们，那就必须根据他们的愿望偿付他们，要么失去农产品和庄稼，要么就满足工人傲慢贪婪的欲望。因此，当国王得知雇主们不服从他的法令，给劳动者多于规定的报酬时，他就向修道院院长和副院长、大大小小的骑士处以重罚。……接着，国王开始逮捕劳工，关进监狱；许多劳工逃跑了，躲进森林，而被抓住的则被处以重罚。他们中大部分人都立下了誓言，绝不拿超过规定的日工资，于是就被放了出来。同样，这也发生在城镇和乡村的其他工匠身上。

——亨利·奈顿（1348）

哥特晚期

14世纪是欧洲的一个动荡时期，经历了战争和黑死病，仅这场瘟疫就在世纪中叶吞噬了欧洲人口的三分之一。黑死病导致了欧洲普遍的经济危机，同时伴随着劳工短缺、农民起义以及由于气候变冷而导致的减产。

知识生活集中在欧洲的城镇和王宫，这里相对不受教会教义的限制。诗人和艺术家到古代寻找美和理性的模式。诗人彼得拉克恢复了古风，定义了一种新的诗风，而哲学家克里斯丁·皮桑则颇为有力地为妇女的遗产辩护。在艺术界，一种“国际哥特”开始在法国出现，而乔托的革命性创新使人们称赞：“已失传的绘画艺术在他那里复兴”。

重申古典的过去

哥特风格与古典主义的调和在尼古拉·皮萨诺（Nicola Pisano）的雕塑作品中凝聚成划时代的形式。尼古拉大约在1260年被委派去意大利比萨建造一座石头讲坛，采用了他完全可能在托斯卡纳第一手研究的古罗马石棺的形式。在尼古拉的《圣母领报和基督降生》（图7.18）中，玛利亚像一位安静的罗马女主人微微后倾，而圣子基督则在一个粗大的马槽里睡着了，这个马槽非常像罗马的石棺。尼古拉·皮萨诺对挂饰的处理和不拥挤的画面给人一种泰然自若的感觉，这在意大利雕塑中已经失传千年有余了。

在哲学和文学领域，中世纪晚期古典主义与基督教之间的妥协态度被称为人文主义，它将在下一个世纪主导意大利的思想和艺术。人文主义最重要的倡导者是意大利诗人和学者弗朗西斯科·彼得拉克（Francesco Petrarch），他孜孜不倦地研究和翻译古罗马文献。彼得拉克强调古代教导与基督教信仰之间的连续性，断言古典智慧在基督教启示中会得以实现。除了古典研究之外，彼得拉克还定义了一种新的抒情诗风格，完善了十四行诗的形式。他最著名的十四行诗描写的是他的神秘情人劳拉，他在阿维尼翁教皇宫殿里居住时遇到过这位女子。劳拉1348年死于瘟疫，而在下面这首十四行诗中，彼得拉克既哀悼她的死又歌颂她的美。

那双眼从我这里汲取如此热烈的赞美，
那双胳臂、那双手、那双脚和那面目表情
使我成为我自己的故事中的陌生人，
也使我脱离了那已为众人踏平的路径；
那闪光的金色的卷发，那光线
从微笑的天使的目光中闪现，
在天堂的舞蹈中推动着整个世界，
是那粒粒灰尘，那麻木的感觉。

图 7.18 尼古拉·皮萨诺，《圣母领报和基督降生》，讲坛的大理石浮雕，意大利比萨洗礼堂，1259—1260 年

比较这幅圣母玛利亚画中的古典主义与中世纪早期的画作，如图 6.29。

而我却活着，但在悲伤和自卑之中；
离开这里却没有了我如此钟爱的光明，
在暴风骤雨中尸布裹着未整的遗容。
那么不再有爱之歌了，我已经洗手不干；
我的旧艺现已经不起每一次稀薄的尝试，
而泪水却浸透了我所触碰的竖琴。

——彼得拉克

彼得拉克是第一位伟大的人文主义者，不仅以单行本发表了他的诗集，而且发表了哲学、政治学和宗教的著作。克里斯丁·德·皮桑（Christine de Pison）也有类似的即便不那么出名的知识生涯。克里斯丁在法国皇宫里长大，通过写诗、道德哲学和一个国王的传记来支撑家用。她最重要的作品是《女士之城》（1405），重述了女神和女英雄们的故事。"女士之城"是保护女人不受轻蔑的天堂堡垒，克里斯丁在《玫瑰传奇》这类中世纪作品中看到了对女人的轻视。她模仿古典哲学家柏拉图和波埃提乌斯用对话形式论证。她借用奥古斯丁的"天堂之城"指代来世生活，再次把她笔下的女英雄包括进来——就仿佛但丁的地狱中的维吉尔和"高尚的异教徒"一样。

乔托与国际哥特

1300 年的意大利是热闹非凡的经济和艺术的交叉路口，其有利的位置使其获益于与拜占庭帝国和伊斯兰教世界的商业往来。威尼斯这座海上城市拥有一支强大的海军，控制了欧洲与东方的贸易。它与奥斯曼土耳其人建立了友好关系，而他们又控制着伊斯兰中东的大部分地区。实际上，伊斯兰的建筑风格显然影响了威尼斯公选公爵或总督的宫殿。总督宫（图 7.19）似乎在威尼斯的湖面上静静地漂浮，与威尼斯的商业对手佛罗伦萨或锡耶纳的公民建筑形成了鲜明对比。

中世纪晚期欧洲的贸易和旅游帮助激发了一种多样的风格，叫国际哥特，其中心是意大利北部、勃艮第（法国东南）和波希米亚（今天的捷克共和国）。在意大利，尤其在锡耶纳，国际哥特吸收了它拜占庭偶像的影响，主要是镀金的外表和外向的氛围。波希米亚艺术家把这些方面应用到布拉格的神圣罗马帝国的皇宫。在描绘圣母玛利亚之死的一个场景里（原本是圣坛的一部分），年轻的基督在为睡梦中的母亲祝福（图 7.20）。在他后面，十二使徒并排坐在一个木房子里，其现实主义与人物的镀金光环达到了平衡。

国际哥特也生产出手稿插图等辉煌之作，尤其是《时序祈祷书》（见图 7.15）。这本虔诚的祷告书或“时间之书”，是林伯格

图 7.19　威尼斯总督宫，1309—1424 年

总督宫似乎强调了威尼斯共和国对地中海的控制。在两层拱廊的第二层（一排拱洞），圆柱绽开成四叶饰物，以减轻上层楼的重量。

图 7.20 波希米亚大师，《圣母之死（或睡眠）》，1350—1360 年，蛋彩画 100 厘米 × 71 厘米，藏于波士顿美术博物馆

这个场景是圣母玛利亚在生命终结之时的三天睡眠，拜占庭正教的一个节日，对应于罗马天主教庆祝的玛利亚升天的节日。波希米亚画家在嵌板画和微型画方面的造诣是无与伦比的。

三兄弟的杰作，由勃艮第公爵资助。12个月份的插图描绘了贵族和农民的生活，展示了公爵在现实的大地景色中的几处住宅。

晚期的哥特绘画的革新画家是邦多纳的乔托（Giotto），他把一种新的空间和情感现实主义融入欧洲的图像语言。乔托和但丁是同代人，他可能在佛罗伦萨的作坊里当过学徒。他对中世纪传统的突破可见于他的《宝座上的圣母玛利亚》（图7.21），在人形上达到了一种新的体积和活力。挂饰自然地从玛利亚的膝盖和胸部飘落下来。宝座显然是三维的，开创了视觉空间的一种新现实主义。

乔托的另外一幅杰作是意大利帕多瓦的阿莱那或斯科洛文尼教堂的三部循环画。意大利的哥特式教堂提供了宽敞的墙壁，中世纪画家用古代壁画艺术来装饰。乔托在斯科洛文尼教堂的墙上画了三个叙事系列：圣母玛利亚的生活、基督的生活和基督的受难。在乔托的同代人看来，斯科洛文尼教堂的图画惊人地新颖。乔托彻底简化了他的创作，取消了细节，扩展了场景的视觉和情感效果。在《圣母忧伤图》（图7.22）中，悲悼者的目光聚敛在死者基督和悲伤的母亲这两个鲜明人像上，而他们的面孔和姿态却反映了个性化的情感反应。

乔托对人类情感和个性的兴趣预示了14世纪欧洲新兴的繁荣和先进城市的价值，这些城市将是文艺复兴时期文化革命的中心。

图7.21　乔托，《宝座上的圣母玛利亚》，约1310年，木板蛋彩画，3.25米×2.03米，藏于佛罗伦萨乌菲兹美术馆

乔托的革新技术用阴影创造出一种体积和深度感。注意乔托促进空间现实主义的视觉线索——前景中的天使，隐退的线条，模糊的背景人像。

图 7.22　乔托，《圣母忧伤图》，约 1305—1306 年，壁画，2.31 米 × 2.36 米，帕多瓦的斯科洛文尼教堂

乔托借助山脉的粗放和对角线等创作手法赋予场景以情感表现力。那条线把目光拉向基督头部，把基督的献身与右上角作为象征的树连接起来。

08

意大利的文艺复兴

如同被一位古神的呼吸吹到海岸的女神维纳斯一样（图 8.1），一种再生和更新的精神之风在 1400 年左右吹到了意大利。意大利的文艺复兴把对古典美和智慧的热爱、创新精神，以及对人类理性和创造性的不懈信念结合在了一起。大约从 1400 年到 1600 年，这种精神在整个意大利激发了历史上最大的艺术成就。在巅峰时期，文艺复兴时期的佛罗伦萨和罗马在艺术和思想天才方面，可与古代雅典相媲美。就人文精神的空前繁荣而言，仿佛美的女神已经造访了意大利。

图 8.1　桑德罗·波提切利，《维纳斯的诞生》，1485—1486 年，蛋彩画，1.73 米 × 2.79 米，藏于意大利佛罗伦萨乌菲兹美术馆

波提切利描绘的维纳斯是远古以来第一幅描绘古典神话的大型画作。新生的女神被风神吹到海边，被季节女神披上了一件花卉外衣。

意大利的文艺复兴精神

意大利的文艺复兴缘起于对古希腊和罗马文化的强烈兴趣，以及古代成就在这个新时代里得以复兴的信念。于是就有了“文艺复兴”的名称，它意味着“再生”，这是在 19 世纪初首次用来指这个时期的一个术语。意大利文艺复兴是学术和艺术取得长足进步的一个时期，是由达·芬奇、米开朗琪罗和拉斐尔领导的。他们的天才感动了国王和教皇，留下了无与伦比的杰作。同时代的一个意大利人把文艺复兴描写为一个“新时代，充满了希望和前途，已经比此前一千年所见还要多的具有崇高智慧的灵魂”。

地图 8.1　文艺复兴时期的意大利

文艺复兴时期的文化成就源于意大利繁荣独立的城市，那是贸易、制造和金融中心。

关键概念

文艺复兴的人文主义

与中世纪基督教把人视为罪孽和堕落的观点相反，意大利文艺复兴的思想家把人性看作上帝的最高创造来赞扬。文艺复兴时期的人文主义者把对古典学问的敬仰与对人类能力的至高信任结合起来。人文主义促成了这个时代最伟大的成就，在临摹古代裸体的雕像和对古典作家作品的翻译上表现得最明显。

在文艺复兴时期，一个人文主义者不过是研究希腊罗马文学、历史、修辞和伦理学的学者。他们研究的主题构成了人文课程或“使人（man）成为人（human）”的课程。在人文课程中，学者们把基督教信仰与古代的道德教义协调起来。文艺复兴的人文主义者还挑战中世纪关于物质世界只含有诱惑和邪恶的观点，而讴歌自然美和秩序——如达·芬奇画的人体比例几何图（图 8.2）。

文艺复兴人文主义的定义现已拓宽，指那个时代对人的能力的讴歌。人的认识力和创造力几乎使人与上帝相比肩。佛罗伦萨人文主义者皮克·德拉·米兰德拉（Pico della Mirandola）在他的《论人的尊严》中赞扬人类自由，文中上帝对人说：

> 我们造就了你，既不属于天也不属于地，既不是必死的也不是不朽的，所以你具有选择的自由和荣誉，就仿佛是你的造物者和铸造者，你将以任何你喜欢的形式塑造你自己。你有能力堕落成低级的生命形式，野兽的形式。你也可以根据灵魂的判断有能力再生为高级的形式，那就是神的形式。

当然，这种神赐的人类自由既是机会也是危险。按照皮克的上帝所说，人类在成为天使之前能够发展和利用他们的能力。然而，如果忽视古代哲学和基督教的道德教导的话，人类也会变得残忍和腐败。文艺复兴时期的几个重要人物都诚惶诚恐，唯恐太过分地歌颂了人的精神。

文艺复兴人文主义没有直接影响到普通人的生活，但对人类理性和学术的信仰不久就激发了巨大的变化：16 世纪德国宗教改革家马丁·路德的《圣经》翻译，深化了他用古典语言进行的人文主义教育。人文主义的印刷工、发表了柏拉图和罗马喜剧译文的威尼斯人阿尔杜斯·马努提乌斯，用印刷机把文艺复兴的思想传遍欧洲。虽然是少数几位意大利艺术家和思想家燃起了星星之火，但文艺复兴人文主义却在其高潮后的数个世纪依然给人以鼓舞。

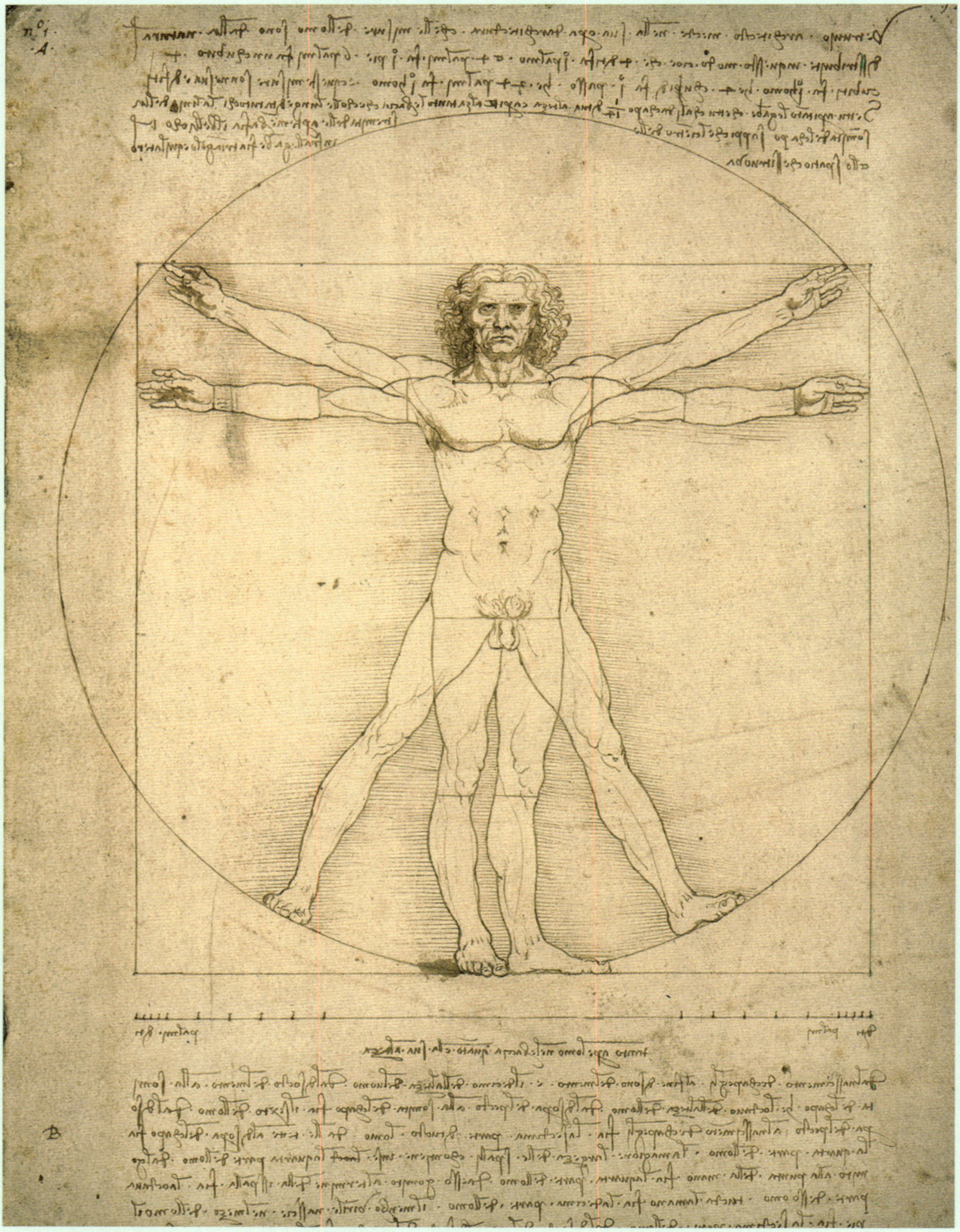

图 8.2 列奥纳多 · 达 · 芬奇，《人体比例》（《维特鲁威人》），藏于威尼斯艺术院艺术馆

在这幅著名的图画中，达 · 芬奇在一个圆和正方形内设计了人体，使人想起古典理性主义的原理。

意大利城邦

意大利文艺复兴的文化运动是由这一时期意大利独立城邦的财富支持的（地图8.1）。意大利长久以来就是欧洲与东方之间的商业和旅行通道。在威尼斯海军的控制下，亚德里亚海提供了通往拜占庭、土耳其文明的财富和学问，以及通往印度和中国的财富的途径。热那亚的船只从意大利西部的其他港口驶向大西洋，从英国为意大利作坊运来羊毛和其他东西。

意大利的独立城邦是以多种方式治理的。米兰和费拉拉等城邦由世袭贵族统治，另一些城邦，如威尼斯和佛罗伦萨，则骄傲地宣布其至少在名义上为共和体制，由公民选举产生政府。实际上，权力紧紧控制在由商业巨子组成的统治精英手中。这些商业巨子都是富裕市民，他们有时出面当官，但更多的是在幕后操纵权力。最著名和杰出的商业巨子家族是佛罗伦萨的美第奇家族，由科西莫·德·美第奇（Cosimo de' Medici）创立。当为教皇管理金财经的时候，美第奇获得了有利可图的采矿垄断权，接着建立了一个极为成功的商业帝国。也许是出于拯救灵魂的需要，他把一半财产用来资助艺术和宗教事业，而在他死后，其家族依然有足够的财产控制佛罗伦萨的政治达一个世纪之久。

尽管经济活跃，但文艺复兴时期的意大利却为严重的政治分裂和战争所苦。1478年，一个家族试图在佛罗伦萨大教堂弥撒期间谋杀洛伦佐·德·美第奇，即科西莫的孙子。洛伦佐逃过了这一劫，但他的弟弟却惨遭杀害。他也目睹了那些杀手在城市广场上被公开处以绞刑的情景。政治野心和经济竞争致使意大利五个最大的城邦（佛罗伦萨、米兰、威尼斯、教皇国和那不勒斯王国）连年征战。要参与战争，意大利城邦往往要雇用军事指挥官，即雇佣兵（condottieri），他们常常利用打胜仗来攫取权力。雇佣兵残酷而唯利是图的策略激发佛罗伦萨的尼古拉·马基雅维利写出了著名的论文《君主论》，成为现代政治学的奠基石。

艺术和学问的赞助

意大利城邦和王宫富有的统治者慷慨地赞助艺术和学问。佛罗伦萨尤其突出。艺术赞助者以文艺复兴公民人文主义为指导（图8.3）。公民人文主义派生于古罗马的共和制理想，尤其是西塞罗的著作。它把佛罗伦萨的公民团结在一起，把追求自我利益与对公民利益所负的义务平衡起来——美第奇家族始终保持着二者的平衡发展。道德高尚的公民参与城邦的政治，让所有公民受益于他的财富。比如，美第奇家族重修了教堂，赞助了医院和其他公民项目，资助公共艺术作品的创作。科西莫·德·美第奇资助了文艺复兴学园，吸引全欧洲的学者来到佛罗伦萨。美第奇家族的家长本人就是一位人文主义学者，收集了珍贵的古书和手稿（图8.4）。1453年，美第奇收藏量激增，从占领君士坦丁堡的土耳其人那里逃出来的学者把大批希腊手稿赠给了美第奇。

文艺复兴时期艺术的繁荣缘于一种灵活的赞助制度，富裕家庭和个人可以借此雇用艺术家。文艺复兴时期的赞助人要与艺术家签署正规的书面合同，注明作品明细和付款计划。最富有的赞助人可能把艺术家养在自

图 8.3　皮埃罗·德拉·弗朗西斯卡的广场，《理想的城市》，15 世纪中叶，墙面油画，59.7 厘米 × 200.6 厘米，乌比诺的杜卡尔广场

这个达到完美平衡和和谐的城市景观体现了文艺复兴时期的公民人文主义思想。

己家里，期待他们履行某些职责，如监督建筑项目或指导合唱队。虽然一般不鼓励妇女从事艺术职业，但如果家庭富有且出身高贵，她们至少可以成为热心的赞助人。路克雷奇亚·波吉亚和曼托瓦的伊莎贝拉德·埃斯特就由于出色的音乐修养而闻名。文艺复兴时期的赞助制度有时也在艺术家和赞助人之间发生矛盾。在《画家传》（1550）中。传记作家乔吉奥·瓦萨里讲到一位艺术家被赞助人锁在房间里，逼他完成任务。这位倔强的艺术家从窗户逃走，在佛罗伦萨的酒馆和妓院里住了三天。在另一个例子中，教皇尤里乌斯二世觉得米开朗琪罗的西斯廷天顶画进度太慢，威胁说要把这位艺术家从脚手架上扔下来。米开朗琪罗镇定而有力地回答说："我可不那么认为，主人"。

在佛罗伦萨，文艺复兴的高潮随人称"高贵者"洛伦佐·德·美第奇（图 8.5）的统治而到来。他不仅赞助艺术，本人也是位颇有成就的诗人。他的老师是古典学者马希

图 8.4　米开朗琪罗·博那罗蒂，佛罗伦萨圣洛伦佐劳伦提安图书馆，开建于 1524 年，台阶完工于 1559 年

美第奇家族的成员都是热心的古籍收藏家，让米开朗琪罗设计这个庄严的图书馆供其古典手稿藏书之用。米开朗琪罗设计的台阶和门厅使用了古典的任意和幻觉式设计（台阶并没有去处，圆柱也不支撑什么），预示了文艺复兴的风格主义。

图 8.5　安德里亚 · 德尔 · 韦罗基奥，《洛伦佐 · 德 · 美第奇》，1478 / 1521 年，元釉赤陶，65.8 厘米 × 59.1 厘米，藏于华盛顿特区国家艺术馆

里奥 · 菲奇诺（Marsilio Ficino），是当时最重要的柏拉图译考。洛伦佐后来曾说，如果不懂柏拉图，就不能是个好公民或好的基督徒。21 岁时，洛伦佐就参与了城市的领导工作，他以一位优秀的公民人文主义者的身份对待他的职责。

洛伦佐的公民义务并没有使他分心而忽视艺术。他喜欢音乐，喜欢写淫猥抒情诗，喜欢在街头或马鞍上歌唱。他追随但丁，用当地的托斯卡纳语写作，而不是学者用的拉丁文。佛罗伦萨人在许多粗野狂欢的节日里都唱他那些享乐狂欢的歌。这些歌捕捉到了佛罗伦萨生活中的异教精神，也刻画了爱和庆典的肉体享乐。

> 年轻的夫人和同性情人啊！
> 巴克斯万岁！欲望万岁！
> 舞吧，玩吧！让歌声唱响；
> 让甜蜜的爱在你胸中燃烧；
> 管他未来发生什么不妙！
> 年轻的男女啊，享乐今宵！
> 关于明天你一无所知，
> 青春就是美，没有任何烦恼；
> 但它瞬间便逃之夭夭。
>
> ——洛伦佐《巴克斯之歌》

洛伦佐成了文艺复兴初期最著名的艺术家和知识分子的赞助人兼保护者。他发现了年轻的列奥纳多·达·芬奇和米开朗琪罗。米开朗琪罗甚至曾在他的花园里临摹过一尊罗马雕像。他们都可以和他一起在家共进晚餐。洛伦佐还给予了画家波提切利和雕塑家韦罗基奥慷慨的佣金。当学者皮克·德拉·米兰德拉因异端罪在罗马受审时，洛伦佐请他到了佛罗伦萨，使他免受教皇的迫害。佛罗伦萨文艺复兴的黄金时代随着美第奇家族的没落和洛伦佐于1492年的逝世而告终。

日常生活的窗口

文艺复兴时期年轻人的暴力

斗剑和其他暴力在文艺复兴时期意大利的混乱生活中是常见的。在自传中，佛罗伦萨铁匠和雕塑师本维努托·切利尼（Benvenuto Cellini）描写了他14岁的弟弟和佛罗伦萨街头的一个年龄大一点儿的对手的决斗：

> 他们手里都拿着剑；我弟弟十分勇敢，在对手严重受伤之后，他还要借优势向对方下手。当时有一大群人在场，其中许多是对手的亲戚。看到情形不妙，就拿起投石器，放上石头，一下子就击中了我可怜的弟弟的头。他倒在地上，昏死过去……我急忙跑过去，抓住他的剑，站在他前面，挡住了几支飞剑和飞来的石头。我一步也未离他左右，最后勇敢的士兵从圣加罗大门冲出来，把我从愤怒的人群中救走了……
>
> ——本维努托·切利尼《本维努托·切利尼传》（1558—1562）

意大利文艺复兴初期的艺术

佛罗伦萨的最高建筑是文艺复兴人文主义的一个象征，即由年轻的建筑师菲利波·布鲁内莱斯基设计的大理石肋骨的大教堂穹顶（图 8.6）。穹顶成了艺术家和学者的灯塔。诸如列奥纳多·达·芬奇和米开朗琪罗等年轻的艺术天才都来到佛罗伦萨的作坊和学园做学徒，而欧洲的一些顶级作曲家则来到宫廷作曲。

图 8.6　佛罗伦萨大教堂（花之圣母教堂），始建于 1296 年，菲利波·布鲁内莱斯基设计穹顶，1420—1436 年，19 世纪末重修教堂正面，总长度 154.9 米，穹顶高 111.9 米

布鲁内莱斯基设计的穹顶高耸入云，1436 年竣工，成为这座城市的标志。塔楼或钟楼是前一个世纪的乔托设计的。礼拜堂的八角屋顶在中央偏右的地方可以看见。

1401 年的佛罗伦萨——文艺复兴的开端

人们完全可以说文艺复兴开始于 1401 年的佛罗伦萨。那年，市政官员们宣布开展一项竞赛，装饰洗礼池的一组新门。这个八角洗礼池，是佛罗伦萨最古老且最令人敬仰的宗教建筑，恰好位于城市大教堂的对面。这组新门的镀铜镶板可与 1336 年装饰的一组门相媲美。1401 年的竞赛要求佛罗伦萨的艺术家们提交描绘亚伯拉罕牺牲儿子以撒（《创世记》22）的镶板组画。胜者是年仅 21 岁的佛罗伦萨铁匠，名叫洛伦佐·吉贝尔蒂（Lorenzo Ghiberti），其杰出的艺术生涯主要献给了洗礼池这个委托项目。在参赛的镶板画中，吉贝尔蒂画了祭坛上裸体的以撒，就仿佛直接借自古代的一个场面——既体现了人文主义，又是对古罗马艺术的模仿。

图8.7 洛伦佐·吉贝尔蒂，《天堂之门》，佛罗伦萨大教堂洗礼池东门，1425—1452 年，镀铜，高 5.2 米

吉贝尔蒂装饰的佛罗伦萨洗礼池的北门和东门是文艺复兴初期的杰作；这些门的设计和铸造几乎花去了他的一生。

在以后的50年里，全佛罗伦萨都在观望吉贝尔蒂的进展，他同时为北面和东面的门装镶板（图8.7）。结果证明洗礼池的门正好适合这位文艺复兴的大师，因为这个创作过程涉及许多不同的艺术：用于建构场景的绘画和建筑设计技术；为人像构筑蜡模的雕塑技术；最后是监督制作镶板的精细模铸、涂饰和镀铜等金属工艺。因此，吉贝尔蒂装饰的门成了文艺复兴艺术风格的目录。后来年轻的米开朗琪罗如此羡慕这位大师的杰作，致使他把东面的门标识为“天堂之门”，沿用至今。

《天堂之门》中的《创造亚当和夏娃》这块镶板（图8.8）代表性地呈现出了吉贝尔蒂娴熟的雕塑叙述技巧。这块镶板以流畅完整的叙事讲述了这个故事的不同片段（《创世记》2：4—3：24）。在左下角的高浮雕画面上，上帝在赋予亚当以生命。在

图8.8　洛伦佐·吉贝尔蒂，《创造亚当和夏娃》，《天堂之门》的镶板，佛罗伦萨大教堂洗礼池堂，1425—1452年，镀铜，79平方厘米

吉贝尔蒂的镶板改变了浮雕从高到低的深度，强化了三维空间的视觉印象。

画面中央，上帝给予裸体的夏娃以生命的荣耀。在右下角，被赶出天堂的夏娃以痛苦得扭曲的形体回首望着上帝的天使。在东门的其他镶板上，吉贝尔蒂用新的视觉规则为其情节创造了统一的建筑背景。吉贝尔蒂的革新将在文艺复兴后期大师的作品中重现，如拉斐尔的《雅典学院》（图8.26），这些大师们都曾光顾吉贝尔蒂的作坊研究他的门。

布鲁内莱斯基的穹顶

洗礼池竞赛的最终输家是有志向的菲利波·布鲁内莱斯基，他后来成为佛罗伦萨文艺复兴时期最伟大的建筑师。不但没有为竞争失败而懊恼，还前往罗马，对那里的古代建筑进行素描和丈量。回到佛罗伦萨时，他接受委任建造佛罗伦萨大教堂正殿的穹顶（见图8.6）。多少年来，大教堂里那巨大的穹顶未被记载，因为建筑师不知道如何丈量那么宽大的一个空间。

布鲁内莱斯基的方法最终建成了真正满足佛罗伦萨公民虚荣心的一座建筑。他设计了双重屋顶，内壳和外壳由一个隐蔽的扶壁和加强系统连接起来（图8.9）。这种双重屋顶是古代建筑中所没有的。加上冠顶的灯笼，最终完成的穹顶高达112米，以至于一位观者说它似乎与佛罗伦萨周围的小山一样高。高耸入云的红瓦屋顶用鼓出的大理石肋骨凸显其轮廓，每一部分还突出一扇圆形的高侧窗（见图8.6）。其视觉效果展现出朴素和理性的光辉。

大教堂的穹顶奠定了布鲁内莱斯基作为建筑师的声誉，不久他就开始为佛罗伦萨的

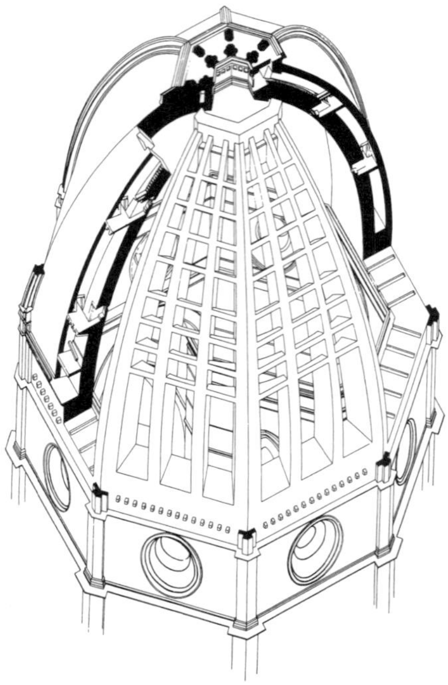

图8.9 布鲁内莱斯基为佛罗伦萨大教堂设计的双壳穹顶

布鲁内莱斯基设计的穹顶象征着意大利文艺复兴时期的人文主义——对古典的敬仰与对人类机智的颂扬。一个内部支撑系统把外部屋顶与内部天顶连接起来，支撑着穹顶而未用哥特设计的精制扶壁。

财主工作了。与处统治地位的美第奇家族相抗衡的有权有势的帕奇家族雇用了布鲁内莱斯基，在佛罗伦萨修道院的院子里建造帕奇小教堂。无论是里面还是外面，小教堂都是模块的多元组合，由重复出现的几何形状（尤其是圆形和方形）来突出一种数学规律。在帕奇小教堂内部是对灰石（又称作塞因那石）的戏剧性应用，为壁柱和拱门营造了一个宁静朴素的氛围（图8.10）。

这座小教堂的优美和虔诚并没有改变帕奇家族的性格。1478年，帕奇家族企图于复活节在小教堂里暗杀洛伦佐·德·美第奇。洛伦佐死里逃生，而帕奇家族的12名策划者则都被处以绞刑。

图 8.10　菲利普 · 布鲁内莱斯基，佛罗伦萨桑塔 · 克罗齐的帕奇小教堂的内部，约 1429—1433 年

灰赛因那石的使用强调了小教堂内部的几何形状和几何比例。反复出现的赛因那石和连续的雕带和模铸，全都用以统一内部空间。

佛罗伦萨绘画：优雅的古典主义

文艺复兴初期的佛罗伦萨的确因画家而闻名，这些画家的技巧确立了一种全新的视觉艺术风格。为了满足雇主的需要，佛罗伦萨艺术家都经过解剖学（以创造栩栩如生的人像）、临摹（以暗示圆形客体的体积）和透视（以组织和统一图画空间）的训练。佛罗伦萨画家们尤其以壁画著称，这种壁画非常适合于佛罗伦萨新教堂和小教堂墙壁的装饰。

最有影响的革新者是托马索 · 乔万尼，人称马萨乔（Masaccio）。他对透视法和三维临摹的娴熟掌握影响了在佛罗伦萨接受训练的艺术家们。马萨乔很快就应用了新的线

图 8.11　马萨乔，《圣三位一体》，1425 年，壁画（现已脱墙），6.67 米 × 3.17 米，佛罗伦萨新圣母玛利亚教堂

马萨乔把受难场景置于筒状拱洞的神殿之中。这个神殿以如此精确的数学计算使用线性透视法，以至于在建造时可以与图纸一样精确。比较拉斐尔的《雅典学院》的建筑背景，图 8.26。

图 8.12　马萨乔，《纳税银》，约 1427 年，壁画（1989 年修复），2.54 米 × 5.9 米，佛罗伦萨卡尔米内圣母大殿的布兰卡奇礼拜堂

马萨乔的佛罗伦萨礼拜堂壁画开创了文艺复兴时期新的绘画技术。如马太在《马太福音》17：24—7 中所述，税收官要求基督和他的门徒缴税（中）；在基督的方向，彼得在一条鱼的嘴里找到一枚硬币（左）；然后彼得交了税，意思是说“把恺撒的还给恺撒”（右）。

性透视体系。他的《圣三位一体》（图 8.11）把基督受难放在一个筒状拱洞的建筑背景之中。庇护人和妻子跪倒在真实空间的开口处，而圣母玛利亚和约翰则要从下面以透视的角度才能看得见。在圣父的形象之上，所画的码头和拱洞呈现出一个完全无可置疑的建筑空间。

通过栩栩如生的人像和对服装的临摹，马萨乔把乔托开拓的意大利绘画向前推进了一步。《纳税银》的核心组画（图 8.12）通过人像礼袍的明暗对比而具有了真实感和深度感，这种技巧叫明暗对比法（chiaroscuro）。明暗对比法使意大利画家能够运用阴影呈现三维物体。画面的深度幻觉通过远处模糊的山和树而得以强化，这个技巧叫作氛围透视（atmospheric perspective），是马萨乔发明的。最后，空间印象由右边建筑的线性透视（linear perspective）得以强化。马萨乔在布兰卡奇（Brancacci）礼拜堂的绘画为后来文艺复兴的天才们形成“艺术流派”而奠定了基础。

佛罗伦萨绘画在桑德罗·波提切利的作品中获得了学术深度和高雅的一面。波提切利（Botticelli）是美第奇团体的一员。他的《维纳斯的诞生》（见图 8.1）中的女神是依照美第奇收藏的一尊雕像临摹的。波提切利也可能受古希腊大师阿贝尔的一幅画的启发，即关于“阿佛洛狄忒从海面升起”的古典描述。

在他的《春之诞生》（图 8.13）中，波提切利把古典神话与基督教象征混合成文艺复兴人文主义的一份视觉文献。尽管该画的确切意义始终众说纷纭，但学者们一致认为核心人物是维纳斯，古典的爱欲和丰裕之神，她抬起手来为那个场面祝福。这个姿态和她服装的颜色都把维纳斯与圣母玛利亚联系起来，表现了基督教式的母爱。右边是风神（Zephyr），正在追逐一个神奇地变成花神（Flora）的仙女。前景中，古典三女神身着薄丝庆祝春的到来；最左面站立的是墨丘里，而在上面顽皮的丘比特正准备把箭射向这个场面。

意大利文艺复兴时期的音乐

文艺复兴时期的意大利培养了自己的画家，但在音乐方面，半岛富裕的赞助人则要到阿尔卑斯山脉以外的北欧去寻找乐师。在意大利宫廷和城市里工作的法国和佛兰德斯作曲家把他们的多声部音乐与意大利的抒情语言结合起来，一种令人震撼的新的音乐风格诞生了。

从事这种音乐综合的一个重要过渡人物是纪尧姆·杜费（Dufey），他是一位为不同意大利赞助人服务并在勃艮第金碧辉煌的王宫里工作的法国人。杜费把新艺术风格与文艺复兴时期的各种音乐综合起来。他最著名的作品是节奏经文歌《刚开放的玫瑰》（*Nuper rosarum flores*），1436 年在佛罗伦萨大教堂演唱。

图 8.13　桑德罗·波提切利，《春之诞生》，约 1478 年，木板蛋彩画，2.03 米 × 3.14 米，藏于佛罗伦萨乌菲兹美术馆

波提切利把古典题材与基督教和当代主题综合起来。画面上的象征指涉包括橘子水果（暗示美第奇家族的巅峰时期），花床（暗指佛罗伦萨城），和维纳斯的红蓝礼服，将其与圣母玛利亚联系起来。

像杜费这样的文艺复兴时期的作曲家继续创作礼拜音乐，如圣弥撒和经文歌，以及传统的世俗歌曲。但在意大利，音乐越来越接近人文主义思想，音乐家们相信音乐与其他艺术一样应该模仿古人。随着音乐学者不断研究柏拉图、亚里士多德和波爱修斯的音乐理论，他们证明音乐与诗歌关系密切。比如，当在佛罗伦萨为洛伦佐·德·美第奇服务的时候，游历丰富的亨利希·艾萨克（约 1450—1517）开始创作了一百多首意大利歌曲。艾萨克最著名的作品是一首德国情歌，名为《在因斯布鲁克我必须离开你》（*In Innsbruck muss ich dich lassen*）。

文艺复兴时期意大利的音乐品味使意大利成为 15 世纪和 16 世纪音乐革新的重要中心。一种通俗的歌曲形式弗洛托拉是在曼托瓦的伊莎贝拉·德·埃斯特赞助下开始流行的。弗洛托拉（frottola）是一种带叠歌的歌谣，通常由四部分或四个声音组成。但这四个部分通常依据几个不同的和弦，因此可以在笛子伴奏下用独唱或二重唱的形式演唱。

然而，为文艺复兴时期的意大利确定了民族风格、为意大利提供了自素歌以来的第一种重要音乐出口的还是牧歌。文艺复兴时期的牧歌是一种分为四部分的歌，每部分由一个歌手演唱（实

关键概念

透视的科学

文艺复兴时期图画艺术最大的进步是透视法的发明——用来表现一个二维场景以便使其看上去像是三维场景的图画技术。如马萨乔在《纳税银》（图 8.12）中所表明的，画的客体可以遮盖起来以创造体积的幻觉，或稍显模糊以创造距离的幻觉。画家们用线性透视法取得了最富戏剧性的深度效果，其中，一幅图的直线全都向一个投影点聚敛。

虽然可能是布鲁内莱斯基发明了线性透视法，但制定出线性透视法详尽规则的却是他的同事莱昂·巴蒂斯塔·阿尔贝蒂（1404—1472）。在《论绘画》（1435）一文中，阿尔贝蒂详细讲述了把一个图像场景投射到一个透视线条的格子上的情形。透视涉及一个或两个标识画版上垂直线条的投影点，每一边还要有别的点从而使斜线向中央聚敛。佩鲁吉诺的《基督向圣彼得移交钥匙》（1482）就是对阿尔贝蒂透视法的完美应用（图 8.14 和图 8.15）。画面中按聚敛的透视线条布局的一个院子，其图画空间拥有完美的对称和秩序，均以凯旋拱门和中央教堂为基准。在前景中，基督向彼得递交象征着基督教基础的钥匙。图表的透视突出了这幅画的戏剧性时刻：我们的目光从钥匙被吸引到教堂中门，那里就是整幅画的投影点。

在艺术家、工程师和数学家均集于一身的那个时代里，透视法提供了科学地图绘制和掌握世界的方法。其原理在古希腊的信仰中已有阐述，即数理价值是宇宙的基础。它确定个人的心和眼是认识和感知的源泉。总之，文艺复兴时期的透视法是文艺复兴人文主义的视觉对等物，证实了古人的智慧和人的智力的光辉。

图 8.14　皮埃特罗·佩鲁吉诺，《基督向圣彼得移交钥匙》，1482 年，壁画，3.5 米 × 5.7 米，罗马梵蒂冈西斯廷小教堂

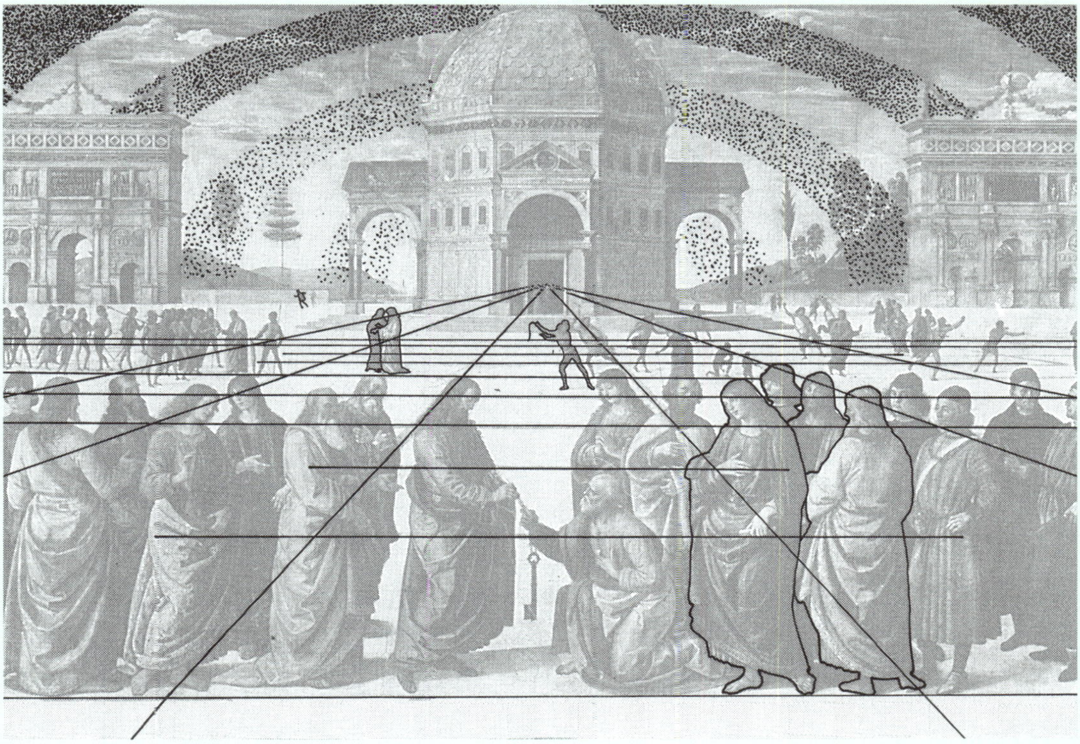

图 8.15 《基督向圣彼得移交钥匙》的透视线条

际上是一种室内乐)。歌词通常是具有高度文学价值的一首诗(如彼得拉克的十四行诗),因此,牧歌是“一竿子插到底的”(through-composed),意思是没有重复的诗节或叠歌。牧歌的发展是由一股彼得拉克热促成的。彼得拉克的爱情诗以其严肃性和词语的音乐性促进了牧歌音乐效果的发展,尤其是词画(用音乐描绘歌词的意思)。比如,彼得拉克的一句诗抱怨,“噢,我那不和谐的思绪”用的就是词画,也就是用不和谐音反映说话者不和谐的思绪。

牧歌的表现力使其在意大利文化精英中极为流行,促进了音乐的表演和音乐作品的出版。在费拉拉王宫里,由四位女歌手组成的著名的“女生合唱”开创了一种娴熟的非常适于牧歌的表演风格。费拉拉著名的合唱激发了全欧洲的作曲家为费拉拉的女伯爵创作牧歌,希望他们的作品“能从如此神圣的声音和如此崇高的合唱中获得音乐真正的自然精神”。意大利尤其是威尼斯新出现的商业印刷机利用文艺复兴时期的流行歌曲,出版《弗洛托拉》和《牧歌》等书籍,宣扬它们是“适合一切场合、适合爱欲和宫廷生活环境的歌曲”。

第一位发表音乐作品的女性是马达莱纳·卡苏拉纳,她总共发表了三部系列牧歌集,第一部在她有生期间就再版过三次。马达莱纳甚至获得了赞助者的青睐。在给伯恰诺女伯爵伊莎贝拉·德·美第奇的献辞中,她说希望她的歌曲能“为了我在音乐这个行业所获得的一切,向世人表明男人的自负”,他们自以为是“这些高级知性艺术”的唯一拥有者。

文艺复兴初期的雕塑

到15世纪90年代,文艺复兴的佛罗伦萨近一个世纪之久的繁盛期开始受到衰落的威胁。洛伦佐·德·美第奇对家族财政的疏忽威胁到美第奇家族的政权,而洛伦佐的继承者的无能又使佛罗伦萨受到内外夹击:外部受到政敌的攻击,内部受到民众的挑战。这些年来的政治动乱实际上激励了佛罗伦萨的雕塑家们。文艺复兴时期的雕塑在多纳太罗和年轻的米开朗琪罗的作品中获得了一种新的英雄气概。但最终美第奇家族的没落和佛罗伦萨的民众暴乱使文艺复兴的中心转移到了罗马。

文艺复兴初期雕塑的主要人物是多纳太罗(Donatello),他实际上重塑了古典风格的独立裸体像。多纳太罗曾是吉贝尔蒂的助手,参与佛罗伦萨大教堂的礼拜堂门的装饰工作,并陪同布鲁内莱斯基到罗马学习古代雕塑和建筑。多纳太罗留下了丰厚的石头和青铜塑像遗产——用来装饰佛罗伦萨大教堂和宫殿的作品。

多纳太罗复兴古代雕塑的最惊人之作是《大卫》(图8.16)。这尊雕塑是自古典时代以来第一个与真人一般高矮的独立青铜雕像。多纳太罗的《大卫》一只脚踏在歌利亚的头上,穿着靴子,戴一顶托斯卡纳帽。虽说是《圣经》题材,但雕像的处理却完全是世俗的。他采用的是希腊古典雕像的S形姿态,但不是解剖式的处理。大卫半身像的少年线条可以说是抒情的和甜蜜的。这位青年奢侈的帽子和歌利亚结实的脑袋形成了对比,强调了大卫的孩子气,而非英雄气概。

米开朗琪罗22岁就已经成为多纳太罗

图 8.16　多纳太罗，《大卫》，约 1430—1432 年，青铜，高 1.58 米，藏于佛罗伦萨巴尔杰洛国家博物馆

多纳太罗用这个美少年的青铜雕像恢复了裸体像的古典传统。这位年轻英雄的托斯卡纳帽给《圣经》题材增添了佛罗伦萨的色调。

的竞争对手了。在 15 世纪 90 年代末，米开朗琪罗被召到罗马，开始创作与多纳太罗的《大卫》一样具有抒情性的作品。米开朗琪罗的《圣母哀子像》（图 8.17）以优美的图像阐释了圣母玛利亚对死去的基督的哀悼。圣母的面孔恰似少女的面孔，清纯的美没有任何年龄或悲伤的痕迹。然而，从纤细的头顶往下，圣母的形体逐渐加宽，延伸到搁放基督身体的支架。基督的裸体紧贴着母亲下垂的衣服，成为痛苦和悲伤的象征。在《圣母哀子像》中，米开朗琪罗用艺术技巧表达主题的悲悯之情，正如乔托在壁画中所表现的一样（见图 7.22）。年轻的米开朗琪罗用这尊雕像向世人宣告了他非凡的才能和雄心，翻开了文艺复兴艺术新的一页。

米开朗琪罗的雄心首先在他的《大卫》（图 8.18）雕像中得以实现，这是雕塑家及其所在城市充满信心的声明。佛罗伦萨城的先辈们给了米开朗琪罗一个机会，使他从罗马回来，用一块巨大的大理石为佛罗伦萨大教堂刻出一尊男性雕像。米开朗琪罗选择塑造一个集古典价值与《圣经》主题于一体的大卫。砍掉歌利亚的头的大卫被以希腊神的风格刻画出来，他傲然目视眼前的乡村，寻找着他的敌人。这尊肌肉发达的裸体人像透出了不朽的力量，而松弛地握着一块石头的右手却给人以静寂之感。力量和控制的结合使人想起了古典雕塑的平衡性，然而，米开朗琪罗的雕像的独特之处是超越了古典衡量规则和中庸之道的那股英雄气概。它也表达了米开朗琪罗对佛罗伦萨共和体制的信心，那是在 1494 年美第奇家族败落后恢复起来的。当这位巨型雕像揭幕之后，佛罗伦萨人将其放置在城市的广场上，紧挨着多纳太罗塑造的《希伯来女英雄朱迪斯》。多纳太罗的塑像上刻着："王国由于奢侈而没落，城市由于美德而兴起；请看被卑贱砍断的傲慢的脖颈。"多纳太罗和米开朗琪罗蔑视一切的艺术品被视为防止暴政的象征。

图 8.17 米开朗琪罗，《圣母哀子像》，1498—1499 年，大理石，高 1.75 米，罗马圣彼得教堂

思考米开朗琪罗通过扭曲人物的相对大小而获得的情感效果：耶稣的成人身体依偎在圣母巨大的腿部。那么，比较现实的比例会对观者产生较小的影响吗？

佛罗伦萨的没落

15 世纪末人们目睹了佛罗伦萨作为文艺复兴革新核心地位的没落。表达这一没落的声音来自激情似火的修士萨佛纳罗拉（Savonarola），其激烈的布道使他成为该城的实际统治者达四年之久（1494—1498）。萨佛纳罗拉谴责佛罗伦萨文艺复兴时期文化中寻欢作乐的异教生活方式。他把赞扬圣母玛利亚的通俗歌曲“天堂的王后”作为佛罗伦萨的罪证。萨佛纳罗拉抱怨说，这同一个曲调竟然也用于爱情歌曲“我心中的王后”。萨佛纳罗拉就是利用这种清教信息在洛伦佐·德·美第奇于 1492 年死后留下的权力真空中登上了权力的宝座。

1497 年，萨佛纳罗拉的支持者在佛罗伦萨城市广场举行了一次“虚荣篝火”，用骰子、扑克牌、化妆品、淫秽书籍和图片以及其他奢侈的罪证生火。但仅仅一年后，萨佛纳罗拉就被对手击败，就在离这堆篝火不远的地方被异端分子活活烧死。

虽然佛罗伦萨的富人很快就恢复了荒淫无道的奢侈生活，但萨佛纳罗拉的谴责却没有被完全忘记。这个谴责影响了那个时代最伟大的人物，包括波提切利，他捣毁了作坊里的裸体绘画，以后只画宗教题材的画；以及米开朗琪罗，40 年后在创作《最后的晚餐》的一个场面时，他说仍然能听到萨佛纳罗拉的谴责在耳边响起。

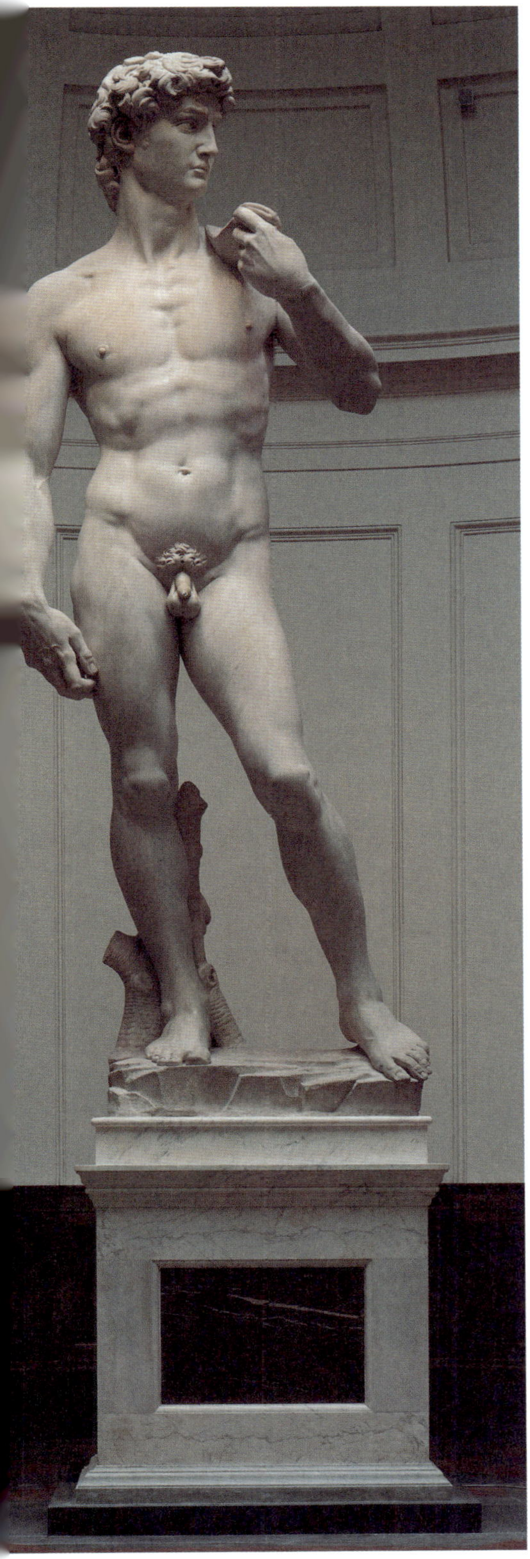

图 8.18 米开朗琪罗，《大卫》，1501—1504 年，大理石，高 5.49 米，佛罗伦萨美术学院

比较米开朗琪罗文艺复兴时期的裸体英雄与古希腊的裸体英雄。指出对同一个男性理想英雄的两种再现的差异与共同点（题材、风格、材料、人像的处理等）。

文艺复兴时期的天才们

正如公民人文主义者所预示的，文艺复兴时期佛罗伦萨富有创造力的城市生活催生了一大批天才。其中取得独特成果的两个人物是艺术家列奥纳多·达·芬奇和政治史学家尼古拉·马基雅维利（Niccolò Machiavelli）。在世俗政治理论杰作《君主论》中，马基雅维利冷峻地阐述了文艺复兴时期意大利人所实践的政治统治，希望能帮助国人与暴政做斗争。达·芬奇多在艺术、科学、工程学和数学等领域追求新异的开拓性思想，这使他成为文艺复兴时期优雅与智慧的典范。

马基雅维利与人文主义政治

文艺复兴时期的意大利是阴谋家进行政治阴谋策划的窝巢，明目张胆地无视基督教原则或古典美德的引导。熟知意大利历史逻辑的一位观察家是尼古拉·马基雅维利，佛罗伦萨的一位外交官，在题为《君主论》（1513）的政治哲学杰作中，他描述了意大利严酷的权力现实。《君主论》是基督教时代完全从世俗角度分析政治的第一次尝试。如古希腊写出《国家篇》的柏拉图一样，马基雅维利反思他所处时代的政治，希望拯救这种衰落的政府形式。柏拉图是唯心主义政治哲学家，而马基雅维利则是清醒的现实主义者。

马基雅维利在1512年美第奇家族重掌大权而被解除外交职务之前，曾活跃在佛罗伦萨外交领域达14年之久。他（像但丁一样）被逐出出生地佛罗伦萨，在著作中冷静地分析了政权的动机和方法。在《君主论》中，他描写了理想的意大利城邦的“君主”或统治者，以亚历山大六世教皇的私生子、残忍的西泽尔·博尔吉亚为蓝本（博尔吉亚曾和父亲一起谋划把意大利统一在他的统治之下）。虽然博尔吉亚的阴谋被挫败，但马基雅维利敦促意大利统治者们在攫取和保护权力时要同样残忍。统治者应该效仿狐狸和狮子，他写道：“你必须是狐狸以便避开陷阱，你还必须是狮子以便吓走豺狼。”他相信只有强大的统治者才能保证意大利的城邦不受外国统治。这种冷酷的政治给马基雅维利赢得了冷酷无情的名声，并被控出于政治目的而心怀野心、残忍和欺骗。这就是“马基雅维利式”一词所指的特征，描写不惜一切代价实现政治目的的人。然而，马基雅维利也表明了人文主义的政治行为观。在人对自己的行为负责的时代里，政治体现为理性行动，这是一个与时俱进的概念，并有古典作家们作为先导。

马基雅维利对政治的分析今天仍然能够说明掌权者的行为。在劝告统治者使用残酷手段时，马基雅维利写道：

> 我认为这取决于残酷手段是否使用得当。当把所有残酷手段都用来保证国家的安全，此后又不断地为臣民的福利着想时（如果我们说很好地使用了一个本身很坏的东西），那就可以说是使用得当。不得当地使用残酷手段的是这样一些例子，虽然开始时残酷行为很少，但随着时间的流逝而越来越多。第一种人在上帝和人的眼中是在保卫国家，而第二种人在上帝和人的眼中则不可能保住权力。因此必须注意的是，占领一个新国家的君主应该同时实施全部的残酷手段，这样就不必每天都重复使用它们，这样，通过避免重复使用这些手段，他就能使人们感到安全，就能通过福利赢得人们的信任。
>
> ——马基雅维利《君主论》（1513）

但是，马基雅维利承认运气（而不是政治算计）决定着人的政治生涯，他写道，“只要与时俱进，人就会发达，否则就会失败。”按照他自己的标准，马基雅维利是不幸的。当1512年佛罗伦萨共和体制终结时，他遭受短暂的折磨便被流放了。佛罗伦萨各个对立派别都不喜欢他。他为共和体制工作过，这引起美第奇家族对他的怀疑，而他对美第奇家族的姿态又使他在共和党人眼中有了污点。马基雅维利死于1527年，几个月后，神圣罗马帝国皇帝查尔斯五世的军队洗劫了罗马，马基雅维利最担心的外来势力统治意大利政治的情况终于发生了。正如马基雅维利所写的：“在所有人的行为中，尤其是在王子的行为中，没有法庭，结果才是最重要的。”

列奥纳多·达·芬奇

文艺复兴时期最多才多艺和最令人困惑的天才是列奥纳多·达·芬奇，其天才对于他的同代人如同对现代人一样令人着迷。他在佛罗伦萨接受绘画和雕塑教育，并放弃了那座充满活力的城市去追求新的兴趣。他曾为米兰公爵做城堡和水利设计师，晚年则为法兰西国王效劳。列奥纳多从不属于一个城市或一个赞助者，他对认识世界心存无法满足的欲望。在笔记、规划和绘画中，他表明了其一生都更新着对世界的理解。西方文明也许从未有过比他更加伟大或更不安分的天才。

达·芬奇在笔记里画有数千张能够证明其犀利洞见的素描和设计（图8.19）。达·芬奇着迷于自然界的方方面面。他笔记里的素描和书面描写都是关于水的运动、胚胎中的胎儿、飞翔的鸟儿和血液循环的。他对人体的迷恋和对数学的兴趣以一幅名画为体现，及在圆和正方形内勾勒人体的一幅画（见图8.2）。在《画论》中，他写道：“不懂数学就不要读这本书。”

由于相信机器比人更可靠，达·芬奇设计了无数超前的装置。他在笔记本里描画的现代技术有坦克、潜艇和飞机。从机械上说，达·芬奇的机器设计精确，尽管缺乏驱动装置。然而，在他有生期间，他的大多数设计都没有实现——达·芬奇本人更感兴趣于理论上解决问题，而不是完整地实施某一观点。他的科学洞见完全可能引发解剖学和机械学的革命，却依然闭锁在他那些未发表的笔记中。

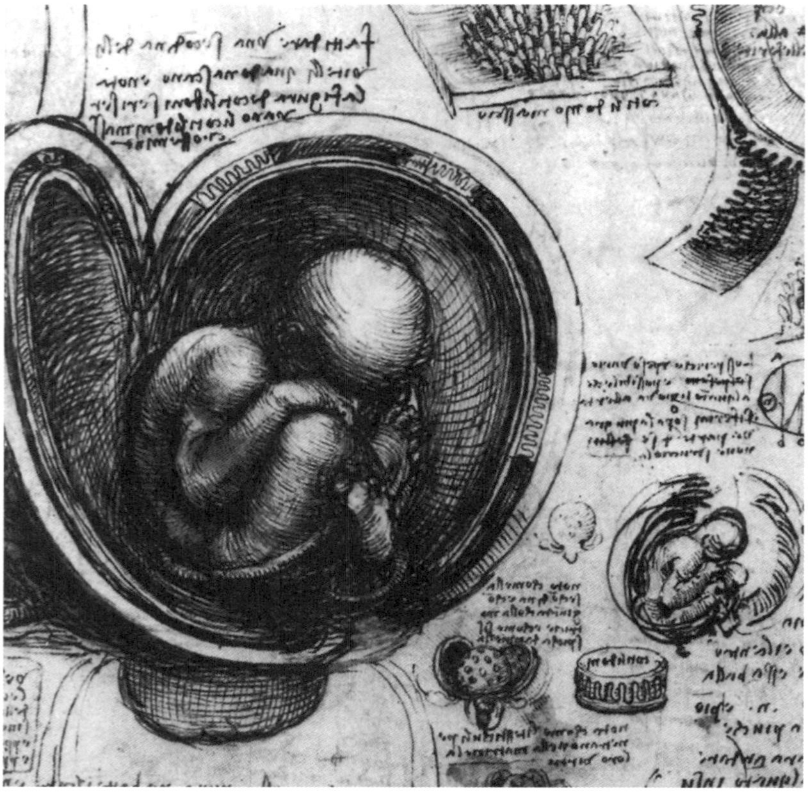

图 8.19　达·芬奇笔记中的一页，1510 年，钢笔画，温莎皇家收藏，版权所有，女王伊丽莎白二世，2000 年

达·芬奇对解剖学、机械学、工程学和植物学的兴趣对于文艺复兴时期的一位艺术家来说并非异常，文艺复兴时期的艺术家应该能像画一幅肖像那样随时设计一个起重装置。

达·芬奇娴熟的绘画技巧和图像情绪使他成为人类最伟大的画家之一。在《岩石上的圣母》（图 8.21）中，达·芬奇捕捉到令人想起波提切利的《春之诞生》（见图 8.13）的那种优美。达·芬奇在前景和后景的复杂性以及明暗的象征效果上超越了他的前辈。《岩石上的圣母》的前景中有婴儿时的洗礼者约翰、圣母玛利亚、一个天使，和小基督。这些人像构成了一个明显的经典三角形，这是文艺复兴时期非常流行的一种创作技巧。祷告、指点和祝福的姿态从心理上把这些人像统一了起来。在这个核心组合的后面，通过拱形的岩石，一个神秘的场景向无限的时间和距离敞开着。越过整幅画面的是一道模糊的光晕，是用"晕涂法"（sfumato）和使轮廓稍显模糊的遮盖法创造的。晕涂法也在《蒙娜丽莎》（图 8.22）中取得了极好的效果，模仿了人的视觉效果，是达·芬奇本人对马萨乔和文艺复兴初期的大师们发明的明暗对比法的改造。

达·芬奇把绘画当作最高的艺术为之辩护，声称绘画可以给艺术家提供无限的想象领域。"如果画家希望看到令人着迷的美"或"他想要在高高的山顶扫视广大无边的乡村"达·芬奇写道，画家"有能力创造这一切"。实际上，他下结论说，"无论宇宙有什么，无论是本质、行为还是想象，画家都首先在头脑中、然后在手中拥有。"

环球视角

伟大的津巴布韦

文艺复兴时期意大利罗马建筑和雕塑的声誉无疑证明了古罗马的伟大。然而，当现代探险家首次在非洲东南部发现津巴布韦遗址时，我们才发现人类对这个崇高文明的记忆蒸发了。欧洲人不相信非洲人也能建造如此辉煌的建筑。最终，考古学家证明伟大的津巴布韦曾是一个王国，曾用自然财富换取阿拉伯和中国的物品。

津巴布韦的建筑群是王室中心，既是神圣统治者的驻地，也是酋长们聚会的地点。它的外围是国王的妻子们和大臣们的住所。中央是大封闭楼或椭圆楼，周围环绕着一道9米高的外墙，由大约90万块花岗岩砌成（图8.20）。大封闭楼也许供仪式之用，多半是供已婚年龄的男女举行成年仪式。圆锥塔是它的一个特征，代表谷仓，是王室或是男性力量的象征。而更独特的是用皂石刻的栖息的鸟雕像，放在柱顶上，在非洲没有与此相像的东西。

伟大的津巴布韦文明在1200年后达到巅峰，为附近的印度海港口提供金、铜和铁。津巴布韦国王大概统治一百个石墙城大小的区域。王国丰富的自然资源使他们能够购买精致的中国陶器、玻璃珠、纺织品和其他奢侈品以供王室享用。这个地区的没落也许是由于农业的减产，大约1450年左右这里的石城就废弃了。

图8.20 大封闭墙和锥型塔，伟大的津巴布韦，津巴布韦，约1470年

大封闭墙或许是津巴布韦大酋长的住所，也可能用于成年仪式。附近是较小的封闭石城，国王的妻子们和来访的酋长可能住在那里。

图 8.21　列奥纳多·达·芬奇,《岩石上的圣母》，约 1485 年，木板油画，1.91 米 × 1.09 米，藏于巴黎卢浮宫博物馆

把达·芬奇的神秘景物（石窟和远处的河流）创造的氛围与拉斐尔在《雅典学院》（图 8.26）中描画的建筑背景加以比较。这两个背景如何与各自画面的主题相匹配?

图8.22 列奥纳多·达·芬奇，《蒙娜丽莎》，约1503—1505年，木板油画，76厘米 × 53厘米，藏于巴黎卢浮宫博物馆

坐着的人专注的镇定与壮观的大地景色与悬崖峭壁的山峰和薄雾蒙蒙的河流形成对比。达·芬奇的肖像技巧使他成为当时最红的画家，尽管在漫长的生涯中他只完成了少量画作。

罗马的文艺复兴高潮

虽然意大利文艺复兴在佛罗伦萨花开繁茂，但时代最丰硕的果实却结在了罗马城。罗马长久以来就以高生活水平和繁荣的美术著称。约在1500年，目睹了艺术创造和模仿的爆发；艺术改造了这座城市。被称为文艺复兴高潮的时期也目睹了在佛罗伦萨提出的技术和思想的成熟应用。绘画领域里的拉斐尔和米开朗琪罗，音乐领域里的若斯坎·德·普雷以及同时活跃在几个领域里的列奥纳多·达·芬奇，他们的成就使这个时代成为无法逾越的天才时代。文艺复兴高潮时期的活动中心是罗马，并波及欧洲的其他城市（图8.23）。

图8.23 汉斯·布克迈尔，《马克西米连与他的乐师们》，《智慧的国王》插图，16世纪，木刻

文艺复兴时期的音乐家都住在赞助人的宫殿里，如神圣罗马帝国皇帝马克西米连的宫殿。画面上展示的乐器有早期的竖琴、风琴、手鼓、长笛和中提琴。

若斯坎·德·普雷

列奥十世任教皇期间（1513—1521）喜欢在西斯廷小教堂沉思冥想，同时，唱诗班的歌声就像米开朗琪罗的天顶画一样使整个教堂充满了美妙的音乐。教皇的音乐是由无伴奏合唱队提供的，那是一伙音乐人（清一色的男性），他们为宫廷的所有宗教活动和其他场合提供音乐。通过无伴奏合唱队，男孩子们接受音乐教育，并常常由此而选择了音乐生涯。另一方面，学习音乐的女孩子必须接受私塾教育或进入女修道院，这对职业发展来说不占优势。

列奥唱诗班的传统曲目是一些经文歌和若斯坎·德·普雷谱写的弥撒曲。若斯坎·德·普雷为教皇服务了十几年。若斯坎生于法国北部，是文艺复兴高潮时期最伟大的作曲家，他把北欧家乡丰富的多声部与甜蜜的意大利抒情歌曲混合起来。若斯坎充分利用了他所掌握的技艺，开始了真正的国际音乐生涯：除了在教皇皇宫外，他还在巴黎、米兰和费拉拉的王宫里工作过。

若斯坎的作曲由于和谐的结构以及音乐与歌词的对称而受到赞赏。到若斯坎的时代，作曲家已经摆脱了中世纪歌词和旋律的传统标准。他们在同一个曲子中创造各种声音，把节奏与和谐音更紧密地结合起来。若斯坎的天才在于把北欧复杂的多声部风格（同时演奏几个旋律）与意大利的和谐音（基于三音调的和谐音）融合了起来。

若斯坎喜欢的形式是经文歌。他创作了一百多首经文歌。文艺复兴初期的作曲家已经把经文歌从单节奏的束缚中解脱出来，因此使若斯坎能够创作比较甜蜜的和谐乐调，探讨词的音乐属性。他尤其擅长词画（牧歌歌手使用的一种技巧）。若斯坎还常常使用一种被誉为模仿的重复技巧，其中，一个音开始一个旋律，后续的各个音复制这个旋律。《啊，玛利亚……安静的圣母》（1520）这首经文歌就是以这种模仿开头的，然后，各种声音接踵而至，在一个旋律的建构中反复重叠。若斯坎经常用对位法与简单和谐的段落平衡起来，用成对的声音强调歌词的清晰性。

若斯坎复杂的音乐需要有专注且有教养的听众来欣赏，他在欧洲最负盛名的宫殿里找到了这些听众。他在人文主义赞助者和同时代的音乐人中深受敬仰，以至于人们把他与巨匠米开朗琪罗相提并论。

关键概念

文艺复兴时期的男人和女人

对许多同代人来说，达·芬奇体现了理想的文艺复兴时期廷臣的特点：机智、英俊、有学问、擅长多种技艺。达·芬奇完全可能成为巴尔塔萨·卡斯蒂里昂（Baldassare Castiglione）在《廷臣手册》（1528）中描写的理想绅士的楷模。卡斯蒂里昂把文艺复兴的理想定义为“普遍的人”（uomo universale），擅长文艺复兴所提倡的艺术和科学。普遍的人必须擅长军旅生活和骑马，健康且英俊。他要能歌善舞，背诵古代诗句，会谈情说爱。文艺复兴的人必须怀有一种无忧无虑的与世无争的心态，卡斯蒂里昂称之为“随意”（sprezzatura）。

卡斯蒂里昂描写的廷臣一致赞同关于文艺复兴时期男人的这些品质，但对文艺复兴时期女人的品质却众说纷纭。一个发言人满怀激情地说妇女能够达到文艺复兴时期男人般的完美，他提到：“妇女不想成为男人不是为了使自己更完美，而是为了获得自由，摆脱男人凭单方面的权威施加给她们的暴政。”最能体现文艺复兴时期礼仪和独立的女人是伊莎贝拉·德·埃斯特（Isabella d’Este）（图 8.24）。伊莎贝拉拥有文艺复兴时期贵族的教育背景、家庭关系和高雅趣味。14 岁时，她已经是位成名的舞者，读过维吉尔，看过在父亲宫廷里演出的普劳图斯和泰伦斯的戏剧。作为乌尔比诺公爵夫人，伊莎贝拉是位热情

图 8.24　提香，《伊莎贝拉·德·埃斯特》，1534—1536 年，布面油画，102 厘米 × 64.1 厘米，藏于维也纳艺术史博物馆

的艺术赞助人，尤其是对音乐的赞助。她还是位出色的政治管理者；但使她丈夫感到非常不安的是，在六年的政治监禁之后，公爵回到家竟然发现这期间一个女人竟然把他的城市管理得井井有条。

文艺复兴时期的“普遍的人”体现了古典的道德理想——像伊莎贝拉一样，一个人能够处理实际的管理问题；像列奥纳多一样，能够生产精美的想象作品；又像费德里克·达·蒙泰菲尔特罗一样，弃职向学，勤于思辨（图 8.25）。文艺复兴时期的美德或优秀品质在于一个人的多才多艺。

图 8.25 皮埃罗·德拉·弗朗西斯卡，《费德里克·达·蒙泰菲尔特罗》，约 1474 年，木板油画，47 厘米 × 33 厘米，藏于佛罗伦萨乌菲兹美术馆

拉斐尔

1509 年，教皇尤里乌斯二世按照建筑师的建议，委任一位年轻画家装饰他的住所。这位艺术家就是已经在佛罗伦萨完成一系列优美的圣母画而成名的拉斐尔。在教皇的赞助下，拉斐尔·桑乔（Ratfaello Sanzio）成了文艺复兴时期罗马最忙且最受爱戴的艺术家。除了绘画，拉斐尔还运用自己的才能为教皇开展了其他项目，如挖掘罗马遗址，建造新的圣彼得长方形会堂。在阴谋密布、忌妒丛生的城市里，拉斐尔由于幽默和谦虚而受到崇敬。当他 37 岁死于（一个对手嘟囔着说的）“太多的女人”时，他已经是文艺复兴时期最流行的艺术家了。

作为画家，拉斐尔以作品的清晰性与和谐精神著称，这是文艺复兴高潮时期的典型特征。他最著名的画《雅典学院》（图 8.26）实际上是文艺复兴时期绘画的教科书，是人文主义和文艺复兴艺术技巧的综合。《雅典学院》描画的是非基督教大哲学家的一次聚会。中央的两个核

图 8.26　拉斐尔，《雅典学院》，1509—1511 年，湿壁画，500 厘米 × 770 厘米，罗马梵蒂冈使徒宫

拉斐尔崇尚古典时代的智慧；他对基督教学问的敬意体现在《雅典学院》对面的墙上。注意画面上人与古典建筑背景之间的水平分界；以及哲学的抽象思想（左）与实用知识（右）之间的垂直分界。

心人物一个是柏拉图，用手指着上面理式的世界；另一个是亚里士多德，指着下面的自然界。在两边，代表古代哲学的人物对称地排列着，以抽象哲学和实用哲学两个方面达到平衡。在柏拉图的右边，披着褐色斗篷的苏格拉底用手指轻轻地标出他提出的观点，毕达哥拉斯则在石板上检验他的比例。在亚里士多德这一边，应用科学的实践者中有站在右前景中手拿地球仪的天文学家托勒密。这些三五成群的组合由一扇大拱门统一起来，整个场面尽在其中。筒状拱洞向后延伸，直至柏拉图和亚里士多德两人脑袋之间的投影点。画面的总体效果是学问、宽容、完美的和谐与平衡。

拉斐尔的最后一幅大作《显形》（图 8.27）展示出文艺复兴风格的迅猛发展。拉斐尔把一个形象分成了两部宗教戏剧，即基督在塔博尔山（《圣经》中作“他泊”）的圣像显灵，和耶稣门徒没能治好被认为被魔鬼附身的麻风病人这两个故事。无信仰和竞争充斥于下面漆黑的地域，那里覆盖着扭曲的身形和交叉的线条。然而，在这极度痛苦的失败之中，有些人还指着上面发生的神奇事件。那里，几个虔诚的门徒可以直接凝视在神光中显现的基督，两边是先知摩西和以利亚。拉斐尔通过对人物进行相互连接的三角形排列而创造了一个宏大的画面，而不是对角式的建筑背景。这幅画表明文艺复兴高潮时期的静谧、和谐即将爆发出对惯例的种种革新。

罗马的米开朗琪罗

1505 年，米开朗琪罗被尤里乌斯二世召到罗马，教皇想让这位天才的年轻雕塑家为他建造墓穴。米开朗琪罗的设计展示了他在佛罗伦萨创作的《大卫》（见图 8.18）所预示的宏大规模。他凭想象看到了一个巨大的、分三个阶段建立、饰有 40 个与真人一样大小的雕像的正面。米开朗琪罗设计的壮观的墓穴虽然没有完成，但这个项目用了他 30 年的时间。米开朗琪罗本人称其为“悲剧”。

尤里乌斯墓穴的一个雕像成了米开朗琪罗最伟大的作品之一。《摩西》（图 8.28）体现了米开朗琪罗本人所具有的令人敬畏的无限力量。摩西手拿从上帝手里接过来的戒匾，回过头来，看到以色列人正在崇拜一个异教偶像。他胸中充满义愤，站起身来猛击上帝的戒匾，谴责他的族人。《摩西》强健的身体体现了上帝审判的令人敬畏的力量，即使他的胡须也像是活的东西，被义愤激活了。米开朗琪罗的《大卫》是仅次于这一杰作的另一部成熟之作，似乎是歌颂年轻人的一首抒情诗。

1508 年，尤里乌斯指示米开朗琪罗暂时中止墓穴工程，画西斯廷小教堂的天顶。米开朗琪罗抗议说他是个雕塑家，不是画家。然而，就是在这里，在若斯坎曾经歌唱过的小教堂里，米开朗琪罗依赖创造的力量和人类肉体的脆弱创作了一首视觉诗，那是他最著名的作品。

在西斯廷小教堂的天顶画中（图 8.29、图 8.30），米开朗琪罗运用了复杂的哲学和宗教主题，他或许听从了教会学者们的建议。其众多主导思想中包括了新柏拉图主义关于光明与黑暗的象征，以及《旧约》对基督降临的预示。中央镶板描画了《创世记》的场面——创世、堕落和挪亚的故事。按照叙述场面安排的人物象征着基督教思想与古

图 8.28　米开朗琪罗，《摩西》，1513—1515 年，大理石，高 2.54 米，罗马温科里圣彼得大教堂

米开朗琪罗有意把这个可怕的人物用作他的赞助者教皇尤里乌斯二世墓穴里的主要雕像。完成的雕像有几分尤里乌斯的可怕举止。注意雕像上力的平衡，显见于紧张的双腿和左臂鼓起的肌腱。头上的角是《圣经》的误译造成的。

图 8.27　拉斐尔《显形》，1517 年，木板油画，4.6 米 × 2.8 米，藏于罗马梵蒂冈博物馆

比较拉斐尔的《雅典学院》安静平衡的布局（图 8.26）与这幅画前景中集中复杂的戏剧性情节。尤其注意人像姿态和注视创造的线条。

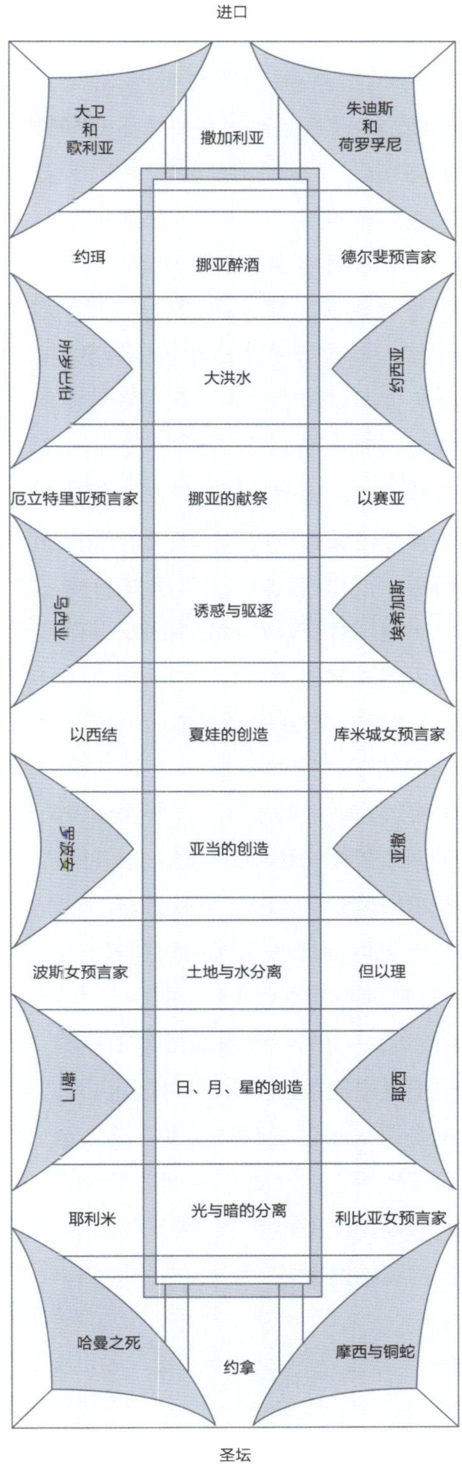

图 8.29　西斯廷天顶画草图

典思想的和解——用希伯来先知代表神的启示，用罗马的女预言家们（异端的预言家们）象征着人类智慧。在四个角落里是预示基督降临的四个叙述场景。不同的部分则由建筑式的边界和裸体“运动员”区别开来。

虽然具有含混性，但西斯廷天顶显然是文艺复兴时期的人文主义作品。它综合了古典和基督教思想，在人性中看到了神的精神与罪孽的肉体之间的张力。当从创世读到挪亚的故事时，这些主要镶板讲述了创造的神性美和秩序何以被人类的软弱所腐败。人类意志的脆弱显见于被逐出伊甸园时受羞辱和缩小的亚当和夏娃（图 8.31）。

然而，米开朗琪罗实际上是以颠倒的顺序画这些镶板的。从挪亚的故事读到创世的故事，这些镶板表明了创造精神的胜利，此时，米开朗琪罗越来越对自己的幻想有信心，因而克服了以前那些场面的狭隘性。在《亚当的创造》（图 8.32）中，上帝以君临一切的神性走向倦怠的亚当。他把夏娃抱在胳膊肘处，拖着包含人类全部未来的一件遮盖物。最后几幅画表明上帝从虚空中创造了宇宙，这些场面使我们想起了米开朗琪罗自己的英雄创造。

图 8.30　米开朗琪罗，西斯廷小教堂天顶画，1508—1512 年，湿壁画，13.41 米 × 39.01 米，罗马梵蒂冈使徒宫

图 8.31　米开朗琪罗，《诱惑和逐出伊甸园》，西斯廷小教堂天顶的一个细节，1509—1510 年，湿壁画，罗马梵蒂冈使徒宫

那棵禁树把两个致命的场面分别开来：左边是亚当和夏娃急切地要得到的智慧果；右边是上帝的天使正把他们逐出伊甸园，他们恐惧万分。

图 8.32　米开朗琪罗，《亚当的创造》，西斯廷小教堂天顶的一个细节　1508—1512 年，湿壁画，罗马梵蒂冈使徒宫

在天顶上这个枢纽式的中央镶板上，造物主上帝拖着包含夏娃和人类全部未来的一件遮盖物。亚当被动地倚在一个无生命的小山边，附着于大地。

新圣彼得大教堂

米开朗琪罗的晚年全部奉献给了建筑。1547年，他被委任为圣彼得教堂的总建筑师，这是一项已经推迟和困难重重的项目。圣彼得教堂的重建在尤里乌斯二世时就开始了。旧的长方形会堂最先是由君士坦丁皇帝建造的，已经成了一堆过时的杂物。作为文艺复兴时期的一个壮举，尤里乌斯二世下令推倒这座教堂，用现代设计取而代之。1506年新的圣彼得教堂奠基时，文艺复兴高潮时期最大、最昂贵的一项事业开始了。这个宏大的项目花费了150年的时间，占据整整一个时代的重要建筑师的职业生涯。

尤里乌斯二世最初任命的总建筑师是多纳托·布拉曼特（Donato Bramante）。布拉曼特做出的是一个对称的设计，形状像是希腊的十字架，中央是一个扁平的穹顶。他的灵感来自布鲁内莱斯基为佛罗伦萨教堂设计的穹顶，也来自达·芬奇的素描，其中包括与布拉曼特的设计非常相像的一座教堂草图。其外部的古典对称则来自这位建筑师建造的坦佩埃托礼拜堂（图8.33），即1502年他在罗马的另一个地方完成的一个神殿。这个礼拜堂精确的古典比例将在新彼得教堂的巨大规模中得以扩大，但布拉曼特的设计并没有付诸实施。

布拉曼特这个里程碑式的简朴的方案被他的后继者（包括拉斐尔）扩展和修改（图8.34）。当米开朗琪罗于1547年接手这个工程时，他又回到了对称的希腊十字架的方案——由四个长度相等的石柱包围的中央穹顶型建筑。穹顶本身实际上是按米开朗琪罗的设想建造的。而外部的拱肋却是布鲁内莱斯基的风格，由环绕外墙的基础和巨大且成对的科林斯圆柱统一起来。里面，穹顶金碧辉煌的镀金屋顶直升至圣彼得祭坛的上方。然而，米开朗琪罗的希腊十字架可能会被穹顶遮盖，后来的建筑师们加长了中殿，增加了一个巨大的正面，因而从正面看去穹顶模糊不清（见图8.34）。就外部而言，只有从后面看圣彼得教堂，米开朗琪罗的立意才清晰可见（图8.35）。

新圣彼得教堂的建造表现出文艺复兴精神的最高潮和最低潮。这座宏伟的教堂是划时代的建筑，虽然受古典模式的影响，但却是以文艺复兴的规模构想的。然而，赞助人和设计者（总共有12位建筑师和22位教皇参与）的雄心是他们的能力所不及的。教堂实际的建造受到了教会有限资金和矛盾的建筑目的的阻碍。与达·芬奇的《笔记》中所画一样，圣彼得大教堂的构想要比实际的建筑更完美。

图8.33　多纳托·布拉曼特，罗马蒙托里欧圣彼得教堂的坦佩埃托礼拜堂，1502年，高14米，回廊直径8.84米

图中，我们看到布拉曼特设计的新圣彼得教堂的小规模穹顶对称和明显的古典主义风格。一个多利克柱式回廊环绕着建筑（标志着圣彼得殉身场所的一个神殿），一道栏杆从回廊过渡到中央穹顶。

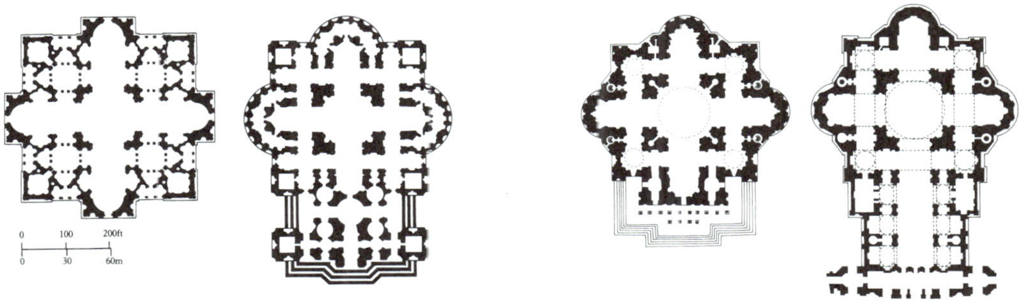

布拉曼特的设计，1506 年　桑佳罗的设计，1539 年　米开朗琪罗的设计，1547 年　卡罗 · 马德尔诺的设计，1606 年

图 8.34　罗马新圣彼得教堂设计图，1506—1606 年

意大利文艺复兴时期最大胆、最昂贵的工程就是重建欧洲最神圣的教堂。布拉曼特和米开朗琪罗的希腊十字架方案在马德尔诺完成的建筑中被修改，即加了一个传统的长方形中殿，教堂也被延长了 183 米。

图 8.35　米开朗琪罗，罗马圣彼得教堂西面，始建于 1547 年，穹顶由德拉 · 波塔于 1590 年完成，穹顶高 137.8 米

米开朗琪罗有意让教堂的各个方面都由穹顶控制，如这个画面就只能看到希腊十字架的三只短臂。注意这里严谨的古典装饰：一层是巨大的科林斯式壁柱，而穹顶周围是双圆柱，把三角墙上的窗口分隔开来。

图 9.1　老卢卡斯 · 克拉纳赫，《马丁 · 路德像》（细节），约 1526 年，木板油画，38 厘米 × 24 厘米，藏于佛罗伦萨乌菲兹美术馆

虔诚的奥古斯丁会修士马丁 · 路德于 1517 年发动了一场宗教革命，质疑教会关于忏悔和宽容的教义。路德的《九十五条论纲》动摇了教皇出售赎罪券的神学基础。数月之内，德国印刷商使路德枯燥的神学论证变成了畅销书。

09

宗教改革运动与文艺复兴晚期

据记载，1517 年 10 月，一个胖胖的年轻教授在德国维滕贝格的城堡教堂的木头门上钉了一张字条。马丁 · 路德（图 9.1）用他的锤子在母教与德国信徒之间钉入了一个楔子。他在向罗马教皇的各种做法发起挑战，此时，教皇正派人向农民出售赎罪券。“如果教皇能够如此容易让人进入天堂，”路德愤怒地问道，“那么，他为什么不免费释放炼狱里的全部灵魂，而不在乎谁的亲属能够付得起钱？”而且，德国国王们也在发问：“德国人来之不易的钱为什么要像流水一样回到罗马去资助奢侈的艺术创造？”

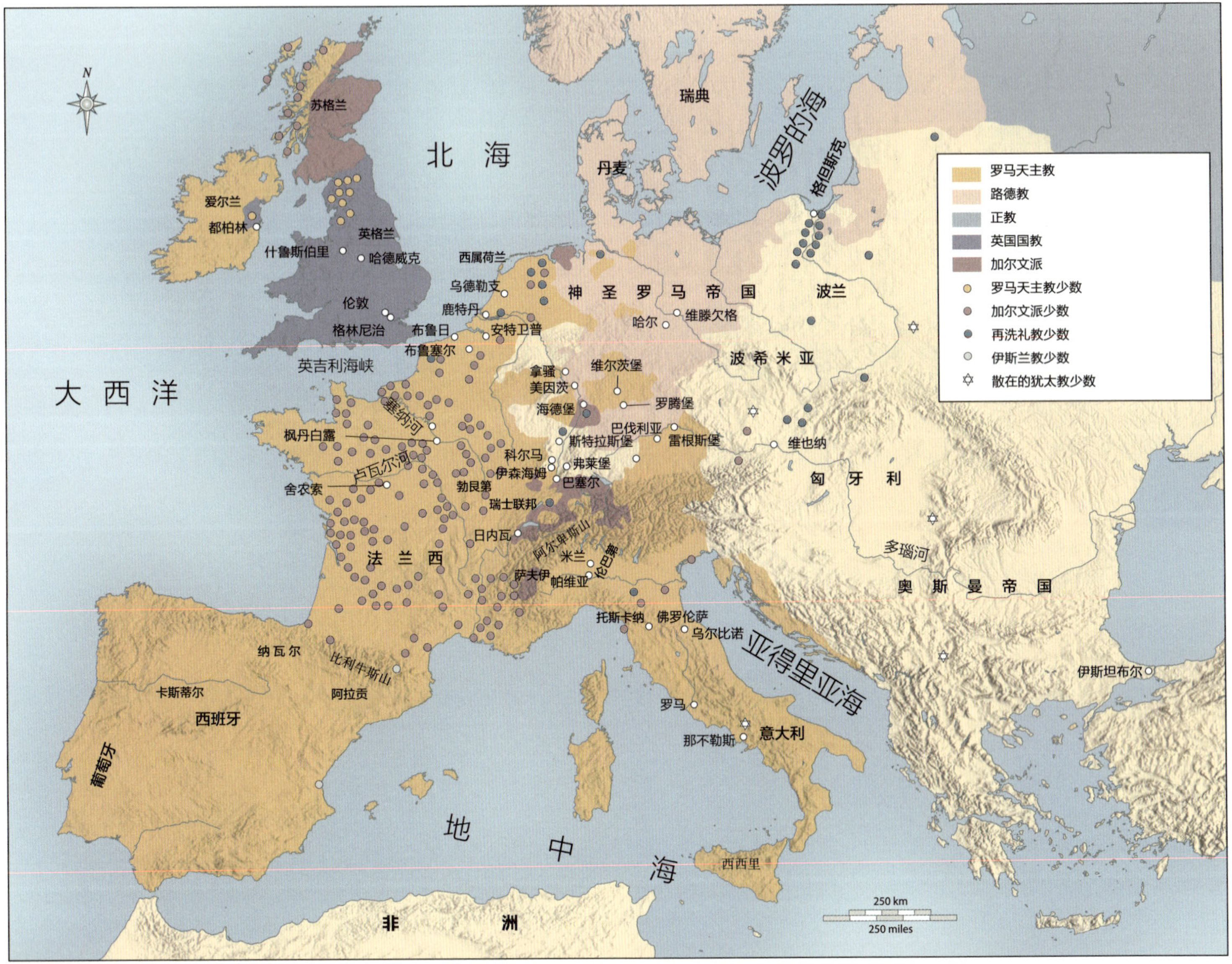

地图 9.1　宗教改革运动期间的西欧，约 1560 年，除了英国，路德的宗教改革运动蔓延到商业中产阶级和专制统治没有施行的正统宗教区域

当好战的宗教热情与对学问的宽容和热爱在欧洲并存并发生动荡和过渡的时候，路德的挑战发展成为一场称作宗教改革的运动，这是一次关键事件。改革运动最终把基督教的欧洲分成了新教国家和天主教国家，同时，北欧的政治和商业动力开始界定早期的现代世界。

宗教改革运动

几个世纪以来，德国皇帝一直与教皇争夺欧洲基督教国家的权力。但是，使基督教在欧洲一分为二的却是大学学者马丁·路德（Martin Luther）的书面挑战（地图 9.1）。路德对罗马教会的堕落和批判，引发了一场被称作改革运动的宗教叛逆——即把西方基督教分化为罗马天主教和新教信仰的一场运动。改革运动衍生出许多“改革的”信条，其追随者被称为抗议者（即“新教徒”），因为他们抗议天主教教义。改革运动的影响是深远的。从神学上说，改革运动恢复了基督徒关于自由意志和人性的讨论。从思想上说，这场运动详尽阐述了基督教人文主义学者的思想，尽管改革派和人文主义者在某些问题上的观点截然不同。从社会上说，改革运动吸引了对天主教苛捐重税极为不满的德国民众。马丁·路德的叛逆最终触及了欧洲生活的每一个方面。

路德的挑战

马丁·路德 1517 年发表了著名的《九十五条论纲》，为维滕贝格的大学学者之间的神学争论提供了议题。他提出的宗教问题并没什么出新之处：罗马教会对个体信徒实行的是什么权力？其教义在《圣经》中有哪些基础？路德用一句明了而激进的格言回答了这些问题：“只有《圣经》，只有信仰，只有恩典”。路德用“只有《圣经》”这句话回击天主教未基于《圣经》教义的每一个信条。他尤其反对圣餐仪式，即把神圣美德给予信徒的那些仪式行为（如领圣餐礼、忏悔和婚姻生活）。由于圣餐仪式是由一个牧师主持的，所以教会就控制了信徒的救赎之路。路德指出，只有浸礼仪式和圣餐礼才可以在《圣经》中找到先例。在这同一个基础上，他还拒绝接受牧师过独身生活和教皇的权威。在“只有信仰”这个短语中，路德的挑战更加深入。他引用了使徒保罗的话“你们得救是本乎恩，也因着信，这并不是出于自己，乃是上帝所赐的。也不是出于行为，免得有人自夸（《以弗所书》2：8—9）”来质疑是否每一个虔诚的行为都足以获得救赎。“如果救赎是不值得给予的神赐礼物，”路德论证道，“那么，笃信的德国人就不必购买赎罪券或向教会纳税。”

路德传达的宗教自由和民族主义信息很快在1520年通过一系列小册子传遍了整个欧洲。路德断言个体信徒有权直接与上帝沟通，不必以牧师为中介。他宣称，基督教信徒只服从上帝之言，不服从教会的教义和制度。而且，由于注意到宗教的政治性，他恳请德国王储率先进行宗教改革。到1520年年末，路德的著作已售出30万册，这个数字证明了路德深得人心，也证明了他的德国同胞的文化程度。

在这个时代之前，这样一个鲁莽的改革者很快就会被活活烧死。是时局救了路德。在罗马，列奥十世正忙于他的艺术事业，而无暇顾及这种“修士的口舌”。此外，教会的权威也不愿意激怒路德的政治靠山——一个有权势的德国贵族。当1521年路德最终受到被驱逐的威胁时，他在维滕贝格城市广场烧毁了教皇的法令。接到神圣罗马帝国皇帝审判的传票之后，路德像一位凯旋的英雄进入“蠕虫之城”，四周的墙壁上贴满了他的画像和标语。对于让他收回观点的要求，路德蔑视地回答：“我不能也不想收回任何观点，因为与良心作对既不正确也不安全。上帝帮助我，阿门。”路德的政治保护人为了他免受帝国的惩罚而把他藏了起来；在隐藏期间，他把《新约》译成德文，也让非信徒们有机会读到上帝之言。

改革运动的影响

路德的挑战在本质上是神学的，但却产生了政治和社会影响。他的著述含有最基本的自由和平等的信息：上帝给人平等的恩惠，不论贫富，不论是神职人员还是俗人，信徒可以直接和上帝说话，可以自己阐释《圣经》。这种激进的思想在德国发生了没有预见到的影响。路德思想帮助孕育了农民起义，但却受到了德国统治者的血腥镇压。

新教也使普通信徒接触到基督教信仰。路德翻译的《新约》使虔诚的路德派家庭能读到母语的《圣经》。路德为新教的礼拜仪式写了一些简单的圣歌，如《我们的上帝是坚固的堡垒》就是以人们熟悉的乐调演唱的。因此，路德派教徒会众不是听拉丁文多声部合唱，而是唱着自己虔诚的且具有民族主义精神的圣歌。

改革运动也吸引了欧洲人文主义知识分子，他们在路德的教义中看到了自己的思想。新教顺应了人文主义对宗教堕落和愚昧的批评，在研究和翻译古代经典方面也与人文主义志同道合。人文主义者还赞成路德提倡的简单的礼拜仪式，而不喜欢教会诡辩的经院哲学和繁复的仪式。同时，改革者和人文主义者在一些关键的哲学问题上持不同观点。人文主义者断言人的精神是崇高的，而路德坚持（奥古斯丁的传统）认为人不能通过自己的努力达到至善。对路德来说，人的自由直接导致道德堕落。

加尔文教派

新教成功的第二次浪潮起源于瑞士的日内瓦，约翰·加尔文作为改革运动的新领袖在那里脱颖而出。加尔文是精确细致的改革思想家，而作为改革者，他的影响波及法国、苏格兰、英格兰和美洲。生于法国的加尔文从古典和早期基督教作家的著作中接受了人文主义思想。由于激进的新教观点，他被迫离开以天主教为主的法国，定居日内瓦，他那些严格的道德教义在日内瓦颇受欢迎。加尔文的《基督教要义》（1536）确定了新教教义，成为改革运动拥有最多读者的神学著作。它详尽阐述了救赎预定论，即上帝在人们出生之前就决定他们将获得救赎的信仰。如果信徒不能通过善行（路德所呼吁的“只因信”）而影响命运，那么上帝在他们出生前就指定了得救的人。但加尔文派徒怎样才能知道谁是被指定得救的义人呢？加尔文的回答是努力工作，获得财富就是被上帝选中的明显迹象（见图 9.2）。大多数加尔文派教徒都对他们在天堂预定的位置充满信心，同时在今世忙于上帝的工作，因此愿意服从社区严格而不宽容的社会纪律。

加尔文派教徒在宗教上顺从，但在政治上却是叛逆的，他们总是挑战统治上帝选民的权威。在法国，加尔文派的胡格诺教徒常常受到迫害，1579 年的一份匿名政治传单断言“国王首先是选举出来的”。似乎“通过继承而拥有皇冠和王权”的君主，传单作者断言，“要接受或者应该接受最重要的来自人民的认可”。在苏格兰，改革者约翰·诺克斯于 1559 年建立了加尔文派政权，苏格兰加尔文派教徒断言上帝把政治主权交给了人民。因此，一位苏格兰煽动家写道：“人民有权把皇权交给他们愿意交给的人。”实际上，这就是说人民有权选举自己的国王。这种加尔文派信仰促发了下个世纪的宗教战争和政治起义。

北欧的兴起

随着路德的改革运动重新划分了欧洲的宗教版图，16 世纪的欧洲开始呈现现代世界初期的可辨形态。在几个国家（主要是英国、法国和西班牙）里，强大的君主通过镇压封建对手、终结王朝战争而建立了民族国家。这些君主还在自己的疆域内开展商业贸易，资助航海探险，打开了欧洲统治非洲、亚洲和新世界的大门。权力和财富戏剧性地从地中海世界转到了北欧及其大西洋沿岸。在北欧的王宫和城市里，并没有古代学问和艺术的戏剧性“复兴”，尽管出于方便历史学家们称这段时期为“北欧复兴”。相反，北欧的赞助者输入意大利艺术和风格，同时也支持地方和民族文化。

国王、商业和哥伦布

英国、法国和西班牙这些国家在 16 世纪统治着欧洲大陆。这些强国的君主每一个都以自己的方式巩固政权。在法国，路易十一世从英国夺回领土，通过征税巩固政权。在西班牙，斐迪南和伊莎贝拉于 1497 年把各自的地方王权结合起来，结束了穆斯林在西班牙南部的统治。他们之后是一个西班牙君主谱系，史称“哈布斯堡王朝”，最终统治了欧洲的大多数领土。英国的亨利七世结束了内战，建立了都铎王朝，后来把著名的亨利八世和伊丽莎白一世也包括了进来。

欧洲的强大君主鼓励商业革命，这使更多的北欧城镇和城市富裕起来，但这往往是以像威尼斯这样的地中海贸易中心为代价的。欧洲统治者废除了传统上对贸易往来的限制。教会放宽了对贷款利息课税，允许银行积累大量利润，哺育贸易和制造业。传统的社区农场已经解体，开始种植经济作物。许多农民或成为地主，或在发展中的城市做劳工发财致富。比如马丁・路德的父亲就是背井离乡的德国农民，在一个矿场找到工作，最终拥有了自己的矿场和铸造厂。他的财富使他能够为儿子马丁提供大学教育，因此，马丁・路德才得以改变了欧洲文明的进程。

16 世纪商业革命的一个全新因素是欧洲探险和对美洲的殖民化。在西班牙斐迪南和伊莎贝拉的资助下，有新发明的航海工具的指引，探险家克里斯托佛・哥伦布于 1492 年打开了欧洲占领“新世界”的大门。西班牙的殖民者们征服了中美和南美的阿兹特克和印加帝国，攫取了贵重的金属宝藏。美洲土著遭受到欧洲疾病的侵袭，许多人到金矿和银矿做奴隶劳工。贵重金属的大量涌入使西班牙成为当时欧洲最富有的国家，并引发了商业革命。葡萄牙探险者沿着非洲到印度

关键概念

新教伦理：上帝、工作和财富

宗教改革运动在北欧富裕的城市居民中获得的成功创造了一个明显的悖论。从事企业的新教商人和工匠忙于致富，同时他们又谴责贪婪的牧师和教皇。在现代，社会学家马克斯·韦伯发明了新词“新教伦理”来描绘加尔文派派神学鼓励的刻苦勤奋精神。在颇有争议的《新教伦理和资本主义精神》(1904)中，韦伯指出加尔文派派教徒的刻苦努力和克己精神有助于哺育北欧资本主义经济的繁荣。

新教伦理根植于加尔文派派思想所导致的焦虑。“如果信徒不能获得救赎，”韦伯问道，“那么，他们怎么会知道自己是否是上帝的‘选民’——注定会获得救赎和获得永生的人？”韦伯认为加尔文派派的回答就是把努力工作和积累财富作为明显的被选中的迹象。因此，只要不被滥用于懒惰、休闲或本能的物质享乐的话，财富就是上帝赐福的象征。这种新教伦理及其与利欲和苦行的混合(图9.2)，促进了小规模的资本主义，可能是新教物质成功的原因之一。

迁徙到北欧的英国清教徒也带来了加尔文派派的生活态度。今天，许多人都在北美赞成努力工作、不赞成冥思苦想或寻求快乐的伦理中看到了这一点。

然而，韦伯的理论在现代社会学家那里打了折扣，因为在加尔文派义与经济行为之间没有任何因果关系。当然，资本主义经济在中国香港和日本等地区也获得了巨大成功，那里的贪婪和苦行精神源自东方宗教而非加尔文派派。但是，韦伯提出的新教工作伦理的本质特征（工作、克己、财富的道德性）在今天的西方态度和行为中仍然清晰可见，并且保持了某种形式的宗教意义。

图9.2 昆丁·马西斯,《兑钱商与他的妻子》，1514年，木板油画，71厘米×68厘米，藏于巴黎卢浮宫

加尔文派派赞同物质繁荣，这解释了社会学家所用的“新教伦理”这个术语——宗教赞同勤奋、苦行和高尚的道德精神，这是欧洲商人和店主阶级的特征。这幅文艺复兴时期的肖像画展示了由丈夫储藏的钱财所象征的贪婪和所具有的危险性，即会使忠诚的妻子不忠。

和东印度群岛的海岸线绘制了新的航海图，把欧洲与具有悠久历史的伊斯兰贸易港口连接起来。这一商业路线把欧洲贸易转到了英国伦敦和荷兰的阿姆斯特丹的大西洋港口，改变了原来以意大利为中心的经济关系。

北欧文艺复兴时期的王宫

经济繁荣和王权创造了北欧王宫里奢侈的王族生活，吸引了来自全欧洲的艺术天才。法国国王弗朗西斯一世（图 9.3）把列奥纳多·达·芬奇安置在法国卢瓦尔河河谷的安布瓦斯城堡，并邀请意大利风俗画家来他的王宫。亨利八世喜欢德国肖像画家汉斯·荷尔拜因（Holbein，图 9.4），这位画家就出生在奥格斯堡这座热闹的文艺复兴城市。

虽然北欧复兴时期的国王开展了一些实际的建设项目，但建筑却是中世纪传统与意大利古典风格的结合。一个明显的例子是位于卢瓦尔河河谷的弗朗西斯一世香波城堡（Chambord，图 9.5）。香波城堡繁复的屋顶天窗、烟囱和塔楼意味着中世纪的随意性。然而，其装饰性细节却是借自意大利文艺复兴的模式，地板设计也揭示出一种意大利文艺复兴时期的核心。

在北欧城堡和市镇房屋的墙上挂着这个时期最奢侈的艺术——编织的挂毯。在波斯和奥斯曼进口挂毯的影响下，欧洲纺织工，尤其是佛兰德斯（今天的比利时）和法国的纺织工，于 1300 年左右开始生产大幅挂毯。挂毯的循环场景描绘了每一种可想象得到的主题，无论是宗教的还是世俗的，用羊毛和丝线编织而成。这种挂毯非常昂贵，以至于一位法国公爵曾用两驮马的挂毯从一个奥斯曼国王那里赎回了自己的生命。一个典型的例子是《夫人与麒麟：给我唯一的欲望》，描写一个年轻夫人从一个麒麟那里接受指令，享受五种感官的快乐。在题为“给我唯一的欲望”的第六场景中（图 9.6），女仆交给夫人一个珠宝盒，那是一个追求者送给她的。画面上，麒麟和狮子各自拉起她的伞盖的一角，这两个动物象征着男性力量和欲望。

图 9.3　让·克卢埃，《弗朗西斯一世》，约 1525—1530 年，木板蛋彩画，96 厘米 × 74 厘米，藏于巴黎卢浮宫博物馆

人文主义者同时也是慷慨的艺术赞助人弗朗西斯一世，与伊拉斯谟商量建立了巴黎学院（一所法国大学）。虽然他信奉人文主义原则，但当路德派教徒秘密地把一张宗教传单贴在他的寝宫门口时，他下令屠杀法国的新教徒。

图 9.4 小汉斯·荷尔拜因,《让·德·丁特维尔和乔治·德·赛维尔（外交官）的寓言肖像》，1533 年，木板蛋彩画，2.06 米 × 2.09 米，藏于伦敦国家艺术馆

这两位文艺复兴时期的外交官反映了北欧商业革命和海外探险带来的繁荣。他们骄傲地站在指引欧洲商船的那些仪器：望远镜、地球仪、天体观测仪旁边。宫廷画家小汉斯·荷尔拜因还融入了欧洲宗教分裂的暗示——打开的圣歌本、断了一根弦的鲁特琴，和死亡的提醒物，即前景中悬挂的头骨。这通过透视法的技巧而被扭曲了，只有从侧面才能看到。

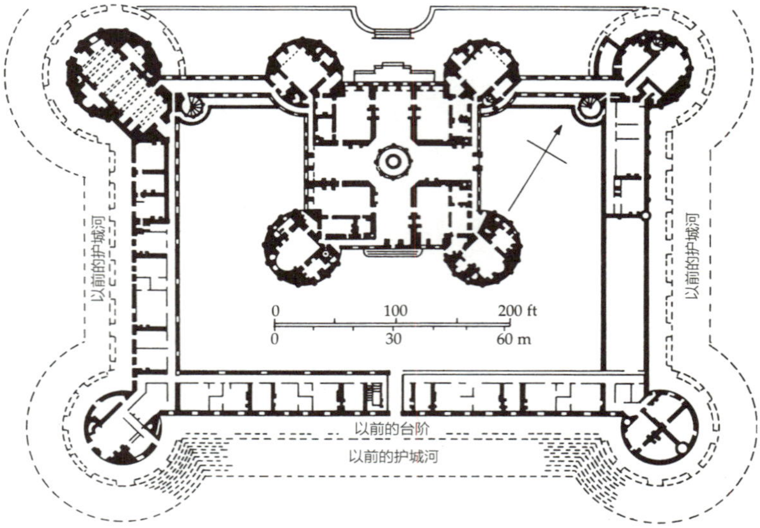

图 9.5　法国香波城堡，1529 年开始建造，多米尼克 · 达 · 科尔托纳和特林丘：正面（下）和设计图（上）

香波城堡是一位意大利建筑师为法国国王设计的，其对称和统一的规划以角落的圆形尖塔为标志。设计的合理性与不规则的天窗和烟囱达成了妥协。意大利的古典铸造和扶手装置把建筑的中央部分统一了起来。比较香波城堡的设计图与罗马的新彼得大教堂的设计（见图 8.34）。

图 9.6 法国学派，《夫人与麒麟：给我唯一的欲望》，15 世纪末，羊毛和丝线，3.8 米 × 4.64 米，藏于巴黎中世纪国家博物馆

这幅奢侈的挂毯是集中刻画夫人和麒麟的六幅循环画之一，歌颂感官的快乐。这幅挂毯的意义是模糊的，夫人也许在接受情人送给她的项链，也许在拒绝那条项链以及它所象征的快乐。

环球视角

奥斯曼帝国

当哥伦布开始将船驶往印度进行著名的航海之旅时，他有充分的理由没有驶向东方。从西班牙向东的亚洲航道受到了可怕的奥斯曼帝国的阻拦。到1500年，奥斯曼帝国已经征服了古巴比伦帝国，统治着波斯以西的大多数伊斯兰王国的首都。在宗教改革运动期间，奥斯曼的侵略性扩张已经威胁到欧洲中部，又一次抵达了维也纳。在伊斯兰世界，奥斯曼统治维持到19世纪，给今天中东的政治留下了一个难以抹掉的痕迹。

游牧的土耳其人在12世纪作为巴格达哈里发的骑兵进入了伊斯兰世界。他们在安纳托利亚定居（今天的土耳其），压制已经衰落的拜占庭帝国，于1444年强行展开一场圣战。在这个时代，奥斯曼统治者依靠被称作禁卫军的皇家步兵，他们是由来自基督教家庭的年轻士兵组成的。在禁卫军的带领下，奥斯曼军队攻克欧洲东南部，最后于1453年占领了君士坦丁堡。这座以城墙著称的城市（罗马皇帝建造的、希腊基督教帝国的中心）将以伊斯坦布尔这个新名称而成为伊斯兰国家最大的首都。

奥斯曼统治在赛里木一世和他的儿子苏莱

图9.7　司南，土耳其埃迪尔尼沙里米耶清真寺，建于1568—1574年

奥斯曼帝国最伟大的建筑师司南在这座清真寺中呈现出了完美的几何设计，一个方形基础上面坐落一个穹顶。内景展示寺内有八根支柱，由支撑穹顶的拱形门和半穹顶连接起来。

曼大帝统治期间达到巅峰。赛里木的军队控制了中东著名的阿拉伯城市（巴格达、开罗和耶路撒冷）以及麦加和麦地那的阿拉伯神殿。就移居到伊斯坦布尔的知识分子和艺术家而言，这座奥斯曼首都成了坚固的伊斯兰城市，而伊斯兰文明现存的阿拉伯和波斯文化又为其增添了一层土耳其色彩。苏莱曼（Suleyman，奥斯曼人由于其立法改革而称其为“立法者”）苏丹资助了一个建筑项目，确立了一种明显的奥斯曼风格。总建筑师司南模仿圣索菲亚的风格，即6世纪的大穹顶拜占庭教堂，设计了一系列清真寺。司南试图“完善”圣索菲亚不规则的比例，用几何图形规整地排列圆形和方形。在像埃迪尔尼的沙里米耶清真寺（图9.7）这样的宏伟建筑中，司南创造了独树一帜的土耳其清真寺——全都是为了上帝和苏丹主子的荣光。

在以后数年里，苏莱曼的统治意味着一系列愚蠢的悲剧。他的军队把穆斯林统治扩展到匈牙利，1529年几乎攻占了维也纳。但由于远离家乡，再加上恐惧奥地利的冬天，奥斯曼军队撤退了。此后，苏莱曼和伊斯兰再也未如此近距离地接近基督教欧洲的心脏。苏丹疯狂地爱上了一个女人——他的小妾洛克斯拉纳，这也给他带来了悲伤。洛克斯拉纳擅长宫廷阴谋，使苏莱曼相信他最亲近的人给他造成了威胁，于是他下令杀死了他的长子和终生好友及顾问。洛克斯拉纳死后，苏莱曼在年老体衰之际结束了统治，尽管他成为了世界上最威武的统治者，但却失去了所有他最爱的人。

随着欧洲各个较小的民族和国家进入现代初期，奥斯曼广大的疆土依然固若金汤，但却相对停滞了。其管理的有效性压制了能动的变化，而欧洲恰恰是由于这种能动变化而先行一步了。欧洲列强在第一次世界大战后瓜分了奥斯曼帝国，它的疆土构成了今天中东的几个小国。

日常生活的窗口

一个接生婆的建议

狄安娜·德·普瓦提埃（Diane de Poitier）以其美貌和影响著称，受到法国国王亨利二世的宠爱，其医学和接生技术也远近闻名。下面是她就法国王储奥尔良公爵婴儿时期的奶妈的情况写给她的一个朋友的建议：

我的助手夫人，我非常高兴地听到了在布卢瓦发生的事，也为你的健康高兴。至于我所监督的事，我相信你会做好你所必须做的一切的。国王和王后给你写信问候奥尔良公爵的身体情况，也想知道奶妈的奶水是否符合要求。因为在这里他们听说奶妈的奶水不怎么好，他们很不安，据他们所说，我想你一定能调查清楚，如果不好的话，就再雇一个奶妈。我想如果从我上次见到她后奶水就不如从前了，那是因为她没有尽职。我想如果你让她喝苹果汁或啤酒，那会使她焕然一新的。医生也会同意我的意见。我相信你一定会做好这一切的。……

——狄安娜·德·普瓦提埃
1551年5月20日

北欧的艺术和人文主义

北欧艺术家起初几乎没有注意到意大利文艺复兴的革命性创新。北欧画家们感兴趣于强烈的视觉现实主义，而非意大利艺术的知识统一和古典来源。即便如此，北欧艺术家最终还是深受时代的知识热潮和宗教改革的影响。

北欧艺术中的信仰和人文主义

在文艺复兴时期，北欧画家们发展了一种惊人的视觉现实主义，以自己的方式与南部意大利文艺复兴时期画家的成就相媲美。然而，北欧现实主义的技巧在一些重要方面不同于意大利画家的技巧。北欧画家不画壁画，而喜欢色彩鲜艳的油彩，这使他们能够描画小的细节和总体色彩。北欧教堂没有灰泥墙，而往往装有细腻刻画的木制神殿画，比如有合页门的柜橱，打开后即可展示宗教场景。

公认的北欧现实主义大师是杨·凡·艾克，一位佛兰德斯画家，以珠宝般的细腻和生动的色彩著称。当马萨乔在意大利进行绘画革新的时候（图 8.11），凡·艾克正在完善对细微的图像细节的处理。凡·艾克最伟大的作品是《根特祭坛画》（图 9.8），该画是由他哥哥胡波特开始绘制的。亚当和夏娃的画面描绘（图 9.9）是凡·艾克完成的，表现出在光和空间处理上的一种新的纤细笔触。那些人像站在神殿里，似乎有观者站在祭坛边从下面或从旁边看着他们。他们的上半身隐退到空间里，亚当则前倾把脚伸到神殿之外——这也许是展露足底部的第一幅画！人像的自然姿态和微妙的三维景观使其可与文艺复兴时期的佛罗伦萨和罗马的任何裸体画相媲美。

凡·艾克在同代人中独树一帜。作为肖像画家他在繁荣的低地国家（今天的比利时和荷兰）鹤立鸡群，他同时还是勃艮第的善人菲利普公爵的高薪外交官。凡·艾克在今天最著名的画作是《阿尔诺芬尼的婚礼》（图 9.10），长期以来人们一直以为那是一幅婚礼画，但现在学者们已对此提出异议。当然，凡·艾克以忠贞和生育力等象征环绕着这对富裕的商人夫妇。妻子并没有怀孕，但绿色的服装和床柱上的异端图像的确说明她有怀孕的前景。后墙上的凸镜是一幅现实主义绘画的精品。其扇形饰边里是基督受难的场景，而镜子则反射着整个房间，包括门口的两个来访者，商人正抬手表示欢迎。凡·艾克时代的任何画都无法与这幅画面上的光、色和图像空间相媲美。

与凡·艾克仁慈的现实主义相比，荷兰画家希罗尼穆斯·波希用他的画笔描绘了邪

图 9.8　胡伯特和杨 · 凡 · 艾克，《根特祭坛画》（展开），1432 年完成，比利时根特圣巴沃大教堂，蛋彩画，约 3.35 米 × 4.6 米

壁橱一样的祭坛，带有合页的画面，与意大利教堂宽阔的墙壁相比，是一种非常不同的图画创作模式。在凡 · 艾克兄弟的这幅杰作中，上半部分描绘了基督在天堂的统治；下面是无数崇拜者前来拜见上帝的羔羊。佛兰德斯油画的细腻场景在意大利文艺复兴艺术家中激发了炽烈的模仿热情。

恶和愚蠢的人类的一个黑暗场景。波希的三连画（分三部分的画）《尘世乐园》是针对人类罪孽的一篇激烈的图像檄文（图 9.11）。在画面左边，上帝在造夏娃，她是性欲之源，因此也是全部人类罪孽之源。画面中间，传统称“灭世洪水之前”，是一个奇怪的沉溺于肉欲和邪恶行为的目录。在右边，人类就像以前享受快乐一样忍受着折磨。尽管这个幻觉影响了现代派的超现实主义，但波希对人类罪孽的严厉批评应该属于加尔文时代。

当北欧画家吸取意大利绘画革命的教训时，有些人保留了中世纪强烈的宗教情绪，如马蒂亚斯 · 古耐沃德的《耶稣受难》（图 9.12），《艾森海姆祭坛画》的一个画面。古耐沃德把痛苦的基督描绘成仿佛患淋巴腺病的满脸脓包的模样（这幅祭坛画是由收容病人的修道院赞助的）。他那深受折磨的人体传达了一种强烈的虔诚和几乎达到荒诞地步的情感主义，也属于北欧文艺复兴的感性。

北欧文艺复兴第一个真正的人文主义艺术家是德国的阿尔布莱希特 · 丢勒，一

图 9.9　杨 · 凡 · 艾克,《亚当与夏娃》,《根特祭坛画》的一个细节，1432 年完成，比利时根特圣巴沃大教堂，蛋彩画，每个画面 204 厘米 × 32 厘米

比较凡 · 艾克的《亚当与夏娃》与米开朗琪罗的西斯廷小教堂天顶上裸体的亚当和夏娃（图 8.31）。佛朗德斯画家明智地把人物放在了明亮的建筑神殿之内，为上面的该隐和亚伯的雕塑场面提供了一个视觉题目（见《创世记》）。

图 9.10　杨 · 凡 · 艾克,《阿尔诺芬尼的婚礼》，1434 年，布面油画，82 厘米 × 60 厘米，藏于伦敦国家艺术馆

这幅画已不再被认为是婚礼肖像了。它描绘了一对荷兰夫妇，周围的物品是其富裕的证明。镜子上面的涂鸦是拉丁文，写着："杨 · 凡 · 艾克 1434 年在此居住。"

位绘画大师、图像艺术家，也写一些论绘画技巧的论文。丢勒在纽伦堡这座帝国之城接受过雕刻训练，那里当时是德国发达的印刷业中心。然而，年轻的艺术家并不满足于做一个尽职的工匠。如列奥纳多 · 达 · 芬奇和其他意大利大师一样，他想要提升艺术家的身份而成为思想家和创造者。丢勒两次造访意大利，接受了意大利的比例和透视理论，忌妒意大利同行的声望。在威尼斯时，他写道："我在这里是位绅士；我在那里是个寄生虫。"不同于意大利文艺复兴大师的是，丢勒称赞艺术家是天才，并合理地证明了艺术家的使命：

图9.11　希罗尼穆斯·波希,《尘世乐园》，约1510—1515年，木板油画，219厘米×97厘米（每一边的画面），藏于马德里普拉多博物馆

波希能够赋予视觉现实以最具幻想和最荒诞的造物。

通过教育我们有能力做许多事，不会因为做事而疲倦，因为自然在我们身上种下了要认识一切事物的欲望……如果我们想要通过学习使理性更加敏锐，并根据理性进行实践，一旦找到了正确的道路，我们就会一步一步地寻求、学习、理解，最后证明并获得某些真理。

丢勒画了一幅濒于虚幻的聚精会神的自画像。在《穿毛领礼服的自画像》（图9.13）中，艺术家飘逸的头发和沉思的面孔暗示了基督的形象，用一些压抑的色彩和金字塔式的构型加以强化的一个想法，给这个形象以宗教的严肃性。然而，丢勒却以杨·凡·艾克的精确性描画了胡须和毛领。

丢勒在木刻和雕刻作品中取得了广泛的成功——这是与印刷术的兴起相关的图像艺术。在16世纪的欧洲，木刻和雕刻就像今天的照相和视频一样快捷，并在一个政治和宗教纷争的时代里常常被用作武器。比如，丢勒的雕刻《骑士、死亡和魔鬼》就是那个时代的一个宗教文本的插图。北欧人文主义思想家伊拉斯谟在他的《基督战士手册》中告诫笃信者：“你吃饭或睡觉时，甚至当你为处理世事而出游，或者厌倦了这副正义的盔甲时，你都必须警惕。”丢勒笔下坚毅的基督骑士端坐在比例恰当的一匹马上，表明他丝毫没有死亡的恐惧，手拿一只沙漏，或伪装成一只野猪的荒唐魔鬼。山顶上的圣城可能象征着由骑士的盔甲保护的内在美德。

与丢勒形成鲜明对比的是彼得·布鲁盖尔（Pieter Bruegel），后者对意大利技巧和人文主义争论几乎不感兴趣。布鲁盖尔对自然

图 9.12　马蒂亚斯·古耐沃德，《耶稣受难》，《艾森海姆祭坛画》的一个画面，1515 年完成，布面油画，2.44 米 × 3.07 米，藏于德国科尔马菩提树博物馆

北方画家往往把精确的视觉现实主义与奔放的宗教情感专注结合起来。古耐沃德的《耶稣受难》遵守的是中世纪的图像画法：施洗者约翰（右）指着牺牲的耶稣，同时抹大拉的玛利亚（跪着）和使徒约翰扶着的圣母玛利亚则为受折磨的耶稣悲悼。上帝的羔羊站在圣餐杯上面，准备盛装基督的祭血。

美和佛兰德斯朴素的农民生活表现出深切的喜爱。他笔下那些世俗题材和态度使彼得·布鲁盖尔成为北欧后改革时代的第一个重要画家。

布鲁盖尔迷恋于普通百姓的生活以及他们与土地的关系。一个早期的传记作家曾谈到这位画家如何把自己打扮成一个农民参加村里的庆祝活动。他在许多风俗画中描绘了普通人，或普通日常生活场景，常常获得一种惊人的视角和哲理深度。在《冬猎》中，狩猎的失败从猎狗耷拉的尾巴上就可以看得出来。在情感对照方面，左边的一伙人准备屠杀一头猪，说明宴会和快乐的节日即将到来。从这个前景中的活动，目光顺着山坡转向山下和后景中的溜冰

图 9.13　阿尔布莱希特 · 丢勒，《穿毛领礼服的自画像》，1500 年，布面油画，67 厘米 × 49 厘米，藏于慕尼黑旧美术馆

德国人丢勒向往拉斐尔和米开朗琪罗等意大利艺术家的崇高地位。右手的长指一方面由于毛领精致的质地，另一方面因为那只手本身而引起了观者的注意，那是丢勒绘画技术的积淀。上面刻的字是："我，阿尔布莱希特 · 丢勒，在 21 岁时用永不褪色的色彩画了一幅自画像。"

图 9.14　阿尔布莱希特 · 丢勒，《骑士、死亡和魔鬼》，1513 年，雕刻，25 厘米 × 19 厘米

与大多数北欧艺术家不同，丢勒用艺术参与当时的宗教争论。尽管显然受到伊拉斯谟称赞的军人的忠诚的启发，但这个雕刻的象征意义仍然是模糊的。狗可能代表忠诚或警觉，而火蜥蜴（一种被认为不怕火烧的动物）可能暗指萨佛纳罗拉，1498 年在佛罗伦萨被活活烧死的那位宗教狂人。

图 9.15　彼得 · 布鲁盖尔，《冬猎》，1565 年，布面油画，1.17 米 × 1.62 米，藏于维也纳美术史博物馆

佛兰芒人布鲁盖尔选择描画日常生活的精致场面，这部分缘于他对宗教艺术持有的新教敌意。这幅画是他的一系列日历画之一，即用来标识一年四季节气的一种中世纪绘画传统。分析画面上复杂的空间结构，归家的狩猎者、村庄及其与自然界的关系。

者。归家的猎人似乎无视那些溜冰者，他们在宏大的冬日气象里似乎无足轻重。一只鸟从天空飞过，把人类戏剧与右上角的永恒的阿尔卑斯山峰统一起来。

伊拉斯谟和人文主义

北欧人文主义思想家们常常被称作基督教人文主义者，以区别于意大利文艺复兴时期的古典人文主义者。最重要且最著名的基督教人文主义者是德西德里乌斯·伊拉斯谟，他的翻译和著述体现了一种虔诚和谦卑学习的精神。伊拉斯谟出生在荷兰，早年就接受以福音书为基础的一种笃信和谦卑的生活教育（图 9.16）。1492 年被授以圣职之后，他开始了一场让教会摆脱堕落和经院哲学之矫饰的运动，同时他本人则追求一种潜心专研和道德修行的生活。

伊拉斯谟最著名的著作是《愚人颂》（1509 年），是揭露文艺复兴时期社会虚荣和堕落的一篇檄文，也是文艺复兴时期最伟大的讽刺文，即通过幽默的夸张和戏仿批判社会的一部著作。该书获得了极大成功，在伊拉斯谟有生之年就有 42 种拉丁文版本以及英文和德文译本。

《愚人颂》针对文艺复兴社会的虚伪和虚荣，将其罪恶与引向基督教救赎的内在虔诚和道德努力加以对比。在以愚人的讽刺口吻讲话的时候，伊拉斯谟谴责战争的愚蠢，尤其是像尤里乌斯二世这样的战争狂。愚人把最尖刻的批判指向了伊拉斯谟的宿敌——经院神学家。在作者看来，经院哲学家的虚荣使他们脱离了真正的虔诚。愚人建议说，学习《圣经》本身应该取代经院哲学的

图 9.16　阿尔布莱希特·丢勒，《鹿特丹的伊拉斯谟》，1526 年，雕刻，24.77 厘米 × 19.05 厘米，私人收藏

丢勒曾经几次遇到过伊拉斯谟，几年以后他刻了这幅专心致学的肖像。作为理想的人文主义者，伊拉斯谟站在写字台前，周围都是书。百合花象征着知识的纯洁。画面上的拉丁语写的是："这是鹿特丹伊拉斯谟的生活画，阿尔布莱希特·丢勒作。"日期 1526 年是用罗马数字标识的。下面是艺术家的字母拼合。希腊题词写道："他的作品展示的是一幅更好的肖像。"

评论和教会教条。读者一方面在伊拉斯谟对律师、商人、修士和神学家的嘲讽中获得快感，另一方面，他的讽刺也使他在欧洲知识界到处树敌，使这位学者有足够的理由寻求教皇的保护。

伊拉斯谟关于律师的看法：……人民当中最自满的阶级，他们滚动西西弗斯[a]的石头，一口气把六百条法律串在一起，不管有没有关联，都把意见和解释堆积起来，使他们的职业显得那么艰难。任何制造麻烦的事情在他们眼里都具有特殊意义。

关于教皇宫廷的看法：无数的抄写员、职员、律师、辩护者、书记、赶骡人、马夫、银行家和拉皮条的人（我几乎还可以加上一些更有暗示意义的人，但我不想冒犯你们的耳朵）——简言之，现已有一大群人成了罗马人眼睛的负担（对不起，我是说“现已是罗马人眼睛的荣耀”）……

关于经院神学家的看法：……他们在自满和自得中如此幸福，日日夜夜如此忙于这些快活的蠢事，以至于他们没有时间哪怕通读一遍《福音书》或《保罗书》。虽然他们在学校里把时间都浪费在那些胡话上，他们竟然还相信像诗人所说的大力神阿特拉斯[b]把天扛在肩膀上一样，他们也用演绎推理来支持整个教会，没有他们，教会就会倒塌。

——伊拉斯谟《愚人颂》（1509）

（a）西西弗斯（Sisyphus），被罚永远把一块石头滚向山顶的希腊人。

（b）阿特拉斯（Atlas），撑天的希腊神。

伊拉斯谟认为他的《愚人颂》与他翻译的《圣经》和关于教会先驱如圣杰罗姆的著述相比简直无足轻重。1516年，伊拉斯谟迈出了革命性的一步，用希腊原文发表了《新约》，并加上了自己的评注。伊拉斯谟的希腊版《圣经》暴露了教会官方拉丁版翻译中的许多错误，教会学者因此极力抨击伊拉斯谟的版本，认为它对教会的宗教权威构成了威胁。

虽然与教会存有分歧，但伊拉斯谟仍然与马丁·路德的改革保持距离，这既有哲学的依据也有出于自我保护的原因——伊拉斯谟的所有赞助人都反对路德。在哲学上，伊拉斯谟持人文主义观点，认为人据其自由意志能够进行自我道德改善。而路德认为人一定要依赖上帝的恩赐才能获救。伊拉斯谟最后在一篇批评文章《论意志的自由》中谈到了与路德的分歧，并向路德的人本有罪的基本信仰提出了挑战。路德以自己的小册子做了回应，其题目极其尖锐——《论意志的奴役》，认为任何善都不会产生于人的自由。伊拉斯谟赞同改革者认为“上帝之言至高无上、虔诚比善的工作重要”这一信念。但他从未抛弃他的天主教信仰，也未抛弃对人类自由和自律的信念。

乌托邦派和怀疑论者

伊拉斯谟并不是唯一严厉批判北欧社会疾病的人文主义批评家。他的英国友人托马斯·莫尔在《乌托邦》（*Utopia*）中描绘了体现基督教正义和虔诚的另一种社会，从本质上说是基督教对柏拉图的《国家篇》的回应。莫尔的书的标题是“乌有乡”的意思。它描写了一座虚构的岛屿，那里勤劳的人民解决了战争、贫穷和犯罪等问题。

托马斯·莫尔的主要兴趣在于批判当代英国的贪婪、暴力和堕落，而不是认真地提出一种乌托邦的生活方式。莫尔的乌托邦是一个相当无趣的、勤奋简朴的共和国。其公民全部身穿相同的普通毛衣，统统在8点上床睡觉。晚课提供教育和自我改善。非法的性活动将受到严厉惩罚，按照莫尔的说法，如果不这样公民就没有结婚的理由了。莫尔对贪婪予以最严厉的批判。乌托邦人通过几个小时的劳动就可以满足物质需要，对比之下，英国社会似乎更像是“富人以组织社会为借口来提高自己的利润的阴谋”。

伊拉斯谟和莫尔都高扬谦卑的虔诚，但基督教人文主义者蒙田（Montaigne）则提倡怀疑主义和毫不妥协的自律。蒙田生于（法国东南部的）波尔多，接受过典范的人文主义教育，做过廷臣和顾问。但在1571年，他回到家乡，开始写《蒙田随笔集》，一种谈话和回顾式的文章，标志着一种新的文体即散文（essay）的出现。

蒙田的散文极具个性，充满了逸事和自省，包括了他所关心的每一个话题：友谊、宗教宽容、死亡、自然。蒙田最著名的散文是《为雷蒙·塞蓬德辩护》，文中，他质疑了最普遍的人文主义思想——人对于其他动物的优越性。他在一句著名的解释中问道：“当我和我的猫玩耍的时候，谁知道我是她的消遣还是她是我的消遣？”蒙田对文艺复兴时期知识虚荣的批判使他主要依赖自己的经验和观察——这是未来几个世纪导致欧洲思想革命的科学态度的起点。

关键概念

怀疑主义

意大利人文主义者皮科·德拉·米兰多拉宣称人的创造空间甚至比天使的空间还要大。蒙田则以嘲讽的怀疑主义来看待皮科的热情。人类并不居住在云端，蒙田认为，他们“住在这里，在世界的污泥和粪便里”。只有凭借无限的傲慢和虚荣，人才能想象自己和上帝平等。

尽管他不是系统的科学家或哲学家，蒙田关于人类知识的结论将对科学和哲学产生巨大的影响。通过散文，他成为逐渐兴起的怀疑主义的重要传声筒，对任何知识主张都表示全面的怀疑。蒙田相信，人类应该把智慧用在对世界的研究上。他写道：“我们的能力能引导我们认识一些事物，但它仍然具有明确的界限，超过这个界限来利用它就是冒失之举。”以他的古典知识，蒙田在古希腊和罗马看到了一个怀疑的思想传统。实际上，古希腊思想家们希望能在对一切判断的怀疑中寻找心灵的僻静之所。蒙田本人判断说，由于缺乏对世界的认识，我们应该依靠自然、习俗和上帝之言来活着。

蒙田的怀疑主义不仅混合着厌世态度，还部分起源于他自己国家的宗教纷争。在《为雷蒙·塞蓬德辩护》中，蒙田问道：“有没有可能想象如此滑稽的事情，这样一个可怜的弱小的生物”——一个人，“竟然自称是宇宙的主人和皇帝，而他竟然连宇宙的最小部分都无法认识，更不用说掌握了？”

文艺复兴的怀疑论者帮助证实了当时的科学实验革命的合理性，而最著名的科学实验就是伽利略的观察天文学和物理学。科学推动了对传统教学和既定见解在实践和哲学方面的不信任。用蒙田的话说，一切知识最终都是“傲慢和虚荣”。但从直接观察和经验获得的知识必定是傲慢最少的，是走向真理的最可靠导引。

伊丽莎白时代

英国只有在16世纪末才能与意大利和德国的文艺复兴成就相媲美。到此时，如望远镜等航海发明曾帮助英国扩大了海上经济，而农业生产量也在增长。英国君主维持的新的繁荣和政治稳定为英国的文艺复兴创造了条件。尽管受到欧洲方式的影响，但英国依然在音乐和戏剧方面有自己的艺术和哲学表达。

英国的改革运动

英国改革运动从政治纷争开始，以宗教分裂结束。国王亨利八世请求教皇解除他与阿拉贡的凯瑟琳的婚姻，因为凯瑟琳没有给他生出男性继承人。教皇拒绝了这个要求，亨利便与罗马教会决裂，自立为英国国教的领袖，以便自己颁布法令与妻子离婚。他还没收了修道院的土地，将其出售以获得巨大利润。在拒绝罗马教会的领导权的同时，英国国教保留天主教的宗教信仰，极力反对路德教。英国国王一手以宗教异端为理由迫害清教徒，另一手以政治背叛为理由迫害天主教徒。在亨利八世的继任者爱德华六世和玛丽一世的统治下，清教和天主教轮番占上风，每一派都在占上风的时候迫害其宗教对手。

最后，在伊丽莎白一世（图9.17）的统治下，英国国教信仰得以重申，宗教宽容盛行。伊丽莎白要求表面上必须服从英国国教的官方信仰，同时允许天主教教徒秘密举行信仰仪式。至于新教徒，伊丽莎白经常镇压他们，因为加尔文派教义威胁到了皇权。因此，虽然欧洲大陆已经遭受宗教战争的血腥洗劫，英国却享有相对的宗教和平、繁荣和文化复兴——这就是著名的伊丽莎白时代。

这次复兴开始于1588年英国海军战胜西班牙海军，激发了英国的民族精神和海洋经济。同时，欧洲宗教战争的逃亡者纷纷来到英国城市，加入了来自农村的农民大军。在伦敦，那个建有伊丽莎白奢侈享乐的王宫的城市，一下子挤满了新来的居民，成了伊丽莎白文明的首都。

伊丽莎白时代的戏剧

伊丽莎白时代最繁荣的一种艺术是戏剧。英国城镇的宗教分裂实际上到16世纪中叶就已经结束了中世纪戏剧的循环演出，取而代之的是由职业演员组成的巡回剧团在酒馆院子和其他临时剧场演出。演员剧团常常要经过城镇当局的审查，他们担心戏剧会危害公民道德。为了减少这种审查，演员剧团要获得名门望族的赞助，名门望族也雇用

图 9.17 乔治 · 戈沃尔，《伊丽莎白一世（舰队肖像）》，约 1588 年，布面油画，藏于不列颠贝德福德郡沃布尔修道院

伊丽莎白一世坐在象征着贞洁的珍珠当中，她的舰队（左上窗口）打败了西班牙无敌舰队（右上）。女王手扶一个地球仪，上面显示的是美洲，表明了英国对新世界的殖民野心。

剧团在自己的官邸里演出。职业剧团实际上垄断了娱乐表演，因此获得了商业成功，也生产出具有很高文学价值的戏剧。

伊丽莎白时代的戏剧繁荣时期开始于 1576 年，是年，伦敦剧院落成。这是伦敦许多公开剧院中的第一家，这些剧院是长期的，上演的流行剧目吸引了各种各样的观众。伦敦剧院后来易名全球剧院（图 9.18），即著名的“木头 O”，莎士比亚的许多戏都是在那里上演的。伦敦的公开剧院建在泰晤士河南岸，这里不受城市当局的审查。这里的剧院距离逗熊游戏和嫖娼等娱乐场所较近。流光溢彩的伊丽莎白社会的人们流水般地跨过伦敦泰晤士河上的桥梁，来这里看戏，入场券只需一个便士，甚至卑贱的学徒工也能看到堪与罗马相媲美的戏剧景观。

公开剧院反映了不同观者的需要和公开表演的要求。剧院都是多角或圆形结构，能够容纳 2000 名观众。由于舞台突出到院子中央，站在台上的演员就被吵嚷的观众三面包围着。因此，伊丽莎白时代的演员都喜欢演说式的表演风格，用丰富的动作表现人物

图 9.18　伦敦全球剧院，1599—1613 年，复原草图，由 C. 瓦尔特 · 霍杰斯绘制

伊丽莎白时代的剧院是模仿酒馆院子建造的，英国演员曾经长期在这样的院子里演出。最富有的赞助人舒适地坐在包厢里，而普通观众（包括扒手和妓女）则拥挤地站在舞台前部的"坑"里。注意屋顶下舞台装置和活板门（《哈姆雷特》的鬼魂出现的那场戏中用过）。

的情感状态。此外，剧院的露天结构意味着演员必须尽快在黄昏之前结束一出长戏的表演。

伊丽莎白时代的戏剧源自古代和中世纪的戏剧先驱，是各种戏剧类型的灵活混合。伊丽莎白时代的喜剧大体上模仿罗马戏剧家普劳图斯和泰伦斯的作品，莎士比亚小学时就读过他们的拉丁文剧本。不管属于什么文学谱系，伊丽莎白时代的喜剧都含有足够粗俗的幽默和低俗的闹剧以博得观众席上目不识丁的百姓的欢心。历史剧或编年史在英国海军击败西班牙舰队之后的爱国热潮中极为流行。历史剧融入了中世纪神秘剧的因素，表现了圣人的整个生涯和舞台上血腥的折磨。伊丽莎白时代的悲剧借鉴罗马作家塞内加的轰动情节，常常把复仇主题与严格的加尔文教派的道德混合起来。伊丽莎白时代后期的悲剧常常以意大利为背景，因为那里似乎是政治阴谋、谋杀和性贫乏的集中发生地。戏剧以多样性和革新性捕捉到了伊丽莎白时代社会的本质，正如好莱坞的警匪片和爱情片捕捉到 20 世纪 30 年代和 40 年代美国社会的本质一样。

莎士比亚的天才

英国最受欢迎的戏剧家是威廉·莎士比亚（William Shakespeares）——伊丽莎白时代的戏剧天才。与许多伊丽莎白时代的人一样，莎士比亚生于乡下，来到伦敦淘金。他发现等待他致富的机会就在剧院。到16世纪80年代，已经有几个职业表演剧团得到承认，公开剧院也获得了商业成功。克里斯托佛·马洛，和莎士比亚同时代的最有才能的人，开创了伊丽莎白时代戏剧的诗歌形式。马洛的《浮士德博士的历史悲剧》（1588年首次上演）在心理深度和史诗规模上为莎士比亚伟大悲剧的诞生奠定了基础——如《哈姆雷特》《麦克白》《奥赛罗》和《李尔王》。马洛笔下的浮士德具有寻求无限知识和力量的动机，使他与魔鬼达成了交易。这些作品的流行推动了莎士比亚的成功。

作为戏剧家，莎士比亚蔑视古典的形式规则，而这正是他那些受过大学教育的对手所器重的，包括年轻的朋友和保护人本·琼生。莎士比亚的戏剧情节松散，有几个星期甚至几年的时间跨度。莎士比亚没有模仿拉丁诗歌，反而把伊丽莎白时代的语言发展成无韵诗，在英语中既自然又受器重的五音步诗行。莎士比亚（图9.19）也许不是人文主义者，但在同代人眼里，他确实是极具人性的诗人。

最能揭示莎士比亚与文艺复兴之间关系的戏剧是悲剧《哈姆雷特》，讲述的是一位犹豫不决的王子的故事。哈姆雷特从国外大学回到丹麦的家，父亲的鬼魂要求哈姆雷特替自己报仇。而那时杀害哈姆雷特父亲的叔父克劳狄斯已经当选国王，与刚刚丧夫的、哈姆雷特的母亲结了婚。哈姆雷特既感到憎恶又心生疑窦，通过装疯而延迟了行动。最后，他精心安排了一场决斗，决斗中，无辜者和有罪者一同死去。

图9.19 《莎士比亚戏剧》（第一部）对开本的封面，1623年

莎士比亚不在乎戏剧的文学价值，以至于在回到埃文河畔的斯特拉特福时也没有修改过他的剧本。由本·琼生题词的第一部全集在莎士比亚死后七年问世。

在《哈姆雷特》中，莎士比亚在对话中掺入了文艺复兴时期的重要思想。年轻的哈姆雷特是文艺复兴时期的绅士，是依照卡斯提格里昂的《廷臣手册》或希利亚德的《靠在一棵树上的年轻人》（图9.20）里的描述而塑造的。正如卡斯提格里昂所描述的那样，哈姆雷特具有极其成熟的随和且成熟的风格：他机智地戏弄同伴，即兴表演宫廷戏，还精通能使人致命的剑术。但哈姆雷特的性格中也有蒙田的怀疑主义，质疑人类是否比动物优越。这使哈姆雷特那些对人类崇高的著名赞美突然间变成了悲观主义和厌恶：

> 人是何等巧妙的一件天工！理性何等的高贵！智能何等的广大！仪容举止是何等的匀称可爱！行动是多么像天使！悟性是多么像神明！真是世界之美，万物之灵！但是，由我看来，这尘垢的精华又算得什么？人不能使我喜欢……（梁实秋译文）

就其丰富的哲学内涵而言，莎士比亚的《哈姆雷特》充满了引人入胜的戏剧情节。受过教育的戏剧观众会从中品味出道德堕落和哲学思辨的主题，而没文化的观众也能够享受一场语言机智、兼具露天表演和舞弄剑术的视觉大餐。《哈姆雷特》在每一方面都是伊丽莎白时代的戏剧典范。

图 9.20　尼古拉斯·希利亚德，《靠在一棵树上的年轻人》，约 1590 年，羊皮纸，14 厘米 × 7 厘米，藏于伦敦维多利亚和阿尔伯特博物馆

希利亚德的伊丽莎白时代廷臣的肖像画代表了理想的爱的忠诚和世俗性。主体身穿黑白服装（女王的颜色），周围是野蔷薇，那也是女王喜欢的花。

伊丽莎白时代的音乐

伊丽莎白女王喜欢壮丽的场面和庆祝活动，她的皇宫总是举办音乐、舞蹈、哑剧和其他壮观的活动。廷臣要懂乐器，主要是鲁特琴或小键琴（女王喜欢的一种拨弦古钢琴），并参加声乐合唱。最流行的歌曲和舞蹈都来自意大利，但往往浸透着英国的活力。

伊丽莎白时代王宫里最有才能、最多才多艺的作曲家是威廉·比尔德，其各种成就可以与莎士比亚的戏剧成就相提并论。作为作曲家，比尔德被迫与宗教派别进行斗争；他避开清教徒，因为清教徒认为一切神圣的音乐都是“教皇式的”装饰；他为英国国教和自己的天主教信仰作曲。尽管他写了三首天主教弥撒曲，但这些作品却不能在信奉新教的英国公开演出。比尔德也勤奋地为皇家和贵族赞助人服务，为他们谱写用于各种场合的曲子。由于效仿莎士比亚在戏剧方面的多样性，比尔德精通各种音乐，包括经文歌和通俗牧歌。

与莎士比亚和其他伊丽莎白时代的艺术家一样，音乐家也积极采纳意大利的形式来迎合英国大众的品味。意大利牧歌方面的书籍于16世纪80年代进入英国，即刻就被“英国化”——在意大利文本之上用英文翻译再版。除了彼得拉克的译文外，英国本土的情歌和挽歌也非常适合意大利的音乐形式。为牧歌做出最大贡献的作曲家和出版商是托马斯·莫雷。莫雷和莎士比亚住在伦敦的同一个地区，他还曾为这位剧作家的一些诗歌谱过曲。在牧歌最流行的时期，莫雷7年内发表了9卷《牧歌集》，其中一部是《奥利安娜的胜利》的选集（发表于1601年）。奥利安娜是为“少年女王”伊丽莎白起的一个想象的名字。在托马斯·威尔克斯作曲的《当维斯塔下凡的时候》中，黄昏时出现的仙女和羊倌儿们（侍奉着女灶神星，掌管黄昏之女神维斯塔）恰到好处地使用了快乐的词句。而最后的欢呼“美丽的奥利安娜万岁”则证明这首牧歌完全是为奉承伊丽莎白一世而作的：

当维斯塔从拉特摩斯山下凡的时候，
她看见一个少年女王登上那座山顶，
周围尽是那些多情的乡村羊倌儿；
狄安娜宠爱的那些人都向她跑去，
先成双成对，然后三五成群，
撇下他们的女神独自匆忙地前行；
与她后面的羊倌儿们汇聚一行，
她的出现的确带来了欢乐的乐曲。
接着狄安娜的羊倌儿和仙女们齐声高唱：
美丽的奥利安娜万岁！

文艺复兴后期的意大利和西班牙

当北欧于16世纪兴起的时候，文艺复兴时期的意大利正值政治和经济衰落时期。路德领导的德国起义打击了教皇制，1527年，德国皇帝查尔斯五世的雇佣军洗劫了罗马，掠夺了整座城市，把西斯廷小教堂当作他的马棚，意大利文艺复兴的艺术也蒙受了损失。到1520年，达·芬奇和拉斐尔都已过世。在文艺复兴高潮期的大师中，只有米开朗琪罗还活着，并继续以他的伟大创作压制着其他人，同时自己忍受深切的宗教怀疑之苦。意大利和威尼斯戏剧方面的革新也在继续，而此时罗马教会则开足马力回应改革者的挑战。

帕莱斯特里纳与反宗教改革运动

天主教对宗教改革运动的反动是缓慢的。当天主教的主教们最后在特伦特会议相聚时（1545—1564），他们想尽办法研究了教会教义和礼拜仪式。这次会议的结果就是所谓的反宗教改革运动，即天主教教会采取的自身改革和对新教发动宗教攻势的运动。尤其在西班牙，反宗教改革运动掀起了一股天主教的复兴浪潮。这次复兴的最重要人物是罗耀拉的伊格纳修，一位西班牙贵族，他的《精神修习》旨在模仿圣人的痛苦和精神自律。《精神修习》描写了笃信和祈祷的方法，根据这个方法，虔诚的信徒可以再造圣人的心理经验，参与他们的信仰。伊格纳修超凡的信仰使他赢得了教皇的支持，1539年，他建立了耶稣会。耶稣会的军事和传教秩序旨在保护天主教信仰，反对改革者，并把基督教信仰传到新世界。

与宗教法庭（实行教义、惩罚异端的教会职能机关）一样，特伦特会议审查书籍，规定艺术标准。就音乐而言，特伦特会议宣布：

> ……就弥撒曲的情况，无论是清唱的还是用风琴伴奏的，都不能掺入亵渎的因素，而只允许圣歌和对神的赞美。以音乐模式演唱的整个计划不是只让人听到快乐的乐音，而是要让人清楚地理解歌词的意思……

会议宣布的这一规定向文艺复兴时期音乐的两个基本原则提出了挑战：首先，它批判了若斯坎·德·普雷以及法国北部和佛兰德斯作曲家复杂的多声部风格；第二，它批判了文艺复兴时期宗教音乐中常见的宗教和非宗教因素的“混合”。

这种批判在意大利作曲家中产生了一种新的保守主义。最快适应这些变化的作曲家是意大利的乔万尼·达·帕莱斯特里纳。他抛弃了世俗的曲子，在谈到世俗作曲家时，他说："想到我曾经是他们中的一员我就脸红和悲伤。"帕莱斯特里纳改变立场完全是机会主义之举，因为他后来在罗马兼任了几个重要的音乐职位，最后担任了教皇的西斯廷唱诗班指挥。帕莱斯特里纳庄严而无瑕的曲目是文艺复兴后期意大利宗教音乐的巅峰。

从音乐上讲，帕莱斯特里纳回归了以传统清唱为基础的宗教创作，同时比若斯坎更严格地使用不和谐音。他创作的《马塞勒斯教皇的弥撒》含有六个声音，表明复杂的多声部不会破坏虔诚的宗教信仰。比如，在《凯丽》中，他在乐调上升之后很快就用降调予以平衡。在这些比较严格的界限内，音乐始终是饱满的、流动的。帕莱斯特里纳挽歌式的经文歌《在巴比伦河畔》把音乐节奏与《圣经》中的悼辞（摘自《诗篇》第 137 篇）完美地搭配起来。帕莱斯特里纳的多声部模仿始终是被控制的，而模仿的段落也总是与和弦达到了平衡。在帕莱斯特里纳的宗教音乐中，各种声音混合成一种罕见的清晰和优美。

文艺复兴时期的意大利戏剧

莎士比亚大部分充满世俗智慧的喜剧都以意大利为背景，以意大利的情节为基础，这绝不是偶然的。意大利文艺复兴时期的戏剧不仅开创了一种新喜剧，而且大量出版并广泛发行，成为向莎士比亚所生活的英国出口的另一种物品。

意大利戏剧家从古罗马喜剧派生出翻新的喜剧，但保留了传统人物和日常情景。然而，对于古典模式，意大利戏剧家添加了新的情节连贯性，通常把戏分成五幕，为事件提供了现实的似真性。喜剧的新的变体被评价为严肃的（grave）或有学问的（erudita），因为它们是以古代模式为基础的。但是，意大利戏剧家自由地把地方戏剧传统与现代情节融合在一起了。

现代意大利喜剧的现实主义主要源于意大利在舞台设计和机械方面的革新。意大利文艺复兴时期的戏剧生发出许多革新——舞台装置、情节结构、喜剧常规，致使现代欧洲戏剧成了现实的镜子。舞台设计者把文艺复兴绘画的透视技术用于舞台，以创造舞台上深度的三维空间幻觉。在标准的当代舞台上，永久的剧院场所在 16 世纪是罕见的，布景设计者采用巨大的透视背景。可移动的画面场景采用内向角度以创造漫长的街道或森林远景的表象。

意大利革新的舞台技术与对罗马剧院建筑的人文主义研究同时在安德里亚·帕拉蒂奥设计的奥林匹克剧院中达到高潮（图 9.21）。奥林匹克剧院是对古罗马剧院的小规模复制，由多层的前脸、装饰性雕像和圆柱构成。帕拉蒂奥永久的建筑式舞台布景为观众提供了深度空间的幻觉，与文艺复兴绘画的透视观点相同。

奥林匹克剧院的落成还产生了另一种具有古典色彩的革新影响——索福克勒斯

图 9.21　安德里亚·帕拉蒂奥和文森佐·斯卡摩奇，奥林匹克剧院内部，意大利维森查，1580—1584 年

帕拉蒂奥的剧院把公开模仿的古典主义与舞台背景的幻觉透视结合起来。舞台前脸的装饰是文艺复兴时期古典因素的凝聚，从遗存的罗马剧院模仿而来（比较图 4.25）。这座革命性的剧院的混合建筑透视并未得到广泛模仿；相反，意大利剧院喜欢活动布景和绘画的场景。

的希腊悲剧《俄狄浦斯王》的翻译。佛罗伦萨的一个叫卡梅拉塔的学者协会长期以来从事亚里士多德的《诗学》和希腊悲剧复兴的研究。1585 年，安德里亚·加布里埃利在《俄狄浦斯王》的划时代演出中把舞蹈和音乐结合起来，与古希腊的表演几乎没有什么相似之处。卡梅拉塔用音乐表演古希腊悲剧的古典思想最终将迸发成一种新的戏剧艺术，即歌剧。

文艺复兴时期意大利输出的最流行的一种戏剧形式是即兴喜剧（图 9.22）——演员进行即兴对话以适于情节需要的一种喜剧。喜剧表演随意从通俗小说、街谈巷议和当下事件中提取素材。一般的脚本都涉及十几个传统人物，包括无辜的年轻女子，挥霍无度的情人和乏味的医生。至少在几十年内，即兴喜剧剧团含有女性演员，她们在欧洲大部分地区都留下了即兴表演的智慧和身体喜剧的烙印。

文艺复兴时期的威尼斯

文艺复兴后期的威尼斯是个自由的大都市，几乎没有受到这一时期宗教冲突的影响。富裕的贵族支持一种丰富的艺术文化，雇用画家作画，建造新古典主义风格的别

图 9.22 《法国宫廷的即兴喜剧表演》，约 1670 年，藏于巴黎法国喜剧馆

意大利喜剧演员在法国广受欢迎，但法国剧团禁止他们入内。喜剧表演包括丑角（中左，身穿艳丽的服装）和潘塔罗内以及普切涅拉（最右边）这样的闹剧演员。注意这里的幻觉透视场景，这也是由舞台设置和绘画背景提供的一个意大利发明。

墅。威尼斯城著名的圣马可广场不仅是辉煌的建筑，而且是丰富的音乐文化的中心。基于国家和宗教的和谐相处，威尼斯公民生活中奢侈的游行、铺张的节日庆典和辉煌的艺术放射出璀璨之光。威尼斯人对狂欢的热爱甚至充斥于宗教场合和以此为主题的作品，如保罗·委罗内塞（Veronese）的名画《加纳的婚礼》（图 9.23）。

威尼斯音乐的宏大风格非常适合这座城市的浮华和庆祝活动。为这座城市服务的有一整个谱系的著名作曲家——首先是佛兰德斯音乐家，然后是本土作曲家。文艺复兴时期最后一位作曲家是乔万尼·加布里埃利，其叔父曾为佛罗伦萨卡梅拉塔版本的《俄狄浦斯王》谱过曲。与他的前任一样，加布里埃利的宗教音乐受到该城大教堂的独特建筑风格的极大影响。圣马可的长方形会堂不只有一个唱诗班空间，而是面面相对的两个，每个都有自己的管风琴。威尼斯作曲家利用这个背景发明了多弦乐风格，中间相距一段距离有两组或更多组歌手或乐器。在加布里埃利的《圣乐交响曲》（1597）中，两个铜管唱诗班进行一种立体音响的对话，运用一种典型的“长短短”的“合组歌节奏”。当每一节结束时，多声部的旋律在最后的和弦中结合（两个或三个音同时演奏）。这些和弦结尾称作终止式，即给人一种结束感和完整感的音乐休止点。加布里埃利明确的终止

图 9.23　保罗 · 委罗内塞，《加纳的婚礼》，约 1560 年，布面油画，6.65 米 × 9.88 米，藏于巴黎卢浮宫

委罗内塞擅长威尼斯雇主喜欢的大规模的庆典场面。基督和圣母玛利亚坐在中央，只能通过其光晕才能辨别出来；音乐家（前景）中有委罗内塞与提香的自画像。建筑背景类似于剧院的透视背景（见图 9.21）。

式表明他已经脱离了文艺复兴音乐的多声部而开展了一种新样式。

威尼斯人铺张的生活方式对著名的文艺复兴建筑师安德里亚 · 帕拉蒂奥（1508—1580）来说称得上一种幸运。虽然他设计了许多教堂，通常有一个中心和古典的庙宇前脸，但帕拉蒂奥最著名的建筑还是乡间庄园。威尼斯的经济危机使一些富有的商人不得不经营农场，而帕拉蒂奥则巧妙地把古典风格用于建造这些雇主的乡间别墅。帕拉蒂奥古典的对称和简朴设计的影响一直持续到 19 世纪。

帕拉蒂奥乡村别墅的典型设计显见于罗通达别墅（图 9.24），尽管其居所是乡间疗养所，而不是农舍。严格对称的地板（图 9.25）在方形内包含一个圆形，有四个完全一样的古典风格的门廊。部分由于帕拉蒂奥的影响，这种三角墙式的前脸和中央穹顶的建筑是这几个时期里世俗建筑的共同特征。帕拉蒂奥热衷于学习古罗马建筑，尽管他的设计往往随意把罗马因素综合进来。他的《建筑四书》（1570）是古典设计和装饰的拷贝，成了此后两百年来建筑师的教科书。

文艺复兴后期的绘画和风格主义

由于威尼斯城的潮湿气候不宜于湿壁画的保存，所以威尼斯文艺复兴的画家们喜欢画油画，并用丰富的色彩创作了具有神秘色

图 9.24　安德里亚·帕拉蒂奥，罗通达别墅（卡普拉别墅），意大利维森查，1550 年开工，24.38 平方米，穹顶高 21.34 米

四面的古典门廊利用了周围的视野。其中，山顶的景观给托马斯·杰斐逊在弗吉尼亚的蒙蒂切洛庄园以启示（见图 11.20）。

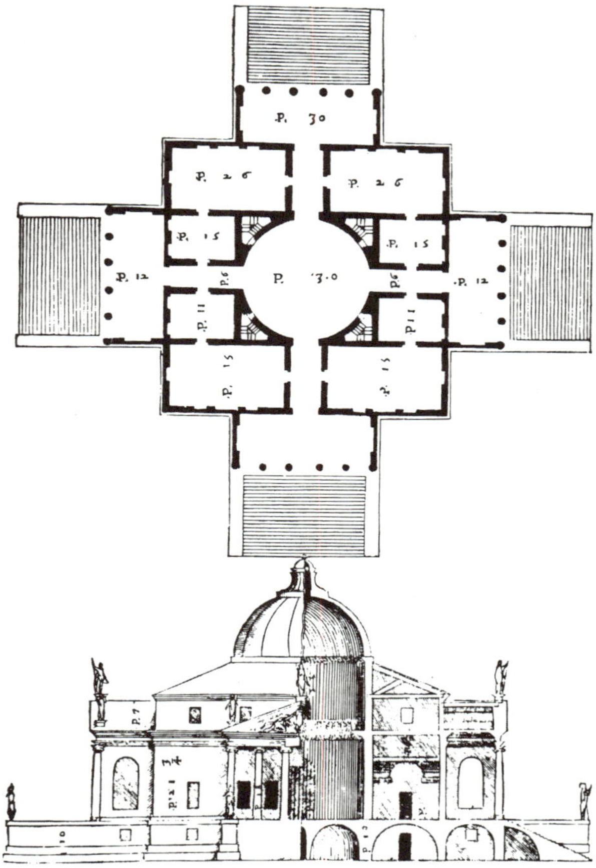

图 9.25　罗通达别墅设计图

帕拉蒂奥在非宗教建筑中使用中央穹顶，这在文艺复兴时期是前所未见的，将对欧洲和美洲居民区和首都穹顶建筑的选择产生巨大影响。

图9.26 乔尔乔内，《暴风雨》，约1505年，布面油画，82厘米×73厘米，藏于威尼斯学院艺术馆

威尼斯人乔尔乔内擅长创造难以捉摸的、有时谜一般难解的情绪。注意暴风雨的背景与前景中平和的人物之间的对比。从寓言的角度看，这幅画的意思是模糊的：屋顶上的鹳与母亲的白色斗篷象征着传统的纯洁，而哨兵的武器和折断的圆柱则暗示着坚毅。

调和宏大景观的作品。威尼斯最神秘的画家是乔尔乔内（Giorgione），一位用图像传达情绪的大师。在《暴风雨》（图9.26）中，他设法让城市风景既暗示平和又预示一场暴风雨的来临。前景中的人物（哨兵和裸体的抱着婴儿的母亲）始终是未加解释的。他们意味着力量和温柔等互补属性。除了可能用母亲和婴儿暗示圣母玛利亚和基督外，乔尔乔内的田园场面完全没有宗教的意味。

乔尔乔内短暂的生涯与提香（Titian）的生活形成对比。提香是位色彩大师，是他所处时代最富有且最成功的艺术家。如果说米开朗琪罗的精力都花在了新的圣彼得大教堂的建造上，那么，提香的精力，就花在了意大利贵族的雇用作品上了。他最惊人作品之一——《巴克斯与阿里阿德涅》（图9.27），颂扬的是异端精神，是用来装饰公爵在意大利北部的费拉拉家乡住宅的。酒神巴克斯傲慢地从他的战车跳向湿漉漉的阿里阿德涅。整幅画都洋溢着蓝色、金色和粉色，反映了聚集在右边的那些闹饮者的情绪。人物的扭曲和运动与文艺复兴高潮期绘画的和平和谐形成了鲜明的对照。

文艺复兴后期，妇女艺术家获得了国际性成功，如来自意大利北部的索霍尼斯巴·安奎索拉和拉维尼亚·方塔纳。索霍尼斯巴是位肖像革新画家，她的作品拥有国际主顾。她的群体肖像描绘谈话和玩耍的主体，而不是沉默地注视着观众的主体（图9.28）。安奎索拉20多年的时间里始终在西

图 9.27　提香，《巴克斯与阿里阿德涅》，约 1520 年，布面油画，1.73 米 × 1.85 米，藏于伦敦国家艺术馆

提香是第一位靠自己的技术吃饭的文艺复兴时期艺术家。提香擅长每一个文艺复兴主题，包括肖像和宗教主题。这里请注意画面由于对角切分造成的能动构思。巴克斯的狂欢者们在右边的三角里，而阿里阿德涅则独自站在左边的三角里。跳跃的巴克斯在中央连接这两个三角。

班牙做宫廷画家，而方塔纳则在罗马的教皇宫殿里。这些艺术家的成功鼓励男性教师接收女性学生，最后把绘画的行业的大门向有才能的年轻女人敞开了。

提香绘画的能动性和张力表明了一种风格的影响，它与文艺复兴传统的古典主义一同兴起于 1520 年左右的佛罗伦萨和罗马。这种叫作“风格主义”的画风利用夸张、扭曲和表现力，对文艺复兴时期的习俗进行了优雅而富有创造性的嬉戏。学者们最初从嘲讽的意义上使用这个术语，暗示这是一种派生的或颓废的风格；现在他们把风格主义看成对新的表现方法的一种研究。风格主义者往往玩弄透视和比例的规则，突出图像幻觉与空间现实之间的张力。

风格主义精挑细作的扭曲在帕米加尼诺

图 9.28 索霍尼斯巴 · 安奎索拉，《艺术之家：密涅瓦、阿米尔卡尔和阿斯德鲁巴尔》，约 1557—1558 年，布面油画，157 厘米 × 122 厘米，藏于丹麦尼瓦的尼瓦纳加兹博物馆

安奎索拉是描绘表演时刻或熟悉的亲密时刻的第一批欧洲肖像画家之一。

图 9.29 帕米加尼诺，《长脖子圣母》，1534—1540 年，布面油画，2.16 米 × 1.32 米，藏于佛罗伦萨乌菲兹美术馆

风格主义画家玩弄文艺复兴的空间和比例技术。比较这幅画面上左面空间里拥挤的天使与右面空间里站在未完成的古典建筑圆柱前的先知以赛亚。

（Parmigianino）的《长脖子圣母》（图 9.29）中明显可见。中央人物违背了文艺复兴时期解剖学研究的比例规则。基督像一具死尸般懒洋洋地躺在母亲的怀抱里。一排未完成的圆柱暗示圣母的垂直形体，但透视法的使用却是非正统的，它抛弃了文艺复兴风格中精心策划的图像空间的平衡。风格主义画家雅各布·彭托莫热衷于风格主义的自由。《罢黜》（图 9.30）画面上的扭曲姿态，压缩了图像空间以创造由基督之死而被破坏的宇宙感。参与这出悲剧的人的凝视和姿态引导观者的目光移向画框之外，而不是移向基督的身体。

风格主义对图像空间的实验使威尼斯画家雅各布·丁托列托（1518—1594）获得了自由，他用新的戏剧方式表现传统的基督教主题。在丁托列托的《最后的晚餐》（图 9.31）中，基督几乎消失在按桌子的对角线排列的弟子当中。灯烟变形为天使，犹如圣餐上的酒和面包神秘地变成了基督的血和身体一样。

这种风格的酵物通过埃尔·格列柯（约 1541—1614）传到了西班牙，他把文艺复兴的技巧与强烈的天主教主题结合了起来。在希腊克里特岛出生时，格列柯名叫多米尼克·特奥托科普勒（Theotocopoulos）。年轻

图 9.31　雅各布 · 丁托列托，《最后的晚餐》，1592—1594 年，布面油画，3.65 米 × 5.7 米，威尼斯圣乔治马乔雷教堂

虔诚的丁托列托的作品与反改革运动的热情一样炽烈。使徒们和基督挤在一张斜角桌子的后面，而冒烟的灯和鬼一样的天使们则照亮了参加宴会的仆人和宠物。

图 9.30　雅各布 · 彭托莫，《罢黜》，约 1528 年，木板油画，3.13 米 × 1.92 米，佛罗伦萨圣菲利其塔教堂

风格主义扭曲的解剖和对图像空间的压缩奇怪地引起人们对彭托莫的传统宗教主题的同情。右上方满脸胡须的人是艺术家的自画像。

图 9.32 埃尔·格列柯，《奥加兹伯爵的葬礼》，1586 年，布面油画，4.88 米 × 3.61 米，西班牙托莱多的圣多美教堂

请看这幅画的横向和垂直轴，注意沿着垂直轴的相反运动（伯爵的灵魂飞向天堂，他穿盔甲的身体落入下面的地穴），人类悲悼者的现实主义风格与天堂主人的风格化形成了对比。

的埃尔·格列柯在威尼斯学习绘画，吸收了提香和意大利风格主义的画法。1570 年左右，他回到托莱多定居，这是反改革运动的西班牙最具宗教性的城市，他在那里开始了肖像画和为托莱多教堂画宗教画的生涯。

埃尔·格列柯典型的教堂画是《奥加兹伯爵的葬礼》（图 9.32），是在伯爵的一座小教堂的墓上画的。画面展现了格列柯对色彩的掌握和令人想起拉斐尔的哲学深度。《奥加兹伯爵的葬礼》表现了对一位圣洁骑士的尊敬，据说在他的葬礼上，圣斯蒂芬和圣奥古斯丁都显灵了。在天堂里，埃尔·格列柯描绘了圣母玛利亚和施洗者约翰这些苦行者，他们都在恳求耶稣接受伯爵的灵魂。下面人物面目和服装色彩的清晰与上面天堂的蓝色、黄色和绿色形成了鲜明的对比。这幅画的下半部分说明他受到了文艺复兴大师提香的影响；上半部分表明他对风格主义的借鉴。能动的整体宣告了一种新的综合风格，后来人们称之为巴洛克。

图 10.1　吉安·洛伦索·贝尔尼尼，罗马圣彼得大教堂的祭坛，镀铜，高约 30.5 米

10

巴洛克

吉安·洛伦索·贝尔尼尼装饰的新圣彼得大教堂是巴洛克时代最伟大、最奢华的建筑之一。贝尔尼尼的祭坛波浪式的廊柱和涡螺为米开朗琪罗的穹顶和拱形的古典规律提供了巴洛克的对等物（图 10.1）。巴洛克（Baroque）精神喜爱奢侈的丰碑似的美，素朴与装饰之间的张力，科学与信仰之间的冲突，是 17 世纪欧洲的主要特点。在巴洛克时代的国王和教皇建造宫殿和集体艺术的同时，一种新的科学在探索宇宙的奥秘，重新构筑着西方文明。这个能动的时代（大约从 1600 年到 1700 年）正是现代科学和现代政府得以诞生的年代。它给西方世界留下了难以磨灭的痕迹。

意大利的巴洛克

动乱的 17 世纪产生了一种反映时代能动性和分化的艺术风格。我们现在称这种风格为巴洛克——它原本是一个贬义词，可能派生于葡萄牙语，意指一颗畸形的珍珠。巴洛克风格在欧洲不同国家和殖民地有不同的形式，反映了它在意大利、西班牙、法国和荷兰要满足不同的观众。

在意大利，天主教教会经受了宗教改革运动的挑战，以建造新建筑和甚至超过文艺复兴鼎盛时期的艺术赞助来庆祝这次胜利（见地图 10.1）。对一种更新的宗教信仰来说，意大利巴洛克风格增加了对装饰的喜爱、对戏剧性和艺术性的甄别和对丰碑式作品的创造。

贝尔尼尼与反宗教改革运动的罗马

当马菲奥·巴贝里尼于 1623 年成为乌尔班八世教皇时，他对艺术家贝尔尼尼说："你的幸运就是看到了红衣主教马菲奥·巴贝里尼；但我的幸运要大得多，那就是在我的任职期内贝尔尼尼骑士还活着。"吉安·洛伦索·贝尔尼尼具有无尽的想象力和精力来完成他的作品。他的雕塑融文艺复兴的技术和巴洛克风格的能动力和情感力于一体。他的《大卫》（图 10.2）与米开朗琪罗的文艺复兴时期的《大卫》（见图 8.18）形成了鲜明对比。当巨人歌利亚走近的时候，贝尔尼尼的大卫准备投掷石头，开创了扭曲的对角线，这是巴洛克雕塑和绘画的典型特征。大卫脸上坚毅的怪相也许是贝尔尼尼工作时自己面目表情的自画像。

受罗马最后一次兴起的教会资助的激励，贝尔尼尼在雄心和技艺上都超越了文艺复兴时期的巨人。他被委任完成和装饰圣彼得的长方形会堂，建造了一个巨大的镀铜祭坛阳台，矗立在米开朗琪罗咄咄逼人的穹顶之下。贝尔尼尼抛弃了前人的古典主义，用扭曲的圆柱支撑着阳台（图 10.1），圆柱上饰有华丽的桂树叶（他的雇主巴贝里尼的象征）。这种阳台（baldacchino）标志着雕塑和建筑的成功，在人类崇拜者与米开朗琪罗的长方形会堂的超人规模之间起到了协调作用。

科尔纳罗小教堂是贝尔尼尼的幻觉想象和娴熟技巧的具体体现。教堂建筑中心的《圣特雷萨的入迷》（图 10.3），描写了这位圣人与上帝的极乐融合。特雷萨用性感的语言描述了她看到的天使：

> 我看到他手里拿着一支大金枪，铁头上似乎是火尖，他几次将其投向我的心脏，刺入了我的五脏。当他将其拔出时，我感到他也带走了我的五脏，把我完全留给了上帝的伟大的爱。

地图 10.1　罗马文艺复兴时期和早期的纪念碑

地图显示文艺复兴时期罗马一些主要建筑的复兴和当时留存的一些古代纪念碑。

那痛苦如此剧烈，我呻吟了几声。这剧痛引起的甜蜜之感如此强烈，你不可能希望它停下来，你的灵魂也只能满足于上帝。

在贝尔尼尼的描绘中，天使（也是一个美少年，象征着爱欲）已经收回长矛。特雷萨下垂的眼睛和疲惫的身体表明她已经完全被上帝的“温柔求爱”所征服，沉浸在同样的甜蜜和痛苦之中。天使拖着漩涡状的长袍，而这个雕塑组合似乎在一块天堂的云彩上漂浮。科尔纳罗小教堂的戏剧性背景（图10.4）突出了这尊雕塑的幻觉，背景中，科尔纳罗家族的雕塑人像在阳台上望着，强化了雕塑充溢的幻觉。

1656 年，已经是当时最伟大的雕塑家贝尔尼尼接受创造巴洛克罗马最后一件伟大的工程：圣彼得长方形会堂前面的公共广场。贝尔尼尼公共广场（图 10.5）开始是一个宽阔的正面，然后收拢以容纳现存的建筑，最后再逐步加宽而融入一个宽阔的广场，数千人可以聚集在这里接受教皇的祝福。贝尔尼尼的作品是独创性的胜利。侧面的柱廊是一个不等边四边形的前院，然后展开而成为一个巨大的椭圆，就像两只胳膊在拥抱（图

图 10.2 吉安·洛伦索·贝尔尼尼,《大卫》,1623—1624年，大理石，高 1.68 米，藏于罗马贝佳斯艺术馆

人物的张力和能量从深凹的眼窝延伸到右脚脚趾，这些脚趾紧紧抓住了支架的边缘。这件作品的赞助者是红衣主教贝佳斯，他是巴洛克时期罗马最重要的艺术赞助人之一。这位红衣主教的罗马别墅现已是一座重要的博物馆了。

图 10.3 吉安·洛伦索·贝尔尼尼,《圣特雷萨的入迷》,1645—1652 年，罗马维多利亚的圣玛利亚教堂的科尔纳罗小教堂，大理石和镀铜，真人大小

在描绘圣特雷萨的幻觉的一个画面中，上帝的天使用神爱的铁箭刺透了特雷萨的心。上帝之光似乎揭示出了这一戏剧性；实际上，那束光来自上方一个隐蔽的窗口。

10.6)。贝尔尼尼以显赫的巴洛克风格完成了圣彼得大教堂的雕塑，将其背景扩展到丰碑式的规模，为布拉曼特和米开朗琪罗的教堂提供了一个戏剧性的入口。

随着这些规模惊人的作品的完成，反宗教改革运动的罗马也哺育了一些精微复杂的艺术工程。其中之一是圣卡洛教堂，由贝尔尼尼的建筑对手弗兰西斯科·博罗米尼设计（图 10.8)。博罗米尼把这座小教堂的基础结构放在一个复杂的重叠的三角形、圆形和椭圆形之中。在波浪式的墙上方是一个椭圆形穹顶，上有偏心圆状的花格装饰。这些花格装饰越是接近中央的窗口就越小，创造了使穹顶显得很高的幻觉。

意大利的巴洛克绘画

意大利画家卡拉瓦乔（Caravaggio）运用光与暗的戏剧性对比描绘现实主义的《圣经》故

图 10.4　吉安 · 洛伦索 · 贝尔尼尼，罗马维多利亚的圣玛利亚教堂的科尔纳罗小教堂，17 世纪 40 年代

观察贝尔尼尼在为《圣特雷萨的入迷》设计的戏剧性背景中达到了各种艺术的巴洛克融合。它包括为主雕塑设计的一个复杂的建筑圣殿，后面是镀金的神的光芒；细腻的天顶画，而最不同凡响的是阳台两边的科尔纳罗家族的雕塑人像。一家人在观看特雷萨的梦境，仿佛那是一出舞台剧。

图 10.5 罗马圣彼得大教堂，空中景观，卡罗·马德尔诺设计的正殿和前脸，1606—1612 年；吉安·洛伦索·贝尔尼尼设计的广场和柱廊，1656—1663 年，前脸高 44.8 米，宽 114 米

卡罗·马德尔诺设计的巨大前脸和圆柱比雅典的帕提侬圣殿高出两倍还多，这个项目是文艺复兴时期尤里乌斯二世教皇开始的，经过了一个世纪才竣工。巴洛克大师吉安·洛伦索·贝尔尼尼设计了柱廊式广场，那就像一个巨大的钥匙眼，象征着基督交给圣彼得的进入上帝天堂的钥匙。

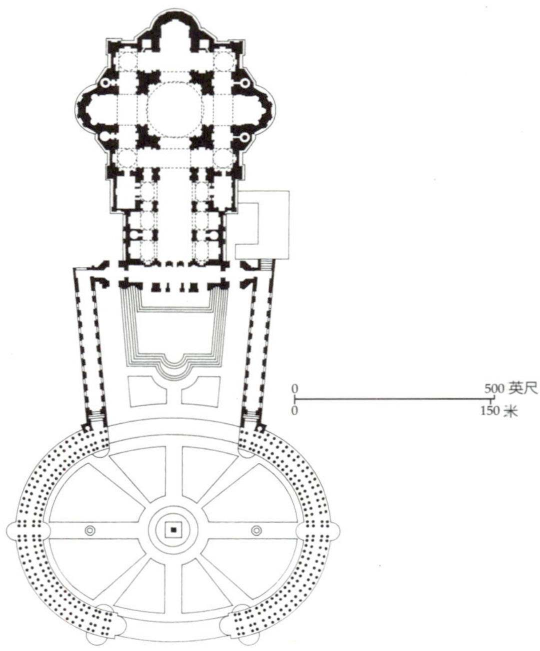

图 10.6 罗马圣彼得大教堂及其广场的设计图

环球视角

泰姬陵

当欧洲征服者和传教士占领美洲之时，伊斯兰教已经将其影响扩展到了印度。从 1526 年到 1761 年，一系列的穆斯林统治者在印度建立了莫卧儿帝国，在他们的统治下，印度由于兴旺的国际贸易而繁荣起来。第一批莫卧儿征服者来自中亚，是蒙古人（Mongols）的后代（因此才得名 Mughal 或 Mogul），但却强调是土耳其的遗传。莫卧儿统治者与印度贵族通婚，他们代表的文明就综合了伊斯兰、波斯和印度等文化。

莫卧儿时期最著名的艺术品是一座陵墓，泰姬陵（图 10.7），位于印度北部的阿格拉。总体上说，莫卧儿统治者更倾向于建造丰碑和墓穴，而不是穆斯林清真寺或神殿。泰姬陵继承了土耳其人纪念一个男人忠实于一个女人的悠久传统——泰姬陵就是沙贾汗（统治期为 1628—1658）为纪念爱妻蒙塔兹而修建的。

在形式上，泰姬陵是一个锥体，上面中央有一个球状穹顶，四面带有通往八角形的中央空间的拱门。这座白色大理石建筑坐落在一个粉色沙石基座上，两边是长长的反射的池塘。这座陵墓的背景也许是其最壮观的一面，正面是一条河，两边各有一个旅馆和一个清真寺。

泰姬陵的内部和外部都饰有阿拉伯式花纹，上镶嵌着半宝石、《古兰经》经文和石头花卉的马赛克。这种装饰是伊斯兰教主题与印度本土石刻技术的混合。从象征意义上，整个墓群既是爱的表白，又展示了穆斯林乐园的景观。一位莫卧儿诗人说，泰姬陵“被包裹在一条空气棉纱之内”。

图 10.7 印度阿格拉泰姬陵，1632—1648 年

莫卧儿王朝皇帝的妻子的墓穴——泰姬陵，建在一块粉色石头的基座上，在一座花园和两条反射的池塘之上，暗示了伊斯兰教天堂的快乐。把泰姬陵的对称和平衡与欧洲的古典建筑相比较，如西班牙的埃尔·埃斯科里亚尔宫（图 10.12）或英国的圣保罗大教堂（见图 10.32）。

图 10.8　弗朗西斯科 · 博罗米尼，罗马圣卡洛教堂穹顶内部，约 1638 年，宽约 15.8 米

博罗米尼复杂的穹顶覆盖的空间不过是圣彼得大教堂的一个窗间壁那么大。在这样一个窄小空间里，博罗米尼设法实现了巴洛克艺术的能动性和幻觉效果。

图 10.9　卡拉瓦乔，《圣马太蒙召》，约 1597—1598 年，布面油画，3.38 米 × 3.48 米，罗马圣路易吉 · 迪 · 弗朗西斯教堂康塔雷利礼拜堂

卡拉瓦乔对光和暗的戏剧性使用开启了一种最终被许多人模仿的风格，包括伦勃朗。这里，当基督召唤马太要收他为徒时，这位税收官（指着自己）困惑不已。基督慵懒的姿态由于从右边进入房间的成角度的光线而得到强化。注意画面的象征性对比：光与暗，华丽服装与简朴的斗篷，决斗者的剑与信徒手里拿的东西。

事。卡拉瓦乔笔下的《圣经》人物看起来特别像意大利农民，致使他的作品常常遭到雇主的拒绝，雇主都喜欢理想化的、传统的处理，而不喜欢他的当代背景和现实主义。

《圣马太蒙召》（图 10.9）描写了一个朴素的酒馆，就仿佛马太在短暂动荡的一生中经常光顾的酒馆一样。左边，马太坐在一群衣冠楚楚的意大利廷臣当中，他们正在数着这天的税收。基督本人也来到了这间寒舍，圣彼得陪伴着他。基督召唤马太离开一个罪孽的黑暗世界（《马太福音》，9.9）。这个召唤不是从基督隐蔽的面孔发出的，而是从来自一个看不见的窗口

图 10.10 阿特米希亚·简提列斯基，《朱迪斯杀死霍洛芬斯》，约 1620 年，布面油画，1.99 米 × 1.53 米，藏于佛罗伦萨乌菲兹美术馆

简提列斯基画了几幅以色列女英雄朱迪斯的画，她杀死了围攻她城市的亚述将军。注意“卡拉瓦乔式”的黑暗背景由明亮的前景所衬托的行动，以及把目光引向中央的辐射状的光线。

的温暖光柱发出的。甚至一个没人能瞧得起的税收官也可能被上帝恩赐的闪光从罪孽的黑暗中拯救出来。卡拉瓦乔的技巧体现了巴洛克的宗教精神。

卡拉瓦乔对明暗对比效果的戏剧性使用很快就影响了意大利艺术家，最终影响了整个欧洲。在意大利，一个具有独创性的追随者就是艺术家阿特米希亚·简提列斯基（Artemisia Gentileschi），其生活和职业表明了一位女性艺术家在 17 世纪的欧洲所面对的种种挑战。学生时代，简提列斯基就遭到作为艺术家的父亲雇用来教她画画的画家的性骚扰。在一次强奸丑闻审判之后，简提列斯基来到那不勒斯从事绘画，采用卡拉瓦乔的画法，使其画作具有了戏剧性效果。简提列斯基最喜欢的一个主题是朱迪斯和霍洛芬斯——在文艺复兴和巴洛克艺术中广泛描画的一个希伯来传奇。故事说的是以色列女英雄通过杀死亚述军队的指挥官霍洛芬斯而拯救了她那被围困的城市（图 10.10）。前景中明亮的光把行动推向观者，增进了恐怖和暴力感。

歌剧的诞生

意大利风格主导巴洛克时代的欧洲音乐，就如同它们主导绘画和雕塑一样。这个时期意大利最伟大的音乐发明是歌剧——配乐的舞台戏，使用精湛的歌手、管弦乐伴奏和细致的舞台设置。歌剧发源于文艺复兴时期的音乐，也就是意大利人开始把牧歌及其生机勃勃的抒情性用于戏剧诗的时候。在文艺复兴时期的佛罗伦萨，一伙儿称作卡梅拉塔的人文主义知识分子试图重新创造希腊悲剧。从16世纪70年代开始，卡梅拉塔的成员就发明了一种独唱风格，叫吟诵风格，以表达悲剧诗的严肃情感。

首次把这些因素加以歌剧式综合的是克劳迪奥·蒙特威尔第（Claudio Monteverdi）。1607年在曼托瓦王宫时，蒙特威尔第就创作了第一个歌剧杰作《奥菲欧》（*Orfeo*）。蒙特威尔第的《奥菲欧》戏剧化地再现了奥耳菲斯下地狱拯救恋人欧瑞迪斯的神话。在这次表演之前，吟诵风格是用一半唱、一半说的方式表达有限的情感的。在著名的独唱《你已死》中，蒙特威尔第使吟诵具有了一种新的情感强度。奥耳菲斯用一个曲调悲悼恋人的死，而正是这一曲调吸引着他走向地狱。

你已死，我的生命，
我还呼吸吗?
你已离开我，
永远，永远别回来，
而我还会爱你吗?

蒙特威尔第此时已是一位牧歌大师了，用牧歌风格的词戏剧性地表现了人物的内在情感状态。他使用和弦的不和谐音（使听者感到刺耳、因此期待结尾的组合音调）来取得情感效果。在歌剧杰作中，蒙特威尔第发明了一种音乐，能使听众感动得流泪。

尤其是在巴洛克时代的罗马和威尼斯，歌剧在形式上取得发展，赢得了众多观众。在1637年，一个剧团在威尼斯第一次为付钱的观众演出。逐渐地，这种歌唱分化成像说话的背诵和更像歌的咏叹调。有了咏叹调，戏剧情节暂时停止了，而人物则在他或她的歌中宣泄情感。逐渐地，歌剧成熟了，分为两种形式——正歌剧（opera seria）和喜歌剧（opera buffa）。正歌剧基于王公贵族喜欢的崇高的神话主题，而喜歌剧则是喜剧性歌剧，面对广大的都市中产阶级。致力于歌剧表演的剧院在威尼斯、罗马和那不勒斯相继建造起来，很快就遍及欧洲（图10.11）。

维瓦尔第和意大利巴洛克音乐　巴洛克时代的威尼斯在其他方面也是一个至关重要的音乐中心。威尼斯人芭芭拉·斯特罗兹（1619—1664年以后）是全靠发表自己的作品而出名的第一个欧洲作曲家。斯特罗兹不为公众演出，只为她学识渊博的父亲和鉴赏家们的聚会演出。威尼斯音乐学校（一个孤儿院和学校）为姑娘们提供了除家庭教育和修道院之外进入音乐职业的一个新的入口。实际上，意大利最著名的巴洛克作曲家安东尼奥·维瓦尔第（Antonio Vivaldi），整个一生都是一所音乐学校的音乐指导。维瓦尔第严谨的作品可能就是这位年轻的女音乐家首次表演的作品，是为这所学校捐款而举办的音乐会。

图 10.11　L.O. 伯纳斯尼，《科蒂纳河上的歌剧》，维也纳，1665—1666 年，版画，藏于维也纳国家历史博物馆

意大利歌剧的商业成功推动了人们在欧洲各地建造豪华的歌剧院。包厢使得注重地位的雇主能够相互观看，就像观看表演一样。

维瓦尔第是巴洛克协奏曲（或大协奏曲，concerto grosso）的发明者，即用一小组乐器与一个大管弦乐队协奏（或“冲突”）演出。维瓦尔第最著名的作品是《四季》（1725），今天仍然广泛演出的一组四个协奏曲。第一个协奏曲《春》有三个节奏变换的乐章（快—慢—快）。《春》的第一个乐章里，小提琴戏剧性地奏出了春天的到来：鸟叫声，潺潺的流水声，和突如其来的雷雨声。这些戏剧性插曲由一个重复出现的弦律连接起来（称作 ritornello，即“回来”的意思），为整个曲子提供了明显的规律性。在这个接近严格的结构中，维瓦尔第创造了卓越的变体和修饰音。音乐出版商把维瓦尔第的音乐传遍欧洲的各个角落，巴洛克晚期的音乐大师如约翰·赛巴斯提安·巴赫都学习过维瓦尔第的乐曲。

西班牙的巴洛克

在哈布斯堡王朝（1506—1700）君主的统治下，巴洛克时代的西班牙拥有了从新世界攫取的财富，并受两股决定性力量的支配：天主教反宗教改革运动和专制主义。哈布斯堡王朝的国王，尤其是菲利普二世和菲利普四世，赞助了一些主要建筑项目和有才能的艺术家，孕育了西班牙艺术的“黄金时代”。西班牙的巴洛克艺术趣味也反映在美洲殖民地的殖民风格上。在黄金时代哺育的众多才子中，有两位具有通才的艺术家：画家委拉斯开兹和作家塞万提斯。

西班牙的巴洛克建筑

在反宗教改革运动热情的激励下，西班牙国王菲利普二世在埃尔·埃斯科里亚尔建造了一座刻板的王宫，距首都马德里（图 10.12）有 30 英里（48 公里）远。这片楼群包括国王的行宫、国王父亲的墓穴，还有一座给圣劳伦斯修建的修道院。埃斯科里亚尔宫的整个设计都借鉴了米开朗琪罗设计的罗马圣彼得大教堂严格的古典主义风格（见图 8.34），其影响显见于中央教堂的穹顶。西班牙皇族的三代人都以巴洛克的辉煌风格装饰了埃斯科里亚尔的长廊，大部分用的是从美洲劫掠的金银资助的。

在西班牙的美洲殖民地，总督和传教士建造了巴洛克风格的教堂，以证明基督教文化的权威性，促进当地居民的皈依。在现代秘鲁的印加古都库斯科，耶稣会的拉贡帕尼亚教堂（始建于 1651 年）实际上是建在古代印加的城墙之上的。拉贡帕尼亚独特的前脸在一个统一的三叶纹拱门和曲线形的檐部包含着迭起的拱门。在墨西哥城，墨西哥大教堂（Cathedral of Mexico），即拉丁美洲最大的教堂（图 10.13），包含着不可思议的内部装饰。它位于阿兹特克的太阳神庙旧址，是阿兹特克圣城特诺奇蒂特兰的中心，尤其突出了基督教对土著信仰的征服。巴洛克风格在欧洲衰落之后很久，其因素仍然主导着拉丁美洲的建筑。

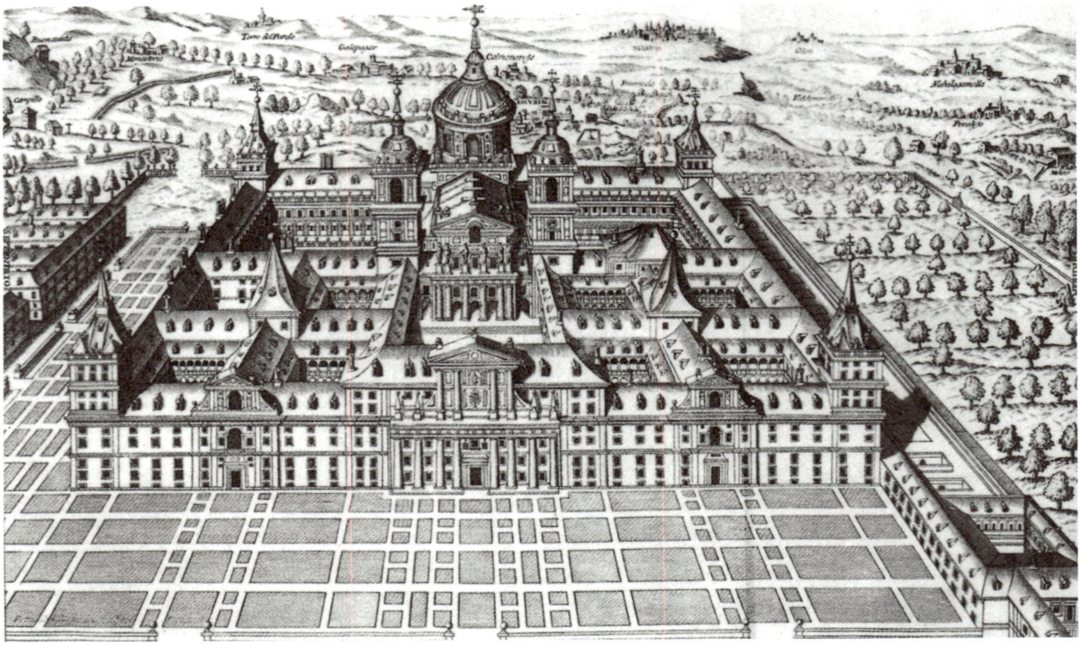

图 10.12　胡安·巴斯蒂斯塔·托莱多和胡安·德·海莱拉，埃斯科里亚尔宫，西班牙马德里附近，1553—1584年，版画，藏于巴黎卢浮宫

与埃尔·格列柯的绘画一样，埃斯科里亚尔宫是文艺复兴和巴洛克风格之间的一道桥梁。宫殿内部的格状草图具有一种恐怖的象征意义：它代表了圣劳伦斯被烧致死的烤架。

图 10.13　墨西哥大教堂，1718—1737 年，墨西哥城

在被殖民的新世界，西班牙巴洛克风格象征着基督教欧洲对各本土民族和异教信仰的统治。

关键概念

专制主义

巴洛克艺术表达的动乱和情绪反映了17世纪欧洲社会深刻而致命的分化。连年战争和国内混乱使德国一片荒芜，30年战争（1618—1648）损失了德国的三分之一的人口。英国则发生了议会派和保皇党之间的残酷内战，一个国王被砍头，另一个国王复辟，他的继任者又被罢黜，而第四个登上王位的国王却在权力上受到了限制。

从这场内战和宗教争端中暴露了这个时代最重要的政治问题：欧洲各国如何维护社会秩序和法律的统治？一个结论是给予君主以绝对权力，他可以因此而镇压其他竞争势力。这种专制主义学说规定君主实行最高的政治权力，控制国民生活的每一方面。专制君主可以解决政治宗派之间的争端，强力推行统一的民族律法和经济政策。虽然这在今天被视为暴政的同义词，但在17世纪，专制主义却是一个进步的、现代的观念。

专制主义的主要哲学辩护人来自分裂的英国保皇党。1651年，当清教统治英国的时候，托马斯·霍布斯发表了《利维坦》，从现实的和世俗的角度为君主统治辩护。霍布斯的论文反映了他对人性的深切的悲观主义。如果没有国王来统治人民，霍布斯相信，人民就会过着一种“孤独、贫穷、肮脏、残酷和短暂”的生活。全能的君主或“利维坦”为一个没有法律的民族带来了一种残酷但却仁慈的秩序。

我们不必认同霍布斯的悲观主义但能从中看到专制国家的优势。在法国，王室贵族改进了政府的效率，豢养了50万常规军，慷慨地赞助艺术。法国国王象征着民族的统一和国际声誉。根据题给路易十四的一句名言“我就是国家”，可以看出个人对国王的敬仰就是爱国之举。实际上，现代政治生活中许多与共和民主相关的特征都首先产生于17世纪的专制主义。

图 10.14 迭戈·委拉斯开兹，《巴克斯的胜利》，1629 年，1.65 米 × 2.25 米，藏于马德里普拉多

委拉斯开兹用色彩和皮肤的色调创造了右边粗俗的普通人与孩子般的酒神之间的戏剧性对比。甚至在当宫廷画家时，委拉斯开兹也总是密切观察不同社会类型和阶级的人。

委拉斯开兹和塞万提斯——幻觉大师

西班牙黄金时代最伟大的画家是迭戈·委拉斯开兹（Diego Velazquez），从 1623 年到逝世他始终是菲利普四世的宫廷画家。作为画家，委拉斯开兹以大胆的笔触实现了栩栩如生的现实主义。作为廷臣，他不懈地追求社会和知识地位，以及在一种贵族文化中遭到蔑视的工匠职业。

委拉斯开兹的《巴克斯的胜利》（约 1628；图 10.14）描绘了异教神话反映历史事实或民族习俗这样一种学术信念。斜视的农民们聚集在画面的右边，矮胖的巴克斯把怀疑的目光从喧闹黝黑的随从移向另一边。如对所有主题一样，委拉斯开兹给他笔下的神和女神们赋予心理的复杂性。

《巴克斯的胜利》完成之后不久，委拉斯开兹陪同他佛兰德斯老师彼得·保罗·鲁本斯在西班牙旅居一年。在鲁本斯以及他本人的一次意大利访问的影响下，委拉斯开兹栩栩如生但却粗野的早期风格发展成为一种细腻的技巧和思想的复杂性。几乎没有几幅画能比委拉斯开兹的《宫娥》（图 10.15）更

图 10.15 迭戈·委拉斯开兹，《宫娥》，1656 年，布面油画，3.18 米 × 2.76 米，藏于马德里普拉多博物馆

委拉斯开兹探讨了现象与现实、艺术与王宫、艺术家与雇主之间的关系，其细节是无与伦比的。通过把自己包括在他的王室（前景中的公主，后墙上映射出来的国王和王后）之中，委拉斯开兹狡猾地使自己成为一种艺术的永恒。红十字表示他已经是艺术家通常接近的贵族成员，这是委拉斯开兹热烈追求的一种荣誉。

令人迷惑不解的了。这部作品本身是一幅风俗画，描写了日常生活中的一个场面。该画展示的是艺术家宫廷画室里的一个随便的场景。历史学家识别出画面上有身穿艳丽服装的五岁的公主玛格丽特，她的侍从，两个侏儒和艺术家本人——他就站在和《宫娥》一样大小的画板前。最难解的人物是国王和王后，是从后墙上的镜子中反射出来的，他们也许正坐在那里由画家画他们的肖像画呢。他们也可能莅临画室来看画家。委拉斯开兹还加了一个廷臣，他打开一扇门，回头望着这个场面，从而使画面更加含混了。《宫娥》的创作显然是偶然的，但它获得了构图的微妙和复杂性，吸引了巴洛克时代有高度鉴赏力的雇主。

《宫娥》中所呈现的艺术与生活之间的张力也给予17世纪最伟大的文学作品《堂吉诃德》以灵感。拉曼查的理想骑士堂·吉诃德常常分不清现实世界和他梦想的骑士世界。然而，他把别人拉入了这个理想世界，使他们高尚起来，正如委拉斯开兹可感知的现实主义把观者拉入了梦幻的画室一样。

《堂吉诃德》的作者米盖尔·德·塞万提斯（Miguel de Cervantes）曾有在外国作战、成为奴隶和因欠债入狱的经历。塞万提斯拼命要征服他所处的平凡世界的贫穷，因此创造了西方文学中伟大的乌托邦式人物之一。他的人物堂·吉诃德面对的是理想的世界，而不是现实的世界。

塞万提斯的故事中的主人公开始时是位西班牙没落贵族，花费很多时间阅读了通俗骑士传奇。当产生了当一名流浪骑士的幻想之后，堂·吉诃德穿上滑稽的盔甲，并说服乡绅桑乔·潘萨做他的侍从。这对儿不太可能的搭档一起经历了一系列冒险（图10.16）。堂·吉诃德这位消瘦的贵族骑士如此着迷于传奇式幻想，以至于在他眼里，风车成了巨人，粗糙的酒馆成了城堡。粗俗的农民桑乔·潘萨是位现实主义者，对堂·吉诃德的幻觉感到惊诧。理想主义和现实主义这两个极端在此相互映照，突显出这两种态度各自的局限性。

这时他们发现了田野里三四十架风车。

堂·吉诃德一看见风车就对侍从说，“命运的安排比我们希望的还好。你看那儿，桑乔·潘萨朋友，就有三十多个放肆的巨人。我想同他们战斗，要他们所有人的性命。有了战利品，我们就可以发财了。这是正义的战斗。从地球表面清除这些坏种是对上帝的一大贡献。”

“什么巨人？”桑乔·潘萨问。

“就是你看见的那些长臂家伙，有的臂长足有两西里呢。”堂·吉诃德说。

“您看，”桑乔说，“那些不是巨人，是风车。那些像长臂的东西是风车翼，靠风转动，能够推动石磨。”

堂·吉诃德说，“在征险方面你还是外行。他们是巨人。如果你害怕了，就靠边站，我去同他们展开殊死的搏斗。”

——塞万提斯《堂吉诃德》第一部

图 10.16 《堂·吉诃德攻击大风车》，摘自塞万提斯的《堂吉诃德》，1863 年版，古斯塔夫·多雷插图，藏于巴黎阿谢特出版公司

受中世纪骑士传奇的欺骗，塞万提斯的主人公接二连三地把现实世界中的平凡居民当成想象的骑士冒险中的人物。

这部小说 1605 年一问世就非常流行，甚至被一位匿名作家剽窃发表了续集。对此，塞万提斯发表了第二部（1615 年出版），书中，堂·吉诃德继续冒险，小说的哲学意味也在加深。堂·吉诃德和桑乔现已由于第一部中的战利品而闻名遐迩，因此遇到试图操纵和欺骗这两位英雄的一些人物。在一个生动的情节中，堂·吉诃德的一个朋友把自己打扮成“镜子骑士”，所以，当他们决斗的时候，堂·吉诃德在与自己的镜像战斗。这是委拉斯开兹可能愿意描画的一场决斗。堂·吉诃德最终无法维持他的幻觉，他的冒险也以一个辛辣的讽刺场面结束。

当战败的、生命垂危的堂·吉诃德放弃了他那些骑士梦想时，是桑乔·潘萨敦促他再次回到那些幻想之中。如桑乔·潘萨所说，活在一个没有幻想的世界里就等于死“在忧郁的手中”。

法国的巴洛克

景观的权力从来没有像法国路易十四统治期间那样为人所理解，或受到更加细致的操纵。1660 年，路易十四开始控制法国政府时说：“现在戏变了。”他打算把法国变成他上演君主权力的大舞台，在一年之内他就开始了凡尔赛宫（Versailles）的建造。路易十四被证明是一位以专制权力为掩盖的大师。

路易十四热衷于舞蹈和戏剧，毫不犹豫地雇用艺术支持他的统治。他通过艺术院对文化事务实行专制控制。艺术院是国家资助的监督培训艺术家和表演者，同时也确定欣赏标准的机构。在路易十四治下，艺术院控制了所有主要艺术门类，包括戏剧、舞蹈、歌剧、绘画和雕塑。尽管他们使法国的艺术赞助规范化，但这些艺术院也强力推行保守规则，从而压制了艺术创新。这些规则都依赖古希腊罗马形式的复兴，开创了一种叫新古典主义的风格。

在路易十四的赞助下，法国艺术最终抛弃了对意大利艺术家和意大利模式的依赖，使法国成了颇有影响的文化中心。一个多世纪以来，法国影响了外国统治者的鉴赏力，他们都向往凡尔赛宫的辉煌。

凡尔赛宫

凡尔赛宫在设计上是平衡和自律的，然而在规模和装饰上却是奢华的——巴洛克的奢华与新古典主义自律之间的妥协，也是各种风格的最终综合。路易十四的大臣科尔伯特曾经给他献策说：“除了卓越的军事行动外，没有什么能像建筑那样有力地证明君王的伟大和聪明。”路易十四谨记这一劝导，1661 年开始扩建他父亲在凡尔赛附近建造的狩猎城堡，距离巴黎大约有 32 公里。这个地方给国王的建筑师和规划者以他们在巴黎建造卢浮宫时所缺少的自由。原来的建筑师路易·勒沃与园艺师安德烈·勒诺特、室内装饰师夏尔·勒布朗一起工作。后来的修改，主要是突出长翼，是由勒沃的继任者于尔斯·阿尔顿－曼萨特设计。这些设计师们一起制定出一个统一对称的设计方案（图 10.17），这是以国王为中心的一个建筑布局。

凡尔赛的宫群经过扩展而把路易十四对专制王宫的变化视野也包括了进来。凡尔赛宫原本是摆脱巴黎王宫之喧闹繁忙的休闲之地。然而，路易十四不久就要求有权势的法国贵族来凡尔赛宫和他一起住，也可以因此控制他们的影响——通过奢侈的生活而使贵族贫穷的一个措施。凡尔赛宫最后容纳了 50000 人，包括政府官员、廷臣和王室成员。除了主殿外，凡尔赛宫还有容纳 12000 匹马

图 10.17 路易·勒沃和于尔斯·阿尔顿 - 曼萨特，法国凡尔赛宫，1669—1685 年

勒沃和曼萨特设计的正面是巴洛克新古典主义的庄严表白——完全按照巴洛克宏大和壮观的审美趣味构型的一幢建筑的古典装饰。而为这座宫殿的喷泉提供水源则要引入整整一条河的水。

的皇家马厩，和占地数百公顷的花园。整体上，凡尔赛宫把专制权力扩展到更大的规模，并采纳了理性化的设计，将对下个世纪的城市规划发生影响。

凡尔赛宫花园的正面正如于尔斯·阿尔顿 - 曼萨特所设计的那样，把新古典主义和意大利巴洛克因素融合起来（图 10.17）。新古典主义风格显见于宫殿三个简朴的楼层：简单的地面拱廊；主楼层的浅圆柱门廊；上层精雕细刻的雕像和栏杆。曼萨特设计的前脸的朴素和魅力与宫殿的两翼比起来则似乎有些相形见绌，两翼的长度几乎达到 609 米。

曼萨特最伟大的才能体现在宫殿内部，即著名的镜厅（图 10.18）。在俯瞰花园的镜厅，曼萨特建造了一排与地板一样宽的窗户，在对面的墙上镶嵌与这些窗户相

图 10.18 于尔斯·阿尔顿－曼萨特和夏尔·勒布朗，法国凡尔赛宫的镜厅，1676 年开工，长 73.2 米，宽 10.36 米

这个长厅为国王每日从一端的寝宫到另一端的办公厅的散步提供了壮观的背景。与外部窗口相对的拱形镜子给人一种宽敞的感觉，掩盖了房间相对狭窄的实际宽度。

对的镜子。其长度、耀眼的光和镜厅的镀金装饰体现了路易十四宫殿的奢侈豪华。

凡尔赛宫的戏剧和舞蹈

国王路易十四慷慨地赞助自己国家的戏剧和舞蹈，同时实施严格的控制。他授权艺术院管理表演艺术。艺术院对艺术的影响早在 1636 年就开始了，当时有一位皇家大臣请一个叫法国艺术院的学者团体来评判一出通俗悲剧。艺术院很快就成了文学形式和趣味的官方评判，用严格的新古典主义规则要求戏剧。艺术院宣布巴黎正在出现的职业剧团上演的戏剧必须分成五幕，遵守时间和地点的一致性，并进行道德教育。

只有个别的剧作家才能在这种严格的限制下成长起来。路易十四时代以两位戏剧家为荣，一位是悲剧家让·拉辛（Jean Racine），另一位是喜剧家莫里哀（Molière）。让·拉辛遵循以前的竞争者皮埃尔·高乃依（Pierre Corneille）的路线，用自觉的人为的学院风格表现古典主题。拉辛的悲剧受到新古典主义一致性原则的严格控制，把情节集中在一个单一行为和地点之内。人物按照艺术院的要求用崇高而有韵脚的韵文说话。他的主题通常取自古希腊悲剧，尽管拉辛笔下的高尚人物往往都具有普通人的弱点和情感。尽管艺术院有种种限制，但拉辛的悲剧仍然引人入胜，人物都戏剧性地受到自身欲望和愚蠢的驱使。他常常由于太现实而受到批判。高乃依和拉辛的新古典主义悲剧直到今天仍然是法国戏剧的传统剧目。

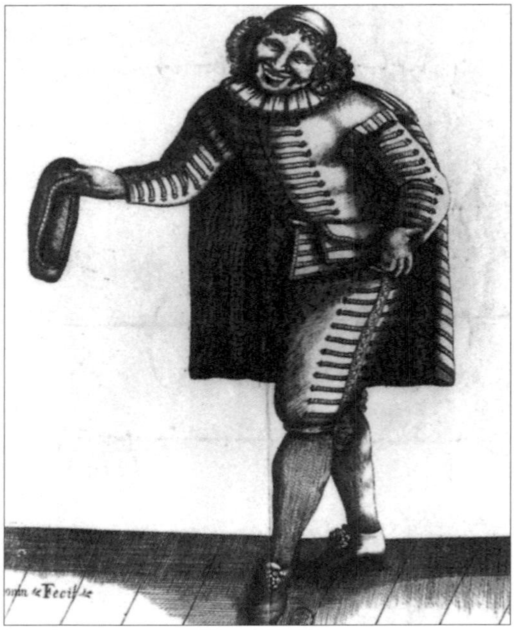

图 10.19　莫里哀在《自命医生》中扮演斯加纳莱尔，版画，藏于巴黎国家图书馆

在讽刺法国社会中的伪君子和向上爬的人时，喜剧作家莫里哀提倡适中和常识。

让-巴蒂特·波克兰，人称莫里哀（Molière）用辛辣的机智抨击法国社会的虚伪和罪恶。莫里哀是剧作家、演员和剧团的股东（图 10.19），很早就受到路易十四的青睐，路易十四于 1658 年把巴黎卢浮宫内的一个剧院给了莫里哀。莫里哀的几部杰作最先在凡尔赛宫演出。其中最伟大的喜剧有描写宗教虚伪的故事《伪君子》（*Tartuffe*），嘲讽法国粗鲁的社会投机者的《贵人迷》（*The Would be Gentleman*）（1671）。他的戏剧以辛辣的讽刺和一致的道德态度见长，表明了作者对当时社会风俗的细致观察。

在音乐和舞蹈方面，法国宫廷最重要的人物是让-巴蒂特·吕利，即法国歌剧和宫廷芭蕾（ballet de cour）的革新者。1653 年，吕利是宫廷芭蕾的舞蹈演员，正是这个宫廷芭蕾舞剧团给路易十四起名“太阳王”的。路易扮演的角色是阿波罗神，戴着闪光的头饰，胸前佩戴着太阳的标志。出生于意大利的吕利最早是宫廷的芭蕾舞作曲家，到 1661 年已经成为皇家音乐学院院长。由于这个职位，他实际上控制了法国的音乐、歌剧和舞蹈。

在吕利的控制下，法国舞蹈被职业化了，而宫廷芭蕾则发展成了一种灵活统一的艺术形式。宫廷芭蕾通常作为喜剧或歌剧表演的插曲或中场演出。但剧作家莫里哀与皇家舞蹈大师和舞蹈设计师夏尔-路易·博尚一起将芭蕾直接融入了喜剧的情节之中。传统上，宫廷舞蹈演员都是身为贵族的业余爱好者。为了训练职业舞蹈演员，吕利在艺术

图 10.20　让－巴蒂特·吕利，《歌剧〈阿尔米德〉的表演》（1686 年），版画，巴黎国家图书馆

通过对皇家音乐学院的控制，吕利把法国音乐和舞蹈职业化了。他用意大利剧院的舞台设计为雇主路易十四创造了场面宏大的娱乐。画面上是一些恶魔在捣毁一座宫殿。

院建立了一所舞蹈学校，而博尚则在此确定了一种形式化的脚和腿的位置，这在今天的芭蕾中仍然使用。博尚设计的位置主要是为了更有效地呈现舞者的运动，观众都坐在舞台前部，而不是环绕着舞者的宫廷房间或院子。法国宫廷舞蹈的进步还包括职业女芭蕾舞蹈演员的出现和把舞蹈标准化的编舞手册的出版。

吕利也是一个多才多艺的歌剧作曲家：在 14 年内他写了 20 部歌剧，一个多世纪以来始终是被奉为标准的歌剧。与法国建筑一样，法国歌剧是在通俗意大利歌剧的阴影下发展起来的。法国贵族喜欢为自己的歌剧搭配意大利风格的舞台设计和崇高的神话主题（图 10.20）。吕利发展了一种适合法国虚荣和宏大景观的民族歌剧风格。

法国的巴洛克绘画

欧洲贵族最喜欢的巴洛克画家是佛兰德斯人彼得·保罗·鲁本斯（Reter Paul Rubens），他的雇主有西班牙人、罗马人和英国人。这位艺术家本人常常从佛兰德斯（现在的比利时）来到不同的皇宫，通过艺术雇用和作为外交官的职务而发了家。

鲁本斯擅长他的贵族雇主所喜欢的宗教和世俗主题。在安特卫普繁忙的作坊里，他按顺序生产不同的作品：挂毯设计、祭坛艺术品、天顶画以及架上画。《吕斯帕斯女儿们的被劫》（图 10.21）中的场面能够让雇主们识别出神话和浪漫传奇中的人物。画面上，卡斯托尔和波鲁克斯这两个神来到人间娶两个凡间女子为妻。两姐妹对其暴力绑架不屈不挠的抵制是以扭曲的身体突出出来

图 10.21　彼得·保罗·鲁本斯，《吕斯帕斯女儿们的被劫》，约 1618 年，布面油画，2.21 米 × 2.08 米，藏于慕尼黑旧美术馆

鲁本斯是巴洛克动力论大师，画面呈现了裸体女人半透明的肉体、卡斯托尔的黑皮肤和壳状盔甲以及花斑马之间质地的鲜明对比。注意在画面中央交汇的对角线，姐妹俩的身体在这里几乎要碰触。

图 10.22 彼得 · 保罗 · 鲁本斯，《爱的花园》，约 1638 年，布面油画，1.98 米 × 2.83 米，藏于马德里普拉多博物馆

鲁本斯在二级天使的帮助下向年轻的新娘介绍爱的快乐。注意从两边走来的一对儿夫妇把观众的目光引向画面中央的一群恋人。

的。画面上的疯狂动作是向上的，一个姐妹被窘迫地提到上面，显然是向天堂的运动。

鲁本斯用赚来的钱在安特卫普建了一所豪宅，1630 年第一任妻子去世后，他与 16 岁的海伦娜 · 福尔蒙结了婚。在后期生涯中，鲁本斯对福尔蒙和孩子们的爱戴激发了一种新的温柔和体贴的风格。在所谓的《爱的花园》（图 10.22）中，鲁本斯把年轻的新娘放在一伙言谈轻佻的人中间。另一伙衣食讲究的人则占据了后门廊，右上角的维纳斯像则用爱的灵丹妙药给这里的人们祝福。

与鲁本斯热情洋溢的“动力画”相对照的是法国画家尼古拉 · 普桑（Nicolas Poussin）以风格和感性为体现的巴洛克新古典主义。鲁本斯是靠宫廷政治发迹的，而普桑则逃离巴黎，大半生都在罗马的艺术友人和有选择的雇主中间悄然度过。他学习过斯多葛哲学，在后期生涯中，他用一系列杰出的“英

图 10.23 尼古拉·普桑，《佩特莫斯的圣约翰和景物》，1640 年，布面油画，101.8 厘米 × 136.3 厘米，芝加哥艺术学院，A. A. 蒙格尔收藏

一个微妙的金字塔把前景和后景中各个因素统一起来，而一条曲线把目光从左下经过中央庙宇最后抵达远处海岸的城市（想象中的罗马）。

雄”景色表达了斯多葛哲学的理想。

普桑的一个典型主题是佩特莫斯的圣约翰，基督教《启示录》的作者，被画在了古代文明的废墟之中（图 10.23）。普桑在自然秩序与人类的合理努力之间达到了完美的平衡。如神性的理性之光，太阳光无情地洒在约翰的身上、不平整的自然大地以及文明的断壁残垣之上。圣约翰被罗马皇帝发配到佩特莫斯后，以斯多葛精神记录了启示的火景。普桑也许和他笔下的圣约翰有相同之处：生活在自行流亡的罗马，画家界定了主导法国绘画达一个世纪之久的一种图像古典主义。

新教的巴洛克

图 10.24 《约翰·塞巴斯蒂安·巴赫》，约 1746 年，版画

比巴赫年轻一些的同代人批评他的音乐具有老式的巴洛克复杂性和技巧性，尽管后来人们却高度赞扬这些特征。

德国北部和荷兰以新教为主的地区哺育和取得了明显不同于天主教和专制主义国家的成就。德国各公国此时已经在政治上分化，深受宗教纷争和三十年战争（1618—1648）的蹂躏。德国贵族经常模仿从法国引进的风格。艺术家必须在德国的小宫廷或繁荣的大城市里寻找雇主。巴洛克作曲家约翰·塞巴斯蒂安·巴赫（Johann Sebastian Bach）就是在这种普通环境下脱颖而出的，现在是全世界公认的最多产的音乐天才（图 10.24）。

相比之下，这个时代的荷兰经历了由兴旺的商业和政治独立所激发的高涨的民族情感和文化活力。由信奉新教的北部低地邦国组成的荷兰经历了一场漫长的战争，1648 年终于从西班牙专制中独立出来。他们的战争经历使人怀疑奢侈的专制君主的王宫和反宗教改革运动的天主教教会。他们的加尔文教派一贫如洗，而他们却用绘画装饰市政公寓和公共大厅的墙壁。活跃的绘画市场为艺术天才创造了一个黄金时代，这些天才中最著名的是画家伦勃朗·凡·莱茵。

巴赫——巴洛克天才

巴赫擅长各种音乐形式，即在德国王宫和教堂里定期演出的世俗和宗教音乐。他的音乐典型地展示了巴洛克音乐的两个本质特征。一个是对位旋律，即两个或更多的同等重要旋律的结合。“对位旋律”这个术语有时用来指多声部，但传统上与巴赫时代密切相关。第二个特征是通奏低音，即用一个重要的低音谱以和声支持多声部。

对位旋律和通奏低音是 6 首《勃兰登堡协奏曲》（1721）的主要特征，这是巴赫为贵族雇主的一个朋友谱写的。在《勃兰登堡第二协奏曲》中，长笛、双簧管、小号和小提琴共同演奏，构成一种多声部的对话。通奏低音为这种演奏提供了一个和声基础。如前辈安东尼奥·维瓦尔第一样，巴赫使用不断出现的间奏曲来为合奏的旋律探索提供停顿。

在为王公贵族服务达20年之久以后，1721年巴赫被任命为莱比锡圣托马斯教堂唱诗班的音乐指挥和作曲家，这是具有相当高的民众和音乐声望的一个职位。他为莱比锡城四个主要教堂作曲，是圣托马斯教堂的钢琴手，为唱诗班辅导，在学校里上课，此外还为德国贵族作曲。他仍然有时间教孩子们音乐，在家里召开音乐会。

巴赫为圣托马斯教堂每星期的宗教仪式谱写康塔塔，即为路德教派礼拜提供主要音乐的合唱曲。康塔塔的歌词是为特定的星期日或斋日选择的，为庆祝教会年度节日的。康塔塔包括吟诵和咏叹调式的形式，是路德教信徒的一种宗教歌剧。巴赫常常用会众都会演唱的一首路德圣歌结束他的康塔塔。比如，康塔塔第80号就是为宗教改革运动纪念日谱写的，以马丁·路德著名的“坚固的堡垒是我们的上帝”这首圣歌的四部分背景结束的。不知疲倦的巴赫谱写了300首康塔塔，足以供礼仪年的五个完整循环之用。

尽管巴赫没有谱写歌剧，但他却是《圣马太殉难》这部音乐故事杰作的作者。“受难”讲述的是基督最后几日的生活，其情感包括从十字架上的绝望到复活的胜利喜悦。《圣马太殉难》是部巨著，要求有两个管弦乐队、两个唱诗班、钢琴和高音。巴赫用音乐把基督最后几日和几个小时的生活编排了顺序，表明他完全可能在伦敦或维也纳的歌剧院获得成功。

巴赫的《平均律钢琴曲集》

巴赫的作品展示了巴洛克音乐中一种新的作曲系统的发展。早在1600年，欧洲作曲家就发明了一个乐调系统来取代古代和中世纪音乐家使用的传统模式。在一个乐调中，一个八度音阶的八个音符之间有七个音程是根据特定的全音和半音公式排列的。一个音调的主要高度，称作主音，是整个曲子的核心音。比如，以C调谱写的一个旋律以主音C开始和结束。巴洛克作曲家也学会了把一个旋律从一个调转向另一个调而不改变音，这个技巧叫作变调。巴赫创作了一套音乐练习方法，收在《平均律钢琴曲集》（1722）中，以证明键盘（任何键盘乐器）能够容纳所有24个大调和小调。（“平均”指的是调音，而不是情绪。）这个模块系统给人的秩序感和无限变体的可能性吸引了巴洛克对复杂的数学的趣味。

巴赫为钢琴和其他键盘乐器谱写的曲子充分运用了大—小调系统，往往采用前奏和赋格的音乐形式。前奏（也叫托卡塔）是为展示键盘演奏家娴熟技巧而设计的一种自由形式。赋格是一种多声部音乐形式，其中的主题是通过详细的对位表达的。典型的赋格从一个主题曲（或“主题”）开始，由另一个旋律（“对位主题”）来回答。各种声音不断建构，重复主题或对位主题，探索对位的各种变体。钢琴演奏允许三种声音（两只手和脚踏）同时演奏，巴赫的钢琴曲尤其能见出作曲家和演奏家的技巧，与巴洛克艺术的复杂性和装饰性相吻合。

伦勃朗和荷兰巴洛克绘画

在巴洛克时代，荷兰共和国（也就是我们所知的荷兰王国）绘画自由市场兴起，绕过了欧洲艺术赞助的传统渠道。为了吸引在艺术馆或市场小摊上买画的匿名买主，荷兰艺术家们提供了个性化的风格和主题以顺应国内的朴素趣味。他们喜欢画景物、城市风景、肖像、静物和诸如酒馆和家居等风俗画。市场可能是残酷的：荷兰第一位伟大的巴洛克画家佛兰斯·哈尔斯（Frans Hals）以画酒馆喧闹的人像著称，却以贫穷结束了艺术生涯。另一方面，妇女画家在荷兰比在由皇家艺术院控制培训和赞助的国家更容易进入这个行业。伦勃朗的同代人朱迪斯·雷耶斯特（Judith Leyster）是她所在城市的第一个进入画家行会的女性。雷切尔·鲁谢（Rachel Ruysch）擅长花朵和水果的风俗画（图 10.25），在 83 岁高龄时仍在作画。

图 10.25 雷切尔·鲁谢，《花瓶里的花》，1698 年，布面油画，58.5 厘米 × 44.5 厘米，藏于美因河畔法兰克福施塔德尔艺术馆

花朵和水果这种流行的风俗画不仅涉及仔细的植物观察，而且需要有道德含义。鲁谢的花使荷兰观者想起物质美的短暂，而桌面上的蠕虫——自然之死的象征 警告他们已经濒临的死亡和神的审判。

荷兰风俗画最了不起的画家是约翰·维米尔（Johannes Vermeer）。维米尔对荷兰内室的感觉甚至见于他最具哲理性的作品《绘画的寓言》（图 10.26），一种错综复杂的寓言和视觉结构。画家的模特身穿掌管历史的女神克莱奥的服装。幕布左侧向后拉开，画家时髦的服装强化了画面的戏剧氛围。一束冷光充斥于整个画面。维米尔似乎用这幅画为自己和他朴素的画赢得了悲剧和音乐所得到的尊敬，这是由桌面上的面具和乐谱来象征的。

维米尔实际上在其有生之年默默无闻，但现在却被视为光色大师。在主题幼稚的亲密性和光和构图创造的客观色调之间往往存有一种微妙的对比（图 10.27）。

伦勃朗·凡·莱茵（Rembrandt van Rijn）大半生涯都是在荷兰首都阿姆斯特丹度过的，曾在那里享有盛誉。他掌握了他所处时代的全部通俗主题，从意大利画派学到了宗教和历史主题，从荷兰画派学到了普通生活的场面和对人性的研究。他在视觉和心理维度的丰富性方面超过了同行。

《班宁柯克连长的民兵连》（图 10.28）代表了伦勃朗的最高成就，这是荷兰公民团体常常雇用画家画的群体肖像的典型例子。这幅画就是人们所熟知的《夜巡》，20 世纪 40 年代的一次清洗才揭示出这是一个日间场面。伦勃朗画的是从城市大门走来的卫兵，

图 10.26 约翰·维米尔，《绘画的寓言》，约 1665—1670 年，布面油画，1.30 米 × 1.10 米，藏于维也纳艺术史博物馆

维米尔的画典型地刻画了室内寂静的戏剧场面，采用北面冷峻耀眼的光照射人像。身穿缪斯服装的女性手拿小号和一本历史书，它们终究有一天会宣布前景中这位无名画家的盛名。

图 10.27 约翰 · 维米尔，《挤奶女工》，约 1658—1660 年，布面油画，45.5 厘米 × 41 厘米，藏于阿姆斯特丹国立博物馆

维米尔的风俗场面把注意力放在朴素简单但却具有永久真理的事物上：面包、牛奶和女工粗糙的（袖口卷起的）衣服。模糊的光点和前景中稍微放大的物体意味着维米尔是用暗箱来画画的，这是 17 世纪流行的一种视觉方法。注意照射在后墙上的光点如何突出了女工的身体，重复的白色又如何暗示了她的纯洁。

图 10.28 伦勃朗 · 凡 · 莱茵，《班宁柯克连长的民兵连》（《夜巡》），1642 年，布面油画，3.59 米 × 4.38 米，藏于阿姆斯特丹国立博物馆

伦勃朗擅长创作大型团体的这种戏剧性场面，这是荷兰巴洛克绘画的典型主题。画面上的毛瑟枪、长矛和剑创造了交叉对角的复杂节奏。还要注意伦勃朗笔下任意照亮的脸和人像，应用的是光的戏剧原则而非自然原理。

图 10.29 伦勃朗 · 凡 · 莱茵，《基督在给病人治病》（《一百荷兰盾版画》），约 1649 年，蚀刻，28 厘米 × 39 厘米，藏于伦敦大英博物馆

伦勃朗的宗教艺术反映了他对人类心理的兴趣，尤其是各种普通人的心理。基督站在中央，给穷人赐福，给病人治病，他们排着长队穿过拱门（右）。左边衣冠楚楚的长者们在批判基督在安息日工作而触犯了宗教法律。

领头的是帅气的连长，旁边是身穿白衣的纨绔中尉。戏剧性的光线照在姑娘奇怪的身体上，她为这个庄严的场面增添了一点怪诞的氛围。

或许由于艺术样式的变化，伦勃朗在 17 世纪 40 年代失去了雇主。同时，妻子死后，他在自己强加的个人困境和经济困境之中挣扎。在此期间，伦勃朗创作了他最著名的宗教作品，即蚀刻作品《基督在给病人治病》（图 10.29），也叫《一百荷兰盾版画》。在蚀刻中，线条刻在金属板的蜡面上；金属板都经过酸处理，把暴露出来的金属面“腐蚀”了；然后再从金属板上把画面印制下来。这个技艺非常适合于伦勃朗对光的兴趣，他常常重做蚀刻版，以加强光影效果。

伦勃朗创作自画像达 60 次之多。在创作生涯伊始，伦勃朗就常常把自己画成一个身穿时髦服装的久经世故的人。后来，自画像便用来促进他作为画家的国际声望，把自己画成古希腊画家阿佩尔斯（图 10.30）。在生命的最后十年中，蹉跎岁月已经打破了虚荣，伦勃朗便画身穿寒酸的画家服装的自己。这位画家甚至以毫不妥协的心理洞见检验自己的失败。

图 10.30　伦勃朗 · 凡 · 莱茵，《自画像》，约 1665 年，布面油画，114 厘米 × 94 厘米，藏于伦敦肯伍德院艾维格贝克斯特艺术馆

尽管此时他的艺术生涯已经结束，但伦勃朗却骄傲地把自己画成古希腊著名画家阿佩尔斯，他和伦勃朗一样，也由于使用非自然的光而受到批判。古代的一个故事说阿佩尔斯曾经去拜访一个朋友，由于朋友不在，所以只好在墙上留下一个圆作为访问卡片。

关键概念

经验主义

哲学家约翰·洛克提出一个大胆的问题："我们且假定精神像我们所说的一张白纸，没有任何文字，没有任何思想，那么怎样来装备它呢？"他是在《人类理解论》(1690)中提出这个问题的。对这个问题的答复更加大胆："对此的回答是用经验。"

思想只来自经验——这就是经验主义哲学的名言，而洛克的著作则是17世纪欧洲思想中最重要的经验主义说明，即认为人的精神开始于一块白板，一个空白状态。"精神被装备"这一思想有两个来源：对外部物体的观察（感觉）和对自己内部机制的观察（反思）。人类思想的每一个观念都来自这两个源泉。任何观念都不是固有的。洛克的《人类理解论》全文都是伪装的对笛卡尔及其唯心主义哲学的攻击。笛卡尔依赖直觉上真实的"清晰和独特的观念"，而洛克则依赖"确定的或决定的"观念——精神通过接触经验而确定的观念。

笛卡尔唯心主义和洛克经验主义的对立仍然存在于今天的科学思想当中——如关于语言习得的争论。但是，他们的分歧很容易被夸大。这两位哲学家都是现代科学认识论即对人类认识的客体和认识客体的方法进行解释的哲学的先驱。洛克的《人类理解论》为科学的经验主义实践提供了认识论基础。苏格兰哲学家大卫·休谟（David Hume）在对因果论的研究中也把经验主义的怀疑论推进了一步。在休谟看来，台球游戏中如果一个球撞到了另一个球，第一个球的运动似乎引起了第二个球的运动。但我们如何才能确定事件的这个序列会在下一次重复呢？休谟指出，理性和经验都不能只根据归纳的观察来确定因果关联。是我们的"想象"（并非完全是一种理性能力）实际上造成了对因果关系的信任。"甚至在我们有了因果运动的经验之后，"休谟写道，"我们从那个经验获得的结论也不是建立在理性或任何理解过程之上的。"实际上，因果关系可能存在，但我们关于因果序列的观念却是我们精神的发明创造。

经验主义成了18世纪启蒙运动的教条。德国哲学家伊曼努尔·康德在《纯粹理性批判》(1787)中谈到从这一"教条的沉睡"中苏醒过来，向经验主义提出了挑战。康德坚持认为，精神主动构成经验，而非仅仅从外部世界撷取印象。但20世纪的哲学将复兴经验主义怀疑论而向形而上思维提出挑战，包括康德的哲学。约翰·洛克发起的这个经验主义传统仍然支撑现代科学思维，继续构成我们对人类精神的理解。

新科学

从文艺复兴后期到巴洛克时代（大约1550—1700）这段时间里，欧洲目睹了一场思想运动，改变了人类历史，而且比其他任何力量都有力地创造了现代世界。这场革命就是科学革命，即现代科学作为权威方法研究和描述世界的历史进程。现代科学方法依赖两个原则：

- 把对自然的经验观察当作获得科学真理的途径；
- 通过实验和数学计算证明假设的真理。

科学革命的思想家们推翻了亚里士多德的自然哲学，长久以来这是西方科学的基础，最终把科学真理与基督教教会的教义分离开来。新科学家使用新的科学研究工具，如望远镜，发明新的数学形式以做出准确的可证实的科学预测。

科学革命的真正开端是1543年尼古拉·哥白尼（Nicolaus Copernicus）的《天体运动论》的发表。这位波兰天文学家提出了宇宙日心说，即太阳在宇宙的中心，其他行星（包括地球）都围绕太阳转。哥白尼在书中有意简化行星运动的数学计算，这种计算始终以托勒密的古代体系为基础，在盛行的天文学系统中已经复杂到荒唐的地步。事实上，哥白尼的天体运动图表也没有好多少，因为他（在新柏拉图主义的影响下）假定行星围绕太阳做圆周运动。尽管有这样的错误，但《天体运动论》却推动了进一步的对科学挑战的产生，是未来科学思想革命的潜在象征。

哥白尼的革命理论在科学家中悄然传播，激励了一位默默无闻的德国数学家约翰·开普勒（Johannes Kepler）来解决这个理论中的错误。开普勒也从新柏拉图主义的假设开始，首先假定行星是以复杂的几何实体结构排列的。但开普勒的系统仍然不能准确地计算行星的运动。最后，当在布拉格做宫廷数学家的时候，开普勒意识到行星是在椭圆形轨道上运行的而不是在圆形轨道上。1609年，他发表了《新天文学》，提出了新的天体运动规律，最终推翻了古典模式。

新科学的工具

哥白尼和开普勒都使用科学演绎的方法，即通过逻辑推演发现真理。同样，英国医生威廉·哈维（William Harvey）通过数学计算确定了血液循环的理论，而没有直接对循环系统进行观察。

新科学使用的同样有力的一个工具是归纳法，即根据特定的事实和对世界的系统观察进行推理。科学观察的一个先驱是丰富多彩的丹麦天文学家第谷·布拉赫（Tycho Brahe），他以假鼻子和时而在饭桌下面藏侏儒而著称。1572年，布拉赫观察到一颗新星的出现（按今天的说法是一颗超新星），从而对天体永不改变这一古老观念产生了怀疑。获得了丹麦和布拉格皇家赞助后，布拉赫建立了天文台，准确地记录了地球外天体的运动，希望能证明旧的托勒密学说或新的哥白尼体系。

科学观察的大英雄是意大利天文学家、物理学家和数学家伽利略·伽利雷（Galileo Galilei）。伽利略用新发明的天体望远镜革新了天文学。他观察到木星周围的卫星、太阳上的斑点，和月球上的火山坑，所有这些都与传统的科学智慧相矛盾。伽利略被任命为美第奇家族的宫廷科学家，赢得了教皇的宠爱。但是，他所持的哥白尼观点不久就冒犯了反宗教改革运动。当伽利略在《关于两种世界体系的对话》（1632）中揭开传统天文学的假面具时，教会反应强烈，要审判和折磨这位科学家。伽利略无奈地向罗马屈服了，收回了他的“太阳是世界的中心且不运动；地球不是世界的中心且运动”的观点。

在退休后和软禁期间，伽利略继续采用归纳和实验两种方法进行研究，写出了最重要的科学著作《关于两种新科学的对话》（1638），开创了运动物体物理学。至此，伽利略彻底推翻了亚里士多德的物理学，把运动的力看作纯粹的数学属性。他谨慎地在新教统治的荷兰出版了这部书，当时反宗教改革运动还没有波及那里。

笛卡尔和牛顿

伽利略和天主教教会之间的麻烦致使法国数学家勒内·笛卡尔（René Descartes）推迟了他自己对哥白尼的研究的发表。笛卡尔已经由于颇具启发性的《方法论》（1639）而冒犯了教会权威，那是新科学的一份哲学宣言书，是他的数学和科学发现的一个前奏曲。笛卡尔的《方法论》仍然被视作科学信心和力量的庄严声明。

在《方法论》中，笛卡尔描写了他年轻时痛苦的摇摆和怀疑主义。在严格的教育和广泛的经历中，他没有发现什么值得他信任的东西——怀疑主义已经毒害了除数学之外的一切。笛卡尔不明白为什么所有知识不能像几何学用作证据的“一连串非常简单和容易的推理”，决心要找到确定的证据。他把有理由怀疑的任何思想看作是完全错误的东西而加以拒绝。这一有力的怀疑使他接触到人类思想的本质核心。

但是我刚意识到那一点之后，当我因此认定一切都是虚假的时候，接着必然发生的是如此思考的我必然是某物；并观察到这样一条真理：我思，故我在，如此确定、如此明显以至于怀疑论者的大多数奢侈的假设都无法动摇，我断定我可以毫不犹豫地将其作为我所寻求的哲学的第一原则。

笛卡尔得出了他的科学方法的第一原则——我思故我在（Cogito ergo sum）。从这个原则出发，他能够推断出其他清晰而独特的观点，包括上帝的存在以及他自己的数学假设的确定性。笛卡尔用自己的推理方法战胜了他自己的怀疑主义，详细说明了一门有关新科学的哲学。

笛卡尔关于理性精神的信念被那个时代最重要的发现所证实，这就是牛顿的万有引力定律。在《自然哲学的数学原理》（1687）中，英国人艾萨克·牛顿（Isaac Newton）把伽利略和其他科学家的思想综合为一种统一的理论。牛顿断言所有物体无论大小，无论是天上的还是地上的，自然的还是机械的，都屈服于这种相同的引力。他证明了如何准确地把这种引力量化。起初，科学家们拒绝牛顿的理论而喜欢笛卡尔的演绎体系。只是到了18世纪，牛顿的万有引力定律才广为科学家们所接受。

到17世纪60年代，新科学的成功和希望吸引了政府的资助。英国皇家协会（成立于1662年）和巴黎科学院（成立于1666年）开始资助科学活动，发表科学论文。政府还建造了天文台和植物园，希望能使科学服务于皇家的声誉和国家的繁荣。

英国的妥协

巴洛克时代的宗教和政治动乱就像对欧洲其他地区一样震撼了不列颠群岛。查尔斯一世国王（charles I）希望统一他对英格兰、苏格兰和爱尔兰的专制统治，以与法国或西班牙相匹敌。他收藏了大量的意大利艺术，把著名的佛兰德斯画家安东尼·凡·戴克（Anthony van Dyck）召到王宫。在不到10年的时间里，凡·戴克就画了约40幅查尔斯的肖像和30幅王后的肖像。在最著名的肖像（图10.31）中，这位君主下马站在路边，悠闲自得地观赏着英国乡村。

图10.31　安东尼·凡·戴克，《英格兰的查尔斯一世》，约1635年，布面油画，2.66米×2.07米，藏于巴黎卢浮宫

这里不是西班牙君主喜欢的马上骑士肖像，查尔斯和他的画家选择了这个谄媚的姿态，把国王的矮小身躯做最小化处理，使得马看起来也在俯首听从查尔斯的御命。

但查尔斯一世却没有给他的国家带来这样的“安定”。由于寻求宗教统一，他得罪了苏格兰人，后者发动起义。由于需要税收，他召开英国国会，议员们公然反抗他。最后，1642年，国会的清教议员与保皇党之间终于爆发了内战。1649年，议员们砍了国王的头，到了1660年，英国国王才继位，保皇党与立法权力之间才恢复了平衡。

英国文化的成就也参与了这个时代的压力和张力。像约翰·弥尔顿和克里斯托弗·雷恩这样的本土天才把英国传统与大陆的风格和趣味融合了起来。像凡·戴克和作曲家乔治·弗雷德里克·亨德尔这样的外来艺术家也吸引了很多英国大众。在政治哲学方面，英国提出了将深深动摇下个世纪欧洲的一些思想。

英国的巴洛克诗歌

英国17世纪最具创新性的天才集中在诗歌领域。在诗歌成就上有些批评家把约翰·邓恩（John Donne）列在仅次于莎士比亚的位置。邓恩知识化的风格和情感的复杂性使他在“玄学派诗人”中占有一席之地。作为一位受过良好教育、游历广泛的作家，邓恩也是笃信宗教，并把复杂的想象力用于宗教和世俗主题之人。他的名诗《死亡，不要骄傲》肯定了救赎能够战胜死亡。邓恩的爱情诗以惊人的联想和比喻为特征：在一首诗中，他把情人交叉的腿比作钟的指针。下面是他最著名的爱情诗之一《封圣》中的诗节。邓恩懂得爱情的代价。1600年，他放弃职业与雇主的侄女结了婚。

随便叫我们什么，我们由爱铸造；
叫她一只飞虫，而我是另一只蝇，
我们也是烛芯，在耗尽自己的生命，
却在自身找到了鸽子和雄鹰。
凤凰之谜凭我们有了更多智慧，
我们也合二为一成为凤凰之谜。
于是，男女两性把中性之物适应，
我们死而复生为一人，
用这爱情把那神秘来证明。
我们能为爱而死，即便不是为爱而生，
倘若我们的传奇不适合坟墓和柩车，
那它将适合诗歌；
倘若我们无法把历史证明，
那我们将在诗中建造美丽的房舍；
就仿佛一个精致的瓮，
把最伟大的骨灰撒遍半公顷的坟墓，
用这些圣歌，一切都将赞同，
我们由爱而成圣……

——约翰·邓恩《封圣》

约翰·弥尔顿（John Milton）写出了具有真正巴洛克规模的著作。他的杰作《失乐园》（1667）是一部讲述基督教原创戏剧的史诗：亚当和夏娃的堕落和被逐出伊甸园的故事。博学的弥尔顿非常熟悉以史诗为写作形式的古代先驱，把他的基督教传奇与古典神话和文学的典故交织在一起。他把伊甸园的失去写成一个悲剧，将由基督的重临而赎回，如史诗著名的开篇所示：

歌唱“人”原先的违禁，和那棵
禁树的果子，品尝它就致命遭殃，
给世人带来死亡和一切悲伤，
还丧失伊甸园，直到更伟大的一个人
使我们复原位，复得极乐福境。
歌唱吧，上天诗神……

——约翰·弥尔顿《失乐园》

弥尔顿也公开批判专制主义政府。他最著名的世俗著作是《论出版自由》（1644），维护不受政府审查的出版自由。弥尔顿热烈地倡导的信念是，真理将在与谬误的“自由和开放的相遇”中实现。

克里斯托佛·雷恩的伦敦

17世纪末英国的艺术妥协也许最充分地体现在克里斯托弗·雷恩（Christopher Wren）的作品中。在17世纪60年代之前，

图 10.32 克里斯托弗·雷恩，圣保罗大教堂，伦敦，1675—1710 年，长 156.7 米，正面宽 76.2 米，穹顶高 111.6 米

雷恩用哥特式、文艺复兴式和巴洛克式风格的古怪综合反映了 17 世纪英国文化中的各种竞争力量。这是由一个建筑师建造的唯一一座集文艺复兴和巴洛克风格于一体的重要的英国建筑。

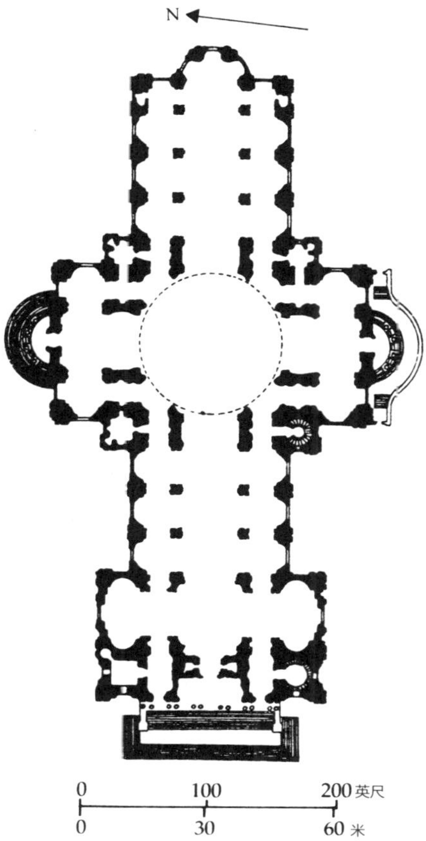

图 10.33　伦敦圣保罗大教堂设计图

雷恩是天文学教授，伦敦皇家协会的第一批成员。当被任命为皇家建筑勘测员并要求他实现英国建筑的现代化时，雷恩的建筑爱好变成了职业。1665 年，他访问了巴黎，通过贝尔尼尼（正在那里重新设计卢浮宫）和凡尔赛宫的建筑师曼萨特而接触到了欧陆的巴洛克建筑。

1666 年 9 月，一场大火烧毁了伦敦的四分之三，包括原来的圣保罗大教堂。这时，雷恩的建筑任务变得十分迫切。这场灾难给雷恩带来了千载难逢的机会，使他在伦敦全城都留下了艺术签名。他把余生用来重建伦敦的教区教堂，给这座城市留下了独特的螺塔和新古典主义的简朴性。

雷恩最大的任务是新圣保罗大教堂的建设（建于 1675—1710 年）。他的设计综合了他的雇主的传统趣味和他自己喜欢的凡尔赛宫闻名遐迩的新古典主义风格。雷恩在二者间的调和表现在圣保罗大教堂的正面和地板的设计上（图 10.32，10.33）。新古典主义双门廊的两侧是塔楼，应用了哥特式和巴洛克风格的原理。门廊上面是塔的穹顶，模仿了布鲁内莱斯基和米开朗琪罗的设计，但

日常生活的窗口

伦敦大火

日记作家塞缪尔·佩皮斯提供了他目睹的 1666 年吞噬伦敦大部分城区的那场大火。

于是我下到河边，找到一只小船，穿过桥，看到了那场令人悲哀的大火。从可怜的米歇尔酒吧，一直烧到了老天鹅，已经烧到了那里，而且继续向那边蔓延，在很短的时间内，火已经烧到了钢院，我当时就在那里。大家都拼命地搬东西，扔进河里或搬到驳船上；可怜的人们守在家里，直到火烧到了家门口时才跑到船上，或者一级一级地登上河边的台阶。而最重要的是那些可怜的鸽子，它们不愿意离开家，在窗口和阳台上空盘旋，有些鸽子的翅膀已被烧着，最后掉了下来。

——塞缪尔·佩皮斯的日记

在后者咄咄逼人的前脸面前似乎显得相形见绌。雷恩对各种风格的综合留下了未解决的矛盾，但显然满足了雇主们。

圣保罗大教堂的内饰与外部几乎没什么关系。雷恩与其说是建筑师毋宁说是工程师，因而不重视内外之间的关联。建筑师的目的是要取得文艺复兴时期设计的核心统一，而他的教士雇主却坚持传统的哥特式地板。内饰的最独特之处是穹顶的交叉。穹顶安放在八个拱门之上，其中四个设在四面，分别通往正殿、钟楼和十字形翼部，另外四个设在角落，通往半圆形圣殿。在教堂的总体设计中，雷恩达到了对哥特式、文艺复兴式和巴洛克式风格的独特综合，创造了伦敦最令人羡慕的建筑丰碑。

亨德尔和英国音乐

英国哺育了一位本土的音乐剧天才——亨利·普赛尔（Henry Purcell，1659—1695），他写各种音乐，但擅长为王政复辟时期的英国戏剧谱曲。普赛尔写了一部伟大的歌剧《狄多与埃涅阿斯》（1689），是以维吉尔伟大的拉丁文史诗为依据的。在开场的咏叹调中，迦太基的王后把她对埃涅阿斯的爱描写成了秘密的“悲伤”：

> 啊，贝琳达，我被挤压，
> 无法言表的折磨，
> 和平和我越来越陌生。
> 我虚弱无力直到悲伤来临，
> 却又无法把它抒发。

从一开始，普赛尔的咏叹调就传达了狄多复杂的情感状态——带着悲伤和屈从的爱，表达严谨有力。普赛尔的成就被意大利歌剧在英国的流行以及乔治·弗雷德里克·亨德尔（George Frideric Handel）的职业生涯淹没了，这说明了巴洛克风格的国际性，表明艺术形式何以能适应观众的趣味和态度。虽然生为德国人，但亨德尔在英国度过了半生，被誉为巴洛克时期英国的重要作曲家。年轻时，亨德尔在意大利学习歌剧艺术，然后，1712 年，他定居伦敦。他被任命为皇家音乐学院（建于 1720）的乐长。这家学院力主把意大利歌剧英国化。伦敦吸引了最优秀的歌剧演员，包括欧洲薪俸最高的福斯蒂纳·波尔多尼（Faustina Bordoni）。波尔多尼退休后能够依靠所得而过着舒适的生活。而亨德尔的学院建成十年后就失败了，这位债台高筑的作曲家患了中风，到中

图 10.34 《英国哲学家约翰·洛克画像》，约 1680—1704 年

洛克关于人性和国家的观点是现代自由民主的基石。

年便遇到了职业危机。

亨德尔通过转向清唱剧（oratorio）而拯救了他的音乐生涯，这是包含歌剧各种音乐因素但没有情节、场面或服装的一种叙事性合唱。对预算吃紧的亨德尔来说，这是极好的一种妥协。他在有生之年创作和演出了许多清唱剧，大多数是《圣经》主题，均在公共音乐厅里演出。

亨德尔最著名的清唱剧是《弥赛亚》，1742年首先在爱尔兰的都柏林演出，至今依然是演出最多的巴洛克戏剧之一。《弥赛亚》讲述了耶稣的诞生、死亡和复活的故事，以及全人类所希望的救赎。宗教的情感和故事规模的宏大与亨德尔的音乐搭配完美。著名的合唱《哈利路亚》（希伯来文的意思是“赞美上帝”）含有复杂的对位和模仿，较简单的段落表达了肃穆的尊严。合唱逐渐演变成喜气洋洋的结尾，如此壮丽以至于英国国王第一次听到时都站了起来。亨德尔其他的清唱剧也获得了商业成功，其动人的《旧约》主题微妙地触动了英国观众的爱国之心。

英国的政治和哲学

到1688年，英国的政治妥协结束了。作为专制主义者和天主教教徒的国王詹姆士二世激怒了国会中的反对派，致使他逃离伦敦以保全性命。国会很快就从新教的荷兰扶植了一位新国王和王后，这出政治剧名叫“光荣革命”，因为在推翻国王的斗争中没有流一滴血。英国用专制主义的国王换来了一位受宪政限制的君主。

两年后，洛克（John Locke）发表了一篇哲学著作来证明光荣革命的正确性。洛克的《政府论》（1690）认为政府应该产生于人们出于合理的自身利益而进行的自愿联合和一致行动。与前辈托马斯·霍布斯一样，洛克预见人类社会产生于一种“自然状态”。霍布斯断言人类天生就是贪婪和暴力的，洛克却认为人是理性和合作的。霍布斯的悲观主义使他相信只有专制的君主“利维坦”才能强行规划社会秩序。洛克比较乐观地认为社会契约是公民秩序的开端。在这个契约之下，人用自然状态的绝对自由换取了公民社会的有限自由。通过给政府以立法和执法的权力，洛克从理论上证明人能保住他们最珍惜的自由。“而这使人走出自然状态而进入共同体，”洛克写道，“确定一位有权威的裁判来解决一切争端，补偿可能给共同体的任何成员带来的伤害。”尽管洛克把经验主义原理应用于认识理论，但他并未给社会契约提供任何经验基础。这是一个哲学假设，用抽象的术语来解释个人与国家之间的正常关系。

洛克的社会契约论成了古典自由主义的奠基石——这种政治学说看重个人的权利和自由，努力建立能够保证个人自治的宪政政府。专制主义的观念是允许一个人或一个组织拥有全部权力。该观念破坏了洛克论证的个人权利与社会秩序之间的自由平衡。“显然，专制的君主在有些人看来是世界上的唯一政府，”他写道，“但实际上却与公民社会不相符合，因此等于没有任何形式的公民政府。”公民从社会契约中获得了“无法异化的”权利，用美国《独立宣言》的话说即任何政府都不应该违背这些权利。洛克从理论上说明公民可以公正地推翻暴政来确立尊重个人权利的国家，为政治革命建立了基础。洛克为即将到来的理性战斗时代确定了基调。

11

启蒙运动

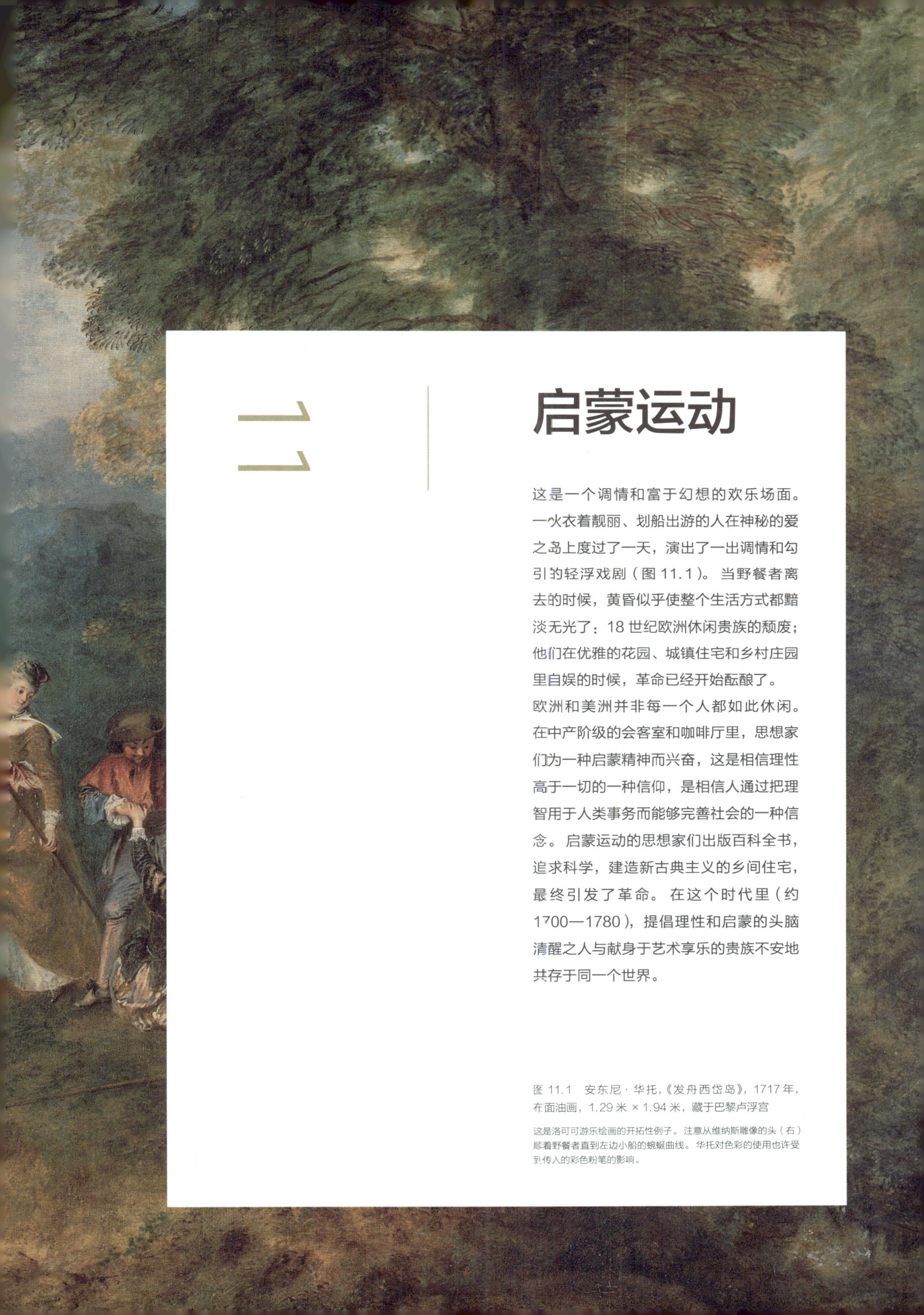

这是一个调情和富于幻想的欢乐场面。一伙衣着靓丽、划船出游的人在神秘的爱之岛上度过了一天，演出了一出调情和勾引的轻浮戏剧（图 11.1）。当野餐者离去的时候，黄昏似乎使整个生活方式都黯淡无光了：18 世纪欧洲休闲贵族的颓废；他们在优雅的花园、城镇住宅和乡村庄园里自娱的时候，革命已经开始酝酿了。

欧洲和美洲并非每一个人都如此休闲。在中产阶级的会客室和咖啡厅里，思想家们为一种启蒙精神而兴奋，这是相信理性高于一切的一种信仰，是相信人通过把理智用于人类事务而能够完善社会的一种信念。启蒙运动的思想家们出版百科全书，追求科学，建造新古典主义的乡间住宅，最终引发了革命。在这个时代里（约 1700—1780），提倡理性和启蒙的头脑清醒之人与献身于艺术享乐的贵族不安地共存于同一个世界。

图 11.1　安东尼·华托，《发舟西岱岛》，1717 年，布面油画，1.29 米 × 1.94 米，藏于巴黎卢浮宫

这是洛可可游乐绘画的开拓性例子。注意从维纳斯雕像的头（右）顺着野餐者直到左边小船的蜿蜒曲线。华托对色彩的使用也许受到传入的彩色粉笔的影响。

洛可可风格

路易十四于1715年去世时，法国贵族纷纷逃离凡尔赛宏伟的巴洛克宫殿，他们在那里被囚禁了达50年之久。富人们在巴黎新的市政房屋里落户，采纳了一种名叫洛可可（rococo）的非正式的轻松风格，这是一种比巴洛克更加温柔、更加精致的风格（图11.2）。洛可可这个名称或许派生于法语rocaille（花园里的石贝装饰物），时髦花园里用作装饰的贝壳一样的东西。这个词的发音表明其艺术风格：欢快、机智，但往往轻浮。

图11.2 克罗迪昂，《醉酒（仙女和萨梯狂欢作乐）》，约1780—1790年，赤陶，高59.1厘米，藏于纽约大都会艺术博物馆

洛可可风格以亲密的场面、温柔的色彩和形状以及快乐性感的主题取悦于鉴赏家们。这件坦白的色欲主题的作品描画了正在贪图肉欲的酒神的崇拜者们。

法国的洛可可

法国的思想和艺术文化以巴黎的沙龙为中心，沙龙即提供餐饮、娱乐和谈话的一种定期的社交聚会。沙龙通常是由有钱的女人创办的，在她的城市住宅里每周聚会一或两次。当时的观察家们写道，沙龙的目的是让伙伴们相聚，“不同性别之间的一种交往”，其特征是“完美的外貌、彬彬有礼的举止和老练、放任和具有世俗智慧的一种艺术。”巴黎最著名的沙龙是格弗琳（Geoffrin）夫人开办的，她的丈夫是靠生产冰激凌发家的。格弗琳夫人定期款待巴黎的社会名流。柏林和维也纳的知名女士也纷纷效仿，因此有几十年的光景，上流社会的妇女成了音乐、艺术和思想争论的赞助者。

图 11.3　加布里埃尔·热尔曼·博夫朗，公主沙龙，巴黎苏比斯旅馆，约 1740 年

这是展示洛可可精美设计的一个房间，建成了椭圆形。注意窗口、门口和镜子的拱形。以及从墙到天顶的精雕细琢的过渡，这里画的是梦境般的洛可可风格的绘画。

巴黎的城市住宅体现了洛可可式风格，其华丽的内部装饰补充了其简朴的外表（图11.3）。在这些高雅愉快的环境里，艺术不能表达深刻的政治思想或强烈的宗教情感。相反，艺术是机智的、轻松的；屈从于忧郁或爱欲的幻想；或净化朴素的爱情、美德和幸福的理想。洛可可是表现快乐、用于装饰的艺术，充分地表现了贵族的价值观和消遣娱乐。

安东尼·华托（Antoine Watteau）捕捉到了洛可可绘画的郁闷情绪，他的风格为18世纪的后继者奠定了基调。华托抛弃了巴洛克的恢宏风格，喜欢柔和的色彩和梦境的氛围等静谧场面。他的画具有典型的忧郁色彩，如《发舟西岱岛》（见图11.1）。这幅画（有两幅类似的画）画的是一伙时髦的野餐者准备离开西岱岛——爱神维纳斯的一个神秘岛屿。野餐者们已经用鲜花装饰了维纳斯雕像，交换了爱的誓言，现在不情愿地离开了这片田园乐土。

华托的画界定了18世纪一种新的绘画范畴，即衣冠楚楚、彬彬有礼的欢饮者的所谓"高雅庆祝"。华托从即兴喜剧汲取高雅庆祝的服装和形象，但他画中的场面也反映了18世纪贵族身穿时髦服装的娱乐活动。这个时期的另一个技术进步要归功于罗萨尔芭·卡列拉（Rosalba Carriera），她用彩色粉笔创作肖像画（图11.4）。卡列拉用彩色粉笔创造出适合洛可可轻松风格的轻柔色调和松散结构。华托欣赏她的作品，欧洲国王都收藏她的画作。

图11.4　罗萨尔芭·卡列拉，《拿鹦鹉的年轻女人》，约1730年，蓝底纸彩色粉笔画，60厘米×50厘米，藏于芝加哥艺术学院

卡列拉完善了彩色粉笔的使用。她不用油彩而用彩色粉笔为威尼斯、巴黎和维也纳的富人画肖像。画面上鹦鹉正衔着主人的衣服来突出她的身体美。

洛可可比较性感和具有装饰性的一面体现在弗朗索瓦·布歇（Francois Boucher）的作品中。布歇是路易十四的情人蓬巴杜夫人最喜欢的画家，她赞助以洛可可风格装饰凡尔赛宫的进步作家和艺术家。布歇的《镜前的维纳斯》（图11.5）是蓬巴杜夫人赞助的，她一定把自己看成画中的主体了。迷人的女神在梦境里准备接待一位客人，丘比特们都在忙于梳理她的头发，给她佩戴珠宝。布歇用镀金的家具、闪光的粉色和蓝色实现了奢侈、豪华的表面效果。

图 11.5 弗朗索瓦·布歇，《镜前的维纳斯》，1751 年，布面油画，108.3 厘米 × 85.1 厘米，藏于纽约大都会艺术博物馆

布歇在皇帝的情人蓬巴杜夫人的赞助下一生都致力于装饰皇家住宅。画面上的爱欲场面就仿佛一出戏：幕布、彩绘背景、道具和服装，都用来强化调情和快乐的情绪。

洛可可风格的轻松魅力在让－霍诺·弗拉戈纳尔（Jean-Honoré Fragonard，1732—1806）以《爱的进步》为题的四幅循环画中表现得最明显。这几幅画是法国国王的情人赞助的，展示了典型的洛可可风格的调情和引诱主题。在《邂逅》（也叫《攻坚要塞》）中，弗拉戈纳尔描画了两个身穿时髦服装的情人第一次相遇的重要场面（图 11.6）。年轻人带着极高的期待走下梯子，但那女子却转身走开了，暂时隐藏起她所神往的爱，正如维纳斯（上面的雕像）从急躁的儿子丘比特手里收回颤抖的箭一样。妩媚但最终微不足道，弗拉戈纳尔的画不具有任何超验的矫饰。

受皇家恩宠的另一位艺术家是玛丽－伊丽莎白－路易斯·维吉－勒布伦（Marie-Élisabeth-Louise Viggée-Lebrun），肖像画家和路易十四的王后玛丽·安托瓦奈特的闺蜜。为了平息有关王后淫荡不忠的谣言，维吉－勒布伦曾经画了一幅名画，描画王后和孩子们在一起的宁静而充满爱意的家庭画。维吉－勒布伦能动的自画像《戴草帽的自画像》（图 11.7）表明她是对自己能力充满信心的一位画家，也是对自己的美和风范毫不动摇的一位女子。画面上是一位自学成才的女子，不必靠贵族出身就能获得成功的一位资产阶级。这幅画的流行使得维吉－勒布伦进入了通常说来并不接纳女人的法国皇家艺术院。

在法国大革命期间，维吉－勒布伦戏剧性地离开了巴黎，在玛丽－安托瓦奈特和国王被捕的当夜逃跑了。在离开革命的法国流亡期间，维吉－勒布伦吸引了欧洲的贵族，通过画贵族肖像而发了财。1802 年她作为名人回到巴黎，开办沙龙，撰写回忆录。

18 世纪的舞蹈 在法国，职业舞蹈在 18 世纪发展迅速，主要是受到 1713 年创办的巴黎歌剧职业舞蹈学校的影响。歌剧学校培养了大批经过完好训练的舞蹈家，包括玛丽·安·德·库皮斯·德·卡玛格，即伏尔泰所说的“第

图 11.6　让－霍诺·弗拉戈纳尔，《爱的进步：邂逅（攻坚要塞）》，1771—1773 年，布面油画，93.18 × 2.44 米，藏于纽约弗里克博物馆

身穿时髦“西班牙服装”的情人们正处于紧张的时刻——女人正要离开追求者；男人显然在窥视所爱之人，也许担心受到干扰。

图 11.7　维吉－勒布伦，《戴草帽的自画像》，1782 年，布面油画，97.8 厘米 × 70.5 厘米，藏于伦敦国家艺术馆

画家穿着奢侈而休闲的时髦中产阶级妇女服装，与皇宫僵硬死板的服装形成对比。

一个像男人一样跳舞的女人"，意思是说她像男性舞蹈家一样技巧娴熟。为展示她的技巧，卡玛格抛弃了路易十四时代的高跟舞鞋，剪短了舞裙，让观众看到她的脚。卡玛格的对手是玛丽·萨雷（1707—1756），后者抛弃了传统的裙环和假发，身穿棉布服装在芭蕾舞剧《皮格马利翁》（1733）中担任主角。

芭蕾舞培训和服装的革新伴随着舞蹈形式和背景的改变。在巴洛克时代，芭蕾舞往往是歌剧或喜剧奢侈的间歇用来说明或装饰更大的戏剧场面的。在 18 世纪，舞蹈家们开创了芭蕾舞情节，芭蕾舞自身通过舞蹈者的动作传达戏剧情节。在《舞蹈和芭蕾舞书信集》（1760）中，让·乔治·诺维尔呼吁芭蕾舞是独立的"统一的艺术品"，用舞蹈和音乐叙述一个主题。于是，芭蕾舞就不太注重壮观的场面，而注重情感的表达，这是新的技术和更大的服装自由带来的变化。

德国和英国的洛可可

在 18 世纪讲德语的欧洲国家中，法国的影响似乎随处可见。在帝国首都维也纳，约瑟夫二世与巴黎的皇家同仁一样喜欢盛大的艺术娱乐。在普鲁士首都柏林，开化的君主弗雷德里克大帝招募法国知识分子做顾问。而在德国的一些小公国里，小贵族都模仿巴黎舞台和沙龙的语言和文化。

在德国城市里，可与巴黎沙龙相媲美的中产阶级咖啡馆兴起，以满足人们新近产生的对咖啡、烟草和政治争论的兴趣。咖啡馆的顾客能读到十几种报刊，上面有连载小说、政治新闻、被批判的文化和所宣传的启蒙思想。

图 11.8　巴尔塔扎·诺伊曼，维森海里根朝圣教堂室内，1743—1772 年，德国班贝格附近

注意使拱门线条弱化的拉毛粉饰和天顶画。比较这座朝圣教堂的洛可可风格与博夫朗设计的巴黎住宅之间的异同（图 11.3）。

洛可可风格在 18 世纪德国的宫殿和教堂建筑中得到了最无拘无束的表达。实际上，就其宏大的规模和强烈的宗教性而言，德国洛可可艺术时常被看作巴洛克风格的后期变体。在信仰天主教的德国南部和奥地利，有钱有势的王公贵族成为这种风格的野心勃勃的赞助者。在为维茨堡主教设计了一座宏大的宫殿之后，建筑师巴尔塔扎·诺伊曼（Balthasar Neumann）又在德国南部建造

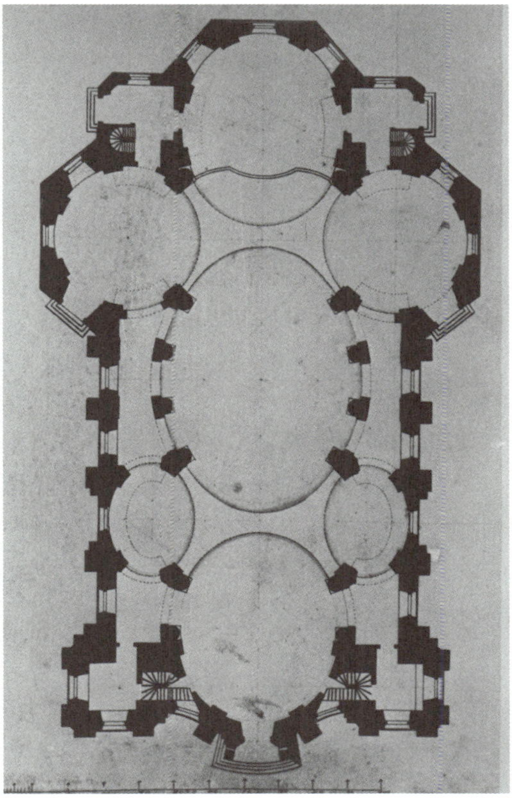

图 11.9　巴尔塔扎·诺伊曼，维森海里根朝圣教堂的地面设计草案，1743 年

诺伊曼设计中不断重复的椭圆使传统教堂建筑的拉丁十字架弱化了。中间的椭圆封住了正殿的祭坛。

图 11.10　托马斯·根斯堡，《理查德·布林斯雷·谢立丹太太》，1785—1787 年，布面油画，2.2 米 × 1.5 米，华盛顿国家艺术馆美仑收藏馆

根斯堡一生都在伦敦和别墅城巴斯，为英国上流社会画肖像画。比较他对这位模特的非正式处理与他的对手乔舒亚·雷诺兹的新古典主义风格（图 11.21）。

了一座朝圣教堂——维森海里根朝圣教堂（图 11.8）。室内是纷乱的洛可可式形状和色彩。教堂的地面设计（图 11.9）包括交叉的椭圆，把朝圣者引向精雕细琢的椭圆形祭坛。教堂的室内是用来表现宗教体验的洛可可美学——富于幻想、性感，然而在对天主教信仰的赞美中又充满了虔诚。

在英国，富裕阶级在服装和绘画方面采纳了洛可可风格。托马斯·根斯堡（Thomas Gainsbovough）拒绝经典化的“宏大风格”，而采纳了平实随意的风格。他把理查德·布林斯雷·谢立丹（图 11.10）放在一个模糊的田园背景之中，以谄媚的方式略微加长了她的形体。薄薄的披巾像夏日微风一样缠绕着她的身体，框定了她那忧郁和渴望的目光。谢立丹夫人为了结婚而放弃了歌手的生涯，嫁给了戏剧家和政治家理查德·布林斯雷·谢立丹，一位臭名昭著的轻薄之徒。根斯堡称此画为他的“幻想画面”——以乡村背景的浪漫强化了主题。

启蒙运动

18 世纪社会的自由和随意性造成了贵族和中产阶级的爆炸性混合。在巴黎的沙龙里，法国贵族与中产阶级智者和哲学家混在一起。在伦敦、爱丁堡和柏林烟雾缭绕的咖啡馆里，人们聚在一起读报纸，争论政治问题。显然，这些谈话中渗透出新的思想，而且还是向政治和宗教正统观念提出挑战的思想。

上一个世纪使欧洲态度发生了不可逆转的变化：探险和殖民化拓宽了欧洲的经验视野；科学革命打开了知识探究的新景象；英国的光荣革命改进了民族生活。尤其在法国，专制主义的权威在理性之光的审视下变得苍白无力了。

百科全书派

18 世纪的巴黎是启蒙运动的摇篮。启蒙运动是知识分子的运动，他们传播科学，把理性应用于人类事务。这些知识分子通过著书立说教育和激励民众，包括小说、戏剧、小册子，而最重要的是巨著《百科全书》。巴黎的这些思想家自称“百科全书派”（philosophes），这个法语词专指 18 世纪宣扬理性、反对传统观念的思想家们。这些哲学家的思想教父是发现了万有引力定律的艾萨克·牛顿，和倡导个人权利的约翰·洛克。这些哲学家在哲学态度上是唯物主义和经验主义的，他们相信一切都具有物质因，一切思想都源于经验。最重要的是，他们致力于把人类理性应用于解决真正的人类问题。

在科学革命的激励下，百科全书派为人类事务的每一个领域寻找普遍规律。他们相信政治和历史也必然由一种与万有引力定律相同的规律所控制。他们赞扬科学将会带来无限的物质繁荣，蔑视迷信，包括大多数基督教信仰。他们也相信人类进步和幸福的主要障碍，如基督教所教导的，不是人性，而是社会的不容忍和非正义。启蒙运动的关键词是自由和理性。

百科全书派的伟大工程是《百科全书》，其副标题是“科学、艺术和技艺分类辞典”。《百科全书》的宏大计划是系统编撰全部人类知识。这部巨著从 1751 年到 1772 年陆续问世，计 28 卷（包括 11 卷插图）。编辑德尼斯·狄德罗（Diderot）召集当时最进步的思想家为辞典撰稿。《百科全书》的文章包括从人类语言到外科手术等理论和实践话题，完成了理性应该强化人的物质福利这一信念。启蒙运动向科学知识的扩展在约瑟夫·怀特的画《气泵的实验》（图 11.11）中得到了戏剧化的表现，证实了这些哲学家的信仰，即人类知识是可以完善的，人类进步

图 11.11 约瑟夫 · 怀特，《气泵的实验》，1768 年，布面油画，1.82 米 × 2.43 米，藏于伦敦国家艺术博物馆

在这个描绘启蒙科学的画面中，当玻璃杯中的空气被气泵抽出时一只云雀窒息了。这表明空气是生命所必需的。孩子们则表现出对科学的好奇心和伤感的复杂情感。

是不可避免的。

百科全书派的科学态度导致他们怀疑基督教的信条，他们中大多数人都完全抛弃了基督教教会。许多哲学家都是自然神论者，相信神创造了用理性法则运作的宇宙。一个理性的神从不干扰自然的运作或用某一本《圣经》来揭示真理。“自然神论是尚未灌输启示意义的善意；而其他宗教则是被迷信腐蚀的善意。”伏尔泰在他的《哲学辞典》里解释说。至于道德，他说，“理性和良心完全足以引导人的行动”。当苏格兰怀疑论哲学家大卫 · 休谟造访巴黎时，他为百科全书派对有组织的宗教如此蔑视而备感惊讶。伏尔泰是该派最强烈的反对者：“每一个知性的人，每一个可尊敬的人，都必然惧怕基督教。”

启蒙与自由

在整个西方社会，思想家们试图把启蒙运动的原则应用到人类生存的具体问题上来。在政治、经济和伦理领域，思想家们追问的是人的天赋自由何以能改善社会。

在政治领域，最有影响的是百科全书

派中最年轻的哲学家让－雅各·卢梭（Jean-Jacques Rousseau），即启蒙运动最受欢迎的作家、激进和爱找麻烦的人。作为瑞士制表商的儿子，卢梭在18世纪40年代进入了巴黎社会，他的思想甚至在百科全书派中引起了争议。卢梭并未采纳启蒙运动的经验主义和理性主义教条，而是高扬人性的天赋善良，赞扬胜于理性的情感——这是他被视为浪漫主义运动先驱的原因之一。

卢梭的哲学基于个人价值和人类自由与平等的价值。追随英国哲学家约翰·洛克的社会契约论，卢梭想象人作为“高贵的野蛮人”而生活在一种自然状态——他们自由、理性、天生善良。卢梭论教育的文章《爱弥儿》第一句话就是“上帝造万物为善；人干扰它们，使其变成了恶。”即便如此，卢梭还是在《社会契约论》中推断说人用天赋自由换得组织社会的公民自由是正确的。自然未加整顿的自由“只受个人能力的限制”，在这种自由中，人纯粹由个人的冲动和自身利益的控制。在公民社会中，自由要求一个道德范畴：

> ……我们还可以给获得的公民国家加上道德自由，只有这一点才能使人成为自己的主人；因为按照纯粹欲望的冲动行事是奴役，而按照我们规定的律法行事则是自由。

自相矛盾的是，公民只能在卢梭所说的普遍意志的许可下才能达到开化的自治。这种普遍意志是一个国家的公民的集体利益，是由公民德性和对公共利益的兴趣引导的。它不简单是个人欲望和私有利益的总和，即今天由民意所代表的东西。个人行为在得到整个有机社会的许可时就获得了合理的合法性——纯粹的“占有”就成了合法的“财产”了。卢梭的普遍意志概念打破了古典自由主义的教条，试图把个人固有的自由和自治欲望与更宽阔的公民利益的视野调和起来。

同样的道德冲动也激发苏格兰道德哲学家、写出了《国富论》（1776）的亚当·斯密（Adam Smith）。《国富论》是古典自由主义的奠基性文献之一。在18世纪苏格兰活跃的思想和商品交易中，亚当·斯密把人类的利欲熏心（自己的利益和别人的利益）与他们劳动和生产的自由联系起来。斯密抨击欧洲君主操控新的全球贸易的温和的特权和垄断体制。他指出，经济应该由他自己从古典自由哲学衍化而来的“天赋自由”原则来控制。他提倡一种经济制度，在这个制度下，“每个人，只要他不违背正义原则，就完全有自由按自己的方式追求自己的利益”。

当个人追求自己的利益时，他们的总体决定将为所有人生产最大的繁荣和幸福，用斯密的名言来说，就仿佛由一只“看不见的手”引导着。在“秩序井然的社会”里，获得政府许可的自由的生产者和劳动者能够保证“普遍财富自行到达最底层的人民手中”。即便我们“不期待由于屠夫、酿酒者或面包师的仁慈而得到晚餐”，他的名言这样写道，“但也是出于他们对自己利益的考虑”。

启蒙运动对个人自由和自身利益的强调提出了深刻的道德问题。到18世纪末，德国唯心主义哲学家伊曼努尔·康德（Immanuel Kant）直接论及这种道德问题。在追求启蒙的过程中，康德指出，个人摆脱了传统和权威，包括道德教育的权威。但启

关键概念

启蒙运动

启蒙运动作为一场哲学运动的目的是个人的启蒙，即公民教育以便让他们不受暴政和迷信的阻碍而发挥理性的力量。1795年，德国哲学家伊曼努尔·康德把启蒙界定为人的理性、摆脱权威或接受意见的能力。“启蒙是人从自身的非成熟状态的解放。”康德写道。他宣称:“敢于认识！敢于运用自己的理解！”这是启蒙运动的格言。

教育是个人和整个社会启蒙的途径。在《爱弥儿》这部描写一个男孩的启蒙教育的小说中，让－雅各·卢梭断言一个孩子只需要理性和感性能力的教育：“我们出生时所缺乏的，我们长大成人时所需要的，就是教育的礼物。”他在第一卷中写道。但即使在卢梭的传奇中，成熟的自治和独立的思考也不能保证幸福。爱弥儿与谦虚顺从的索菲的婚姻以不忠和疏远告终。真正启蒙的过程并不总是一帆风顺的。

18世纪思想家自信启蒙教育最终将导致和平和普遍繁荣。哲学家孔多塞（Condorcet）描绘了人的心智在历史进程中的十个阶段。“通过诉诸理性和事实”，孔多塞断言，人能够获得文化和社会的无限进步。“人的可完善性的确是不确定的。”他写道。康德也预见到启蒙将引领人们组织一种世界性政府，从而保证权利平等和普遍教育。通过重提斯多葛派的世界主义理想，康德相信世界和平只需要充分的人类理性的应用就可以达到。“不管看起来多么困难，组织国家的问题甚至对魔鬼的种族来说也是可以解决的，如果他们有理智的话。”康德下结论说。

蒙后的个人怎样才能选择做正确的事，而不是仅仅满足个人利益或欲望？按康德所说，启蒙的道德决定应该服从绝对命令：“只根据尽你最大所能，同时应该成为普遍法则的原则行动。”康德说。绝对命令要求理性的人的行动能限定道德法则，仿佛他们的选择是“普遍化的”，或对所有人都是真实的、正确的。康德断言人的道德自由，每一个启蒙之人都是“普遍的立法者”、有责任通过合理的个人行动创造道德法则。

资产阶级的回应

1784 年，巴黎最受欢迎的戏剧是关于针对欧洲贵族世袭地位的回应方面的。皮埃尔·博马舍（Pierre Beaumarchais）的《费加罗的婚礼》批判了欧洲贵族的傲慢，被冠以道德正直的仆人的头衔。该书含有对贵族特权的令人振奋的控诉：“贵族、财富、头衔、地位，所有这些使你无比骄傲！那你又为所有这些赐福做了什么呢？”费加罗问他的伯爵主人。“你的麻烦就是你的出生，别的一无所有。”

在巴黎，资产阶级读者为费加罗的台词喝彩，而该戏的成功也标志着态度的转变。随着中产阶级影响的扩大，他们也要求艺术反映他们的道德态度和艺术品位：严肃的道德和直接描绘生活。然而，与贵族一样，他们也需要给自己的孩子教育，为他们提供休闲娱乐，也要住上有艺术品位的住宅。

资产阶级的绘画风格

资产阶级的绘画风格与轻松的洛可可风格相并存。比如，画家让－巴普蒂斯特－西蒙·夏尔丹（Jean-Baptiste-Siméon Chardin），就用清晰的色彩和形式对抗洛可可风格。夏尔丹的画大多描绘中产阶级的普通生活场面，如《玩陀螺的男孩》（图 11.12）。他画的主题和色彩都令人想起 17 世纪荷兰的风俗画（是为适应法国观众而画的）。夏尔丹乐于描绘直接的空间秩序和可触的静物结构。他笔下的室内场面呈现了家居平和满足的氛围。

18 世纪中叶最流行的法国画家是让－巴普蒂斯特·格鲁兹（Jean-Baptiste Greuze）。从技巧上说，格鲁兹要比夏尔丹逊色一些，但在当时却比夏尔丹闻名。他的风俗画直接

图 11.12　让－巴普蒂斯特－西蒙·夏尔丹，《玩陀螺的男孩》，1741 年，布面油画，67 厘米 × 73 厘米，藏于巴黎卢浮宫

夏尔丹主要画静物和风俗画，具有妩媚、简朴和微妙的道德格调。画面上一个男孩把课业放在一边，在玩耍他藏在抽屉里的一个陀螺——这是用画教育懒惰孩子的一次温柔的说教。

图 11.13 让－巴普蒂斯特·格鲁兹，《乡村新娘》，1761 年，布面油画，118 厘米 × 91 厘米，藏于巴黎卢浮宫

与优雅但却轻浮的洛可可风格形成鲜明对比的是，欧洲中产阶级喜爱冷静和伤感的作品。在格鲁兹道德化的画面上可以看到女性人物的反动：梦境中的新娘、苦闷的母亲和（父亲身后的）忌妒的妹妹。

影响到“感觉派”，后者征服了世纪中叶疲倦了的巴黎人。他的许多画，如《乡村新娘》（图 11.13）呈现了动人的家庭场面，完全可以成为资产阶级伤感剧的场面。在这幅道德画中，父亲亲手把嫁妆交到女儿手中的同时，也在宣讲如何忠贞不渝的美德。曾帮助推广格鲁兹画作的哲学家狄德罗说这种画的观者为“那温柔的感觉所动”。格鲁兹用这些图像逸事唤起了巴黎世故之人对简朴的乡村生活的怀念。

小说的兴起

一位德国哲学家曾经把小说说成是“中产阶级的史诗”，尽管与古代的史诗不同，但小说没有重讲来自神话或传奇的故事。相反，18 世纪的小说是长篇叙事性的虚构，有现实的人物和背景（与今天的小说没什么不同）。早期小说往往采取日记或书信的形式（叫书信体小说），为人物内省和道德自律提供了足够的空间。

小说的流行与18世纪欧洲文化程度的提高相关。在英国，萨缪尔·约翰生写道，“一般文学现已遍布全国各个阶层，”家家户户都拥有“一个知识壁橱”。到1750年，已有60%的男性具有读写能力。新的读众（包括逐渐增长的妇女）养活了咖啡屋、外借图书馆和图书俱乐部（图11.14）。像萨缪尔·约翰生（Samuel Johnson）这样的批评家都努力引导大众的阅读品味。约翰生编写了一部伟大的英语字典和很有影响的莎士比亚介绍，他认为莎士比亚是英国本土的天才。

18世纪的中产阶级渴望自我改善，既想用书籍提高他们的品质，又要通过书籍获得娱乐，而小说满足了资产阶级读者对教育和说教文学的期待。在英国，第一部伟大的小说是萨缪尔·理查逊的书信体小说《帕美拉，或美德的回报》，提供的恰恰是资产阶级读者正在寻求的道德灵感。小说的女主人公帕美拉是位单纯的农村姑娘，她必须承受富裕雇主的引诱。她内心的斗争通过书信揭示出来，这些书信构成了故事的主体。在给父母的一封信中，帕美拉对受到主人攻击的女仆们表示了同情：

可是，亲爱的父母亲，你们认为女人该是哪种动物才能屈服于这样的邪恶？也正是这一点使每一个人都被认为是相同的；而且一天缺一个！我们生活在一个什么世界上呀！而且越来越奇怪的是男人被拒绝，而不是女人顺从……

图11.14 奈德·沃德，《咖啡馆的群氓》，《英国大众》第四部封面（伦敦，1710年），藏于大英图书馆

对于不断增加的有文化的欧洲中产阶级，咖啡馆提供了读报纸的场所和进行公开讨论和争论的机会。

但我为这些事情感到难过；你不知道男人们会用什么诡计和手段来实现罪恶的目的；所以我会想念那些被毁掉的人，可怜她们。从我讲的故事和多少次的死里逃生，你们会看到可怜的少女们的苦难经历，她们命中注定要出门服务，尤其是到那些不惧怕上帝的家庭，由家长控制的家庭。

——萨缪尔·理查逊《帕美拉》

18 世纪伤感小说中最流行的是卢梭的《新爱洛绮丝》，曾出版过 72 个版本的一部畅销书。卢梭的小说基于中世纪著名的阿贝拉和爱洛绮丝的爱情故事，并就社会阶级之间勾引和婚姻的主题大做文章。卢梭笔下女主人公的忠贞受到了怀疑，直到小说最后她为此而献身时才得以昭雪。全欧洲读过卢梭的《新爱洛绮丝》的人无不为之落泪。

到 18 世纪末，感伤小说已经演变成关于感知和感觉的细微探讨。如简·奥斯丁（Jane Austen）所完善的所谓的世态小说就是对英国上流社会生活的细密观察和讽刺性研究。在《理智与情感》和《傲慢与偏见》中，奥斯丁描写了女主人公的订婚和结婚这两个关键时刻，她们试图在感情、社会地位和个人操守之间寻找平衡。奥斯丁描写社会风俗的精美小说第一次给小说穿上了现代的装束。

德国的资产阶级戏剧

德国的资产阶级回应既具有伤感性又具有民族主义精神。在 18 世纪初，德国的一些小王宫就奢侈地模仿法国专制时代的文化，如矫揉造作的风格和新古典主义的品位。戈特霍尔德·埃夫莱姆·莱辛（Gotthold Ephraim Lessing）领导了抵制法国影响的一次反叛。他是一位批评家和戏剧家，单枪匹马开创了德国民族戏剧。莱辛是德国启蒙运动的先驱。对他来说，这个术语不仅意味着哲学启蒙，而且是在德国各公国已经公认的一种民族精神。莱辛的批评著作谴责新古典主义的形式主义，而他的戏剧则描绘情感比较直接和真诚的人物。《萨拉·萨姆逊小姐》是这种资产阶级伤感剧的一个典型，把希腊悲剧中的美狄亚重新塑造成了一个资产阶级的女主人公。

莱辛的感伤剧为史称“狂飙突进运动”的一伙激情四溢的德国年轻作家铺平了道路。狂飙突进运动的作家们抗议社会非正义，赞美叛逆的天才。他们献身于德国民族主义，希望把德国文化从对法国新古典主义的枯燥乏味的模仿中解放出来。这场运动的最重要的人物是约翰·沃尔夫冈·冯·歌德（Johann Wolfgang von Goethe）。歌德的不规则戏剧《格茨·冯·贝利欣根》明显违背了新古典主义的准则，而模仿了莎士比亚的戏剧规模和多样性。主人公格茨是位热烈的中世纪骑士，他参加了农民起义，献身于正义的事业。在格茨身上，歌德塑造了德国戏剧中第一个伟大的戏剧性人物，有力地表现了狂飙突进运动的精神。

启蒙运动时代的音乐

到 1750 年，欧洲的画家和雕塑家已经成为自由的艺术经纪人，可以到任何地方去寻找雇主。对比之下，尤其是在中欧，音乐家和作曲家仍然是贵族家庭的封建奴仆。尽管这样，启蒙运动时代也孕育了大批的音乐天才，我们现在称这个时期为古典音乐时期（约 1750—1820）。

最重要的古典作曲家是约瑟夫·海顿（Joseph Haydn）和沃尔夫冈·阿玛多伊斯·莫扎特（Wolfgang Amadeus Mozart）。两人都极其多产，为宫廷的各种场合、宗教仪式和作为 18 世纪的标准音乐表演的公开音乐会作曲。奥地利作曲家海顿几乎用 30 年的时间为艾斯特哈吉丝这个匈牙利贵族家族作曲。在为雇主服务期间，海顿在古典风格的领域内进行了大量开拓和创新。到 18 世纪 90 年代，他被公认为是欧洲的主要作曲家，擅长所有通俗音乐形式。

莫扎特在为萨尔茨堡大主教服务时开始了他的职业生涯。当 1781 年这位贵族粗暴地解雇他时，莫扎特很快就移居音乐之都维也纳，作为自由表演者、家教和作曲家生活（图 11.15）。

图 11.15　约瑟夫·兰格，《钢琴堡的莫扎特》，1789 年，布面油画，35 厘米 × 30 厘米，藏于萨尔茨堡莫扎特博物馆

公众想象极大地夸大了莫扎特晚年的痛苦，尽管他无法获得路德维希·凡·贝多芬晚年的艺术独立性。

莫扎特和歌剧

在维也纳，活泼的莫扎特被认为是当时所称的“快乐”风格的大师（快乐是与巴洛克矫揉造作的风格相比清新、活泼和自然的一种音乐）。莫扎特的曲目都为了迎合听众的趣味而仔细斟酌，适合在洛可可社会的小宫殿和市政厅中演出。他的独奏曲都为钢琴而作，如 A 大调钢琴奏鸣曲，显示了他熟练的键盘技巧。这首奏鸣曲中的各个乐章中都有一章是土耳其风格的小步舞曲，是特意迎合巴黎听众的，这首曲子可能就是在巴黎谱写的。在这些作品中，莫扎特必须把他对音乐革新的兴趣与听众有限的鉴赏力平衡起来。在一封信中，他曾经赞扬他的一组协奏曲："奏出了一种既不太容易也不太困难的快乐的中间曲；它们非常了不起，悦耳、自然，一点也不索然无味。"

在维也纳，莫扎特最重要的听众是开化的皇帝约瑟夫二世，他帮助莫扎特进入了维也纳歌剧界，这是享有国际声誉和充满杀机的一个世界。维也纳歌剧已经发生了某种影响，表演者们都希望把德国歌剧从装饰性演唱和牵强附会的情节中解放出来。这些改革拓宽了歌剧的听众范围，把维也纳和布拉格的贵族和中产阶级都包括了进来。莫扎特在这些城市获得了巨大成功。

莫扎特被认为是在歌剧中把音乐和戏剧平衡起来的天才。他的歌剧杰作之一《费加罗的婚礼》（1786）捕捉到洛可可的快乐和轻浮的情绪，同时也上演了一出关于世故和智慧的音乐剧。歌词或剧本是洛伦佐·达·彭特用意大利文写的（意大利文仍然是18世纪大多数歌剧使用的语言）。《费加罗的婚礼》讲述了费加罗和苏珊娜即将在阿玛维瓦公爵的住宅里举行的婚礼。苏珊娜担心那位花心的公爵会强奸她。费加罗一面决心打乱公爵的意图，一面又要打消未婚妻的怀疑。然而，忌妒和愤怒从未完全遮盖这出歌剧潜藏的幽默和乐观主义。最后一场戏——精湛的合唱，打消了一切误解和伪装，消除了不信任和怀疑。当公爵跪下来请求妻子原谅时，参加婚礼的所有人都相信这是一种诚实和世俗的爱。

莫扎特后来的歌剧都是公认的杰作。《唐璜》（*Don Giovanni*）重讲了有名的情人唐璜之死的故事，他的浪漫功绩在著名的咏叹调"目录"中被历数出来，由讥嘲的仆人莱波雷洛演唱。在生命的最后一年里，莫扎特以《魔笛》（1791）获得了巨大成功。这出歌剧以埃及为背景，其魔幻般的氛围和轻松的音乐深受维也纳大众的欢迎，而其象征主义则歌颂了和谐和启蒙的哲学主题。

古典交响乐

发明了古典交响乐的是比莫扎特年长的约瑟夫·海顿。交响乐是通常分四个乐章或四部分的管弦乐曲。按照意大利的术语来理解，这些乐章描述所演奏的音乐的速度。古典交响乐通常以快速乐章开始，接着是缓慢抒情的乐章，然后是中速优美的舞蹈，最后是快速活泼的第四乐章。海顿仅在简短的小步舞曲中就能获得复杂的音乐效果，如第45号交响乐中的小步舞曲和三重奏（1772）。他的《惊奇交响乐》和《玩笑四重奏》（1781）打破了古典喜剧音乐可预见的形式。

每一个交响乐章都按一定的形式格式来写。如海顿的例子所示，古典交响乐的第一乐章是最重要的，为整部作品奠定了音乐基调。这个第一乐章在形式上是奏鸣曲，把两个音乐主题综合成一个三部结构。在奏鸣曲中，两个主题曲首先在呈示部中陈述，以一个音乐"立论"阐述这个乐章的基本音乐思想。第一个主题在本位键中陈述，第二个主题曲在一个与此对立的键中陈述。接着，在展开中，这两个主题曲经历不同的音乐变

环球视角

歌舞伎

在欧洲，不断增加的资产阶级戏剧观众需要一种更加自然和坦白表达情感的戏剧风格。但在日本，大约在同一时期，上升的自信的商人阶级支持一种精美和极端矫揉造作的戏剧。欧洲感伤剧与日本歌舞伎之间的鲜明对比表明了即使是类似的社会条件也会出现世界文化的变体。

歌舞伎（kabuki，图 11.16）把风格化的表演与歌、舞、色彩艳丽的服装和壮观的舞台结合起来。它在日本江户时代（1616—1868）兴起，当时日本已经摆脱了封建战争，东京皇族的影响开始式微。东京和其他商业中心的一个新兴的商人阶级支持一种全新的世俗文化。这些城里人在浮世表演娱乐中寻求快乐，即感官快乐的"漂浮的世界"——直义就是包括饭馆、剧院和妓院的娱乐区（ukiyo）。

歌舞伎于 1603 年在这个"浮世"上诞生，据说是由出云地区的一位年轻女舞蹈演员阿国发明的。到 18 世纪，歌舞伎已经非常流行，以至于建造了能容纳几千人的永久剧院。在欧洲剧院强调简单情节和舞台设置的时候，歌舞伎的表演却沉溺于技巧之中。精心打造的戏剧装置（旋转舞台、升降机、多层幕布、色彩浓艳的服装和精心设计的布景）使歌舞伎成为一场视觉盛宴。歌舞伎舞台的最独特之处是穿过观众的一个斜坡，叫"花道"（hanamichi）。花道是明星演员的进出口，他们在进出时常常戏剧性地停下

图 11.16　歌川国贞，《助六》的一个场景，约 1835 年，木版画（局部），整个木版 21.6 厘米 × 57.2 厘米，私人收藏

脚步，摆出忸怩的姿态。歌舞伎舞台表演的固定姿态借自比较传统的能剧，即在日本封建武士阶层流行已久的一种戏剧。但这个新样式也借自生机勃勃的日本木偶戏（bunraku）。

有些歌舞伎演员专门饰演非个性化的女性角色（女性在歌舞伎诞生初期就被禁止登台演出）。另一些人则完善了一种“粗暴”的演技，以适合匪徒或士兵的角色，或“温柔”的演技以扮演商人或情人。歌舞伎以色彩鲜艳的服装和浓妆艳抹的胭脂强化了演员高度风格化的动作和姿态。典型的歌舞伎表演要延续整整一天；一支小乐队为演出提供伴奏。

歌舞伎表演的故事包括历史剧（大体上与莎士比亚的历史剧相同），以及带有喜剧情节或情人殉身的家庭剧。在一个典型的情节中，一对儿情人（被放逐的僧人和一个妓女）在双双自杀后又都活了过来，却以为对方已经死去了。在传统情节、观众效果和娴熟表演方面，日本歌舞伎与欧洲歌剧而非现实主义戏剧更为相像。

化。旋律也许被分裂开来，倒退或颠倒，或用不同的乐音演奏。最后，展开时形成的张力在再现部中得以解决，此时，两个主题曲再次通过本位键陈述出来。乐章以一个短暂的完结部或“尾巴”结束。奏鸣曲为古典作曲家提供了能够容纳大量音乐变体的一个有序而和谐的结构。

莫扎特准确的交响曲结构展示了18世纪古典交响乐的形式对称。1788年，在六个星期的时间里，莫扎特创作了三支交响曲，包括《G小调第40号交响曲》。这支交响曲的第一个乐章以一个次主题曲或旋律思想开始，即以三个急速下降的音调创造了一股一以贯之，几乎是神经官能症般的力。如奏鸣曲的典型形式所示，第二个主题曲（与本位键对立的键）比较抒情舒缓，甚至倦怠无力。呈示部往往演奏两次。在莫扎特的展开中，第一个主题曲的三个音调由不同的键奏出，构成一个具有穿透力的高潮。张力随着两个主题曲回归g小调的本位键而在再现部中解决。这个交响由展示了莫扎特创造两个部分间平稳过渡并为音乐思想建构完美对称结构的能力。这部作品体现了古典交响乐的音乐“启蒙”，其主要特点是清晰和平衡。（图 11.17）

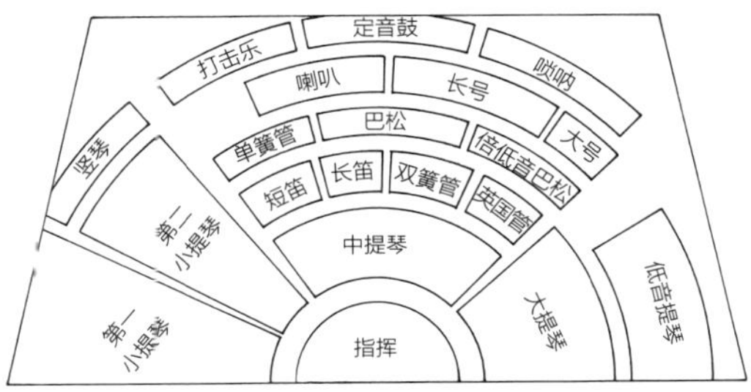

图 11.17　现代交响乐队的位置排列

请注意现代交响乐队包括许多在18世纪莫扎特和海顿的乐队中没有的乐器。

新古典主义风格

“现代人要成为大人物或无与伦比的人只有一个途径；我是说只有模仿古人。”这是18世纪最热衷于“古人”的德国作家约翰·约阿辛·温克尔曼（Johann Joachim Wincklemann）在《思考绘画和雕塑中对希腊作品的模仿》中所说的话。与许多启蒙思想家一样，温克尔曼赞美古希腊人而谴责自己的时代，尤其是洛可可艺术的软弱无力和无常过度。温克尔曼的教导帮助限定了18世纪后期的新古典主义风格，即公开模仿古希腊罗马艺术的风格。这个时代的新古典主义是抽象的和道德的，把普遍的伦理原则强加于艺术之上。新古典主义也是多样的：在不同情况下，它可以用来恢复凡尔赛宫的恢宏，展示上升的中产阶级趣味，并教导和开化不谙世故的初褊狭民族。

新古典主义建筑

新古典主义建筑的《圣经》是帕拉蒂奥的《建筑四书》——由意大利文艺复兴时期著名建筑师绘制的神奇的古罗马建筑画集。英国的上流社会模仿帕拉蒂奥的别墅设计建造自己的庄园，往往把新古典主义建筑与风景结合起来，开创了别致的如画景观。亨利·霍尔的斯托海德风景园（图11.18）就是英国人把新古典主义的秩序与乡村不规整的自然相结合的一个具体体现。

把新古典主义趣味和修养相结合的最纯粹的例子是小特里亚农宫（Petit Trianon，图11.19），即在凡尔赛宫的场地上为路易十五建造的豪宅。建筑师安格-雅各·加布里埃尔避免重复主宫的奢侈豪华，而大力提倡完美的平衡和毫无装饰的简朴风格。除了四根被压抑的壁柱外，这幢建筑几乎毫无任何装

图 11.18　亨利·霍尔，维尔特郡的斯托海德风景园，1743—1744 年

与凡尔赛宫的形式花园相对照，英国的设计者们试图再造古代诗人的自然风景。风景设计者们努力达到一种叫“如画风景”的效果。注意这个景色中，由桥、湖和树包围的远处的古典小教堂。

饰。没有任何东西能使人们忽视其几何般的规整性。

最有创意的新古典主义建筑师既不是法国人也不是英国人，而是美国人。托马斯·杰斐逊是位革新的哲学家和美国总统，也是位杰出的建筑家。当18世纪80年代出任法国大使时，他了解到新古典主义风格，相信这种风格代表了欧洲的修养和启蒙。杰斐逊在他设计的美国建筑中采纳了新古典主义的风格，如他的乡间庄园蒙蒂切洛（图11.20）就充分体现了帕拉蒂奥的意大利别墅精神。在一些装饰细节上，杰斐逊大量采用帕拉蒂奥的建筑草图。在另一些情况下，他展示了自己作为设计者的天才。家居关联的外建筑都隐藏在地下，给蒙蒂切洛以优雅农房的外表。农房的圆顶和单层楼的外观（实际上是三层）是杰斐逊从巴黎的时髦旅馆借鉴来的。

图11.19　安格－雅各·加布里埃尔，法国凡尔赛宫的小特里亚农宫，1761—1764年

凡尔赛宫的这座小住宅表现了18世纪新古典主义风格的典雅和庄重。与主宫相比，这里的规模和装饰节制有序，住宅内部也为了居住舒适而进行了精心布置。

图11.20　托马斯·杰斐逊，弗吉尼亚夏洛特威尔附近的蒙蒂切洛，1770—1784年，1796—1806年翻修

把杰斐逊用美国本土材料（砖、木）建造的新古典主义住宅的视觉效果与法国的小特里亚农宫加以比较。注意圆窗和三角墙的帕拉蒂奥式扇状窗口的使用。

图 11.21 乔舒亚 · 雷诺兹，《打扮海门的三位女士》，1773 年，布面油画，2.3 米 × 2.9 米，藏于伦敦泰特艺术馆

在这件作品中，雷诺兹呈现了一种再现贵族主体的新的古典主义风格。被描画为古典美惠女神的三姐妹在掌管婚姻女神的雕像周围舞蹈，用一个花环装饰着她。这幅作品可以与华托的《发舟西岱岛》（图 11.1）中情人间的亲密场面相比较。

新古典主义绘画

新古典主义的流行促进了欧洲和北美的一种绘画风格的繁荣。英国画家乔舒亚·雷诺兹伯爵（Joshua Reynolds，1723—1792），英国皇家艺术院的第一任主席，开创了肖像的一种“宏大风格”。雷诺兹通常表现坐在古代雕像群中的主体，或被描绘成神话人物的主体。当伦敦一位政治家要雇用画家为未婚妻与其姐妹画肖像时，雷诺兹把这些女人们画成了古典女神，画面中掌管婚姻的罗马女神海门正在施行古代仪式（图 11.21）。在赞扬皇家艺术院的赞助时，雷诺兹说画家的天才不是通过忠实于自然，而是通过模仿“真正的”样板展示出来的。生于瑞士的艺术家安吉里卡·考夫曼（Angelica Kauffmann）终其一生描画学院展览中常见的古代历史（见图 11.22）。在伦敦生活过多年的考夫曼最终在罗马定居，在那里结识了一些文学和艺术名人，进行了全意大利城市的

图 11.22 安吉里卡·考夫曼，《科妮莉亚手指着她的宝贝孩子们》，约 1785 年，布面油画，1.02 米 × 1.27 米，弗吉尼亚里士满弗吉尼亚美术博物馆，阿道夫·D. 威廉姆斯和威尔金斯·C. 威廉姆斯基金会

考夫曼是英国皇家艺术院的两位女性赞助者之一，擅长历史画，这是 18 世纪学术绘画中最著名的一个范畴。这幅画的场面取自罗马历史：当一个来访者请求看她家的珠宝时，科妮莉亚指着她的两个儿子，说他们将成为罗马共和国的领袖。

图 11.23 雅各 - 路易·大卫，《荷拉斯兄弟的誓言》，1784—1785 年，布面油画，3.3 米 × 4.27 米，藏于巴黎卢浮宫

在新古典主义的这份宣言书中，大卫的雕塑式人像和简化的设计捕捉到了新古典主义在绘画方面的道德激情。比较男人的坚毅姿态与悲伤女人的倦怠线条。

"大旅行"。考夫曼的画作以高尚的道德基调吸引了寻求情感升华但也高扬古代主体的公众。

然而，直到雅各 - 路易·大卫（Jacques-Louis David）开始创作时，新古典主义风格才产生真正令人振奋的绘画。大卫于 1784 年以其严密的罗马英雄谱《荷拉斯兄弟的誓言》（图 11.23）而震撼了艺术受众。到访画家的罗马工作室的人无不奉上一束鲜花，仿佛那幅画就是祭坛。国王路易十四欣赏这幅画，法国政府很快就买走了它，尽管今天这幅画常常被看作是法国大革命的前兆。在罗马历史上，三个兄弟发誓保卫罗马，抗击来自邻城的库拉提乌斯家族。荷拉斯家族的女人们（画面右边）正处于悲伤之中，因为其中之一是敌对家族的一个姐妹，而另一个已经与某个库拉提乌斯家庭的人订了婚。在大卫笔下，这个动人心弦的场面被除去了一切装饰。画面体现了新古典主义的主要原则：说教目的，形式纯洁，以及由优秀的审美趣味抑制的深切情感。就其朴素性和严肃性而言，这是新古典主义反叛洛可可式梦幻风格的宣言书。

关键概念

新古典主义

在整个历史上，西方艺术始终借鉴古希腊罗马的艺术，但在18世纪，这种借鉴膨胀成了对古典风格的一种高涨热情。这种艺术潮流叫新古典主义，意思是恢复古典艺术和历史价值的自觉努力。与以前的古典复兴相比，18世纪的新古典主义特别严肃，往往达到了毫无装饰的程度。然而，与其他古典主义一样，新古典主义试图重新创造具有永恒真理和美的世界（图11.22）。它还允许不同的事物对不同的人具有不同的意义。对皇宫来说，这标志着摆脱洛可可矫揉造作的风格而回归路易十四时代的恢宏风格。对皇家艺术院来说，这代表了过去的权威，为教授优秀品味和训练有素的技巧奠定了基础。对新近受过教育的中产阶级来说，新古典主义提供了高尚的道德主义和庄重适宜的标准。

难怪18世纪末新古典主义绘画、建筑和雕塑勃然兴起。这股潮流是由约翰·约阿辛·温克尔曼这样的理论家发起的，他赞扬古希腊“崇高的简朴和寂静的恢宏”（尽管他没有亲眼见过一个希腊神庙）。开明的居民生活在古代英雄生活的环境里，身穿古希腊罗马人的服装，模仿他们的生活。

这股仿古风通常产生于前一个时代的新古典主义而非产生于古代自身。事实上，新古典主义的理论家们似乎为赫库兰尼姆古城和庞贝古城的出土（开始于1737）而感到窘迫。光秃秃的罗马壁画实际上与新古典主义描绘的理想化了的古代并不相符。然而，不管对古代产生的幻觉是什么，新古典主义表现了对普遍道德真理和理性与美的永恒标准的欲求。它回应了西方文明中的普遍冲动：回归简朴和更加光荣的过去的欲望。

讽刺的年代

启蒙运动对人类愚蠢行为的批判就如同它坚信社会邪恶能够得到纠正一样。讽刺是这个时代的特点，即旨在通过幽默批评改善社会的文学或艺术态度。启蒙运动时代的讽刺作家们模仿古罗马的讽刺诗人以机智、嘲讽和喜剧性的夸张抨击社会弊端。他们常常用小册子、版画和冒险故事等当时喜闻乐见的阅读形式发表讽刺文章。无论如何，18 世纪的讽刺作家们希望通过嘲讽社会邪恶来纠正社会邪恶。

斯威夫特

江奈生·斯威夫特（Jona than Swift）或许是启蒙运动时期最伟大的讽刺作家，也是一个深切悲观的人，他把自己的文学才华都用在了社会改革上。作为英国国教教徒，斯威夫特过着一种繁忙的公共生活，参与当时一些重要的政治和社会争论。他极其同情故乡爱尔兰的贫穷和经济压迫。在著名的小册子《一个温和的建议》（1729）中，斯威夫特提出一个尖刻的建议，即把爱尔兰的儿童屠杀、烘烤，供压迫他们的英国地主星期日食用。斯威夫特说，食用儿童将减少剩余人口，为一贫如洗的儿童父母提供收入。他甚至计算了一个绅士为“一个上好的肥胖孩子的躯体”所付的合理价格。

我因此谦卑地恳请公众考虑，在已经计算过的一百二十万儿童中，二十万可以留起来供养，其中四分之一是男性，而这已经多于我们所允许的绵羊、黑牛或猪的数量了，我的理由是，这些儿童极少是婚姻的结晶，婚姻是我们的野人所不太考虑的一种环境，因此一个男性足以为四个女性服务了。剩下的一百万可以在满一岁时通过王国卖给有品质的有钱人，要告诉母亲们在最后一个月多给他们喂奶，这样他们就可以长得胖胖的，胖得足以供人享用。一个孩子可以做成两个菜供朋友品尝，当家里人自用时，他的前胸或后臀都可以做上一盘好菜，加上一点胡椒或盐，等到第四天就可以煮上吃了，在冬天尤其味美。

——江奈生·斯威夫特《一个温和的建议》（1729）

斯威夫特的杰作是《格列佛游记》（1726），是关于勒缪尔·格列佛的神奇旅行的日记。其轻松的口吻掩盖了对人类蠢行和堕落的揭露。斯威夫特讲述了格列佛在几个国家的旅行，用每一次新的遭遇嘲讽人类的罪恶和政治的堕落。书中最尖刻的故事描写了格列佛到慧骃国（Houyhnhnms）的旅行，这是“如

日常生活的窗口

女斗士

18 世纪的英国剧院仍然是野蛮娱乐的场所。来伦敦林肯剧场参观的一个法国人讲述了两个妇女角斗的故事，角斗之后是《地下世界的奥耳菲斯》的歌剧演出，其舞台设置相当精巧：

> 去观看角斗士打斗的那天，我目睹了一场非凡的战斗，两个女斗士。她们一出现在舞台上，就令观众肃然起敬（叩首）；然后她们相互致意，开始了活泼有趣的谈话。她们夸口她们有足够的勇气、力量和胆量。一个表示遗憾她生来不是男孩，否则会用她的力量发财的；另一个宣布说她每天早上都打她丈夫做练习。这两个女人都穿得极少，带着极小的乳罩，白色亚麻的短裙……过了一会儿，打斗开始升级了，她们使用没有尖角的宽面武器用力打斗。那位爱尔兰女人额头被割开了一道口子，打斗的第一轮就此结束了。英国女人的支持者们投出了先令和半克朗，为她喝彩。在此期间，受伤女人的前额被缝合了，这是在舞台上进行的；还上了一块夹板，她喝了一大口酒，鼓起勇气又打斗起来……

——塞萨·德·索绪尔《外国人看英国》（1728）

此有秩序、有理性，如此敏锐、如此谨慎的”一个种族，使人类都感到羞愧。慧骃国也住着一些卑鄙的野人，叫雅虎（Yahoos），他们总是争吵不休，贪婪，贪吃。也就是说，他们具有斯威夫特在人类同伴身上发现的最糟特征。斯威夫特认为人类应为自己的蠢行和残忍负责，因为人类有理性，而雅虎没有。与百科全书派的思想家们相比，斯威夫特并不十分相信人的责任心和艰苦劳动能改善世界。他沉思道，人的理性是“适于增进我们的天生罪恶”的一个品质。

艺术中的讽刺和社会

斯威夫特对 18 世纪罪恶的嘲讽在威廉·霍加斯（William Hogarth）的讽刺绘画中有着栩栩如生的对应物。霍加斯以讲述堕落故事的系列画著称。这些图像叙事都是版画，通过订阅而卖给了急于嘲弄邻居之蠢行的中产阶级读者。

霍加斯的系列画《时髦婚姻》（1744）嘲弄了向上爬的资产阶级投机者和为自己利益而让儿女攀高结贵的没落贵族。第一幅画《婚契》（图 11.24），放荡的伯爵（挥霍者）指着家谱来证明儿子的贵族血统，因为他儿子有望成为一个商人的女婿。而新娘的父亲，即那位商人，已经把嫁妆放在桌上，像一位称职的生意人一样仔细检查着婚契。

图 11.24　威廉 · 霍加斯,《婚契》(第一场)的《时髦婚姻》, 1744 年, 布面油画, 69 厘米 × 90 厘米, 藏于伦敦国家艺术馆

霍加斯用鲜明的故事细节填充他的画面: 拙劣的新古典主义建筑是贵族糟糕鉴赏力的证据, 象征着夫妇错误结合的锁在一起的狗, 以及新郎脸上由于淫荡生活而得的梅毒疮。

与此同时，新郎新娘既没有在意父亲间的交易，也没有在意对方。新郎在照着镜子自赏，而新娘则与“银舌”律师调情。《时髦婚姫》后来的一些画面讲述这位律师如何勾引年轻的女伯爵，而结局是灾难性的。这种道德教育，以及对叙事细节和讽刺技巧的娴熟掌握，使霍加斯的作品在新兴的中产阶级艺术观众中获得了极大成功。

伏尔泰

启蒙运动最著名的讽刺作家（实际上是代表启蒙运动自身的人物）就是人称伏尔泰的弗朗索瓦·马利·阿鲁埃。伏尔泰（Voltaire）拥有深邃的文学智慧，从他的笔端倾泻出小册子、戏剧、故事和诗歌的洪流。他的《哲学书简》(1734）使英国哲学和科学在法国思想家中流传开来，同时又辛辣地抨击了法国的政治和宗教制度。

伏尔泰（图 11.25）出色的谈话技巧使他成为巴黎王宫和沙龙里最尊贵的客人。晚年，他搬到瑞士费尔奈的一个庄园，离法国边境不远，每天来访者源源不断。隐居于费尔奈这个避风港，伏尔泰以“粉碎丑闻”这一战斗口号抨击法国宗教狂的恶行。他公开嘲弄宗教界对手：“我只向上帝祈祷过一次，而且是非常短的一次：‘噢，主啊，让我的敌人荒谬可笑吧。’而上帝答应了。”

图 11.25　让-安东尼·胡敦，《伏尔泰》，1781 年，大理石，高 1.38 米，藏于俄罗斯艾米塔什博物馆

尽管他所刻画的这位哲学家已经年老，但胡敦表现了欧洲最著名的知识分子难以表现的机智和智慧。这尊塑像是俄国叶卡捷琳娜大帝，一位伏尔泰极其欣赏的“开化君主”资助的。

伏尔泰的《老实人》　伏尔泰晚年的活动开始于 1759 年，也就是发表其最著名、最经久不衰的哲理故事《老实人》(*Candide*）的那一年。这个简单的故事讲述了一个年轻人的“启蒙”，虽然缺乏伏尔泰小册子中火一般的愤怒，但却真实地揭露了人类的邪恶和愚蠢。伏尔泰的《老实人》涉及时代最令人困惑的哲学问题：人类的痛苦和邪恶，信仰和怀疑，以及在一个非理性的世界上理性行动的可能性。

伏尔泰笔下的老实人（名字的意思是“诚实”或“清白”）赞成他的老师邦格罗斯的哲学“乐观主义”。邦格罗斯理性的乐观主义是对传统启蒙运动信仰的戏仿。它与德国哲学家戈特弗里德·威廉·莱布尼茨（Gottfried Wilhelm von Leibniz）的思想相似，后者在神圣秩序和物质世界之间看到一种绝对的和谐。理性主义者莱布尼茨描述的是一个组织成绝对等级秩序的世界，所以，每一部分都与其他部分达到完美的平衡。简单地说，莱布尼茨的思想支持亚历山大·蒲伯在《人论》（1734）中表达的哲学的乐观主义，该诗声称如果人能够瞥见上帝建造世界的全盘计划，那么，他们就能明白“只要是现实的，就是正确的”。

这种哲学的自鸣得意使伏尔泰愤怒。伏尔泰曾经写道，“怀疑不是一个愉快的条件，但确定性却是一个滑稽的条件。”《老实人》是对理性乐观主义最无情的戏仿，因为荒诞情节的每一次新的转折都招致一次新的灾难。故事越来越恐怖，因为它描写了在伏尔泰时代能够记入文献的灾难和残忍。老实人和邦格罗斯目睹了里斯本大地震，发生于1755年的一次灾难，并受到西班牙宗教法庭的迫害。当所有人物都重聚一堂时，他们仍然不明白他们为什么受苦受难。他们最后遇到了一位土耳其商人，他全然否定了哲学推论，并告诉他们通过工作可以使家庭生活舒适。商人说，工作能避免“三大痛苦：厌烦、过错和欲望”。故事结尾时，邦格罗斯总结了整个故事描写的冒险和不幸，而老实人则诉诸“不加任何理论地工作”。

这个小小的兄弟会全都加入了这个值得赞扬的计划，每个人都开始动脑筋。小农场收成很好……邦格罗斯有时对老实人说：“所有事件都在这个最好的世界上关联起来，因为如果你没有被从那个高贵的城堡里放逐出来，因为你爱库内贡德小姐而被踢了出来；如果你没有徒步游走美国，如果你没有剑刺男爵，如果你没有失去埃尔多拉多的羊群，你就不会在这里吃甜柠檬和开心果。”

“说得好，”老实人说，“但我们必须种植自己的花园。”

——伏尔泰《老实人》（1759）

如《老实人》的结尾所暗示的，伏尔泰解决邪恶和狂热政治的方法是温和的。老实人最终获得了某种程度的启蒙，“种植自己的花园”意味着拒绝思辨的和纯粹哲理的解决世界问题的方法。这意味着要培养自身的素质，努力工作，保证自己的生活舒适合理。伏尔泰相信，人有理智、勤奋，因此有改善世界的资源——但不能完善世界。

图 12.1　雅各 - 路易 · 大卫，《马拉之死》，1793 年，布面油画，1.62 米 × 1.28 米，藏于布鲁塞尔皇家美术馆

参与革命的记者让 - 保尔 · 马拉在浴盆里被年轻女贵族暗杀。画家大卫强调了这幅革命画作的悲怆力量，把简化的长方形设计与马拉的头、肩的下垂姿态加以对比。

12

革命和浪漫主义

这是一个生动且富有戏剧性的场面，象征着它所属的时代：法国革命斗士让－保尔·马拉坐在浴盆里写一个小册子，一个年轻的女贵族走了进来，在他胸前刺了致命的一刀（图 12.1）。马拉成了革命烈士，而那个女人则成了民族痛苦的象征。如新古典主义画家雅各－路易·大卫所刻画的，马拉苍白的身体象征着革命精神：献身于平等、理性和代议制政府。然而，美国和法国推翻了国王的统治，却并没有根除非正义，也没有建立理性的乌托邦。随着中产阶级社会的形成，一种叫浪漫主义的新的情感出现，这是一种高扬个人，珍视感受高于理性和智慧的情感。这是革命变化和浪漫运动的时期（1775—1850），既确定了第一个现代社会的原则，又发现了它的弊病。

革命与权利

1776 年美国和 1789 年法国的两次政治革命是西方文明史上的转折点。今天的主要政治思想，如民主、共和主义和法律面前人人平等，都经历了这些革命的考验。今天的许多体制诸如国会、总统制、宪法，都是这些革命冲突的结果。然而，学者和政治家们仍然就这些革命是否正义、结果是否有益、其他民族是否能在其他时间应用其教训的问题争论不休。自 1789 年以来，每一代人都必须回答这些问题。

革命浪潮——1776 年、1789 年

革命浪潮开始于西方文明的殖民边缘。18 世纪初，英国的美洲殖民地由于鱼、烟草和新世界的其他商品而繁荣起来。到 18 世纪中叶，美洲殖民者开始抱怨英国经济和政治控制的压力。1776 年夏，一些美洲殖民者聚集起来，大胆地向英王乔治三世（George Ⅲ）提出抗议。他们认为他已经侵犯了他们作为英国公民的基本权利，以重税威胁到他们的发展。他们相信国王的压迫没有给他们留下任何出路，于是宣布从英国政府独立出来，开始了危险的革命路程。

美国革命派随时都可以用古代先例和启蒙原则来证明其起义的合理性。他们把美国人的起义与建立了罗马共和体制的罗马人对伊特鲁里亚人的反抗相比较。他们的领袖乔治·华盛顿（图 12.2）后来被雕塑成古罗马的辛辛纳图斯——一个放弃了犁杖而挺身保护罗马共和国的英雄。与文艺复兴时期佛罗伦萨的意大利公民人文主义者一样，他们号召建立由有道德并具有公共精神的公民组成的共和国。通过摆脱英国君主的暴政，美国革命者意欲建立由独立的农民和商人组成的、致力于公共福利的社会。美国的独立宣言应用了社会契约论、民众主权和个人自由等自由学说。宣言宣称，英国君主制破坏了人民的自由和主权：

> ……当任何形式的政府对这些目标产生破坏作用时，人民便有权利改变或废除它，以建立一个新的政府；其赖以奠基的原则，其组织权力的方式，务使人民认为唯有这样才最可能获得他们的安全和幸福。

美国革命成功之后接踵而来的是，就是否采取共和政府的组织形式展开的一场激烈斗争。它应该是由与瑞士的州相似的各个独立州组成的联邦，或让各州从属于一个强大的权利中心，美国人得出的结论写在了 1787 年的《联邦宪法》里。在西方国家中，美国宪法第一次确定了由选举产生的执法机构和

图 12.2 让-安东尼·胡敦，《乔治·华盛顿》，1786—1796年，大理石，真人尺寸，弗吉尼亚里士满州议会大厦

这位著名的法国雕塑家把华盛顿表现为称职的共和党人，退役后回乡务农。

确保公民权利的机构构成的共和政府。

新的宪法受到了一系列卓越的政治文章的保护，这就是 1787—1788 年在报纸上发表的未署名的著名联邦文献。联邦文献的作者们应用历史上实验的共和主义和自由主义支持宪法提议的州权力与个人权利之间的平衡。宪法中规定的政府各部门之间复杂的监督和平衡制度反映了启蒙运动信仰的自我纠正机制。但是，未来的美国总统詹姆斯·麦迪逊（James Madison，1751—1836）撰文说，他承认任何制度都不能完全克服人性的弱点：

> 用这些监督和平衡来控制政府对权利的滥用，这也许是人性的反映。但政府本身如果不是对人性的全部反映中的最大反映的话，那又是什么呢？如果人是天使，就不需要什么政府了。

尽管无比卓越，但联邦文献却没有涉及美国共和制的一个核心问题：奴隶制。虽然宣言宣称人人平等，但新宪法却允许奴隶制作为一种经济必然而存在。自殖民初期起，奴隶就被从非洲运到美洲，在南美殖民地和加勒比海各岛的种植园里做工。新的合众国建立在自由原则之上，但却继续允许奴隶制存在，直到美国内战（1861—1865）爆发时这种制度才得以废除。

美国的革命学说是不容易遏制的。与美国殖民地人民并肩作战的法国人回到祖国，发表了激进的见解。他们的热情点燃了自宗教改革运动以来欧洲最广泛、最具分裂性的吞噬法国的熊熊烈火。这场革命戏剧于 1789 年正式开场，国王路易十六和法国的统治集团正处心积虑地夺取权力。受过教育的富裕中产阶级的代表提出了建立君主立宪制的政治要求。1789 年 7 月 14 日，一伙巴黎群众攻占巴士底狱，长期以来一直象征着皇家权力和中世纪历史的一座皇家监狱陷落了。典狱长投降了，民众判处他死刑，把他的头挂在长矛上向市政厅凯旋进发。1789 年 8 月，革命代表们发表了《人权宣言》，承认了自由宪政的各项原则。

法国的《人权宣言》显然派生于启蒙运动的政治学说，尤其是卢梭提出的平等和民众主权的原则。它允诺建立一个论功行赏的社会，成功取决于个人的才能而非遗传的社会地位。它宣称所有公民享有法律平等和基本自由的权利。与美国宪法一样，《人权宣言》也规定财产是一项不可侵犯的权利。代表中有许多是富裕的资产阶级和贵族，但他们并不在乎为维护平等而牺牲自己的财产。《人权宣言》比其他任何文献都更充分地体现了启蒙运动政治哲学的思想。法国革命斗争中每一个竞争团体都引用启蒙运动提出的自由、平等和友谊的原则。

在1789年到1795年之间，法国经历了政治阴谋和革命的动荡。1793年，国王路易十六被推上了新的“科学”刑具的“断头台”。领袖们宣布建立一个“德性共和国”，为理性建筑教堂，制定了顺应自然循环的新日历。经济危机和外敌入侵的威胁导致了所谓的“恐怖统治”（1793年5月—1794年7月），在此期间，一小撮革命领袖把数千名法国公民送上了断头台。在一些观察家看来，恐怖统治给人民带来的惶恐证明用传统的法制换来抽象的共和制是愚蠢的。英国保守派埃德蒙·伯克（Edmund Burke）说：“国家如果像漂浮的念头或时尚那样经常都以众多方式变换的话，共同体的整个链条和连续就会断裂。”他在《关于法国大革命的反思》中写道：“如果一代人时刻都可以切断它与过去的联系，人也就比夏日里的苍蝇好不了多少了。”

拿破仑时代

到1799年，大革命爆发10年后，法国人建立了德性共和国，里面居住着贪婪和充满偏见的公民。由于砍了国王的头，法国人现在把来之不易的自由交给了军事天才拿破仑·波拿巴（Napoléon Bonaparte）。对许多法国人来说，拿破仑就是其革命原则的人格化，即便他对整个国家实行了专制统治（图12.3）。在法国，拿破仑通过修改立法制度、改革政府清除了绝对君主权和贵族特权的痕迹，满足了中产阶级的支持者。他也实现了自己建立法兰西帝国的梦想，1804年加冕称帝，开始了几乎吞噬了整个西欧的军事扩张。每一次胜利，他都宣扬自由和共和主义的革命价值，用自由思想浸染着整个欧洲。

在法国国内，拿破仑是为自己的统治进行宣传的行家里手，掩饰他的权力，聪明地利用革命的象征主义。当革命派摆出罗马共和国的英雄姿态时，拿破仑扮演了罗马皇帝的角色，把巴黎建成了与古罗马规模相当的一个帝国首都。

与罗马皇帝一样，拿破仑通过赞助艺术来推广他的权力，开始了一项野心勃勃的建筑工程。卢浮宫成了收藏从意大利和埃及掠夺来的艺术品的博物馆。他在公共广场建造了凯旋门（图12.4），而凯旋门的圆柱（仿造罗马图拉真圆柱）也是用败军的金属大炮浇筑的。面对（曾经矗立着断头台的）协和广场，他建造了献给他手下将士的一座新古典主义庙宇。这座人称玛德莲教堂的庙宇（图12.5）位于一个7米高的墩座上，周围是巨大的科林斯式廊柱。

图 12.3　雅各－路易·大卫，《拿破仑跨越阿尔卑斯山》，1800 年，布面油画，2.44 米 × 2.31 米，藏于凡尔赛博物馆

大卫动人的拿破仑肖像画描述了拿破仑追寻汉尼拔和查理曼大帝等古代将军的足迹（他们的名字都刻在了岩石上）。和许多革命者一样，大卫支持拿破仑的统治，相信他能够使倦怠的法国恢复秩序。

图 12.4　让－弗朗索瓦·夏尔格兰，巴黎凯旋门，1806—1836 年

拿破仑的凯旋门在规模上超过了古罗马任何可比较的凯旋作品（比较图拉真凯旋门，图 4.4）。这座丰碑式的雕塑，包括弗朗索瓦·鲁德动人的《自愿者的启程》（1792）都是 19 世纪 30 年代拿破仑垮台后完成的。

画家雅各－路易·大卫对皇帝的忠心使他赢得了“第一画家”的称号和对政府艺术资助的掌控。即便如此，大卫的学生却不总是听从帝国宣传的命令。玛丽·季勒米娜·贝诺亚（Marie Guillemine Benoist）1800 年在官方沙龙画了一幅动人的戴头巾的《黑人妇女肖像》（图 12.6）。六年前，法国革命政府已经在法国殖民地废除了奴隶制，但至今却迟迟不给法国妇女选举权。相反，被流放的画家伊丽莎白·维吉－勒布伦说，在 1789 年以前是“妇女统治，而大革命推翻了妇女的统治”。人们认为贝诺亚的肖像画是影射法国大革命在授予妇女权利方面的失败。

贝诺亚画中冷漠的主体与意大利画家安东尼·卡诺瓦（Antonio Canova）笔下拿破仑妹妹的雕像形成了对比。卡诺瓦接受赞助描画波拿巴家族成员，拿破仑把他们都安置在攻克的欧洲国家的王位上。他为宝琳·波拿巴制作的严格的新古典主义雕塑把她表现为维纳斯（图 12.7），她靠在一个长沙发上，那就好像刚刚从庞贝的废墟中出土的一样。

殖民地革命

欧洲的革命浪潮在法国和西班牙的美洲殖民地也有响应。1793 年，在西班牙属的加

图 12.5 皮埃尔 - 亚历山大 · 维雍，玛德莲教堂，巴黎，1762—1829 年，长 106.7 米，宽 44.8 米，基础高 7 米

拿破仑采纳古罗马的方法来使他的独裁统治合法化。在建筑方法、规模和装饰等方面比较这尊拿破仑纪念碑与古罗马的波图努斯神庙（图 4.12）。

勒比海岛（现在的海地和多米尼加共和国），自由奴弗朗索瓦 · 多米尼加 · 杜桑 – 卢维图尔领导了一场奴隶反叛。到 1801 年，杜桑机智而不讲情面的领导废除了岛上法国和西班牙殖民地的奴隶制。虽然承认共和理想，但杜桑在岛上强行执行一条宪法，几乎使他掌握了绝对权力。1802 年，他屈服于拿破仑派去的一支武装力量，只要求法国许诺不再强行施行奴隶制。

在南美，克里奥尔人（欧洲血统的殖民地土著人）发动了摆脱西班牙的独立斗争。其颇具个人气质的领袖是西蒙 · 玻利瓦尔（Simón Bolívar），绰号是“解放者”，由于把大多数南美人从西班牙统治下解放出来而得名。受拿破仑的启发，玻利瓦尔预见到由宪政共和制度和终身制总统统治的一个统一的美洲。从 1817 年到 1822 年，他领导了一场运动，最终把西班牙

图 12.6 玛丽·季勒米娜·贝诺亚，《黑人妇女肖像》，1800年，布面油画，81 厘米 × 65 厘米，藏于巴黎卢浮宫

虽然是用老师雅各－路易·大卫节制的新古典主义风格画成的，玛丽·贝诺亚的非洲妇女肖像却具有了不起的移情作用。裸露的乳房把模特儿描绘为古典女神（最像自由女神）。比较德拉克洛瓦的《自由引导人民》（图 12.12）。

图 12.7 安东尼·卡诺瓦，《作为维纳斯的宝琳·波拿巴》，1808 年，大理石，真人尺寸，藏于罗马贝佳斯艺术馆

卡诺瓦把拿破仑的妹妹宝琳描绘成手拿苹果的维纳斯，这是帕里斯给这位美丽女神的最著名的裁判。人像的姿态展示侧面的头，但裸露的身躯却完全朝向前面，请与贝诺亚的《黑人妇女肖像》（图 12.6）比较。

殖民地从大哥伦比亚（现在的哥伦比亚、委内瑞拉和厄瓜多尔）独立出来。1825 年，玻利瓦尔打败了秘鲁的西班牙军队，被任命为拉美联邦的总统。但玻利瓦尔的远大理想最终屈从于他自己的集权倾向和区域性独立的力量。内战频频爆发，联邦解体了，南美各国至今仍然是由克里奥尔中坚分子统治的独立但却不安全的共和国。

工业革命

到 1820 年，英国正在被蓬勃兴起的工业革命所改造，这场革命的每一部分都与自由的政治革命一样深刻。纺织工厂里用水和蒸汽驱动机器的革新极大地加快了服装生产的速度，降低了成本。这些工厂吸引劳动者来到了新的工业城市和乡镇，工厂主很快就把巨额利润投入到其他发明上来，尤其是铁路。到 19 世纪 40 年代，工业生产已经遍及整个欧洲大陆和美国，而铁路建设也导致了人们对时空观念的一场革命，在一天之内即可完成欧洲各国首都之间的旅行，有效地缩小了北美大陆。

新的工业城市（如英国的曼彻斯特和利兹，美国马萨诸塞州的洛威尔和纽约）产生了两个独特的新阶级：商业资产阶级和在工

关键概念

自 由

“人生来自由，但他又无处不带着锁链。”让-雅各·卢梭说。1776年和1789年的自由革命都把人类回归自然状态作为目标，即从暴政和压迫中解放出来。个性自由的学说（主张主权高于自我和个人财产的学说）也许是激发这些学说的自由革命和政治哲学所取得的最重要和最持久的成就。

开明的个性自由概念产生于欧洲数个世纪的社会经验。古希腊个人自治的目的始终屈服于奥古斯丁的基督教哲学，这种哲学把自由看作人的罪孽和错误的根源。奥古斯丁进而认为，反对合法的政治权威就是反对上帝制定的等级制。然而，到了文艺复兴时期，欧洲城市居民成功地从封建领主和基督教教皇手里获得了自治权。立法条件和道德的自我责任开始复归天赋状态，与仍然在世界其他地区广泛实行的农奴制和奴隶制形成了对照。

自由革命大多关注从独裁政府的权威的解放。反对暴政的最热烈和最激进的声音是出生于英国的托马斯·潘恩（《常识》的作者，1776）。“每一种状态的社会都是一种祝福，但是哪怕最好状态的政府也不过是一种必要的罪恶；最糟状态的政府是不能容忍的，”潘恩写道。美国的《联邦宪法》详细列出了个人自由的条目，其中有言论、结社和新闻自由，这是新的政府不能侵犯的。19世纪的革命和改革经过持续的斗争，把这些原则写入了大多数西方宪法和法律。

然而，随着西方政府越来越多地反映社会大多数人的意志，开明的自由概念证明充满了悖论。在《论自由》（1859）这部经典著作中，哲学家约翰·斯图亚特·穆勒重新思考了自由主义的各项原则。他宣称自由主义的核心原则是：“对一个文明社会中任何一个成员违背其意愿而行使正当权力的唯一目的是防止损害别人。”但如果人的行为纯粹是“自私的”又该如何呢？穆勒问道。社会为什么应该防止个人损害他们自身呢？他追问道。为了回应他自己提出的异议，穆勒指出，社会的大多数人可以正当地强迫别人尊重自己，而且是“对别人的明确而不可推卸的责任。”对每一个个人来说，有两个行为地带：一个是社会正当调节个人自由的地带，另一个是个人自由不可侵犯的地带。

穆勒提出的这两个自由地带的可变化的界限（一个服从于权威，另一个则是绝对自由的）结束了现代世界关于人类自由的争论的历史。

厂劳动的“无产阶级”。工厂主这个朝气蓬勃的阶级并不渴望显贵的地位和贵族的生活方式，而这些正是上一代新富所渴求的。相反，他们建立自己的文化体制，订阅音乐和戏剧系列读物，建立促进学问的团体，阅读最先刊登小说和故事的杂志。除了传统的国家资助的艺术项目外，中产阶级还为艺术赞助提供了新的媒介。在政治上，商业中产阶级试图摆脱传统对商业和工资的束缚，呼吁自由主义原则。通过废除长久以来实行的对小农场和工薪劳动者的保护，他们有效地降低了工人薪资，保证为自己的矿场和工厂提供低工资的工人。

对于开机器和烧锅炉的工人们来说，新的工业城市是受罪的地方（图 12.8）。浪漫派批评家托马斯·卡莱尔哀叹曼彻斯特周围“飘着棉絮、烟、灰尘、混乱和引起争议的肮脏。”在一天工作 12 小时之后，城市劳动者回到一排排单调的公寓里，拥挤的住宅滋生了肺炎和其他疾病。新的工业社会以极大的精神损失换来了物质进步。一位来访曼彻斯特的外国记者说：“文明创造了奇迹，而文明的人几乎回到了野蛮时代。”

革命和哲学

19 世纪哲学努力理解给西方社会以活力的革命和社会变化的能动力。黑格尔（Hegel）是德国思想家，他的泛唯心主义是 19 世纪中叶欧洲哲学的主导。黑格尔是唯心主义哲学家（这里所说的唯心主义指的是相信现实基于精神机制的一种哲学）。对黑格尔的唯心主义前辈伊曼努尔·康德来说，现实在空间和时间这两个被动的精神范畴之中。对黑格尔来说，精神的核心力量始终是世界的能动力量，给人所生活的具体现实以形状。历史现实反映了精神的需要，或如黑格尔所说，“存在的是合理的，合理的就是存在的”。抽象的理性只有通过历史时空的具体细节才能实现。比如，罗马帝国的兴起就反映了精神在世界中的行动。罗马帝国的没落和中世纪基督教的兴起也如此。精神与历史在物质和环境方面进行了创造性的斗争，黑格尔称此为辩证法。辩证法以立论和反论（即某一特定历史时刻的精神与其对立的反面）开始。在斗争中，它们创造了一组新的环境（综合），而精神将再次构成这种新环境的对立面。

一旦应用到历史上来，黑格尔的辩证法所描述的就是从低级向高级形式的有机的、戏剧般的进步。在每一历史时刻，一种内在的世界精神就以具体的管理形式和特定的世界史上的个体呈现出来。在他的时代，黑格尔承认拿破仑是世界精神的承载者。他写道：“皇帝——这个世界精神，我看到他骑马穿城去检阅他的军队。看到这样一个人凝聚成一个点，走向世界并统治世界，确实感觉很好。”

在 19 世纪 40 年代热烈的政治氛围的激励下，政治哲学家和经济学家卡尔·马克思（Karl Marx）重新阐述了黑格尔的唯心主义历史辩证法。激励马克思的是物质力量和阶级斗争，而不是伟人和世界精神。工业革命创造了历史辩证法的最后阶段——工业统治者与劳工之间的世界历史斗争。劳方的胜利将开创一个社会主义或共产主义社会，在这个社会中，生产工具是集体拥有的，而产

图 12.8　菲利普 · 詹姆士 · 德 · 路德伯格，《煤溪谷的夜晚》，1801 年，布面油画，藏于伦敦科学博物馆

这是工业革命发源地的炼铁炉发出的地狱之光。企业家从工厂、矿山获得巨额利润，而贫穷的劳动者却生活在无法想象的煤烟和肮脏之中。

品也是平等分配的。马克思的《共产党宣言》(1848)号召工厂劳动者推翻工厂主人。“全世界的工人们，团结起来！你们失去的只有铁链！”马克思大声疾呼。除了这些启示性的宣言，马克思和其他社会主义者还奋起与工业社会的不公正进行斗争。他们倡导全体公民全部享有选举权；规定最低工资标准是每个工作日工作 8 小时；免费医疗和组织工会的权利。

浪漫的英雄

在工业主义创造了一个由单调劳动和实用价值组成的世界的时候，后革命时代就已经产生了一种新的感性，叫浪漫主义，在1775年和1850年间逐渐兴起。浪漫主义首先出现在英国和德国，然后出现在后革命时代的法国和北美，与工业革命同时发生。浪漫主义态度重感觉和想象而轻冷静的理性，也重视天才的创造能力。浪漫主义是以浪漫的英雄为具体体现的，英雄的天才就像一股自然力——“像火山的火绝对要喷发出来，因为其本性绝对迫使它发光、闪耀、震惊世界。”19世纪浪漫派画家德拉克洛瓦这样写道。

比如，德国作曲家贝多芬（Beethoven）似乎命中注定成为遭受终极痛苦的浪漫天才；德拉克洛瓦曾经说过，贝多芬所忍受的痛苦是浪漫天才的“养料”。贝多芬幼年受到酗酒的父亲的殴打，18岁之前就成为弟弟们的保护人。到25岁时，这位作曲家开始失聪。1802年，贝多芬给弟弟们写了一封绝望的“遗言”，承认他的病痛及其带来的情感结果。这封“遗言”表明了他是备受社会孤独折磨的人，认为别人都在误解他——这是浪漫主义英雄的缩影。在想到自杀时，贝多芬承认：“只有艺术使我放弃了那个念头。”他写道：

> 啊，我怎么能够承认在我身上感觉到了应该比其他感觉更加完善的一种感觉的病痛，一种我曾经拥有的最完美的感觉，这是我的同行中几乎没有人享有或曾经享有过的一种完美。

由失聪造成的这种内心深切的危机并没有阻止贝多芬的作曲工作，他从沮丧中恢复过来后创作了无论从规模上，还是从情感上都前所未有的作品。

浮士德与浪漫派

在德国，浪漫主义时代的杰出人物是歌德（Goethe），拜伦誉之为“欧洲文学中毫无争议的君主”。在18世纪70年代初，歌德曾经是前浪漫主义时代的“狂飙突进运动”的领袖，但当时他拒绝青年人的情感主义而热衷于比较自律的古典主义。歌德曾经说过：“浪漫主义是疾病，古典主义是健康。”只是在后期生涯中，他才重又对年轻时的作品深表同感而回到浪漫的主题上来，完成了他的杰作，《浮士德》（《第一部》1808，《第二部》1832）。

歌德笔下的浮士德象征着浪漫派要挣脱一切枷锁、投身于一切人类经验的无法满足的欲望。在歌德讲述的这个中世纪传奇中，大学教授浮士德与以狡猾的靡菲斯特费勒斯为显形的魔鬼交易，以换取“分配给人类的一切”“拥抱人类的全部自我”的感觉和权力。如果他所追求精神能够得到满足的话，浮士德发誓说，那么，靡菲斯特费勒斯就可以拥有他的灵魂。由于用自己的鲜血签署了合同，浮士德表达了浪漫派对无限经验的欲望。

让我在感官世界的深处沉浸，
好平息我燃烧的热情！
在不可透视的魔术掩盖之下，
即将有种种奇迹发生！
我要投入时代的激流！
我要追逐事变的旋转！
让苦痛与欢乐，
失败与成功，
尽量互相轮换；
只有自强不息，才算得上
一个堂堂男子汉。

——歌德《浮士德》第一部（1808）

我只是匆匆地周游世界一趟，
劈头抓牢了每种欲望，
不合我意的，我抛掷一旁，
滑脱我手的，我听其长往。
我不断追求，不断促其实现，
然后又重新希望，尽力在生活中
掀起波澜；
开始是规模宏伟而气魄磅礴，
可是如今则行动明智而谨慎思索。

——歌德《浮士德》第二部（1832）

图 12.9　尤金·德拉克洛瓦，《浮士德探狱》，歌德《浮士德》法文版插图，1828 年

画面上歌德浪漫主义悲剧中的主人公拜访格雷欣（法文是 Marguerite），她杀死了自己和浮士德生的孩子，而靡菲斯特费勒斯则催促浮士德离开。格雷欣拒绝浮士德的援救，因为她发现他已经不爱她了。

当靡菲斯特费勒斯答应对他没有固定限制时，浮士德开始了对爱情、权力和科学所能给予他的一切的浪漫追求。在第一部中，他通过对纯真姑娘格雷欣的爱探讨了个人情感世界。他只成功地毁掉了格雷欣，后者由于溺死自己的孩子而锒铛入狱。

在写于 25 年后的第二部中，浮士德对人类经验的整个范围的探讨延展到科学、政治和历史。戏中情节跨越巨大的时空维度，任何舞台都不能实际展现如此想入非非的故事。虽然无法把幻想的设计与对人类局限性的同情平衡起来，但浮士德并未为获得满足和成就的无尽追求而后悔。

浮士德的雄心壮志反映了歌德自己的雄

心壮志。诗人曾经监管过建筑项目，承担过外交使命，为赞助者魏玛公爵指导过文化事务。但是，与浮士德一样，歌德感到他的成就从未能满足他的预期，给他留下了渴求和欲望的残余。

歌德的诗剧极大地激发了浪漫派的想象力。画家尤金·德拉克洛瓦（Eugène Deracroix）绘制了法文版《浮士德》的插图，恰当地用魔鬼般的平版印刷术印制出来（图12.9）。弗朗茨·舒伯特最著名的“民谣”《纺车旁的格雷欣》（作于17岁时）描写了《浮士德》最早版本中的一个场面。歌的伴奏创造了纺车的音乐形象，而歌词中的格雷欣则在激情和绝望之间摇摆。歌的开头和结尾是相同的一句歌词：“我的心情沉重，我的和平已经逝去。”1859年，法国作曲家夏尔·古诺依据《浮士德》创作了一部成功的歌剧。古诺搅动人心的结尾以格雷欣的牢房为背景，靡菲斯特费勒斯坚持让浮士德离开那里，而则浮士德恳求情人逃出牢房，但格雷欣则为杀死了自己的孩子而祈求原谅。

德拉克洛瓦和拜伦式英雄

19世纪20年代的法国浪漫主义艺术家并未树立什么科学雄心，对歌德笔下浮士德的道德良心也不感兴趣。更加吸引法国人的是英国诗人拜伦伯爵目空一切、骄奢淫逸的生活和作品。拜伦（Byron）的生活由性自由、政治理想主义和海外游玩组成（图12.10）。他的未竟杰作是长诗《唐璜》，他在诗中把自己描写成一位传奇式情人。拜伦的作品和生活定义了后来著名的拜伦式英雄，即思想和道德自由使之孤立于一个毫无同情心的世界的叛逆式天才。拜伦式英雄吸引了当时受中产阶级传统道德和贪婪的商业主义所排斥的法国艺术家。

最推崇拜伦式英雄的法国艺术家是画家尤金·德拉克洛瓦。德拉克洛瓦刻画了巴黎沙龙里的一个勇敢的贵族人物。他是包括作曲家艾克托尔·柏辽兹、小说家大仲马以及法国浪漫派的代言人和戏剧家维克多·雨果（《悲惨世界》的作者）在内的年轻浪漫派其中的一员。作为画家，德拉克洛瓦背叛了法国绘画的官方学术风格，这种风格强调线条和技法。德拉克洛瓦则喜欢奔放的色彩、狂暴的构图和异国情调的主题。他绘画的主题广泛，许多源自文学作品（包括拜伦的作

图12.10　托马斯·菲利普斯，《穿阿尔巴尼亚服装的拜伦伯爵》，1814年，布面油画，75厘米×62厘米，伦敦国家肖像画艺术馆提供

作为高贵野人的浪漫派英雄而备受争议的诗人拜伦，身穿阿尔巴尼亚土著服装，第一次远征援助与土耳其人战斗的希腊叛军。拜伦致力于政治事业的非传统道德和热情激励了一代浪漫派艺术家和诗人。

图 12.11　尤金·德拉克洛瓦，《萨丹纳帕勒斯之死》，1826 年，布面油画，3.95 米 × 4.95 米，藏于巴黎卢浮宫

试评价德拉克洛瓦把萨丹纳帕勒斯放在背景中，并使用色彩和线条来限定性欲暴力氛围的情感力量。

品），反映了对他所处社会的一种艺术叛逆。

《萨丹纳帕勒斯之死》（图 12.11）就表现了横行巴黎艺术界的放纵、自私、暴力和性欲。这个主题取自拜伦的一部戏。根据传奇，亚述君主萨丹纳帕勒斯在受到一次暴乱威胁时毁掉了自己和自己的一切财产。在德拉克洛瓦的画面上，奴隶们给了他的一个小老婆致命的一击（右），也打死了国王的正在挣扎的马（左）。同时，萨丹纳帕勒斯以虐待狂式的冷淡倚在枕头上，手里端着一杯毒酒。

在法国浪漫派中，德拉克洛瓦是深受法国 1830 年七月革命鼓舞的人之一。为了纪念 1789 年的革命精神，巴黎市民于 1830 年 7 月修起了街垒，推翻了国王，统治法国 15 年之久的波旁君主制就此结束。波旁王朝国王被罢黜，取而代之的是“市民国王”路易·菲利普，其君主统治持续到 1848 年，那是导致巴黎瘫痪的又一次起义。

在 7 月起义期间，一些浪漫派小说家和艺术家走向街垒，而德拉克洛瓦则从一个阳台上目睹了那些事件的发生。几个月之后他说：“如果我没有为我们的国家战斗，那我至少为她而画。”他描绘七月革命的《自由

图 12.12　尤金 · 德拉克洛瓦，《自由引导人民》，1830 年，布面油画，2.59 米 × 3.25 米，藏于巴黎卢浮宫

德拉克洛瓦给爱国革命者唱的视觉圣歌是由他对法国三色旗的使用而统一起来的。红、白、蓝三种颜色在跪着的卫兵的军服上体现出来。他凝视着自由，硝烟在右边的巴黎圣母院上方升起。

引导人民》（图 12.12）体现了这次事件的浪漫主义精神，把荒诞和理想结合了起来。德拉克洛瓦的画落脚于自由的寓意，对性的祛除足以达到了英雄的程度。自由大踏步地跨过了遍布叛逆者裸尸的街垒。左边一位肮脏的工人与一位头戴高筒礼帽的纨绔子大学生并肩作战，象征着工人阶级与中产阶级的统一战线。由于深陷于法国政治浪漫主义的漩涡，德拉克洛瓦暂时忘掉了讽刺和超然，参与了他的法国同胞的革命热情。

浪漫主义时代的音乐和舞蹈

浪漫主义时期西方音乐家和作曲家地位发生了戏剧性的变化。贵族赞助大势已去，城市新兴的中产阶级成为音乐的主要听众，参加在大音乐厅和礼堂演出的音乐会。作曲家逐渐成为自由艺术家，也是其听众的中产阶级同仁，许多人还是音乐厅舞台上的明星。浪漫主义的音乐作品越来越长，反映了浪漫派对感觉和共感的关注。

贝多芬：从古典到浪漫

路德维希·凡·贝多芬是作为海顿和莫扎特古典主义风格的后裔开始音乐生涯的，而结束时却是浪漫主义音乐的巨人。年轻的贝多芬作为钢琴家扬名，在维也纳宫廷和音乐厅里演奏。他热忱地投入法国大革命的共和理想，常常对他的贵族听众报以蔑视——与莫扎特不同，他能够采取这样的立场，因为他主要是通过发表音乐作品维持生活。他克服了个人危机，并对欧洲的音乐厅音乐进行了革新，扩大和放宽了古典风格的常规，使其服务于情感的直接表达。贝多芬还扩展了交响乐的管弦乐，增加了短笛和长号，并运用了较粗犷有力的轻快节奏（scherzo，意大利语的意思是“笑话”），代替了海顿和莫扎特交响乐中优雅的舞步。贝多芬的第三交响曲即《英雄交响曲》，是古典音乐风格与更加雄心勃勃和具有冒险精神的浪漫主义音乐之间的分水岭。

贝多芬对古典奏鸣曲形式的扩展，在他的C小调第五交响曲中表现明显，其主题咄咄逼人，声音宛如火山爆发。这部交响曲曾经被解释为作曲家与命运的搏斗，即用小调乐音之间的变调来描绘的一场斗争。作曲家本人把交响曲开头的四个音说成是“敲门的命运之神”。其恐怖的节奏（三短一长的节拍）主导了这支交响曲冗长的第一乐章。贝多芬通过这个反复出现的四音基调（表达一个短音乐思想的术语）来扩大古典模式。这个基调运行于重复的和谐张力，最后以能动的终曲或尾声结束乐章。甚至在结尾时，贝多芬也仍然没有穷尽他的基调，它在整个交响曲中反复出现，把复杂的结构统一起来，进而扩展了古典交响曲的形式。在第三乐章的结尾，贝多芬又进行了革新。乐章取消了以往的停顿，而直接进入最后一个乐章。第五交响曲取得了与其作曲家的传奇故事一样壮烈的英雄效果。

音乐大师的时代

音乐的浪漫主义时代以音乐大师获得（19世纪拥有广大听众、具有非凡表演才能的表演者）前所未有的名誉为标志。当时最著名的大师也许是意大利小提琴演奏家尼古拉·帕格尼尼，他曾游遍欧洲展示他炫目的技术才能。帕格尼尼使用的表演技巧激励一些作曲家进行更大胆的小提琴曲创作。

声音的表演大师通过德国的艺术歌曲展示了他们的才能。歌曲往往是被谱曲的浪漫诗歌，如维也纳作曲家弗朗茨·舒伯特的《魔王》（1815）。在歌德的一首歌谣中，一位父亲抱着昏迷不醒的儿子在夜间在森林里狂奔。通过钢琴奏出的持续不断的、不吉祥的声音，男孩描述了象征着死亡的恶作剧的精灵王如何向他招手。舒伯特的歌谣用三种声音——男孩的、父亲的和精灵，创作了一出感人至深的浪漫之死的戏剧。

就钢琴曲而言，这个时代最伟大的大师是波兰音乐家弗里德里克·肖邦。肖邦纤弱的外表和狂放的乐曲创造了与粗犷的贝多芬完全不同的一种浪漫主义音乐形式。肖邦的乐曲运用较小的音乐形式，包括波兰的玛祖卡舞曲和波洛奈兹舞曲，探讨了精确细致的钢琴乐器。称作《革命》的C小调练习曲可能是根据俄国入侵波兰的事件而写，开始时是激烈的左手下移段落。主旋律开始时富有戏剧性，接着是安静，然后以惊颤的和声结束。肖邦同他与热情奔放的乔治·桑（女小说家奥罗尔·杜邦的男性笔名）的一段恋情而闻名。当肖邦慢慢死于肺结核时，桑照顾着他，后来她在小说中描写了他们的关系。

浪漫主义天才往往与濒临癫狂边缘的狂喜状态相关。作曲家罗伯特·舒曼最终患有精神疾病（或许是狂躁抑郁症），但却创作了最具抒情性的浪漫歌曲和交响曲。在舒曼因精神崩溃而去世后，他妻子克拉拉继续表演他的音乐，用自己的职业生涯维持家庭生活。当她的朋友、作曲家约翰·勃拉姆斯责怪她为巡回音乐会而抛弃了孩子时，她反驳道："你只把这些音乐会当作挣钱的工具。我可不是！我感到有创作美的作品的使命。"克拉拉·舒曼作为钢琴家和作曲家取得的成就（她擅长写歌谣）是通过疯狂地献身于艺术而换取的，她对勃拉姆斯说，艺术"是我呼吸的空气。"

图 12.13 《仙女》中的玛丽·塔里奥尼，约 1832 年，彩色平版印刷，藏于巴黎装饰艺术博物馆

像塔里奥尼这样的芭蕾舞女演员用足尖舞强调其舞技，更加突出了女性在 19 世纪舞蹈中的重要作用。

浪漫主义时代也目睹了舞蹈大师的出现，尤其是芭蕾舞女演员（图 12.13），她们完善了"足尖舞"，即穿着硬足尖舞鞋用脚趾跳舞。芭蕾舞女演员玛丽·塔里奥尼（Marie Tagloni，1804—1884）在《仙女》

（1832）首场演出时就光彩夺目，剧中，这位明星扮演了森林中的仙女。芭蕾舞女演员以短裙展示舞技，通过男性舞伴或钢丝绳将其抬起来强化其飘逸的效果。浪漫主义芭蕾舞讲述的故事，如《吉赛尔》（1841），更加突出妇女的角色和芭蕾舞女明星的重要性，她们因其舞台表演而富裕起来。

柏辽兹的狂想交响曲

常常从文学艺术中获得灵感的浪漫派作曲家经常讲述音乐故事或描写音乐场景，这种音乐叫标题音乐，因为描写的内容都印在了音乐会节目单上。最怪异、最雄心勃勃的例子也许是艾克托尔·柏辽兹的《狂想交响曲》（图 12.14）。《狂想交响曲》作于 1830 年，描写了一个可怕的幻想，是基于柏辽兹对一个爱尔兰女演员的偏执的爱被拒绝而写的：

> 一位具有病态感性和狂热想象力的年轻音乐家由于失恋而绝望，想用鸦片毒死自己。但药性太弱以至于自杀未遂，反而使他陷入深度睡眠，产生了奇怪的幻觉。他的知觉、感觉和记忆都在病态的大脑中转译成音乐形象和主题。所爱之人成了他的主旋律，无处不在地萦绕着他的一个反复出现的主题。

在整个交响曲中，艺术家的恋人作为反复出现的固定主题而透过音乐表现出来。固定主题是柏辽兹发明的一个术语，用指在不同乐章中以变体的形式反复出现的一个旋律。《狂想交响曲》的最后乐章是一个可怕的魔鬼般的幻觉。艺术家看见自己“参加巫师的安息日，周围是来参加他的葬礼的一群可怕的鬼魂”。这个原本迷人轻松的固定主题在嘲讽的单簧管演奏中变得“琐碎而荒诞”。恋人的音调与其他旋律交织起来——一个是弥撒曲中用来祭奠死人的沉重旋律，另一个是旋转的“巫师之舞”。柏辽兹的交响曲不仅捕捉到死亡的浪漫主义精神，还渗透出了浪漫主义充盈的生命力。

图 12.14 《艾克托尔·柏辽兹的 1846 年音乐会》，当代蚀刻

在这幅漫画中，柏辽兹在指挥一个猛犸象管弦乐队，包括一支大炮，而观众则恐惧地捂着耳朵。这位法国作曲家极大地扩充了管弦乐队的规模和声音的范围。

浪漫主义诸因素

《浮士德》和拜伦伯爵的生活和作品中显见的个人英雄主义只是浪漫主义运动的一个因素。其他共有因素在浪漫主义时期（约1800—1850）的艺术和各种运动中反复出现。不同国家的浪漫派都反对政治和社会的不公正。有些浪漫派热爱自然，沉溺于对中世纪的怀旧情怀，而另一些浪漫派则着迷于对邪恶和异国情调的描写。因此，浪漫主义是艺术和哲学关怀的马赛克，而不是统一的运动或风格。浪漫派所共享的是回应社会和历史环境的一种感性。

浪漫派的社会抗议

早期浪漫派为1776年和1789年发布的平等和自由宣言而欢呼。另一方面，浪漫派也是大规模工业社会的苦难和束缚的见证者，尤其是英国乡村的苦难。在工厂城镇里，工人们在工业的大规模发展中忍饥挨饿；妇女们为供养家人而卖身为妓；儿童们则蜂拥来到工厂和矿山做工。英国诗人威廉·布莱克（William Blake）的早期诗歌中出现了残酷压迫的鲜明形象。布莱克是耽于幻想的神秘主义者，开创了自己复杂的个人神话，说他“必须创造一个体制，否则就要充当别人的奴隶”。他对被工业城市所奴役的人们深表同情，用鲜明有力的形象谴责了城市生存的邪恶。在布莱克看来，“监狱是用法律的石头建造的，而妓院则是用宗教的砖头建造的”。

布莱克的诗《伦敦》描绘了伦敦穷人苦难的面孔。该诗抨击了法律、宗教和婚姻等“心灵铸造的镣铐”，布莱克认为这些社会制度造成了与其相反的后果：贫穷、暴力和卖淫。

> 我走过每条特许的街道，[a]
> 徘徊在特许的泰晤士河边，
> 我看见每个过往的行人
> 都有一张虚弱愁苦的脸。
>
> 每个人的每一声呼喊，
> 每个婴孩都发出害怕的号叫，
> 每一句话，每一条禁令，[b]
> 我听到了心灵铸成的镣铐。
>
> 扫烟囱的孩子的呼喊
> 震惊了一座座熏黑的教堂，
> 不幸兵士仰天长叹，
> 化成鲜血流入国王的宫殿。
>
> 而最怕的是在深夜的街头
> 我听见年轻妓女的诅咒！
> 它倾注了初生婴儿的眼泪，

又用瘟疫摧残了婚礼的灵柩。

——威廉·布莱克，《伦敦》

（a）特许：布莱克暗示伦敦的街道和河流都已成了特许给私人的商品。

（b）禁令：诅咒或公开的指责。

浪漫主义的女性主义 一种比较温柔的浪漫主义抗议在玛丽·沃尔斯通克拉夫特（Mary Wollstonecraft）的著述中发出声音。沃尔斯通克拉夫特是第一篇女性主义宣言的作者。她过着一种思想和人格自由的生活。她是激进的社会理论家威廉·葛德文的情人，他们的女儿玛丽（《弗兰肯斯坦》的作者）出生后不久，她就去世了。她把法国大革命的原则应用到妇女身上，回应了英国政治家和理论家埃德蒙·伯克和革命哲学的教父让－雅克·卢梭等保守派。卢梭曾在关于教育的著述中支持妇女，号召社会不要对妇女和儿童提出苛刻的要求。沃尔斯通克拉夫特反对这一观点，声称让妇女远离社会将窒息妇女的创造力，同时也剥夺了妇女对社会的贡献。

在《为女权辩护》（1792）这篇宣言中，沃尔斯通克拉夫特勇敢地把中产阶级妇女与军人相比较。二者都接受过狭隘的训练，都为社会分配给他们的角色所苦。她说出惊人的比喻——军队训练被说成是最具阳刚之气的职业——支持她所倡导的妇女教育，同时也回应了卢梭的主张，即妇女是卑贱的，因为她们不能履行军事职责。沃尔斯通克拉夫特要求得到男人承认的诉求在后来的女性主义者中也有反响：

只要男人慷慨地折断我们的锁链，满足于合理的伙伴关系而不是奴役般的顺从，他们就会发现我们是更具有观察力的女儿们，更加热情的姐妹们，更加忠实于丈夫的妻子们，更讲理的母亲们——一句话，更好的公民。那我们就会以真实的情感爱他们，因为我们应该学会尊敬别人……

然而，追求男性自由和教育的革命不过给妇女增添了法律和社会的限制。在法国，拿破仑修改的法案不给妇女结婚后拥有财产的权利，而大多数西方国家都不给妇女选举权。玛丽·沃尔斯通克拉夫特争取妇女权利的抗议大多被遗忘了，直到19世纪40年代妇女权利运动兴起时才再度复兴。

戈雅和西班牙 浪漫主义最伟大的抗议艺术家是西班牙画家弗朗西斯科·戈雅（Francisco Goya），其油画和素描描绘了残酷无情的战争和压迫。拿破仑军队1808年入侵西班牙、推翻软弱的西班牙君主时，戈雅是马德里的宫廷画家。西班牙公民零星地以暴力抵制法国军队，首次开展了游击战或“小型战斗”。起义导致了极度残忍的相互报复，戈雅以系列素描《战争的灾难》记录了这些恐怖场面。《1808年5月3日夜枪杀》（图12.15）中，戈雅如此真实地描绘了对西班牙起义者的迫害，以至于该画被称作“现代绘画的爆炸”。戈雅向我们展示了一次没有理想的献身，一次没有救赎的殉难。身穿白色衬衣的基督一样的核心人物把观者的视线吸引到已死的同胞身上。一只点燃的灯笼照亮了这个场面，灯笼通常象征着启蒙和恩惠，而在这里仅仅用来阐明军人恐怖的杰

图 12.15 弗朗西斯科 · 戈雅，《1808 年 5 月 3 日夜枪杀》，1814—1815 年，布面油画，2.66 米 × 3.45 米，藏于马德里普拉多博物馆

戈雅对残酷战争的浪漫主义抗议缺乏德拉克洛瓦的《自由引导人民》（见图 12.12）中的现实主义。西班牙人抵抗拿破仑的入侵是通过无面孔的法国士兵的恐怖屠杀暗示出来的，这些士兵表明自由和平等的革命理想已经走到了疯狂的地步。

作。戈雅画中的道德现实主义见证了战争的恶魔力量是如何在没有理性或乐观主义的世界上被释放出来的。

浪漫派和自然

随着西方社会越来越城市化，自然对于浪漫主义感性具有了新的意义。自古希腊时代起，自然就象征着神的宇宙，而人类社会只是其中的一部分。然而，对浪漫派来说，自然是对社会的否定，是未被人类所破坏的一个美的世界。在英国浪漫派中，自然还代表着成年人已经丧失的童年生活，成年人只能在偶尔的超验诗歌中才能体验到这种生活。在想象中，英国浪漫派诗人瞬间感到了与自然界的融合，并通过与自然的融合达到了与自我的认同。

英国浪漫主义诗歌常常描写诗人在想象中与自然的统一，如约翰 · 济慈（John Keats）对夜莺的沉思，或珀西 · 比希 · 雪莱（Percy Bysshe Shelley）对西风的聆听。英国诗人威廉 · 华兹华斯（William Wordsworth）是浪漫主义最重要的自然诗人。歌德的《浮士德》寻求的是人类雄心的"无限性"，而华兹华斯则在对自然的崇高体验中发现了无限。自然成了诗人自己精神发展或更新的催化剂，反映并证实了他自己的想象力。自然与艺术家内在灵魂之间的这种对应是浪漫主义的常见因素。

通常情况下，浪漫派诗人对自然的沉思焕发出深沉的忧郁感。自然的纯洁使浪漫派诗人想起了他们失去的天真和与自然界的异化。在《世界叫我们受不了》一诗中，华兹华斯怨诉一个“太繁忙的世界”的诱惑，忌妒古希腊人天真的自然观。他认识到他的希望不可能实现，这使他的忧郁更加强烈。

世界叫我们受不了；
无论早与迟、
取或使，我们把自己的能力作践：
大自然难得有什么把我们感染；
我们献出了心，却是份可怜的礼！
大海向着月亮把胸怀袒露无遗；
风儿，它时时都急于要咆哮一番，
现在像入睡的花朵全然不动弹；
同这种种事情，我们都有着距离；
都不能为之感动。伟大的上苍！
我宁做由陈腐信条培育的异教徒，
这样，我站在这片宜人的草地上
瞥见的景物，能使我少感到凄苦；
能看到海老人从水中升起的形象
或听见老特莱顿吹起的螺声呜呜。

——《华兹华斯抒情诗选》黄杲炘译

图 12.16　卡斯帕尔 · 大卫 · 弗雷德里希，《雾上的流浪者》，约1817—1818 年，布面油画，75 厘米 × 95 厘米，汉堡艺术馆

德国浪漫派画家卡斯帕尔 · 大卫 · 弗雷德里希描绘了一个深深为自然美所吸引的流浪者。在弗雷德里希看来（与华兹华斯观点大致相同），自然中的一切都含有上帝的显现。“神无处不在，”他说，“甚至在一粒沙里。”

浪漫派向自然的回归（图 12.16）在美国诗人拉尔夫 · 沃尔多 · 爱默生和亨利 · 大卫 · 梭罗的作品中得到终极表现。爱默生对自然的沉思近似于印度哲学的神秘主义。他声称一切人性都是神圣的“超灵”（Over-soul），而个人自身内部都具有认识一切事物的能力。梭罗对自然的爱是比较实际的，如他在《瓦尔登湖，或林中生活》（1854）中所表达的。通过一年身临自然的生活，梭罗希望能够了解人生的主旨，逃离现代世界大多数居民的“死寂绝望的生活”。

如果华兹华斯是浪漫主义最伟大的自然诗人，那么他的同胞约翰 · 康斯特布尔就是最伟大的自然画家。由于宣布了伦敦艺术界有“足够的自然画空间”，康斯特布尔开始了所谓的“六英尺景物画”系列，描绘家乡斯图尔的河谷。该系列的第一幅画《白马》

（1819；图 12.17）使他当选了皇家学会会员，而整个系列也是他最受喜爱的作品。白色的驮马被拴在船上渡过斯图尔河，红色的马鞍是破烂的乡间景色中唯一的亮色。虽然康斯特布尔声称绘画“是诗意的也是科学的”，但他笔下的乡村景色实际上描绘了画家的怀旧情怀，美丽的景色是对他所居住的工业城市的一个替代。然而，就技巧而言，康斯特布尔是创新的和超前的。他用纯色涂抹和泼溅，创造了一种闪光的活力。他对色彩的集中使用影响了德拉克洛瓦，并与法国印象派关联起来。

约瑟夫·马罗德·威廉·透纳（Joseph Mallord William Turner）的画把自然描绘为一股狂暴神秘的力量，压倒了人类的弱小发明。透纳比康斯特布尔更加执迷于色彩实验，尤其是蓝色和黄色，常常改造和融合色彩以传达雾、气和烟的效果。有时，色彩似乎是一层神秘的面纱，透纳透过这层面纱来揭示人和自然。在《奴隶船》中，汹涌的大海吞噬了奴隶的尸体。由于英国奴隶贩卖已经废除 20 多年了，透纳选择这个主题也许不是为了政治抗议，而只是对其末日氛围感兴趣（图 12.18）。

浪漫主义风景画在北美文化中占有特殊位置，其近似于野性的表现给这种样式以宗教的弦外之音。确立这种美国样式的画家托马斯·科尔是哈德逊河派的创始人。科尔细

图 12.17 约翰·康斯特布尔，《白马》，1819 年，布面油画，131.4 厘米 × 188.3 厘米，纽约弗里克博物馆

河的弯曲创造了一种三部分的流动构图，每一部分都有自己的注意中心：船和马、摇摇欲坠的棚子和吃草的牛。

关键概念

想　象

启蒙运动的思想家喜欢用哲学家约翰·洛克的大胆隐喻——精神是机械记录感官经验的“白板”。浪漫派强调天才和人类情感，当然拒绝这种关于人类精神的机械被动观。对浪漫派来说，人类精神就好像创世时的上帝之手。英国诗人威廉·布莱克甚至说：“只有一种力量造就了诗人：想象，神的显现。”用浪漫派诗人的观点来看，想象至少是精神才能，创造性地给经验构型，并以诗人独特的眼光将其呈现出来。浪漫派诗人萨缪尔·泰勒·柯勒律治解释说，想象“融化、传播、消解，为的是再创造。”换言之，创造性的想象作用于感官经验的事实，并增加和重构这些事实，以便创造一种全新的个人感知。因此，像透纳这样的画家就可能在虚构作品中想象地再造一次海洋灾难——这是比可观察的证据更加真实的一种虚构。（见图 12.18）

图 12.18　约瑟夫·马罗德·威廉·透纳，《奴隶船》，1842 年，布面油画，91 厘米 × 123 厘米，波士顿美术博物馆，亨利·利莱·皮尔斯基金会提供

在这幅自然和人类暴力的浪漫狂想中，透纳描绘了英国奴隶贸易史上的一次事件。鱼吞食被扔奴隶的尸体（右下），而注定遭殃的船驶向了血红的风暴。把这幅画中人与自然的关系与约翰·康斯特布尔的《白马》（图 12.17）加以比较。

腻刻画了纽约的哈德逊河谷，几乎总是具有英雄主义的或道德的内涵，目的在于透过未被破坏的自然来显示上帝的存在。科尔的同代人阿舍·比·杜兰德这样描写他们的风景主题：“对观者而言，风景是友好的伙伴，与你进行沉默的交谈……拨动了触动内心最深处的颤音。”美国第二代风景画家描绘美国西部的宏大场面。阿尔贝特·比尔斯塔德为东部城市收藏者绘出了落基山和约瑟米蒂山谷（图 12.19）庄严的全景，这些收藏者珍视画中美国土著文化的人类学细节，战争、疾病和入侵的居民正在破坏这些细节。

浪漫的逃逸

每个时代都能在过去找到自身的价值，浪漫派也不例外。由于令人激动的法国大革命使人感到过去已经非常遥远，浪漫派就更

图 12.19 阿尔贝特 · 比尔斯塔德，《加利福尼亚的锯齿状内华达山脉》，1868 年，布面油画，1.83 米 × 3.05 米，藏于华盛顿特区史密森尼博物馆，国家美国艺术博物馆

比尔斯塔德于 1859 年第一次游历美国西部，描绘和拍摄了壮观的山景。其巨型山景和微小前景中的野生动物，衬托出景色的规模和山崖与山峰的亮光。

容易认识到每个过去的时代都有自己独特的感性。浪漫派的作品试图通过历史细节再造过去，有时喜欢重构过去而不是观照现在。

德国浪漫派尤其如此。哥特风格的复兴包括对哥特式建筑的模仿和在文学作品中使用哥特式背景。德国诗人海因里希 · 海涅把浪漫主义定义为“中世纪生活和思想的再觉醒”。中世纪的哥特式大教堂成为浪漫派象征主义的飨宴：古代的、神秘的、栩栩如生的和有机的象征。在德国，浪漫派于 1834 年完成了科隆哥特式大教堂，这是把浪漫派对中世纪的怀恋与德国文化民族主义相融合的一个项目。

伦敦巨大的国会大厦（1834 年一场大火后得以重建）在装饰上比在建筑上更具有哥特性质，面对泰晤士河，它的外表与任何新古典主义建筑一样规整精密。其哥特式装饰的设计者奥古斯都 · 威尔比 · 普金（A.W.Pugin）称他的作品为“古典身体上的都铎细节”。然而，其著名的不规整群塔和建筑上精细的外部雕刻使其成为伦敦建筑景观中的一个别致风景（图 12.20）。在北美，中世纪复兴主义者詹姆斯 · 伦维克设计了北美大路上最常见的两幢建筑。他模仿中世纪法国哥特式建筑风格建造了高耸入云的纽约圣帕特里克大教堂。他为华盛顿特区设计的史密森尼博物馆又回归了中世纪罗马风格的石群建筑。

图 12.20　巴里伯爵和普金，伦敦国会大厦，1840—1865 年，长 286.5 米

英国巨大的国会大厦是浪漫主义时代最大的哥特式公共建筑。注意建筑的对称中心和不规则的塔楼之间形成的张力。

随着 1815 年拿破仑战争的结束，欧洲和北美社会安逸的中产阶级生活都步入了正轨。颇具讽刺意味的是，随着欧洲社会趋向保守主义，它们却被异国情调和荒诞主题所吸引。中产阶级的读者和赞助者希望走出中产阶级经验的狭隘领域。对启蒙运动理性持反动态度的艺术家也渴望探讨邪恶和具有异国情调的领域。

欧洲与伊斯兰世界和亚洲的接触唤起了对具有异国情调的“东方”文化的浪漫主义趣味。然而，浪漫派的东方主义大多是他们自己想象的产物。比如，在英国，当威尔士王子重新设计布莱顿行宫时，建筑师约翰·纳什（John Nash）奇异地混合了阿拉伯、中国和印度的风格。纳什的布莱顿皇家凉亭（图 12.21）使用异国因素却丝毫不考虑真实性。外表的异国形式和主题都被带到内部装饰中来了。

法国浪漫派的东方幻想从法国对北非的殖民战争中获得了灵感。让–奥古斯特–多米尼克·安格尔成了法国学院古典主义的标准代表。但批评家们对他于 1819 年在巴黎沙龙里展出的《大宫女》（图 12.22）却迷惑不解。主题是一个大宫女，土耳其苏丹后宫里的一个婢女。安格尔把这个女人的身体加长以强调她后背和右臂那怠惰的线条。然而，她的目光似乎是警觉的，甚至是蔑视的，仿佛她的目光在否定她裸体的性感。安格尔画了很多比较传统的古典主题，但他的裸体婢女不断出现在他职业生涯结束之前的主要作品之中。1832 年，安格尔的浪漫派对手、画家德拉克洛瓦去摩洛哥执行一次不可能的（也是危险的）任务，描画现实中的摩洛哥王宫，观察真正的穆斯林婚礼。

图 12.21　约翰·纳什，英国布莱顿皇家凉亭，1815—1821 年

纳什的皇家凉亭是典型的具有异国情调的浪漫主义作品。它任意从伊斯兰世界和亚洲设计中借鉴了各种因素，将其组合成人为的但却悦目的建筑奇观。将这幢建筑与当代主题公园和旅游景点的幻想建筑加以比较。

邪恶和哥特式小说

在启蒙运动的理性主义者们希望用道德勤勉打败邪恶，浪漫派却发现那就如同人类想象一样神秘和不可征服。西班牙艺术家弗朗西斯科·戈雅最清晰地描画了浪漫派对邪恶的执迷。在描绘西班牙迷信的系列蚀刻之一《理性的睡眠招来怪物》(图 12.23）中，他画了一个在工作台上熟睡的人，他身旁放着画笔。趁他睡觉的时候，想象的精灵从他体内逃了出来，在他上方飞来飞去。难解的字母这样写着："理性的睡眠产生了怪物。"这意味着在醒着的理性背后潜伏着破坏人类想象的恶魔。浪漫派就是以这种深刻的洞察力预示了现代心理学的发现的。

文学对邪恶和恶魔的执迷在哥特式小说中有明显表现，这是以恐怖、超自然事件和往往以中世纪背景为特点的一种文学样式。最宏大的哥特氛围见于美国作家埃德加·爱伦·坡的故事中。《陷坑与钟摆》和《厄舍

日常生活的窗口

土著故事家

与欧洲殖民主义接触或被其驱逐的土著常常努力保持自身文化传统的操守。下面是1837年出生于亚利桑那州的一个美国印第安族女人描述阿帕奇族人如何让年轻人记住本族故事的习惯。

在古代，当一个人准备听故事的时候，从讲故事者开始时，他就不会中途去吃饭或睡觉，他们会一直讲下去，直到讲完。故事讲完后，药师会讲各种药的用法。那里会放上一篮子玉米种，每讲一行，听的人会用一颗玉米种计数。有时会数上两百颗。然后，听的人要把它们吃掉，这样他就会记得他所听到的全部故事了。如果你在此期间睡着了，那故事就断了，那很不好。我们就是这样做的。

——格伦威尔·古德温《西部阿帕奇族人的袭击和战争》

图 12.22　让－奥古斯特－多米尼克 · 安格尔，《大宫女》，1814 年，布面油画，91 厘米 × 162 厘米，藏于巴黎卢浮宫

把安格尔具有异国情调的微微前倾的裸体与严格的新古典主义者如贝诺亚（图 12.6）或卡诺瓦（图 12.7）的画法加以比较。注意安格尔为求得性感效果而进行的解剖曲解。批评家们猜测这个女人被画成了三根椎骨。

图 12.23　弗朗西斯科·戈雅，《理性的睡眠招来怪物》，摘自《幻想曲》，1796—1798 年，蚀刻，21.6 厘米 × 15.2 厘米，藏于伦敦大英博物馆

这幅蚀刻（取自题为《幻想曲》的一本铜版画书的标题页）记录了戈雅对黑暗的人类灵魂的洞察。原标题是“理性抛弃想象产生了不可想象的怪物；与她结合，她是艺术之母、奇迹之源”。

古屋的倒塌》等故事展示了坡对哥特式恐怖的掌握和他对人类恐惧和悔恨的深刻洞见。在欧洲，夏洛特·勃朗特和艾米丽·勃朗特姐妹都用遥远的英国故乡的荒野作为讲述饱受折磨和任性之人的故事的背景。在夏洛特的《简·爱》和艾米丽的《呼啸山庄》（均发表于 1847 年）中，主要人物都由于激情和孤独的驱使去面对社会义务和道德选择。这些以及其他浪漫派作家的故事成了哥特式风格叙事的原型，它们所讲述的恐怖和传奇故事今天仍然流行。

今天最著名的哥特式小说是玛丽·沃尔斯通克拉夫特·雪莱的《弗兰肯斯坦》（1818），把哥特氛围与天才和崇高的野人等浪漫主题结合起来。玛丽·沃尔斯通克拉夫特·雪莱的生活充满了狂放的激情和孤独的斗争，本身就是一部浪漫主义戏剧。她的父母是激进的自由思想家；早熟的玛丽与年轻的浪漫派诗人、抛弃了妻儿的珀西·比希·雪莱私奔。在欧洲放荡的游历生活中，雪莱夫妇成了拜伦伯爵的好友。他们的田园生活以珀西·雪莱在意大利溺死结束。玛丽·雪莱带着儿子回到了英国，成为一名职业作家，维持生计并为儿子提供教育，同时编辑和出版丈夫的诗作。

玛丽·雪莱（图 12.24）追溯说，住在瑞士时，一天晚上，她向文友们提出挑战，进行一次写鬼怪故事的比赛，结果她写出了《弗兰肯斯坦》。她当晚梦见了“一个人的丑陋幻影随着某一巨大引擎的发动而伸展着，表现出一些生命的迹象，以一种令人不安的、具有一半生命的运动活动起来”。在雪莱的小说中，这个“幻影”（荒诞的生物）在维克多·弗兰肯斯坦手里获得了生命。弗兰肯斯坦就是希腊英雄偷火者普罗米修斯的浪漫主义翻版。弗兰肯斯坦相信他已经找到了生命的秘诀，得意地笑着说：“一个新的物种将把我当作造物主和起源；许多快乐优秀的生物将由我而生。”但当那丑陋的造物有了生命时，弗兰肯斯坦吓坏了，抛弃了那怪物，怪物便开始了他自己孤独绝望的痛苦历程。这怪物最后恳求弗兰肯斯坦给他造一个同伴，与他一起分担痛苦的“夏娃”：

我请求你做的是合理的，不过分的；我想

要一个不同性别的生物，但和我一样丑陋；这是微小的满足感，这却是我能得到的全部了，但能使我满足。真的，我们将是怪物，与全世界隔绝；但为此我们必须更加相互依赖。我们的生活不会幸福，但将是无害的，并能解脱我现在感到的痛苦。噢！我的造物主啊，让我幸福吧！让我为一个好处感激你吧！让我看到我能唤起某一存在之物的同情；请不要拒绝我的请求！

——玛丽·雪莱《弗兰肯斯坦》(1818)

弗兰肯斯坦拒绝了这个请求，而这两个人物（造物主和造物）最后闭锁在一种不堪忍受的追踪之中，相互残杀。

在弗兰肯斯坦身上，玛丽·雪莱创造了一个英雄，他陷入了神的雄心与人的盲目的冲突之中。她把这个造物想象成崇高的野人，这个野人从人类那里学会了仇恨和残忍，人类文明未能使他们变得仁慈。玛丽·雪莱的哥特故事交织着各种主题，是浪漫主义的最丰富文献之一。

图 12.24　玛丽·雪莱，雷吉纳尔德·伊斯顿的微型画，藏于牛津大学鲍德莱图书馆

玛丽·雪莱的《弗兰肯斯坦》比任何哥特小说都更执迷于天才、英雄异化和对社会邪恶的抗议等浪漫主题。

13

工业时代

19 世纪 70 年代的巴黎（图 13.1），“19 世纪的都市”，着装华丽的购物者在雨天的街头闲逛。时尚的百货商店在他们身后像金字塔一样矗立。十年后，伟大的埃菲尔铁塔——工程和设计的杰作，将在附近建成。与其他现代都市（柏林、纽约和芝加哥）一样，这座辉煌的巴黎城标志着物质主义的胜利：人们相信科学、技术和工业可以认识一切真理，解决一切问题，并造福人类。

图 13.1　居斯塔夫 · 卡勒波特，《巴黎街头：雨天》，1877 年，布面油画，2.12 米 × 2.76 米，芝加哥艺术馆，查尔斯 · H. 和玛丽 · F.S. 沃塞斯特收藏

这是巴黎现代街道的一个场景，表现了画家对斜角和不平均比例的执迷。比较浪漫派对人在自然中的描写。这幅画说明了城市景色中人的意义吗？画面上哪些因素让人感到这幅画是“现代”的？

但是，我们必须要问，正在大踏步地、坚定地走向未来的工业时代的这些城市居民，他们怀念旧巴黎吗？他们疏远与之并肩行走的人行道上的其他人——工人、穷人和无权无势的人吗？物质主义和繁荣是用哪些精神损失换来的？这些是令伟大的工业时代（1850—1910）困惑的问题，这是现代性在西方文明中盛行并带来惊人的物质进步的时代。

物质主义与进步

19 世纪中叶，欧洲和北美进入了物质生产的一个新时代，应用科学和工业技术的发现促进了机器和商业的繁荣。西方社会欢迎这个时代的物质繁荣，注重功利主义的价值——相信绝大多数人的最大幸福就是德性之善的一种哲学信念。诸如达尔文的进化论等新思想动摇了传统信仰，而哲学则在寻求未来历史变化的规律和逻辑。

维多利亚人

在英国这个最繁荣、最强大的工业国家，工业时代以女王维多利亚的漫长统治时期命名。在维多利亚时期，英国新兴工业城市里正在兴起的中产阶级见证了生存标准的提升和惊人的技术进步。1876 年，第一条横跨大西洋的电报电缆把欧洲和北美连接起来，使快速电讯成为现实。卫生设施和预防接种开始根除天花和伤寒等流行病。到世纪末，水力发电工厂已开始为托马斯·爱迪

图 13.2　奥诺雷·杜米埃，《1834 年 4 月 15 日特朗斯诺奈大街的屠杀》，1834 年，石版画，29 厘米 × 44.5 厘米

现实主义画家和插图画家奥诺雷·杜米埃沉浸于 19 世纪中叶的政治斗争之中。画面表现了政府士兵对一个穷苦巴黎家庭实施暴力之后的场面。杜米埃的石版画常常发表于报纸和小册子上，获得了今天新闻摄影和视频的直接煽动效果。

图 13.3 约瑟夫 · 帕克斯顿，伦敦水晶宫，1851 年，铸铁和玻璃，长 564.2 米

帕克斯顿的玻璃和铁造的宫殿举办了 1851 年的博览会，这是维多利亚时代英国进步和创造的一次展示。其用铸铁事先构架的部分如此准确地生产出来，致使整个建筑的组装只用了几个月的时间。

生新发明的灯泡供电。英国的维多利亚人，以及维也纳、巴黎和纽约的资产阶级，完全有理由对科学和技术进步抱乐观态度，只是偶尔才对城市贫民窟和殖民帝国的非正义怀有内疚之感（图 13.2）。

维多利亚时代的胜利以 1851 年在约瑟夫 · 帕克斯顿设计的壮观的水晶宫里举办的伦敦博览会为标志（图 13.3）。帕克斯顿（Joseph Paxton）以前是位园丁，他用铁和玻璃的新方法设计了这座丰碑式的暖房。建筑的铁框架和玻璃镶板是在别的地方制作的，预制后非常容易组装和拆解。整个建筑长约 610 米，占地 10.5 公顷，在不到 10 个月的时间里就竣工了。宫中拱形的中央区域栽植高大的榆树；帕克斯顿称这个区域为“正殿”，暗示这个大厅就好比一座物质主义的大教堂。

1851 年博览会的展室里堆积着英国工业产品，反映了维多利亚时代的信仰，即物质舒适和消费产品的毋庸置疑。这一信仰的哲学表达是功利主义，用单一判断标准评价一切行为的道德哲学，这个标准就是谋求最大数量的人的最大幸福。与古代人伊壁鸠鲁一样，功利主义者认为“善”包含人和其他有感情的存在者的快乐和幸福。功利主义的创始人杰里米 · 边沁（Jeremy Bentham）认为社会改革所许诺的幸福是能够通过实证和经验来检验的。他声称已经把道德判断简略为一种关于“幸福”的演算。边沁把一切宗教考虑从道德行为中清除出去——上帝与幸福无关，提出了维多利亚时代的实用性所诉求的一种直接的世俗享乐主义。哲学家约翰·斯图亚特·穆勒提出了一个更加微妙的观点，即给予妇女选举权以及基于妇女对社会之用处的其他社会改革。在简明扼要的《论自由》（1859）和《妇女的屈服》（1869）等文章中，穆勒用有力但却灵活的实用标准捍卫社会正义。“能促进幸福的行为是比例正确的行为；导致幸福之反面的行为就是错误的行为。”他用一个简明的格言写道。

虽然维多利亚人坚信人类进步，但维多利亚时期的一个观念却引起了激烈的反对。生物学家查尔斯·达尔文（Charles Darwin）发表了《物种起源》（1859），向犹太教和基督教关于人类起源的教义发起了挑战。达尔文认为人类并非起源于上帝的创世之举，而是根据无法改变的变种和适应规律由低级动物自然演化而来。借助这些自然选择的规律，物种根据其对匮乏或威胁的适应程度而幸存于自然。所有物种都参与了为匮乏的资源而进行的竞争——达尔文称之为“物竞天择”，人类也不例外（人类也是通过自然选择的漫长过程从猿一样的物种进化而来）。人类似乎比最高级的猿要发达很多，但人与最高级动物之间的精神差异不管有多大，都是“程度的不同，不是种类的不同”，达尔文在《人类的起源》（1871）中这样写道。达尔文思想的影响远远超越了生物学。维多利亚时代的思想家们发展了一种“社会达尔文主义”，用达尔文论述物竞天择的自然主义原则来证明工业国家的阶级分化和欧洲在非洲和亚洲的殖民剥削的正当性。

图像艺术中的现实主义

科学精神和物质主义并没有像改变宗教和哲学那样改变绘画和雕塑。在维多利亚时代的英国，一伙年轻画家的确反对学院派绘画，推崇艳丽的色彩和诚实的感情，而反对矫揉造作和古典风格。他们自称为前拉斐尔派，以为可以使绘画回归文艺复兴大师们的原始清晰性。在《奥菲利亚》（图 13.4）中，前拉斐尔派画家约翰·埃弗里特·米莱（John Everett Millais）准确地描绘了林中花朵以及模特儿的银色内衣。米莱是用了几个月的时间在露天现场绘画的，以生动的直观性再现了每一朵花。但前拉斐尔派对中世纪和宗教题材的兴趣使他们与法国的现实主义绘画相冲突，后者与科学和社会进步结成了同盟。

如法国画家居斯塔夫·库尔贝所定义的，现实主义意思是真实客观地再现社会世界，没有任何幻觉或想象的成分。他大胆宣称绘画“只能含有对真实现存事物的呈现”。库尔贝画的不是传奇或古代史，而是乡村社会的普通人和平凡小事，笔下的人物既不高贵也不世故。《奥尔南的葬礼》（图 13.5）就是一例，该画震惊了1851年巴黎的沙龙（官方的绘画和雕塑展）。批评家们抨击这幅库尔贝家乡的送葬者画是社会主义的化身。他们认为这幅画画得太随便，抱怨说主题缺少英雄主义或崇高真理的暗示。实际上，库尔贝描绘的悲悼者挤在敞开的坟墓周围，无视社会等级——牧师、抬灵柩者和参加葬礼的所有人都如实地描画出来，包括因喝酒而脸红的仪仗官（身穿红色衣服）。库尔贝会说，现实主义“就是艺术中的民主”。

图 13.4　米莱，《奥菲利亚》，1852 年，布面油画，76 厘米 × 112 厘米，藏于伦敦泰特艺术馆

米莱描画了莎士比亚的《哈姆雷特》中自杀的女主人公，当她在水中漂流着死去的时候还唱着毫无意义的歌。虽然由于结构、花朵和其他细节的现实主义描画而令人羡慕，前拉斐尔派常常从文学和传奇中选择主题。

图 13.5　居斯塔夫 · 库尔贝，《奥尔南的葬礼》，1849 年，布面油画，6.65 米 × 3.14 米，藏于巴黎奥赛博物馆

库尔贝的现实主义激怒了官方艺术界，后者希望艺术家描绘神秘的寓言和历史主题。奥尔南是库尔贝的家乡。根据对家乡村庄里普通事件的这种丰碑式描画推断库尔贝会对学院派绘画理想化的英雄主题持何意见?

图 13.6　爱德华 · 马奈，《草地上的午餐》，1863 年，布面油画，2.15 米 × 2.71 米，藏于巴黎奥赛博物馆

马奈的画在当代背景下把裸体女性与穿衣服的男伴大胆并置起来，激怒了观众。分析画面上刺眼的前景光和裸体女性大胆凝视观众的效果。

在 19 世纪 60 年代的巴黎，一位颇有争议的画家从库尔贝的阴影中走出来，勇敢地用现代术语重塑了西方绘画传统。爱德华·马奈受过流行的学院风格的训练，他最著名的画作都体现出大师风格。马奈用现代主题更新了传统绘画，其方式在法国艺术界已传为佳话。他的《草地上的午餐》（图 13.6）在 1863 年引起了官方的愤怒，比 15 年前库尔贝的《奥尔南的葬礼》更加激烈。画面上当代背景中裸体女性与穿衣服的男性生动的并置震惊了法国公众。他们抗议马奈的绘画风格，谴责他用平凡的画笔再现了女人的裸体。公众接受的是传统绘画中的裸体，拒绝马奈的现代画法，因为它太真实了。

批评家们在罗莎·波耶尔的画中发现了一种比较惬意的现实主义。波耶尔是当时最有名的女画家。她父亲是一个社会主义团体的成员，坚信男女平等，罗莎就是在他的教导下长大的。她穿男人的服装（这要征得警察的同意），吸烟，未婚与女性同伴生活在一起。她的画就如同她的生活一样大胆。《马市》（图 13.7）描画了被一股猛烈的力所刺激的浩荡的马群，几乎令牧马者无法控

图 13.7 罗莎·波耶尔，《马市》，1853—1855 年，布面油画，2.44 米 × 5.06 米，藏于纽约大都会艺术博物馆

罗莎·波耶尔以科学的超然性研究了笔下的动物，她常常造访屠宰场和动物市场。艺术家本人曾把这个宏大的动物场面与雅典卫城的帕提侬神庙的中楣进行过比较研究（见图 3.22）。

制。波耶尔的方法不像库尔贝粗线条的乡村生活那样具有政治性，在维多利亚时期的英国非常流行。

图画现实主义在版画复制和新的摄影媒体中获得了最大的直观性。在法国，奥诺雷·杜米埃的版画记叙了穷人的苦难，讽刺了当权者的愚蠢。杜米埃在严格的期限内记录了社会的现行事件（见图 13.2）。到 1850 年，摄影已被广泛用作廉价的制作肖像的方法。1854 年，一位摄影企业家申请了摄影"名片"专利，批量生产了画室制作的肖像。但摄影很快就发现了更严肃的用途。巴黎摄影师加斯帕尔·费利克斯·图尔纳雄，人称纳达尔（Nadar），不仅给当时最著名的人物摄影（图 13.8），而且记录了现代城市的街道和下水道，用自制氦气球进行了第一次空中拍摄。在美国，美国内战的骇人景象通过马修·布拉迪和他的摄影小组的镜头得

图 13.8 纳达尔，《莎拉·伯恩哈特的肖像画》，照片摄于 19 世纪 70 年代后期

纳达尔的摄影工作室以拍摄巴黎名人肖像著称。他的第一幅肖像是 20 岁的法国女演员莎拉·伯恩哈特。画面上是她饰演的一个人物，正是这个人物的饰演使她赢得了国际声誉。

图 13.9　托马斯·埃金斯，《格罗斯的诊所》，1875 年，布面油画，2.44 米 × 1.98 米，藏于费城艺术博物馆

托马斯·埃金斯毫无妥协的现实主义以对人体解剖的缜密观察为基础，但常常令赞助者望而却步。注意光线是如何越过医生的额头而落到病人裸露的大腿上的，而助手沾满鲜血的手正在掰开切口。比较格罗斯医生、记笔记的书记员和病人的女亲戚（左中）的面目表情。

以保存下来，如一位当代批评家所说，他们捕捉到了那些倒下的士兵们“独特而可怕的面孔”。

在内战后的美国，现实主义者与模仿欧洲学院风格的画家形成鼎足之势。在温斯洛·霍默和托马斯·埃金斯的作品中，现实主义技巧与美国的求实作风结合起来。在充当战时杂志插图画家之后，霍默访问了法国，看到了库尔贝和爱德华·马奈的作品。霍默最喜欢的主题是玩耍的儿童和海上的宏大场面。埃金斯曾在巴黎一位学院派历史画画家门下求学，以准确的视角和平衡描绘了户外主题——桨手、水手和泳者。在《格罗斯的诊所》（图 13.9）中，他描画了一位著名的费城医生在展示一次大胆的外科手术程序。医生的助手掰开病人大腿的切口，而他则毫无表情地对他的学生们讲课。

现实主义小说

浪漫主义感性以抒情诗为最强烈的表现，而对工业社会的描写则以社会小说为最高成就，后者乃是 19 世纪后期的主导文学形式。

在这个时期成长起来的许多小说家中，英国作家查尔斯·狄更斯（Charles Dickens）也许是最坦率地抗议工业主义非正义的人。他的小说描写了 19 世纪英国的社会邪恶，尤其是对待儿童的残忍行径。狄更斯对此有亲身的体验——父亲常常因欠债而入狱，他本人 12 岁时就在一家工厂里做工。年轻的狄更斯自学成才，当上了律师助理，后来成为一名国会记者。24 岁时，他获得了文学上的成功，很快就在自己的周刊上发表系列小说。他后来在《大卫·科波菲尔》（1849—1850）中虚构地描写了他从贫穷到获得文学成功的过程。他的其他小说也源自他童年和年轻时的亲身经验，如《荒凉山庄》（1852），这部小说辛辣地讽刺了英国的立法制度。

狄更斯令人难忘的人物描写以及小说中不可思议的偶然事件和情感的能力使他的小说极为流行。它们也是工业主义的产物，除了为新产品做广告外还是分期发表的。这些小说常常直接呼吁工业和社会改革。狄更斯对其早年贫困生活的愤怒从未平息过。他的作品尖锐地把工业社会的痛苦与富人扬扬自得的生活进行了比较。

法国小说家居斯塔夫·福楼拜（Gustave Flaubert）在许多方面都是狄更斯的反面。狄更斯在伦敦度过了痛苦的童年；福楼拜则在法国乡村舒适的中产阶级家庭里长大。狄更斯写作速度很快，有时会在出版前的几天内完成稿件；福楼拜则用数个小时寻找一个最合适的词。福楼拜最著名的作品是《包法利夫人》（1865），讲一个纯真的乡村妇女为现代世界的世故所迷的故事。艾玛·包法利理想的生活观和情感导致她通奸、欠债，最后自杀。小说的情节激怒了法国公众，福楼拜则在小说发表后由于淫秽而受到审判。福楼拜最复杂的小说《情感教育》（1869）是对 19 世纪 40 年代革命时期发生的政治事件的嘲讽。小说涉及幻觉和幻灭、浪漫的希望和犬儒的现实主义、崇高的原则和狭隘的虚伪等主题。小说的主人公乡村青年弗雷德里克·莫罗深深沉浸在自己的情感纠葛之中，以至于错过了成功的机会，而历史却席卷着他。在叙述 1848 年巴黎起义时，福楼拜辛辣地讽刺了法国国民警卫队，在二月革命时他们曾支持自由反叛，而到了六月却反过来把枪口对准共和国的支持者。对福楼拜来说，不同派别达到了一种讽刺性平等——“残忍野兽的平等，血腥野人的共同平台。”《情感教育》中幻灭的叙述者总结说，“富人的狂热就如同穷人的疯狂一样大，贵族和民众一样都是同一种疯狂的猎物，棉布睡帽和革命者的无边呢帽一样丑陋。民族精神失去了平衡，如自然灾害过后一样。”

现代城市

现代城市是工业时代胜利和创伤的场面。比如，正是在现代城市里，美国浪漫主义诗人瓦尔特·惠特曼（Walt Whitman）经历了充满活力和庸俗的多样性的统一。早期浪漫派在孤独中沉思自然，惠特曼则徜徉在纽约市喧闹的街头，歌颂他自己身处曼哈顿拥挤人群中一息尚存的感觉。在《草叶集》（1855）这部热情歌颂现代性和美国民主的诗歌中，惠特曼写道：

> 我歌唱自己，
> 我所思考的也将是你所思考的，
> 因为属于我的每一颗原子也将属于你……
> 瓦尔特·惠特曼，一个宇宙，
> 曼哈顿的儿子，
> 粗暴、肥壮、贪欲、吃喝、生殖，
> 不是感伤主义者，
> 不高高站在男人和女人的
> 上面或远离他们，
> 不谦虚也不放肆，……

就建筑而言，19世纪中期的西方城市是建筑风格的大杂烩。新古典主义与哥特和文艺复兴时期的建筑并举而成为新的城市建筑风格。唯一真正的新的建筑风格是铁和玻璃的结合。自从古罗马使用水泥以来还没有如此革新的建筑材料。在19世纪，铁和玻璃建筑主要用于大的开放空间——火车站、购物拱廊或像帕克斯顿水晶宫这样的展览厅。

亨利·拉布鲁斯特掌握了铁建筑的审美可能性。巴黎的国家图书馆（1854—1875）就展示了用铁处理不同空间的灵活性。图书架在铁梁上耸立有五层楼高，而阅览室则仍然渗透着罗马修道院的色调（图13.10）。其彩陶拱顶和玻璃窗都镶着铁框，由典雅的铁柱支撑着。工业时代最雄心勃勃的铁建筑是埃菲尔铁塔（图13.11），巴黎1889年世界博览会的有争议的标志。与帕克斯顿的水

图13.10　亨利·拉布鲁斯特，巴黎国家图书馆的阅览室，1854—1875年

细铁拱架和玻璃天窗的使用使拉布鲁斯特的室内通风良好，可与古罗马的浴室或哥特式大教堂相媲美。注意反复出现的圆、拱形和矩形。

晶宫一样，这座铸铁塔是居斯塔夫·埃菲尔（Gustave Eiffel）设计的，与其说是建筑上毋宁说是工程上的一项壮举。它高达 984 英尺（约 300 米），是用纯金属制作的方尖塔，大大地高过了拿破仑的帝国丰碑。

工业时代实际上见证了城市规划的长足发展，其步伐要比建筑大得多。早期现代建筑和城市规划者都要从零开始建造整个城市，如美国首都华盛顿特区和俄国的圣彼得堡，都是在空地上凭空而起的。在空旷的沼泽地建起一座美丽的现代城市是一回事；而改造一座古城则完全是另一回事。要把狭窄的街道和漆黑的住宅改造成宽阔的林荫大道和宽敞的公园，这一更大的挑战，把巴黎城现代化这一任务落在了现代城市的发明者乔治-尤金·豪斯曼（Greorges-Eugène Haussmann，1809—1891）的肩上。豪斯曼是拿破仑三世皇帝（波拿巴的侄子）任命的，他想要一个富裕的帝国首都，充裕的现代商业和工业中心。这位皇帝也想要摆脱习惯上经常发生政治起义的法国首都，而建立一个安全的政府所在地。

为建造新的笔直的林荫大道，豪斯曼铲平传统街区，推倒了 12000 幢楼房，包括穷人和工人阶级的住宅。他在林荫大道两旁建起了统一时髦的公寓大楼，街

图 13.11　居斯塔夫·埃菲尔，巴黎埃菲尔铁塔，1887—1889 年，铸铁和熟铁，高约 300 米

除了与塔腿相连接的装饰拱形外，铁塔是金属工程的纯粹表现。它与 1868 年开工的纽约布鲁克林大桥这样的工程奇迹相呼应。

图 13.12 卡米耶·毕沙罗，《歌剧院大街，阳光，冬天的早晨》，约 1880 年，布面油画，91 厘米 × 73 厘米，藏于法国兰斯美术博物馆

印象派画家卡米耶·毕沙罗反复画豪斯曼子爵设计的宽敞大道。远处矗立的是豪斯曼新巴黎的一幢标志性建筑，豪华的歌剧院，由夏尔·加尼叶设计，1875 年落成。

道之间隔有宽阔的广场，巴黎人可以在那里散步玩耍（图 13.12）。总之，巴黎建起了 150 公里长的新街，给人以宽敞和规整之感（地图 13.1）。

图 13.13 沙利文，圣路易温怀特大楼，密苏里州，1890—1891 年，密苏里历史协会

沙利文的摩天大楼风格（干净、摩登、没有历史装饰）最早出现于芝加哥，很快就传遍美国其他城市。

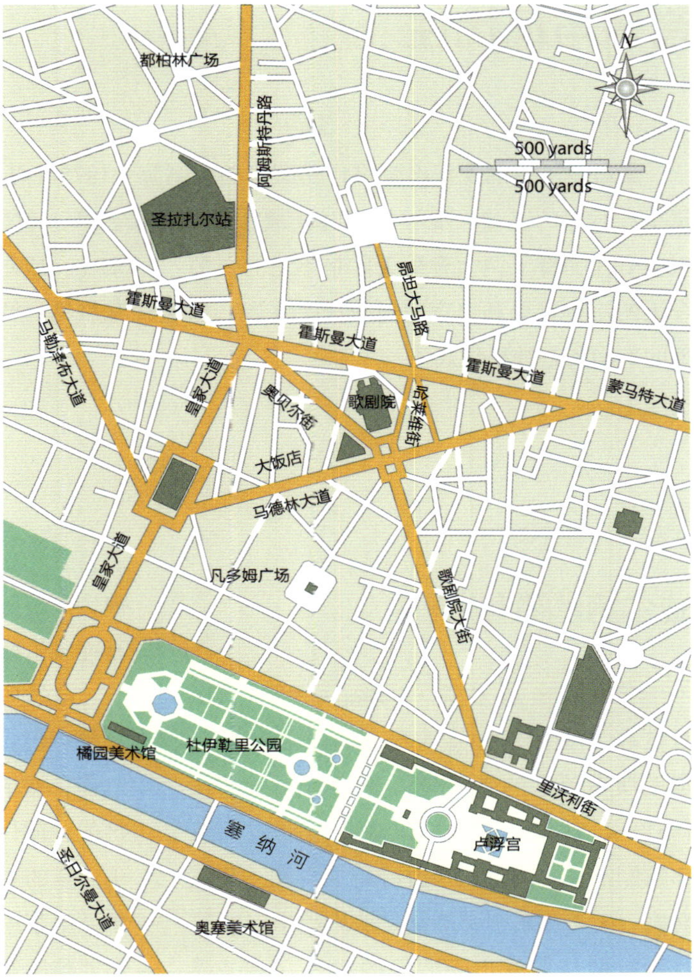

地图 13.1 巴黎的大道

第一座真正的现代建筑不是在巴黎建成的，而是在北美的中心美国。1871 年，一场大火烧毁了芝加哥市中心的铁架建筑。芝加哥建筑师路易斯·沙利文（Louis Sullivan）借此机会设计了现代摩天大楼——带有内部防火钢笼或钢架的数层高的建筑，即沙利文风格的芝加哥钢笼摩天楼，如圣路易的温怀特大厦（图 13.13），其外部通常是石头或彩陶表面。带窗口的正面是以直线结构为基础的钢架。沙利文的名言是："形式总是依功能而定。"但他也用新艺术的装饰风格弱化了铸铁的僵硬。芝加哥风格的摩天大楼是"商业宫殿"，到 1910 年，这些建筑布满了从纽约到俄勒冈州的波特兰的北美大街。

音乐与现代性

豪斯曼子爵的现代巴黎杰作是豪华的歌剧院（1875年竣工，见图13.12）。在这幢豪华建筑里，时髦的巴黎人能够尽享时代最壮观的音乐艺术。就歌剧在这个时期的流行程度而言，工业时代哺育了两大音乐天才是不足为怪的。居塞比·威尔第是意大利歌剧迷的偶像，就像今天的流行音乐和体育明星一样受欢迎。理查·瓦格纳自恃为德国民族的高级音乐牧师，而他的歌剧则是神秘仪式。

威尔第的歌剧

居塞比·威尔第（Giuseppe Verdi）出身贫寒。他生于小业主家庭，学习音乐以帮助演奏镇上的管风琴。他的音乐生涯在1851—1853年达到巅峰，成功地上演了三部歌剧杰作：《弄臣》《游吟诗人》和《茶花女》。这三部歌剧讲的都是悲剧故事，而其戏剧歌曲却散发出醇酒般的甜美。在《弄臣》中，擅长玩弄女性的伯爵占了吉尔达的便宜，她是王宫弄臣的女儿。在第三幕戏中，他唱着那段著名的咏叹调“女人是无常的”，以证明他那淫荡行为的合理性。颇具讽刺意味的是，尽管伯爵唱着“女人水性杨花，从不忠贞不贰（哈！）”但在歌剧的高潮时却是吉尔达的真爱和牺牲挽救了他的性命。在声望最高的时候，威尔第退居乡野，过着乡绅的生活，但世界又把他找了回来。埃及统治者要为苏伊士运河的开凿上演一出歌剧，那是那个时代最了不起的工程之一。结果，《阿依达》（Aida）（1871）在埃及上演，演员阵容有300人，如此夸张的歌剧甚至连威尔第也感到不舒服。

虽然他的歌剧展现了抒情的美和戏剧性效果，但威尔第却不是伟大的技术革新者。然而，在其歌剧生涯后期，他受到了两项挑战：同代人理查·瓦格纳的音乐思想把莎士比亚的戏剧改编成歌剧。在最后几部歌剧中，威尔第证明了自己能够达到莎士比亚的情节跨度和人物深度。在《奥赛罗》（1887）中，他戏剧性地展现了摩尔将军奥赛罗的悲剧，他被邪恶的伊阿古所骗而杀害了自己的新娘。在《法尔斯塔夫》（1893）中，威尔第捕捉到了莎士比亚在《亨利四世》中刻画的吹牛者的喜剧效果。

在音乐上，威尔第的莎士比亚歌剧效仿瓦格纳，超越了标准歌剧的咏叹调而交替使用吟诵调。威尔第对“伴奏吟诵调”进行了实验，歌唱时情节继续展开。管弦乐伴奏反映了人物的情绪，强调了行动，相似于今天的电影声道。威尔第表现强烈情感的场面获得了如此惊人的成功，以至于当《奥赛罗》

图 13.14　拜罗伊特节日剧院剖面图，德国巴伐利亚，1876 年

瓦格纳的《尼伯龙根的指环》全剧就是 1876 年在德国南部的这家特殊的节日剧院里首演的。该剧院专门为瓦格纳的歌剧设计，管弦乐队就在舞台下方，观众离表演很近，同时也使管弦乐和声乐的结合达到最佳效果。

在米兰著名的拉斯卡拉歌剧院上演时，这位年迈的作曲家不得不谢幕 20 次。此后，仰慕者拉着他的四轮马车在大街上凯旋庆祝。

音乐学者仍然争论威尔第是否受到瓦格纳较系统的革新的影响。威尔第本人拒绝充当瓦格纳的对手。他把他们之间的区别归于德国和意大利不同的音乐感性。他曾对一位德国导演说："每一个人都应该保留他自己民族固有的特性。就你而言，你仍然是巴赫的儿子！我们呢？我们都是帕莱斯特里纳的儿子。"

瓦格纳的音乐革命

与出身寒微的威尔第相比，理查・瓦格纳（Richard Wagners）是位浮华的功利主义者，他的生活中充满了激情和背叛、成功和失败，本身就是一部歌剧。他把最初的音乐失败归咎于歌剧的商业化，最终说服一个疯狂的巴伐利亚国王资助他在拜罗伊特繁华的节日剧院上演他的歌剧（图 13.14）。他整个一生都在与赞助者和音乐同行的妻子们偷情。晚年，这位作曲家常常戴着天鹅绒的帽子、穿着缎子睡衣接待他在拜罗伊特的弟子们。

瓦格纳的音乐思想超越了他浮华的生活。瓦格纳认为歌剧是一切艺术（神话、音乐、诗歌、戏剧和图像设计）的综合。他称这个概念为"总体艺术品"，将其与古希腊的悲剧相提并论。为了获得这种包容一切的经验，瓦格纳认为他必须控制与歌剧相关的一切：剧本、音乐、设计和制作。对于歌剧故事，瓦

图 13.15　亚瑟·拉克姆，《莱茵的黄金》插图，瓦格纳的《尼伯龙根的指环》系列的一部分，1910 年

瓦格纳在世纪交错时期深受象征派诗人和艺术家的欢迎。这里，插图画家亚瑟·拉克姆想象阿鲁贝利西正在热烈地追逐莱茵少女们；侏儒的挫败感使他完全放弃了爱，而抓住了莱茵黄金。

格纳拒绝采用传统歌剧的琐碎情节，而采用德国神话和传奇，并发誓说神话“永远是真实的；无论其内容多么简单或严谨，它对每一个时代都是不可穷尽的。”

瓦格纳的音乐革新 在瓦格纳的理论中，管弦乐队应该是戏剧行为的主导，而非仅仅是伴唱。管弦乐队能够通过使用主乐调（主旨）反映每一种情感和行动。主乐调（Leitmotif）是一种与人物、物体或观念相关的独特旋律或旋律片段；当剧中出现某种因素的时候，主乐调就出现在管弦乐中。瓦格纳把全部主旨编织在一起，让其复杂地展开，这样，主旨就与歌剧的行为就结合起来了。瓦格纳的歌剧《特里斯坦与伊索尔德》（1865）中爱与死亡的高潮就是由两个主旨构成的：“渴望”和“爱与死亡”。这两个主旨在第三个主旨（“超验的极乐”）中统一起来，这个主旨的最后和弦再现了一对儿恋人死后的极乐结合。

瓦格纳的第三个音乐革新比较技术化。他越来越多地使用一个音阶里的所有12个音（在C大调的音阶里，钢琴上的黑键和白键）。这称作半音阶或色调（源自chroma，意思是“色彩”）。瓦格纳常常使用色调消解传统的音调性，赋予其音乐以不安的情感性。

瓦格纳的音乐革新以其巨著即四部剧《尼伯龙根的指环》（1876）为巅峰。《指环》讲述北欧诸神如何最终被自己的欲望所毁。瓦格纳的故事通过16个小时的表演讲述出来，其中包含最辉煌的歌剧片段。在开场戏《莱茵的黄金》中，侏儒阿鲁贝利西在追逐河里嬉戏的少女，然后抓住了将导致诸神末日的黄金（图13.15）。在《齐格弗里德》中，英雄尝了尝被杀死的龙的血，听到了自然的歌声。《女武神》中“武神的骑行”的跳跃式音乐已经与末日联系起来。在最后一场戏《诸神的黄昏》中，女主角布伦希尔德走向自己的火葬堆，瓦哈拉宫殿也在大火中倒塌。但是，关于精彩场面的任何一个名单都无法公正列出瓦格纳这部音乐杰作的复杂性或对他自己以及未来音乐的影响。

浪漫主义晚期的音乐和舞蹈

就在瓦格纳无情地革新音乐的时候，他在德国的主要对手、浪漫主义晚期的作曲家约翰奈斯·勃拉姆斯（Johannes Brahms）则回归古典时代。关于巨人贝多芬，勃拉姆斯曾经写道：“你永远不会懂得我们这些人听到像他这样一个巨人的脚步声时会有什么感觉。”虽然有所保留，但勃拉姆斯的四部交响乐却比其他任何交响乐都更接近贝多芬的规模和复杂设计。勃拉姆斯拒绝浪漫派的主题音乐，他的全部交响曲（作于1876—1885年间）具有沉重的结构，对他所仰慕的古典主义前辈的音乐进行了改造。勃拉姆斯是莫扎特和贝多芬传统中最后一位伟大的“绝对”音乐作曲家。

浪漫主义晚期音乐的另一个发展是音乐民族主义的兴起，尤其是东欧的音乐家们。俄国音乐家彼得·柴可夫斯基（Peter Tchaikovsky）的《1812年序曲》和捷克音乐家贝德里赫·斯美塔那（Czech Bedrich Smetana）的《摩尔多河》歌颂了这两位作曲家所属的民族的勇敢和家乡的美。音乐民族主义者典型地把本土民间音乐和主题音乐的描写融入到自己的创作之中了。

关键概念

现代性

豪斯曼子爵在现代性的精神指引下进行了城市翻新，在这个过程中，最新的和当代的东西取代了过时的和传统的东西。在19世纪，现代性横扫传统存在的残余，也就是马克思所说的过去岁月已死的负担，取而代之的是标准的产品和现代的日常生活。巴黎、柏林、纽约和芝加哥等城市以震颤的工业和繁忙的街道成了现代性的隐喻。经济现代性往往涉及用机器取代人或动物劳动，用比较有效的机器取代效率低的机器。比如，马拉车被电动汽车所取代，古代炼铁炉被新的开口炼钢炉所取代。19世纪现代性的发展完成了“第二次工业革命”，其中，第一代机械被更有效的改进机械所取代。甚至今天，把工厂或办公室“现代化”也意味着安置新的机器，让工人摆脱老地方或旧习惯。

现代性的批评家们有伤感的也有幻想的。对一些人来说，现代性是对人类精神的侵犯。法国诗人夏尔·波德莱尔描写了豪斯曼对巴黎的改造，说“旧的社区变成了寓言，记忆比石头还要沉重。”俄国小说家费奥多尔·陀思妥耶夫斯基也许是最无情的现代性批评家。他用“巴别塔”象征现代性的全部许诺，也就是说那是人类的虚荣和自我毁灭。在陀思妥耶夫斯基看来，现代性最终将走向人吃人的大众社会（图13.16）。

现代性与传统之间的冲突还没有解决。今天，仍然有人保护传统家庭生活或教育不受现代性负面效果的影响。民族坚守宗教或文化传统，同时也努力适应不断现代化的世界。面对现代性的不断变化，人类仍然不了解自己心灵。

图13.16 亨利·德·图卢兹－罗特累克，《红磨坊》，1892—1895年，布面油画，1.23米×1.41米，藏于芝加哥艺术院

这个酒馆里的俗丽面孔和沉闷氛围意味着现代城市生活特有的一种精神异化。右边被画框遮挡的歌手和左下角的桌子是如何增进了这个场面和中央人群的幽闭恐惧症的？

日常生活的窗口

一个人的音乐生涯

莉莲·诺迪卡（Lillian Novdica）是生于美国的女高音歌手，由于在拜罗伊特扮演瓦格纳歌剧中的著名角色而在欧洲成名。她第一次去欧洲时，她母亲曾描述了工业时代的妇女在追求职业生涯时所遇到的困难。

学习歌剧绝不是孩子们的事。如果你认为可以，那就要每天听5到6小时的阿依达，还有两小时的法语动词课。……莉莲在最后四个月里做了很多功课，还有70场音乐会。从8月12日到现在，她有40节课听贝拉里讲意大利传统剧目，40多节课听德尔萨特讲戏剧情节，再加上每天的法语课。

我照顾她的服装等一切事宜，细心地照顾她，因为我知道她做事坚持不懈。她唱得最迷人，而如果在家，还无疑会尽量赴一切约会。但现在的问题是，学习！！！……

莉莉每天上午九点开始传统剧目的表演，十点时，贝拉里的一位钢琴师会来家帮助她学习乐谱和歌剧中的意大利语；11：30她开始练习，到12点才吃早饭；然后学习两个小时的法语；3点学习音乐；4点向德尔萨特学习表演。所以她的全部时间都排得满满的。她在学习或背诵法语时一般都躺在沙发上，那就算休息了……

实际情况是，莉莉能做得很好，但她必须在有时间学习的同时不损害健康，就像别人一样。

（1878）

柴可夫斯基的一些杰作是为芭蕾舞创作的，这是在沙皇时代创造性的天才马里乌斯·彼季帕（Marius Petipa）的指导下繁荣起来的一种风格。作为圣彼得堡俄国皇家芭蕾舞团的导演，彼季帕开创了一种宏大风格，广泛流传开来，也就是现在人们所说的古典芭蕾舞——其传统剧目和舞蹈风格仍然在当今世界教学和表演。《天鹅湖》（1877）和《睡美人》（1890）都是柴可夫斯基的杰作，而彼季帕则将其变成了完整的芭蕾舞胜景。他采用大舞蹈队的盛大阵容以及剧团的女芭蕾舞演员和男芭蕾舞蹈演员表演的展示性的双人舞。彼季帕的影响使19世纪的俄国成为芭蕾舞表演和培训的国际中心。

晚期浪漫派和早期现代派

理查·瓦格纳对内在经验的探讨深得 19 世纪末的艺术家们的同情。乍看起来，这些艺术家似乎都是晚期浪漫派，因为他们都赞扬艺术天才，都执迷于对邪恶和异国情调的描写。他们还拒绝粗俗的物质主义和中产阶级喜欢的肤浅娱乐。然而，在从现代工业社会隐退的过程中，这些晚期浪漫派也预示了 20 世纪现代主义的艺术技巧。在对西方工业社会的反叛中，晚期浪漫派预示了即将到来的现代革命。

象征主义和新艺术

法国象征派诗人是一个文学团体，以梦境和深刻的象征诗歌著称。象征派创造了一种丰富含混的诗歌语言，表达他们的直觉观察和对语言的迷恋。同时，他们特别反对现代文明的道德虚伪和贪婪的物质主义。晚期象征派隐退到神秘主义和颓废的世界，嘲讽庸俗的中产阶级生活。

象征派公认的灵感来源是诗人夏尔·波德莱尔（Charles Baudelaire），他的诗歌探讨了肮脏与崇高之间的情感联系。波德莱尔的诗集《恶之花》（1857）公开描写性欲，以至于诗集发表后诗人受到了道德指控。波德莱尔的许多诗都具有病态的自我分析和荒诞的意象。在《恶之花》的序言“致读者”中，波德莱尔带领读者走进暴力和忘却的恶魔世界。

像一个贫穷的放荡子，
狂咬狂吻一个老妓女的受折磨的乳房，
我们一路上把秘密的欢乐偷尝，
拼命压榨，像压榨干瘪的香橙。

一群恶魔，仿佛数不清的蛔虫，
聚集在我们的脑子里大吃大喝，
我们一透气，死亡，
看不见的大河，
就发出低沉的呻吟，流进我们肺中。

如果匕首、毒药、放火以及强奸，
还没用它们那种有趣的构图装点
我们可怜的命运的平凡画布，
那是由于我们的心，唉，不够大胆。

可是，就在那些豺狼、豹子、猎犬、
猴子、蝎子、秃鹫、毒蛇，
就在那些在我们罪恶的污秽的动物园里，
尖啼、怒吼、嗥叫、爬行的怪物里面，

却有一只更丑、更凶、更脏的野兽！
尽管它不大活动，也不大声叫嚷，

它却乐意使大地化为一片瓦砾场，
在它打呵欠时，一口吞下全球。

这就是无聊！
眼中噙着难忍的珠泪，
它在抽水烟筒时梦见断头台。
读者，你认识它，这难对付的妖怪，
伪善的读者，我的同类，我的兄弟！

——夏尔·波德莱尔《恶之花》
（1857）（钱春绮译）

波德莱尔成了象征派的偶像，但是，在他对现代巴黎繁忙的街道和时尚大加赞扬的地方，象征派却断然拒绝工业大众社会的价值。他们自恃为艺术中坚，远离中产阶级的偏狭生活。象征派的主要人物斯蒂芬·马拉美（Stéphane Mallarmé）说，“让大众去读有关道德的书，但请上天不要把我们的诗歌拿给他们去践踏。”象征派的哲学也包括“为艺术而艺术”的原则（1868 年英国作家瓦尔特·佩特生提出的一句口号）把艺术放在与现实世界平行的一个宇宙里，由其自身规律和方法所控制。象征派诗人反复润色，使其作品字字珠玑，充满神秘的象征和奥妙的警句。虽然“为艺术而艺术”的学说深深根植于艺术天才的浪漫理想之中，但后来 20 世纪的艺术家却将其延续下来，远离大众社会而遁入孤立的艺术世界。

象征主义对工业主义的反动也为新艺术所分享。新艺术指使用花卉主题、强调艺术材料和形式之有机统一的一种艺术和建筑风格。新艺术热爱波状的植物形式，这可见于奥博利·比亚兹莱的插画，常常把色情和邪恶别有用心地结合起来。新艺术喜欢的媒介是有色玻璃，比如，美国人路易·蒂芙尼就用花卉图案生产了民用玻璃制品、灯和家具（图 13.17）。

在建筑领域，新艺术主要是一种用于传统建筑表面的装饰风格。这种风格的创始人、比利时人维克多·奥尔塔在锻铁细节、墙壁饰物和地砖图案等方面典型地使用了新艺术主题。把新艺术原则用于单一建筑形式的建筑师是加泰罗尼亚人安东尼·高迪（Antoni Gaudi）。高迪的巴塞罗那的卡萨·米拉公寓的墙壁（图 13.18）就像温顺的大海波浪一样起伏翻滚。锻铁的阳台栏杆犹如海藻或海洋动物一样蜿蜒蠕动。高迪设计的建筑是新艺术把艺术品融入一个有机整

图 13.17　路易·宫福德·蒂芙尼，《花瓶》，1893—1896 年，七彩玻璃制品，35.9 厘米 × 29.2 厘米，藏于纽约大都会博物馆

蒂芙尼的工作室里，艺术家们把新艺术的有机主题融入内部装饰的设计之中。

图 13.18 安东尼·高迪，巴塞罗那的卡萨·米拉公寓，1900—1907 年

尽管新艺术主要是用于建筑内部和家具的一种装饰风格，但高迪将其原则用于卡萨·米拉的整个外表。波浪起伏的外墙掩盖了传统的钢架建筑。

体的大胆尝试。不管称作什么（西班牙称作“现代主义”，德国称作“青春艺术”，维也纳称作“分离艺术”）新艺术都在追求现代性的同时回归到浪漫主义的有机论了。

在奥匈帝国的首都维也纳，新艺术成了抗议令人窒息的文化传统的工具。1898 年，一伙艺术家宣布从维也纳官方团体中“分离”出来，资助自己的独立展览。维也纳“分离派”最重要的画家是古斯塔夫·克里姆特，用强烈的装饰风格表现色情主题。比如，在克里姆特的《吻》（1907—1908）中，鲜活的服装和珠宝似乎把一对儿情人包裹在具有色情力度的披风之下，也把他们的激情遮挡起来（图 13.19）。在维也纳分离派的高潮期（1900 年），皇帝亲自展出了一个新凉亭，顶端是镀金的花卉球形——绰号是“金白菜”。克里姆特展出的是著名的寓言壁画，题目是《贝多芬饰带》，其中，宇宙的“敌对力量”是以一只巨猿和一个怀孕的裸体再现出来的。虽然他们的作品在技术上不如后来的现代派那样大胆，但分离派帮助打破了官方机构的权力，使公众适应了现代主义贫乏抽象的风格。

德彪西和罗丹——突破传统

在音乐和雕塑领域，两位法国人——克劳德·德彪西和奥古斯特·罗丹，典型地体现了这一时期对欧洲悠久传统的突破。虽然蔑视理查·瓦格纳的音乐矫饰，但法国作曲家克劳德·德彪西却步瓦格纳的后尘探讨新的和谐关系和异国情调。德彪西接受的音乐影响有两个：一是瓦格纳的歌剧，是在他拜访瓦格纳的拜罗伊特剧院时听到的，另一个是 19 世纪 80 年代正在巴黎访问的爪哇（今印度尼西亚）的加麦兰乐队演奏的管弦乐。爪哇的加麦兰管弦乐由各种锣、钟音条和一种叫作雷贝琴的独奏弦乐器组成，演奏出混合丰富的音色，以和弦而非西方的键盘乐器演奏。在这些音乐的影响下，德彪西的乐曲唤起了各种梦幻般的情绪，给人留下了具有暗示意义的印象，与象征派的诗歌非常相像。甚至德彪西曲目的标题——《云》《嬉戏的海浪》和《水中倒影》，都暗示了诗意的幻境。

图 13.19 居斯塔夫·克里姆特,《吻》, 1907—1908 年, 点金油画, 1.8 米 × 1.8 米, 藏于维也纳上贝尔宫

克里姆特 1905 年与维也纳分离派决裂后以画架画出名。请注意这幅画中两个恋人服装的装饰性主题的对比是如何区别各自的身份和形式的,同时其镀金背景又如何使其达到了情欲般的结合的。

德彪西最著名的作品从马拉美描写牧神和仙女的一首诗中获得灵感。《牧神午后前奏曲》(1894)是用音乐表达的一个倦怠的色情白日梦。开场的笛子吹响了音乐的主题,继而消散成另一个音乐观念。其朦胧感部分衍生于德彪西对全音阶的使用,即在没有半音的正常音阶上六个全音的使用。全音阶对于熟悉西方大调和小调音阶的任何听者都是不稳定的,创造了近似于印象主义绘画的一种音乐的含混性。这种音乐像仙女的歌声一样飘然进入了 20 世纪。

在德彪西拒绝古典音乐的理性结构的

图 13.20 奥古斯特·罗丹,《地狱之门》，始作于 1880 年，青铜（由石膏模型浇筑而成），6.3 米 × 3.99 米，藏于费城罗丹博物馆

从但丁的《炼狱》中获得灵感，罗丹的杰作以雕塑的形式诠释了对罪人的折磨和希望的虚幻。它含有 186 个人像，包括著名的《思想者》，在沉思着他所想象的备受折磨的产物。比较罗丹《地狱之门》中滚动的人物与佛罗伦萨的吉贝尔蒂的《天堂之门》（图 8.7）中文艺复兴时期的清晰性。

图 13.21 奥古斯特·罗丹,《巴尔扎克》，1892—1897 年，石膏，高 3 米，藏于巴黎罗丹博物馆

甚至对罗丹的那些精通医术的赞助者而言，这尊雕像也过于脱离学院派的英雄雕塑传统。罗丹本人能够看到雕像与古希腊的青铜武士之间的联系，但他的观众却看不出来。

同时，法国雕塑家奥古斯特·罗丹（Auguste Rodin）则打破了奥古斯特·巴托尔迪的纪念性公共雕塑的英雄风格。通过探讨一种新的人像雕塑风格，罗丹奠定了他作为现代雕塑奠基人的地位，但也受到了讽刺和嘲弄。

1877 年，罗丹为一家巴黎博物馆雕了一个装饰性门廊。他把这个门廊构想为《地狱之门》（图 13.20），立意描画但丁的《神曲》中被折磨的灵魂。《地狱之门》很快就有了自己的生命；罗丹紧张地工作了 8 年，疯狂地增减人物，生发的一些雕塑思想后来也都变成了独立的与真人大小的人像。当《地狱之门》于 1900 年展出时（石膏模型），两组巨大的画面上沸腾着十几个备受折磨的人。门上方潜伏着现已人皆熟悉的《思想者》，原本是诗人但丁在凝视他的那些造物。在他下面翻腾着那些未实现的欲望之火。

罗丹最有争议的作品是法国小说家奥诺雷·德·巴尔扎克，他于罗丹接受这次委托的 40 多年前去世了（图 13.21）。为理解主体，罗丹身穿巴尔扎克的老裁缝做的一套服装，找到一些旧照片，最后在工作室里做了 7 个真人大小的雕像。这个人像上部是一个巨大的狮子一样的头，暗示这位伟大的小说家的巨大胃口和多产的精力。但罗丹的《巴尔扎克》被委托他的文学协会拒绝了，批评家们也谴责这个雕像是对巴尔扎克的侮辱。他们（颇有些准确地）将其比作一个异教之神——这正是罗丹所努力要达到的效果。这位艺术家坚持说，“我已经在业已失去的伟大传统和每天都将增强的我自己的时代之间找到了一种联系。”对于罗丹如对于其他晚期浪漫派一样，艺术越来越私人和主观，不能与整个社会分享。

印象主义

1874 年，一伙年轻艺术家在画家克劳德·莫奈（Claude Monet）的领导下在巴黎开始了自己的展出，他们确信自己的作品永远不会被官方艺术界所接受。一个嘲讽的批评家把他们标识为“印象派”，即以莫奈的一幅画《印象：日出》（图 13.22）命名。十几年来，这伙人形成了一个松散的团体，共同展出作品，以技术的自然流露、科学的超然性和图像设计的革新而震撼了艺术界。这个团体包括莫奈、皮埃尔－奥古斯特·雷诺阿、贝尔特·莫里索、埃德加·德加和美国的旅外艺术家玛丽·卡萨特。印象派以马奈为先行者，成了第一批现代画家。

莫奈、雷诺阿和莫里索的“纯”印象派风格试图用迅速、粗略的笔触捕捉光和色转瞬即逝的效果（见图 13.23）。贝尔特·莫里索的《从特罗卡迪罗河看巴黎的风光》抛弃了学院派绘画的传统主题，描画了郊区景色变换的光和巴黎街道永恒的运动。与其他印象派画家一样，莫里索（Morisot）在“露天”描画外部世界，把色彩不加混合地直接应用于画板。结果是震颤的图画和闪光的色彩，而不携带明显的道德或知识价值。

莫奈的特点在于描绘相同主题的不同表现形式——一座大教堂，田间堆起的草垛，或他的睡莲池塘。他希望捕捉到同一个主体在变化的光之下的变体。1877 年，莫奈用这种方法描画巴黎的圣拉扎尔火车站（图 13.24），这是似乎没有图画性质的城市主题。由于以不同的 10 幅画画成，圣拉扎尔的玻璃顶棚下的场面，对于莫奈而言就如同瓦格纳的一个音乐旋律，在一天的不同时间的不同的光线下变换着。在晚期生涯中，在印象派解体很久以后，莫奈画出了最著名的系列，即其纪梵尼乡下住宅边上的睡莲池塘的抽象景色。

图 13.22　克劳德·莫奈，《印象：日出》，1872 年，布面油画，49.5 厘米 × 62 厘米，藏于巴黎马蒙坦美术馆

在给印象派命名的这幅画中，莫奈用粗犷的灰色和橘色暗示太阳的反射和后面幽灵般的船只。他从日本木刻版画借用了这种沿着渐隐的对角视角安排小船的方法。

雷诺阿的印象主义绘画比莫奈的更具抒情性，不那么受感知经验事实的束缚。雷诺阿在《煎饼磨坊的舞会》（图 13.26）的咖啡馆场面中捕捉到了城市生活的情绪。在露天舞会上，年轻的工作女性在尽享休息日的欢乐，非常不雅观地与男伴跳舞。作为典型的印象主义画家，雷诺阿创造了不合常规的黄草帽，以及妇女廉价服装的各色印染。整个场面被看作是洛可可休闲假日的毫无掩饰的现代翻版。

埃德加·德加在当时是最保守的印象派，他的作品具有异化和精神怠惰的暗示。在风格和主题上，德加更接近现实主义。但对主体的随意圈定使他的画作有如莫奈的素描一样令人困惑。他的特点是创造远离中心的主体，如《绿衣舞者》（图 13.27），其人像似乎是匿名的芭蕾舞机器人。画面

图 13.23　贝尔特·莫里索，《夏日》，1879 年，布面油画，47.5 厘米 × 75.2 厘米，藏于伦敦国家艺术馆，兰尼馈赠，1917 年

在 1880 年印象派画展上展出的这幅油画上，两位年轻女士在巴黎郊区一个著名公园的湖上划船。颇有些冒险的背景和自由的笔触与当时妇女不出家门的生存形成了对照。

图 13.24　克劳德·莫奈，《圣拉扎尔车站》，1877 年，布面油画，75.5 厘米 × 104 厘米，藏于巴黎奥赛博物馆

这里莫奈把印象主义的方法用于描写烟尘滚滚的城市。几乎被蒸汽掩盖的火车头、站台上无名的人群和背景中的公寓大楼都是用松散的粗线条绘制的。

环球视角

日本彩绘版画

印象派的巴黎沐浴在日本艺术的巨大浪潮之中，尤其是称作“浮世绘”的廉价彩色版画。“浮世绘”指日本江户时代（1616—1868）商业城市里的娱乐区。这个环境里的主要视觉艺术都是多色彩的木刻版画，一般描写日常生活场面。早期浮世绘版画家擅长描写歌舞伎戏院里的妓女和演员。著名大师喜多川歌麿以随意的精湛技巧描绘了艺妓，可与法国洛可可画家安东尼·华托相媲美。浮世绘版画在日本特别流行，而且廉价，往往以系列或书册售出。

多彩版画在19世纪葛饰北斋和安藤广重的作品中再度复兴。1823年，葛饰北斋画出了著名的《富岳36景》，从不同侧面描画了日本名山富士山雨中百变的景色，以鲜花、盛开的树木或沸腾的大海为背景（图13.25）。葛饰北斋年轻的对手安藤广重也画出了与此相媲美的系列画，题为《东海道的53个车站》，描绘了从江户到东京繁忙公路上的生活。

这些版画中表现的日本美学对印象派和后印象派影响巨大。尤其在葛饰北斋和安藤广重的版画中，我们看到了推动欧洲绘画变革的那些技巧：戏剧性背景，前景与背景之间的张力，高视点和低视点，以及装饰性的实色田野。

图13.25　葛饰北斋，《神奈川冲浪图》，源自《富岳三十六景》，1823—1829年，多色木刻版画，25.5厘米×37.5厘米，藏于伦敦维多利亚与阿尔伯特博物馆

在这幅著名版画中，葛饰北斋把汹涌的海浪与背景中寂静沉稳的富士山加以对比。这个形象说明人类在自然界中占据什么位置呢？

图 13.26 皮埃尔 - 奥古斯特 · 雷诺阿，《煎饼磨坊的舞会》，1876 年，布面油画，1.31 米 × 1.75 米，藏于巴黎奥赛博物馆

在这幅描绘城市普通居民休闲的画中，雷诺阿全程使用印象派色彩，主要是草帽和右边椅子的黄色。

视角几乎把舞者倾斜到我们的怀里，而另两个舞者只露出身躯和腿。这幅画运用了日本的典型画法——脱离中心的画法，把客体放在逐渐消失的斜线上或用画框边缘将其切割开来。这种技巧给予德加的绚丽画面以无方向感的张力。

德加是美国艺术家玛丽·卡萨特的朋友和老师，卡萨特于 1879 年开始与印象派一起展出作品。她画剧院和歌剧场景，探讨巴黎人最喜欢的消遣方式的社会和性动力（每周有 50 万人去剧院看戏）。《包厢》（图 13.28）中描画了严肃的中产阶级妇女专门为看星期日日场演出而穿的服装。她从包厢向对面窥视，而在后台也有一个男人身体前倾窥视着她。在男女之间交换的目光具有性引诱的暗示：卡萨特画中的看戏者显然是在利用自己的凝视，而不是故作认真地呼应男人的目光。在后期作品中，卡萨特常常描写私人场合中的妇女，梳妆台前或与孩子在一起的妇女。这些后期作品深受日本版画的影响，表现了扁平的视角和不间断的色彩视域。

图 13.27 埃德加·德加,《绿衣舞者》，约 1879 年，彩粉和水粉画，64 厘米 × 36 厘米，藏于马德里提森·波涅米萨博物馆

德加画中普通主体的构图往往以模糊动人的方式脱离中心。这里，他以中央舞者的胳膊为轮廓让人物构成一个鲜明的对角。

图 13.28 玛丽·卡萨特,《包厢》，1878 年，布面油画，81.3 厘米 × 66 厘米，波士顿美术馆

卡萨特的女性主体在前景中的凸显与远处窥视的男性形成对比。二者是由阳台栏杆形成的曲线连接起来的。

印象主义之后

19 世纪 80 和 90 年代，几位重要的艺术家强化了印象派与传统绘画方法的决裂。这些艺术家现在都被标识为后印象派，因为他们在不同的方向上发展了印象派的技巧。最重要的后印象派有乔治·修拉、保罗·塞尚、保罗·高更和文森特·凡·高。在形式或风格上，他们每个人都代表了与印象主义的脱离而趋向于现代主义绘画。

在后印象派中，乔治·修拉（George Seurat）在技巧上最接近于莫奈的纯印象主义，描画城市生活的景象，把未加混合的颜色直接用于画板。然而，修拉反对即席创作和印象派不规范的风格。莫奈在画板上潇洒泼溅的地

图 13.29 乔治·修拉，《大碗岛上的星期日下午》，1884—1886 年，布面油画，2.07 米 × 3.05 米，藏于芝加哥艺术院

修拉精密计算的点彩技巧创作出的是仅次于印象主义的画作，但形式比较规整和遥远。在这幅名画中，形状的节奏是否在休闲的城市居民中创造了一种统一和静谧的情绪？或最好把这种情绪描写为现代城市中无名和自我沉溺的生活？

方，修拉使用微小细致的点，这种方法叫作点彩法。修拉以这种点彩法声称他能科学地掌控一幅画的情绪。

修拉最著名的画《大碗岛上的星期日下午》（13.29）展示了点彩法复杂的形式。画的主题是现代巴黎的典型场面，星期日下午在岛上公园里闲逛的人们。与印象派画家不同，修拉创造了精细的平行线条和交叉形状的图案。这种图案是通过不断重复伞的形状、女人的忙碌、紧身上衣以及男人的帽子和拐棍创造出来的。每一个人物都在修拉的公式中表现出科学的冷静和准确性。

在相同的影响下，保罗·塞尚（Paul Cézanne）想要使“印象主义像博物馆的艺术那样坚固和永久”。也就是说，塞尚想要在印象主义的主题中发现作为传统艺术之基础的永久的自然形式。与印象派同仁一样，塞尚也用鲜艳的色彩直接描画自然，尤其是绿色、蓝色和黄色。但不仅是光和色的瞬间效果，塞尚还研究自然形式的永恒结构。他曾有一次告诫一位年轻画家“用圆柱、球体和锥体处理自然”。

塞尚的绘画风格是在 19 世纪 80 年代他抛弃巴黎、回到法国南部家乡时成熟的。他常常在温暖的地中海阳光下描绘外景，努力捕捉直观的自然，同时也探讨自然的本质。他曾十几次描画圣维克多山，即他家乡附近的一座低矮山峰（图 13.30）。在塞尚的画

图 13.30　保罗·塞尚，《从洛弗看圣维克多山》，1902—1904 年，布面油画，70 厘米 × 89.5 厘米，藏于费城艺术博物馆

塞尚的自然画与印象派的一样鲜活直观，但他也寻求自然表层之下坚实耐久的结构。画家谈到新古典主义画家尼古拉·普桑时说："我要做普桑，模仿自然。"

中，山是永恒不灭的块体和平面的堆积，自然给人的一个巨大谜团。莫奈的速度不足以真实地刻画主题，而塞尚却在研究静物模式时让他的水果在调色板上腐烂（图 13.31）。

塞尚的视野对其他欧洲画家的影响可以与 14 世纪乔托对绘画的重新发明相比肩。乔托对视觉现实主义的革新为文艺复兴的大师们奠定了基础，影响了此后 500 年的艺术。在一些批评家看来，塞尚结束了这一漫长的绘画时期。他的作品为一种新的抽象和纯形式绘画铺平了道路。

在相同的影响下，保罗·塞尚想要使"印象主义像博物馆的艺术那样坚固和永久。"也就是说，塞尚想要在印象主义的主题中发现作为传统艺术之基础的永久的自然形式。

两位后印象派画家——保罗·高更（Paul Gauguin）和文森特·凡·高（Vincent van Gogh），通过大胆的设计和强烈的色彩而达到一种比较强烈的视觉表现。高更（图 13.32）试图表达人类情感的自然力，在画中进入"思想的神秘中心"。由于在印象派把持的巴黎没有取

图 13.31 保罗·塞尚，《苹果和橘子》，1895—1900 年，布面油画，74 厘米 × 93 厘米，藏于巴黎奥赛博物馆

比较塞尚精心限定的形状和复杂构图与夏尔丹规整的日常场面（图 11.12）。

得职业的成功，高更“合理而坦诚地回归原初，即回归原始艺术”。他先是来到加勒比海，又与（法国西北部的）布列塔尼农民生活在一起；然后，1891 年，他在南太平洋的波利尼西亚群岛定居，希望“像一个野人那样生活”。他的画越来越抽象，像日本版画一样运用大色块以及彩陶艺术的装饰技巧。在高更的第一批波利尼西亚画作中，他用异国手法处理传统的基督教主题，如《赞美玛利亚》。画面上两位少女在侍奉波利尼西亚的圣母和圣子基督。一个黄翅膀的天使几乎与热带簇叶无法区分开来。高更把图画空间平面化，把形状和色彩压缩到一个单一的装饰表面（图 13.33）。画面上表现出的情感与现实一样多。在波利尼西亚，远离巴黎这座“腐朽的巴比伦”，高更相信他已经发现了人类想象的原始核心。

荷兰画家文森特·凡·高也被乡村和农民生活所吸引。然而，虽然没有高更那种自觉的原始主义，凡·高却以对农民严酷的生活现实的宗教式同情为动机。在早期的现实主义绘画中，他描画了乡村农民天然的粗犷形象。1886 年来到巴黎后，凡·高为现代城市生活的醉人魅力和印象派绘画

图 13.32　保罗·高更，《带光晕的自画像》，1889 年，木板油画，79.6 厘米 × 51.7 厘米，藏于华盛顿特区国家艺术馆

后印象派高更也和象征派一样对传统社会持有消极观念，认为自己是一个被误解的天才。在给一位艺术家同仁的信中，高更写道："远离人群对我来说无足轻重，对于大众而言我是个谜，对少数人而言我是诗人，但品质早早晚晚会找到其真实位置的。"

的鲜艳色彩而震惊。色彩成为情感的如此艳丽的延伸，他在画一幅画的时候说，他能够"用红色和绿色表现人类可怕的激情"。在凡·高的《星月夜》（图 13.34）中，旋转的线条生发出一种可触的几乎是狂暴的力。天空中悸动的生命从鲜活的黄色中释放出来，压倒了下面村庄和乡村无辜的寂静。尽管这件作品似乎是情感的自发表达，但凡·高的素描表明画家对画面的形式因素曾做过详尽的规划。他使用厚颜料，常常用调色刀，以创造受日本艺术影响的粗线条图案。

当然，我们必然会把凡·高的绘画与他不幸的生活联系起来。然而，他的一些最绚丽欢乐的画却是在抑郁最终导致他自杀的最后一年中创作的。在给弟弟即艺术经纪人的一封信中，气息奄奄的凡·高表示绝望，认为现代世界不可能承认他和后印象派所定义的现代艺术。

图 13.33 保罗 · 高更，《赞美玛利亚》，1891 年，113.7 厘米 × 87.6 厘米，藏于纽约大都会博物馆

在以明显的装饰风格处理宗教主题这方面，高更希望直接作用于观者的情感。他对马蒂斯和现代主义艺术的原始理想影响巨大。

图 13.34 文森特 · 凡 · 高，《星月夜》，1889 年，布面油画，74 厘米 × 92 厘米，纽约现代艺术博物馆

凡 · 高用蓝和黄表现了宇宙可怕的力量。追溯整个画面上天空的旋转线条，落到下面寂静的村主，然后到左面的柏树。这种构图象征着人与宇宙之间的什么关系呢？

进步的黑暗面

工业时代惊人的物质进步也给工厂矿山带来了可怕的苛捐杂税。西方国家通过全球贸易和技术发明而繁荣起来，但这些贸易和发明却是向亚洲和非洲强行的殖民压迫。西方文明致力于财富、科学和进步，释放出巨大的变革力量。但有人担心那种进步却是用精神贫穷换来的。

在19世纪的后几十年中，一些思想家探讨了物质主义精神的黑暗面。剧作家安东·契诃夫和亨利·易卜生探讨了现实主义的形式局限性，进而深入到心理和象征领域。小说家陀思妥耶夫斯基（Dostoyevsky）展示了信仰与怀疑之间的冲突，而哲学家尼采（Nietzsche）则拥抱工业时代的自我主义，宣称一个超人的精英种族将统治大众社会。

现实主义戏剧

到1870年，整个欧洲的戏剧都在从浪漫主义时代的没落中恢复。这种恢复部分是以现实主义戏剧的成功为基础的。现实主义戏剧通常以散文写成，情节也严格遵守似真性的规则。人们所称的这种“制作完好的戏剧”以逼真的逻辑情节吸引了观众。舞台指导和布景都经过精心设计，幕布和电子灯光的使用进一步强化了舞台的现实主义。

19世纪末，剧作家开始利用现实主义技术挖掘人类心理。在俄国，安东·契诃夫（Anton Chekhoo）强调了现实主义背景中人物的复杂性。他最伟大的戏剧《三姊妹》（1901）和《樱桃园》（1904）描写了俄国陷入危机的地主阶级。契诃夫的人物身处缓慢的现代化与其所受的贵族遗产的束缚之间。在俄国社会的变革面前，他们无法面对侵犯了他们的梦想的现实。

挪威人亨利·易卜生（Henrik Ibsen）也探讨了中产阶级社会的内部冲突。他的戏剧的主题往往是有争议的——性病、婚姻、妇女的作用，但易卜生也由于探讨社会和哲学主题而广受赞扬。他的杰作有《野鸭》（1884）和《海达·高布乐》（1890）。易卜生对人物的心理透视使戏剧从纯粹的情节设计转移到心理维度上来。他用野鸭等有力和含混的象征来探讨戏剧中超越现实主义传统的象征深度。他的心理现实主义深入到中产阶级社会的表层之下。在那里，他发现了精神空虚和虚伪。

易卜生最惊人的戏剧是《玩偶之家》（1879），剧中女主人公娜拉为付丈夫的医药费而造假。娜拉的丈夫海尔默谴责她的欺骗行为，即便那笔钱救了他的命。娜拉意识到人们希望她像玩偶一样活着，相夫教子，但不能按自己的意愿行事。在最后一场戏中，娜拉向总是摆出一副恩赐态度的丈夫宣布她要离开他，寻找自己的自由：

当你从恐惧中恢复过来时，而你从未考虑过我，只考虑你自己，当你没什么可害怕的时候，你给人的感觉就好像这一切都没发生过一样。我又是你的小云雀，你的小玩偶，你比以往任何时候都更加爱护它，因为她是那么弱小脆弱。那时候我突然明白过来，我和一个陌生人一起生活了八年，给他生了三个孩子。一想到这我就无法忍受！我会把自己撕得粉碎！

——亨利·易卜生《玩偶之家》(1879)

最后一场戏结束时，娜拉关闭了过去生活的大门，发出了一声决定性的颤音。据说这声颤音震动了欧洲所有剧院。

小说与现代哲学

与现实主义戏剧一样，19世纪末的小说越来越关注人物复杂的内心生活。两位美国小说家的作品就是例子，亨利·詹姆斯(Henry James)和伊迪丝·华顿(Edith Wharton)，他们把故事的焦点从外部行为转向人物的感知和情感。这两位作家意在揭示微妙的意识变化和复杂的社会环境。詹姆斯技巧卓越的小说与19世纪末为艺术而艺术的运动相关。

俄国作家费奥多尔·陀思妥耶夫斯基的心理小说表达了对现代进步的深刻的哲学批判。在早期生涯中，陀思妥耶夫斯基赞扬人道主义价值和乌托邦社会主义理想，沉浸于西方哲学和文学，痛斥俄国的落后和沙皇的压制。他几乎由于政治活动而被迫害，然后被流放到西伯利亚长达八年之久。在西伯利亚监狱里，他经历了道德无政府和阶级仇恨，后来在他的后期小说中有力地表现出来。

陀思妥耶夫斯基的监狱经历使他相信只有基督的爱和俄国农民朴素的信仰才能拯救被物质主义和精神异化所侵蚀的西方社会。陀思妥耶夫斯基的成熟作品反映了宗教信仰与对现代文明的理性主义怀疑之间的深刻矛盾。他相信上帝是必要的，但却不能回答怀疑论者提出的上帝是否存在的问题。在一封信中他写道，“如果有人向我证明基督在真理之外，而在现实中，真理在基督之外，那么，我应该站在基督一边，而非站在真理一边。”陀思妥耶夫斯基的矛盾心理在文学作品中反映出来，如陀思妥耶夫斯基所说，每个人物的信仰都“经过了怀疑坩埚的冶炼。”

陀思妥耶夫斯基的伟大小说(包括《罪与罚》(1866)和《白痴》(1869))描写了一次精神危机，其中，人物的道德仁慈和慷慨莫名其妙地变成了残忍和谋杀。他的最复杂的作品是《卡拉马佐夫兄弟》(1880)，讲的是三个兄弟的故事，其中一个被控弑父罪。陀思妥耶夫斯基把人物编织成庞大丰富的细节叙述。虽然具有现实主义的格调，但《卡拉马佐夫兄弟》营造了一个神秘邪恶的氛围，探讨了人在物质进步时代的道德和心理异化。人物对救赎的信仰与最阴险的犯罪的道德自由达到了平衡。

《卡拉马佐夫兄弟》的核心是宗教法官的故事，是伊万向阿廖沙讲述的一个寓言。它讲述一个虚构的基督重临的故事，在大审判期间基督在西班牙出现。基督受到了宗教法官的挑战，后者向他解释由教士组成的一

关键概念

人类意志

科学家查尔斯·达尔文是位不致力于形而上思考的忠诚的自然主义者。但他的进化论触及了那个使哲学家困惑的人类文明的前提。如果人类与动物相似，以智力和理性无法征服的深切的生理需要为动机，那又会如何呢？

德国哲学家亚瑟·叔本华把这股冲动（深深根植于动物本性之中的盲目的、无休止的动力）看作是意志。叔本华随时愿意把认识世界的理性力量给予康德和唯心主义者。但是，他写道，"意识只是我们精神的表面，我们的精神就像地球一样，我们只知道其外表，而不知道内里。"在智力的表层之下是盲目的意志力，它让人去爱，去索要，而不管是否合理，因此导致了人的痛苦。在他的重要著作《作为意志和表象的世界》（1819）中，叔本华解释说，两个世界共存于人的实体之中：一个是试图理解一切的智力，另一个是给一切以动机但永远不被理解的意志。意志"是原始的本质的东西；智力则是次要的和附加的东西，实际上只是服务于意志的工具。"

叔本华对意志的理解以及他自己沉思的本性导致了他著名的悲观主义。"生命赋予我们，但不是享受，而是要克服，是渡过难关。"他在晚年写道。但是，更重要的是，他向精神和身体的分裂说提出了挑战，而那恰恰是柏拉图和笛卡尔的本质前提。意志和身体是一体，在我们的意志中，人与自然的生命力联系在一起。

把意志作为创造性文化力量加以证实的是尼采论打破偶像的著作。尼采认为道德和传统是被包上外壳的人类虚弱和平凡。幸福在于肯定"权力意志"，即没有愧疚或遗憾地活着的意志。尼采随时（而且毫不遗憾地）承认权力意志可能会用于战争和统治。但是，同一个权力和生命意志对于人类最伟大的创造活动也是至关重要的。对于叔本华的悲观主义，尼采的回答是直接的。"什么是善？——强化权力感觉的一切，强化权力意志的一切。"他在1888年写道。"什么是幸福？——权力在增加的感觉……"

个精英如何"纠正"了基督传布的关于道德自由的信息。这个精英给大众提供物质富裕和神秘仪式，而不是对自由的痛苦怀疑。法官不祥地预示说社会将被物质主义和现代性引入歧途，最终它将屈服于一个能够提供安全保障的有势力和具有领袖气质的精英。

噢，还有许多年才会出现自由思想的混乱，科学和同类相食的混乱。因为如果没有我们，他们就想造巴别塔[a]，当然会以同类相食告终。但那时，野兽将向我们爬来，舔我们的脚，用滴滴血迹弄脏我们的脚。我们将坐在野兽身上，端起杯子，上写着："神秘"，但在那时，只有在那时，人才能享受和平和幸福。……噢，我们将说服他们，只有放弃自由，屈服于我们，他们才能自由[b]。而我们是正确的吗？还是说谎？他们会相信我们是正确的，因为他们将记得你的自由给他们带来的奴役和混乱的恐怖。

——费奥多尔·陀思妥耶夫斯基《卡拉马佐夫兄弟》（1880）

（a）对陀思妥耶夫斯基来说，这是物质主义和人类虚荣的象征，见《创世记》（11）。

（b）基督告诫追随者们“人类心灵的自由判断”。

在维护基督教信仰的同时，陀思妥耶夫斯基预示了最现代的一种状况：由给予大众以物质舒适和自由幻觉的精英所统治的大众社会。

在德国哲学家尼采（Friedrich Nietzsche）的著作中，驯服的大众和独裁精英的幽灵呈现为另一种形状。尼采不信仰基督教和民主，他认为此二者都建立在否定自我的“奴隶道德”的基础之上。他认为关于神的每一种观念，尤其是基督教对罪过和罪孽的执迷关注，妨碍人类发挥自己真实的能力和创造性。“上帝已死。”尼采的一个人物宣称，所以现代社会必须抛弃犹太教和基督教对“善”和“恶”的定义，重新创造自己的价值。尼采拒绝基督教的自我否定，但也抨击现代社会自鸣得意的乐观主义和物质主义，这将使人类成为十足的笨蛋，他称其为“末人”。人类的希望在于“超越善与恶”，这是尼采的一部著作的名称，抛弃道德和物质主义令人窒息的束缚。

尼采期待只有少数人能摆脱传统道德的束缚。他称这些大胆的人为“超人”（supermen）。超人是自我的艺术家，能够创造个人的生活，在完全自由中创造个人的价值体系。在这些人中，尼采写道，“他们一次又一次地在新的、大胆的，未曾尝试过的生活中悟出比较的意义，矛盾的意义，欢乐的意义；他们迫使人去比较意见，比较模式。”尼采的超人能够经受人类经验中不可避免的矛盾——爱和创造的冲动就在恨和破坏的心理喷泉附近。然而，超人的创造力就从这些矛盾中产生。尼采认为德国诗人歌德就是这样一个超人，他本人也是，在《查拉图斯特拉如是说》（1892）中他描写了这个哲学的他我。批评家们还在陀思妥耶夫斯基备受折磨的人物身上看到了尼采的超人，包括伊万·卡拉马佐夫和《群魔》（1871—1872）中的恶魔英雄斯塔夫罗金。

陀思妥耶夫斯基和尼采都预示了西格蒙德·弗洛伊德的心理学理论和后现代没有绝对真理或绝对道德的观点。他们都提出了相互矛盾的观点和价值观，没有任何立场或人物提供安全和绝对真理的视角。尼采对传统宗教和道德的抨击只是一个前奏，此后科学和艺术领域对传统的更广泛的抨击掀起了20世纪的现代主义革命。

图 14.1　马塞尔 · 杜尚，《下楼梯的裸女第二号》，1912 年，布面油画，147.3 厘米 × 89 厘米，藏于费城艺术博物馆，路易和瓦尔特 · 阿伦伯格馆

杜尚的抽象绘画是 1913 年军械库艺术博览会最著名的作品，这次博览会因毕加索、马蒂斯等早期现代派的艺术震惊了美国观众。

14 现代主义

1913 年，一种新的思维和表达方式在西方传播开来。在巴黎，一部革新的芭蕾舞《春之祭》踩着原始节奏和非传统舞蹈的律动走来，在首演时就引起了轰动；纽约展出的一种奇怪的新艺术令美国公众为之震怒。来军械库艺术博览会参观的人尤其对《下楼梯的裸女》（图 14.1）表示愤怒，一个批评家称之为“一个木屋里的一次爆炸。”

翌年，也就是 1914 年，一次全球爆炸到来了，这是以九百万人的生命为代价、以俄国共产主义革命而告终的一次世界大战。诗人叶芝简要地描述了西方文明的危机。“一切都已瓦解，保不住中心。”从这个无法维护的中心，在自由和无政府之间诞生了现代主义精神，也就是 1900—1950 年之间流行的那种进取风格，它捣毁了人们厌烦的文化传统，为 20 世纪界定了一个令人困惑的未来。

一个动荡的世纪

在20世纪的前几十年中，新发现和灾难性事件似乎颠覆了西方文明的基础。科学家们修正了牛顿物理学的普遍法则，根据相对论和或然性来描述自然宇宙。西方文明关于文化进步的沾沾自喜的假说，在1914年到1918年血腥的世界大战中消解了。从这场战争中产生了搅动人心的社会和政治力量——苏联的共产主义和德国的法西斯，它们采纳了新的大众文化形式和控制社会的残忍方法。叶芝就用“听不到主人呼唤的猎鹰”这一生动形象描写了新世纪的彻底迷惘：

> 在向外扩张的盘旋中转呀转，
> 猎鹰听不见了主人的呼唤。
> 一切都已瓦解，保不住中心，
> 混乱在世界上随意蔓延，
> 血色模糊的潮流奔腾汹涌，
> 把纯真的礼仪淹没其中；
> 优秀的人们信心尽失，而坏人
> 却充满了炽烈的激情。
>
> ——威廉·巴特勒·叶芝《基督重临》(1920)

叶芝的预见性诗歌暗示更多的灾难即将降临，但新的（即便不是更好的）东西将于文明的创伤中诞生，这一希望却是渺茫的。叶芝所期待的世界（由战争、革命和大众文化的兴起所构筑的世界）在1900至1950年间问世。它在许多方面仍然是我们今天所生活的世界。

新科学

基于电磁力的发现和对光的研究，德国物理学家阿尔伯特·爱因斯坦（Albert Einstein）于1905年提出了一种相对论。假定物理学规律无论在哪里都是不变的，光的速度无论在哪一个方向也是不变的，爱因斯坦推理说，任何观察者对时间的经验都不占据特殊的位置，任何钟表都不能表示整个宇宙的时间。爱因斯坦想象宇宙飞船上的乘客几乎以光的速度离开地球。通过宇宙飞船中的钟表，旅行者们每隔15分钟就向地球发回信号。但对地球上的观者来说，这些信号将缓慢到来，最终他们之间将有数十年的距离。在疾驰的宇宙飞船里观察到的时间实际上相对于地球上的观者而放慢了速度。但是，如果观察者并未等量地测量时间，如果时间是相对的，那么，空间也就必然是相对的。这进而得出了一个更加令人惊奇的简单的结论：体积和能量是本质相同而可互换的形式。

1916年，爱因斯坦扩展了相对论来描述引力。牛顿所说的物体的相互吸引（地心引力）实际上是物体通过“空间—时间”的四维连续体的加速运动。对大多数物体来说，引力理论的解释是充分的。但是，像太阳这样大的物体就在空间—时间的几何中造成了巨大的扭曲，甚至影响了向星球这样的遥远物体的运动。牛顿的机械法则无法解释空间—时间的复杂几何学，它适用于所有参照系。爱因斯坦的一般相对论却能够解释。

爱因斯坦还对现代物理学的另一个分支——量子力学，做出了贡献，尽管他拒绝接受量子力学的一些结论。原子科学家断定亚原子粒子有时像物质粒子，有时像光波中运动的能量。这意味着一个原子的电子不能准确地测定或标绘出来。根据德国物理学家韦纳·海森堡的“测不准原理”，我们能准确地知道电子的位置或速度，但不能二者都知道。量子物理学家结论说，在亚原子层面，宇宙是“或然的”，就是说，可以根据统计数字的或然性计算。爱因斯坦的回答是，“我绝不相信上帝会与世界掷骰子。”

世界大战

现代物理学的突破性发现几乎没有直接影响到日常生活。对比之下，“世界大战”（第一次世界大战）却改变了整个文明的生命意识。1914年，由于欧洲各国闭锁在一个矛盾重重的联盟中，中欧的一次政治暗杀引发了一场史无前例的大屠杀和徒劳的战争。第一次世界大战是现代世界的第一次冲突，表明工业发达国家如何有效地调动大量军队，为其提供足够的武器，在毫无意义的冲突中涂炭生灵的。毒气在德国和英国军队中首次使用，而坦克和飞机也第一次露面。

大战的破坏技术使战争进入了三年的僵持状态。军队深挖战壕，经常遭受可怕的炮轰。在这种致命的火力之下，小说家埃里克·雷马克写道：“他们教给我们认识的那个世界已经变成了粉末。”战壕攻击战没有效果，所以是致命的。在1916年的索姆河战役中，双方共死伤一百多万人，而易手的土地几乎不到259亩。

俄国革命　战争的损失使俄国发生了与世界大战一样重大的事件。1917年10月，激进的布尔什维克（俄国社会民主党）推翻了临时政府，建立了欧洲第一个社会主义国家。弗拉基米尔·列宁领导了这场布尔什维克革命，坚定不移地把马克思的社会主义理论用于落后的俄国。列宁阐述说，经过高度训练的党的精英分子能够弥补俄国缺乏的具有阶级意识的无产阶级。

实际上，列宁把权力集中在党的领袖手里，他们用专制的秘密警察压制不同政见者。列宁的继承人约瑟夫·斯大林（1879—

图 14.2　弗拉基米尔·塔特林，《第三国际纪念碑》模型，1919—1920 年，木、铁和玻璃，当代摄影

塔特林设计的结构高 396.2 米，预计用铁和玻璃建成。它有三层，每一层都以不同的速度缓慢旋转，这的确是革命年代的一个革新设计。

1953）开展了大规模的工业化，在十年内使苏联钢产量翻了五番。与这一进步共存的是普遍痛苦，包括由于斯大林强行推行的集体化农场而导致的大众饥饿。两千万苏联人饿死荒野，许多人死于监狱的酷刑。

苏联共产主义的最初几年里激发了一些艺术先锋。苏联艺术家为工人阶级的国家服务，创作了抽象的作品，赢得了西欧现代主义团体的赞扬（图 14.2）。苏联演员和戏剧家组织了政治教育剧团进行政治宣传，把革命的信息传播到俄国农村。政治宣传剧院拒绝演出细腻的现实主义戏剧，而宗旨是大胆地影响大多数未受过教育的观众。苏联的艺术实验不久就受到了斯大林的压制，最终宣布“社会主义现实主义”是唯一真正的革命风格。现代主义艺术受到了压制，艺术家们或逃往西方，或消失在监狱里。

法西斯主义和大众社会的兴起

西方的政治领袖担心斯大林的革命会煽动西欧和美国工人起来革命。而意大利和德国的反共分子却孕育了一种新的观念，即法西斯主义，它证明具有同样的破坏性和致命性。法西斯主义（源自 fasces，古罗马权威的象征）把民族和种族置于个人权利之上，主要利用政府权力管制社会生活，压制反抗。法西斯主义运动兴起于意大利和德国，那里的民族社会主义（纳粹）党的领袖是阿道夫·希特勒。

在德国，法西斯主义者非常善于煽动无职业的大众。能言善辩的演说家希特勒言之凿凿地向大众灌输作为德国的纳粹主题——反共和反犹太。当纳粹于 1933 年掌权之后，他们把犹太人赶下工作岗位，剥夺了他们的德国公民权。纳粹擅长使用简单的口号和有力的象征，把广播和电影等大众媒体用于政治目的。纳粹的支持者参加大规模集会，数千名手拿旗帜、身穿制服的民众聚在一起。在德国城镇的广场上，纳粹烧毁了著名知识分子的名著，许多大艺术家都于 1933 年后迅速离开德国。

虽然法西斯主义未在美国兴盛，但美国人对新的大众媒体却反应热烈。商业电影这门新艺术在加利福尼亚的好莱坞落脚，生产了具有标准故事线索和由明星演员出演的电影。富兰克林·罗斯福总统在广播节目“炉边漫

图14.3 多萝西亚·兰格，《迁徙中的母亲》，加利福尼亚的尼波莫，1936年，照片，藏于华盛顿特区国会图书馆

兰格和其他新政时期的纪实摄影师努力要唤起观者的同情，同时也真实地记录了视觉事实。兰格是在加利福尼亚移民工人区拍摄的这张照片，那里住满了逃荒的避难者。注意用以表达痛苦的主体的姿态和手势。

谈”中的演讲让陷入大萧条困境的美国人充满信心。为实现他标识为“新政”的经济规划，罗斯福政府派大批作家和艺术家到乡下去。他们的使命是用纪实艺术（报告文学、摄影和电影）记录贫穷和痛苦，直接而客观地记录社会现状。玛格丽特·伯克－赖特、沃克·伊万斯和多萝西亚·兰格（图14.3）的纪实摄影展示了城乡穷人的贫苦生活。就大萧条时期艺术家的生存而言，罗斯福的新政机构也为戏剧和其他传统艺术提供了直接支持。

共产主义、法西斯主义和新政都利用新媒体——宣传画、摄影、广播和电影，它们有比传统艺术更广泛的吸引力。随着1940年电视的出现，这些媒体将构成一种新的大众文化，不久就把传统的艺术表达形式淹没了。

现代主义艺术

在刚刚出现的大众社会中，传统艺术通过打破传统来重新定义自己。1900—1950 年间各种各样的艺术革新都被松散地放在现代主义这个标签之下。与浪漫主义一样，现代主义与其说是一种前后一致的哲学或风格，毋宁说是一种态度。几乎所有现代主义者都否定现实主义绘画和雕塑的不同方面，几乎都感兴趣于新的艺术形式和材料。现代主义艺术试图从对外部现实的描画中解放出来，而集中于纯粹的色彩、形式、情感或思想。一个激进和颇有启示意义的例子是俄国艺术家卡西米尔·马列维奇的《黑色方块》(1915)，他说那是“使艺术摆脱物体负担的绝望一搏。”

现代派常常为了抵制其诽谤者、教育观众理解他们的艺术目标而走到一起。现代主义的各次运动或“主义”是有不同取向的：一个趋于形式的抽象，另一个趋于情感和精神状态的表达，第三个趋于重新对艺术进行整体界定。就所有这些差别而言，现代派都是对一个动乱变化的时代的反应，对一个已经枯竭的艺术传统的反应，以及对相互激进的关于艺术真理和美的新见解的反应。

毕加索和艺术革命

西班牙人巴勃罗·毕加索（Pablo Picasso）是 20 世纪最多才多艺最有影响的艺术家。年轻时的毕加索就已经掌握了传统绘画的形式和技巧，他最早的原创作品，即其“蓝色时期”和“玫瑰时期”的绘画，就证明了这一点。到 1907 年，已经在巴黎艺术界获得了成功的毕加索决定抛弃文艺复兴的艺术传统，提出一套新的艺术规则。

现代主义绘画的第一篇伟大宣言是毕加索的《阿维尼翁少女》(图 14.4)，描绘一伙裸体妓女在顾客面前扭动的场面。这些妇女并不是传统的迷人女性裸体，而是荒诞的人体模型，向观众投出一种挑衅的威胁。中间的两位坦然地凝视着观者，从面孔上看类似于古代的西班牙雕塑。最搅动人心的是，右边戴着面具的人向男性顾客投出了毫无掩饰的一丝敌意。

学者们发现 1906 年到 1907 年的毕加索受到两种创造性影响。在一次塞尚回顾展上，毕加索看到了一幅题为《浴者》的素描，显然影响了他对裸体形式的处理。在同一个时期，毕加索参观了巴黎的一家非西方艺术博物馆。他看到了非洲和波利尼西亚的面具，其风格反映在了毕加索对荒诞妓女的处理。尽管画家后来否认这一点，但《阿维尼翁少女》无疑表明了原始主义的影响。构

图 14.4　巴勃罗·毕加索，《阿维尼翁少女》，1907 年，布面油画，2.43 米 × 2.33 米，藏于纽约现代艺术博物馆，莉莉·P. 布里斯馈赠

毕加索对女性裸体的辛辣解构构成了图像现代主义的宣言。注意对女性裸体的抽象处理以及背景幕布产生的扁平效果。比较诸如布歇（图 11.5）等传统画家的女性裸体画。

成《阿维尼翁少女》的第三个因素是毕加索自己对各种视觉表现因素的实验。通过解构人形，把图画空间平面化，毕加索打破了数百年来陈旧的绘画传统，比他以前的任何画家都更加激进。

从《阿维尼翁少女》开始，毕加索开始定义立体主义，把自然形态分解成平面、角和几何形状的一种风格。与毕加索共创立体主义的还有法国人乔治·布拉克，一位略微逊色的画家但却是一位坚定的革新者。在 1907 到 1914 年间，两人如此紧密地合作，布拉克说“就像被拴在一根绳上的两名登山

日常生活的窗口

战争、时尚和女权主义

大战结束后不久，英国和美国的妇女获得了选举权。她们的事业由于战争导致的错位而成功，迫使妇女时尚发生了变化。英国的一位女权主义者蕾·斯特雷奇把新的服装自由与妇女越来越多的社会独立性和机会联系起来。

长期以来，时尚不懈地抵制给予妇女以更多的身体自由。……然而，战争带来了解放。在时代的要求之下，时尚让步了，短裙制服，甚至马裤，都越来越常见了。一旦品尝到这种解放的乐趣，妇女便拒绝重着旧的服装。战争结束时，贸易曾试图重申旧观念；但她们没有“采纳”。裙子越来越短，服装越来越简便，而曾经是“一个女人的王冠”的头发也剪短了。1919 年的年轻妇女从束缚她们的传统中迸发出来，她们的烟卷、摩托车、钥匙链，甚至体育运动，她们令长者们惊恐万分。

——蕾·斯特雷奇《英国妇女运动简史》，1928 年

图 14.5　乔治 · 布拉克,《葡萄牙人》, 1911 年，布面油画，117.5 厘米 × 82 厘米，藏于巴塞尔艺术馆

立体主义者布拉克似乎从多角度呈现了这个人物，不是用眼睛而要用智力来理解的人物。他描画的酒吧歌星手拿着吉他，却被神秘的字母 “Bal”（舞蹈）和 “10.40”（显然是饮品标价）而打断。注意潜在的金字塔形状。

者”，以至于他们的一些画作实际上已难以分辨。

在此期间，毕加索和布拉克从方法上解构图画传统，确定了抽象形式的一种技巧，构成了现代主义的一个分支。在布拉克的《葡萄牙人》（图 14.5）中，坐着的人的各种身体特征都消解为扁平的形状，可辨别的只有一顶模糊的土耳其毡帽，一副肩章和一把吉他。无论是尝试性的字母还是图像本身都无法完全重构。在立体主义的这个所谓的“分析”阶段，毕加索和布拉克把色彩大多限制在褐色和灰色。他们不想让色彩分散人们对那些抽象线条、以及对肖像、静物和风景交叉的平面的注意。通过抛弃视角（文艺复兴时期用二维展示三维画面的方法）分析式立体主义实现了第四维度，即时间中或运动中的物体。

关键概念

原始主义

对毕加索绘画的任何研究都不能不提及显见于他作品中的原始主义，即所谓来自非洲、大洋洲和美洲的“原始”部落文化的艺术影响。毕加索和其他现代派就像印象派收藏日本版画那样收藏部落艺术。现代派对原始艺术的人类学研究或原始艺术在部落文化中的位置不感兴趣。他们更关心这些未经过现实主义洗礼的部落艺术家的形式发明。有些现代派还希望捕捉他们在部落艺术中看到的野性力量（真实的或想象的），因此给他们自己业已枯竭的文明注入新的生命力。

部落艺术家的作品展示了可与现代派艺术家的革新相比肩的形式属性。部落艺术家并没有展示用眼睛看到的事物，而这恰恰是自文艺复兴以来主导西方艺术的一条规则。部落的面具和雕塑是由抽象或象征再现来控制的：毕加索有一幅非洲面具，其眼睛被描画成突出的圆柱，嘴则是一块积木。有些现代派艺术家在部落风格中证明了他们苦苦寻找的概念艺术而非经验感知。另一些人则在原始主义中看到了表达强烈情感的艺术，如德国表现主义者埃米尔·诺尔德（Emil Nolde）的《面具》（图 14.6）。诺尔德把通俗的狂欢节面具与大洋洲、非洲和南美洲的部落面具（图 14.7）结合起来，这些都是他在欧洲博物馆里看到的。

在一种意义上，现代派回应了部落艺术家对普遍的视觉语言的使用。一旦脱离其文化和宗教语境，部落文化就会成为现代派所为之惊讶的对形状、线条和比例的发明和随意使用。在另一种意义上，现代派是在重温浪漫派关于崇高的野人的神话。有些人假定部落艺术接近人类经验的核心，就在西方文明虚假的表层之下。但是，浪漫派在高尚的野人中看到的理性和崇高的模式，在现代派这里则是原始艺术中一种暴力的表现性，它打破了西方艺术彬彬有礼的边界。显然，现代派纯粹按照自己的文化和艺术兴趣来判断原始艺术，欢迎它证明了他们自己的艺术发明。他们的借鉴不能用作衡量部落艺术之意义或价值的标准。

图 14.6　埃米尔·诺尔德，《面具》，1911 年，布面油画，73 厘米 × 77.5 厘米，藏于密苏里州堪萨斯城奈尔森－阿特金斯艺术馆

诺尔德把通俗的狂欢面具（中）与他见过的大洋洲和南非面具结合了起来。

图 14.7　公羊面具，刚果科威勒族，19—20 世纪，木头和颜料，高 52.7 厘米

现代派艺术家把部落文化视为奔放不羁的性欲自由和野性力量的理想。

图 14.8　乔治 · 布拉克，《单簧管》，1913 年，粘贴的纸和碳，51 厘米 × 57 厘米，藏于费城艺术馆，A.E. 加拉廷馆，1952 年

通过把报纸、琴弦和其他物体粘在画板上（拼贴技术），布拉克希望“绘画中的现实主义”能与“自然中的现实主义”构成竞争。粘贴的纸的形状把艺术品定义为自治的物体，而不是观者窥视的一个梦幻窗口。

到 1912 年，立体派进入了第二阶段，称作综合立体主义，即把物体（报纸、琴弦甚至锯末）直接粘到画板表面上。这种方法称作拼贴（源自法语 coller，“粘贴”的意思），恢复了立体主义绘画的第三维度。与分析式立体主义把物体消解为平面和角度的做法不同，现在的立体派则从报纸剪辑和其他“真实”物体中建构画面。在《单簧管》（图 14.8）中，布拉克在一个咖啡馆桌面上贴上报纸、扑克牌和烟盒。这种拼贴技术发展了立体主义的初衷，即替代图像传统。

毕加索与布拉克的合作在 1914 年战争爆发时突然停止了，尽管立体主义技巧在毕加索的晚期作品中仍然拥有一种旺盛的生命力。1920 年，他画了两幅《三个音乐家》。在本书所选的这幅画中（图 14.9），粗糙的形状和色彩比立体派绘画鲜活得多。这幅画看起来是不同碎片的拼贴，但却奇异地融合成一个整体。

图 14.9　巴勃罗 · 毕加索，《三个音乐家》，1921 年，布面油画，2.01 米 × 2.23 米，藏于纽约现代艺术博物馆，西蒙 · 古根海姆夫人基金会

毕加索在与布拉克的合作结束后很久仍继续使用立体派的技巧。画面上，即兴喜剧中的两个人物，皮埃罗和丑角正与一个冷静的僧人组成一次狂欢音乐会。注意那些不规则到荒唐地步的形状，如丑角大张开的嘴巴和错位的狗。

走向形式抽象

虽然毕加索从未放弃图像再现，但其他艺术家却在立体主义的道路上走到了逻辑终点，创造了纯粹抽象的作品。结果创造了非客观（也是非比喻）性艺术，这种艺术根本不描绘任何客体。非客观艺术的倾向见于意大利未来派的作品中，这是一个激进的现代派团体，把汽车和现代战争作为拯救世界的方法。未来派在 1914 年之前就走遍了欧洲各国首都，进行表演，号召一种新的“机器艺术”。第一次世界大战使他们的梦想破灭，也打消了他们对新技术的乐观态度。未来主义者安伯托·博乔尼（Boccioni，1882—1916）在其雕塑《空间中连续的独一无二的形状》（图 14.10）中体现了这个流派对速度和运动的热爱。虽然明显是一个跨越的人形，但这个人形也令人想起风卷巨浪的海面。

雕塑家君士坦丁·布朗库西在巴黎的工作室是现代主义抽象艺术的实验室。布朗库西往往从一个有机形状开始，比如鸟或蛋，并寻求那个形状中的形式或抽象思想。在《空间里的鸟》（图 14.11）中，他寻求的是他所说的“光的本质”，把一只鸟的形状过滤成一个纯粹的艺术概念。高度抛光的青铜表面和流线型的形状明显暗示了这是一只耸入云霄的鸟，要比金属的喙和羽毛来得直接。

走向形式抽象的现代主义倾向在 1915 至 1925 年的俄国先锋派那里达到短暂的高峰。战时，卡什米尔·马列维奇在白底上图绘单色的方块——红、黑、甚至白（图 14.12）。在他看来，他是在为一个新社会发明一种图像语言。马列维奇为后革命时代的苏联构成主义确定了基调，拒绝传统的画架画，宣称艺术应该帮助建设新的苏联社会。苏联构成主义者把几何抽象图形应用于舞台设计、广告画、容器和纺织品，这是影响了德国包豪斯派的一种功能方法。

其他艺术家通过抽象寻求哲学真理而非社会革命。对于荷兰画家彼埃·蒙德里安来说，“表象的特殊细节”是遮盖纯粹抽象的面罩，是普遍的色彩和线条的基础。蒙德里安把他的影像简化为扁平的、长方形的、涂着原色和黑色线条的格子。他的非对称性构图试图把竞争的力平衡起来，揭示人的精神的内在和谐和统一。

图 14.10　安伯托·博乔尼，《空间中连续的独一无二的形状》，1913 年，青铜（1931 年浇注），112.2 厘米 × 88.5 厘米 × 40 厘米，藏于纽约现代艺术博物馆，莉莉·P. 布里斯馈赠

意大利未来派博乔尼的雕塑捕捉到分析式立体主义的动力，但形状更具流动性和有机性。其波动限定了人物的体积，但也占满了封闭的空间。

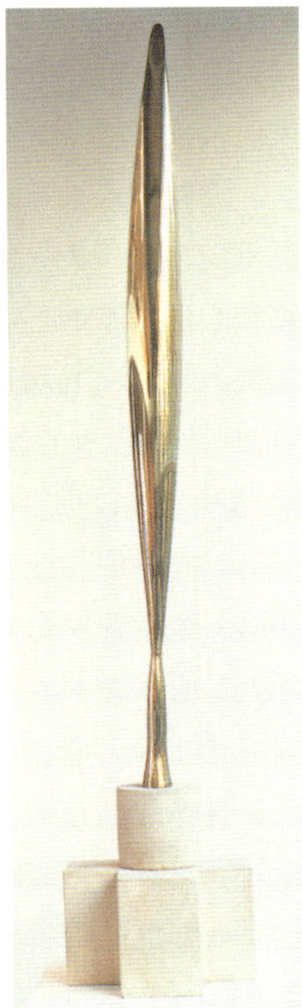

图 14.11　君士坦丁·布朗库西，《空间里的鸟》，约 1928 年，青铜（独一无二的浇注，高 1.37 米，藏于纽约现代艺术博物馆

布朗库西否认他的作品是抽象的。他说，“我探讨内在隐蔽的现实，物体固有的本性中的本质。”为增进观者的运动感和自由感，布朗库西有时把作品放在旋转的基座上。

图 14.12　卡什米尔·马列维奇，《超级构图：白上白》，1918 年，布面油画，79.4 厘米 × 79.4 厘米，藏于纽约现代艺术博物馆

"你可以谈论创造，"马列维奇写道，"但只能是在形式并不模仿自然的地方，创造从图像块体中流溢出来，既不重复也不修改自然物体的原始形式。"对马列维奇来说，"图像现实主义"或超级主义就是"构成自己目标的绘画"。

表现主义和达达派

随着形式抽象的发展，其他现代派也在寻求纯粹表现的艺术——直接密集地传达情感和心理状态的艺术。最重要的情感画家是法国人亨利·马蒂斯，作为现代主义者，他对 20 世纪艺术的影响不亚于毕加索。马蒂斯与一个叫"野兽派"（fauves，源自法语 fauve，"野兽"的意思）的团体有关，1905 年由一个批评家命名的一个短命的团体。实际上，野兽派只在对色彩的直接和奔放不羁的应用上是"野的"。他们的绘画主题（景色、肖像和城市风光）都是很传统的，那位批评家只看到了他们对色彩的大胆应用。

最野性的野兽派画家当然是马蒂斯，其丰碑式的作品《生活的快乐》（图 14.13）1906 年首次展出，激发毕加索画出了尖刻的《阿维尼翁少女》（见图 14.4）。如一位批评家所说，马蒂斯画出了他自己的"尘世欢乐的花园"，其中，情人相互抚摸，人物随着羊倌儿的曲调舞蹈。由于画面上色彩在人像和景象中的随意使用，这幅画看上去像是一幅色情的白日梦，欲望作为色彩而随意感觉出来。

马蒂斯断言，在这种大胆的装饰性布局中使用的色彩创造了它自己的图画结构。"按照我的思维方式的表现，"他于 1908 年写道，"并不包括人的面孔所反映的激情，或某一激烈动作所暴露的激情。我的画面的整个安排都是表现性的。人像或物体占据的地方，它们周围的空旷空间，比例，每一件都有其作用。"在《一个画家的笔记》中，他说他的梦想是"一种平衡的艺术，纯洁和宁静的艺术，没有令人心烦或沮丧的题材的一种艺术。"

德国表现主义　与野兽派相比，德国的表现主义生发出一种比马蒂斯的温柔形状和流体色彩更具活力和心理更加鲜明的艺术。比起法国现代主义，德国表现主义在区域上比较分散。比如，在德累斯顿，1905 年组成了一个叫"桥社"的团体。桥社号召那一代人"从旧的、舒适的既定力量中攫取我们行动和生活的自由。"当这个团体 1911 年迁至柏林时，恩斯特·路德维希·基尔希纳画了一系列街景，捕捉到大战前柏林的危险和兴奋（图 14.14）。基尔希纳街景中堕落妓女的诱惑与"桥社"派许多风景画中的田园"原始"性欲形成了对比。

德国第二个表现主义团体"蓝骑士"，

图 14.13 亨利·马蒂斯,《生活的快乐》,1905—1906 年,布面油画,1.74 米 × 2.38 米,宾夕法尼亚州梅里恩市巴恩斯基金会

在马蒂斯的现代派田园景象(牧羊人的田园风光)中,自由形状和怪异的色彩创造了和谐、和平和欲望的性感氛围。比较基尔希纳的城市街景的危险情绪(图 14.14)。

图 14.14 恩斯特·路德维希·基尔希纳,《街景》,柏林,1913 年,布面油画,120.6 厘米 × 91.1 厘米,藏于纽约现代艺术博物馆

对比基尔希纳现代城市的色欲与马蒂斯《生活的快乐》中的田园式休闲生活。注意妓女凝缩的腰是通过整幅画的构图反映出来的。

1911 年在慕尼黑成立。蓝骑士(依其 1912 年发表的年鉴命名)的成员包括俄国艺术家瓦西里·康定斯基。康定斯基的作品把艺术表现推向了非客观性的极限。他最创新的图像是漩涡式的色彩和自由挥洒的线条和形状,没有可辨别的主体(图 14.15)。康定斯基想要直观地影响观众,相信不通过图画主体中介的色彩才是最有力的。

蓝骑士的另一个成员是保罗·克利,他的绘画生涯几乎与每一种现代主义风格都有交叉:立体主义、表现主义和现代设计的包豪斯风格。克利捕捉到了儿童的原始主义,理智地抓住了儿童意识的清新和简朴。比如,在《喜歌剧〈航海者〉中的一个战斗场面》中,(图 14.16)现代主义的绘画技巧——抽象、形状和色彩的自治、情感与理智先于图画主体的重要性,都服从于克利自己私下和神秘的视野。

杜尚与达达派 早期现代派对艺术重新定义的最激进分子是达达派——一个致力于破坏艺术、质疑理性和逻辑价值的国际团体。达达派 1916 年在苏黎世成立,成员都是逃避大战的艺术家。“达达”这个毫无意义的名称表达了他们对传统意义的蔑视。“达达是资产阶级理念世界的自行毁灭”,他们的虚无主义口号宣称“艺术已死。”达达派经常发表无政府主义的“宣言”,粗糙地进行即兴表演,包括诗歌、戏剧和反战抗议。有些宣言变成了骚乱。达达派最终在巴黎、纽约和柏林成立。德国

图 14.15 瓦西里·康定斯基,《即兴第 28 号》(第二版),1912 年,布面油画,1.11 米 × 1.62 米,藏于纽约市所罗门·R. 古根海姆博物馆

为强调作品的非客观性,康定斯基把十几幅作品都命名为《即兴》。他写道,色彩就好比钢琴的琴键,艺术家触碰它以“引起灵魂的震颤”。

图 14.16 保罗·克利,《喜歌剧〈航海者〉中的一个战斗场面》,1923 年,水彩画,50 厘米 × 34.5 厘米,藏于瑞士巴斯尔博物馆

对克利来说,一切事物都是有联系的。在这一时期的讲座中,他把有生命的物比作树根,艺术家比作树干,而艺术品就是树的皇冠一样的叶子。

的达达派创造了真正的艺术作品,发明了蒙太奇的手法——把照片和报纸的碎片拼贴在一起,其结果是一张辛辣的政治艺术讽刺画。

达达派中最激进的人物是马塞尔·杜尚(Marcel Duchamp),他通过抹除艺术与非艺术的界限而轻松地重新定义了艺术。在对立体主义风格的绘画(见图 14.1)进行试验之后,杜尚抛弃了他所说的“视网膜艺术”,即旨在取悦眼睛的艺术。1913 年,他开始发明现成品——把普通物体表现为艺术的作品。在一件现成品中,杜尚把一个自行车轮子与一个厨房板凳放在一起。另一件作品是一个名叫《泉》的小便器,他把它拿到纽约的一次艺术展上展出,但被拒绝了。1919 年,杜尚“纠正”了达·芬奇的偶像画《蒙娜丽莎》(图 14.17),用涂鸦的胡须毁掉了一幅复制品的画面。

杜尚的现成品是一种反艺术:艺术可以是任何事物、任何事物都可以是艺术。这种创造的虚无主义深深地影响了 20 世纪的文化,从即兴艺术到表演艺术再到波普艺术,甚至到朋克摇滚乐。

图 14.17　马塞尔·杜尚，《L. H. O. O. Q.》，1919 年，纠正的现成品，铅笔复制，19.7 厘米 × 12.2 厘米，私人收藏

杜尚在法语发音的这几个大写字母中提供了关于达·芬奇的这位著名美女的一个淫秽暗示。胡须创造了一个性含混，杜尚说，"非常适合列奥纳多的同性恋。"在他的时代那还是一个忌讳的话题。

现代精神

如果视觉艺术的现代主义革新了人类看待世界的方式，那么，西格蒙德·弗洛伊德和现代派文学就重新定义了人类看待自身的方式。弗洛伊德勾勒出一种人类精神理论的轮廓，认为人的意识在与被压抑的欲望进行着永久的斗争。现代派小说家和诗人揭示了人类思维散漫和含蓄的进程，抛弃了人们熟悉的叙述和诗歌形式。

弗洛伊德和超现实主义

1900年，也就是毕加索画出《阿维尼翁少女》（见图14.4）的7年前，西格蒙德·弗洛伊德发表了他的研究著作《释梦》，就像毕加索改造了艺术一样，弗洛伊德革新了心理学。按弗洛伊德所说，精神不是理性和自控的中心，而是无意识欲望与社会的压迫性要求之间的战场。家庭不是纯真爱情的殿堂，而是乱伦依附和谋杀欲望的坩埚。弗洛伊德分析了通常属于禁忌的主题——手淫、乱伦、性反常。他的著作给我们提供了理解人类思维的一套新词汇，包括人们现已烂熟于心的“无意识”“自我”和“俄狄浦斯情结”。人文学科的每一个领域，从超现实主义艺术到哲学和宗教，都受到弗洛伊德理论的影响。

弗洛伊德开创了精神分析学，这是通过分析无意识欲望来治疗精神疾病的一种方法。有一个精神分析方法要求病人无拘无束地谈论他或她的思想和感情。观念的这种“自由联想”揭示了精神症状背后的无意识思想，并对病人的思想进行阐释。通过分析，病人最终承认引起症状的性愿望或恐惧。一切人类活动都以这种强大的心理能量为动机，弗洛伊德称之为“力比多”（libido，拉丁文的意思是“愿望”或“欲望”）。大多数人都在婚姻、工作、养育孩子和其他普通人类活动的进程中成功地压抑了力比多。然而，遭受精神病或性反常之痛的人没有成功地压抑力比多。

弗洛伊德理论最引起争议的方面是他的儿童性欲观。西方文明长久以来一直认为儿童没有性动机。然而，弗洛伊德断言儿童从其心理生活伊始就受力比多的驱使。孩子不愿意放弃对父母的情感依赖，按弗洛伊德所说，这是在精神上重演了希腊的俄狄浦斯传奇。在“俄狄浦斯情结”中，孩子无意识地希望谋杀作为父亲或母亲的对手，保留他或她对不同性别的父或母的性依赖。按弗洛伊德所说，俄狄浦斯情结的经验影响了我们与父母的未来关系、我们对配偶的选择，甚至我们对职业的选择。

在后来的几年里，弗洛伊德把他的心理学理论概括到神话、宗教和政治领域。比如，在《文明及其不满》（1925）中，他提出文明是以人的真正欲望与工作和成就的要求之间不可避免的冲突为基础的。在论述宗教和大众心理学的其他著作中，弗洛伊德大胆地用他的理论检验了当时的主要社会和精神现象，其结果通常是有争议的。

弗洛伊德对梦的兴趣对应于视觉艺术中久已出现的一个倾向，尤其是吉奥吉奥·德·契里科作品中的梦幻般影像。契里科并不知道弗洛伊德的理论，但他捕捉到了某种怪异的东西，迫使人们相信无意识精神的逻辑。画于1914年的《一条街道的神秘和忧郁》（图14.18）描画了在两个拱廊墙壁之间狭窄的街道里玩耍的一个女孩。如在梦境里一样，这些影像具有惊人的清晰性（如明亮的拱廊），但却在模糊和不祥的联想中结合起来了。

图14.18 吉奥吉奥·德·契里科，《一条街道的神秘和忧郁》，1914年，布面油画，85厘米×69厘米，私人收藏

契里科是意大利人，在立体主义高潮期抵达巴黎。注意画面中显示全部轮廓的姑娘和隐约显现的影子，其周围是倾斜的、视角错乱的拱廊墙壁。

有意采纳弗洛伊德无意识精神理论的第一批艺术家是超现实主义者——最初以巴黎为大本营、试图在艺术中释放无意识影像和词语的一伙艺术家和作家。结果是一种“超越”现实的艺术（法语是surréalisme）或如超现实主义者所声称的，是梦和现实的一种演变。超现实主义的领袖、法国作家安德烈·布勒东于1924年发表宣言，把超现实主义定义为“纯粹的精神自动性”即直接把无意识思想“默写”为文字或艺术，而无任何理性控制。自动写作生产一种由梦境般的联想和任意的词语游戏组成的诗歌。超现实主义者把自动性比作弗洛伊德精神分析学中思想和感情的自由关联。受弗洛伊德的启发，他们激进地呼吁解除性禁忌。

巴黎超现实主义者最有成就的画家是胡安·米罗，一位西班牙人，他的创作方式预示了第二次世界大战后抽象艺术的形成。关于他的画，米罗说，“我开始作画时以及在我作画的过程中画面自行出现，或在我的画笔的笔端流出。呈现的形式便是我工作时代表一个妇女或一只鸟的符号。”米罗用“生物形态”的形状暗示有机生物而不描画它们（图14.19）。

另一个超现实主义者萨尔瓦多·达利的方法则比较规矩和自觉。达利称他的画是“手工画的梦境摄影”，诸如《记忆的永恒》（图14.20）等画把微小的细节与怪异的影像和栩栩如生的景色结合起来。关于画中柔软的钟表，达利说“他们不过是空间和时间中柔软的、奢侈的、孤独的、耽于偏执批评的卡贝门软质乳酪。”达利还和导演路

图 14.19 胡安·米罗《以石击鸟的人》，1926 年，布面油画，73.7 厘米 × 92.1 厘米，藏于纽约现代艺术博物馆

关于这幅画，米罗说，“我的画不再证明万有引力；我想要给它一种星际性质。”安德烈·布勒东赞扬米罗是“我们当中最超现实的超现实主义者”。

易斯·布努埃尔一起拍摄了超现实主义影片《一条安达鲁狗》(1928)，其中的一个著名场面是一片剃须刀切开眼球的情形。

文学中的现代主义

20 世纪的文学以与其他艺术相同的强烈兴趣探讨了新的形式，对观众产生了同样迷惑的效果。讲故事的人不可能像画家马列维奇和康定斯基那样使其作品完全是非客观的。然而，他们能够对诗歌语言和叙述形式进行实验。现代主义诗人往往放弃诗歌韵律和韵脚，写自由诗（vers libre）或无韵诗。小说家则更注重人物的内在生活以及表现人物意识的微妙变化。结果，许多现代派小说中的情节都不像传统小说情节那样具有逻辑性，因果关联则更少。现代派风格的独特之处是由作家的欲望改变或扩展传统文学形

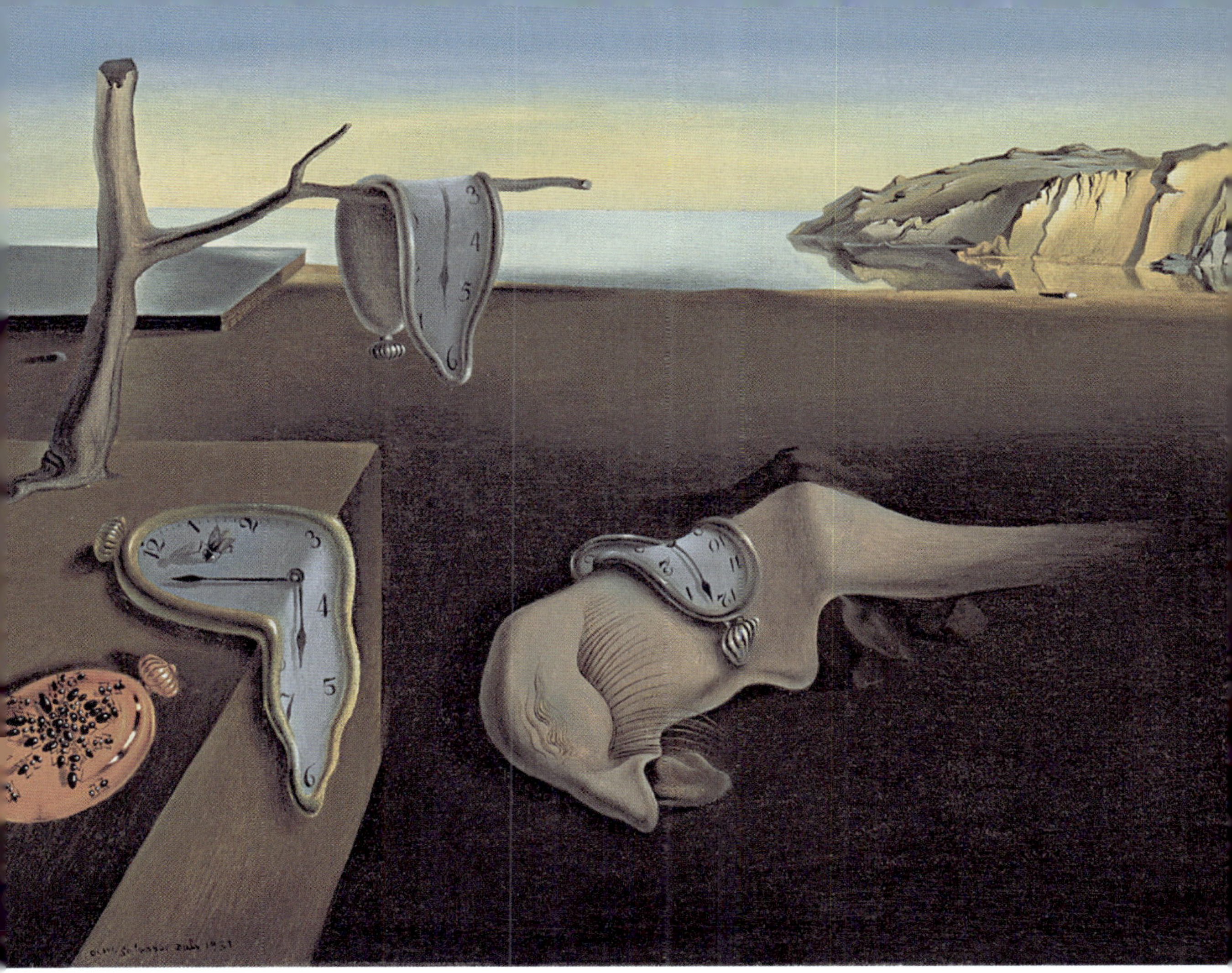

图 14.20 萨尔瓦多·达利，《永恒的记忆》，1931 年，布面油画，24 厘米 × 33 厘米，藏于纽约现代艺术博物馆

达利描画的这个场面有哪些因素最直接地唤起梦的逻辑和影像？如何阐释画面上的象征？

式，为文学想象发现新的话题。

现代派虚构作品聚焦于人物的内心思想，记录无意识的联想。这种内向性是英国女作家弗吉尼亚·伍尔夫小说的特征。伍尔夫发展了内心独白（也叫“意识流”）的技巧，也就是再造人物的内心思想流动。内心独白给予小说的就是我们在立体主义绘画中发现的那种主观复杂性和相对主义。比如，在伍尔夫的《达洛卫夫人》（1925）中，一天内的事件是通过几个人物的内心思想来描述的。伍尔夫的《一个自己的房间》（1929）是第一部现代女性主义批评著作，讨论了为什么没有女性莎士比亚以及“贫穷对小说的影响”等问题。她的回答是想要写作的妇女必须有独立的收入和属于“自己的一个房间”。

最有影响的现代派小说家是爱尔兰人詹姆斯·乔伊斯。他的小说《尤利西斯》

（1922）讲述了都柏林人利奥波德·布鲁姆一天的生活。这部长篇小说叙述了布鲁姆卖报纸广告、与朋友争论的日常琐事，（往往讽刺性地）将其与史诗英雄尤利西斯的丰功伟绩相比较。书中充满了大量的典故和象征派诗人的象征联想，乔伊斯的风格令《尤利西斯》极难读懂，但却赋予小说以传统小说所缺乏的丰富的意义结构。

在诗歌领域，现代主义之路是由象征派开拓的。现代派诗人延伸了象征派对深奥的意象和典故语言的使用，写作自由诗。1922年，诗人T.S.艾略特发表了《荒原》，也许是英语中最有影响的现代派诗歌。艾略特的诗唤起了悸动人心的精神荒芜的形象，把现代的绝望与古代的丰饶和再生象征相对比。为获得统一感，《荒原》依赖取自人类学、宗教、理查德·瓦格纳的音乐作品的文学典故和反复出现的神话象征。通过使用象征主义手法，艾略特向诗歌表达作者内在精神状态或情感的浪漫主义观念提出了挑战。与这一观念相反，艾略特的诗采纳了讽刺的超然态度，通过（有时相当任意地）选自各种不同来源的影像说话。

新的文学形式伴随着新型的主人公。传统现实主义小说基本上聚焦于主要人物的成就或道德发展，而现代派文学则更可能表现一位具有讽刺意味的主人公，在对决定性情节和道德成长的期待上令读者感到挫败失望的人物。现代主义主人公是过分自觉、不能自行行动、由于各种焦虑而无法行动的人。艾略特笔下的一个人物就以神经官能症式的不安问道："我能把头发梳到后面吗？我敢吃一颗桃子吗？"

捷克作家弗兰茨·卡夫卡的故事和小说中的人物比艾略特笔下冷嘲热讽的智者更加险恶。卡夫卡想象他的主要人物陷入荒诞可怕的环境之中，但却用超然的实用态度叙述他们的经历。他的小说创造了一种精神错乱的梦魇般的世界，我们现在用形容词"卡夫卡式"来描述这个世界。比如，在卡夫卡的《变形记》中，格里高·萨姆萨一天早上醒来，发现自己变成了一只大甲虫：

当格里高·萨姆萨从烦躁不安的梦中醒来时，发现他在床上变成了一只巨大的甲虫。他的背成了钢甲式的硬壳，他略一抬头就能看到他那拱形的棕色的肚皮，僵硬而呈拱形，被分割成许多连在一起的小块。肚皮的高阜之处形成了一种全方位的下滑趋势，被子几乎无法将其盖得严实，将要全部脱落下来。他的许多条腿与身体的其他部位相比显得单薄得可怜，在他的眼皮底下无助地摇晃着。

——弗兰茨·卡夫卡《变形记》（1924）

格里高的家人逐渐把他遗弃，他便在孤独和绝望中死去了。

关键概念

无意识

在现代派出现一个世纪之前，浪漫派曾经赞扬创造性在无意识精神中的神秘源泉。哲学家弗里德里希·尼采曾嘲笑理性要控制梦和想象的非理性力量的弱小努力。然而，直到西格蒙德·弗洛伊德的出现，无意识精神的概念才进入西方文明的哲学思考之中。在弗洛伊德的理论中，无意识是由从意识中压抑的强有力的记忆构成的，这些记忆仍然影响着思维和行为。无意识就像一股地下水，潜藏着但却汹涌湍急，可能在怪异的梦或尖刻的失言中爆发出来。

弗洛伊德把无意识视为一种心理储存，装满了旧时记忆的一个精神阁楼。那里储存的是心理的最有力和最可怕的想法——死亡、暴力和性欲望。为了防止这些危险想法出现，人类自觉的精神会对这些想法进行审查，将其压抑到无意识之中。然而，弗洛伊德发现，这种压抑从来没有获得彻底的成功。无意识思想作为梦或神经官能症症状再度出现，以挥之不去的欲望和恐惧干扰正常的思想。在弗洛伊德的精神系统中，自觉的精神不得不始终控制无意识思想，将其能量改造成社会可接受的活动。

弗洛伊德几乎在人类思维的每一方面都找到了无意识的证据。忘记朋友名字的明显偶然性揭示出希望她死的一种无意识。索福克勒斯和达·芬奇的艺术品，这些早已死去的人们的作品，留下了无意识幻想的记录。最重要的是，梦——那普通但却令人困惑的每个人每天晚上都进行的工作，揭示了无意识的机制。如弗洛伊德所说，梦是通往无意识的“皇家大道”。

无意识精神的存在为整个西方思想史打上了一个问号。自柏拉图和亚里士多德的时代以来，西方哲学始终把理性奉为人类思维的核心。然而，在关于人类心理的理论中，弗洛伊德声称无意识思想比自觉思考更有力，在某种意义上更真实。逻辑和理性是必要的，但不足以防范被压抑的欲望和恐惧。在弗洛伊德以后，理性绝不是原来的理性了。

现代主义音乐和建筑

音乐的现代主义潮流是朝着两个方向发展的。一个是斯特拉文斯基的芭蕾舞所指明的方向，这里，音乐达到了自身的现代主义原始主义，而另一个则导向神秘的革新。现代主义建筑努力实现一种合理性和功能性，这使建筑成为现代派艺术中最可理解的一种。

斯特拉文斯基和勋伯格——新音乐

1913 年《春之祭》在巴黎"臭名昭著"的首演宣布了表演艺术的新篇章。传统作品意在令观众消遣娱乐，而现代派表演艺术则似乎决心启发人们思考，令观众困惑，哪怕为早已适应传统艺术的艺术公众所拒绝也在所不惜。

《春之祭》是几位现代主义天才的合作产品。谢尔盖·贾吉列夫是俄国芭蕾舞团的艺术指导，这是典型地表现现代派态度的一个俄国舞蹈剧团。贾吉列夫大胆的制作使他成为现代主义芭蕾舞兴起时期的最重要人物。他的主要舞蹈演员瓦斯列夫·尼金斯基是一位卓越的舞蹈发明者和舞蹈设计，以其对德彪西的《午后牧神》序曲的色情表演激怒了巴黎观众。列夫·巴克斯特的服装设计（图 14.21）本身就是现代主义风格的杰作，对艺术装饰风格发生了构成性影响。

图 14.21　列夫·巴克斯特设计的舞蹈服装

俄国芭蕾舞剧团列夫·巴克斯特设计的这套服装定义了具有丰富色彩的一种异国风格，普遍影响了现代设计。

斯特拉文斯基的音乐抨击了传统音乐的老套，即前后一致的节拍和音调的运用。斯特拉文斯基不是用一个单一节拍，而是在一个音节里就用许多节拍，往往从一个小节到另一个小节就变换一些节拍。同时或在快速、连续的演奏中使用不同的称作多节奏的时间标签，给斯特拉文斯基的音乐一种交错"原始的"节拍。《春之祭》也使用了多调性，即同时使用两个以上的音调。多调性扩展了音乐的和谐性，允许更多的不和谐音进入——即由意料之外的和弦创造的张力。《春之祭》的不和谐音是清楚地发出并得以延长的音，这说明了它何以在首演时令观众极为不安。

斯特拉文斯基后来从为俄国芭蕾舞谱写的原始主义转向以海顿或莫扎特的古典风格构成的音乐。这位作曲家的动机部分是反对瓦格纳派把音乐附属于情感、故事和神话的种种做法。斯特拉文斯基后来的作品尽管在形式上是古典的，但继续依赖现代派的不和谐音和革新节奏。斯特拉文斯基在现代音乐中的大部分影响都可以归于这一中庸态度——借鉴现代和古典的许多资源。

斯特拉文斯基的音乐根植于俄国的民间传统，而阿诺德·勋伯格的音乐思想则是20世纪初维也纳强烈的唯美主义和表现主义热情构成的。勋伯格就像康定斯基与客观绘画彻底决裂一样拒绝管弦乐的古典传统。

作为与弗洛伊德同时代的维也纳人和表现派画家的朋友，勋伯格用色调音阶（使用一个音调的半音调的音阶）装点他的早期音乐。如他自己所说，勋伯格决心要“解放不和谐音”，抛弃大、小调音系，开创了第一个“自由的”无调音乐，即不是以音调谱曲的音乐。他的无音调曲目由于强烈的情感性而被称为“表现主义”音乐。

勋伯格把自由的无调性用于乐器和声乐作品。《钢琴曲六首》（1911）是无调思想的简短表达。他的循环歌曲《月亮下的皮埃罗》（1912）是现代主义音乐的杰作。其中21首歌都是为一位女性歌唱家和五位乐器手谱写的。它们把神经官能症患者的冥想与小丑般的夜行者的不幸遭遇关联起来。歌唱家将要在一次动人心弦的讲演中朗读歌舞风格的文本，勋伯格称之为“说话的声音”（Sprechstimme）。在没有不和谐音消解的音调中心的情况下，《月亮下的皮埃罗》的动机在一个自由和谐的空间里漂流和蹒跚。

最流行的无调音乐作品是勋伯格的学生阿尔班·伯格创作的歌剧《沃采克》（*Wozzeck*），被认为是音乐表现主义的杰作。以19世纪一部宿命论戏剧为基础，《沃采克》描写了歌剧中最动人的现代主义英雄。歌剧的偏执和绝望氛围依赖阿尔班·伯格复杂的乐谱和经常使用的“说话的声音”。无调性的和谐音包含在严谨定义的传统形式之内，如奏鸣曲和赋格。在歌剧的最后一场中，阿尔班·伯格用儿歌赋予这个悲剧故事以最后的令人心痛的转折。

从音乐上说，阿尔班·伯格的《沃采克》包含勋伯格最激进的革新——一个全新的无调性系统的发明。到1923年，勋伯格已经发明了一种叫序列作曲的方法（也叫序列主义或12音法）。勋伯格为每一个序列作品把12个音调（在音阶中就是钢琴的黑白键）固定在一个序列中。这个音列或“序列”里的每个音都必须在任何音重复之前奏出；因此，音乐永远不会被吸引到一个乐音上来。勋伯格的序列主义给音乐带来了新的抽象统一和连贯性，答案却没有用传统的旋律主题或旋律引导听众。序列主义对听众听力的高要求使其没有获得流行，即便后来的作曲家都拥护其力度和发明性。

现代主义建筑和设计

建筑中的现代主义抛弃了19世纪末的历史复古之风，构想了基于简单的几何图形、功能性和现代工业材料的一种建筑风格。使用玻璃、钢材和钢筋水泥（叫钢筋混凝土），现代派建筑师寻求适应20世纪初工业和社会需要的形式。有些人称这些新建筑为“为居住的机器”。

尤其在德国和荷兰，建筑师们提出了将限定现代时代本质的设计原则。在名叫包豪斯（Bauhaus）的、由建筑师瓦尔特·格洛皮乌斯指导的一所进步的德国艺术学校里，设计者们把艺术形式从属于功能，创造了钢管椅子和无装饰的灯，其廉价生产适应了大众的需要。当格洛皮乌斯于1926年建设学校的新魏玛校园时，相同的干净、有用的现代设计原则也被用于建筑。包豪斯工作室是用钢材、钢筋混凝土和玻璃建造的由许多长方形构成的聚合体。格洛皮乌斯的标志性发明是所谓的“幕墙”，同时展示建筑内饰的外部玻璃墙（图14.22）。通过幕墙，一幢建筑能够呈现其形式和材料的整体真实性，没有任何装饰性外表来掩盖或弄虚作假。

现代派建筑的最伟大的幻想家是法国人夏尔·爱德华·让奈莱，人称勒·柯比西耶。与格洛皮乌斯同一师门的勒·科布西耶也与那位德国人有着相同的目标。即建设有用于社会的建筑。他想象按照他设计的由玻璃摩天楼公寓和超高速公路构成的“辉煌闪耀的城市”。勒·科布西耶于20世纪20和30年代实际建造的建筑比他想象的设计要低调一些。法国波阿西的萨伏伊别墅（图14.23）体现了他的几何规整性和有用性的原则。60平方英尺（18.3平方米）的立体盒由桥塔支撑以强调它与周围场所的独立。勒·科布西耶于第二次世界大战后设计的建筑都依据相同的原则，将成为现代派建筑的“国际风格”。

20世纪20和30年代的商业楼明显采纳

图14.22　瓦尔特·格洛皮乌斯，德国德绍包豪斯一翼，1925—1926年

格洛皮乌斯的玻璃和钢设计的纯粹简朴性使人想起现代绘画的纯抽象性。在逃离纳粹德国的无数艺术逃难者中，格洛皮乌斯成了美国颇有影响的一位建筑教育家。

图 14.23　勒·科布西耶，法国波阿西的萨伏伊别墅，1929—1930 年

外部简洁有力，其发带式窗户沿着整个墙壁延伸，这是现代派建筑的普遍特征。这幢大楼的设计在室内装饰上以柔和的淡色和屋顶花园显示其宽容的风格。

图 14.24　威廉　凡·阿伦，纽约克莱斯勒大厦，1928—1930 年

尤其在北美，装饰艺术风格歌颂工业生产和魔幻消费的发明。克莱斯勒大厦的不锈钢锯齿状雕塑是典型的装饰艺术主题；这幢大厦与纽约其他大装饰艺术摩天楼是同时建造的，如帝国大厦和洛克菲勒中心。

了现代设计中不那么严肃但却比较通俗的风格，一般称作装饰艺术。当时这种风格被称为“现代的”“之字形的”或“爵士时代的”。装饰艺术把光滑简朴的形状与独特的装饰主题结合起来，如锯齿形雕饰、之字形、埃及和中美洲的象征以及植物形状。与包豪斯风格一样，装饰艺术的客体明显采用铬、不锈钢和塑料等现代材料。但是，包豪斯提倡服务于大众的纯粹功能主义，而装饰艺术介于奢侈和典雅之间的折中感更能吸引中上层社会的公众。装饰艺术最富生命力的表达就是北美各大城市中的摩天大楼、商场、电影院和旅馆。纽约克莱斯勒大厦装饰艺术的螺旋塔（图 14.24）是威廉·凡·阿伦设计的，外层包裹着金光闪闪的不锈钢锯齿形雕饰，高高耸立在斗篷状的滴水嘴之上。

艺术与政治

正如在宗教改革运动和法国大革命中一样，20 世纪 20 和 30 年代的艺术家和作家也卷入了时代的政治冲突之中。在诸如共产主义、法西斯主义、工会和穷人之间划出清晰的界限。现代派就政治光谱仪的许多问题发表雄辩的见解，就各种事件发表评论，通过戏剧、绘画、电影和摄影等媒体鼓动变化。

布莱希特的史诗剧

由于通货膨胀和失业的破坏，20 世纪 20 年代末的德国分化成了许多政治派别，左翼政党和纳粹之间的两极化愈加激烈。一种颓废和政治犬儒主义的氛围充斥德国各个城市，政党的战斗宣传遍布街头，夜总会歌手嘲笑贵夫人的堕落。

德国艺术家以嘲讽的冷静回应这种氛围，诗人和剧作家贝托尔特·布莱希特的作品是其中的典范。布莱希特拒绝德国表现主义奢侈的舞台表演，发明了一种表演和戏剧再现论，他称之为史诗剧，这位剧作家将其与马克思主义的政治思想结合起来。按布莱希特的方法，戏剧情节中穿插歌曲、叙事评论和其他技巧，以打破传统舞台的“幻觉”。在史诗剧中，观众就像观看拳击比赛一样能对情节进行专业评论。1928 年，虽然他的激进主义日渐强烈，但布莱希特和作曲家库尔特·魏尔以《三分钱歌剧》轰动了戏剧界。布莱希特和魏尔的讽刺“歌谣歌剧”把颓废的统治阶级与暴徒、乞丐和妓女组成的罪恶的地下世界相比较。魏尔的音乐充满了辛辣的忧郁和现代派的不和谐音，与统治德国舞台的神秘的瓦格纳歌剧形成了鲜明对比。

1933 年，布莱希特流亡国外，不久，纳粹就对他的作品进行了审查，命令将其销毁。

绘画与政治

20 世纪 20 和 30 年代的政治热情深刻地影响了绘画艺术。在墨西哥，一种大胆的壁画风格在这个国家的民众革命中脱颖而出，对抗殖民时代的专制（1910—1920）。继这次革命之后，何塞·奥罗斯科、迭戈·里韦拉和大卫·西凯罗斯接受委任为墨西哥公共大楼的墙壁作画，恢复文艺复兴时期欧洲和前哥伦比亚时代墨西哥的壁画传统。与苏联的先锋艺术家一样，这几位墨西哥人想要让他们的艺术服务于民众斗争。“我们拒绝所谓的画架画，”一份壁画声明宣称，“而且，我们颂扬各种形式的纪念性艺术，因为它是公共财产。”

图 14.25 迭戈 · 里韦拉，《印第安人的奴役》，1930—1931 年，湿壁画，藏于墨西哥库埃纳瓦卡的科尔特斯宫

在文艺复兴的湿壁画传统中，壁画家迭戈 · 里韦拉用突出的视觉风格描绘西班牙殖民主义制度下墨西哥土著的痛苦。注意捆甘蔗的人的下垂线条，在印第安人弯曲的后背、监工的短马鞭以及休闲的庄园主的吊床上反复出现。

图 14.26 弗里达 · 卡罗，《折断的圆柱》，1944 年，布面油画，40 厘米 × 31 厘米，墨西哥，墨西哥城多洛雷斯基金会

卡罗的画大部分是自传性的，探讨了一个意志坚强的人面对身体痛苦的创造信念。比较古耐沃德的《耶稣受难》描画的艾森海姆中殿的耶稣受难图（图 9.12）。

20 世纪 30 年代初，奥罗斯科和里韦拉的壁画肯定了墨西哥的民族身份，颂扬阿兹特克和玛雅的历史，批评对墨西哥土著人的殖民压迫。里韦拉的《印第安人的奴役》（图 14.25）装饰了西班牙征服者考蒂斯建造的皇宫的墙壁。奥罗斯科在一所新英格兰学院图书馆的墙上画了整个美洲文明史。他的历史开始于前哥伦比亚神话和仪式的活力，结束于现代物质主义的精神堕落。

这个圈子里的另一位墨西哥画家弗里达 · 卡罗（Frida Kahlo）已经成为墨西哥现代主义的偶像，尽管不是由于她的左翼政治倾向。18 岁时，卡罗因车祸受伤，在医院病床上开始学习绘画。10 年后，她和迭戈 · 里韦拉结婚，这对艺术情侣就开始了起伏跌宕的终生爱情。卡罗实际上是自学成才的画家，把自画像作为自己痛苦和信念的生动日记。《折断的圆柱》（1944；图 14.26）描画了她那被钉子刺穿、由钢架支撑的身体。躯体被折断，在脊椎的地方是一个折断的爱奥尼亚圆柱。

这个时期最著名的政治绘画是巴勃罗 · 毕加索的《格尔尼卡》（图 14.27），是描写痛苦和非人性的一部寓言。毕加索所回应的是西班牙内战（1936—1939）中的一次事件，其中，西班牙进步的共和政府正与

图 14.27　巴勃罗 · 毕加索,《格尔尼卡》，1937 年，布面油画，3.49 米 × 7.77 米，藏于马德里雷纳 · 索菲亚国家意识中心博物馆

毕加索的杰作把西班牙战争转移成斗牛的寓言而抗议这场战争的残酷。笨重的公牛压在一位母亲和她的已死的孩子身上，据毕加索说，这代表的“不是法西斯，而是残酷和黑暗”。

保守派和法西斯分子的起义军队进行战斗。1937 年，为支援西班牙法西斯，德国轰炸机空袭格尔尼卡的巴斯克城。这是对平民目标和城市进行的第一次大规模轰炸，没有任何军事价值的一座城市被炸平了。

通过用现代派的方式描画这一暴行，毕加索寓言式地把城里人再现为斗牛士的马，被一只矛穿透，成为锯齿状的碎平面。其痛苦的呼喊发自被熊熊大火吞没的城市居民。一只怪异的眼睛和幽灵般的目击者拎着的一只灯笼照亮了这个残酷的景象。毕加索汲取艺术现代主义的词汇，创造了戈雅的西班牙传统中描写激烈抗议的一部杰作。

政治和电影

电影艺术以勇敢的工人阶级为开端，兴起于 20 世纪占主导的通俗艺术。无声影片时代的最伟大的开拓者是格里菲斯，他的三小时的史诗《一个民族的诞生》（1915）确立了电影制作的基本技巧。到 20 世纪 20 年代，无声电影已经成为繁荣的国际产业，框定了独特的电影样式——从查理 · 卓别林到第一部吸血鬼影片《诺斯法拉图》（1922）的发人深思的德国表现主义都体现了这一特征。

在苏联，一代开拓型电影制片人很快就把电影用于政治目的。1925 年，谢尔盖 · 爱森斯坦制作了经典影片《战舰波将金号》，获得了国际声誉，成为电影史上最有影响的影片之一。影片讲述了 1905 年沙皇战舰上的一次兵变，预示了布尔什维克革命的一次起义。为讲这个故事，爱森斯坦使用了一种叫蒙太奇的剪辑技术，即迅速把不同影像相并置，在观者眼里唤起某种观念或情感。《战舰波将金号》最著名的蒙太奇序列

图 14.28 谢尔盖·爱森斯坦，影片《战舰波将金号》“敖德萨台阶”序列的一个镜头，1925 年

爱森斯坦的《战舰波将金号》对许多西方人来说象征着革命俄国的文化进步。这个著名的蒙太奇序列展示了爱森斯坦对短镜头的有效选择。

是“敖德萨的台阶”，即沙皇士兵屠杀欢呼兵变者的市民的场面。镜头在士兵和受害者之间迅速变换，同时，一辆婴儿车歪歪斜斜地滚下台阶（图 14.28）——象征着人民的脆弱和无辜的一个镜头。

1927 年有声电影的发明革新了电影艺术，到 20 世纪 30 年代初，国际影业由好莱坞摄影系统占了主导。商业电影制片厂以标准化的叙事和视觉风格生产出数千部电影，严格挑选影星，使之适于所演的题材——音乐片、喜剧片、西部片。在好莱坞经典影片的时代（约 1930—1950），艺术天才辈出，使电影成为一种流行和多样的叙述媒介——可与鼎盛时期的狄更斯和巴尔扎克的小说相媲美。

好莱坞经典电影提供了摆脱经济萧条和战争的备受欢迎的娱乐。而在德国，纳粹认识到电影作为政治宣传媒体的潜力。希特勒在莱妮·里芬斯塔尔身上找到了他自己的电影天才。他邀请里芬斯塔尔到纽伦堡拍一部纳粹党的纪录片，由纳粹政府提供经费。作为结果的影片《意志的胜利》（1934）包含了视觉上惊人的军队和纳粹军旗的镜头，以及可爱的纳粹青年的人性的一面。《意志的胜利》虽然是纪录片，但却有效地传达了希特勒催眠般的讲演才能以及他的普通和脆弱的一面。虽然这部影片没有取得多大的成功，但里芬斯塔尔却记录了纳粹政治的壮观场面和民众支持，这在某种意义上说明了它的魅力所在。

美国气质

现代主义时期（约 1900—1950）见证了北美在与欧洲接触中，力图不再受欧洲文化统治所掀起的艺术繁荣。纽约是新世界现代主义的中心，尽管后革命时代的墨西哥、芝加哥和加利福尼亚也都哺育了现代主义的天才。在纽约，杜尚开创了他的现成品；1913 年的军械库艺术博览会展出的立体派绘画和抽象艺术令数万人瞠目结舌。

地方主义与文艺复兴

在纽约市，一伙天才的美国人聚集在阿尔弗烈德·斯蒂格利茨的周围，人们通常称他为现代摄影之父。斯蒂格利茨开创了“直接”摄影的艺术——不受其他艺术的操纵或影响而直接艺术地捕捉视觉真实。纽约的乔治亚·奥基弗也加入了斯蒂格利茨的行列，她的作品把有机形状（花朵、骨骼、景色）改造成抽象形状。奥基弗对自然的纯抽象形式的迷恋也被西海岸的一伙摄影师所分享，他们自称为 f / 64 组合。他们不画斯蒂格利茨的城市景象，而把镜头指向西部风景、花朵或水果的曲线和体积（图 14.29），在那里发现纯粹的形式和永恒的美，并将此与美国风景画传统联系起来。

图 14.29　伊莫金·卡宁海姆，《绽放的木兰》，1925 年，照片，版权所有，加利福尼亚伯克利伊莫金·卡宁海姆信托公司

通过用极端的特写拍摄花卉主题，卡宁海姆揭示了自然中线条和形状的纯抽象性。比较浪漫主义在自然中揭示道德和哲学真理的自然绘画方法。

在哈勒姆，即斯蒂格利茨在纽约的先锋画廊的上城，一伙生机勃勃的诗人和艺术家开创了哈勒姆文艺复兴运动，即 20 世纪 20 年代美国黑人文学的繁荣。这场运动的思想之父是威廉·爱德华·伯格哈特·杜波依斯，他在《黑人的灵魂》（1903）中先知先觉地宣称，“20 世纪的问题是肤色线的问题——亚洲和非洲、美洲和海洋群岛的黑与白的种族关系问题。”最重要的人物中有诗人康蒂·卡伦和朗斯顿·休斯。休斯在诗集《哈勒姆》中有力地表达了美国黑人受挫的欲望，并提出了有力的问题：“一场迟来的梦发生了什么？它像太阳底下的葡萄干一样干枯了吗？……或爆炸了吗？”哈勒姆

图 14.30 爱德华·霍珀，《夜鹰》，1942 年，布面油画，84 厘米 × 152 厘米，芝加哥艺术院

霍珀描绘美国城市生活孤独的田园景色，在风格上比欧洲现代主义较为自然。

文艺复兴也包括年轻的民间艺术家佐拉·尼尔·赫斯顿——《他们眼望上苍》(1937)的作者，这部书以小说的形式表达了一位黑人妇女对爱的追寻。

在纽约之外，美国艺术家从美国地方的言语和风景中汲取文学或艺术革新的灵感——画家爱德华·霍珀捕捉到的一种独特的美国风景（图 14.30）。在这些“地方主义者”中，小说家薇拉·凯瑟的小说以内布拉斯加为背景，威廉·福克纳则创造了充满耐人寻味的人物的想象的密西西比郡。福克纳最重要的小说《押沙龙，押沙龙》(1936)达到了语言的丰富性和形式的复杂性，使他进入了现代主义小说的大师之列。

美国舞台

现代舞蹈的发明（以拒绝芭蕾舞的古典规则为基础的表现性和常常自发性的舞蹈形式）往往都归功于美国自由精神的代表伊莎多拉·邓肯。邓肯惊呼：“我发现了已经失传两千年之久的那种艺术！”，之后她获得了第一个舞蹈工作。邓肯认为她在重新创造古老的希腊舞蹈，而实际上她是用自己自由的阐释运动向古典芭蕾舞的陈规旧律发起了挑战。她以“自由舞蹈”著称，身穿飘逸的白色服装，抒情地挪动那双著名的赤脚，随着贝多芬或瓦格纳的舞曲飘动。

并非如此闻名但却具有相同传奇色彩的

图 14.31　玛莎·格拉海姆，《阿巴拉契亚山脉的春天》，1944 年，美国作曲家亚伦·科普兰谱曲，日裔美国雕塑家野口勇设计

科普兰为《阿巴拉契山脉的春天》最后一景谱写的曲子根据人皆熟悉的《简单的礼物》改编，源自战栗教信仰的一支乐曲。

实验者都是邓肯的追随者。经过俄国芭蕾舞剧院和俄国传统熏陶的乔治·巴兰钦在纽约找到了艺术自由，创造了他所说的现代芭蕾。巴兰钦赞成严格的古典训练，但他的现代芭蕾却致力于比较抽象的古典舞蹈及其与音乐的更加自由的关系。玛莎·格拉海姆发明了一套教授现代舞蹈的方法，使现代舞蹈具有了芭蕾舞的活力。格拉海姆将舞蹈当作直接表达内心状态的一种方法。她的舞蹈演员都学会了感觉自己身体内的对抗力量——能够把身体拉向地板、再将其从地板拉起的力量。格拉海姆的方法在舞蹈作品中得到了证明，这些作品通常都以她自己的表演为中心。她首先只与女性舞蹈演员合作，常常表达女性主题。她的作品包括《原始神秘》（1931）和《阿巴拉契亚山脉的春天》（1944；图 14.31），刻画了一个女性开拓者的形象。《阿巴拉契亚山脉的春天》的配乐是亚伦·科普兰的作品，常常源自美国歌谣和民间歌曲。

美国舞台也哺育了一个含苞待放的交响乐天才。作曲家查尔斯·艾夫斯在《新英格兰三部曲》（1903—1911）中捕捉到了美国民众生活的听觉韵味——建国日、行进的仪仗队和宿营生活。这部作品的一个乐章叫“普特南营地”，记录了独立日庆典的各种声音，夹杂着充满音乐力量的梦的序列。艾夫斯的音乐技术不具有勋伯格的抽象方法的力量，但的确探讨了宽泛的不和谐音。

美国舞台也造就了一位天才建筑师，弗兰克·劳伊德·赖特，其建筑反映了他对美国空间的理解。大战前，赖特在芝加哥工作，发明了住宅建设的“草原风格”：整齐的内部空间和长而低的屋脊线，反映一种草原天际的景象。赖特的草原风格体现他的信念：一幢房子应该把建筑、居住者与周围的自然环境关联起来，他称此为“有机建筑”。

赖特的职业生涯在20世纪20和30年代遭受挫折，再度恢复时则是他最壮观的成就：他称作“流水别墅”的山谷度假别墅（图14.32）。这座别墅是为宾夕法尼亚州西南部一位商业大亨建造的，它的中央是一个天然瀑布，加固的水泥阳台悬在一条溪流的上方。起居室围绕中央的火炉自由流动，透

图14.32 赖特，“流水别墅”（考夫曼住宅），宾州熊道，1936—1937年

赖特用其设计和对材料的选择把房屋和自然背景有机地结合起来。比较勒·科比西耶的设计（见图14.23），赖特不屑一顾地将其描述为“高跷上的盒子”。

过斜接的玻璃窗可以望见远处的森林。从技术上说，流水别墅大胆而宁静，成了20世纪最著名的家庭住宅。

爵士乐时代

最独特的美国艺术形式是爵士乐，即兴演奏的通俗旋律和一种以“摇摆”节奏为特点的音乐。到1920年，爵士乐遍及每个以非裔美国人为多数的城市俱乐部和舞厅；到1930年，它已经在美洲和欧洲普遍流行。主流作曲家把爵士乐的旋律和节奏用于音乐会音乐，尤其是乔治·格什温的《蓝色狂想曲》（1924）和《波姬与贝丝》（1935）。

爵士乐原本是一种组合音乐，通常是集体即兴演奏，并把非洲和欧洲各种音乐因素混合起来。即兴是在表演的同时进行音乐创作的一种方法。典型的爵士乐独奏依照熟悉的旋律即兴演奏各种变体，在表演的时候发明新的节奏或旋律。

爵士乐独奏的第一位天才是小号手路易斯·阿姆斯特朗，他也许是爵士乐史上最知名的人物。阿姆斯特朗从新奥尔良移居芝加哥，在那里他终于组建了自己的爵士乐队“热辣五人组”和“热辣七人组”。阿姆斯特朗用他的短号或小号模仿爵士乐歌手，使音调升降起伏，产生悲哀的效果。在诸如《比那更热》（1927，由他妻子钢琴家利尔·哈丁作曲）等歌中，阿姆斯特朗为取得戏剧性效果和“围绕曲调演奏”而改变了节拍，探讨即兴风格中的旋律变体。阿姆斯特朗还发明了拟声即兴唱法，即用无意义的声乐音节配合爵士乐独奏的一种唱法。在晚期生涯中，阿姆斯特朗成为美国文化的偶像，以《刀子麦克》和《多莉你好》等通俗歌曲著称。

20世纪30和40年代爵士乐组合在大舞剧乐队中再度复兴。这些所谓的“摇摆”乐队把爵士乐扩展为舞蹈音乐，尤其面对白人观众。为了满足对爵士乐曲的极大需求，几个重要的爵士乐作曲家都出了名，其中之一是艾灵顿公爵。如他的一个演奏者所说，“公爵演奏钢琴，但他的真正乐器是大乐队。”虽然他谱写较长的曲子，但最著名的曲子，如《它没有任何意义（如果不是那个摇摆乐的话）》和《缎娃》，都是每分钟78转数录制的短歌。艾灵顿的音乐表达了从奔放到忧郁等多样情绪，巧妙地利用了他那天才乐队成员的天赋。

世界大战和大屠杀

爵士乐大摇摆乐队轻快的乐音给美国和世界带来了慰藉，度过了大萧条的艰难时期。当时，当阿道夫·希特勒的德国军

图14.33　路易斯·阿姆斯特朗和热辣五人组，1925年

路易斯·阿姆斯特朗在20世纪20年代与“热辣五人组”和“热辣七人组”录制的唱片，把爵士乐限定为一种独唱艺术。阿姆斯特朗卓越的音乐即兴才能，影响了20世纪每一代爵士乐音乐家。

图 14.34　1945 年 8 月 9 日日本长崎上空的原子弹蘑菇云

74000 人死于这次爆炸——占这个城市人口的三分之一以上。美国总统哈里·杜鲁门在那天说："我意识到原子弹的悲剧意义……这是我们该承担的可怕的责任。……我们感谢上帝把这个责任交给了我们，而没有交给我们的敌人；我们祈祷愿上帝以他的方式和他的目的来使用它。"

队入侵欧洲其余地区、点燃了第二次世界大战（1939—1945）的战火时，大萧条消解为全球战争。轴心国（德国、意大利和日本）与盟国（法国、英国、苏联和美国）的对峙表明西方文明已经取得了相当的进步，如果仅仅考虑军事破坏力量的话。战争见证了第一次大规模的空袭、坦克战和（最有害的）核武器。最终，在欧洲，苏联红军和美国的工业力量打败了德国。在太平洋，残酷的战斗已经使日本处于失败的边缘，这时，美国对日本城市使用了可怕的新式武器——原子弹。

第二次世界大战的结束暴露了更多的恐慌。盟军在解放欧洲的时候发现了纳粹的集中营，他们在那里"有条不紊"地屠杀犹太人、斯拉夫人和其他人，这就是现在人称大屠杀的一场浩劫。基督教欧洲古代反犹太人的偏见在纳粹的"终极结论"中达到了巅峰，这是根除犹太人和其他劣等民族的一项计划。集中营的曝光从根本上震撼了西方的价值观。德国哲学家 T. W. 阿多诺说，"奥斯维辛之后，写诗是野蛮的。"

另一种大屠杀是美国发明和使用的核武器。原子弹把 1945 年的日本广岛和长崎变成了废墟，人类也进入了毁灭的新时代（图 14.34）。其毁灭的末日景象意味着只一件单一的武器就可以改变人类历史的进程。一朵蘑菇云在 20 世纪中叶悬浮在世界的上空。

图 15.1　武石田村《食锥体者》中的静止画面，2004 年，彩色视频动画，音频约 4 分钟，循环录制 1+ 1AP，声音来自罗伯特 · 贝蒂，毛发警察乐队

与传统的绘画或雕塑等媒体相比，电子媒体相对无人探讨，但却通过电脑和万维网而展现出新的表现、生产和分配规模。

15

当代精神

第二次世界大战民主力量击败了法西斯的极权主义后，可怕的问题依然存在。如果极为开化的德国人说他们在试图灭绝犹太人的时候只是“服从命令”，那么，这对人类的未来又意味着什么呢？如果美国科学家制造武器，捣毁城市，以极亮闪光使幸存者的眼睛从眼窝里消失，成为盲人流浪者，那么，这对技术进步的前景又意味着什么呢？

时间依然在流逝。1895 年，路易·卢米埃尔发明了活动电影放映机。1936 年，阿兰·图灵（Alan Turing）制造了电子数码计算的概念机。1937 年，沃尔特·迪士尼的《白雪公主和七个小矮人》完善了电影中胶片的使用。1972 年，阿兰·凯伊（Alan Kay）在人类电脑互动领域取得了重要进展，发明了图形用户界面。1990 年，蒂姆·伯纳斯－李（Timothy Berners-Lee）发明了互联网。

电影和电脑技术的发展在日裔美国人武石田村（Takeshi Marata）的作品中聚敛为一体，他把手画动漫和电脑图形程序结合起来。在《食锥体者》（*Cone Eater*）的一个画面上（图 15.1），田村利用了瑕疵、缺点和断了线的信号，放大了程序上的大小错误，使数码图像几乎难以辨认。第二次世界大战结束时的那种嘶嘶声，仍然像宇宙辐射一样在背景中隐约作响。

焦虑的年代

第二次世界大战之后的和平岁月夹杂着焦虑和困惑。核武器灭绝人性的幻影呈现出自己的生命力，迎来了美苏争霸的冷战。同时，欧洲的前殖民地纷纷独立，有时是和平的，但更多的是经过了血腥的斗争。

在历史的这些残垣断壁中，西欧人酝酿着一种新的对人类状况的解释：生命是不是没有终极的超验的意义？人类生存是荒诞的吗？甚至在相对没有遭受战争创伤的美国，和平繁荣也不能满足艺术家们对精神意义的渴求。

战后美国

到 1950 年，美利坚合众国已经成为世界性经济大国，其消费产品和商标给这个世界打上了美国的印记。北美艺术家为回应影响越来越扩大的消费文化开始探讨内在真理和艺术纯洁。比如，爵士乐目睹了纯即兴音乐在一种叫“比波普”（Bebop）的风格中的复兴。比波普比较杂乱和冒险的风格在萨克斯管演奏者查理·帕克，绰号“大鸟”（Charlie Parker）那里得到了完善。在诸如《小贝尼》（1947）和《布鲁姆狄多》（1950）等比波普经典中，帕克追寻的即兴演奏只保留了原始的和谐音调。

帕克对比波普爵士乐的探讨式独奏标志着战后时期爵士乐发展的方向。诸如帕克、约翰·柯川、迈尔斯·戴维斯及其后续坚持实验的音乐家们后来都把爵士乐局限于小规模的、有音乐知识的听众。但它也哺育了摇滚乐和节奏蓝调等极端流行的形式，这是大多数当代波普音乐的基础。

如在19世纪一样，物质主义关系到精神异化和空虚。诗人艾伦·金斯堡属于20世纪50年代的一个作家团体，史称“垮掉派”，是探讨无根性和无休止地寻求意义等主题的美国作家。在一首诗中，金斯堡描写了在加利福尼亚的一个超级市场上与19世纪美国诗人瓦尔特·惠特曼的鬼魂的相遇。金斯堡笔下的消费形象似乎在问：超级市场琳琅满目的货物是否掩盖了物质繁荣中的精神荒芜：

我看见你，瓦尔特·惠特曼，
无子嗣孤独的守财奴，
拨弄着冰箱里的肉，
向卖菜的男孩挤眉弄眼。
我听见你提出的每一个问题：
谁砍下了猪排？
香蕉的价格多少？你是我的天使吗？
我在色彩鲜艳的罐头架子间进进出出，
跟着你，想象中被商店的侦探盯了梢。
我们并肩大步走进敞开的走廊，
我们孤独的幻想品尝着洋蓟，
拥有每一种冰冻的美味，
从不路过收银台。
我们去哪里，瓦尔特·惠特曼？
一个小时后关门。
今晚你的胡须指向何方？

（我碰了碰你的书，梦见我们在市场的旅程，感到荒诞。）

——艾伦·金斯堡《嚎叫与其他诗歌》（1955）

“垮掉派”的追求把他们带到“路上”（垮掉派为一位作家的小说题名是《在路上》），与此同时，一些美国女性作家转向内在世界。人称“自白派”的这些作家们记录了她们个人生活的私密感受。她们的精神追求与她们对从属角色的抗议混合起来，这种从属角色往往是强加给她们的。自白派诗人安妮·塞克斯顿使用女性性征和月经期等图画形象，这是男性诗人极少探讨的主题。另一位自白派诗人西尔维娅·普拉斯是自传体小说《钟形罩》（1963）的作者，书中描写了她对自杀的迷恋。普拉斯和塞克斯顿最终都以自杀的方式结束了自己的生命。

探讨荒诞

在第二次世界大战留下的恐怖和精神荒芜中，一种新哲学探讨了核时代人类自由和有意义行动的可能性。存在主义哲学寻求在一个本质上“荒诞”的、缺乏基本或终极意义的世界上采取行动。存在主义的英雄能够面对否定一切人类努力的一种环境，如同加缪的小说《瘟疫》（1947）中与淋巴传染病进行斗争的医生。面对一个毫无意义的宇宙，加缪的存在主义英雄只能尽享成功的片刻喜悦。

让-保尔·萨特是把思想付诸行动的一位存在主义者。与加缪一样，萨特在第二次

关键概念

存在主义

在战后的世界，对大屠杀栩栩如生的记忆被冷战对峙和贪婪消费的大众社会覆盖了。有些哲学家通过反抗一切制度应付这个时局，断言在一个不同的世界上需要采取真正的个体行动。这种态度叫存在主义，即决心在没有普遍秩序或某种本质人性的幻觉下生活的哲学。让-保尔·萨特——著名的法国存在主义哲学家认为"生存先于本质"。也就是说，人必须在没有绝对价值或神圣律法的情况下活着。对存在主义者来说，人的幸福或价值是没有保障的。但有一种绝对的自由（不论好坏）来限定人性。

存在主义的英雄明显陷入卡夫卡式的世界，面对顺从与痛苦但却真正的自由之间的选择。法国作家阿尔伯特·加缪在他对希绪弗斯这个古代神话的重新阐释中描述了这种困境。希绪弗斯受到诸神的谴责，被罚不停地推动山坡上的一块石头。在加缪看来，希绪弗斯的劳动是一个隐喻，揭示了全部人类活动的荒诞性。这位英雄认识到他的努力不会取得任何成果，永远不会有任何结果或达到超验目标。然而，在加缪看来，希绪弗斯对永久的劳动只一笑了之，因此肯定了他的荒唐处境。

尽管很容易夸大和模仿，但存在主义根植于一个悠久的哲学问题。基督教哲学家长久以来认为上帝控制着宇宙，给予人生以意义。启蒙运动哲学家认为理性引导着人类历史；存在主义哲学家剥掉了这些假设的外衣。萨特相信人"被判处自由"。任何神圣秩序都无法阻止纳粹反人性的恐怖罪行。另一方面，任何固有的人性都不能阻止人行善和相互负责。

15.2 工作中的阿尔伯托·贾科梅蒂，厄恩斯特·谢德格尔摄，约 1960 年

勇敢地献身于"再现我看到的一切"——这是他绝望地宣布为不可能的一项任务。瑞士雕塑家阿尔伯托·贾科梅蒂被认为是一位完美的存在主义艺术家。

在萨特和加缪的著作中，存在主义最终是一种肯定的哲学。在他们看来，人能够庄重地活着，"真诚地"活着，但他们必须理解他们的价值是多么的危险和不确定。充实而有责任地活着要求人必须认识到宇宙的终极荒诞性。

世界大战期间是法国抵抗运动的一位领导者，在纳粹占领的巴黎写作和上演他的第一部戏剧。战后，他与法国共产党关系密切，参与解放法国殖民地的运动，1964年出于政治原因拒绝了诺贝尔文学奖。1968年5月当巴黎的大学生和工人起义时，他们拥萨特为学生运动的思想之父。萨特遵循自己为"行动的人"所做的规定，即个体的人要参与他所处时代的各种斗争。

萨特在文学作品中表达他那些复杂、有时相互矛盾的哲学立场。他最著名的戏剧是《禁闭》(1945)，剧中三个人物是地狱中相互折磨的人。在一个颇具启示性的场面中，一个为过分虚荣而愧疚的女人发现在她的地狱那一端没有镜子。她必须靠同伴指点才能用唇膏，最后她绝望了，因为她自己的形象也必须通过别人来传达。人物的悲观结论归结为剧中的一句名言："他人即地狱。"

萨特的文学作品强化了他关于每一个人最终必须为自己的行动负责的教导。出于这个原因，萨特发现上帝的存在与人的自由是不相容的。与他之前的陀思妥耶夫斯基和尼采一样，萨特认为即便上帝存在，那么人也仍然是绝对自由的。他写道：

> 陀思妥耶夫斯基说，"如果上帝不存在，一切事情都有可能发生。"这就是存在主义的起点。的确，一切事情都是可行的，如果上帝并不存在的话。结果，人是孤独的，因为无论在内部还是在外部，他都没有可以依附的东西。他无法开始原谅自己。

萨特与主张行动的存在主义女哲学家西蒙·德·波伏娃关系密切。波伏娃是《第二性》(1947)的作者，这部书是现代女性主义的奠基之作，把"女性"作为一个哲学范畴来批评。她认为，当把女人当作本质上不同于男人的人来对待时，她们就被剥夺了生存的自由。她们作为人的价值是由男人并根据男人来决定的。波伏娃常常描写关于限制男女自由和平等关系的障碍，包括她与萨特的终生关系。作为活动家，她把个人与政治紧密联系在一起。她关于存在主义和行动的研究著作《含混的伦理学》(1949)检验了在一个没有普遍规则或价值的世界上做出伦理选择的困难。

荒诞派戏剧

"荒诞派戏剧"拒绝使用现实主义手法或明显的政治信息，而用梦幻、荒诞喜剧和无意义的语言作为戏剧隐喻，来形容人类状况的空虚。最生动地以戏剧形式描写一个没有上帝的世界的戏剧家是爱尔兰人萨缪尔·贝克特，他剧中荒诞而可悲的人物都居住在希望渺茫和行动无助的一个荒原上。他的戏剧没有任何装饰，只剩下基本的要素——相互依赖的一对儿人物，说着几乎没有交流的词语，做着荒诞夸张的闹剧般的事情。在回顾艺术家的生存境遇时，贝克特解释说："没有什么要表达的，没有表达的工具，没有表达的对象，没有表达的权力，没有表达的欲望，也没有表达的义务。"

在贝克特的戏剧中，孤独和异化是使一切人类痛苦都相形见绌的病痛。在"悲喜剧"《等待戈多》(1952)中，流浪汉弗拉基米尔和爱斯特拉冈多天来一直等待来自"戈多"(Godot)的一个命令，那将赋予其生命以目的性。这些人物无所事事——没有工作，没有爱情，没有时间感。他们只与叫幸运儿和波卓的一对施虐和受虐狂相遇，是他们表达了该剧对人生的最苛刻的评论："他们双腿叉开生出一个坟墓来，光闪了一下，瞬间就又变成了黑夜。"在该剧最后一场辛辣荒诞的戏中，弗拉基米尔和爱斯特拉冈决定不在附近的树上上吊，因为谁都不想把对方孤独地留下。最好还是徒劳地一起等待戈多，也不要把对方抛给孤独。

存在主义英雄

在20世纪50年代的小说中，一种存在主义英雄悄然出现，那些在压制性的或精神失常的官僚体制中寻找个人身份的人物。这种存在主义英雄的原型出现在拉尔夫·埃里森惊世骇俗的小说《看不见的人》(1952)中。埃里森讲述了一个年轻黑人，与白人所主导的世界相遇的故事，其中包括他家乡的种族主义公民领袖，虚伪的大学校长和只想利用他的才能的一个政党。

《看不见的人》是存在主义的成长小说（教育小说），这是18世纪就已确立的一种小说形式。主要人物（我们不知道他叫什么）努力抗争以发现自己的身份，而这个荒诞的世界却透过定型的面具来看待他。叙述者说他的不可见性不仅仅是他肤色的结果。那是眼睛的一种状态，其他人就是透过这些眼睛来看待他的。如叙述者在小说序言中所说，当其他人"走近我时，他们只看到我周围的环境，他们自己，或他们想象的虚构事件——实际上，他们看到的是除我之外的任何事情。"

在约瑟夫·海勒的小说《第22条军规》(1961)中，第二次世界大战成了人类荒诞生存的象征。海勒描写了轰炸机机长尤萨林要逃离患狂想症的指挥官的徒劳努力。尤萨林希望通过装疯来拯救自己，但却陷入了"第22条军规"设定的不可能实现的环境：一个飞行员"如果想要飞行更多的任务，那就是疯子，如果不想那就是清醒，但是如果他清醒，他就必须飞行。如果他飞行，他就是疯子，不必非得飞行；但如果他不飞，他就是清醒的，而且必须飞。"

与贝克特和埃里森一样，海勒运用反讽和机智揭露了尤萨林世界的疯癫。然而，在这出喜剧之下，是无意义人生痛苦的无法忍受的恐怖。

战后美国的艺术和建筑

长期以来，西方艺术家迁移到巴黎加入最新的运动或学习最新的风格。1945年以后，法国首都把视觉艺术的优势让给了纽约。战后的纽约将成为艺术先锋的心脏，这是用于引领艺术最新潮流的艺术家的一个标签。

纽约占有优势的一个原因是战争本身。无数著名艺术家都从欧洲逃亡美国，那是对美国艺术家的一个巨大刺激。同时，欧洲艺术界也暂时消沉在战争的余音之中，仍然为上了年岁的现代主义大师如马蒂斯、毕加索和布拉克所把持。革新精神在纽约迸发出来。激进的新风格往往作为西方艺术自由的象征而受到鼓励，并与苏联风格的共产主义形成了对比。

纽约派

在战后美国令人头晕目眩的氛围中出现了人称纽约派的自信的艺术家，其艺术风格激进地趋向于抽象。纽约派从欧洲现代主义汲取灵感，发展了一种称作抽象表现主义的风格。虽然每一个画家都有自己的风格，但大多数抽象表现主义者都共享一种非客观的风格，同时也具有表现派的情感指向。于是就有了蒙德里安和康定斯基式的“抽象”与马蒂斯和诺尔德式的“表现”的综合。

最著名的抽象表现主义者是杰克逊·波洛克，一个热烈的以激进方法象征着纽约先锋派的艺术家。波洛克接受的是现实主义的训练，但在20世纪40年代，他的作品越来越抽象。最后，他完全抛弃了画笔，开始了在画布上泼溅的方法，常常把颜料与沙粒或玻璃碎片混合在一起（图15.3）。波洛克这样描述他的绘画方法：

> 我的画不是来自画架。我动笔画前几乎从不展开画布。我喜欢把未展开的画布钉在坚硬的墙或地板上。我需要坚硬平面的反弹。在地板上我比较放松。我感到离得更近，成为画面的一部分，因为我可以绕着它走，从四面作画，直接参与其中。这非常接近西部印第安人的沙地画家。
>
> 我继续疏远画架，通常使用的工具有画架、调色板、画笔等等。我喜欢棍子、抹子、刀子，把流体颜料滴洒出来，或用沙粒、玻璃碎片以及其他陌生物质厚涂。

他的方法是自觉的无意识，近乎超现实主义的心理自动主义。这样一种自发式方法也叫“行动绘画”。他说，“我不害怕变化、破坏形象等，因为绘画有其自己的生命。我努力让它渡过难关。只有在我失去了与画的联系时，才会有混乱的结果。”

大批其他纽约画家也进行类似的抽象实

图 15.3　杰克逊 · 波洛克,《作品 1 号》，1948 年，无底色画布、油彩和搪瓷，1.73 米 × 2.65 米，纽约现代艺术博物馆

被誉为"泼溅者"的波洛克是最著名的称作"抽象表现主义者"的纽约先锋画家。有些批评家在波洛克的泼溅方法中看到了生存的绝望。另外一些人则把他神秘的画布看作艺术家与材料的一种纯粹的相遇。

图15.4　威廉 · 德 · 库宁,《女人与自行车》, 1952—1953 年，布面油画，194.3 厘米 × 124.5 厘米，藏于纽约惠特尼艺术博物馆

德 · 库宁说:"我对'抽象'或把物抽取出来，或把绘画简约为设计、形式、线条和色彩不感兴趣。我这么画是因为可以不断地把一些东西（戏剧、愤怒、痛苦、爱情、一个图像、一匹马）以及我关于空间的想法统统放在画中。"

图 15.5 马克 · 罗斯科，绿与褐紫红，1953 年，布面油画，2.3 米 × 1.3 米，藏于华盛顿特区菲利普博物馆

罗斯科想让他的“色域”绘画破坏普通生活的“有限联想”，指向人类经验的一个“超验领域”。

图 15.6 海伦 · 弗兰肯塔勒,《构形》, 1963 年，丙烯画，1.9 米 × 1.65 米，私人收藏

比较弗兰肯塔勒丙烯画面上的蓝、黄和粉与《美玻璃圣母》(图 7.1) 上的中世纪有色玻璃的色彩。

践，但结果却相当不同。威廉 · 德 · 库宁常常把抽象与可识别的形式结合起来，如他的野蛮的（几乎暴力的）妇女画（图 15.4）。另一方面，马克 · 罗斯科的作品由于色彩明亮的长方形而具有宗教的暗示。罗斯科让笔下的长方形边缘模糊不清，这样色彩区域就会柔和地相融。批评家们为此称他的作品为“色域绘画”。他那庄严的画面往往在观者心中唤起精神思考的情绪（图 15.5）。20 世纪 50 年代出现的所谓第二代抽象表现主义者发展了纽约派的抽象范畴。这些人中有海伦 · 弗兰肯塔勒，她把稀薄的颜料“冲洗”在原生画布上。她的有色画布（见图 15.6）是纤细的、自由的抽象，丝毫不具有波洛克和其他前辈的生存焦虑。

图 15.7　路德维希 · 密斯 · 凡 · 德罗和菲利普 · 约翰逊，纽约施格兰大厦，1954—1958 年，高 156.2 米

密斯的玻璃钢材盒子是国际风格的逻辑结果。国际风格是现代主义先驱瓦尔特 · 格洛皮乌斯和勒 · 柯布西耶开创的。20 世纪 60 和 70 年代，类似的摩天楼主导着北美大城市的天际。

战后美国的现代建筑

随着战后建筑的复兴，国际风格的独体玻璃塔楼成了城市建筑的主要语言。北美的中心城市到处林立现代主义建筑朴素的、几何形状的玻璃摩天楼。同时，建筑师们也在实验更具雕塑性质的设计，尤其是小规模的楼房。虽然这些战后风格实现了建筑师的艺术目标，但他们也常常遇到建筑形式与目的功能之间的矛盾。在战后时期，现代建筑的艺术视野要接受社会有用性和耐久性的考验。

德国建筑师路德维希·密斯·凡·德罗移居美国时就已经是战前国际风格的重要建筑师了。密斯于 1938 年定居芝加哥后，就立即大胆地重新定义这个城市的摩天楼传统，声称在建筑设计上“少就是多！”。密斯的整体玻璃钢材塔楼都用作高层公寓和政府办公大楼。

密斯严谨的风格成了人们喜欢的办公楼模式。纽约的施格兰大厦（图 15.7）是他和菲利普·约翰逊合作设计的，只是用金属支柱建起的 38 层的盒子式建筑，外部是青铜角钢梁和灰色的玻璃表层。他把金属梁既用作装饰又用作结构因素颇似古希腊建筑的朴素习惯。施格兰大厦给北美公司提供了大规模而无虚华装饰的一种风格。

密斯有棱有角的朴素建筑风格的胜利并未阻止其他建筑师寻求新的发展。所罗门·R·古根海姆博物馆（图 15.8）是弗兰克·劳伊德·赖特的最后一个建筑作品，获得了几乎没有哪个现代建筑能够超越的一种有机统一。如赖特所说，“这里建筑第一次显示出弹性，一层楼流入另一层（颇似雕塑），而不是……相互切割和对接分层。”建筑的

图 15.8 弗兰克 · 劳伊德 · 赖特，纽约所罗门 · R. 古根海姆博物馆，1957—1959 年，最大直径 39 米，高 28 米，纽约

古根海姆博物馆是在赖特死后竣工的，实现了他要创造纯粹雕塑建筑的雄心。

内部是螺旋式坡道，随着层级的升高而加宽，在中央玻璃圆顶的心房聚拢。外部也以相似于倒立的蜂窝状呈现出相同的螺旋。古根海姆博物馆呈现的的确是雕塑建筑的美。然而，它的建筑目的是容纳、收藏现代艺术作品，其曲线墙壁和狭窄的展览空间都不适于这个基本功能。

战后美国的雕塑

四位具有独立精神的雕塑家呈现了这一时期美国雕塑的全景。

日本诗人和美国教师的私生子野口勇（Isamu Noguchi）1927 年获得第一次古根海姆奖，之后野口勇去君士坦丁 · 布朗库西的巴黎工作室学习石头雕塑，接着走访了俄国、中国、日本和墨西哥。回到美国后，他通过画肖像画维持生计，并为玛莎 · 格拉姆的舞蹈做舞台设计。珍珠港事件后，他自愿进入亚利桑那的日本人收容所，但几个月后就在休假期间逃跑了，回到了纽约市："此后我决心只做一名艺术家。" 1946 年，现代艺术博物馆把他收入《十四位美国人》的展出（图 15.9）。在以后的十年里，他在世界各地设计了无数花园，均以日本的岩石花园为灵感。

获得工程学学位之后，亚历山大 · 卡尔德于 1926 年移居巴黎。在那里他用微型雕塑马戏表演取悦朋友们（包括野口勇）——用电线表示无数活动的马戏。在欧洲的六年里，他领悟了当时顶尖艺术家的原创思想。卡尔德典型的作品是悬浮在控制的切割形状的组装，杜尚称之为活动艺术。卡尔德活动艺术的不同形状似乎借自超现实主义绘画（图 15.10）。通过把这些形状悬挂在铁线上，卡尔德把偶然的稍微运动引入到各部分的运动和相互作用之中。卡尔德的其他活动艺术都是有动力的，以便使其运动具有匀速和预见性。

路易斯 · 内威尔森用工业社会的垃圾，如丢弃的盒子、家具和其他废件制成雕塑。由这些各不相同的、常常是"找到的"物品建造的雕塑被称作组装，这是由立体派和杜尚开拓的一种方法。内威尔森用找到的木制品（椅子撑、纺锤和盒子）构成她的组装。她原本是要用这些垃圾在工作室内的炉子里生火的。这些奇怪的因素被封闭在摇篮状的盒子里，建成由形状和肌理构成的一堵壮观的墙，常常由单色颜料统一起来，通常是黑色（图 15.11）。这种颜料提醒观者要将这些物品当作艺术形状，同时也是现代城市生活回收垃圾的过程。

图 15.9 野口勇，装置作品，《十四个美国人》，1946 年（通过库罗斯看到的景观），艺术家本人拍摄，现代艺术博物馆

在展览目录中，野口勇说："是雕塑家给空间以秩序和动态，给它以意义"。

图 15.10 亚历山大 · 卡尔德，《春之花》，1965 年，漆金属和重铁丝，高 1.32 米，藏于宾夕法尼亚州立大学帕尔默艺术博物馆

卡尔德常常讲他的运动体悬挂在天顶上，一丝风就会将它们吹动。他的运动体的抒情梦幻为现代派与战后雕塑之间提供了一种重要的关联。

铁是大卫·史密斯喜欢的媒介。少年时，他在一家汽车厂学过焊接。他的早期雕塑都是焊接的铁的抽象排列，他称之为“空间中的画”，典型地再现了机器时代的特征。“我对铁的敬仰先于技术”。他说。铁不具有艺术技巧。在后来的立体系列中，他突然利用了不锈钢的审美特质：在高度抛光的表面上用刮擦的痕迹反映周围自然的环境，这就是纽约市哈德逊河岸的“雕塑园”（图 15.12）。

图 15.11 路易斯·内威尔森，《黑墙》，1959 年，木制，264.2 厘米 × 216.5 厘米 × 44.8 厘米，藏于伦敦泰特美术馆

内威尔森推着一辆手推车穿过纽约街道，寻找木头碎片和其他材料做她的墙组画。比较她对找到的物品的使用与劳森伯格的《组合图案》（图 15.13）。

图 15.12 大卫·史密斯，《立体 18》《立体 17》《立体 19》，1965 年，1963 年，1964 年，高 2.74 米—2.95 米，纽约州纽约市

史密斯的《立体》系列以动态构成把大的几何形状结合起来。思考史密斯在这些纪念性站立结构中对平衡和块体的嬉戏。这里展示的自然背景如何强化了它们的视觉影响？

黑山学院与先锋

黑山学院是1933年建于北卡罗来纳的一所致力进步教育的实验学院，注重创造性艺术，1957年关闭之前成了逃离纳粹欧洲的艺术家的避难所，也是无数新手的家，其蕴藏的地下潜流在20世纪60年代都浮出了地表。

罗伯特·劳森伯格曾就读于黑山学院，在那里接触了其他先锋革新家。劳森伯格的作品追随达达主义传统，常常从弃物中创造艺术品。在20世纪50年代末，劳森伯格发明了他的“综合画”，即把照片、丝网和“发现的”物体加以综合的混合媒体。他的《组合图案》（图15.13）回收了大众社会的废品。这与他的信条是一致的：“填平艺术与生活之间的鸿沟。”

在舞蹈领域，黑山学院的即兴和合作精神在莫斯·卡宁海姆的作品中得到了最佳体现。卡宁海姆是玛莎·格拉海姆的现代舞蹈学校的毕业生。虽然卡宁海姆的编舞在经典上是抽象的，在技术上是过硬的，但他也把自发性融入表演之中——有时通过投硬币选择一个舞蹈中的序列运动。他的几部作品的表演是劳森伯格和当时的其他艺术家设计的，他认为音乐、舞蹈和背景应该相互独立，创造出捕捉观众注意力的不和谐的视觉感知。

劳森伯格和卡宁海姆都由于他们与约

图15.13　罗伯特·劳森伯格，《组合图案》，1955—1959年，1.64米×1.07米×1.61米，斯德哥尔摩现代博物馆

劳森伯格的“综合”绘画把绘画和印版融入由诸如塞满东西的山羊和瓦片等“找到的”物体构成的三维结构中。

图 15.14　约翰·凯奇为卡宁海姆舞蹈剧团《变体第五号》录制节目

前台：凯奇、大卫·都铎和侨顿·姆玛随舞步调制音响，后台是视频艺术家楠姆·朱恩·派克。

翰·凯奇（John Cage）的关系而受到他的影响。凯奇是一位创造高度非传统音乐的机智的作曲家，曾在黑山学院任教（图 15.14）。赴欧洲师从勋伯格之后，凯奇于 20 世纪 40 年代加入纽约先锋派的行列。在纽约，他开始对东方哲学发生兴趣，尤其是佛教禅宗的“入定”或“无为”。在禅的影响下，凯奇创作了减弱创作中选择或决策作用的作品。1951 年，他通过投硬币来决定音的序列谱写了一首钢琴曲，于是就有了“偶然音乐”这个术语（aleatory，该术语源自拉丁语 alea，即“骰子”的意思）。

偶然音乐的标志性曲目是凯奇的《想象的风景第 4 号》（1951），需要用 12 台无线电广播收听，每一台调至一个不同的频率。凯奇的另一首著名作品达到了音乐本身的极限——沉默。他的《4’33”》（1952）告诉表演者在规定的时间里抱着乐器坐着，不演奏任何乐曲。所谓的“音乐”包括听众的反应和会堂里任何其他偶然的声音。凯奇的目的是要表明，我们周围的声音都是音乐，只要我们聆听的话。

环球视角

甘地和殖民地解放

1945 年以后，非洲和亚洲各国都受到西方帝国主义的统治，也相继获得了民族独立。在这个历史进程中取得第一次胜利的是活动家莫罕达斯·K. 甘地（1869—1948，图 15.15）领导的印度反对英国统治的斗争。甘地，人称圣雄（具有伟大灵魂的人），提倡有原则的非暴力抵抗的哲学，影响了 20 世纪许多国家反对非正义的斗争。

甘地在南非做律师时受尽了那个国家的种族法的侮辱。在组织南非印度社区时（从 1893 年到 1914 年在那里共生活和工作了 21 年的时间），甘地第一次表达了"satyagraha"原则（"献身真理"），对非正义律法保持和平的不合作原则。甘地的非暴力哲学衍生于他对基督徒、穆斯林和印度教著作的折中阐释，尤其是《薄伽梵歌》，即古代克利须那神与一个痛苦的武士之间的对话。

甘地的原则是把追求真理当作一场不施行暴力的战斗。他在自传中写道，satyagraha"并不允许对敌人施加暴力"，相反，对手"必须通过忍耐和同情抛弃错误。"甘地还提倡印度自给自足，敦促印度人自己纺织的布料，抵制英国学校。

甘地抵制英国对印度统治的运动以 1930 年的食盐长征为戏剧性高峰。甘地的榜样鼓舞了由于违背宗主国食盐法而遭到英国暴力的数千名印度人。当印度终于在 1948 年获得独立时，甘地却未能阻止自己的国家用暴力瓦解印度教和伊斯兰国家、现代印度和巴基斯坦（今天的巴基斯坦和孟加拉）。

在以后的 20 年里，非洲和亚洲各国获得了独立，往往通过和平谈判，但有时也通过血腥的冲突，如阿尔及利亚和越南。圣雄甘地的献身真理原则常常被西方民主国家采纳，倡导者们都用非暴力抵抗抗议种族歧视、核武器和战争。

图 15.15　圣雄甘地

甘地把纺车看作印度独立于英帝国主义手工业生产的象征。当追随者们由于奉行非暴力抵制英帝国法律而被逮捕时，他们赢得了正义的支持，英国统治者最终同意印度的民族统治。

六十年代

20 世纪的指向在 60 年代发生了决定性的转变。1961 年，一个年轻的新总统向国会宣布了令全场震惊的一个新的民族目标：在这个十年结束时把人送到月球上去。1963 年，来自亚拉巴马州的一位浸礼会教友站在林肯纪念堂的台阶上，向 20 多万人宣布他已经到了山顶。在甘地非暴力抵抗思想的激励下，马丁·路德·金要求美国白人帮助黑人实现自由和正义的理想。但到了 1968 年，美国青年冲向街头，不仅抗议美国保守的种族主义，而且抗议美国在遥远的越南进行的战争。他们认为这场战争是非正义的，不愿意为之服役和牺牲。在一个坚实年轻的消费社会里，电视和通俗产业夸大了这些有力的社会变化。青年人口的剧增强化了这些力量，战后令人眩晕的年代里出生的婴儿现在都已成年。这些社会变化在视觉艺术的改造中充分反映出来，而接触大众最广的艺术莫过于音乐，影响大众最广的音乐形式莫过于通俗音乐。

视觉艺术

先锋艺术家强调作为观念和过程的艺术。1959 年，阿兰·卡普罗生造了“偶然”（happening）一词，描写刻意具有启发性的环境和即兴的多媒体艺术事件，观众不仅单纯地观看，而且要积极参与其中。通过打破艺术的历史传统，通过使观众和艺术家成为平等的合作伙伴，偶然艺术力求消除艺术与生活之间的隔阂，改造艺术和公众对艺术的接受。

这股改造精神是全球性的。日本的“具体小组”（Gutai），以德国为大本营的国际“急流派”（Fluxus）运动，以及法国的国际情境主义（Situationist International），都是在同一时间对相同观念进行试验的艺术团体。

继抽象表现主义之后占主导地位的纽约先锋运动是波普（通俗）艺术，与杰克逊·波洛克的泼溅绘画风格大相径庭。波普艺术借助大量生产的商业艺术杂志、电视和电影，把图像形象（如旗帜或啤酒罐）融入标有“高雅”艺术的作品之中。通过接纳大众文化，不管多么具有讽刺意义，波普艺术都削弱了抽象表现主义的精英姿态，试图描绘消费社会的现实。

最走红的波普艺术家是安迪·沃霍尔，其大众文化形象的作品几乎看不出有什么艺术创造性。沃霍尔用他能够看到的最平凡最熟悉的形象，如可口可乐瓶或坎贝尔汤罐。他用丝网做的女演员梦露肖像（1962，图 15.16）和布里罗纸盒堆向抽象艺术美学直接发起挑战。通过让人们注意到消费偶像，沃

图 15.16　安迪 · 沃霍尔,《梦露双折画》，1962 年，油画、丙烯和丝网印刷，2.06 米 × 1.45 米，藏于伦敦泰特艺术馆

沃霍尔是最著名的通俗艺术家，他善长从战后消费社会的大众文化中提取形象。

霍尔赋予它们以审美价值，这是摆在超市货架的同一物体所不具有的。换言之，任何形象都可以是艺术，正如任何人（不管多么平庸）都可以成为名人。沃霍尔在他极具讽刺意义的宣言中总结了这一思想："在将来，每一个人都可以在世界上成名 15 分钟"。

使艺术越来越抽象的过程导致了一种公开反表现主义的风格，称作极简主义。极简主义画家用相同的颜色制作巨大的几何图形。其色域是平坦的，用准确的"硬边"圈定。这一倾向的雕塑使用大规模的几何形状，剥去一切内容和装饰意图。极简主义雕塑家唐纳德 · 朱德清除了作品中与其他物体和思想的一切指涉（图 15.17）。他力图去掉"幻觉主义"，认为那是"欧洲艺术中最客观的残余"。朱德甚至摆脱了艺术家，把他的作品拿到普通车间加工制造。

极简主义倾向是通过模糊的艺术杂志文章公布和解释的。这自然导致了概念艺术理论的出台，它提出的观点是：艺术不过是一个观点；艺术品本身实际上是可以消除的。与 60 年代初的偶然艺术一样，极简主义和概念艺术在设法放弃画架，逃离画室，无视博物馆。

在当时弥漫的抗议氛围中，这些运动不仅仅是对抽象表现主义的反动；它们也是对历史的批判，对文化进步观念的批判，也是对科学客观性信仰的批判，简言之，是对现代主义自身的普世信念的批判。

图 15.17 唐纳德 · 朱德，《无题》，1968 年，不锈钢和塑胶玻璃，83.3 厘米 × 172.7 厘米 × 121.9 厘米，藏于纽约惠特尼艺术美术馆

虽然极力否认"极简主义"的标签，但唐纳德 · 朱德创造了极为简单的雕塑作品。艺术家不参与作品的制作，雇用工业作坊根据他准确的描述制造这件雕塑作品。

现代音乐

虽然偶然艺术、波普艺术、极简主义艺术和概念艺术将对后来的艺术起建构作用，但对时代感性的影响都不及音乐。

摇滚乐（以电吉他和强烈的节奏力为特点的一种波音风格）的嬉皮叛逆恰与时代的叛逆相匹配。20 世纪 50 年代，人称"猫王"的埃维斯 · 音斯利莱和其他早期的摇滚乐手熟练地为白人听众重新阐释了传统的美国黑人的蓝调风格，并为这种传统注入了青春活力。

北美摇滚乐是通过旅行和唱片而传到了英国的，英国的工人阶级乐队吸收了摇滚的风格。结果掀起了由披斗士乐队（Beatles）领导的摇滚乐的"英国潮"，这是英国利物浦的一个绅士组合，他们的爱情歌曲打动了英美听众。披斗士的革新专集《帕佰军士孤独之心俱乐部乐队》（1967）是通俗音乐的标志性作品：它是第一本具有逻辑整体的摇滚乐唱片，而不是歌曲集。

美国通俗音乐反映政治潮流。歌手兼词作者的鲍勃 · 迪伦是青年反文化运动的先驱，写出了搅动人心的抗议歌曲《随风飘荡》和《变革时代》。在"垮掉派"诗歌的影响下，迪伦和其他民间歌手歌唱民权和社会正义，大声抗议越南战争。1967 年在旧金山，社区活动家组织了一次反文化即兴运动（the Human Be-In），这是以提莫赛 · 李瑞的演讲和当地乐队的演唱为主的一次音乐节，这些乐队包括"杰斐逊飞机"和"感恩而死"。这次音乐节结果成了后来音乐节的典范，如"蒙利雷流行音乐节"（1967）和"五德斯托克音乐节"（1969）。同时，民权运动和种族统一为非裔美国音乐家提供了新的契机。这个新时代的标志性风格是节奏和蓝调（也叫"灵歌"），具有强烈的节奏基调和蓝调变调的一种音乐。詹姆斯 · 布朗、阿莱塔 · 富兰克林和马尔文 · 盖伊定义了这个时代的节奏布鲁斯音乐，成了大规模演唱的流行明星，享誉全球。

后现代

很难确定现代主义在哪里结束、后现代主义在哪里开始。同样难以确定的是我们是否仍然处于后现代时代，还是已经进入了一个晚期的、尚有待命名的历史时代，甚或我们所理解的历史已经不存在了。我们只能说，偶然艺术、波普艺术、极简主义和概念艺术已经凝聚成一种普遍的批评感性和抗议：反对殖民主义，反对妇女压迫和歧视少数族裔，反对剥夺民权的斗争。同时，人们越来越强烈地意识到未来人类的福利取决于全球共享的普遍利益。

一位社会批评家称 20 世纪末是“后工业社会”，其主导是信息交流而非物质生产。这个新时代的特点是迅速的社会变化、边界的变换和确定性的丧失。作为回应，一种叫后现代主义的新感性应运而生，其特点可以总结如下：

· 对任何声称普遍或客观现实的再现表示怀疑；
· 聚焦于通过语言和符号“建构现实”；
· 强调局部和特殊而非普遍；
· 趋于戏仿、拼贴和风格的折中混合的艺术倾向。

后现代艺术家必须在两个压倒一切的文化力量之间找到自己的位置。一边是现代主义及

图 15.18 辛迪·舍曼，《无题静态电影第21号》，1978年，黑白照片，20.3 厘米 × 25.4 厘米，纽约艺术家和麦德隆影业

学习绘画的时候，舍曼就开始自问：“我既然可以用照相机，为什么还浪费时间临摹这些东西？”她有目的地把最早期的照片拍成廉价的促销品。

其勇敢的发明者的遗产。另一边是电视、电影和广告等能够主导和吸收一切交际的大众文化。身在其中但又不属于它，后现代艺术家必须采取一种反讽的态度。

辛迪·舍曼的摄影体现了后现代艺术家采用的流动的身份。自儿童时起就喜欢“打扮”，舍曼总是身穿各种服装、戴着假发、涂着胭脂摆出各种姿势，试图在探讨格式化的女性和个性的同时描写她所不是的人（图 15.18）。舍曼的作品不是告诉观者去想什么，而是身份的可塑性。每个人看到的都有所不同。

根据一个批评家所说，后现代艺术家面对的挑战是“选择和综合传统，折中（用作折中主义的动词）过去和现在似乎与手头工作最相关的那些方面。”结果，后现代作品常常是风格的杂糅。像安伯托·艾柯的《玫瑰之名》（1980）这样一部后现代小说可能是侦探虚构小说、哥特小说和学术论文，也可能是三者的结合。后现代建筑使用了文艺复兴和新古典主义建筑的装饰主题。同时，后现代哲学质疑作者或艺术家是否真的存在。它声称在后现代时期，人的“主体”（自治的、个体的、理性的自我）正在消失。其位置正在被“千变万化的”自我所取代，一个不断变化和演进的自我，由后工业文化交织的声音和影像构成的自我。

图 15.19　伦佐·皮亚诺和理查·罗杰斯，巴黎乔治·蓬皮杜艺术和文化中心，1977 年

这家博物馆外露的支柱和管道的高科技外表，明显违背了现代主义平滑外壳的理想。通过把这些因素置于建筑的外部，建筑师也扩展了可用于展览的内部空间。

后现代建筑

后现代主义在建筑中是清晰易见的，是作为对现代主义的反动而兴起的。像密斯·凡·德罗这样的现代派坚持认为建筑中没有可以从清晰形式中抽取的任何东西。后现代建筑师喜欢折中主义。他们喜欢借鉴历史（包括现代主义，不过把现代主义看作另一个、尽管最近刚刚过去的历史时代），也愿意接受实际状况的复杂和矛盾。罗伯特·文丘里是这种新折中主义的开拓者，1966 年他写道：“建筑师不要再被正宗现代建筑清教式的道德语言所吓倒了。……我把混乱的生命力置于明显的统一之上”。

对现代派纯粹主义的一个热烈回应是巴黎蓬皮杜国家艺术和文化中心（图 15.19）

图 15.20 迈克尔 · 格拉夫斯，俄勒冈州波特兰市公共服务大楼（“波特兰”），俄勒冈州波特兰市，1980—1983 年

注意格拉夫斯用以强调建筑影像的装饰因素（“眉毛”边缘，侧面的花环）。

的高科技建筑。与许多法国公共建筑一样，这家博物馆既是献给当代艺术、音乐和文化的博物馆，也是一座政治丰碑（题献给法国前总统）和法国民族主义的宣言。

由伦佐 · 皮亚诺和理查 · 罗杰斯设计的蓬皮杜艺术和文化中心是一个高科技奇迹。大厦的机械装置（供暖和冷却管道、水泵、升降机）都设在表层，成为色彩斑斓的视觉重心。虽然巴黎人起初反对这种厚颜无耻的非传统建筑，但博物馆的广场很快就成为巴黎人街头生活的活跃舞台。作为旅游景点，蓬皮杜中心超过了高雅的卢浮宫和埃菲尔铁塔。

在 20 世纪 80 年代，后现代建筑风格已经应用于曾经是现代主义主要产品的城市办公塔楼。后现代风格的第一幢重要的公共建筑是迈克尔 · 格拉夫斯的奥勒冈州波特兰市公共服务大楼（图 15.20），人称“波特兰”。这幢大楼的装饰性前脸明显有别于现代主义的规整一面。两个支柱在一个七层楼的条纹窗两边高高竖起，终止于两个“眉毛”平台——格拉夫斯把这座塔建在暗色的花岗岩基石上，这是借自 20 世纪 20 年代装饰艺术的一项技术。整个外部是一种历史拼贴，具有浓厚的埃及色彩，饰有高大的“波特兰迪亚”寓言式纯铜雕像（像自由女神像一样），直立在大楼的入口。

图 15.21 海滩上的爱因斯坦剧照，罗伯特·威尔森 1976 年将其搬上舞台，法国阿维尼翁别墅剧院

如罗伯特·威尔森的舞台演出所示，这部四小时的"科幻歌剧"运用巨大的戏剧画面（包括一次审判、一个蒸汽火车头和一个未来主义的宇宙飞船）来描写物理学家阿尔伯特·爱因斯坦对数字、音乐和哲学的迷恋。

后现代音乐

20 世纪 60 年代，一小撮先锋作曲家，主要有特里·瑞莱、拉·蒙特·杨、史蒂夫·瑞希和菲利普·格拉斯，打破了他们所接受的 20 世纪无调音乐的传统教育。他们把音乐简约到少数几个纯音乐碎片，以缓慢微妙的变化不断重复。比如，特里·瑞莱的《在 C 调》(1964) 就含有 59 个 C 调的音乐碎片，乐队可以随意选择任何组合演奏。

最著名的极小主义作曲家是菲利普·格拉斯，在涉及舞蹈和戏剧的比较宏大的作品中发展了极小主义技巧。他早期的音乐包括交织的旋律结构。格拉斯的歌剧《海滩上的爱因斯坦》(1976) 获得了极大成功，在纽约传统主义的纽约大都会歌剧院上演（图 15.21）。格拉斯热情的观众部分来自摇滚乐迷。《海滩上的爱因斯坦》获得的成功为其他歌剧铺平了道路，其最有意义的是劳瑞·安德森四部分、四夜、八小时的多媒体剧《美利坚合众国》(1983) 和约翰·亚当斯的《中国的尼克松》(1987) 和《克林格霍芬之死》(1991)。

新虚构小说

20世纪60年代小说家约翰·巴斯暗示文学已经“枯竭”时，他是说文学现代主义已经“枯竭”了小说和短篇故事。运用这些枯竭的虚构形式，巴斯的《烟草经纪人》（1967）和托马斯·品钦的《万有引力之虹》（1973）都以回旋式情节和不同虚构形式的转换展示了令人头晕目眩的语言和形式的自觉。

这些后现代作品往往被称为元小说，因为它们似乎是关于故事的故事，关于小说的小说。当代元小说的公认大师是阿根廷作家豪尔赫·路易斯·博尔赫斯，其形而上学的风格影响了一代后现代作家。博尔赫斯的短篇小说和散文（他从不写长篇小说）主要关注知识游戏和幻想的领域。博尔赫斯不描写社会现实，而创造了复杂但却人为的文学世界，比真实世界更有趣、更清晰。

博尔赫斯用来描写这个人为世界的主要隐喻是迷宫，确定自己的规则和界标的一个自治的迷宫。在著名的故事《特隆，乌克巴尔，奥尔比斯·特蒂乌斯》中，博尔赫斯讲述一部四十卷的百科全书，书中描述的是一个叫特隆的想象星球上的生活。特隆的百科全书类似于一座无法逃脱的复杂的迷宫。

> 特隆的一所学校已经达到否认时间的程度。它的理由是，现在是未定义的，未来不过是现在所希望的现实，而过去不过是现在所记忆的东西[a]。另一所学校宣布全部时间都已经发生，我们的生活是对一个不可挽回的过程的模糊记忆或昏暗反思，无疑是虚假和破碎的。还有一所学校认为，宇宙的历史包含着我们自身生活的历史和我们生活的最微妙的细节，是一位小神想要和一个魔鬼交流而产生的书写。另一所认为宇宙可以比作系统码，其中并非所有符号都有意义，只有每隔300夜才发生的事情才是真的。另一所相信我们在这里睡觉的时候，我们却在别处醒着，因此每一个人都是两个人。
>
> ——豪尔赫·路易斯·博尔赫斯，《特隆，乌克巴尔，奥尔比斯·特蒂乌斯》
>
> （a）伯特兰·罗素（《心的分析》，1921年，第159页）设想我们的星球是在几秒钟之前创造的，所提供的人类只“记得”一个幻觉的过去。（博尔赫斯笔记）

博尔赫斯的叙述者把特隆的发明者的仁慈幻想与现代政治的意识形态虚构加以比较。“为什么不落入特隆的法术，屈服于一个有序星球的微小的和巨大的证据？”叙述者问道。“特隆也许是一个迷宫，但它是人设计的迷宫，注定要被人破译。”

在拉丁美洲，博尔赫斯成了叫魔幻现实主义的一个冒险的新风格的先驱。魔幻现实主义由现实主义的叙述与幻想和神话因素的混合而得名。哥伦比亚小说家加布里埃尔·加西亚·马尔克斯因《百年孤独》（1967）而获得国际声誉。这部小说讲述了一家七代人生活在一个虚构的马康多村的故事。在一个情节中，村民们都失去了记忆，需要竖起牌子才能想起事物的名称。一个牌子上只写着：“上帝存在”。叙述的结尾以典型的后现代姿态融入了其他拉丁美洲小说中的人物，通过给予这些人物以新的虚构生命而承认他们的影响。加西亚·马尔克斯以幻想与现实的非凡结合开创了拉丁美洲小说的一股新风格。

多元主义的艺术

后现代时期的绘画和雕塑从几个不同的方向进行探讨，没有主导的风格或影响。这些不同的倾向中有早期风格的复兴，有历史风格与现代主义风格的结合，也有单独使用电子媒介，以及其与新老媒介的结合。多元主义的结果就是新艺术层级的多样化，如装置、表演、挪用和关系美学。

产生于极简艺术和概念艺术的另一个倾向就是走出工作室，寻找与自然和社会世界的一种新关系，即地球艺术（大地艺术），它把雕塑与环境融合在一起。地球艺术是由实际上与周围环境相一致的材料建构的，往往是沙漠或草原等原始景色。大地艺术的最著名作品是罗伯特·史密森的《螺旋码头》（1970；图15.22），由黑玄武岩、石灰岩和犹他州盐湖的泥土做成的一个螺旋形状。对史密森来说，这件作品令人想起取代了艺术时尚这段短暂历史的地质时间。1977年，詹姆斯·特勒尔重新塑造亚利桑那野地里的罗丹火山坑。特勒尔在火山坑下建造了隧道，以古代庙宇的方式朝向四个方位。特勒尔说，“博物馆里观者与艺术品之间发生的分

日常生活的窗口

与艾滋同生死

艾滋病，往往是由于致命的病毒感染，自1981年首次被识别出来后，全球已有数百万人死于这种病。这是一位小说家和诗人保尔·莫奈特（Paul Monette）讲述的他的同性男友被诊断患有艾滋病时他们所经历的早期危机，7年后，他自己也死于艾滋病。

有与此相类似的事情吗？人到中年遇到这种事情真是糟透了，担心你最好的最亲爱的人也要遭受完全相同的痛苦。癌症和心灵不会像那样以两种方式折磨一个人。医疗保险和等待你的工作，所有这些实实在在的东西都不过是一个社会契约，就像写这分契约的墨水一样逐渐消失。还有什么事情能如此检验医学系统，打破它的全部最虚弱的联系吗？对那些从我们身边消失人我表示持续的像大海一样的愤怒，但是，我也明白瘟疫和恐惧是无法区分的。而且没有什么可以比较的。这对于理解那些登上艾滋之月的人非常重要。任何可供比较的东西都是对我们的嘲弄。如果用饥饿来比较的话，或汉堡山或加尔各答的肉体死亡，这就是我们要说的一切。

——保尔 莫奈特《借用的时间：一份艾滋病备忘录》（1988）

图 15.22 罗伯特·史密森，《螺旋码头》，1970 年，黑玄武岩，石灰岩和泥土，长 457.2 米，犹他州大盐湖

史密森在把这件艺术品拍成影片的时候欣慰地说："好像盐湖变成了太阳的边缘，一个沸腾的曲线，升腾进入火球的一次爆炸。物质粉碎变成了湖，以螺旋的形状反射出来。"

离在你周围的'作品'中是不可能发生的，你周围的作品将从四面各自延伸一百英里。"

与地球艺术家一样，艺术家克里斯托和让-克劳德构想了打破工作室和艺术馆边界的作品，但主要焦点却成了完成这项艺术制作所要求的社会经验。克里斯托和克劳德只是临时改造乡村和城市背景（在这个意义上这些作品是装置，为特定场合创造然后就拆掉的艺术品），但也在获得合法批准前需要漫长的公众听证过程，其作品的巨大规模要求大量的工人和充分的后勤准备（图 15.23）。《跑动的栅栏》（1976）只维持 14 天，诗意地评论了把人民暂时分离，但绝不会超越地球的政治界限。

从 1980 年到 1983 年，德国新表现主义画家安塞尔姆·基弗创造了再现纳粹德国丰碑式的建筑规划的作品。受集中营幸存者保罗·策兰的一首诗的启发，作品《苏拉密斯》（1983，图 15.24）描画了一个犹太教灯台，即具有象征意义的七支烛台，在 1939 年设计的柏林将士厅的祭坛上闪耀着——把纪念德国阵亡将士的一幢建筑改造成了大屠杀受害者的纪念馆。基弗生于战争结束的那一年，他说自己"使已经过去的、被忘记的事物重见光明。"画家的作品反思德国的过去，寻求矫正。

民族和解是美国越战老兵所探讨的一个主题，1981 年，他们在美国国家广场的越战

图 15.23　克里斯托和让 - 克劳德，《跑动的栅栏》，索姆那和马琳县，1972—1976 年，照片，让 - 克劳德版权所有

《跑动的栅栏》是加利福尼亚的一道大地景观，在跨越 39 公里的地面上架起柱子，柱子间的钢丝上挂着白色尼龙幕布。克里斯托解释说："它们不归艺术家所有，因为自由是占有的敌人，所以这些项目并不永久存在。"

纪念馆举行了一次公开设计竞赛。设计的唯一要求就是光荣纪念 5819 名阵亡将士的名字。这一要求只是为了保证有足够的表面刻写那些将士的名字，但没有人预见到获奖设计的戏剧性简朴，这是来自俄亥俄州雅典的一位 21 岁学建筑的中国学生林璎（Maya Lin），她设计的一块嵌入地下的 V 形抛光黑花岗岩石（图 15.25），这引起了那些想要勇壮、阳刚、带有美国国旗的再现性纪念碑的人的抗议。实际上，她的设计秉承了现代主义"少即是多"的宣言。其后现代性就体现在社会多元主义的美学中：开放的过程，对反对者的终极关怀，以及一个分裂民族的净化。

图 15.24　安塞尔姆·基弗,《苏拉密斯》，1983 年，布面油彩、丙烯、乳胶漆、虫漆、稻草和木刻碎片，2.9 米 × 3.68 米，藏于伦敦白色立方画廊

把颜料与草和其他媒介混合起来，基弗丰碑式的作品展现了末日启示的情怀。画布上的刻写指的是《死亡赋格》(1945) 中的叠歌。保罗·策兰在诗中写道:“你的金发玛格丽特，你的灰发苏拉密斯。”玛格丽特是被歌德笔下的浮士德糟蹋的玛格丽特。苏拉密斯则是所罗门之歌中那位黝黑娴静的犹太女王。

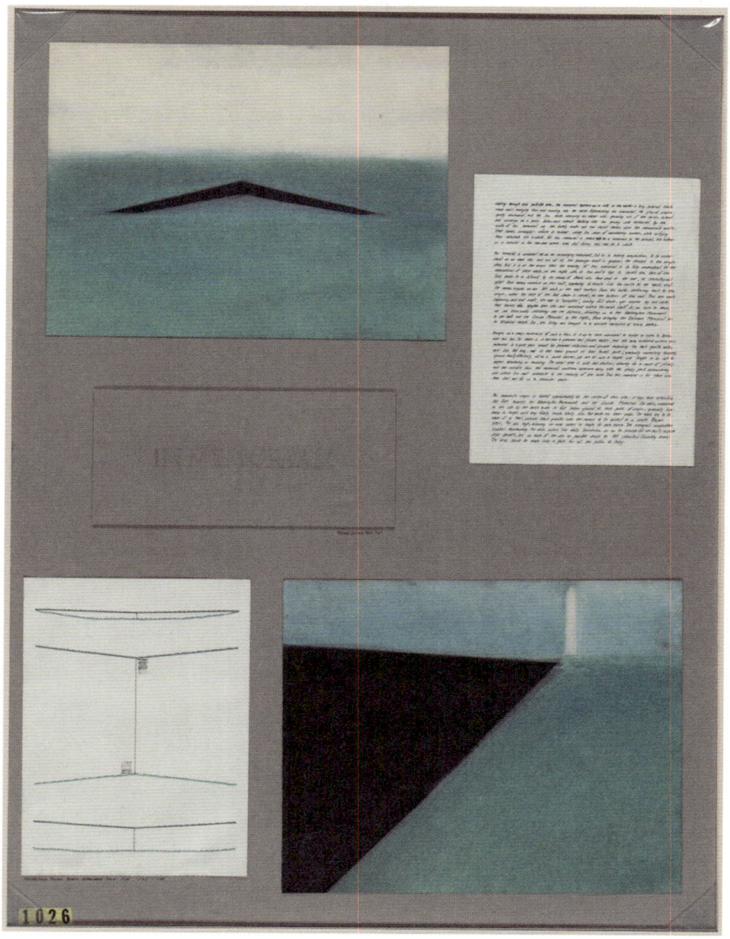

图 15.25　林瓔，为越战老兵纪念碑呈交的设计,《越战纪念墙》，1981 年，华盛顿特区国家广场，黑色剖面花岗岩，两翼，每翼长 75 米

这不过是一堵 V 形的花岗岩墙，上面刻着死者的名字。林瓔的纪念碑成了一个神龛，悲悼者献上花朵、战争纪念章和其他纪念品。

全球意识

古希腊科学家和哲学家阿基米德说："给我一把足够长的杠杆，我能撬动地球。"登陆月球使得人类第一次完整地看到了地球，在漆黑巨大的时空中悬浮的一个脆弱的圆球。这一新的视角提供的是一根更长的撬动地球（增进全球意识）的杠杆。

20世纪的最后几十年见证了西方政治和文化中长期以来被否定的群体的觉醒。到1970年，美国的一场决定性运动废除了种族隔离，美国黑人获得了基本公民权。一场国际妇女运动也为妇女争得了平等权利。在非洲、拉丁美洲和其他前欧洲殖民地，作家和艺术家纷纷重申民族传统。

20世纪80和90年代目睹了一种愈加统一和相互依赖的全球文化的诞生，不再受民族或地区界限的限制。随着1989年苏联的解体，示威者兴奋地推倒了欧洲冷战分裂的象征——柏林墙。在非洲，白人优越论的最后一个堡垒南非也和平地过渡到黑人占大多数的统治。

这些划时代的事件对曾经是西方文明的艺术和思想发生了深刻影响。新的声音要求修改经典，即组织起来的最好和最重要的艺术品和哲学著作。随着以前被推向边缘的文化和艺术家被认可，新的争议也引入到关于艺术的历史价值的争论之中，真正的全球艺术（讨论世界整体问题的艺术）的一个新时代已经到来。

被解放的声音

随着非洲国家从列强的殖民中获得独立，非洲人登上了世界文学舞台。1959年，尼日利亚人钦努阿·阿契贝（Achebe）发表了他的代表作《瓦解》，讲述了传统非洲人与传教士入侵者之间冲突的惨痛故事。另一个尼日利亚人沃勒·索因卡（Soyinka）常常在诗歌、戏剧和散文中应用"活动型"作家的存在主义理想批判非洲的政治集权主义。

在美国，非裔美国艺术家罗马雷·比尔登（Romare Bearden）于20世纪60年代从抽象风格转向拼贴和照片蒙太奇等技巧，一举成名。比尔登是纽约派的同代人，从未适应主观抽象或锋芒毕露的极简主义。为了与民权运动保持一致，比尔登越来越在作品中歌颂非裔美国人的仪式、神话和群体（图15.26）。他拒绝先锋艺术的极端个人主义，从非裔美国人的社区生活中汲取营养。

比尔登用照片、布料和其他普通物品的碎片创作。他把创作的过程比作马赛克，在马赛克制作过程中，艺术家仔细挑选和排列小玻璃碎块。他的拼贴作品令人联想到曾经把关于地铁的密码信件缝在被单里的故事。

图 15.26 罗马尔·比尔登，《布道，耶利哥墙》，1964 年，照片机械复制，铅笔，墨水，水彩，30 厘米 × 23.7 厘米，华盛顿赫什霍恩博物馆

比尔登本人注意到他的拼贴作品中充斥着仪式——工作、游戏以及宗教仪式。“当这些记忆在我脑中浮现的时候，它们对我来说就是现在。”他解释说。“因为艺术家毕竟是时间的巫师。”

图 15.27 朱迪·詹米森，《呐喊》，1971 年，阿尔文·艾利编舞，纽约美国舞蹈剧院

詹米森颇受欢迎的表演再现了编舞艾利所称的“黑人妇女尤其是我们的母亲”的生命力。

通过艰苦的斗争，美国黑人也会在其他媒介中拥有越来越多的机会。1958 年，阿尔文·艾利（Alvin Ailey）组建了美国舞蹈剧院，创作基于蓝调和爵士乐的舞蹈作品。他为舞蹈家朱迪·詹米森创作了严格的独舞《呐喊》（1971），配有爵士乐和灵乐，题献给“身居各处的黑人妇女——尤其是我们的母亲。”身穿白色服装的詹米森进行了一次划时代的现代舞表演（图 15.27）。

非裔美国作家获得了更广泛的读者但更多的指摘，文学经典也随之放宽而把他们收入进来。诗人格温多琳·布鲁克斯在温和的诗歌中以不同寻常的坦诚和感性记录了种族创伤。剧作家奥古斯特·威尔森创作了十部戏剧系列表现了 20 世纪每个十年中“美国黑人文化独一无二的特征”。比如，在以 50 年代为背景的《栅栏》（1987）中，主要人物特罗伊·马克勋痛苦地回忆了由于种族隔离而不能从事的棒球生涯。一种有责任生活的精神代价使特罗伊疏远了儿子和妻子，在他与所爱之人之间筑起了“栅栏”。

在非洲人、美国印第安人和欧洲后裔中，概念艺术家弗莱德·威尔森在 1992 年以一次划时代的展览赢得了广泛的关注，这就是在巴尔的摩的马里兰历史协会展出的“勘探博物馆”。威尔森利用自己作为自由馆长的经验管理博物馆里现存的历史艺术品——从库存中取出展品，重新安排，将其放入新

图 15.28 弗莱德·威尔森，《勘探博物馆》，1992 年，金属制作，巴尔的摩马里兰历史协会

关于这种非正统艺术实践，威尔森说："我收集能满足我灵魂的一切物品，把世界上的物品收集在一起，操纵它们，特殊排列它们，用我想要见的方式呈现它们。"

的组合，同时使用博物馆的标签、照明、墙色和展箱。他的目的是要表明种族主义以微妙的方式影响着博物馆的收藏和展出，有意无意地强化了种族主义信念。有时，主体戏剧性地消失了，比如哈里特·土布曼、弗雷德里克·道格拉斯和本杰明·班奈克等著名马里兰人的标签都是空无实物的，历史协会的展出中没有他们的照片。有时，威尔森的并置创造了一种情感爆发，比如在残酷鞭打奴隶的十字形木头柱子旁摆上考究的餐桌餐椅。在一个名叫"金属器皿，1723—1880"的展箱里，在奴隶的镣铐周围摆上精致的巴尔的摩银器，产生的是相同的情感效果（图 15.28）。在美国博物馆协会召开年会之际展出这些作品，来博物馆参观的数以千计的官员为此震惊，因此提高了管理意识，促进了制度变化。

在争取平等权利的斗争中，女权主义者试图恢复妇女已经失去的历史和艺术传统。女权主义先锋艺术家朱迪·芝加哥（生于 1939）的装置艺术《晚宴》（1979，图 15.29）就是一例。在《晚宴》中，她设置了一张三边餐桌，可以容纳 39 位女性人像，都是历史和神话中的人物。芝加哥想要承认美国妇女长期实践的搪瓷画和刺绣等家具装饰艺术。然而，这种暗示性设计引起了巨大的争议，以至于展览刚一开始就关闭了。妇女团体的反应是赞助足够的资金而在北美进行了一次成功的巡回展览。

女权主义时代哺育了前所未有的女性

图 15.29　朱迪 · 芝加哥，《晚宴》，1979 年，多媒体装置，陶器上的搪瓷画与针织，14.6 米 × 14.6 米 × 14.6 米，版权所有朱迪 · 芝加哥，1919 年

芝加哥的 39 个板块纪念历史上的女神、女王、诗人和其他女性人物。每一个板块都包含一个手工板块，上饰有蝴蝶或女性生殖器一样的花朵等抽象设计。

创作的繁荣。小说家托尼·莫里森（生于1931）由于小说《宠儿》（1988）而得到广泛承认，故事中，一个孩子的魂灵来探望母亲，正是母亲为了使她摆脱奴隶制而杀死了她。莫里森的小说涉及复杂的叙述技巧，其倒叙和零乱的叙述声音似乎又回到了早期现代主义。

诗人丹尼斯·莱维托夫公开把诗歌作为一项文学事业而非表达思想的工具。她积极参与反对越战和反对核生产的抗议活动。她的诗《在心中》贴切地表达了她那个时代许多妇女的心声。

> 我心中有位女人
> 纯真，朴实无华
> 但秀美，散发出苹果或草的芳香。
> 她穿一件乌有的工装或连衣裙，
> 褐色的头发平直闪亮
> 她善良，非常利落干净
> 毫不做作——
> 但她没有想象。
> 一个骚动的洒满月光的姑娘或老太婆，
> 或二者，穿戴宝石和破衣，
> 羽毛和破旧的塔夫绸，
> 她会唱奇怪的歌——
> 但她不善良。
>
> ——丹尼斯·莱维托夫《在心中》（1964）

一个新世纪：前景和挑战

21世纪为我们提供了前景和挑战。与150年前的电报和铁路一样，电子交流和航空旅行突然把世界的经济和社会浓缩在一起。在全球电脑网络——恰当地被称作全球资讯网（互联网）中，“用户”能瞬间创造全球村和虚拟世界，用一种词与像的新媒介讲述着他们的故事。

在全球文化中，建筑尤其擅讲与地方或传统脱离关系的一种国际语言。一个例子就是弗兰克·盖瑞为西班牙的毕尔巴鄂建造的钛镜大厦——新古根海姆博物馆（图15.30）。盖瑞将各种闪光的弯曲形状的堆积比作一朵花。毕尔巴鄂的古根海姆博物馆的内部走廊往往是由折而不规则的，并不总是适合于艺术展览。有人批判这座博物馆是“艺术建筑”，与其说是功能性的毋宁说是艺术陈述。毕尔巴鄂有效地促进了城市复兴，成了文化和旅游中心。

全球化使人们重新意识到资源的有限、环境的恶化、物种的丧失和可持续性的短缺。建筑再次发挥了作用，而重要的项目也不必太多。仅举一个“绿色建筑”的例子。在匹兹堡市中心的一排19世纪房屋上面，坐落着暖房和太阳屋，是基于可持续性消费的理念设计的（图15.31）。设计者是ARC工作室，其锯齿形房顶与100年前的砖房形成了对比，把被动取暖与把新鲜空气引入室内的有效设备并置在一起。三扇朝阳的窗口吸收阳光，地面的供水和土壤种植系统为住户提供农产品和鲜花。一个能源通气机把90%的暖房热量转换成室内用的新鲜空气。暖滤空气被泵入下面的公寓，改善了舒适度和效用。新鲜空气也通过“城市通气管”进入屋顶中央。整个建筑全部使用低强度材料和高回收率的材料，还计划安装一个太阳能供水系统。在这种小规模的日常项目中应用“绿色技术”

图 15.30 弗兰克·盖瑞，西班牙毕尔巴鄂古根海姆博物馆，1997 年

盖瑞借助先进的计算机程序设计了这家博物馆的相异和不规则的曲折形式。内室有一个巨大的中央展厅，用来展览当代的大规模雕塑和装置艺术。

图 15.31 ARC 工作室，匹兹堡，暖房和太阳顶，居民住宅附加物，2011 年

居民可以在观景和享受阳光的同时休闲和从事园艺。

图 15.32 卡拉·沃克，《黑城叛逆》，2001 年，剪纸和投影，36 厘米 × 94 厘米（单幅剪纸），4.3 米 × 11.3 米（整个作品），藏于卢森堡大公现代艺术博物馆

沃克的“艺术他我”是一个梳辫子、穿破衣服的黑人姑娘，没法幸存于种族主义、奴役和厌女症，通过原型激发自己的力量。沃克说：“我知道如果我要有效地处理种族问题的话，就会充满了矛盾。

将极大地提高未来生活的效能。

全球化文化继续加剧对关于种族、性别和民族身份等传统观念的批判。今天的女性主义者，也就是 20 世纪 70 年代女性主义者的女儿们，已经摆出了女性主义第三次浪潮的姿态，不仅挑战传统的权力结构，而且挑战固定性身份的观点。卡拉·沃克用美国内战前的种族和性形象讽刺美国种族主义原型（图 15.32）。通过复兴 19 世纪的黑人剪影技术，沃克在多媒体的背景中展出房间大小的形象，使观者的影子进入通奸、虐待、骚乱和叛逆的场面，因此成为共犯。对沃克来说，这些问题都是个人的问题：“在包裹我的这层皮之外我是谁？”

随着全球化的到来，地方现象很快就会波及全球范围。20 世纪 80 年代，纽约和洛杉矶的城市黑人和拉丁美洲社区哺育了包括舞蹈、涂鸦艺术和嘻哈音乐在内的一种“嘻哈”（hip-hop）文化。嘻哈音乐是由声乐或综合打击乐伴奏的抒情说辞。到 20 世纪 90 年代，嘻哈音乐的即兴机智和节奏感已经赢得了世界声誉。在新世纪，印度的年轻人把嘻哈自由奔放的节奏

图 15.33 提埃里 · 冯丹，《夜晚的呼喊》，2001 年，彩色照片，尺寸可变

直到最近，非洲艺术家才实际脱离了当代欧美艺术界。

用于印度传统的通俗歌曲，而嘻哈音乐也可以用西班牙语、阿拉伯语和汉语演唱了。20 世纪 50 年代的摇滚乐青年叛逆已经通过乙烯基唱片流传下来；嘻哈音乐通过音乐下载而传播开去，“Web 2.0”的因特网节目也允许用户上传他们自己的影像和声音。

全球化给那些无法被听到的声音赋予了权力。提埃里 · 冯丹出生于离印度洋东非海岸不远的留尼汪岛，他创造了摄影作品和声音装置。现在他游走于巴黎和新喀里多尼亚之间，自视为雕塑家，处理种族社会和个人孤立等问题。冯丹在一个叫作《呼喊》的系列作品（图 15.33）里涉及这些主题。《夜晚的呼喊》可以表演、展出、淹没或尖叫出来。

美籍法裔雕塑家路易斯 · 布尔日瓦（Louise Bourgeois，1911—2010）作为女性艺术家大部分生涯里都被边缘化，1982 年纽约现代艺术博物馆的一次回顾展之后才开始得到广泛承认。她的艺术活动一直持续到她漫长生命的终结。她临终前的作品是与瑞士建筑师彼得 · 珠穆索尔（生于 1943）的一次合作：挪威瓦尔都的“女巫审判纪念碑”，为纪念 17 世纪“芬马克女巫审判”被钉在桩子上活活烧死的人而做。坐落在巴伦支海参差不齐的海岸线上，这座阴郁的纪念碑由两

图 15.34　路易斯·布尔日瓦，《被诅咒的、被占身的和被爱的》，挪威瓦尔都的“女巫审判纪念碑”（其背景为建筑师彼得·珠穆索尔所做的），2008—2011 年

珠穆索尔说：“我有我的想法，把它说给她，她喜欢；她也有她的想法，和我的相矛盾，然后我主动放弃我的想法，只按她的做。她说：‘不，请保留你的想法。’”布尔日瓦在制作过程中去世，享年 96 岁。

图 15.35 克里斯蒂安·马克雷，《钟》，24 小时视频拼贴，2010 年，保罗·库珀艺术馆捐赠
在 2011 年威尼斯双年展接受最高奖项金狮奖时，马克雷感谢评委们“给了《钟》15 分钟的时间”。

个结构构成：一个 410 英尺（125 米）长的包裹的走廊，间或设有窗口和灯泡，代表 91 个受害者，每个展箱里还有控状、忏悔录和零星的句子。一个单独的玻璃锥体盛装着布尔日瓦的装置品。她的艺术品包括一圈七面镜子，包围并反射水泥椎体内的燃烧着烈火的钢椅（图 15.34）。对一个残忍而不可饶恕的过去的这种发人深省的纪念，是各国之间、各代之间、性别之间、惩罚之间和生死之间的一次合作，而且是在挪威东北部的一个偏远荒芜的小岛上，在全球主义艺术的时代，这里将成为一个圣地。

以黑胶唱片和转盘拼贴著称的美籍瑞士歌手克里斯蒂安·马克雷（Christian Marclay, 1955— ）用了三年时间组合《钟》，一个 24 小时长的视频拼贴装置（2010；图 15.35）。小心翼翼地把从全世界的电影片段拼贴起来，马克雷的《钟》共时地展现了真实时间里的观看和叙述。作为视频和表演艺术，《钟》一分钟一分钟地把时间拼凑起来，组成了无情的电影时间的蒙太奇（或以对话的方式提及当日的时间）。坐在那里观看什么都没有“发生”的电影，只是消磨时光，这听起来的确荒唐，但观者体验到了期待的快感，他们总是期待下一分钟将要描述的内容，为识别出熟悉的片段而兴高采烈，并在看到意料之外的形象时大笑不止。上午的每一分钟通常展示起床时间，晚上则相反。下午的每一分钟常常是匆忙的脚步声、马蹄声或火车站的钟声。这听起来似乎是不可能

图 15.36　爱弗吉尼亚 · 阿布贾瓦，选自《季克西》系列，彩色照片，2010 年，艺术家捐赠

"完成这个项目后，我自己的童年将正式结束。"阿布贾瓦说，"所以我不想结束。"

的，但马克雷在六名研究助手的帮助下（以马塞尔 · 杜尚的精神）创造了一出催眠的"寻找时间的剧院"，激发了集体的和个人的记忆。

有时很小的项目能展示最大的前景。摄影师爱弗吉尼亚 · 阿布贾瓦（Evgenia Arbugaeve，1985— ）在北冰洋的季克西长大，在她的记忆里那是一个魔幻般的村庄。她八岁的时候，苏联解体，她和父母移居别处。大学毕业后，阿布贾瓦用一年的时间想象与驯鹿牧民一起生活、摄影的情景，在回忆童年的村庄时，她说："想象有一天村里到处都是驯鹿的棚子和穿着土著衣服的人。他们唱歌、跳舞，把帐篷建在湖上，建设一个魔幻般的帐篷城。男人组织驯鹿比赛，女人展示最好的针织和缝纫技术。这就是我对那个时候的记忆。"

此后，她来到纽约国际摄影中心学习。2010 年初，阿布贾瓦带着相机回到季克西，要亲眼看看她想象的魔幻景象是否真的存在（图 15.36）。

也许，捕捉年轻时的魔幻景象就是我们增进全球意识的最大希望。

后记

在思考地球的丰富资源的时候，我们只触及已经出现的事物的表面，而没有涉及可能出现的东西。爱德华·托马斯 1914 年开始诗歌创作，三年后便在第一次世界大战的战场上阵亡，否则他会成为一位伟大的英国诗人的。

最后一丝光已从世界上熄灭，
除了像霜一样躺在草地上的月光，
穿过了榆树高高的影子。
仿佛其他一切都在熟睡，
多年前就丧失和被遗忘—
过去的人们，很久以前的事物，
我思想的一切；
现在只有我和月亮活着，
但却在一个坟边彷徨，一切都已埋葬。
拥有自由和梦想，我们自由时该做什么，
去实现我们许久以前的渴望，
月亮和我。
都比不上无所事事，
无事可做的人，
自由，只因为无事在心上，
无事去思量。
如果每一个时光都像现在这样流淌，
我和智者一起把时间遗忘，
不知道我是否已经自由，
眼前堆积着，
也未消失在后方，
我将把他们带走，
我该富有；
如果我有力量，
消灭每一个敌人而不再遗憾，
我该富有，而不饥荒。
但我的一半还爱着痛苦，
爱着残缺，用泪水和欢畅，
用到达终点的事物，用生命和大地，
还有在室内给我留下黑暗的月亮。

——爱德华·托马斯《自由》1914 年

图画出处

作者、出版者和劳伦斯·金有限公司在此感谢善意地允许本书使用其作品的机构和个人。博物馆和艺术馆的名字都在图注中标出，版权信息和照片出处都列在下面。

封面：Fotografica Foglia，Naples

1.1 Museum purchase，Elizabeth W. Russell Foundation and Louise R. and Robert S. Harper Funds. Photographer：Philipp Scholz Rittermann. ©Doug Wheeler

1.2 The Kobal Collection / Gravier Productions

1.3 Photo courtesy the artist and David Zwirner Gallery

1.4 ©Antonio Lacerda / epa / Corbis

1.5 Photo courtesy the artist and Ace Gallery，Los Angeles

1.6 Image courtesy and © John Davies

1.7 ©Xiaoyang Liu / Corbis

1.8 Photo courtesy and © Anirudh Koul

1.9（1973）Copyright by Babette Mangolte（All Rights of Reproduction Reserved）

1.10 Image courtesy and © K. K. Barrett

1.11，1.12 Scala，Florence

2.1 Scala，Florence

2.2 © Ocean / Corbis

2.3（84-11004）© University of Pennsylvania Museum

2.4，2.6 ©The Trustees of the British Museum

2.7 Corbis / ZEFA / Maroon

2.8 Dr. E. Strouhal / Werner Forman Archive

2.9 Harvard University—Museum of Fine Arts Expedition，99.22. Reproduced with permission. Photo © 2003 Museum of Fine Arts，Boston. All rights reserved

2.10，2.14 Scala，Florence

2.11 Hirmer Fotoarchiv，Munich

2.12，2.13，2.16 The Bridgeman Art Library

2.17 Asia Art & Archaeology，Inc. / Corbis

2.18 Richard Hewitt Stewart / National Geographic Stock

2.19 Eduardo Gonzales / AFP / Getty Images

2.20 Photo courtesy John Bigelou Taylor

3.1，3.27 Werner Forman Archive

3.2，3.3 The Art Archive / Heraklion Museum / Gianni Dagli Orti

3.4，3.10，3.12，3.26 © 2000 Craig and Marie Mauzy，Athens

3.5 The Art Archive / National Archaeological Museum Athens / Gianni Dagli Orti

3.6 Giraudon / The Bridgeman Art Library

3.7，3.8，3.9 Image copyright The Metropolitan Museum of Art / Art Resource / Scala，Florence

3.11 Acropolis Museum，Athens，Greece / Index / The Bridgeman Art Library

3.13 National Archaeological Museum，Athens / Scala，Florence

3.15 akg-images / Peter Connolly

3.18 ©M. Timothy O'Keefe / Alamy

3.19 ©Wolfgang Kaehler / Corbis

3.20，3.21，3.22 ©The Trustees of the British Museum

3.23 National Archaeological Museum，Athens，Greece / The Bridgeman Art Library

3.24，3.25，3.28，3.32 Scala，Florence

3.29 Fotografica Foglia，Naples

3.30 © 2005，Photo Scala，Florence / BPK，Bildagentur für Kunst，Kultur und Geschichte，Berlin

3.31 Photo Scala，Florence — courtesy of the Ministero Beni e Att，Culturali

4.1，© BL Images Ltd / Alamy

4.2，4.4，4.5，4.15，4.22，4.23，4.28 Photo Scala，Florence

4.3 The Bridgeman Art Library，London

4.6，4.7 Andrea Jemolo / AKG-Images

4.9 James E. Packer

4.10，4.12，4.16 © Vincenzo Pirozzi

4.11 DAI，Rome

4.13 Photo © Paul M. R. Maeyaert，Mont de l'Enclus（Orroir），Belgium

4.19 Fotografica Foglia，Naples

4.21 Photo Scala，Florence / BPK，Bildagentur fuer Kunst，Kultur und Geschichte，Berlin

4.25 Robert F. Sisson / Getty Images

4.26 © Roger Wood / Corbis

4.27 Freer Gallery of Art，Smithsonian Institution，Washington，D.C. Purchase F1949.9（detail）

4.29 Canali Photobank

5.1 © Nordicphotos / Alamy

5.2 © Israel images / Alamy

5.3 ©Boaz Rottem / Alamy

5.4 Werner Forman Archive

5.5 Photo Scala, Florence-courtesy of the Ministero Beni e Att. Culturali
5.6, 5.7, 5.9, 5.17, 5.18, 5.20, 5.25 Scala, Florence
5.8 Canali Photobank
5.12, 5.15 © Altun Images
5.16, 5.21, 5.22 © CAMERAPHOTO Arte, Venice
5.23 The Bridgeman Art Library
5.24 Corbis / Zefa / H. Gratwohl
5.26 Jean Louis Nou / AKG-Images
5.27 © Julian Love / JAI / Corbis
5.28 © Paul Almasy / Corbis
5.29 © Roger Wood / Corbis

6.1, 6.8 Photo © Paul M. R. Maeyaert, Mont de l' Enclus (Orroir), Belgium
6.2 Bridgeman Art Library, London /© The Board of Trinity College, Dublin, Ireland
6.3 Bildarchiv Photo Marburg / Domkapitel Aachen / photo Munchow
6.4, 6.11, 6.12, 6.14, 6.16, 6.23 Scala, Florence
6.5 University Library, Utrecht, Ms. 32, fol. 1r.
6.6 © V&A Images. All rights reserved
6.9 LVR—Landesmuseum, Bonn
6.10, 6.31 Bridgeman Art Library, London / Giraudon / Musée Condé, Chantilly, France
6.15 © The Trustees of the British Museum
6.17 Bildarchiv Photo Marburg / Dom Museum, Hildesheim. Photo by Frank Tomio
6.18 Kenneth J. Conant, "Cluny: Les Eglises et la Maison du Chef d' Ordre", The Medieval Academy of America, Cambridge, MA © 1968
6.20 akg-images / Erich Lessing
6.22 © Gianni Dagli Orti / CORBIS
6.24 Photo © Paul M. R. Maeyaert, Mont de l' Enclus (Orroir), Belgium and Bulloz, Paris
6.25 British Library, London
6.28, 6.29 Rheinisches Bildarchiv, Cologne
6.30 Burgerbibliothek, Bern

7.1 White Images / Scala, Florence
7.2 © Mary Evans Picture Library / Alamy
7.3 The Walters Art Museum, Baltimore
7.6, 7.9, 7.15 Scala, Florence
7.7 © SuperStock / Alamy
7.8, 7.14, 7.15 Bridgeman Art Library / Giraudon
7.10 © Dean Conger / Corbis
7.11 Andrea Jemolo / Scala, Florence
7.12 © ImageState / Alamy
7.13 Bridgeman Art Library, London / Giraudon / Bibliothèque Nationale, Paris
7.16 © Heidelberg University Library
7.18 © Alinari Archives / Corbis
7.20 © Burstein Collection / Corbis
7.21 Scala, Florence—courtesy of the Ministero Beni e Att. Culturali
7.22 Studio Fotografico Quattrone, Florence

8.1, 8.11, 8.12, 8.13, 8.16, 8.18, 8.22, 8.25 Studio Fotografico Quattrone, Florence
8.2 © CAMERAPHOTO Arte, Venice
8.3 Scala, Florence—courtesy of the Ministero Beni e Att. Culturali
8.4, 8.6, 8.7, 8.8, 8.14, 8.17, 8.26, 8.27, 8.28 Scala, Florence
8.5 Samuel H. Kress Collection 1943. 4. 92©Board of Trustees, National Gallery of Art, Washington D.C.
8.9 Harry N. Abrams, Inc.
8.10 akg-images / Rabatti-Domingie
8.19 The Royal Collection. © 2000 Her Majesty Queen Elizabeth II / The Bridgeman Art Library
8.20 © Karin Duthie / Alamy
8.21 Bridgeman Art Library / Giraudon / Louvre, Paris
8.23 Private Collection, London
8.30, 8.31, 8.32 Vatican Museums and galleries, Vatican City, Italy / The Bridgeman Art Library
8.33 © Vincenzo Pirozzi, Rome
8.35 © James Morris, London

9.1 Scala, Florence-courtesy of the Ministero Beni e Att. Culturali
9.2 © RMN (Musée du Louvre) / Gérard Blot
9.3, 9.32 Scala, Florence
9.4 © 2009, National Gallery, London / Scala, Florence
9.5 Bridgeman Art Library, London / Giraudon
9.6, 9.19 Bridgeman Art Library
9.7 © Images & Stories / Alamy
9.8, 9.9 © Lukes-Art in Flanders VZW Photo: Hugo Maertens / The Bridgeman Art Library
9.10 National Gallery, London, UK / The Bridgeman Art Library
9.11 Museo del Prado, Madrid
9.12 Musee d' Unterlinden, Colmar, Germany / Giraudon / The Bridgeman Art Library
9.13 © Blauel / Gnamm -- ARTOTHEK
9.14, 9.16 Private Collection, London
9.15 akg-images / Erich Lessing
9.17 © The Gallery Collection / Corbis
9.18 C. Walter Hodges, Shakespeare and the Players, London 1948, pp.62-3
9.20 © V&A Images. All rights reserved

9.21 © 2007 DeAgostini Picture Library / Scala，Florence
9.22 Bridgeman Art Library / Jean-Loup Charmet，Paris
9.23 © RMN（Musée du Louvre），Paris
9.24 Bridgeman Art Library / Merilyn Thorold
9.26 Cameraphoto Arte Venezia / The Bridgeman Art Library
9.27 © 2009，National Gallery，London / Scala，Florence
9.28 Nivaagards Malerisamling，Niva，Danmark / The Bridgeman Art Library
9.29，9.30 Studio Fotografico Quattrone，Florence
9.31 © CAMERAPHOTO Arte，Venice

10.1 akg-images / A. F. Kersting，London
10.2 Scala，Florence—courtesy of the Ministero Benie Att. Culturali
10.3 Scala，Florence / Fondo Edifici di Culto—Min. dell' Interno
10.4 © Vincenzo Pirozzi，Rome
10.5 © Alinari Archives / Corbis
10.7，10.9，10.10 Scala，Florence
10.8 © Angelo Hornak / Corbis
10.11 Historisches Museum der Stadt，Vienna
10.12 © RMN
10.13© Nik Wheeler / Corbis
10.14，10.15，10.21 © The Gallery Collection / Corbis
10.16，10.19，10.24，10.34 Private Collection
10.17 Douglas Schwartz / Corbis
10.18 © Massimo Listri / Corbis
10.20 Biblithèque Nationale，Paris
10.22 akg-images / Erich Lessing
10.23 Photography © The Art Institute of Chicago
10.25 © ARTOTHEK，Städel Museum，Frankfurt am Main
10.26 © Francis G. Mayer / Corbis
10.29 Yale University Art Gallery
10.30 © English Heritage Photo Library / The Bridgeman Art Library
10.31 The Art Archive / Musée du Louvre Paris / Alfredo Dagli Orti
10.32 The Bridgeman Art Library

11.1 © 2009，White Images / Scala，Florence
11.2 © 2007，Image copyright The Metropolitan Museum of Art / Art Resource / Scala，Florence
11.3 © 2008，White Images / Scala，Florence
11.4 The Bridgeman Art Library
11.5 Bequest fo William K. Vanderbilt, 1920 (20. 115. 9). Photo © 1993 The Metropolitan Museum of Art，New York / Art Resource / Scala，Florence
11.6 © Corbis
11.7 The National Gallery，London / Scala，Florence
11.8 akg-images / Erich Lessing
11.9 Private collection
11.10 Bridgeman Art Library，London
11.11 © 2009，National Gallery，London / Scala，Florence
11.12 Photo © Réunion des Musées Nationaux，Paris / Jean Schormans
11.13 Photo © Réunion des Musées Nationaux，Paris / J. G. Berizzi
11.14 Hulton Archive / Getty Images
11.15 Scala，Florence
11.16 Digital Image Museum Associates / LACMA / Art Resource NY / Scala，Florence
11.18 © Arcaid Images / Alamy
11.19 Bridgeman Art Library，London / Giraudon
11.20 © David Muench / Corbis
11.21 © Tate，London，2003
11.22 © 1999 Virginia Museum of Fine Arts / photo Katherine Wetzel
11.23 © Photo Josse，Paris
11.24 © 2009. National Gallery，London / Scala，Florence
11.25 © Leoid Bogdanov / SuperStock

12.1，12.8 12.16 Bridgeman Art Library，London
12.2 Virginia State Library and Archives
12.3 Réunion Des Musées Nationaux，Paris / Arnaudet; J. Schormans
12.4，12.5 © Paul M. R. Maeyaert，Mont de l' Enclus (Orroir)，Belgium
12.6 Scala Florence
12.7 Scala，Florence / Luciano Romano—courtesy of the Ministero Beni e Att. Culturali
12.8 SSPL / Getty Images
12.9 Private Collection
12.10 Government Art Collection / Bridgeman Art Library
12.11，12.12，12.22 © Photo Josse，Paris
12.13 Bridgeman Art Library / Jean-Loup Charmet，Paris
12.14，12.16 akg-images
12.15 The Art Archive / Museo del Prado Madrid
12.17 © Geoffrey Clements / Corbis
12.18（99.22）Reporduced with permission. Photo © 2003 Museum of Fine Arts，Boston. All rights reserved
12.19 Smithsonian American Art Museum / Art Resource / Scala，Florence
12.20，12.21 A. F. Kersting / akg-images

12.23 © The Trustees of the British Museum

13.1 (1964.336) The Art Institute of Chicago. All rights reserved
13.2, 13.3, 13.15, 13.21 Private Collection
13.4 Tate Images
13.5, 13. 6, 13.26 © Photo Josse, Paris
13.7 (87.25) Photo © 1997 The Metropolitan Museum of Art, New York / Art Resource / Scala, Florence
13.8 © Bettman / CORBIS
13.9 © 2008, Photo The Philadelphia Museum of Art / Art Resource / Scala, Florence
13.10 Paul Almasy / Corbis
13.11 Photo © Paul M. R. Maeyaert, Mont de l' Enclus (Orroir), Belgium
13. 12 White Images / Scala, Florence
13.13 Missouri Historical Society, St. Louis / Emil Boehl
13.14 From Frederic Spotts, Bayreuth: A History of the Wagner Festival. 1994. © Yale University Press / Spotts
13.16 Helen Birch Bartlett Memorial Collection (1928.610) © 1998 The Art Institute of Chicago. All rights reserved
13.17 Gift of H. O. Havemeyer, 1896 (96.17.10) Photo © The metropolitan Museum of Art, New York / Art Resource / Scala, Florence
13.18 Vincent Abbey Photography
13.19 © Fotostudio Otto, 2001
13.20 The Rodin Museum, Philadelphia: Bequest of Jules E. Mastbaim, 1929. The Philadelphia Museum of Art / Art Resource / Scala, Florence
13.22, 13.24 Bridgeman Art Library, London
13.23 © The National Gallery, London / Scala, Florence
13.25 © V&A Images. All rights reserved
13.27 Museo Thyssen-Bornemisza / Scala, Florence
13.28 Reproduced with permission. Photo© The Museum of Fine Arts, Boston. All rights reserved
13.29 Helen Birch Bartlett Memorial Collection (1926.224) © 1998 The Art Institute of Chicago. All Rights Reserved
13.30 The George W. Elkins Collection, 1936 / The Bridgeman Art Library
13.31 Photo © Réunion des Musées Nationaux Paris / H. Lewandowski Orsay
13.32 Chester Dale Collection (1963.10.150. (1814) P / A) ©2000 The Board of Trustees, National Gallery of Art, Washington D.C.
13.33 © 2007, Image copyright The Metropolitan Museum of Art, New York / Art Resource / Scala, Florence
13.34 Acquired through the Lillie P. Bliss Bequest. © 2003 Digital Image. The Museum of Modern Art, New York / Scala, Florence

14.1 Philadelphia Museum of Art: The Louise and Walter Arensberg Collection, 1950 / © 2012 Artists Rights Society (ARS), New York / ADAGP, Paris / Succession Marcel Duchamp
14.3 Library of Congress
14.4 Digital Image. The Museum of Modern Art, New York / Scala, Florence / ©
2012 Estate of Pablo Picasso / Artists Rights Society (ARS), New York
14.5 The Bridgeman Art Library / Estate of Georges Braque © 2012 / Artists Rights Society (ARS), New York
14.6 The Nelson Atkins Museum of Art, Kansas City, Missouri. Gift of the Friends of Art, 54-90
14.7 © Charles & Josette Lenars / Corbis
14.8 Philadelphia Museum of Art: A. E. Gallatin Collection, 1952 Estate of Georges Braque © 2012 / Artists Rights Society (ARS), New York
14.9 Digital Image. The Museum of Modern Art, New York / Scala, Florence / © 2012 Estate of Pablo Picasso / Artists Rights Society (ARS), New York
14.10, 14.12, 14.14 Digital Image. The Museum of Modern Art, New York / Scala, Florence
14.11 given anonymously. Digital Image. The Museum of Modern Art, New York / Scala, Florence / © 2012/Artists Rights Society (ARS), New York / ADAGP, Paris
14.13 The Barnes Foundation, Lincoln University, Merion,Pennsylvania. Artwork: © 2012 Succession H. Matisse / Artists Rights Society (ARS), New York
14.15 © The Solomon R. Guggenheim Foundation, New York / Estate of Wassily Kandinsky © 2012 / Artists Rights Society (ARS), New York / photo David Heald
14.16 Coll. Trix Duerst-Haass, Muttenz, Switzerland. / The Bridgeman Art Library / Estate of Paul Klee © 2012 / Artists Rights Society (ARS), New York
14.17 © 2012 / Artists Rights Society (ARS), New York / ADAGP, Paris / Succession Marcel Duchamp
14.18 © 2012 / Estate of Giorgio de Chirico / Artists Rights Society (ARS), New York
14.19 Digital Image. The Museum of Modern Art, New York / Scala, Florence / © Succession Miró 2012 / Artists Rights Society (ARS), New York
14.20 given anonymously. © Digital image. The Museum of Modern Art, New York / Scala, Florence ©

Salvador Dalí, Gala-Salvador Dalí Foundation / © 2012 Artists Rights Society (ARS), New York

14.21 Bibliothèque de L'Arsenal, Paris, France / Giraudon / The Bridgeman Art Library

14.22 akg-images

14.23 © Corbis

14.24 © Hemis / Corbis

14.25, 14.26 © 2012 Banco de Mexico Diego Rivera & Frida Kahlo Museum trust, Mexico D. F. / Artists Rights Society (ARS), New York

14. 27 © 2012 Estate of Pablo Picasso / Artists Rights Society (ARS), New York

14.28 Ronal Grant Archive / Goskino

14.30 (1942.51) © 2000 The Art Institute of Chicago. All Rights Reserved

14.31 © Hulton-Deutsch Collection / Corbis

14.32 © Richard A. Cooke / Corbis

14.33 Getty Images / Hulton Archive / Frank Driggs Collection

14.34 Corbis / Bettmann

15.1 Courtesy Electronic Arts Intermix (EAL), New York

15.2 Photo Ernst Scheidegger © Estate of Ernst Scheidegger, 2012

15.3 Digital Image. The Museum of Modern Art, New York / Scala, Florence / © 2012The Pollock-Krasner Foundation / Artists Rights Society (ARS), New York

15.4 purchase 55.35 / © The Willem de Kooning Foundation / Artists Rights Society (ARS), New York

15.5 The Phillips Collection, Washington, DC / © 2012 Kate Rothko Prizel & Christopher Rothko / Artists Rights Society (ARS), New York

15.6 © 2012 Helen Frankenthaler / Artists Rights Society (ARS), New York

15.7 © Angelo Hornak / Corbis

15.8 © The Solomon R. Guggenheim Foundation, New York

15.9 Photo by the artist, courtesy of Isamu Noguchi Foundation, New York. © 2012 Artists Rights Society (ARS), New York

15.10 Palmer Museum of Art at The Pennsylvania State University. Gift of the Class of 1965. © 2012 Alexander Calder / Artists Rights Society (ARS), New York, NY

15.11 Tate Images / © 2012 Louise Nevelson / Artists Rights Society (ARS), New York

15.12 Tate Images / Art © Estate of David Smith / Licensed by VAGA, New York, NY

15.13 Art © Estate of Robert Rauschenberg / Licensed by VAGA, New York, NY

15.14 Photographer: Hervé Gloaguen. Courtesy of the John Cage Trust

15.15 Topfoto.co.uk / Dinodia

15.16 © The Andy Warhol Foundation for the Visual Arts / Artists Rights Society (ARS), New York

15.17 purchase with funds from the Howard and Jean Lipman Foundation Inc. 68.36 / Art © Judd Foundation / Licensed by VAGA, New York

15.18 Courtesy of the artist and Metro Pictures, New York

15.19 Greg Balfour Evans / Alamy

15.20 Courtesy Michael Graves Associates

15.21 Photo (1976) © by Babette Mangolte (All Rights Reserved) / 2009-2011 Byrd Hoffman Watermill Foundation & Robert Wilson

15.22 © Gianfranco Gorgoni / Contact Press Images

15.23 Copyright © Christo & Jeanne-Claude

15.24 © the artist and Courtesy White Cube

15.25 © Maya Lin Studio, Inc., Photograph courtesy the artist and The Pace Gallery

15.26 Hirshhorn Museum and Sculpture Garden. Gift of Joseph H.Hirshhorn, 1966 Acc. No. 66.408 / Art © Romare Bearden Foundation / Licensed by VAGA, New York, NY

15.27 Copyright © Max Waldmann, New York. Courtesy American Dance Theatre, New York

15.28 Photograph from the Museum Department (MTM010)

15.29 © Judy Chicago / Artists Rights Society (ARS), New York 2012 / photo Donald Woodman

15.30 © Tibor Bognar / Corbis

15.31 Courtesy Massery Photography, Inc.

15.32 Courtesy of the artist and Sikkema Jenkins & Co.

15.33 Image courtesy and © 2001Thierry Fontaine

15.34 Image courtesy and © Andrew Meredith

15.35 Photo courtesy of Paula Cooper Gallery

15.36 Courtesy and ©the artist

图书在版编目（CIP）数据

人文精神的伟大冒险：人文艺术通史 /（美）菲利普·E. 毕肖普著；陈永国译 . -- 北京：中信出版社，2018.2

书名原文：Adventures in the Human Spirit

ISBN 978-7-5086-8232-7

Ⅰ . ①人… Ⅱ . ①菲… ②陈… Ⅲ . ①人文科学 – 科学史 – 世界 Ⅳ . ① C091

中国版本图书馆 CIP 数据核字 (2017) 第 251855 号

人文精神的伟大冒险：人文艺术通史

著　　者：[美] 菲利普 · E. 毕肖普
修　　订：[美] 玛格丽特 · 马诺
译　　者：陈永国
策划推广：中信出版社（China CITIC Press）
出版发行：中信出版集团股份有限公司
（北京市朝阳区惠新东街甲 4 号富盛大厦 2 座　邮编　100029）
（CITIC Publishing Group）
承 印 者：北京盛通印刷股份有限公司

开　　本：787mm × 1092mm　1/16　　印　　张：34.25　　字　　数：700 千字
版　　次：2018 年 2 月第 1 版　　印　　次：2018 年 2 月第 1 次印刷
京权图字：01-2014-5898　　广告经营许可证：京朝工商广字第 8087 号
书　　号：ISBN 978-7-5086-8232-7
定　　价：198.00 元